ゼミナール

ゲーム理論入門

渡辺隆裕 著

日本経済新聞出版

まえがき

使えるテキストを目指す

「ゲーム理論がブームになっている」とか「流行している」と言われ始めてから久しく，最近ではそのような言われ方もされなくなった．それはゲーム理論が経済学や経営学の中で「当たり前」に使われる基礎理論として定着したからであろう．近年は，社会学・政策科学・政治学・法学・情報科学など，文系・理系を問わずあらゆる分野に使われるようになってきた．これらの分野に携わる者には，ゲーム理論は「新しい理論として学んでみたい」というレベルではなく，「基礎として学ばなければならない」というところまで来ているように思える．このようにゲーム理論に対する学習の必要性は高まっているにもかかわらず，研究者を対象とするのではなく，大学生・企業人・公務員を対象としたゲーム理論のテキストは，未だ日本では少ない．

筆者は，この10年間，多くの場所で，様々な属性の人にゲーム理論を教える機会を得た．現在の勤務先である首都大学東京（旧東京都立大学）では，経済学部や経営学系の大学生とビジネススクールの社会人．政策研究大学院大学や岩手県立大学総合政策学部では，政策に携わる社会人やそれを目指す大学生．筑波大学情報科学類では理系の大学生．また，中小企業大学校や都庁をはじめとして，様々な企業の研修や自治体の公開講座などでは，幅広い階層の社会人．

本書は，これらの経験と講義ノートを活かし，多様な分野の学生や社会人（企業人・公務員）に読んでもらえることを目指したテキストである．

ゲーム理論の魅力は，複数の個人・企業・国家などの競争や協調の問題を，共通した土台にのせ，それらに統一した解を与えることができるという点にある．ある人が考えればこうなるが，別の人が考えれば違う答えになるということはない．モデル化してしまえば，答えはただ1つで世界共通である．これは数学を背景とした厳密な理論構築による成果である．物理学の初歩を学び，前提となる条件を与えれば，投げたボールの着地点も，斜面を直滑降でくだるスキーヤーの描く軌跡も，火星に向かうロケットの軌道もすべて同じ式で計算で

きるのと同じである．

しかしながら，ゲーム理論の数学的な側面は，最大の利点であると同時に，ゲーム理論に向かう初学者にハードルを高くしている．そこでゲーム理論の入門テキストは，様々なケースや例をゲーム理論的思考として考える「おはなし」として紹介するにとどめるものも多い．このようなテキストは，ゲーム理論の面白さを知るには最適だが，いざ理論を使おうとするとうまくいかない．先の例で言えば，「様々な問題に物理学が使えることが分かった」としても，「実際にボールの着地点を計算してみろ」と言われて，自分一人では計算式を導き出せないような状態に相当するだろう．

本書の5つの特徴

本書は長年の講義経験を活かして，「おはなし」にとどめず，読者が基本的なゲーム理論の概念を独学で習得できることを目指した入門テキストである．特に本書では数学的なハードルを低くして，ゲーム理論がきちんと学べるように多くの工夫をしている．以下に本書の5つの特徴を挙げる．

1つ目は，図表を多く利用したことである．数学を背景とした基本的な概念は，言葉だけで理解することは難しいが，数式を用いなくても図表を使うことで直観的に理解することができる．拙著『図解雑学ゲーム理論』では，この点について多くの方から評価を頂いた．本書は，本格的なテキストとして，そのノウハウを引き継いでいる．

2つ目は，一般性や厳密さを捨てて，理論の大意をつかませることに主眼を置いたことである．ゲーム理論の面白さは，人数が何人いても，戦略がいくつあっても同じ原理が適用できることではあるが，その一般性を記述するための数学は障壁が大きい．しかしこれを一般的ではなく，「2人のプレイヤーで，戦略を2つ」に限定すれば，話は簡単になる．また一次方程式$ax=b$の解は，$x=b/a$であるが，それには，厳密には「$a \neq 0$ならば」という条件がつく．この後者の条件をはずせば，記述は簡単になる．数学的な視点から言えば，このような特殊ケースや一般性への拡張こそが興味の対象となるのであるが，入門書としてはここを省略することこそが，理解を早める近道と考えた．

3つ目は，数値例を用いて解を求める方法にこだわったことである．先の一

次方程式の例で言えば，中学生は最初に「一次方程式$ax=b$の解は，$x=b/a$である」とは習わない．最初に「$3x=9$, $12x=36$, $5x=7$, …」のようなドリルをたくさん解いて，一次方程式の解を求めることを身につけてゆくだろう．本書も同様の方法をとった．ナッシュ均衡や完全ベイズ均衡などの解を，一般的に求めることは難しいが，簡単なゲームであれば解きやすいし，数値例であれば理解はたやすい．本書は一般的な定義ではなく，簡単な例を用いて，具体的な解の求め方を示している．

　4つ目は，抽象的な理論にとどめて応用を読者に任せるのではなく，どんな応用があるかを理論に対応させて必ずつけるようにしたことである．理論の導入部は，コンビニ戦争や転職，輸入代理店の競争のようなモデルを用いることとし，理論を学んだ後は，交渉・オークション・投票・コストダウンと社会厚生の変化など，その応用例をつけることとしている．

　5つ目は，理論がなぜそこにこだわるのか，なぜそのようなことを考えるのか，という意図や動機を徹底的に説明したことである．名著とは，あえてすべてを書かずに「なぜそんなことを考えるのだろう」「なぜそうなるのだろう」と，読者自身が行間を埋めることによって，「ああ，そうか」と深い理解に到達することができる本なのかもしれない．そうだとすれば，本書は，分かりやすく書くことに徹し，名著であるよりは読者の踏み台になることを目指したと言える．「この本を読んでゲーム理論は分かったが，本に含蓄はないな」と言っていただければ，それは私の本望である．

　本書を執筆するにあたって，多くの方々から助言と助力を頂いている．私の長年の友人であり，尊敬するゲーム理論の研究者である丸田利昌先生からは，草稿段階において多くのコメントをもらった．特に第11章に対しては，大変貴重なアイディアを頂戴した．また升田猛先生には，ゼミに本書の草稿を使っていただき，先生ご自身も丁寧に読んで長期にわたって多くのコメントをお寄せいただいた．升田先生の助言によって，本書は大きく改善されている．福田恵美子先生にも，コメントをレポートにするとともに草稿に赤を入れて送ってくださるなどアドバイスを頂戴した．鮫島裕輔先生，若山琢磨先生にも，ご多忙な中，多くの貴重な助言を頂いた．ここに感謝の意を表します．

本学の大学院生である多辺田将君，鈴木大介君，東京工業大学の大学院生の海老名剛君にも，一生懸命に原稿を読んでもらった．また，首都大学東京・旧東京都立大学・岩手県立大学・政策研究大学院大学の多くの学生からは，講義ノートの段階で多くの誤りを修正してもらった．特に渡辺ゼミの諸君はよく協力してくれた．これらすべての人に感謝し，御礼を申し上げたい．もちろん本書の誤りはすべて筆者の責任によるものである．

　もともと畑違いの私がゲーム理論を学び，このような本を執筆することができたのも，多くの諸先輩方からゲーム理論について多くの示唆と優れた考えをご教授いただいたからである．特に大和毅彦先生と船木由喜彦先生には共同研究を通じて多くのことを教えていただいた．また鈴木光男先生とその研究室の出身である中山幹夫先生，武藤滋夫先生，金子守先生，岡田章先生，和光純先生は，同じ東工大出身ということで，若い頃から筆者に様々な機会を与えてくださり，多くのことを学ぶことができた．また恩師の森雅夫先生とその諸先輩方がいなければ，私がこの道に進むことはなかった．皆様に感謝の意を表したいと思います．

　日本経済新聞出版社の堀口祐介さんには，執筆の機会を頂くとともに，筆が進まない筆者を温かく見守り，時には励まし，また私の拙い文章に多くの助言を頂いた．本当に感謝します．

　最後に．私の最愛の妻である秋香の協力がなくては，本書は完成することはなかっただろう．本書は，多くのことをできる限り分かりやすく説明したつもりだが，彼女からの愛情と彼女への感謝の気持ちだけは，大きすぎて上手に説明することができない．この本を彼女に捧げることで，その代わりとしたいと思う．

2008年3月

渡辺　隆裕

本書の読み方と学習計画

　本書は13章からなり，通年の4単位講義やゼミなどの入門書として用いられることを想定している．前半だけを2単位の半年の講義として用いることもできる．ページ数は多いが，これは読者が本書だけで細かい点まで自習できることを想定しているためで，1年間の講義で本書を読みきるのはそう難しくないはずである．むしろ数理的に洗練された途中過程を読者が埋めなければならないような薄いテキストに比べると，読むために必要な時間は少ないであろう．

　1章に「ゲーム理論とはどのような内容からなり，どのように分類されるか」が書かれており，そこに照らし合わせて各章の内容が記してある．以下を読んで，学習計画を立てる際は，先に1章に目を通すのがより効果的である．

1. 入門書として本書を通読したい場合には【発展】と書かれている節 (6.2, 6.4, 7.2, 7.3, 8.7, 8.8, 9.3, 10.3, 11.3) を省いて読んでも差し支えない．これらの節を飛ばしても次の章が読めるように構成してある．

2. 前期と後期の通年講義としては，以下のように分けて考えるとよい（13章は発展学習のためのガイドなので，学生が自分で読み進める）．
　　　　前期：1章→2章→3章→4章→5章→6章
　　　　後期：7章→8章→9章→10章→11章→12章
　半期だけの講義の場合は，前期に相当する部分（1～6章）だけを学習し，それで終わってもよい．学習に負担を感じる場合は以下のようにするとよいだろう．

　(1) **ゲーム理論を，とりあえず知りたいと思う**　1章から3章までを読む．
　(2) **経済学は関係ない・複占競争はもう学んだ**　5章は，経済学における不完全競争や複占競争を扱っている．読者が「ミクロ経済学」などで複占競争を既に勉強している場合や，経済を学ぶためにゲーム理論を勉強するのではない場合は，5章（およびその応用となる10.2）は省略しても差し支

えない．逆に経済学部の学生など，経済学の基礎としてゲーム理論を学びたいと考える者にとって，5章は必要不可欠である．

(3) **情報の非対称性に興味がない・もう学んだ** 9章から11章までは，情報の非対称性を扱う「不完備情報ゲーム」に関する章である．情報の経済学・モラルハザード・逆選択・シグナリングなどに興味がなければ，8章まで読むことを目標にし，8章で終わるか，8章から12章に飛ぶ．

(4) **経営学や経済学でのゲーム理論を知りたい** 12章の協力ゲームは省いてもかまわない．また6章は，古典的なゲーム理論としてもっとも重要な概念である混合戦略を扱うが，経営学や経済学の応用としては少ないと言ってよい．したがって，経営学や経済学の応用として学びたいのであれば，6章を省くことも考えられる．

3．通年の講義として，1章から12章まですべてを学習するのではやや負担を感じる場合は，2の(3)のケースに即して，情報の非対称性については別の講義にゆずり，1〜8章と12章を学習する計画にするとよい．

4．一度ゲーム理論を学んだことがある者や，ゼミなどで教員が密接にガイドすることが可能な場合は，2章から5章までは，学生が自習するようにしてできるだけ早く進み，【発展】と書かれている節に挑戦してほしい．ただしこの場合も9.3の最適な報酬契約の理論は，やや複雑なので，興味がある者だけ読むことにするとよい．

なお本書を補完する講義資料やスライド，その他の情報を筆者のホームページhttp://nabenavi.netに掲載しているので，そちらも活用して頂きたい．

ゼミナール ゲーム理論入門　目次

まえがき ·· i
本書の読み方と学習計画 ··· v

第1章　ゲーム理論への招待 ——————————————1
1.1　ゲーム理論とは何か ··· 1
1.2　ゲーム理論を学ぶ意味とメリット ··· 3
　1.2.1　本書の想定する読者・目標と本書の特徴 ······························ 3
　1.2.2　戦略的思考としてゲーム理論を学ぶ意味 ······························ 4
1.3　ゲーム理論の分類と本書の歩き方 ··· 5
　1.3.1　非協力ゲームと協力ゲーム ·· 6
　1.3.2　完全合理性によるアプローチと限定合理性によるアプローチ ····· 7
　1.3.3　完備情報ゲームと不完備情報ゲーム ··································· 9
　1.3.4　戦略形ゲームと展開形ゲーム ··· 10
　1.3.5　モデルによる学習 ··· 11

第2章　戦略形ゲームの基礎 ——————————————13
2.1　戦略形ゲームと利得行列 ·· 13
　2.1.1　プレイヤー・戦略・利得 ··· 13
　2.1.2　利得行列を作って考えよう ·· 16
2.2　戦略形ゲームを解く ·· 18
　2.2.1　ゲームを解く ·· 18

    2.2.2　支配戦略を探せ　…………………………………………………… 21
    2.2.3　【応用】囚人のジレンマ　……………………………………………… 23
    2.2.4　最適反応戦略を考える　………………………………………………… 27
    2.2.5　【応用】小さな者が大きな者に勝つ方法　…………………………… 31
  2.3　予想の先に行き着くもの——ナッシュ均衡　……………………………… 35
    2.3.1　ナッシュ均衡とは　……………………………………………………… 35
    2.3.2　ここまでのゲームの解とナッシュ均衡　……………………………… 37
    2.3.3　ナッシュ均衡の求め方　………………………………………………… 38
    2.3.4　ナッシュ均衡がゲームの解である理由は？　………………………… 40
    2.3.5　ナッシュ均衡は複数存在することがある　…………………………… 41
    2.3.6　記号化と抽象化　………………………………………………………… 43

第3章　完全情報の展開形ゲーム ——————————————— 51
  3.1　展開形ゲーム　………………………………………………………………… 51
    3.1.1　プレイヤーが順番に行動するゲーム　………………………………… 51
    3.1.2　先読みで求めるゲームの解　…………………………………………… 55
    3.1.3　バックワードインダクション　………………………………………… 58
    3.1.4　ゲームの解の記述方法　………………………………………………… 63
  3.2　完全情報展開形ゲームの応用　……………………………………………… 65
    3.2.1　【応用】軽口とコミットメント　……………………………………… 65
    3.2.2　【応用】チキンゲームとコミットメント　…………………………… 71
    3.2.3　【実践】先手か後手か　………………………………………………… 75
    3.2.4　【応用】交渉と最後通牒ゲーム　……………………………………… 79
    3.2.5　【実践】最後通牒ゲームの実験　……………………………………… 85
  3.3　ゲーム理論を実践するために　……………………………………………… 89
    3.3.1　戦略の組合せが結果となる　…………………………………………… 89
    3.3.2　意思決定の相互依存性　………………………………………………… 91

3.3.3　利得の数値はどのように定めるのか ･････････････････････････ 94

第4章　戦略形ゲームの応用 ― 103

4.1　弱支配戦略と支配されないナッシュ均衡 ･････････････････････ 103
4.1.1　戦略の支配関係 ･･ 103
4.1.2　弱支配と弱支配戦略 ････････････････････････････････････ 105
4.1.3　支配されないナッシュ均衡とナッシュ均衡の精緻化 ････････ 107

4.2　支配された戦略の繰り返し削除 ････････････････････････････ 110
4.2.1　支配された戦略を削除する ･･････････････････････････････ 110
4.2.2　弱支配された戦略の繰り返し削除 ････････････････････････ 112

4.3　【応用】オークション ････････････････････････････････････ 114
4.3.1　オークションとゲーム理論 ･･････････････････････････････ 114
4.3.2　オークションの経済学的意義 ････････････････････････････ 115
4.3.3　様々なオークション ････････････････････････････････････ 120
4.3.4　セカンドプライスオークション ･･････････････････････････ 121
4.3.5　ファーストプライスオークション ････････････････････････ 123

4.4　【実践】インターネットオークション ･･････････････････････ 127
4.4.1　自動入札方式とセカンドプライスオークション ････････････ 127
4.4.2　ネットオークションの現実の入札行動 ････････････････････ 130

第5章　不完全競争市場への応用 ― 137

5.1　完全競争市場とゲーム理論の発展 ･･････････････････････････ 137
5.2　独占市場での企業行動 ･･････････････････････････････････････ 138
5.3　クールノー競争 ･･ 142
5.3.1　複占市場の分類 ･･ 142
5.3.2　クールノー競争のモデル ････････････････････････････････ 143
5.4　クールノー競争による複占市場の分析 ･･････････････････････ 150

  5.4.1 社会的総余剰，競争とカルテル ·········· 150
  5.4.2 費用削減による効果，税金と補助金の効果 ·········· 155
 5.5 ベルトラン競争 ·········· 160
  5.5.1 ベルトラン・ナッシュ均衡 ·········· 160
  5.5.2 費用削減による効果，戦略的代替と戦略的補完 ·········· 164
 5.6 シュタッケルベルグ競争 ·········· 167

第6章 混合戦略 ·········· 177

 6.1 混合戦略とナッシュ均衡 ·········· 177
  6.1.1 ナッシュ均衡のないゲーム？ ·········· 177
  6.1.2 混合戦略とゲームの解 ·········· 179
  6.1.3 混合戦略のナッシュ均衡 ·········· 184
 6.2 【発展】2×2の混合戦略のナッシュ均衡を求める ·········· 186
  6.2.1 精巧堂vs便乗工房のナッシュ均衡を求める ·········· 186
  6.2.2 I市コンビニ戦争PART3のナッシュ均衡を求める ·········· 192
  6.2.3 その他の混合戦略のナッシュ均衡 ·········· 196
 6.3 2人ゼロ和ゲームミニマックス定理 ·········· 200
  6.3.1 2人ゼロ和ゲームとマキシミニ戦略 ·········· 200
  6.3.2 ミニマックス定理とナッシュ均衡 ·········· 204
 6.4 【発展】マキシミニ戦略とミニマックス値を求める ·········· 207
  6.4.1 混合戦略への拡張とミニマックス定理 ·········· 207
  6.4.2 マキシミニ戦略とミニマックス値を求める ·········· 209
  6.4.3 2×nのマキシミニ戦略 ·········· 212

第7章 一般の展開形ゲーム ·········· 219

 7.1 不完全情報の展開形ゲーム ·········· 219
  7.1.1 不完全情報ゲームと情報集合 ·········· 219

	7.1.2 行動戦略	224
	7.1.3 行動戦略におけるナッシュ均衡	228
	7.1.4 展開形ゲームにおけるナッシュ均衡の問題点	231
	7.1.5 部分ゲーム完全均衡	235
7.2	【発展】展開形ゲームの構成要素と部分ゲーム完全均衡点	240
	7.2.1 展開形ゲームを構成する要素	240
	7.2.2 部分ゲームと部分ゲーム完全均衡点	246
	7.2.3 完全記憶ゲーム	250
7.3	【発展】展開形ゲームと戦略形ゲームの関係	251
	7.3.1 展開形ゲームと戦略形ゲームの相互変換	251
	7.3.2 混合戦略をどう考えるか	256
7.4	【応用】投票とゲーム理論	261
	7.4.1 様々な投票	261
	7.4.2 循環多数決と審議順序	266
	7.4.3 戦略的投票	268

第8章 時間経過と長期的関係 —— 283

8.1 割引因子による利得の計算 …… 283
8.2 交渉の要因と交互提案ゲーム（2段階交渉ゲーム）…… 286
8.3 繰り返しゲーム …… 289
8.3.1 囚人のジレンマの繰り返し …… 289
8.3.2 繰り返しゲームの戦略と利得 …… 292
8.4 有限回の繰り返しゲーム …… 296
8.4.1 2回の繰り返しゲーム …… 296
8.4.2 T回の有限繰り返しゲーム …… 299
8.5 無限回の繰り返しゲームと協力の達成 …… 301
8.5.1 無限回の繰り返しゲーム …… 301

  8.5.2 【実践】アクセルロッドの実験とおうむ返し戦略 ……………… 304
 8.6 評判 …………………………………………………………………… 308
 8.7 【発展】フォーク定理 ………………………………………………… 312
 8.8 【発展】有限回繰り返しの囚人のジレンマでの協力達成 ………… 316
  8.8.1 有限の繰り返しゲームから協力の達成を導く ………………… 316
  8.8.2 わずかな利得は気にしないプレイヤー ………………………… 319
  8.8.3 記憶が限定されるプレイヤー …………………………………… 321

第9章　不確実性とゲーム理論 — 331

 9.1 リスクと行動 …………………………………………………………… 331
  9.1.1 期待値とリスクプレミアム ……………………………………… 331
  9.1.2 期待利得と期待効用 ……………………………………………… 333
 9.2 【応用】インセンティブ契約とモラルハザード …………………… 336
  9.2.1 インセンティブとは何か ………………………………………… 336
  9.2.2 インセンティブ契約か固定給か ………………………………… 337
  9.2.3 リスクとインセンティブ契約 …………………………………… 343
  9.2.4 モラルハザード …………………………………………………… 348
 9.3 【発展】最適な報酬契約 ……………………………………………… 349
  9.3.1 ファーストベスト——代理店の行動が観察できる場合 ……… 352
  9.3.2 セカンドベスト——代理店の行動が観察できない場合 ……… 355
  9.3.3 代理店を努力させない場合 ……………………………………… 357
  9.3.4 数値例 ……………………………………………………………… 358

第10章　不完備情報の戦略形ゲーム — 361

 10.1 不完備情報ゲームの基礎 …………………………………………… 361
  10.1.1 簡単な2人不完備情報戦略形ゲーム …………………………… 362
  10.1.2 タイプとは何か ………………………………………………… 365

10.1.3　不完備情報ゲームとベイズナッシュ均衡 ································ 367
　　　10.1.4　ベイズナッシュ均衡を求める ··· 371
　10.2　【応用】不完備情報の複占競争 ·· 373
　　　10.2.1　費用が不完備情報であるクールノー競争 ································ 373
　　　10.2.2　事前の推測確率の影響 ·· 376
　10.3　【発展】ベイズの定理とベイズゲーム ·· 377
　　　10.3.1　ベイズの定理 ·· 377
　　　10.3.2　ベイズゲーム ·· 387

第11章　不完備情報の展開形ゲーム ─────────── 399
　11.1　不完備情報の展開形ゲームと完全ベイズ均衡 ······························· 399
　　　11.1.1　不完備情報の展開形ゲームの表現 ·· 399
　　　11.1.2　不完備情報展開形ゲームの解の考え方 ··································· 403
　　　11.1.3　整合的な信念と完全ベイズ均衡 ·· 407
　　　11.1.4　完全ベイズ均衡の簡便な求め方 ·· 412
　　　11.1.5　【応用】逆選択 ··· 415
　11.2　【応用】シグナリング ·· 418
　　　11.2.1　シグナリングゲームの例 ··· 418
　　　11.2.2　シグナリングゲームを解く ·· 420
　　　11.2.3　シグナリングと費用 ··· 425
　11.3　【発展】完全ベイズ均衡の詳細 ·· 431
　　　11.3.1　ベイズの定理と完全ベイズ均衡 ·· 431
　　　11.3.2　部分ゲーム完全均衡と完全ベイズ均衡 ··································· 435

第12章　協力ゲームの理論 ─────────────── 451
　12.1　交渉ゲームとナッシュ交渉解 ··· 451
　　　12.1.1　交渉問題 ··· 451

  12.1.2 交渉ゲームの公理的アプローチとナッシュ交渉解 455
  12.1.3 ナッシュ交渉解を求める 459
 12.2 協力ゲームの理論 462
  12.2.1 提携形ゲーム 462
  12.2.2 協力ゲームの解とコア 464
  12.2.3 仁 470
  12.2.4 シャープレイ値 477
 12.3 協力ゲームと非協力ゲーム 480

第13章　ゲーム理論の勉強を進めるために —— 487
 13.1 新しいゲーム理論 487
 13.2 様々な分野のゲーム理論 491
 13.3 さらに深くゲーム理論を学ぶ 493

参考文献 497
事項索引 502
人名索引 507

装丁・山崎登

第1章
ゲーム理論への招待

　この章ではゲーム理論とは何かを説明し，本書の特徴と利用方法を述べ，ゲーム理論の内容を分類して，イントロダクションとする．

1.1　ゲーム理論とは何か

　ゲーム理論とは**複数の意思決定をする主体**が，その意思決定に関して相互作用する状況を研究する理論である．ここで**意思決定をする主体**とは，個人であったり，企業であったり，時には国家であったりし，現在考えている問題で，1つのまとまった意思決定ができると認識できる単位である．このような，意思決定をする主体が2つ以上あり，それらが相互に影響を及ぼし合いながら意思決定を行うときに，どのように行われるか，またはどのように行われるべきか，について考察するのがゲーム理論である．

　私たちは日常，様々な意思決定を行っている．その中のいくつかは他の個人の意思決定とは関係なく決められる．例えば「外出する際に傘を持つべきかどうか」などは，基本的には意思決定に関わっている者は1人である．不確定な要素の中心となる天候は意思決定をするような主体ではない．1つの主体が意思決定を行う問題は，ゲーム理論と対比して**個人意思決定問題**（one person decision making）と呼ばれる．

　これに対し，例えば「車を購入するとき，どのくらいの価格で購入すべきか」という問題は購入者だけではなく，販売店の意思決定問題でもある．つまり意思決定をする主体が2つ以上あり，その相互作用で各個人の行動が決まる

のだ．車の購入で，ある価格が提示されたときに，その価格で購入するべきか，もう少し値下げ交渉をするべきかという不確定な要素は，天候のような意思決定をしない主体ではなく，販売店という，自分と同じように意思決定をする主体に影響を受けて決まるのである．

意思決定を行う主体は，個人以外の単位として考えられるときもある．例えば，新製品の開発を行う企業の意思決定は，同業他社の決定に大きく左右されるであろうし，国家間の交渉で，強硬に出るか妥協するかなどは相手国の出方に影響を受けるだろう．

自分が意思決定を行うときに，このような自分以外の「相手」の意思決定が関連する場合は，「相手がどうするか」を必ず考えなければならない．そこでは「自分たちがこうすれば，相手はこうする．だから自分たちのとる戦略はこうだ」と相手の出方を考えて，意思決定を行わなければならない．この状況はチェスや将棋，サッカーや野球のような「ゲーム」と同じであると考えられる．ゲーム理論は，経済・経営・政策をはじめとする様々な領域の問題において，複数の主体の利害の対立や協力と協調が絡む意思決定の場面を「ゲーム」と捉えて分析しようとする意思決定の科学である．

ゲーム理論は数学者フォン・ノイマン（John von Neumann）と経済学者モルゲンシュテルン（Osker Morgenstern）が1944年に著した『ゲームの理論と経済行動』（"Theory of Games and Economic Behavior," von Neumann and Morgenstern（1944））を出発点として発展してきた理論である．1950年代，社会科学を大きく塗り替えるであろうと大変期待されたゲーム理論であったが，やがて分析される内容が思ったほど豊かではなく期待はずれとされて，失望感が広がった．しかし，経済学の研究者の間では，ゲーム理論の研究は静かに進行し，70年代，80年代の研究の成果を経て，90年代からは経済学の中心的な分析手法として盛んに用いられるようになった．現在は経済学以外にも応用範囲を広げ，経営学・社会学・政治学・法学・生物学などの多くの分野に用いられている．

1.2 ゲーム理論を学ぶ意味とメリット

1.2.1 本書の想定する読者・目標と本書の特徴

　ゲーム理論とは何か，ゲーム理論の歴史はどのようなものか．これを詳細に語り始めればきりがない．しかし，本書はゲーム理論の定義を厳密に検討したり，その歴史を述べることが目的ではない．本書は，ゲーム理論に初めて触れる学生や社会人（企業人や公務員）を読者と想定し，その読者がゲーム理論を実際に習得し使えるようになることを目指している．具体的には，本書は以下の2つの目標を持っている．

　1つは，日常生活やビジネスの場に応用できる戦略的思考方法として，また経営戦略を考える際や政策決定を分析するためのツールとして，読者がゲーム理論を使えるようになるという目標である．他社との新製品の開発競争で，協調路線をとるのか，対立路線をとるのか．このような戦略的な思考が必要とされる際に，本書で習った利得行列を思い浮かべて現在の問題を分析する．新しいプロジェクトの検討会で，プレゼンやレポートで「ゲームの木」を用いて説明をする．本書は，読者がこのようにゲーム理論を使えるようになることを，目標の1つと考えている．

　もう1つは，多くの学問分野（経済学・経営学・社会学・政策科学・政治学・生物学など）の理論や研究でゲーム理論が用いられていることに基づいて，それらの分野をより理解できるように，読者がゲーム理論の基礎を身につけることである．現在の経済学では，多くの分野においてゲーム理論が用いられている．また，政策科学や社会学などでも，ゲーム理論は多用されるようになっている．これらの専門分野の理論をしっかりと理解するには，ゲーム理論の基礎的な理解が不可欠である．読者が寡占市場の産業政策について勉強したいと思って産業組織論の講義を受けたとき，また，会社の組織について理解を深めようと経営組織論のテキストを開いたとき，はたまた官僚と政治家の行動について政策科学の立場から分析したいと思い専門書をひもといたとき，そこに「ナッシュ均衡」「プリンシパルとエージェントの理論」「囚人のジレンマ」といったゲーム理論に関する用語や概念が並んでいても臆することなく講義や

本の内容が理解できるようになること．これが本書のもう1つの目標である．

ゲーム理論自体は，数学で厳密に定義された概念の中で展開される理論で，その厳密性と論理性こそがゲーム理論の魅力であり，ゲーム理論が発展してきた大きな要因でもある．しかしながら，その数学が初学者の障壁となり，一般の読者への普及を妨げてきた理由にもなっていると筆者は常々考えてきた．本書はできるだけ数学を用いずに，ゲーム理論の基礎的な概念を，包括的に読者に伝えることを目的としている．本書は，数値例や図を多く使い，ゲームのプレイヤーや戦略を2つに限定したり，数学的にやさしい場合に特定化する（例えば，ある数が正と負の場合のみ言及し，0の場合にどうなるかについて言及しない）などの方法で，この目的に接近している．これが本書の大きな特徴である．

しかし，そのためにある程度，厳密性や一般性を失わなければならなかった点もある．したがって，これからゲーム理論や，それを用いた応用研究を目指そうとする者には，やや曖昧で混乱を生じさせる部分もある．そのような目的を持つ読者は，本書ではなく別の定評あるゲーム理論のテキストを用い，数学的に定義された概念の上でゲーム理論の学習を展開するとよいだろう．

1.2.2　戦略的思考としてゲーム理論を学ぶ意味

本書の目標の1つは，様々な分野の学問の基礎や教養としてだけでなく，戦略的な思考を鍛え日常生活に活かすために，企業人や学生にゲーム理論を身につけてもらうことである．従来は，学問的な色彩が強かったゲーム理論は，1990年代からMBA（経営学修士）や公開講座などで教えられるようになり，研究者以外の人にも需要が高まってきた．なぜ今，こんなに戦略的思考としてのゲーム理論が取り上げられているのだろうか．これに答えることは，読者がゲーム理論を学ぶことのメリットは何かを明らかにすることにもなるだろう．研究者以外の者がゲーム理論を学ぶメリットは，以下のようなものである．

- 合理的な思考・論理的な思考の訓練．意思決定の状況において，経験や勘や知識に頼るだけでなく思考することができるような訓練になる．
- 戦略的・論理的な観点から，自分の決定を相手に対して説明する能力．「私の経験によれば……このような戦略が一番良い」では，説明になって

いない.
- 欧米的（特にアメリカ的）「合理主義」の考え方を身につけることができる．ゲーム理論は，日本に深く入り込んできた公正な競争・誘因（インセンティブ）・交渉・モラルハザードなどの概念を理解するための手助けとなる．

ゲーム理論は，人間社会における競争や協調を理解するために大きな力となる道具である．しかしながらゲーム理論が，人の行動を完全に予測したり，競争に勝つための確実な手段を教えてくれると考えるのは，理論に対する過度な期待であろう．ゲーム理論に限らず，そんな夢のような法則や理論が存在するのではないかと考える人は，詐欺や悪徳商法にひっかからないように十分に気をつけるべきである．そのような甘い方法は世の中には存在しない．では，いったいどの点に限界が存在しているのであろうか．

現実に起きる様々な状況は，ゲーム理論のように単純化して考えることができない．まず，たいていの場合，すべての行動の選択肢や代替案を列挙することができない．「良い方法に気がつかない」というのが，多くの意思決定の場面で起きる状況である．お互いの行動の選択により，どのような結果が生じるかを完全に予見することができないこともある．また行動の結果，相手は何が自分にとって得と考えているかが分からない場合もあるし，それどころか自分自身も何が自分にとって得かが分からない場合もある（利得を確定することが難しい）．さらにまた相手はゲーム理論のプレイヤーのように合理的に行動するとは限らない（合理性を仮定したアプローチの限界）．

現実の問題における適切な意思決定は，このような戦略的な思考と，経験に裏付けられた知識の双方を必要とするものなのであろう．ゲーム理論を適用していくにはこのような限界を知りつつ適切に運用することが大切である．

1.3　ゲーム理論の分類と本書の歩き方

ゲーム理論と一口に言っても，その内容は広大だ．例えば，ゲーム理論の様々な分野について網羅的に解説したNorth-Holland社から出ている "Handbook of Game Thoery with Economic Applications" (Aumann and Hart

(1992)(1994)(2002))は全部で3巻，62章からなるが，これでもゲーム理論のすべての分野を網羅しているとは言えない．

この章では，広いゲーム理論の世界において，どのような理論があるのかを概観し，それと同時に本書がどのような話題を扱っているのかを示す．このことは同時にゲーム理論の主流となる考え方と，そうでない考え方について知る機会にもなる．

1.3.1 非協力ゲームと協力ゲーム

ゲーム理論は大きく，**非協力ゲーム**（non-cooperative game）と**協力ゲーム**（cooperative game）に分けることができる．このネーミングから，誤解を受けやすいのだが，協力ゲームは「協力すること」を，非協力ゲームは「協力しないこと」や「競争すること」を扱っているわけではない．

ゲーム理論の始まりである『ゲームの理論と経済行動』という本の中で，フォン・ノイマンとモルゲンシュテルンは，1人の意思決定と2人の意思決定の問題には本質的な差があると考えた．既に述べた通り，1人の意思決定は，その個人が自分の目的に照らし合わせて一番良い方法を選択しさえすればよい．これに対し，2人の意思決定問題では，自分の良い選択は相手の選択に依存し，相手の良い選択は自分の選択に依存することになる．このような意思決定の相互依存性を分析するためには，従来にない新しい理論が必要であるとした．これが現在の非協力ゲームの基礎となっている．

これと同様に彼らは，2人の意思決定と3人の意思決定においても本質的な差があると述べている．それは3人以上の意思決定においては，個人が個々に行動するだけではなく，「誰と誰が組むか」という**提携**（coalition）という問題が重要になると考え，それを説明するためにはさらにもう1つ新しい理論が必要だと考えた．これが協力ゲームの基礎となっている．

協力ゲームと非協力ゲームは，用いられる数学が異なっている．大雑把に言えば，非協力ゲームは個人1人1人を社会の構成単位と考えて，その個人がどのような行動を選択するかについて扱う理論である．各個人には，行動の選択肢が与えられていて，各個人がどのような行動を選べば，どのような利益があるかが表現されている．そして，個人の選ぶ行動に焦点があてられている．

これに対して協力ゲームは，個人ではなく提携を構成単位の基礎としている．さらに非協力ゲームと違い，各個人や提携が行動を選択するという概念はなく，選択肢を選ぶような形式にはなっていない．協力ゲームでは，各提携が組まれたときの利益がいくつあるかが，行動に関係なく既に与えられている．その下で，どのような提携が組まれるか，または提携を考えたときに個人に分配される利益はどのような結果となるか（またはどのような結果が望ましいか）が協力ゲームの焦点となる．

現在，ゲーム理論の主流は非協力ゲームである．**多くの人が漠然と「ゲーム理論」と呼んでいるときは「非協力ゲーム理論」のことを指すと考えてよい．**本書でもこれに従い，第2章から第11章までは非協力ゲームに充てている．協力ゲームについては第12章で解説する．協力ゲームと非協力ゲームにどのような差があるかについては，この第12章の終わりにもう一度考察する．

協力ゲームと非協力ゲームは，初心者にとっては全く違う理論であると考えてもらってかまわない．非協力ゲームのみ勉強したい者は第12章を飛ばして読んでも差し支えないし，逆に協力ゲームとは何かを知りたい者はいきなり第12章を読むのもよい．

> **ポイント1　非協力ゲームと協力ゲーム**
>
> 個人の行動を基礎とするのが非協力ゲーム，提携が得る利益を基礎とするのが協力ゲーム．

1.3.2　完全合理性によるアプローチと限定合理性によるアプローチ

従来のゲーム理論は，**合理的（rational）なプレイヤーの意思決定に対する相互依存性を研究する学問である．**ここで想定される合理的なプレイヤーとは，次のようなものである[1]．

(1) 起こりうる結果に対して，どの結果を望み，どの結果を望まないか，その好みの順序を自分で判断でき，それに一貫性があること．例えば，彼女から

---

1) 正確には「合理性」という問題とは異なるものも含んでいるが，本書では厳密な議論より初心者にとっての読みやすさを重視しているので，これらをプレイヤーの合理性と呼び，話を進める．

第1章　ゲーム理論への招待　7

「りんごとバナナのどちらが好き」と聞かれて,「りんごが好き」と思うが,彼女からバナナを与えられ「バナナのほうが好きでしょう？」と言われると,やっぱりバナナのほうが本心から好きになるような人は,ゲーム理論で想定する人間ではない（私はそうなることが多いが）．これは人間の好みに対する要請と言える．

(2) (1)で考えた自分が好む結果を得られるように,最適な選択を行う．経済学的に言えば効用を最大にするように選択を行う．例えば,仕事を終えたらできるだけ早く家に帰ることをもっとも好む人が,仕事帰りに飲みに誘われて飲みに行くのは合理的な行動ではない．ただし,この人が同僚との付き合いを家に早く帰ることよりも好んでいるならば,合理的な行動になる（私はそうなることが多い）．これは行動に対する要請と言える．

(3) 大変賢く,目的を達成するためにどんな計算もできる．例えば将棋で,自分が勝つことを好むならば,3手先でも,4手先でも,100手先でもいくらでも読める．実際には,どんなに優れたコンピュータでも将棋で100手先までは読みきることはできない．これは能力に対する要請と言える．

現在,多くの人が「ゲーム理論」という場合は,(1)から(3)までを満たすようなプレイヤーを想定する非協力ゲーム理論のことである．本書ではこれを完全合理的なプレイヤーを想定したゲーム理論と呼ぶ．

ゲーム理論でいう「合理的なプレイヤー」とは,狭い意味で(2)と(3)のことを指すときもある．これはミクロ経済学の理論などで考えられる「合理的な個人」と呼ばれる人間像に対応する．気をつけなければならないことは,(2)における合理性には,その行動や個人の好みに対する価値判断は入っていないことである．例えば「どしゃぶりの雨の中で傘を差さない」といった行為は通常は合理的なものとはみなさないが,その個人が雨に濡れたいという好みを持っており,その好みの結果を得るために最適な選択をしていれば,それは合理的な行動とみなされる．

(1)や(2)で考えられている個人の好み自体が,我々が通常言う合理的かどうかは問題にしない．ゲーム理論や経済学で想定される合理性は合目的性と言えるようなものである．

またゲーム理論で想定される人間は,必ずしも利己的というわけではない．

例えば「自分がお金を失い他人がお金を得ることを好むような人」「自分が他人に殴られることが嬉しい人」は，そのような好みを踏まえて最適な選択をすれば合理的なプレイヤーと考えられる．ゲーム理論の枠組みは，ゲームに負けることを好む人間も想定できるのである．

ゲーム理論や経済学を扱う多くの本は，このように合理的であることと利己的であることを区別し，理論が利己的でない人間を扱うことができると述べている．しかし，実際には利己的な人間を想定して分析を行うことが暗黙の了解になっている．伝統的な経済学やゲーム理論の論文の多くは，自分が損することを好むような人間を想定していない．

したがって，本書において想定される完全合理的なプレイヤーは，(1)から(3)までの合理性の条件に加えて，自分が一番得になることを好むような利己的な人間も暗黙のうちに想定していると考えてよい．

本書では，第2章から第10章まではこのような完全合理的なプレイヤーを想定した非協力ゲーム理論を中心に紹介する．これは，ゲーム理論の始まりから現在までの主流を占める「伝統的なゲーム理論」にほぼ対応すると言ってよい．

しかし一方で，人間が必ずしも上記で述べたような合理的なプレイヤーでないことも誰もが知るところである．そこで，近年は完全合理的なプレイヤーを想定しない非協力ゲーム理論も多く研究されている．このようなアプローチを総称する呼び名は定まっていないが，本書ではこれを「新しいゲーム理論」と呼ぶ．本書では，このような近年の新しいゲーム理論については扱わず，第13章で簡単に紹介する．

1.3.3 完備情報ゲームと不完備情報ゲーム

非協力ゲームにおいては，(1)プレイヤーは誰か，(2)自分と相手が選べる選択肢の候補は何か，(3)自分と相手の結果に対する好みはどう決まるか，などプレイヤーを取り巻く環境（利得・行動の候補・プレイヤー）に不確実性がないと考える設定が基本となる．この基本となる非協力ゲームを**完備情報ゲーム** (complete information game) と呼ぶ．本書の第2章から第9章までは，完備情報ゲームを扱い，第10章と第11章はその応用である**不完備情報ゲーム**

(incomplete information game) を扱う．なお，この分け方はプレイヤーを取り巻く環境に不確実性がない場合（第2章から第8章）と，不確実性がある場合（第9章から第11章）にほぼ対応している．第9章だけが不確実性を扱いながら，完備情報ゲームでもある．

1.3.4 戦略形ゲームと展開形ゲーム

ゲーム理論の基礎として扱われる完備情報ゲームは，「すべてのプレイヤーが，同時に行動をする」か，「それ以外の状況を含む」ゲームの2つに大別される．

「すべてのプレイヤーが，同時に行動をする」ゲームの代表的な例は，じゃんけんである．じゃんけんでは，すべての参加者が同時にグー・チョキ・パーを出さなければならない．他人の行動を見てから自分が行動する「後出し」は，ルール違反である．

「すべてのプレイヤーが，同時に行動をする」以外のゲームは様々な状況を含むが，もっとも単純なものは「2人で交互に行動する」ゲームである．その代表的な例は，チェスや将棋である．これらのゲームは相手が指した手を見てから自分が行動する．

「すべてのプレイヤーが，同時に行動をする」ゲームは，**戦略形ゲーム**（strategic form game）と呼ばれる形式で表現される．本書では，一番最初に第2章において戦略形ゲームについて学ぶ．

これに対し，「それ以外の状況を含む」ゲームは**展開形ゲーム**（extensive form game）と呼ばれる形式で表現される．展開形ゲームは一般的には，あるタイミングで何人かのプレイヤーが同時に行動したり，順番に行動したり，同時の行動と交互の行動が混合して行われるような複雑なゲームを考えることができる．このような展開形ゲームの中で，どのプレイヤーも同時に行動することなく，必ず1人ずつ順番に行動するチェスや将棋などのゲームは，もっとも基本的なものである．このような基本的なゲームは，「完全情報の展開形ゲーム」と呼ばれる．本書では，第3章においてこの完全情報の展開形ゲームを学ぶ．

ここで「順番に行動する」「交互に行動する」という言葉は，正確には「各

プレイヤーは，自分より前に行動したプレイヤーの行動を観察できる」ということを意味する．単純に時間的な行動の順序を言っているわけではない．例えばAとBという2人のプレイヤーによる次のようなじゃんけん（以下「面倒なじゃんけん」と呼ぶ）を考えてみよう．

面倒なじゃんけん　　まずAがグーかチョキかパーか，3つのどれかを選んで選択し，紙に書いてBに分からないように伏せておく．次にBがグーかチョキかパーをAに告げる．Aはそこで，紙を表にしてグーかチョキかパーかを明らかにして，勝負をつける．

　この方法は面倒だが，普通のじゃんけんと同じであることが分かるだろうか．その理由は，Aが先に行動し，Bが後から行動しているが，BはAの行動を観察できずに行動しているからである．すなわち，ゲーム理論において同時に行動したか，交互に行動したか，という問題は，時間的に同時か交互かを問うているのではなく，先に行動した者の行為を「観察できるかどうか」がポイントになっていることに注意してほしい．

　このように「誰が，いつ行動し，それを誰が観察できて誰ができないか」という問題は，ゲーム理論を考える上でもっとも基本的な要素である．同時に行動する状況と交互に行動する状況では，ゲームの結果は異なることが多いが，私たちは日常それさえ意識しない場合が多い．このような認識で問題を見つめることは，ゲーム理論的思考の第一歩と言える．

> **ポイント2　戦略形ゲームか展開形ゲームか**
> すべてのプレイヤーが同時に行動をする「戦略形ゲーム」か，何人かのプレイヤーが交互に行動する「展開形ゲーム」かを考える．

1.3.5　モデルによる学習

　ゲーム理論は，現実の問題を「モデル化」して分析する．これはゲーム理論に限らず，数理経済学，オペレーションズリサーチ，経営科学など，20世紀に生まれ発展した社会科学の学問領域に共通の数理的方法であると言える．
　現実の問題は，非常に複雑であり単純なモデルでは表せないのは言うまでもない．これに対してゲーム理論が扱うモデルは，現実の問題を極端に捨象し単

純化したものである．このようなモデル化はゲーム理論の問題点として，いつも批判の対象となる．

　問題を複雑に描写すれば，多くの要因について幅広く議論はできるだろう．しかし，それだけ「本質的な要因が何か」ということから遠ざかっていくこともまた事実である．ゲーム理論のように単純化したモデルであるからこそ，認識できる事実もあるのである．

　ゲーム理論は，「ゲーム」というモデルとして描写された現象を解いていく．このときに，いかに現実の問題をゲームとして描写するかという「モデル化の技術」は，ゲーム理論が扱う問題ではない．同じ現象でも異なるモデルとして認識されれば，答えは異なる．

　ゲーム理論を使って問題を解決しようとする者が，「どうやってゲームを作るのか，どのようにモデル化すればよいか」と私に尋ねることがある．そんなとき，私は悲しげに，「ゲーム理論はそれについては教えてくれないのです」と答えるのみである．実際にゲーム理論を問題解決に用いようとする場合には，このことは大きな不満材料となる．

　しかし分析者が，現実の現象を「ゲーム」として認識し，うまくモデル化するためには，ゲーム理論とその応用事例がたくさん頭に入っている必要がある．また，ゲーム理論を学ぶときに無味乾燥な数値で学ぶのではなく，現実の諸問題に当てはめ想像力を働かせながら考えていくことは大切なことである．

　本書ではコンビニの立地戦略，2国の争い，2企業の競争，投票ルールの決定など，様々な**モデル**（model）を示し，これに即して理論を展開していく．これらのモデルは，現実をあまりに単純化しているので，読者はこのような単純なモデルでは現実の問題を分析できないと感じるかもしれない．本書のモデルは，ゲーム理論を学ぶためのモデルであり，現実問題と対応させながら理論を考えていくための材料である．実際のコンビニの立地戦略や国家間の戦略に答えを与えるために本書のモデルが使われているのではない，ということを心にとどめておいていただきたい．

第2章

戦略形ゲームの基礎

この章では，ゲーム理論の中でもっとも基本とされる完備情報（プレイヤー，行動の候補，利得がお互いに分かっているゲーム）の戦略形ゲーム（同時に行動を選択するゲーム）について学ぶ．

2.1 戦略形ゲームと利得行列

2.1.1 プレイヤー・戦略・利得

戦略形ゲームの例として，まず最初に簡単な**モデル1**について考えてみよう．

― モデル1　I市コンビニ戦争PART1 ―

東京都I市では大規模な新興住宅街の開発が進んでいる．この住宅街は，私鉄慶応線の赤葉台駅（以下AkabadaiのA駅）と私鉄藻田急線のブラックリバー駅（以下Black RiverのB駅）の2つの駅からアクセス可能であり，大規模な宅地開発が期待されている．このどちらかの駅前に，2つの大手コンビニ，セレブイレブン（以下セレブ）とファミリーモール（以下ファミモ）が出店しようと考えている．

両駅にはコンビニがないため，出店すれば多くの客が利用すると考えられている．A駅にコンビニができた場合は1日1200人が，B駅にコンビニができた場合は1日300人が利用すると考えられている．

もし両コンビニが違う駅前に出店すれば，その駅の利用客はすべて獲得できるものとする．

> また，同じ駅前に出店すれば，品揃えの豊富さと店の大きさから，ファミモがセレブの2倍の客を集めることができると仮定しよう．すなわち両コンビニがA駅に出店した場合は，セレブが400人でファミモが800人，両コンビニがB駅に出店した場合は，セレブが100人でファミモが200人の客を獲得するとする．
>
> 利用客を多く獲得するために，2つのコンビニはどのような意思決定をすればよいのだろうか．ここでは，2つのコンビニとも相手の行動を観察できず，同時に意思決定を行うものとして考えよう．

上述したように，このゲームは2つのコンビニが同時に行動すると考えているので，戦略形ゲームであると考えることができる．

戦略形ゲームは，次の3つの要素，**プレイヤー**（player），**戦略**（strategy），**利得**（payoff）を明らかにすることで表現できる．

プレイヤー　　ゲームのプレイヤーは，意思決定を行う主体である．個人であることもあれば，企業や国であることもある．**モデル1**では，プレイヤーはセレブとファミモの2つのコンビニである．

このような2人のプレイヤーからなる戦略形ゲームは，2人戦略形ゲームと呼ばれ，ゲーム理論のもっとも基本的なゲームである．

戦略　　戦略形ゲームにおいて，プレイヤーが選択可能な行動を戦略と呼ぶ．**モデル1**では，セレブの戦略は「A駅」（A駅に出店する）か「B駅」（B駅に出店する）かの2つである．ファミモの戦略も「A駅」か「B駅」かの2つである．今回は2つのプレイヤーとも戦略の候補が同じとなったが，これは異なってもかまわない．ゲーム理論では，各プレイヤーが選びうる戦略の候補がすべて列挙されていなければならない．

利得　　戦略形ゲームでは，各プレイヤーが戦略を選択すると，ゲームの結果が定まると考える．戦略形ゲームにおける**結果**（outcome）とは，すべてのプレイヤーが戦略を1つ選択したときの**戦略の組**（strategy profile）を指す．この結果に対する各プレイヤーの好みを数値で表したものをプレイヤーの利得と呼ぶ．戦略形ゲームで現象を記述するためには，すべての戦略の組合せに対する，各プレイヤーの利得が定まっていなければならない．分析したい対象を

モデル化するときには，この「利得をどのように測るか」ということが大きな問題となる．**モデル1**では両コンビニの利用客数を利得としておこう．

このように3つの要素を明確に記述すれば，戦略形ゲームを作ることができる．

定義2.1（戦略形ゲーム）
戦略形ゲームは，プレイヤー，各プレイヤーの戦略，各プレイヤーの利得の3要素からなる．

モデル1のプレイヤー・戦略・利得をまとめ，戦略形ゲームとして表現すると表2.1になる．プレイヤーの利得は，すべての「プレイヤーの戦略の組合せ」（4通り）に対して定められていることに注意しよう．

ここで，「利得は利用客数ではなく，収益ではないのか」とか，「戦略として両方の駅に出店するという選択肢はないのか」と考える方もいるかもしれないが，1.3.5で述べたように，現実の問題をどう考えるかではなく，ゲーム理論を勉強するために分かりやすい戦略形ゲームの例として，上記のような戦略や利得を設定している．現実の問題をどうモデル化するかについては，ゲーム理論の全体が分かった後の3.3.3で考察することにしよう．

現実には，誰がプレイヤーか，プレイヤーの戦略は何か，そのときの損得である利得は何か，を明確にすることは難しい．相手の利得はおろか，たいていの場合，自分には何ができるのか（戦略の集合）を知ること，自分は何をもって損得と考えるのか（利得）を知ることすら難しいことが多い．ましてや，相

表2.1 プレイヤー・戦略・利得

プレイヤー	セレブとファミモ			
戦略	セレブ	A駅に出店する，B駅に出店する		
	ファミモ	A駅に出店する，B駅に出店する		
利得	セレブの戦略	ファミモの戦略	セレブの利得	ファミモの利得
	A駅	A駅	400	800
	A駅	B駅	1200	300
	B駅	A駅	300	1200
	B駅	B駅	100	200

手に何ができるのか，相手は何をもって損得と考えるのかを推し量ることは至難の業である．

しかしながらゲーム理論を用いた分析に関しては，ここが出発点であると言える．私たちは戦略的な思考が要求される状況において，このようにプレイヤー，戦略の候補，そして自分と相手の損得（利得）について整理しようとは考えず，問題を漠然と考えていることが多い．ゲーム理論は，このような問題を整理するための方法であるとも言えるだろう．モデル化がすっきりとできれば，問題は半ば解けているも同然なのである．「敵を知り，己を知れば，百戦危うからず」という孫子の兵法は，このことをまさに表しているとも言える．

> **ポイント3　戦略形ゲームの3つの要素**
>
> 戦略形ゲームはプレイヤー・戦略・利得によって構成される．特に自分の利得を知ること，相手の利得が何かを考えることが大切である．

2.1.2　利得行列を作って考えよう

2人戦略形ゲームでは，ゲームの3つの要素（プレイヤー・戦略・利得）を**利得行列（payoff matrix）**と呼ばれるもので表現する．I市コンビニ戦争PART1の利得行列は，図2.1のようになる．

利得行列では，一方のプレイヤーが自分の行動として行（左から右に向かって横に文字が並ぶ概念）を選択し，もう一方のプレイヤーが列（上から下に向かって縦に文字が並ぶ概念）を選択すると考える．図2.1ではセレブが「A駅」か「B駅」かの2つの行から1つを選択し，ファミモは「A駅」か「B駅」かの2つの列から1つを選択する．セレブのように行を選択するプレイヤーを**第1プレイヤー（player one）**と呼び，ファミモのように，列を選択するプレイヤーを**第2プレイヤー（player two）**と呼ぶこともある．

2人のプレイヤーが選択した行と列の交わった部分にあるカッコの中の2つの数字は，2人のプレイヤーの利得を表している．左側がセレブの利得であり，右側がファミモの利得である．

戦略形ゲームの中でも，このような2人のプレイヤーが2つの戦略の中から選択をするゲームは，ゲーム理論の中でもっとも単純で，なおかつ基本的なも

図2.1　I市コンビニ戦争PART1の利得行列

セレブ \ ファミモ	A駅	B駅
A駅	(400, 800)	(1200, 300)
B駅	(300, 1200)	(100, 200)

のであり，「2×2ゲーム（two by two game）」と呼ばれる．

次に挙げるモデル2，モデル3，モデル4は，後の節で分析される2×2ゲームである．プレイヤー・戦略・利得は何であるかを求め，利得行列を完成させてみよう．

モデル2　I市コンビニ戦争PART2

I市コンビニ戦争PART1と同じ設定だが，A駅の利用客は600人，B駅の利用客は300人と利用客数を変えて考えてみよう．

もし両コンビニが違う駅前に出店すれば，その駅の利用客はすべて獲得できる．両コンビニがA駅に出店した場合は，セレブが200人でファミモが400人，両コンビニがB駅に出店した場合はセレブが100人，ファミモが200人の客を獲得するとする．

モデル3　I市コンビニ戦争PART3

I市コンビニ戦争PART1と同じ設定だが，A駅の利用客は600人，B駅の利用客は750人と利用客数を変えて考えてみよう．

もし両コンビニが違う駅前に出店すれば，その駅の利用客はすべて獲得できる．両コンビニがA駅に出店した場合は，セレブが200人でファミモが400人，両コンビニがB駅に出店した場合はセレブが250人でファミモが500人の客を獲得するとする．

モデル4　精巧堂vs便乗工房

精巧堂は，一部のマニアに人気の高い精巧で魅力的な人形を作るメーカーで，発売する人形は，一般人も買い求めるような大ブームを引き起こす．一方の便乗工房は，いつも精巧堂のブームに乗り，精巧堂のと似た，

手軽で安い人形を作って，独自の販売ルートで一般人向けに大量に人形を売っている．精巧堂と便乗工房の間にはいつもトラブルが絶えない．

今回，2社は来年4月1日に公開されるアニメ「オバンガリアン」の人形のうち1体を売り出す権利を得た．売り出しの条件として，4月1日に同時に売り出すという約束になっているため，今回は便乗工房は精巧堂の手のうちが読めず，相手の出す人形が何かを当てなければならない．精巧堂と便乗工房は，2人のヒロイン「彩美麗華」(Ayami Reika，以下人形A）と「バズーカ裕美」(Bazooka Hiromi，以下人形B）のどちらか1体の人形を売り出す．

ヒロインではどちらかというと，人形Aのほうが人気が高い．もし2社が人形Aを売り出せば，精巧堂・便乗工房共に売り上げは120である（単位は10万円）．一方，2社が人形Bを売り出せば，精巧堂・便乗工房共に売り上げは96である．精巧堂が人形A，便乗工房が人形Bを売り出せば，人形Aだけがブームになるので，精巧堂の売り上げは216で，便乗工房は24である．逆に精巧堂が人形B，便乗工房が人形Aを売り出せば，人形Bだけがブームになるので，精巧堂の売り上げは192で，便乗工房は48である．

精巧堂は，便乗工房とは異なる人形を選びたい．逆に便乗工房は精巧堂と同じ人形を選びたい．2社はどのように戦略を選べばよいのだろうか．

モデル2，モデル3とモデル4の利得行列は，それぞれ図2.2，図2.3，図2.4のようになる．

2.2 戦略形ゲームを解く

2.2.1 ゲームを解く

現実の現象を戦略形ゲームで表現し利得行列を書いた後は，どのように分析を進めればよいのであろうか．私たちの最終的な目標は，モデル化されたゲームでどのプレイヤーがどのような行動をとるかを予想することである．この予想される結果を非協力ゲームの**ゲームの解**（solution）と呼び，ゲームの解を

図2.2　I市コンビニ戦争PART2の利得行列

セレブ \ ファミモ	A駅	B駅
A駅	(200, 400)	(600, 300)
B駅	(300, 600)	(100, 200)

図2.3　I市コンビニ戦争PART3の利得行列

セレブ \ ファミモ	A駅	B駅
A駅	(200, 400)	(600, 750)
B駅	(750, 600)	(250, 500)

図2.4　精巧堂vs便乗工房の利得行列

精巧堂 \ 便乗工房	人形A	人形B
人形A	(120, 120)	(216, 24)
人形B	(192, 48)	(96, 96)

求めることを**ゲームを解く**（solving the game）と言う．

　ゲーム理論を用いようとしている読者には，2つのケースが想定される．1つは，読者自身がプレイヤーであって，相手とのゲームに戦略的思考を働かせ，何とか良い選択を行おうとしている場合である．例えばあなたが企業人であって，相手企業との交渉をうまく進めようと考えており，自分がどのような戦略をとるべきか分析している場合である．もう1つは，読者自身はプレイヤーではない第三者であって，ある状況をゲーム理論を使って分析している場合である．もしあなたが政治学の研究者であって，日米の外交問題の行方がどうなるのかゲーム理論を使って分析したいと考えている場合は，これに相当する．

　ゲーム理論ではどちらの場合も，ゲームの解に対する考え方は同じになる．それは第三者の視点で，すべてのプレイヤーがどのような行動をするのかを予

測し，なおかつゲームの中のプレイヤーもそのような視点を持っていると考えることである．

　自分がゲームのプレイヤーであったならば，他のプレイヤーがどのような戦略を選択するか考察することなしには，自分の行動は選択できない．このとき相手が自分と関係なく行動を選択すると考えるべきではない．たぶん相手も自分の行動を予測して，どのように行動すべきか考えているであろう．結果として，自分も相手も第三者としてゲームを見ており，相手の中の自分，自分の中の相手を客観視しながらゲームの結果を予測していると言えるだろう．これに対し自分がもともと第三者であったとしても，ゲームの中のプレイヤーは，自分がどのように高い利得を得るか一生懸命に判断すると考えるべきであろう．

　確かに実際のゲームのプレイヤーの中には，よく考える者もいれば，あまり考えない者もいる可能性がある．しかし本書では第1章で述べたように，非常に合理的でよく考える人間をプレイヤーと考える．様々なプレイヤーがいる可能性を考えることも重要であるが，予測される結果というものは広くなればなるほど価値を失うものである．「相手の考え方によってはすべての結果がありうる」という答えは，必ず当たる予想であるが価値のない予想でもある．

　さて，このようにゲーム理論では，自分がゲームのプレイヤー当事者であっても，第三者であるかのように自分と相手の最適な選択を考えて予測する．では，具体的にはどのように考えを進めて，ゲームを解けばよいのであろうか．以下の3つのステップがそのポイントとなる．

ポイント4　ゲームを解く思考方法

　ゲームを解く思考方法は以下の通りである．

第1ステップ　まずゲームの中のプレイヤーごとの視点に立ち，そのプレイヤーの立場になって考える．

第2ステップ　自分が考えているプレイヤー以外が選択したすべての戦略に対して，どの戦略が一番高い利得を与えるか考える．

第3ステップ　すべての戦略に対して検討したら，次に別のプレイヤーの視点に立ち，第2ステップを続ける．すべてのプレイヤーに対してこれを検討する．

2.2.2 支配戦略を探せ

ゲームを解く思考方法に従って，モデル1のゲームの解を求めてみよう（図2.5）．

ゲームを解く思考方法では，各プレイヤーの視点に立つことが第1ステップであった．そこで，まずセレブの視点に立って考えてみよう．このときの第2ステップは，セレブ以外のプレイヤーであるファミモが選んだすべての戦略に対し，どの戦略が一番高い利得を与えるかを考えることである．

- ファミモが「A駅に出店」の戦略を選択するならば，セレブは「A駅に出店」の戦略を選択した（利得400）ほうが，「B駅に出店」の戦略を選択する（利得300）より利得が高い．
- ファミモが「B駅に出店」の戦略を選択した場合も，セレブは「A駅に出店」の戦略をとった（利得1200）ほうが，「B駅に出店」の戦略をとる（利得100）より利得が高い．

したがって，セレブの「A駅に出店する」という戦略は「B駅に出店する」という戦略より，ファミモのどんな戦略に対しても利得が高い．このような戦略を**支配戦略**（dominant strategy）と呼ぶ．

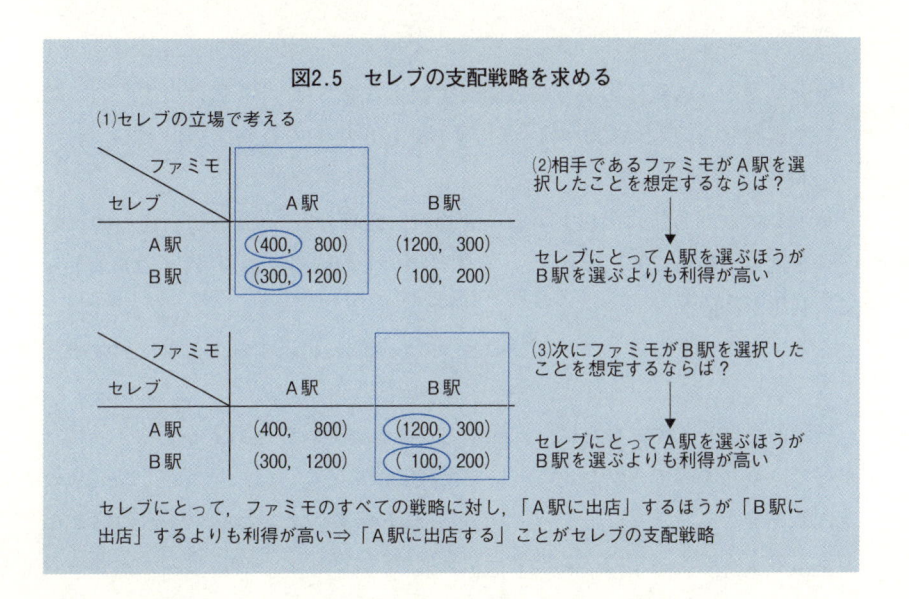

図2.5 セレブの支配戦略を求める

(1) セレブの立場で考える

セレブ＼ファミモ	A駅	B駅
A駅	(400, 800)	(1200, 300)
B駅	(300, 1200)	(100, 200)

(2) 相手であるファミモがA駅を選択したことを想定するならば？
→ セレブにとってA駅を選ぶほうがB駅を選ぶよりも利得が高い

セレブ＼ファミモ	A駅	B駅
A駅	(400, 800)	(1200, 300)
B駅	(300, 1200)	(100, 200)

(3) 次にファミモがB駅を選択したことを想定するならば？
→ セレブにとってA駅を選ぶほうがB駅を選ぶよりも利得が高い

セレブにとって，ファミモのすべての戦略に対し，「A駅に出店」するほうが「B駅に出店」するよりも利得が高い ⇒「A駅に出店する」ことがセレブの支配戦略

定義2.2（支配戦略）
　あるプレイヤーのある戦略が，他のプレイヤーのすべての戦略に対して，他のどんな戦略よりも高い利得を与えるとき，その戦略はそのプレイヤーの支配戦略と呼ばれる．

　「A駅に出店」という戦略は，セレブの支配戦略である．支配戦略とは，自分にとって「絶対優位な戦略」であると言える．ゲームを解くためには，一番最初に支配戦略があるかどうかを探す．プレイヤーに支配戦略がある場合は，そのプレイヤーがとるべき行動は簡単で，支配戦略を選択すればよい．

> **ポイント5　まず支配戦略を探せ**
> 　支配戦略とは，相手のどの戦略に対しても，自分の他の戦略より良い戦略，つまり絶対優位な戦略のことである．自分に支配戦略があるときは，その戦略を選択せよ．相手もそうするはずである．

　ゲームを解く思考方法では，次にファミモの視点で検討を行う（図2.6）．セレブとファミモでは利得の右と左，縦と横が逆になることに注意しながら考えてほしい．

　ファミモにとっては，
- セレブが「A駅に出店」の戦略を選択するならば，「A駅に出店」の戦略を選択した（利得800）ほうが，「B駅に出店」の戦略を選択する（利得300）より利得が高い．
- セレブが「B駅に出店」の戦略を選択した場合も，「A駅に出店」の戦略を選ぶ（利得1200）ほうが，「B駅に出店」の戦略を選ぶ（利得200）より利得が高い．

となる．このことから，ファミモにとってもA駅に出店することが支配戦略となる．

　合理的なプレイヤーならば，支配戦略があればそれを選択するだろう．したがって，もしすべてのプレイヤーに支配戦略があるならば，全員がそれぞれの支配戦略をとることが，ゲームの予想される結果，すなわちゲームの解となる．このようなすべてのプレイヤーに支配戦略があるときの，その支配戦略の

図2.6　ファミモの支配戦略を求める

(1) ファミモの立場で考える

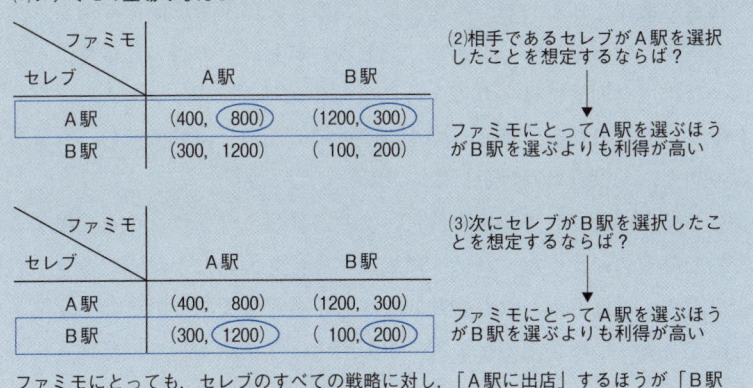

セレブ ＼ ファミモ	A駅	B駅
A駅	(400, 800)	(1200, 300)
B駅	(300, 1200)	(100, 200)

（A駅行のセレブA駅のとき800、B駅のとき300が囲まれている）

(2) 相手であるセレブがA駅を選択したことを想定するならば？
↓
ファミモにとってA駅を選ぶほうがB駅を選ぶよりも利得が高い

セレブ ＼ ファミモ	A駅	B駅
A駅	(400, 800)	(1200, 300)
B駅	(300, 1200)	(100, 200)

（B駅行の1200と200が囲まれている）

(3) 次にセレブがB駅を選択したことを想定するならば？
↓
ファミモにとってA駅を選ぶほうがB駅を選ぶよりも利得が高い

ファミモにとっても，セレブのすべての戦略に対し，「A駅に出店」するほうが「B駅に出店」するよりも利得が高い ⇒ 「A駅に出店する」ことがファミモの支配戦略

組合せを**支配戦略均衡**と呼ぶ．モデル1では，「セレブもファミモも共にA駅に出店すること」が支配戦略均衡であり，ゲームの解となる．

定義2.3（支配戦略均衡）
すべてのプレイヤーに支配戦略が存在するとき，その支配戦略の組合せを支配戦略均衡と呼ぶ．

支配戦略均衡は，もっとも簡単で明快なゲームの解である．

2.2.3 【応用】囚人のジレンマ

支配戦略均衡があるときに，それがゲームの解であることは当たり前に思える．しかしゲーム理論ではこのもっとも単純明快な場合だけを考えても，1つの大きな問題が浮かび上がる．それが囚人のジレンマ（prisoner's dilemma）である．ここで以下の**モデル5**における支配戦略均衡を求め，そのゲームの解について考えてみよう．

モデル5　短期的な視点からの成果主義

職場においても大学のサークルにおいても，誰かがやらなければならない仕事というものは存在するものだ．しかし，短期的視点での成果主義

は，こういった組織全体での雑用的な仕事をやるインセンティブを失わせる結果となる．ここでは，以下のような例を想像してみよう．

　A君（あなた）とB君（相手）は，ある企業に勤める同僚であり，良きライバルでもある．若い2人は，同じ課に属し，その課の先輩や上司から様々な雑用を仰せ付けられる．特にコンピュータに詳しい2人は，プリンタやファイルの共有，グループウエアの導入など，自分の課のパソコン環境の向上に一役買わなければならない．

　もし2人が協力して雑用を片付けたり，仕事上のノウハウを交換するなどして協力的に仕事をすれば，職場の生産性も大いに上がるだろう．しかしながら，最近導入された短期的な成果主義が2人のそのインセンティブを阻害する．この企業では最近，自分の上げた業績が給与に反映されることになった．そして問題は，このような雑用は業績には反映されず，しかも課の中の1人が犠牲になって片付ければ十分だというところである．また仕事上のノウハウも相手だけが教えてくれれば，自分にとっては大変有利なことである．2人はお互いに協力すべきかどうかで，以下のような状況に直面しているとしよう．

- もし2人が協力すれば，その負担も楽だし，仕事のノウハウも交換でき，大いに快適だ．よって雑用の負担を考えても1人当たり月4万円ぐらいのプラスにはなる．
- もしA君だけが協力し，B君は協力しなかったとしよう．こうなると職場環境はよくなり，B君の仕事上の技量は上がるが，A君の負担は大変で，しかもA君のノウハウは向上しない．2人の成果には大きな差が生まれるだろう．この場合はA君は成績ダウンとストレスで月に6万円のマイナス，B君は10万円のプラスになると考えよう．
- 反対にA君が協力せず，B君が協力したならば，上の場合と反対にA君は月に10万円のプラス，B君は6万円のマイナスとする．
- もし2人とも協力しなければ，環境には何も変化がない．したがってA君，B君共にプラスもマイナスもない．

モデル5の利得行列を図2.7に示した．ゲームを解くには，それぞれのプレ

イヤーの立場で，どのような選択が最適なのかを考えていく．まずA君の立場で考えてみよう．

- B君が「協力する」という戦略を選択するならば，A君は「協力しない」という戦略を選択した（利得10）ほうが，「協力する」という戦略を選択する（利得4）より利得が高い．
- B君が「協力しない」という戦略を選択したとしても，A君は「協力しない」の戦略を選択した（利得0）ほうが，「協力する」という戦略を選択する（利得−6）よりも利得が高い．

これによりA君の「協力しない」という戦略は，B君のどんな戦略に対しても「協力する」という戦略より利得が高いことが分かる．「協力しない」という戦略はA君の支配戦略である．

またA君と同様に，B君にとっても「協力しない」ことが支配戦略である．そこで，「A君もB君も協力しない」ことが支配戦略均衡であり，ゲームの解となることが分かる．しかしながら，「両方とも協力しない」という結果（それぞれ利得0）は，「両方とも協力する」（それぞれ利得4）という結果よりも，2人にとって利得が低くなっているのだ！（図2.7）

2人は自分にとって利得が高くなるような合理的な選択をしたはずだが，その帰結は2人にとって良い状態ではない．これは，戦略的な思考や個人の合理的な行動の帰結が，必ずしもプレイヤー全体にとって良いことではないことを示している．

ここで**モデル5**の構造についてもう一度整理してみると，以下の3つの特徴があることが分かる．

1. どちらのプレイヤーも，相手が「協力する」を選んだときには，自分は「協力する」を選ぶより「協力しない」を選んだほうが利得が高い．

図2.7　成果主義のジレンマ

A君 \ B君	協力する	協力しない
協力する	(4, 4)	(−6, 10)
協力しない	(10, −6)	(0, 0)

2. どちらのプレイヤーも，相手が「協力しない」を選んだときには，自分は「協力する」を選ぶより「協力しない」を選んだほうが利得が高い．
3. しかしどちらのプレイヤーも，お互いが「協力しない」を選んだときより，お互いが「協力する」を選んだときのほうが利得が高い．

　このような3つの特徴を持つゲームは，囚人のジレンマと呼ばれる．それは，この構造を持つゲームを分かりやすく紹介するために数学者**タッカー**（Albert W.Tucker）が作り出した以下のストーリーによる．

> **モデル6　囚人のジレンマ**
>
> 　共犯で重い犯罪を犯した2人の人間が，捜査のため別件で逮捕されている．警官が2人を別々の場所に隔離して取り調べを行い，それぞれに「もし相手が黙秘し，お前だけが重罪を自白したのなら無罪にしてやろう」と司法取引を持ちかけている．もしこの誘いに乗って，一方が黙秘し，もう一方は自白したならば，自白したほうは無罪で釈放，黙秘したほうは罪が重く10年の懲役が科せられるものとする．共に自白してしまった場合は，自分だけ黙秘して警官に協力しないよりは少し良く，5年の懲役であるとしよう．もし共に黙秘したままならば，現在の別件逮捕での罪に問われて，共に1年の懲役であるとしよう．あなたが囚人ならば黙秘するか？自白するか？

　この関係は，図2.8のように表すことができる．

　共に黙秘を続けていれば1年の懲役で済むが，このとき自分だけが自白すれば釈放される．重要なことは相手が自白しているときにも，自分は自白したほうがよいという点である．したがって相手が黙秘していても自白していても，どちらでも自分は自白したほうが良い結果となる．かくして両方とも自白をするが，この場合は両方が黙秘をした場合よりも悪い結果となる．これが囚人の「ジレンマ」となるのでこの名前がついている．仮に無罪釈放時の利得は0，懲役1年のときの利得は-1，懲役5年のときの利得は-5，懲役10年のときの利得は-10としておこう．囚人のジレンマの利得行列は図2.9のように書くことができる．

　図2.9の支配戦略均衡は「共に自白すること」であるが，それは「共に黙秘

図2.8 囚人のジレンマ

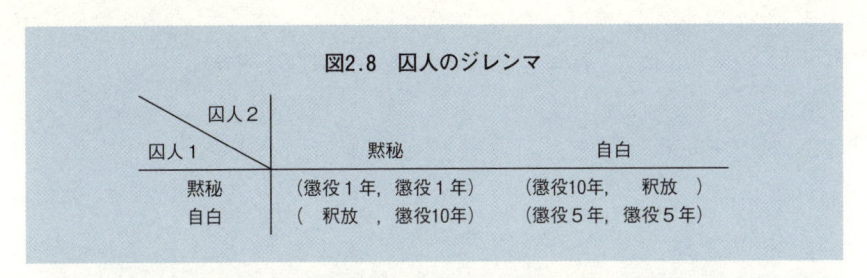

囚人1 \ 囚人2	黙秘	自白
黙秘	(懲役1年, 懲役1年)	(懲役10年, 釈放)
自白	(釈放, 懲役10年)	(懲役5年, 懲役5年)

図2.9 囚人のジレンマの利得行列

囚人1 \ 囚人2	黙秘	自白
黙秘	(−1, −1)	(−10, 0)
自白	(0, −10)	(−5, −5)

すること」より2人にとって悪い結果になっている．同様にモデル5の短期的な成果主義の失敗において，支配戦略均衡は「両方とも協力しないこと」であるが，両プレイヤーにとって「両方とも協力すること」がこれより良い結果をもたらす．

支配戦略は各個人に対して，どんなときも一番良い戦略であるはずだ．しかし支配戦略均衡が社会全体にとって一番良い状態になるとは限らない．これは個人が合理的に選択したとしても，その結果としてのプレイヤー全体の戦略の帰結が必ずしも合理的にならないことを意味している．このことを，**個人の合理性は社会の合理性と必ずしも一致しない**，などとも言う．個人の合理性の帰結が社会の合理性を必ずしも意味しないことを論理的に示したことは，ゲーム理論の大きな成果の1つである．

囚人のジレンマを解決して，双方にとってより良い結果を実現するにはどうすればよいのだろうか．このような協調の実現は，やはりゲーム理論の大きなテーマである．これについては本書の8.3.1などで再度考察することになる．

2.2.4 最適反応戦略を考える

前章ではプレイヤーに支配戦略がある場合を考察した．これに対しモデル2のI市コンビニ戦争PART2では，セレブには支配戦略がない（図2.10に再

図2.10　再掲：I市コンビニ戦争PART2の利得行列

セレブ \ ファミモ	A駅	B駅
A駅	(200, 400)	(600, 300)
B駅	(300, 600)	(100, 200)

掲).

　ここであなたがセレブの立場なら，どのように考えるだろうか．セレブには，相手が何をしてもそれを選べばよいという支配戦略はない．それでは，セレブの以下のような考え方は正しいと言えるだろうか．

- 自分が利得をもっとも大きくできるのは，自分がA駅に立地し，ファミモがB駅に立地して利得600を得るときである．したがって最大の利得を獲得するためにA駅に立地すべきだ．
- 自分の利得が最小になるのは，自分も相手もB駅に立地して利得100になるときである．最悪になるのを避けるためにA駅に立地すべきだ．

　もしファミモがゲームのプレイヤーではなく，サイコロのように意思決定をしない不確実性を作り出すのであれば，それに賭けてみるのもよいかもしれない．

　しかし，ここでファミモは意思決定をするプレイヤーである．セレブはファミモがどのような意思決定や行動を選ぶかを推測し，行動しなければならない．ゲーム理論では，相手のプレイヤーが自然や機械のようにデタラメに行動すると考えてはいけない．各プレイヤーは，相手プレイヤーがどのように行動するかを推測して自分の意思決定を行うのである．

ポイント6　相手も意思決定するプレイヤー

　ゲーム理論の思考方法では，各プレイヤーは自分以外のプレイヤーをデタラメに行動する機械や自然のようには考えない．また，相手の行動を，自分にとって都合の良いように楽観的に考えたり，都合悪く悲観的にも考えない．相手も自分と同じように，自分の利得を最大化するために行動すると考える．

ではゲーム理論では，この結果をどのように予測するのであろうか．先に示したゲームを解く思考方法で考えてみよう．第1ステップは，各プレイヤーの視点に立つことであった．

そこでセレブの視点に立って考えてみよう．第2ステップは，セレブの視点で，ファミモのすべての戦略に対し，セレブのどの戦略が一番高い利得を与えるかを考えることである．

- ファミモが「A駅に出店」したときは，セレブは「B駅に出店」したほうが（「A駅に出店」するより）高い利得を与える．
- ファミモが「B駅に出店」したときは，セレブは「A駅に出店」したほうが（「B駅に出店」するより）高い利得を与える．

このようにセレブにとって良い戦略は，ファミモの選ぶ戦略によって変わる．もしセレブに良い戦略がファミモの戦略にかかわらず同じであれば，それが支配戦略になり，その戦略を選択すればよいのであるが，セレブには支配戦略はない．実は，このような支配戦略がないゲームこそ，ゲーム理論の思考法が効力を発揮するのである．

このような場合は，先ほどの思考方法の第2ステップがさらに重要さを増してくる．第2ステップでは，相手の戦略それぞれに対して，自分にとって一番利得が高い戦略を求めた．このような戦略を，相手の戦略に対する**最適反応戦略**（best response strategy）と呼ぶ．

定義2.4（最適反応戦略）
他のプレイヤーの戦略に対して，自分の利得を最大にする戦略を，（その戦略に対する）最適反応戦略と呼ぶ．

図2.10において，セレブの視点での戦略の検討を最適反応戦略という言葉で言い換えてみると，
- ファミモがA駅に出店するときのセレブの最適反応戦略はB駅に出店すること
- ファミモがB駅に出店するときのセレブの最適反応戦略はA駅に出店すること

となる．

最適反応戦略は，必ず「——に対する最適反応戦略」のように，「相手のどの戦略に対してか」をつけて答えることに注意する．「セレブの最適反応戦略はA駅に出店すること」といった言い方は不正確である．

> **ポイント7　最適反応戦略を考える**
> ゲーム理論の思考方法では，各プレイヤーに対して，そのプレイヤー以外のすべての戦略に対する「最適反応戦略」を考察する．

さて，次にファミモの視点で，ファミモの最適反応戦略を考察してみる．すると，

- セレブがA駅に出店するときのファミモの最適反応戦略はA駅に出店すること
- セレブがB駅に出店するときのファミモの最適反応戦略はA駅に出店すること

となる．ここでセレブのすべての戦略に対して，ファミモがA駅に出店することはB駅に出店することより高い利得を与える．すなわちファミモには支配戦略があり，それはA駅に出店することである．

これをもとにゲームの解について検討してみよう．ファミモにとってはA駅に出店することは支配戦略であるので，必ずA駅に出店するはずである．セレブは，そのようなファミモの行動を読まなければならない．ファミモがA駅に出店することを考えれば，セレブはその最適反応戦略であるB駅に出店すべきである．したがって，このゲームの結果を予測すれば，「セレブはB駅に立地し，ファミモはA駅に立地する」となる．先の楽観的な考えも悲観的な考えも誤った予測と言える．

このように一般的に，2人ゲームにおいて一方のプレイヤーに支配戦略があるときは，そのプレイヤーが支配戦略を選択し，もう1人のプレイヤーが最適反応戦略を選択することがゲームの解となるのである．

> **ポイント8　2人のうち1人に支配戦略がある場合のゲームの解**
> 2人ゲームにおいて，一方のプレイヤーに支配戦略があるときは，そのプレイヤーが支配戦略を選択し，もう一方のプレイヤーが最適反応戦略を選択することがゲームの解となる．

なお，今回のファミモの戦略を見て分かるように，支配戦略は「相手のすべての戦略に対して最適反応戦略となる戦略」と言い換えてよさそうにも思える．これは，ほとんど正しいが厳密には違っている．最適反応戦略は「利得を最大にする戦略」であるので，利得を最大にする戦略が2つ以上（最大値が2つ以上）あるときは，それらの戦略はすべて最適反応戦略となる．しかし支配戦略は他の戦略より必ず良い利得でなければならず，他の戦略と同じ利得では支配戦略とは呼ばない．このため厳密には，支配戦略は「相手のすべての戦略に対して最適反応戦略となる戦略」とは言い換えられないのである．これについて，詳しくは第4章で扱う．

2.2.5 【応用】小さな者が大きな者に勝つ方法

ゲーム理論を使えば，小さな者が大きなプレイヤーに勝つ方法のヒントを得ることができる．ここでは以下の例を考えてみよう．

> **モデル7　小国の交渉力**
>
> 　万里川は2つの国「大国」と「小国」の国境を流れる大きな川である．川の両岸には「大国」と「小国」の工場群が並び，川の水を工業用水として利用し，廃水を処理して川に流している．しかしながら昨今の川の水質汚染は深刻であり，このままでは工業用水の利用すら不可能になる．そこで両国は，浄化装置の設置や工場の生産量の削減などによって河川環境を改善するための2国間交渉を行うことにした．
>
> 　交渉においては廃水処理にかかる費用や，水質監視に関わる費用，生産量の削減による損失補填費用など，河川環境改善のための費用負担をどうするべきかに焦点が当てられている．「小国」ではこの河川の工場地帯が国の経済の根幹を担っている．したがって河川周辺の工場地帯は「大国」側を上回る工場数と工業生産量を誇り，（小国といえども）排水量や取水量も「大国」側と同程度である．
>
> 　費用負担に対して「大国」側は，「川における工場の生産量や排水量・取水量はほぼ同じなのだから，両国が等分に負担すべき」と主張している．一方，「小国」側は「河川汚染は自国だけでは問題がなかったのだが，『大国』側の後発的な工場の立地により汚染が深刻になった」として，「大

国」の全面的な経済負担を求めている．実際は「小国」の経済力が乏しく，経済的負担はできないというのが本音のようだ．

　両国は交渉において「妥協」か「強硬」かの2つの態度の選択を迫られている．「大国」が「妥協」し「小国」が「強硬」の態度をとれば，「大国」が全面的な経済負担をすることになる．「大国」が「強硬」に出て「小国」が「妥協」すれば，両国の経済負担は等分になる．両国が「妥協」すれば，「小国」が可能な経済負担を考慮して，「大国」の費用負担が80％ということに落ち着きそうだ．両国が「強硬」に出た場合は交渉が決裂する．両国とも経済負担は少ないほうがよい．

　問題は交渉の決裂の影響である．自国経済に余裕がある「大国」にとっては，交渉が決裂し汚染が深刻になるよりは，自国が費用を全額負担するほうがよいと考えている．一方，自国経済に余裕がない「小国」にとっては，費用の等分負担では自国経済が壊滅的打撃を被るため，それならば交渉の決裂のほうを望む．

　このモデルを利得行列のように表現すると図2.11のようになる．**モデル7**では利得が数値では表されていない．

　しかし，後に検討するようにゲーム理論では，利得は大きさの順番さえつけば解くことができる場合が多い．「大国」と「小国」が好む結果順に4，3，2，1と利得を割り振れば，**モデル7**では以下のような利得になると考えられる．

	大国の利得	小国の利得
交渉が決裂	1	2
大国がすべて経済負担をする	2	4
大国と小国の経済負担が等分	4	1
大国の経済負担が80％	3	3

　このように設定すれば利得行列は図2.12のようになる．

　この問題では「大国」には支配戦略はない．これに対して，「小国」は「強硬」が支配戦略である．したがって，ゲームの解は「小国」が「強硬」となり，「大国」は「妥協」を選択し，結果としては「大国」が費用を全額負担する．

図2.11 「小国」の交渉力

大国＼小国	強硬	妥協
強硬	（　交渉決裂　）	（　等分負担　）
妥協	（大国の全額負担）	（大国の80％負担）

図2.12 「小国」の利得行列

大国＼小国	強硬	妥協
強硬	(1, 2)	(4, 1)
妥協	(2, 4)	(3, 3)

　このような小さな国が，自分には全く余裕がないがゆえに「大国」に対して強い交渉力を持つケースは現実にもしばしば見られる．このような外交戦略は俗に**瀬戸際戦略**（brinkmanship）などとも呼ばれる．

　同様の例として，McMillan（1992）の**合理的な豚**（rational pig）の例を挙げておこう．この本はMBAのゲーム理論のテキストとして高い評価を得ている本で，日本語にも翻訳されている．

―― モデル8　合理的な豚 ――

　大きな豚と小さな豚の2匹がある実験施設の大きな檻に入れられている．この檻の一方の隅にはエサ場があり，これと反対側の遠く離れた隅にはレバーがついていて，このレバーを押すと一定量だけエサ場にエサが出ることになっている．豚はエサを食べたいが，できるだけ動きたくない．ここで，話を数字に置き換えて話を分かりやすくするために，エサは5単位出て，エサのためにボタンを押しに行くとエサ1単位分の苦痛（苦労）を伴うことにしておこう．

　ボタンを押さなければエサは食べられない（0単位）．2匹の豚がボタンを押しに行き，2匹で帰ってくると，大きな豚は小さな豚をエサ場から押しのけて全部のエサを食べてしまう．大きな豚は5単位のエサに1単位分の「苦労」があるので，4単位分得をして，小さな豚は1単位の苦労の

みなので，1単位の損（−1）である．大きな豚だけがボタンを押しに行くと，大きな豚が帰ってくるまでの間に，小さな豚は2単位だけエサを食べることができる．したがって，この場合は大きな豚が3単位食べられて1単位損なので2単位の得，小さな豚も2単位の得．小さな豚だけがボタンを押しに行くと，大きな豚は5単位の得，小さな豚は1単位の損である．

さてこのような状況で，どのような結果となるだろうか．

図2.13　合理的な豚の利得行列

大豚＼小豚	ボタンを押しに行く	エサ場でただ待つ
ボタンを押しに行く	(4, −1)	(2, 2)
エサ場でただ待つ	(5, −1)	(0, 0)

モデル7においても，モデル8においても，弱い者は相手に妥協しては負けてしまう．相手はこのことを知ると自分が妥協するしかない．このような状況から，強いほうが妥協する結果となる．

これを利用して，弱い立場にある者は強者に対して強い交渉力を得ることができる．いわゆる「背水の陣」は，自分たちが後には戻れないようにして，士気を高める心理的な方法であるが，ゲーム理論的な考え方では，相手に自分たちが後ろに引けないことを知らせることで，妥協を引き出すことができると考える．「背水の陣」は自分たちの独り善がりで敷くのではなく，相手に知らせてこそ効果的なのである．

── ポイント9　瀬戸際戦略とゲーム理論的「背水の陣」──

自分を後に引けなくすることで，交渉力を強めることができる．このときは，自分の気持ちを高めるだけではなく，相手にそれを知らせることが重要である．

2.3 予想の先に行き着くもの——ナッシュ均衡

2.3.1 ナッシュ均衡とは

前節では，プレイヤーに支配戦略がある場合を考察した．これにより2人のプレイヤーの少なくともどちらか一方のプレイヤーに支配戦略がある場合は，ゲームの解を求めることができるようになった．

これに対しモデル3のI市コンビニ戦争PART3では，どちらのプレイヤーにも支配戦略がないことが分かる（図2.14に再掲）．

ゲーム理論の思考方法に従って，このことを確かめてみよう．まずセレブの視点に立つと，

- ●ファミモが「A駅に出店」したときの最適反応戦略は「B駅に出店」
- ●ファミモが「B駅に出店」したときの最適反応戦略は「A駅に出店」

となることが分かる．次にファミモの視点に立つと，

- ●セレブが「A駅に出店」したときの最適反応戦略は「B駅に出店」
- ●セレブが「B駅に出店」したときの最適反応戦略は「A駅に出店」

となる．確かに，どちらのプレイヤーもすべての戦略に対して，同じ戦略が最適反応戦略となる「常に良い絶対優位な戦略」である支配戦略はない．両プレイヤー共に，自分にとっての良い戦略は相手がどのように行動するかによって，変わるのである．

このようなときのゲームの解はどうなるのだろうか．現在，このような非協力ゲームの一般的な解の概念には**ナッシュ**（John F. Nash）が定義した**ナッシュ均衡**（Nash equilibrium）が用いられている．ナッシュ均衡とは，全員が最適反応戦略をとりあっている戦略の組合せである．

図2.14 再掲：I市コンビニ戦争PART3の利得行列

セレブ \ ファミモ	A駅	B駅
A駅	(200, 400)	(600, 750)
B駅	(750, 600)	(250, 500)

定義2.5（ナッシュ均衡）

すべてのプレイヤーの戦略が最適反応戦略であるような戦略の組を，ナッシュ均衡と呼ぶ．

全員が最適反応戦略をとりあっているとは，どういうことであろうか．**モデル3**では，例えば「セレブがA駅に出店し，ファミモがB駅に出店する」という戦略の組合せはナッシュ均衡である．セレブについて考えてみると，ファミモがB駅に出店したときのセレブの最適反応戦略はA駅である．同様に，ファミモについてもセレブがA駅に出店しているときの最適反応戦略はB駅である．確かに両方のプレイヤーは最適反応戦略をとりあっている．

「最適反応戦略をとりあっている」というナッシュ均衡の定義は，**どのプレイヤーも，その戦略の組から自分1人だけが他のどんな戦略に変えても，自分の利得が高くならないような戦略の組である**，と言い換えることができる．この考え方を使うと，ある戦略の組合せがナッシュ均衡であるかをチェックするのに便利である．

例えば，先ほどの「セレブがA駅に出店し，ファミモがB駅に出店する」という戦略の組合せがナッシュ均衡かどうか，この考え方でチェックしてみると，

- セレブは，ファミモがB駅に出店している状態で，現在のA駅の選択（利得600）をB駅（利得250）に変えてもよくならない．
- ファミモも，セレブがA駅に出店している状態で，現在のB駅の選択（利得750）をA駅（利得400）に変えてもよくならない．

となり，確かにナッシュ均衡となっている．

次に「セレブもファミモもA駅に出店する」という戦略の組合せについて考えてみよう．ここではセレブは，ファミモがA駅に出店している状態では，現在のA駅の選択（利得200）より，B駅（利得750）に変えると利得が高くなる．したがって「セレブもファミモもA駅に出店する」という戦略の組合せはナッシュ均衡ではない．なおナッシュ均衡では，**すべてのプレイヤーが最適反応戦略を選んでいなければならない**ことから，ファミモについてはもはやチェックする必要はなく，この組合せはナッシュ均衡ではないと分かることに

注意しよう．

定義2.6（ナッシュ均衡の別の定義）

ある戦略の組に対して，各プレイヤーが（他のプレイヤーは戦略を変化させないとして），どんな他の戦略を選んでも利得を高くできないようなときに，その戦略の組はナッシュ均衡であると呼ばれる．

2.3.2 ここまでのゲームの解とナッシュ均衡

支配戦略，最適反応戦略と学び，ナッシュ均衡を学ぶと，いろいろな考え方が出てきて大変だ，または整合性がないと思われるかもしれないが，そんなことはない．実はここまでの支配戦略や支配戦略に対する最適反応戦略をとる，というゲームの解の考え方は，すべてナッシュ均衡という概念で統一して説明できるのである．

例えば，**モデル1**について考えてみよう．このゲームではセレブもファミモも共に「A駅に出店する」が支配戦略であり，それがゲームの解であった．支配戦略であるということは，相手がどんな戦略を選んでも，その戦略が最適反応戦略であるということであり，当然，相手がA駅に出店するという戦略を選んでも「A駅に出店すること」が最適反応戦略である．したがって，このゲームで「両方ともA駅に出店する」という戦略の組は最適反応戦略を選び合っていることになり，ナッシュ均衡であることが分かる．

次に**モデル8**の「合理的な豚」についても考えてみよう．このモデルでは「大きな豚がボタンを押しに行き，小さな豚がエサ場でただ待つ」ことがゲームの解であった．小さな豚にとっては，待つことが支配戦略であったので，大きな豚が何を選んでも（ボタンを押しに行っても）待つことが最適反応戦略である．一方，大きな豚にとっては，小さな豚の支配戦略（エサ場でただ待つ）に対する最適反応戦略（ボタンを押しに行く）を選択しているのであったから，この場合もナッシュ均衡であることが分かる．

すなわち，今まで出てきた「支配戦略均衡」や「支配戦略に最適反応戦略をとる」という考え方は，すべてナッシュ均衡の特殊ケースと考えられる．**戦略形ゲームの解**（solution for a strategic form game）は，ナッシュ均衡であると考えれば十分なのである．

> **ポイント10　戦略形ゲームの解**
> ナッシュ均衡が戦略形ゲームの解である．

　ただし，ナッシュ均衡は支配戦略のように「戦略」に対する概念ではなく，「戦略の組」に対して定義される概念であることに注意しよう．単に「ある戦略がナッシュ均衡である」とは言わないのである．すなわち「セレブがA駅に出店し，ファミモがB駅に出店する」という戦略の組合せはナッシュ均衡であるが，「セレブがA駅に出店することがナッシュ均衡である」とは言わない．先に見たように「セレブもファミモもA駅に出店する」という戦略の組合せはナッシュ均衡ではないので，単に「セレブがA駅に出店する」という戦略がゲームの解であるとは言えないのである．

　このゲームでは「セレブがA駅に出店する」という1人のプレイヤーの戦略だけでは，それが起きる結果かどうか，良い戦略であるかどうかが分からない．全員が選ぶ戦略の組合せをもって，初めて起きる結果かどうかに言及できるのである．

2.3.3　ナッシュ均衡の求め方

　それでは与えられた利得行列からナッシュ均衡を求めるには，どうすればよいのであろうか．ここでは，ナッシュ均衡を探し出す方法について記しておこう．利得行列からナッシュ均衡を探し出すには，ここまで考えてきたゲーム理論の思考方法に沿って，以下のような手続きを考えればよい．

Step.1　各プレイヤーの視点で考える．
Step.2　自分以外のプレイヤーのすべての戦略（3人以上のゲームのときはすべての戦略の組合せ）1つ1つに対して最適反応戦略（利得をもっとも高くする戦略）を求め，その戦略の利得に下線を引く．最適反応戦略が2つ以上あるときは，両方とも下線を引く．
Step.3　相手の戦略すべてに対してそれが終わったなら，別のプレイヤーについて同様の操作を行う．
Step.4　すべてのプレイヤーについて，上記の作業が終わったなら，すべての

図2.15 ナッシュ均衡の求め方

(1) セレブの立場で考える

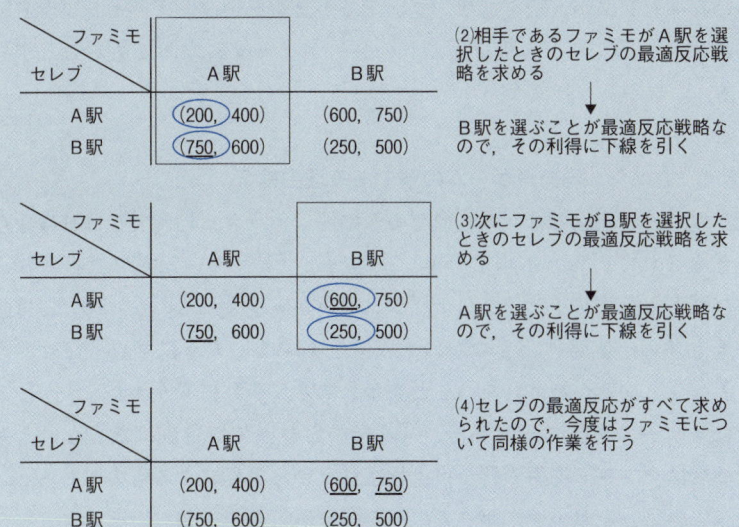

セレブ＼ファミモ	A駅	B駅
A駅	(200, 400)	(600, 750)
B駅	(750, 600)	(250, 500)

※A駅列で、(200, 400)と(750, 600)が囲まれ、750に下線

(2) 相手であるファミモがA駅を選択したときのセレブの最適反応戦略を求める
↓
B駅を選ぶことが最適反応戦略なので、その利得に下線を引く

セレブ＼ファミモ	A駅	B駅
A駅	(200, 400)	(600, 750)
B駅	(750, 600)	(250, 500)

※B駅列で、(600, 750)と(250, 500)が囲まれ、600に下線

(3) 次にファミモがB駅を選択したときのセレブの最適反応戦略を求める
↓
A駅を選ぶことが最適反応戦略なので、その利得に下線を引く

セレブ＼ファミモ	A駅	B駅
A駅	(200, 400)	(600, 750)
B駅	(750, 600)	(250, 500)

(4) セレブの最適反応がすべて求められたので、今度はファミモについて同様の作業を行う

すべてのプレイヤーの利得に下線が引かれている「セレブがA駅、ファミモがB駅に出店する」と「セレブがB駅、ファミモがA駅に出店する」の2つの戦略の組がナッシュ均衡

プレイヤーの利得に下線が引かれている戦略の組がナッシュ均衡である．すべてのプレイヤーが最適反応戦略をとりあっているはずである．

例として**モデル3**について考えてみよう。ナッシュ均衡の求め方は以下のようになる（図2.15）．

- まずセレブの立場で考える．
- 相手であるファミモがA駅を選択したときのセレブの最適反応戦略を求め、セレブの最適反応であるB駅を選んだときの利得に下線を引く．
- 次にファミモがB駅を選択したときのセレブの最適反応戦略を求め、セレブの最適反応であるA駅を選んだときの利得に下線を引く．
- セレブの最適反応がすべて求められたので、今度はファミモについて同様

の作業を行う．

- 全部の作業が終わったなら，すべてのプレイヤーの利得に下線が引かれている「セレブがA駅を選び，ファミモがB駅を選ぶ」と「セレブがB駅を選び，ファミモがA駅を選ぶ」の2つがナッシュ均衡であることが分かる．

2.3.4 ナッシュ均衡がゲームの解である理由は？

現在のゲーム理論では，戦略形ゲームの解はナッシュ均衡でなければならないと考えられている．本当にナッシュ均衡がプレイヤーたちに選択されるのか，どのようなプレイヤーならナッシュ均衡が実現されるのか，などには議論の余地も多い．実際にいくつかのゲームを実験的に人々にプレイさせてみると，ナッシュ均衡が選ばれないことも多くある．それにもかかわらずゲーム理論では，ゲーム理論の解はナッシュ均衡のどれかでなければならないと考える．これはナッシュ均衡の持つ自己拘束性という条件によるものである．

すべてのプレイヤーが，ゲームの解が何であるかを予想したとしよう．このときに，各プレイヤーは自分以外のプレイヤーが想定した戦略の組に対する最適反応戦略を選択するであろう．すべてのプレイヤーがナッシュ均衡をゲームの解として想定したとすると，自分だけ戦略を変えるような動機をどのプレイヤーも持たない．このような考え方をナッシュ均衡の**自己拘束性**（self-enforcing property）と言う．

もし逆にナッシュ均衡以外の戦略の組，自己拘束的でない戦略の組をゲームの解だと予想したとしよう．プレイヤーたちがこのような戦略の組をゲームの解として予見したならば，その予見を知ったプレイヤーは，もはやその戦略を選択しないであろう（他の最適反応戦略に戦略を変えるはずである）．

ナッシュ均衡の概念は，ゲームの中のプレイヤーがゲーム理論による予測を知ったとしても，その結果が変わらないという考え方に立脚している．これは先の2.2.1「ゲームを解く」という項で述べた通りである．もしナッシュ均衡以外の結果が予測された場合，その予測を知ったプレイヤーの誰かは，その予測の状態から選択肢を変えることで自分の利得を高くできるはずである．したがってナッシュ均衡以外の解がゲームの解であるためには，プレイヤーがゲー

ム理論による予測を知らないか，自分の利得を高くするような行動をしないかのどちらかである．分析をしている私たちだけがゲーム理論を知っていて，その中のプレイヤーがゲーム理論を知らないという考え方や，プレイヤーが利得を高くする行動をしない，という考え方は第1章で述べた合理的なプレイヤーの仮定に反するものである．

　この「理論の中に登場する人間がその理論を知ったとしても，その理論が成立するか」という問題は，人間の行動を予測する社会科学と，人間ではない物体の運動を予測する自然科学の大きな違いでもある．例えば空に浮かぶ火星や木星は，人間がその天体行動を予測できるようになる前もなった後も行動を変えたりしないであろう．ケプラーの法則が発見されたからといって，月がその軌道を変えたりすることはない．

　それに関して社会科学はどうであろうか．例えば，ある理論により株価の大暴落の日が予測され，発表されたとしよう．その理論が信憑性のあるものであればあるほど，人々はその暴落日より前に株を売り抜けようとする．そうなれば暴落日より前に株価は下落し，その予測日は当たらない．帰省ラッシュにおける渋滞の予測や選挙の議席予測なども，その一例である．したがって渋滞の予測や選挙の議席予測などが信頼できるような理論となるためには，渋滞予測を発表したときに帰省日を変更する人間の数や，議席予測の発表によって投票行動を変える人間の票数が織り込まれていなければならないはずである．

　このようなナッシュ均衡における「均衡」の概念は，社会科学に固有の「理論の成立条件」と考えられる．確かに均衡という概念は，社会科学に限らず自然科学にも現れる．しかしそこで現れる均衡の概念は平衡と言われるものに近く，例えば物質がある系から出る量と入る量が同じで，状態が均衡しているとか，引く力と押す力が釣り合って力が均衡しているというように使われる．ナッシュ均衡における均衡とは，このような概念とはやや異なるものである．

2.3.5 ナッシュ均衡は複数存在することがある

　さて，ゲームの解がナッシュ均衡であることから，すべての戦略形ゲームが解けそうである．しかし，ここで気をつけなければならないことがある．ゲームによっては複数のナッシュ均衡が存在することがあるのだ．

再びモデル3を考えてみよう．このゲームの解は「セレブがA駅に出店し，ファミモがB駅に出店する」というものであった．これに対して「セレブがB駅に出店し，ファミモがA駅に出店する」という戦略の組合せも，やはりナッシュ均衡であることがすぐ分かる．すなわち，このゲームにはナッシュ均衡が2つあるのである．それでは，このどちらが本当に起こりうる結果，本当のゲームの解と言えるのであろうか．

　いくつかのゲームにはナッシュ均衡が複数存在することがある．この複数あるナッシュ均衡の中で，どれを本当に起こりうる結果＝ゲームの解と考えるべきか，という問題は**均衡選択**（equilibrium selection）の問題と呼ばれ，ゲーム理論の大きな課題となっている．ノーベル賞を受賞したゲーム理論の研究者**ハルサニ**（John C.Harsanyi）と**ゼルテン**（Reinhard Selten）はHarsanyi and Selten（1988）において，すべてのゲームに対して均衡を1つ選び出す理論を発表しているが，完全に定着した理論とまでは至っていない．

　ゲームに複数のナッシュ均衡が存在することで，大きな問題が生じる．再び**モデル3**を考えてみよう．ゲームのプレイヤーは自分の行動と相手の行動をよく考えて，どの戦略の組合せが起きるか結果を予測するのであった．先に述べたように，お互いが予測する結果がナッシュ均衡でなければ，考え抜いて行き着く先とはならないはずである．しかし，セレブが考え抜いて行き着いた先が，「セレブがA駅に出店し，ファミモがB駅に出店する」というナッシュ均衡であり，ファミモは「ファミモがA駅に出店し，セレブがB駅に出店する」というナッシュ均衡であるとしよう．それぞれのプレイヤーが自らの予測に従って行動すれば，その結果は「両方がA駅に出店する」となり，ナッシュ均衡にはならない．2人のどちらかがこの可能性を予測すれば，どちらかのナッシュ均衡は考え抜いて行き着く先とはならず，各プレイヤーも自分が予測したナッシュ均衡の戦略を選択すればよいという確信は持てない．ゲームの解として予測が成立するためには，「どのナッシュ均衡が選ばれるか」までを理論として確立しなければならないのである．

　どのナッシュ均衡が選ばれるか，という問題は現在のゲーム理論でも進行中の研究であり，最近は慣習や規範などが，均衡の選択に影響すると考える流れもある．いずれにしてもナッシュ均衡が複数ある場合には，ゲーム理論の予測

図2.16 図2.4のナッシュ均衡

精巧堂＼便乗工房	人形A	人形B
人形A	(120, <u>120</u>)	(<u>216</u>, 24)
人形B	(<u>192</u>, 48)	(96, <u>96</u>)

力は落ちると考えてよい．

　さて，ナッシュ均衡は1つだけではなく，複数存在することがあることは分かったが，それではナッシュ均衡はすべてのゲームに必ず1つ以上存在するのであろうか．ここでモデル4の利得行列である図2.4のナッシュ均衡を，図2.15のナッシュ均衡の求め方に従って下線を引くと，図2.16のような結果が得られる．

　この図に従えば図2.4のナッシュ均衡は存在しないように思える．精巧堂は便乗工房と違う場所へ，便乗工房は精巧堂と同じ場所へ向かいたいので，お互いが最適な戦略を選ぶ組合せはなさそうだ．しかし，実はこのゲームには「隠れたナッシュ均衡」が存在し，それこそがゲーム理論の出発点とも言えるのである．これについては第6章で学ぶ．

　この均衡を考えたナッシュは，第6章で考える混合戦略まで含めれば，何人のゲームでも，戦略がいくつであっても，すべてのゲームにナッシュ均衡が必ず存在することを証明した（Nash（1950））．

　この功績により，ナッシュは1994年にノーベル経済学賞を受賞している．

2.3.6　記号化と抽象化

　ここまで，モデル1やモデル5のような具体的なストーリーのあるモデルを考えて，それを戦略形ゲームとして表し，考察してきた．しかしここで私たちが目標とするのは，現実の状況を単純化・抽象化したモデルをゲームと考え，そこでプレイヤーがどのような行動をするのかという普遍的な原理の考察である．すなわち，「コンビニ」や「囚人」「2つの国」という文脈を離れ，「プレイヤー・戦略・利得」からなる「ゲーム」が与えられたときに，どのようにプレイヤーが行動するかという一般的な原理を考えるのである．

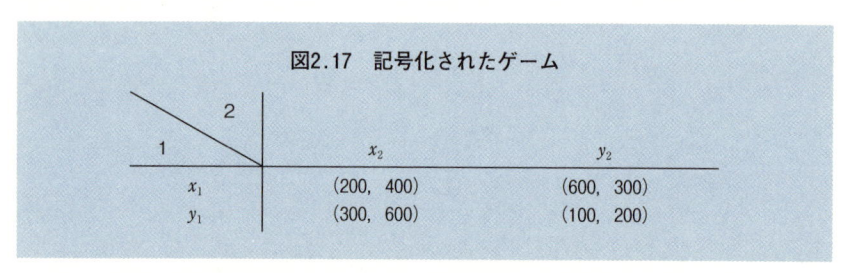

図2.17 記号化されたゲーム

	x_2	y_2
x_1	(200, 400)	(600, 300)
y_1	(300, 600)	(100, 200)

(1は行プレイヤー、2は列プレイヤー)

　本書では，読者の興味を引き，現実の問題を分析するときの例示となるように，モデル1やモデル5のように現実に即した例で問題を考える．このような日常的な例に多く慣れることは，問題をモデル化する訓練となるであろう．しかしながら，「囚人」や「2つの国」などの文脈は，私たちのイメージを膨らませてはくれるが，私たちはその文脈に依存した思考に陥り，論理的な思考による発見を失うかもしれない．

　そこで本書では，図2.17のような記号化されたゲームを考察することがある．

　このようにゲームを記号化・抽象化して考えることは，文脈に依存しない一般的な行動原理を考察するだけでなく，ルールを1度示しておけば表記方法が簡便になる，という効果もある．ここで，ゲームを記号化するときの本書のルールを示しておこう．

- プレイヤーは1，2，3...のように数（自然数）で表す．2人ゲームでは第1プレイヤーである行プレイヤーは1，第2プレイヤーである列プレイヤーは2で表す．
- プレイヤーの戦略はx, y, zのアルファベットの下に，その戦略を持つプレイヤーの数字をつけて表す．例えば図2.17でプレイヤー1の戦略はx_1, y_1，プレイヤー2の戦略はx_2, y_2である．
- 結果は戦略の組であるので，各プレイヤーの戦略を順番に並べてカッコをつけて表す．図2.17では4つの結果があり，それは，

　　$(x_1, x_2)\ (x_1, y_2)\ (y_1, x_2)\ (y_1, y_2)$

である．なおこのようにカッコで戦略をプレイヤーの順番に並べて結果を表すのは，（協力，協力）や（黙秘，自白）のように記号化しないときでも同じである．

さて，読者はこの記号化された無味乾燥なゲームの解を求めることができたであろうか．実はこの利得行列は，**モデル2**で考えた図2.2と同じ利得行列である．コンビニ，駅前，客数など具体的な文脈ではこの問題を考えることができたが，このような記号化された利得行列ではとたんに難しく感じる人は，文脈から離れて論理的思考をする訓練が必要なのではないだろうか．このような点を考慮に入れて，以下の演習問題を解いてみよう．

演習問題

演習2.1 例に従って，図2.18の利得行列における支配戦略均衡を求めなさい（ゲームの解は利得の組ではなく，戦略の組であることに注意して記しなさい）．

演習2.2 図2.19の利得行列におけるゲームの解を求めなさい（ヒント：どちらかのプレイヤーが支配戦略を持っているので，それを探す．もう1人のプレイヤーはその最適反応戦略を選ぶ）．

演習2.3 図2.20は3人のプレイヤーの利得行列である．プレイヤー3はx_3かy_3を選び，それによって左か右の利得行列が決まる．利得はカッコの左から，プレイヤー1，2，3に対応している．例えば，問1において，プレイヤー1がx_1，プレイヤー2がy_2，プレイヤー3がy_3を選ぶと，プレイヤー1の利得は3，プレイヤー2の利得は1，プレイヤー3の利得は2となる．

このゲームの解を求めなさい（ヒント：問1はすべてのプレイヤーが支配戦略を持っている〈簡単〉．問2では，誰か1人のプレイヤーが支配戦略を持っているので，それを探す．そのプレイヤーがその支配戦略を必ず選択すると考えると，残りのプレイヤーの選択は決まるはずである）．

演習2.4 例に従って，図2.21の利得行列におけるナッシュ均衡を求めなさい（ゲームの解は利得の組ではなく，戦略の組であることに注意して記しなさい）．

演習2.5

問1 恋人同士のMちゃんとK君は，大のラーメン好きである．毎週，日曜日12：00は，こってりラーメンの「コッテリ軒」かあっさりラーメンの

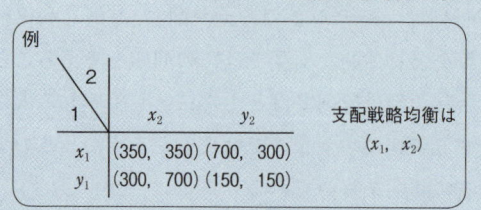

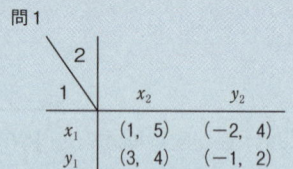

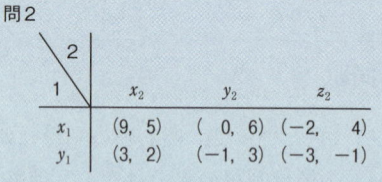

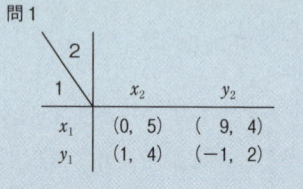

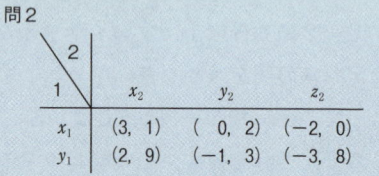

図2.18 支配戦略均衡を求める

例

1 \ 2	x_2	y_2
x_1	(350, 350)	(700, 300)
y_1	(300, 700)	(150, 150)

支配戦略均衡は (x_1, x_2)

問1

1 \ 2	x_2	y_2
x_1	(1, 5)	(−2, 4)
y_1	(3, 4)	(−1, 2)

問2

1 \ 2	x_2	y_2	z_2
x_1	(9, 5)	(0, 6)	(−2, 4)
y_1	(3, 2)	(−1, 3)	(−3, −1)

問3

1 \ 2	x_2	y_2	z_2
x_1	(1, 5)	(−4, 6)	(5, 4)
y_1	(0, 2)	(−2, 3)	(−3, −1)
z_1	(3, 1)	(−1, 2)	(10, −1)

図2.19 ゲームの解を求める

問1

1 \ 2	x_2	y_2
x_1	(0, 5)	(9, 4)
y_1	(1, 4)	(−1, 2)

問2

1 \ 2	x_2	y_2	z_2
x_1	(3, 1)	(0, 2)	(−2, 0)
y_1	(2, 9)	(−1, 3)	(−3, 8)

問3

1 \ 2	x_2	y_2	z_2
x_1	(1, 5)	(3, 6)	(2, 4)
y_1	(2, 2)	(2, 3)	(3, −1)
z_1	(3, 1)	(1, 2)	(1, −2)

図2.20 3人標準形ゲームの解を求める

問1

3	x_3			3	y_3	
1 \ 2	x_2	y_2		1 \ 2	x_2	y_2
x_1	(1, 5, 3)	(0, 4, 1)		x_1	(−2, 2, 4)	(3, 1, 2)
y_1	(3, 4, 0)	(1, 3, −3)		y_1	(−1, 4, 2)	(6, −1, −1)

問2

3	x_3			3	y_3	
1 \ 2	x_2	y_2		1 \ 2	x_2	y_2
x_1	(1, 1, 3)	(4, 2, 2)		x_1	(2, 3, 4)	(3, 2, 3)
y_1	(2, 3, 1)	(3, 4, 1)		y_1	(1, 4, 2)	(4, 1, 2)

図2.21 ナッシュ均衡を求める

例

1 \ 2	x_2	y_2
x_1	(2, 1)	(0, 0)
y_1	(0, 0)	(2, 3)

ナッシュ均衡は
(x_1, x_2)
(y_1, y_2)

問1

1 \ 2	x_2	y_2
x_1	(−1, 3)	(9, 4)
y_1	(0, 0)	(8, −1)

問2

1 \ 2	x_2	y_2	z_2
x_1	(2, 1)	(0, 2)	(−2, 0)
y_1	(3, 9)	(−1, 3)	(2, 8)

問3

1 \ 2	x_2	y_2
x_1	(2, 2)	(9, 2)
y_1	(2, 4)	(−1, 2)

問4

1 \ 2	x_2	y_2	z_2
x_1	(1, 5)	(3, 6)	(2, 4)
y_1	(2, 2)	(2, 1)	(3, 3)
z_1	(3, 1)	(1, 9)	(2, 7)

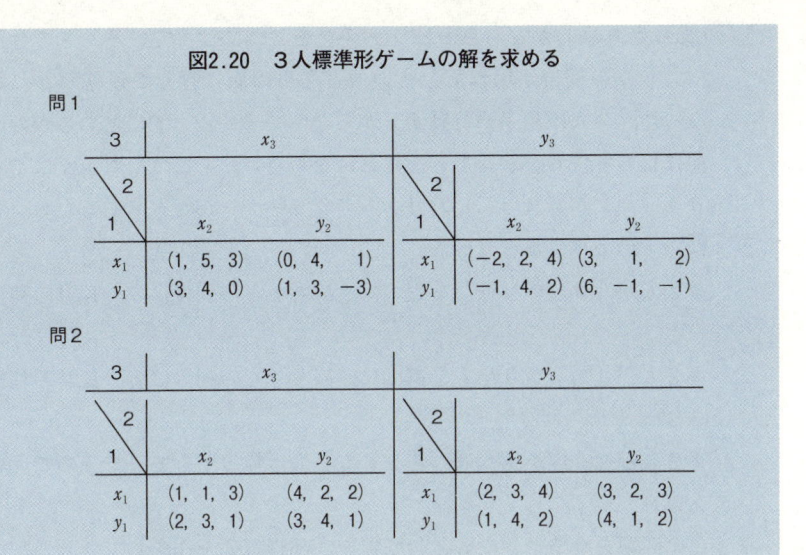

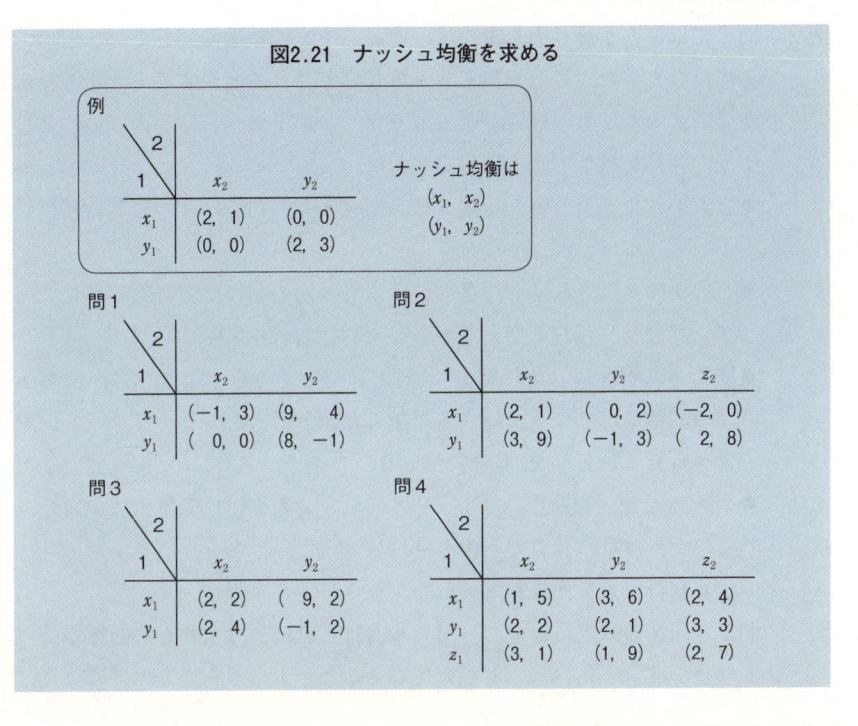

第2章 戦略形ゲームの基礎

「あっさり亭」かどちらかにラーメンを食べに行っている．さて今週はMちゃんの携帯が壊れてしまい，どちらの店に行くか連絡がとれなくなった．2人は相手の行動が分からないまま，12：00にどちらかの店の前に行って待ち合わせをしなければならない．ここでMちゃんはこってりラーメンが好きで，K君はあっさりラーメンが好きであるため，利得は以下のようになっている．

- 2人が「コッテリ軒」を選べば，Mちゃんの利得は3，K君の利得は1．
- 2人が「あっさり亭」を選べば，Mちゃんの利得は1，K君の利得は3．
- 2人が違う店を選べば，悲しくて2人は帰ってきてしまうので，利得は0．

この問題を戦略形ゲームとして捉え，利得行列を作成して，そのゲームの解を求めよ．

問2　問1では2人が違う店を選べば，悲しくて2人は帰ってきてしまうので利得は0とした．ここでMちゃんはK君と会うことがすごく大切であるが，会えなくても大好きなこってりラーメンを食べると考えているとしよう．利得を以下のように設定する．

- 2人が「コッテリ軒」を選べば，Mちゃんの利得は3，K君の利得は1．
- 2人が「あっさり亭」を選べば，Mちゃんの利得は2（あっさりラーメンだけど，K君と会えたから），K君の利得は3．
- Mちゃんが「コッテリ軒」，K君が「あっさり亭」を選べば，Mちゃんの利得は1（2人が違う店を選んだが，好きなコッテリラーメンが食べられるから），K君の利得は0．
- Mちゃんが「あっさり亭」，K君が「コッテリ軒」を選べば，Mちゃんの利得は0，K君の利得も0．

やはり利得行列を作成して，そのゲームの解を求めよ．

問3　問1と問2の設定において，MちゃんはK君に会うよりも，好きなこってりラーメンを食べることが大切であるとしよう．利得を以下のように

設定する.
- 2人が「コッテリ軒」を選べば，Mちゃんの利得は3，K君の利得は1.
- 2人が「あっさり亭」を選べば，Mちゃんの利得は1，K君の利得は3.
- Mちゃんが「コッテリ軒」，K君が「あっさり亭」を選べば，Mちゃんの利得は2，K君の利得は0.
- Mちゃんが「あっさり亭」，K君が「コッテリ軒」を選べば，Mちゃんの利得は0，K君の利得も0.

やはり利得行列を作成して，そのゲームの解を求めよ.

問4 問1から問3まではK君の利得は同じであることに注目して，K君にとって問1の「普通の彼女」，問2の「K君と会うことが大切な彼女」，問3の「好きなラーメンを食べることがK君と会うより大切な彼女」のどれが一番幸せか議論せよ.

解答

演習2.1 問1 (y_1, x_2)　問2 (x_1, y_2)　問3 (z_1, y_2)

演習2.2 問1 (x_1, x_2)　問2 (x_1, y_2)　問3 (x_1, y_2)

演習2.3 問1 (y_1, x_2, y_3)　問2 (x_1, x_2, y_3)

演習2.4 問1 (x_1, y_2), (y_1, x_2)　問2 (x_1, y_2), (y_1, x_2)　問3 (x_1, x_2), (x_1, y_2), (y_1, x_2)　問4 (x_1, y_2), (y_1, z_2)

演習2.5 利得行列は省略．ゲームの解のみ記す．　問1「2人とも「コッテリ軒」を選ぶ」と「2人とも「あっさり亭」を選ぶ」の2つがゲームの解．　問2「2人とも「コッテリ軒」を選ぶ」と「2人とも「あっさり亭」を選ぶ」の2つがゲームの解．　問3「2人とも「コッテリ軒」を選ぶ」がただ1つのゲームの解．　問4 ナッシュ均衡が複数あるときはゲーム理論の予測力が落ちることを考えると，問1と問2では2人がナッシュ均衡に到達しない可能性も大きいかもしれない．問3の彼よりラーメンのほうが大切なMちゃんのほうが，2人の会える可能性は高くなり，K君にとって幸せかもしれない．

第3章

完全情報の展開形ゲーム

この章では，展開形ゲームについて学ぶ．一般の展開形ゲームについては第7章で学ぶこととし，この章では完全情報（各プレイヤーが，自分の前に行動したプレイヤーが何を選択したかがすべて分かるゲーム）の展開形ゲームについて述べる．

3.1 展開形ゲーム

3.1.1 プレイヤーが順番に行動するゲーム

第2章では，すべてのプレイヤーが同時に行動する戦略形ゲームについて考察した．この章ではそれ以外の状況（少なくとも1人以上が先に行動し，他のプレイヤーはその行動を見てから自分の行動を決定できる状況）も記述できる展開形ゲームについて述べる．いきなり展開形ゲームの一般的形式について学ぶことは難しいので，それは第7章に回し，ここでは**プレイヤーが1人ずつ順番に行動し，自分の前に行動したプレイヤーが何を選択したかが分かるゲーム**を考える．このようなゲームは**完全情報**（perfect information）の展開形ゲームと呼ばれる．完全情報は**完備情報**（complete information）と似ている用語なので，その区別に気をつけよう．

完備情報は，プレイヤー，行動の候補，各プレイヤーの行動の結果として得られる利得について，すべてのプレイヤーが完全に分かっているゲームである．これに対し完全情報は，それまでに行動したプレイヤーの選んだ行動自身が完全に分かるということを意味している．第2章で考察した戦略形ゲームは

完備情報ゲームであるが，プレイヤーは同時に行動するため，お互いがどのような行動をするかは観察できない．したがって完全情報ゲームではない．第3章で考察する展開形ゲームは，正確には完備情報で完全情報の展開形ゲーム，ということになる．

ここでは**モデル2**のコンビニ戦争PART2を，セレブが先手で，ファミモが後手となるようなゲームに変えて考える．

モデル9　I市コンビニ戦争PART4

2つのコンビニ，セレブイレブン（以下セレブ）とファミリーモール（以下ファミモ）がA駅とB駅のどちらに出店するかを決めるI市コンビニ戦争PART2では，双方のコンビニの行動は同時に行われると仮定していた．ここではセレブの出店計画が一歩進んでいることにして，状況を変化させて考えよう．

セレブは用地買収の計画もほぼ進んでおり，あとはA駅とB駅のどちらに出店するかを決めるのみである．本社からの通達で，今月中にはどちらに出店するかを発表しなければならない．

一方，ファミモは用地の取得計画が遅れており，どちらの駅に出店するかは遅くとも来月でなければ決められない．言い換えると，セレブが先にどちらの駅に出店するかを決め，ファミモはそれを見てからどちらの駅に出店するかを決めるといった状況である．しかしながらファミモはその品揃えの豊富さと店の大きさから，同じ場所に出店したときにセレブの2倍の客を集めることができると仮定しよう．

先に出店場所を決めることができるセレブが有利なのか，後からそれを見て決められ，しかも集客力が勝っているファミモが有利なのか？　コンビニ戦争は予断を許さない．

ここでA駅にコンビニができた場合は1日600人が，B駅にコンビニができた場合は1日300人が利用するとしよう．もし両コンビニが違う駅前に出店すれば，利用客はすべて獲得でき，同じ駅前に出店すればファミモはセレブの2倍の客を獲得できる．すなわち，両方がA駅に立地すればセレブは200人でファミモは400人の客を，両方がB駅に立地すればセレブは100人でファミモは200人の客を獲得できるものとする．

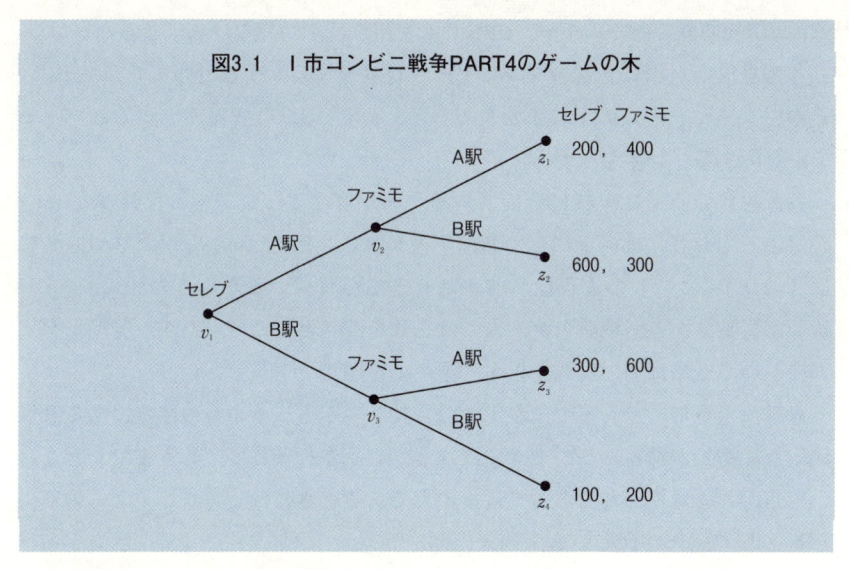

図3.1　I市コンビニ戦争PART4のゲームの木

```
                              セレブ  ファミモ
                        A駅  ● z₁  200,  400
              ファミモ
         A駅  ●v₂    B駅
   セレブ              ● z₂  600,  300
    ●v₁
         B駅        A駅
              ファミモ  ● z₃  300,  600
              ●v₃   B駅
                    ● z₄  100,  200
```

　戦略形ゲームでは，利得行列を使ってゲームを表現したが，展開形ゲームでは，**ゲームの木**（game tree）でゲームを表現する．図3.1は，**モデル9**をゲームの木で表現した図である．

　ゲームの木とはどのようなものであるのか，図3.1を例にして解説していこう．まずゲームの木は，**点**（node）および点と点を繋ぐ**枝**（edge）からできている．図3.1において，点はv_1, v_2, v_3, z_1, z_2, z_3, z_4である．この図では左から右に時間が流れている．枝とは2つの点を結ぶものである．枝の左側には時間的に前に起きる点が，右側には後に起きる点がある．例えばv_1とv_2において，点v_1は点v_2の**直前**にあると言い，点v_2は点v_1の**直後**にあると言う．

　点は(1)各プレイヤーが行動する順番か，(2)ゲームの結果のどちらかに対応しており，前者を**意思決定点**（decision node），後者を**終点**（terminal node）と呼ぶ．意思決定点と終点は以下のように定義される．

意思決定点　少なくとも直後に1つ以上の点がある点．意思決定点のことを**手番**（move）と呼ぶこともある．図3.1ではv_1, v_2, v_3が意思決定点である．

終点　直後の点が存在しないような点で，各プレイヤーの行動の結果を表している．図3.1ではz_1, z_2, z_3, z_4が終点である．

　意思決定点の中で直前に点がない点を**初期点**（initial node）と呼ぶ．図3.1

ではv_1が初期点である．ゲームの木では初期点は1つでなければならない．

各意思決定点には，どのプレイヤーが行動をするかが割り当てられており，そのプレイヤーが点の上に書かれている．v_1ではセレブが，v_2, v_3ではファミモが対応するプレイヤーである．

各意思決定点では，枝にそのプレイヤーが選ぶことができる**行動**（action）が対応しており，枝の上にその名前が書かれる．例えばv_1から出た2つの枝には「A駅」「B駅」のように名前が割り当てられているが，この「A駅」「B駅」が行動である．戦略形ゲームではこれを戦略と呼んでいたが，展開形ゲームにおいて戦略は別の概念を指す（第7章参照）．

意思決定点で，プレイヤーが1つの行動を選ぶと，その枝の後ろにある意思決定点に選択が移る．このように次々とプレイが行われて，終点までたどり着いたらゲームは終わりである．最後の点である終点には，各プレイヤーの利得が対応して記入されている．例えば図3.1ではz_1には（200，400）という利得が対応し，左側がセレブ，右側がファミモの利得であることが記されている．

戦略形ゲームを表現するものが利得行列であるのに対し，展開形ゲームはこのようなゲームの木で表現される．ゲームの木の書き方をおさらいしてみよう．

(1) 点と枝を書き木を作る．
(2) 意思決定点にラベル（v_1, v_2, v_3）をつけ，対応するプレイヤーを書く（セレブ，ファミモ）．
(3) 枝に対応する行動の名前を書く（A駅，B駅）．
(4) 終点にラベルをつけ（z_1, z_2, z_3, z_4），対応する利得を書く（例えば，（200，400）など）．どれがどのプレイヤーの利得であるかも書いておくとよい（例えば，（セレブ，ファミモ）など）．

ポイント11　展開形ゲーム

展開形ゲームは，ゲームの木で考える．

以上が正確なゲームの木の書き方であるが，このように正確に木を書くと，情報が多く読みにくく煩雑になる．応用する観点から考えるならば，扱う人間が勘違いしない程度に書いておけばよいであろう．図3.2は，**モデル9**を簡便

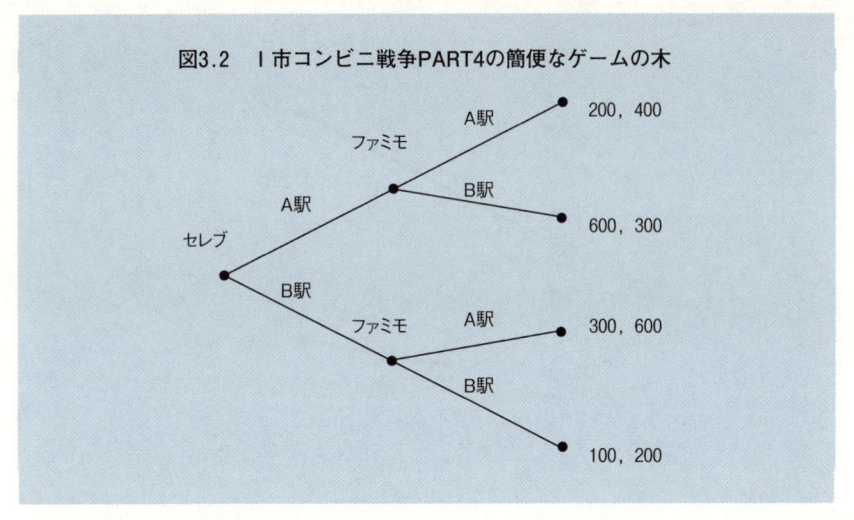

図3.2　I市コンビニ戦争PART4の簡便なゲームの木

```
                    A駅
            ファミモ ───── 200, 400
         A駅 ╱    ╲ B駅
           ╱       ───── 600, 300
    セレブ●
           ╲       ───── 300, 600
         B駅 ╲    ╱ A駅
            ファミモ
                    ╲ B駅
                     ───── 100, 200
```

なゲームの木で表現したものである．

　この木では点のラベルと，どの利得がどのプレイヤーに対応するかが省かれている．利得は，プレイヤーが一定の順番で行動するならば，先に書かれた利得が先に行動したプレイヤーの利得であると定義しておく．本書でもこれ以降はゲームの木を正確にではなく簡便に表すことがある．

3.1.2　先読みで求めるゲームの解

　さて，ゲームの木ではどのように戦略的思考を働かせて結果を予測すればよいのだろうか．言い換えると，展開形ゲームにおけるゲームの解は，どのように求められるのであろうか．**モデル9**を例にして考えてみよう．

　このゲームではセレブが先手でファミモが後手である．セレブはA駅に立地すると，うまくいけば600人の客を獲得できる．しかしファミモも同じA駅に立地すればそううまくはいかない．先手をとっているセレブは，先にA駅に立地することでファミモがA駅に立地することを阻止し，B駅に立地させることで600人の客を獲得できるのだろうか．このような楽観的な見通しが戦略的な思考ではないことは，戦略形ゲームを習ってきた読者にはお分かりだろう．セレブは自分に都合の良いようにファミモの行動を考えてはいけない．セレブはファミモの立場で，ファミモの行動を考える必要がある．

第3章　完全情報の展開形ゲーム　55

図3.3　先読み

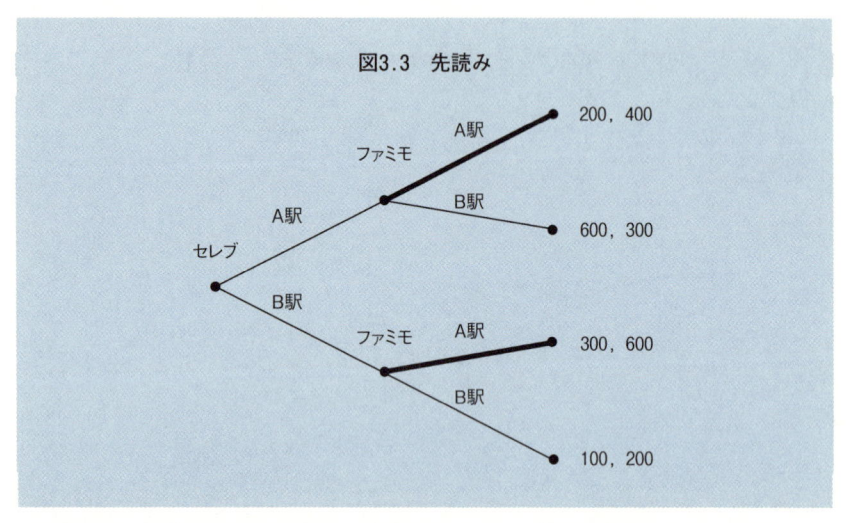

```
                          A駅
                  ファミモ●━━━━━━● 200, 400
              A駅  ／    ＼B駅
                 ／        ＼
           セレブ●            ● 600, 300
                 ＼
              B駅  ＼    A駅
                  ファミモ●━━━━━━● 300, 600
                        ＼B駅
                          ● 100, 200
```

　ここで，先手のセレブにとって必要なことは，自分の行動に対して相手がどう行動するか**先読み**（looking ahead）することである．このように，自分の手に対して，相手がどう来るかという戦略的思考法は，囲碁や将棋など，すべてのゲームに共通している．まさにこれが「ゲーム理論」的思考と言えよう．独り善がりにならず，相手の行動を考えることが重要なのである．

　具体的には，セレブは次のように考えるべきである．

- 自分がA駅を選択したときは，ファミモはどのように行動するか．そのときの自分の利得はどうなるか．
- 自分がB駅を選択したときは，ファミモはどのように行動するか．そのときの自分の利得はどうなるか．

もしセレブがA駅を選択した場合，ファミモは**そのセレブの行動を知って**，自分の行動を選択できる．この点が同時に行動を選択するゲームと異なる点である．先読みの結果は次のようになるだろう．

- もしセレブがA駅を選択したならば，それを知ったファミモは，A駅を選択すれば獲得する客数は400人，B駅ならば客数は300人なので，A駅に出店するだろう．このときセレブ自身の獲得客数は200人である．
- もしセレブがB駅を選択したならば，ファミモはA駅を選択すれば客数は600人，B駅ならば客数は200人なので，A駅に出店するだろう．このとき

セレブ自身の客数は300人である．

セレブが先読みをしたファミモの行動は図3.3で表される．

このようにファミモの行動を先読みした結果，セレブは「自分はA駅を選択すれば獲得客数は200人，B駅を選択すれば獲得客数は300人」となることが分かる．これよりセレブはB駅を選択したほうがよい．したがって，このゲームはセレブはB駅を選択し，ファミモはA駅に出店する，と結果を予測できる．セレブの獲得客数は300人となり，ファミモは600人である．

セレブは先手はとっているものの，客の多いA駅に出店すると集客力の高いファミモがやはりこのA駅に出店し競い合うことになってしまう．このことを読めば，セレブは無理をせずB駅に出店することが得策のようである．このようにゲームの木を解く鍵は「先読み」である．

> **ポイント12　先読みで解く**
>
> ゲームの木は「先読み」で解く．

次ページの図3.4はこの先読みによるゲームの解をゲームの木に表したもので，太線が各意思決定点で何が選択されたかを表している．

少し付け加えると，実はファミモにとっては，この問題はそれほど難しくはない．ファミモはセレブの行動を観察してから行動するため，その時々に応じて自分に最適な選択をすればよい．ファミモは，自分の後にセレブが行動するわけではないので，セレブの出方は考えなくてよいとも言える．ファミモはセレブほど考えなくてもよいのである．

これに対してセレブは先に出店場所を決定しなければならないので，ファミモの出方をいろいろと考えてから，出店場所を決定する必要がある．このように先手と後手があるゲームでは，後手は，相手のことを考える必要はあまりなく，与えられた状況に従って自分により良い行動を選べばよいのに対し，先手は相手の出方を考える必要がある．先手にこそ，戦略的な思考が必要となるのである．

図3.4 ゲームの解

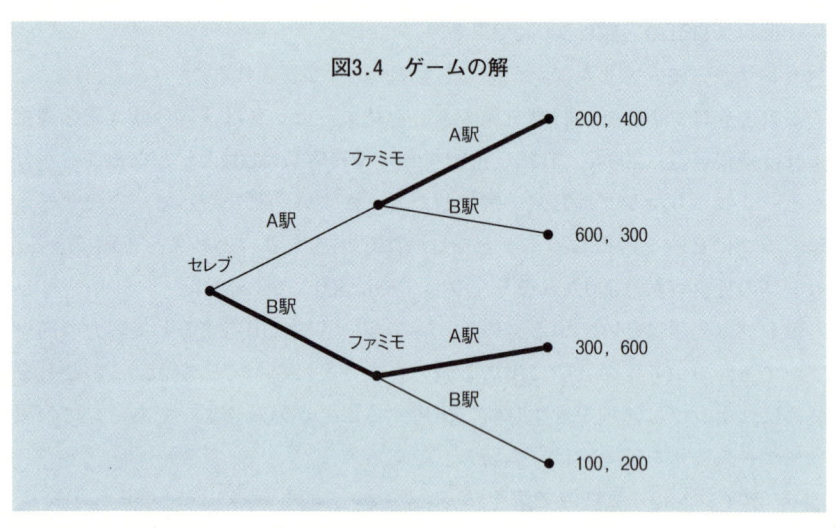

```
                              200, 400
                        A駅
                  ファミモ
                        B駅
             A駅                600, 300
    セレブ
             B駅
                  ファミモ  A駅
                                300, 600
                        B駅

                              100, 200
```

3.1.3 バックワードインダクション

このように，展開形ゲームは「先読み」によってゲームの解を求めることができる．しかしながら，いざ「先読み」をしてゲームを解けと言われても，どのようにすればよいか分からない方も多いのではないだろうか．それは，先読みをしてゲームの解を求める具体的な手順や方法が与えられていないからであろう．例えば，「ナッシュ均衡はすべてのプレイヤーが最適反応戦略を選ぶ戦略の組である」ということが理解できても，利得行列を与えられて，「さあナッシュ均衡を求めなさい」と言われるとできないことが多い．しかし図2.15で与えられた「ナッシュ均衡の求め方」があれば，どんな利得行列でもナッシュ均衡を求めることができる．

このように，ある問題の答えに対する「概念」を理解することと，その答えを求める具体的な「方法」や「手順」を知ることは別なことなのである．

展開形ゲームにおける「先読み」には，その答えを求めるシステマティックな手順，すなわち「求め方」が存在する．その方法は，バックワードインダクション（backward induction）と呼ばれる（適当な訳語がないが，後向き帰納法とか遡及的帰納法などと訳される）．バックワードインダクションは，以下のような方法である．

● まず，ゲームの木の終点の1つ前の意思決定点を考え，そのプレイヤーの

図3.5 図3.1のバックワードインダクションによる解法

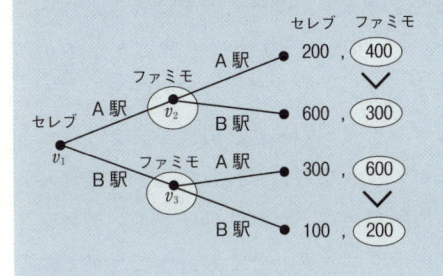

(1) まず終点の直前の点 (v_2 と v_3) において，そこでのプレイヤー（ファミモ）の利得が高くなる選択を考える

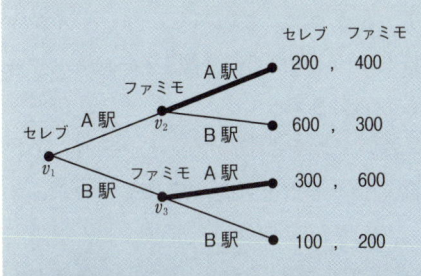

(2) v_2 と v_3 におけるファミモの最適な選択を書き入れる

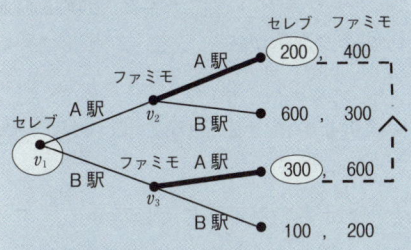

(3) 次にその直前の点 (v_1) に対し，そこでのプレイヤー（セレブ）の利得が高くなる選択を（それ以降の選択が決定しているとして）考える

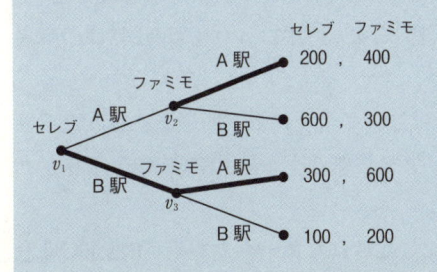

(4) 一番最初のプレイヤーまで，すべての点における選択が書き入れられたら，それがゲームの解である

利得が一番高くなるような選択を選び，ゲームの木に書き入れる．
- 次に，決定したプレイヤーの行動は変わらないこととし，その1つ前のプレイヤーがどのような選択をするかを考えて，ゲームの木に書き入れる．
- 次に，そのまた1つ前のプレイヤー……というように，どんどんさかのぼって考えて，一番最初にプレイするプレイヤーまでさかのぼる．

このようにして一番最初に行動するプレイヤーの最適な選択が決まったときには，**すべての点で**どのプレイヤーにどのような選択が行われるかが書き入れられているはずである．これがゲームの解である．バックワードインダクションは，ゲームの木の答えを得る「解法のテクニック」とでも言うことができるだろう．ここで**モデル9**の図3.1に戻り，もう一度，このバックワードインダクションによって解を求めてみることにしよう．図3.5には図3.1をバックワードインダクションによって解く方法がおさらいされている．

- まず，終点の直前の点（v_2とv_3）において，そこでのプレイヤー（この場合は共にファミモ）の利得が一番高くなる選択を考え，それをゲームの木に書き入れる．
- 次にその直前の点（v_1）に対し，そこでのプレイヤー（この場合はセレブ）の利得が高くなる選択を（それ以降の選択が決定しているとして）考え，それをゲームの木に書き入れる．
- 一番最初にプレイするプレイヤーの選択まで決定したので，これがゲームの解である．

いかがであろうか．確かに先読みによるゲームの解の求め方について，すっきりと整理することができたが，このような単純な2段階で表現されるゲームの木の場合は，わざわざバックワードインダクションの手順を示さなくとも，解を求めることはできそうである．実際に図3.3，図3.4の説明と図3.5の解説にはほとんど差がない．

しかしやや複雑なゲームの木の場合は，このように形式的に記述された手順が必要である．ここで図3.6のような少々複雑なゲームの木の解を，バックワードインダクションで求めてみよう．

図3.6は，先の項で説明したように記号化されたゲームである．図3.6では意思決定点がv_{11}，v_{21}，v_{22}と書かれているが，本書では，ゲームの木を記号化し

図3.6　少々複雑な木

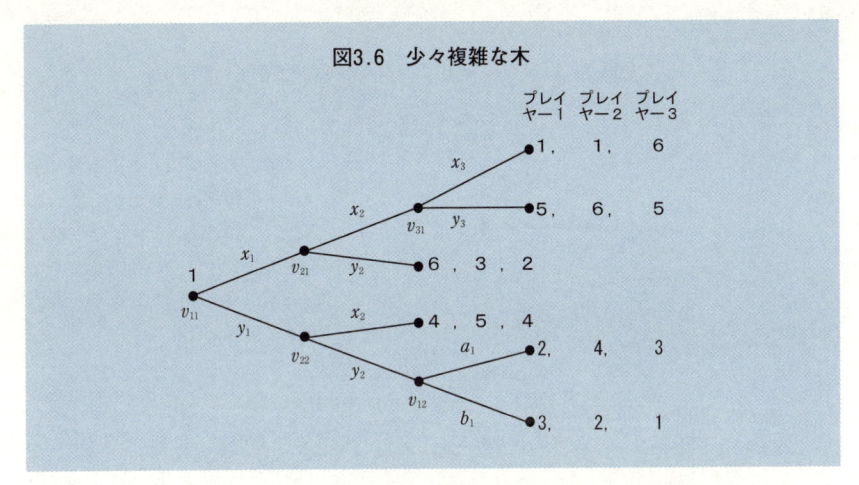

```
                                    プレイ プレイ プレイ
                                    ヤー1 ヤー2 ヤー3
                        x₃       •  1,  1,  6
                  x₂  •
                  •  v₃₁ y₃      •  5,  6,  5
            x₁ • v₂₁ y₂          •  6,  3,  2
         •
         1              x₂       •  4,  5,  4
         v₁₁   • v₂₂            a₁ • 2, 4, 3
            y₁    y₂  •
                      v₁₂        b₁ • 3, 2, 1
```

て書くときには意思決定点には v の下に添え字を2つつけたラベルを付す．このラベルで，前の添え字はプレイヤーの番号とし，後の添え字はそのプレイヤーの意思決定点に1, 2, ...と順番につける．例えば v_{21} はプレイヤー2の1番目の意思決定点を表す．一般的には v_{ij} はプレイヤー i の j 番目の意思決定点である．このような表記をすることで，どの意思決定点がどのプレイヤーのものであるかを見やすくすることができる．実際の文脈から離れて論理的思考を働かせ，普段は考えられないような落とし穴を発見するためには，このような抽象的なゲームで解を求めることも大切だ．

　このゲームにおいて，プレイヤー1は最初にプレイするだけではなく，自分が y_1 を選び，プレイヤー2が y_2 を選べば，もう一度 a_1, b_1 を選択する．このようにゲームの木が複雑になれば，今までのバックワードインダクションの説明では曖昧さがある．以下に，もう少し丁寧にバックワードインダクションの手順を書き直してみよう．

- まず，すべての枝が終点に繋がっている点（最後に行動するプレイヤー）に対して，そのプレイヤーの利得が高くなる行動を選ぶ．
- 次に，すべての枝が「終点かまたは選択が既に行われた点」に繋がっている点を選び，それ以降の選択は行われたものとして，そのプレイヤーの利得が高くなる行動を選ぶ．
- 以下同様に「終点かまたは選択が既に行われた点」にすべての枝が繋がっ

第3章　完全情報の展開形ゲーム　61

図3.7 バックワードインダクションで解く

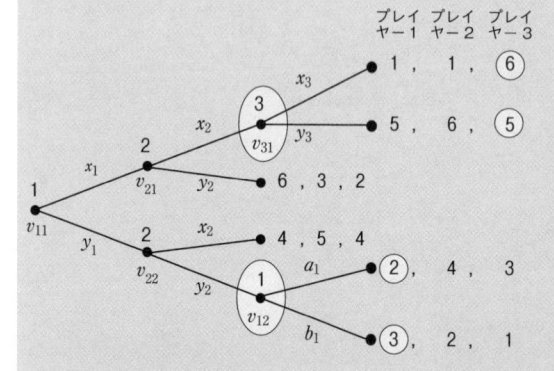

(1) 終点の直前にある点から、すべての枝が終点に繋がっている点（ここでは v_{31} と v_{12}）を選び、そのプレイヤーの利得が高くなる選択を考え、それをゲームの木に書き入れる

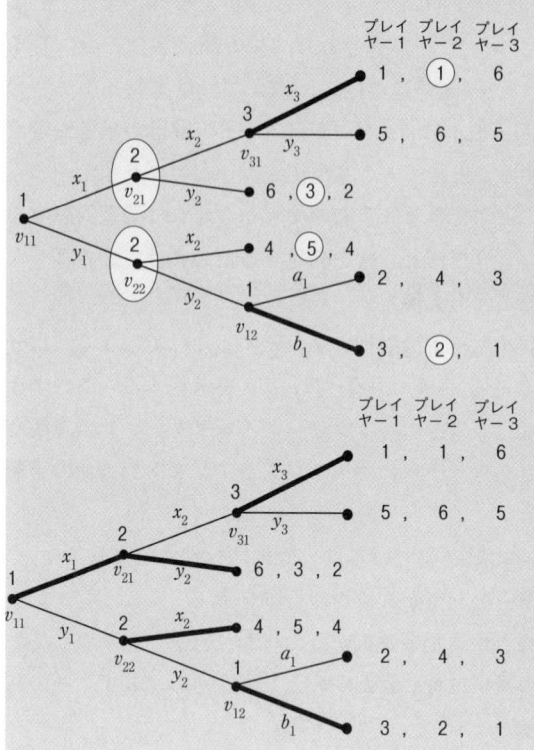

(2) 次に、「終点か選択が既に行われた点」の直前にある点から、すべての枝が「終点か選択が既に行われた点」に繋がっている点（ここでは v_{21} と v_{22}）を選び、それ以降の選択は行われたものとして、そのプレイヤーの利得が高くなる選択を考え、それをゲームの木に書き入れる

(3) 同様に操作を続けていき、一番最初にプレイするプレイヤーの選択が決まれば終わりここでゲームの解が求められている

ている点を選び，それ以降の選択は行われたものとして，そのプレイヤーの利得が高くなる行動を選んで，さかのぼっていく．
- 一番最初にプレイするプレイヤーの行動が決まれば終わり．ここでゲームの解が求められている．

このように手順が定まれば，図3.6のような複雑なゲームの木でも解を求めることができる．図3.7にその解法を示した．これをよく見てバックワードインダクションを習得してほしい．

3.1.4　ゲームの解の記述方法

さて，バックワードインダクションによる解の求め方が分かったところで，再び**モデル9**のゲームの解である図3.4に戻り，検討を加える．ここでゲームの解は，
- セレブはB駅に出店する
- ファミモは，セレブがA駅に出店したときも，B駅に出店したときもA駅に出店する

ということを示している．結局，ゲームの結果は「セレブはB駅を選択し，ファミモはA駅に出店する」となるので，ゲームの解を記述するときに「セレブがA駅を選択した場合に「ファミモがA駅を選ぶこと」までわざわざ書く必要があるのか，という疑問が生じる．ゲームの解で実際に起こりえない「セレブがA駅を選択した場合」を書くのは面倒だし，むしろ書かないほうがすっきりしていてよいのではないか，とも考えられる．これについて少し考えてみよう．

ここで，ゲームの結果としてセレブがB駅を選択したのは，「セレブがA駅を選択すればファミモはA駅に出店し（セレブの利得200），セレブがB駅を選択してもファミモはA駅に出店する（セレブの利得300）」ということを先読みしたからであった．したがって，**実際にセレブがA駅は選択しないといっても，セレブの思考にはファミモがA駅を選択することが考慮されている**．セレブがB駅を選ぶ理由を説明するには，ファミモが（実際には選ばない）A駅を選択したときに何が起きるかを書かなければ説明になっていない．もし図3.8のように，セレブのA駅での選択が記述されていなかったなら，なぜセレブは

図3.8 なぜセレブはA駅を選ばなかったのか分からない

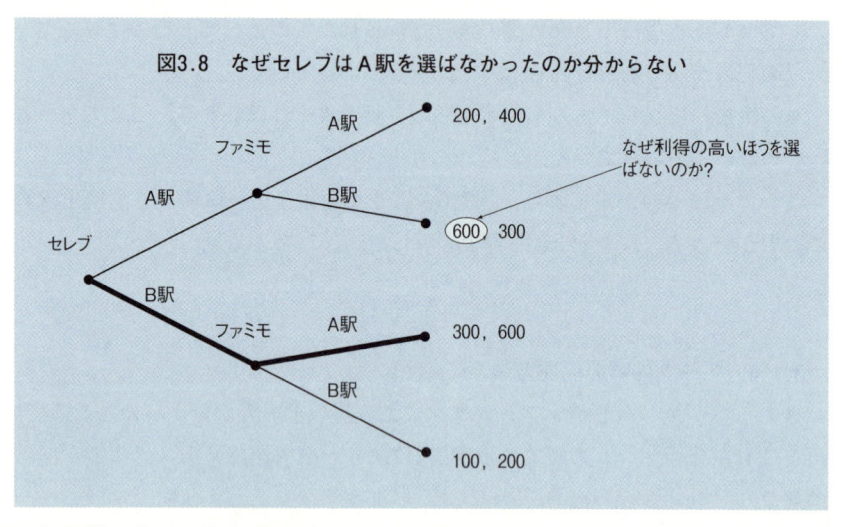

```
                   A駅
           ファミモ ────── 200, 400
      A駅 ╱      ╲ B駅
        ╱        ╲────── (600), 300    なぜ利得の高いほうを選
セレブ ●                                   ばないのか？
        ╲
      B駅 ╲      ╱ A駅
           ╲    ╱────── 300, 600
           ファミモ
                ╲ B駅
                 ────── 100, 200
```

より利得の高いA駅を選ばなかったのか分からないのではないだろうか．

　このような理由から，**展開形ゲームの解**（solution for an extensive form game）はすべての意思決定点で，どの行動が選択されるかを記述することとする．すべての意思決定点で，どの行動が選択されるかを図に書き込める場合は説明は簡単であるが，図に書き込めずに記述しなければならない場合は，「セレブはB駅を選択する．ファミモは，セレブがA駅を選択してもB駅を選択してもA駅に出店する」と書かなければならない．なかなか大変である．戦略形ゲームでは，簡便な記述のために，カッコに各プレイヤーの戦略を並べ，(x_1, x_2) と記したのであった．展開形ゲームの場合は，点にラベルがついていることを利用すると，どの点で何を選ぶかを簡便に記述できる．図3.1で用いたラベルを使ってゲームの解を書くと，以下のように書ける．

セレブ	v_1	B駅
ファミモ	v_2	A駅
	v_3	A駅

また図3.6のゲームの解は，以下のように書ける．

プレイヤー1	v_{11}	x_1
	v_{12}	b_1
プレイヤー2	v_{21}	y_2
	v_{22}	x_2
プレイヤー3	v_{31}	x_3

このようにゲームの解には，すべての点（結果として起こりえない点も含む）についての選択が書かれていなければならないが，そこで実現する結果はただ1つの終点である．これをゲームの結果といい，正確にはゲームの解における結果と呼ぶ．例えば図3.1では，セレブがB駅を選択し，ファミモがA駅を選択することがゲームの解における結果であった．図3.6では，「プレイヤー1がx_1を選択し，プレイヤー2がy_2を選択し，ゲームが終わる」ことがゲームの（解における）結果である．ゲームの解で実現する結果では，プレイヤー3は何も選択しない．

このように展開形ゲームにおいて，ゲームの解と，解における結果を区別して考えることが必要である．

ポイント13　展開形ゲームの解とその結果

展開形ゲームの解は，すべての点でどのような選択が行われているかを示すことである．ゲームの結果とゲームの解を区別することが大切である．

3.2　完全情報展開形ゲームの応用

3.2.1　【応用】軽口とコミットメント

ゲーム理論の「先読み」「バックワードインダクション」の考え方をよく知るためには，軽口とコミットメントというキーワードが重要である．これを考えるために，以下のようなモデルを考えよう．

モデル10　おもちゃをねだる子供

おもちゃ屋さんの前では，いつの時代も「おもちゃをねだる子供とお母

さんの攻防戦」が繰り広げられている．私の子供時代は，「超合金」というおもちゃが欲しくて子供たちがよくダダをこねていた．それから，ファミコン，ポケモン，ムシキング……とおもちゃが変わっても子供が泣き叫ぶ様子はいつの時代も変わらない．

　強情な子の場合だと，泣き叫んで床の上に転がったりしている．こんな場合，昔からお母さんのセリフは決まっていて「いい加減にしないと置いていきますよ」である．

　お母さんのとる行動も昔から決まっていて，時代が流れても変わらないものの1つである．それは「置いていくフリ」をして遠ざかったり，ゆっくり歩き出すフリをしたり，行ってしまったフリをして柱の陰から見ていたりするのである．しかし，本当に置いていくことはない．もし本当に置いていこうものなら，大騒ぎになり店の人に叱られるし，場合によっては警察沙汰である．

　子供はいつの時代も賢く，そんなお母さんの様子はお見通しで，置いていかないことを知っており，泣き止むことはないのである．この状況をゲーム理論で分析してみよう．

　子供はおもちゃを買ってもらうことを，「あきらめるか」「ねだり続ける」かどちらかを選択するものとする．子供があきらめれば終わりだが，もしねだり続ければ，お母さんは「おもちゃを買う」か「置いていく」か，どちらかを選択する．仮に利得を以下のように定めてみよう．

- あきらめれば，子供の利得は0，母の利得は5
- おもちゃを買ってもらうと，子供の利得は10，母の利得は−2
- 置いていくと，子供は−10だが大問題になってしまうので母も−10

　ゲームの木で表すと，図3.9のような展開形ゲームが得られる．この展開形ゲームは，プレイヤーが2人で，それぞれが意思決定するところが1カ所しかない．戦略形ゲームのもっとも簡単なものは2×2ゲームであったが，もっとも簡単な展開形ゲームは，この形のゲームである．

　このゲームを解くと，子供はねだり続け，お母さんはおもちゃを買う，という結果になる．これはお母さんが子供に対して，「あきらめないと置いてき

図3.9 おもちゃをねだる子供

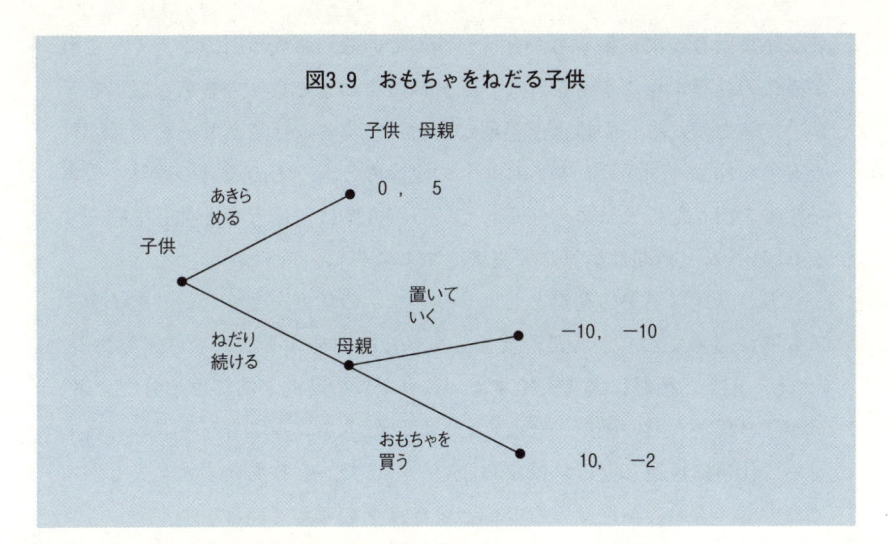

```
                    子供  母親
         あきらめる
              ●———————●  0 ,  5
    子供                置いていく
         ●                    ●———————●  −10 , −10
         ねだり続ける  母親
              ●———————●
                      おもちゃを買う
                                ●———————●  10 , −2
```

ますよ」と，子供に言わないからだろうか．

たとえ事前にお母さんが「あきらめないと置いていきますよ」と言ったとしても，もし置いていってしまったら母も大変困ることを子供は知っている．だから，子供は母は置いていかないであろうと「先読み」して，おもちゃをねだり続ける．母の「置いていくよ」という脅しは先読みをする子供には効果がないのである．この場合，母親の事前の通告はゲームの利得に影響を与えない．このような利得に影響を与えない通告，脅し，コミュニケーションは，それがあろうとなかろうとゲームの結果に影響を与えないと考えられている．

言われてみると当たり前かもしれないが，どんな種類のコミュニケーションがゲームの結果を変えるのか，という問題はゲーム理論の大きな研究テーマであった．「利得を変化させないコミュニケーションは，ゲームの結果を変えない」という単純な事実が合意されたのは，そんなに昔のことではない．ゲーム理論ではこのような利得を変化させない事前のコミュニケーションのことを**軽口（cheap talk）**というキーワードで呼んでいる．

軽口と似たようなものには，拘束力のない口約束のようなものが考えられる．次のモデルを考えてみよう．

▎**モデル11　建築家との契約**
　A県では，今度開催される国際博覧会の県のパビリオン設計を県内の著

名な建築家B氏に依頼するかどうか悩んでいる．B氏は引退も近く，これが最後の仕事になるかもしれない．B氏はこれまで数々の著名な設計を手がけてきたが，唯一の難点が納期が非常に遅れることであり，彼の手がけた有名な作品「国際ガンダムビル」の建設のとき，その設計の遅れが大きな損失を出したことはよく知られている．A県は何度も念を押して確認する．「Bさん，納期は絶対に大丈夫ですよね？」

　一方，B氏は引退の花道としてぜひともこの仕事をとりたい．アイディアも既に温めており，A県の要求してきた納期を守ることは可能である．「ええ，ええ，絶対に大丈夫ですよ．これだけの時間があれば十分ですよ」

　が，B氏がA県の納期を守るためには，好きなゴルフもジャズの練習もやめて仕事に邁進しなければならない．そこで，とりあえず大丈夫と言っておいて，A県の納期は守らないという選択も考えている．

　この状況を以下のようなゲームで表現してみよう．A県は，「B氏以外の別の人に頼む」「B氏に依頼する」の2つの行動から1つを選択し，B氏はA県が依頼してきた場合に，「納期を守る」「納期を守らない」の2つの行動から1つを選択する．

　仮に利得を以下のように定めてみよう．

- B氏以外の別の人に頼むことは，A県にとっては残念な結果であるが，納期を守らないよりはよい．A県の利得は0，B氏の利得も0とする．
- B氏に依頼した場合に，B氏が納期を守らなかった場合．A県の博覧会までのスケジュールはかなり押されてしまい，大変なことになってしまう．ここで−10としておこう．一方，B氏はギリギリにスケジュールを通して設計を完成させれば，好きなゴルフもジャズも適度にこなして，お金は入るし，自分の名の下に建築物もできる．納期を守らないことでますます悪評は立つものの，もう引退だし今後の仕事に関係はない．「ゆっくり余生でも……」ということで+10としておこう．
- B氏に依頼した場合に，B氏が納期を守る場合．A県にとってこれほどよいことはない．利得は+10としておこう．一方，B氏はA県には

感謝され，お金も入り自分の建築物も建つが少々しんどい．利得は＋5としておこう．

このゲームを解析してみよう．

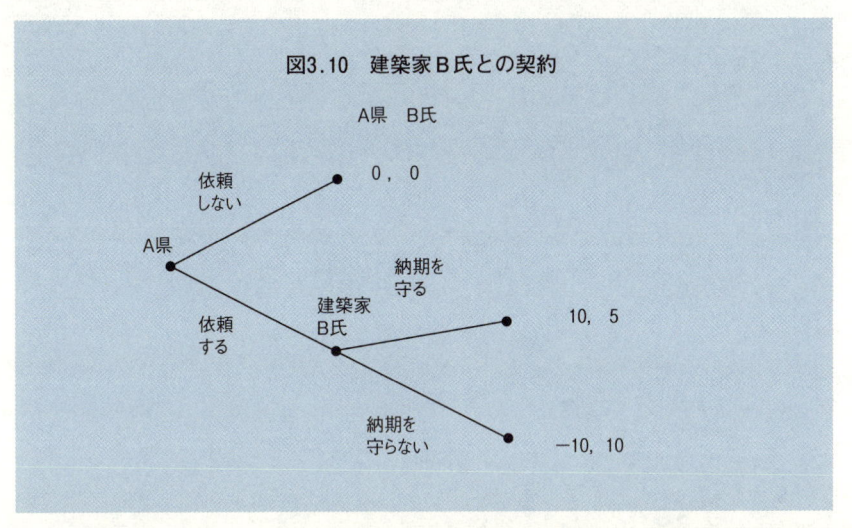

図3.10 建築家Ｂ氏との契約

```
            A県   B氏
  依頼しない
A県 ●─────────● 0, 0
   \
    \  依頼する    納期を守る
     \        建築家     ●───── 10, 5
      ●──────● B氏
                  \
                   \ 納期を守らない
                    ●───── −10, 10
```

このモデルをゲームの木で表すと，図3.10のような簡単な展開形ゲームが得られる．

この**モデル11**の場合をよく見ると，「仕事を依頼しないというゲームの結果よりは，仕事を依頼して納期を守るほうが2人ともよい」という結果になっている．したがって，Ｂ氏にとっては納期を守って仕事をしたほうがよい．

「だからＡ県は仕事を依頼したほうがよい．そうすれば絶対にＢ氏は納期を守るはずだ．そちらのほうが2人にとってよいのだから」という理屈は当てはまらない．Ａ県が一旦契約をしてしまえば，Ｂ氏は「その後」でもっとも良い選択をするからである．囚人のジレンマで，2人にとって良い結果がゲームの結果とはならないのと同じである．先に述べたように建築家の口約束は利得に影響を与えない．利得に影響がなければ解は変わらないのである．

ポイント14 軽口

利得に影響を与えない「軽口」や「拘束力のない口約束」は効果がない．

図3.11 罰金を入れた契約

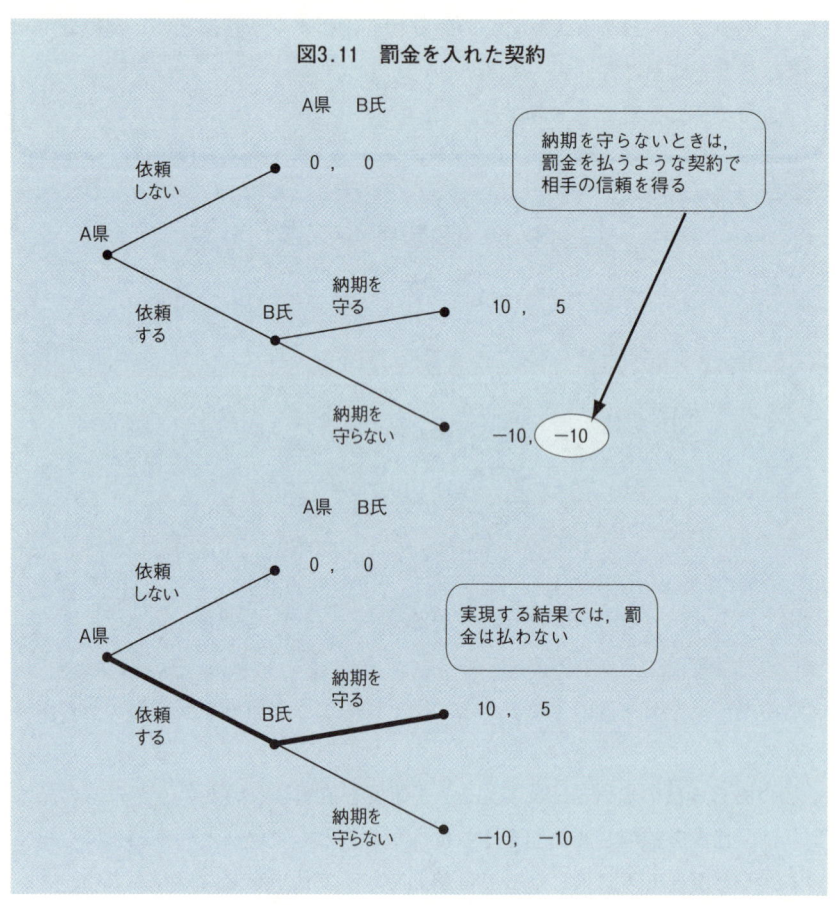

```
            A県  B氏
         依頼       ● 0, 0
         しない
    A県
         依頼         納期を
         する  B氏   守る      10, 5
                    納期を
                    守らない  −10, −10
```

> 納期を守らないときは，罰金を払うような契約で相手の信頼を得る

```
            A県  B氏
         依頼       ● 0, 0
         しない
    A県
         依頼         納期を
         する  B氏   守る      10, 5
                    納期を
                    守らない  −10, −10
```

> 実現する結果では，罰金は払わない

　この場合の解決策はどうすることだろうか．それは利得に明確に影響するような信頼に足る仕組みを作ることである．この場合は「納期に遅れたときは多額の罰金を支払う」として，それを契約書に盛り込むことである．納期に遅れた場合，B氏は多額の罰金（利得で−20に相当）を支払うので利得が−10になるとして分析を進めてみよう．

　この新しいゲームでは，「A県は仕事を依頼し，B氏は納期を守る」が解となる．この場合，B氏は（忙しくて少し大変ではあるが）仕事を依頼されないよりは良い結果となり，A県もB氏にも良い結果となる．さらにここで「罰金」が，実際のゲームの解における結果では使われないことも注目すべき点

だ.「A県は仕事を依頼し,B氏は納期を守る」という結果は,元のゲームと利得は何ら変わっていないのである.

したがって,このような罰金は通常は依頼主のA県が盛り込むように思われそうだが,B氏自身にもメリットがあることに注目すべきである.A県が納期遅れの罰金を契約に入れることには,B氏も同意するし,場合によってはB氏が自分から罰金を契約に盛り込むことを申し出ることで,自分にも良い結果を導くことができるのである.

このような戦略は,例えば通信販売のダイエット食品などの返金保証などにも用いられる.「この製品は効果があります」と言うだけでは拘束力のない口約束になり信用されないが,「効果がない場合は代金はお返しします」と返金を約束することによって自分にとって良い状況を導くことになるのである.

自分の将来の行動・選択を縛ったり,狭めたりすることで,ゲームを自分により良い方向に持っていくことができる.この方法を**コミットメント**(commitment)と呼ぶ.この例はコミットメントが効果的に働く一例である.

> **ポイント15　コミットメント**
> 自分を縛るコミットメントが,自分に有利に働く場合がある.

「契約」は,コミットメントのもっとも典型的な形と言える.契約を破ることで,訴えられたり,違約金を払うという状況は,自分を不利にするばかりではない.むしろ自分を拘束するような状況を作り出すことで,相手の信頼に足る約束や脅しを作り出し,自分に有利な状況にすることができるのである.

3.2.2 【応用】チキンゲームとコミットメント

ここまで,私たちは戦略形ゲームと展開形ゲームの2つのゲームを学び,同じ2人のゲームでも同時に行動する場合と交互に行動する場合では異なるゲームであるということを学んできた.それでは,同時に行動する場合と先手や後手をとって行動する場合を選択できる場合は,どちらを選べばよいのだろうか.まず最初に**モデル3**のI市コンビニ戦争PART3を,再度考えてみよう(図3.12に再掲).

このI市コンビニ戦争PART3では,2つのナッシュ均衡があり,1つはセ

図3.12　再掲：I市コンビニ戦争PART3		
セレブ ＼ ファミモ	A駅	B駅
A駅	(200, 400)	(600, 750)
B駅	(750, 600)	(250, 500)

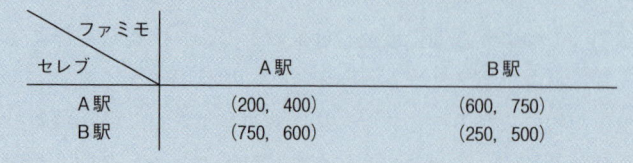

レブがA駅，ファミモがB駅に立地するものであり，もう1つはセレブがB駅，ファミモがA駅に立地するものであった．ここであなたがセレブであるとして考えてみよう．セレブとしては，B駅に立地するほうが高い利得を得ることができる．しかしながらこのゲームにおいては，そうなるとは限らず，自分がA駅に立地するような結果に終わるかもしれない．自分が無理にB駅に立地するということも考えられるが，相手も同じように考えているかもしれない．ここで無理やり両方ともB駅に立地すると，セレブは利得が250にファミモは500になり，双方とも利得が下がってしまう．そうであれば，結果的に一方はA駅に立地すればよかったと後悔することになる．

　このような2×2ゲームにおいて，ナッシュ均衡が2つ存在し，それぞれの均衡が異なるプレイヤーに有利な利得をもたらすが，両方が自分に有利な戦略を選ぶと双方に不利な結果となってしまうゲームは，**チキンゲーム**（chicken game）と呼ばれたりする．ここで，チキンは英語で「弱虫」の俗語である[1]．

　チキンゲームは，1955年にジェームズ・ディーンが主役を演じた「理由なき反抗」という映画の中に現れる．この映画の中で，ジェームズ・ディーンが演じる少年ジムは新しく転校した土地で不良グループのバズと「チキンラン」という決闘をする．これは崖の上に自動車を用意し，同時に崖の端に向かって猛スピードで車を走らせ，先に車を止めたほうが負けというものである．

　さて，もしあなたがセレブだったとして，この問題を考察してみよう．ナッシュ均衡が複数あるときはどの結果が起きるのかが予測しにくく，場合によっては慣習や規範により，どれが起きるのかが決まったりすると述べた．もしか

---

1) このゲームは2人にとって有利なナッシュ均衡となるB駅に両方が立地しても最悪な結果とはならない．最悪な結果は両方がA駅に立地することである．この意味で，図3.12は正確にはチキンゲームではない．

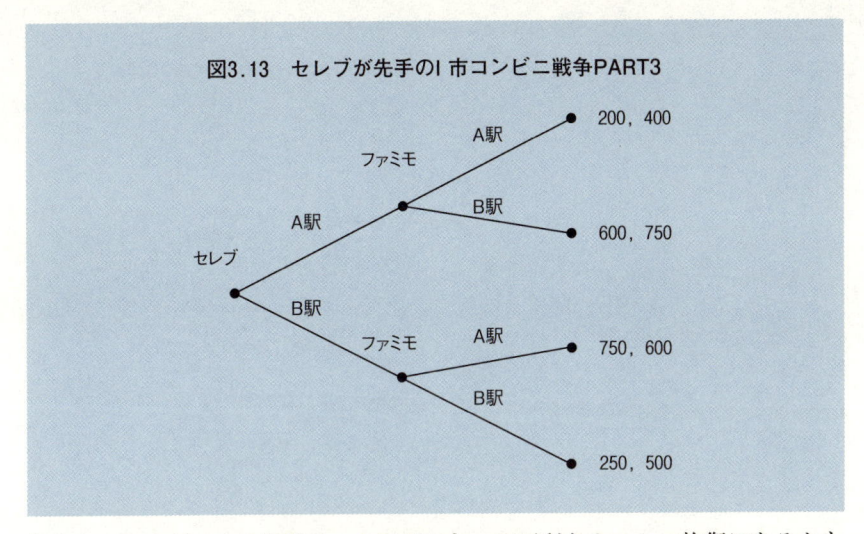

図3.13　セレブが先手のI市コンビニ戦争PART3

```
                    A駅
          ファミモ ──────── 200, 400
         ╱       ╲
        ╱ A駅     ╲ B駅
       ╱           ──── 600, 750
  セレブ
       ╲
        ╲ B駅      A駅
         ╲       ──────── 750, 600
          ファミモ
                  ╲ B駅
                   ──── 250, 500
```

したら，このゲームの結果は，セレブにとって不利なナッシュ均衡になるかもしれない．もしくは，ナッシュ均衡が複数あるときにゲーム理論の予測がうまく働かないという点を指摘したが，この場合もその典型的な例となり，両方ともB駅に立地し後悔することになるかもしれない．ちなみに映画では，ジムはギリギリのところで車から脱出するが，バズはそのまま谷底へ突っ込んでしまい，ナッシュ均衡どころか利得行列では予想できないような結果となる（チキンゲームの例としてはよろしくなかったかもしれない）．セレブにとって，何か良い方法があるだろうか．

もしセレブが計画を前倒しし，ファミモより先に立地できるような状況があるなら，セレブはファミモより先に行動することで，高い利得を確実にとることができる．モデル3をセレブが先手で，ファミモが後手の展開形ゲームと変えたときのゲームの木を示したものが図3.13である．

このゲームの解をバックワードインダクションで求めてみよう．まず後手のファミモの行動から先読みすると，ファミモはセレブがA駅に出店したときはB駅に出店し，セレブがB駅に出店したときはA駅に出店する，という結果になる．次にセレブがこれを読み込んで行動するとセレブはB駅に出店するという結果になる（図3.14）．

このように，ナッシュ均衡が複数ある同時のゲームにおいては，先手を選び

第3章　完全情報の展開形ゲーム　73

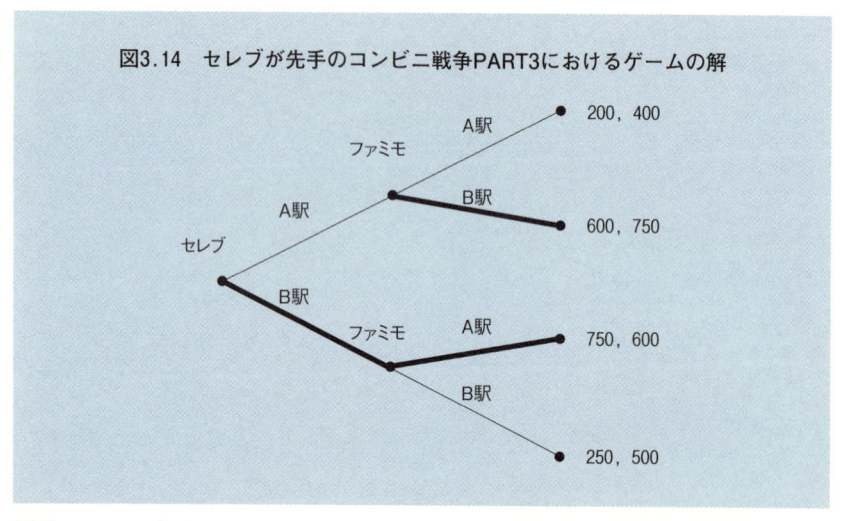

図3.14　セレブが先手のコンビニ戦争PART3におけるゲームの解

```
           ファミモ ─── A駅 ──── 200, 400
          ╱       ╲
     A駅  ╱         ╲ B駅
        ╱           ─── 600, 750
  セレブ
        ╲           ─── 750, 600
     B駅 ╲         ╱ A駅
          ╲       ╱
           ファミモ ─── B駅 ──── 250, 500
```

同時のゲームを交互のゲームに変えることで，自分に有利な結果を導けることがある．

> **ポイント16　同時のゲームを交互のゲームに変える**
>
> チキンゲームのようなナッシュ均衡が複数ある同時のゲームにおいては，自分が先手をとって交互のゲームに変えることで，自分に有利なナッシュ均衡を導くことができる．

ここでは，同時のゲームでナッシュ均衡が2つある場合を扱ったが，ナッシュ均衡が1つしかない場合にも先手をとることで自分を有利に導くことができるような場合があるだろうか？　これは読者の演習問題としてみよう（演習3.6）．

ゲームにおいて先手をとると，相手より先に自分が行動することで自分の行動を縛ってしまう．しかしこれは，先に述べた納期が遅れた場合に罰金を支払うことにして自分の納期が遅れないよう拘束し，自分を有利にすることと同じ理屈になっている．すなわち，先手をとることはコミットメントによって自分を有利にする戦略であるということができる．

さらには第2章で述べた，自分が後に引けないような支配戦略を持って，相手の譲歩を引き出す「背水の陣」や「瀬戸際戦略」も論理としてはかなり似て

いるものであると言えよう．

このように戦略的状況では，コミットメントのように自分を縛ったり拘束したりすることは大きな価値を持つ場合がある．

3.2.3 【実践】先手か後手か

ここまで述べたように，同時ゲームでは先手をとることによって，自分に有利な状況を導くことができる場合があることが分かった．それでは，常に先手をとればゲームは有利になるのだろうか．そうでないことは，「じゃんけん」を考えれば明らかである．

もしじゃんけんで，先手をとって自分が先に手を示せば，相手は確実に勝ち自分は確実に負ける．すなわち，「常に相手と違うことをすれば勝つ」とか「常に相手と同じことをすれば勝つ」といった構造を持つゲームでは，先に動いてはいけないのである．ここでは，2006年のF1サンマリノグランプリ（GP）のケースをもとに考察してみよう．

2006年のF1サンマリノGPでは，フェラーリのM．シューマッハとルノーのF．アロンソの壮絶なバトルが繰り広げられた．このサンマリノのサーキットは，コースの形態から相手を抜くことが非常に困難なサーキットである．そのちょうど1年前，2005年のサンマリノGPでは，トップのアロンソに2位のシューマッハが急追．マシンの速さでは明らかにシューマッハが上回っていたものの，アロンソがすばらしいテクニックで後続のシューマッハを抜かせず，長い戦いの末，優勝を勝ち取った．そして，面白いことに2006年はその立場が全く逆転するのである．今度は1位がシューマッハであり，2位がアロンソとなっていた．最初はシューマッハが好調で差を広げていったが，マシンの不調かシューマッハのタイムがなぜか突然落ち始めた．その結果，2位のアロンソがどんどん追い上げ，あっという間に差が縮まり，アロンソはシューマッハの後ろにピタリとつけて，シューマッハを抜く機会をうかがうこととなった．しかしながらシューマッハのドライビングテクニックの前に，アロンソは苦戦し，抜くに抜けない．こうして何周も膠着状態が続いていた．

サンマリノやモナコのようなほとんど抜く場所のないサーキットでは，燃料補給のためのピット戦略が大きな鍵を握る[2]．ルノーもフェラーリも，あと6

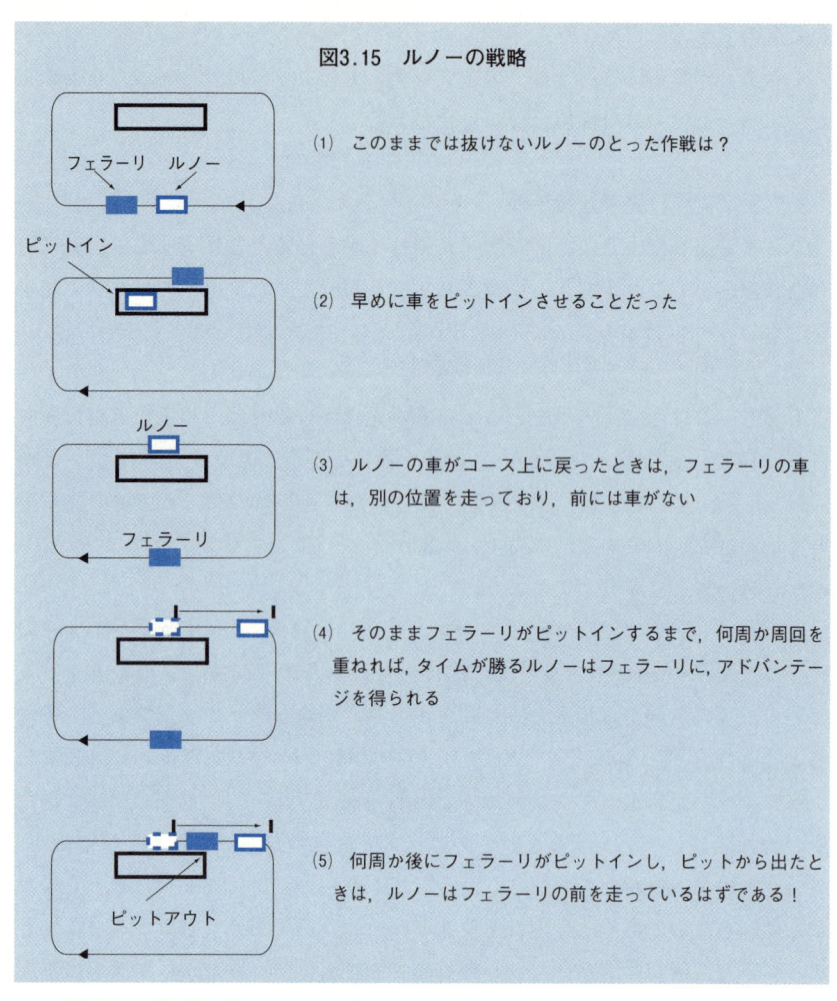

図3.15 ルノーの戦略

(1) このままでは抜けないルノーのとった作戦は？

(2) 早めに車をピットインさせることだった

(3) ルノーの車がコース上に戻ったときは，フェラーリの車は，別の位置を走っており，前には車がない

(4) そのままフェラーリがピットインするまで，何周か周回を重ねれば，タイムが勝るルノーはフェラーリに，アドバンテージを得られる

(5) 何周か後にフェラーリがピットインし，ピットから出たときは，ルノーはフェラーリの前を走っているはずである！

〜7周以内に燃料補給のためにピットインをしなければならなかった．

ここで2位のルノーチームがとった戦略は，**先手をとり予定より早めの周で**

---

2) 2004年モナコGPにおけるルノーのJ.トゥルーリとBARホンダのJ.バトンのバトルも同様で，バトンは前を行くトゥルーリを抜くことができなかった．もっとも，往年の（？）F1ファンには，92年モナコGPでのセナとマンセルのバトルが思い起こされるだろう．フジテレビ三宅アナウンサーの「ここはモナコ・モンテカルロ，絶対に抜けない！」という絶叫は，名実況として今でも耳について離れない．

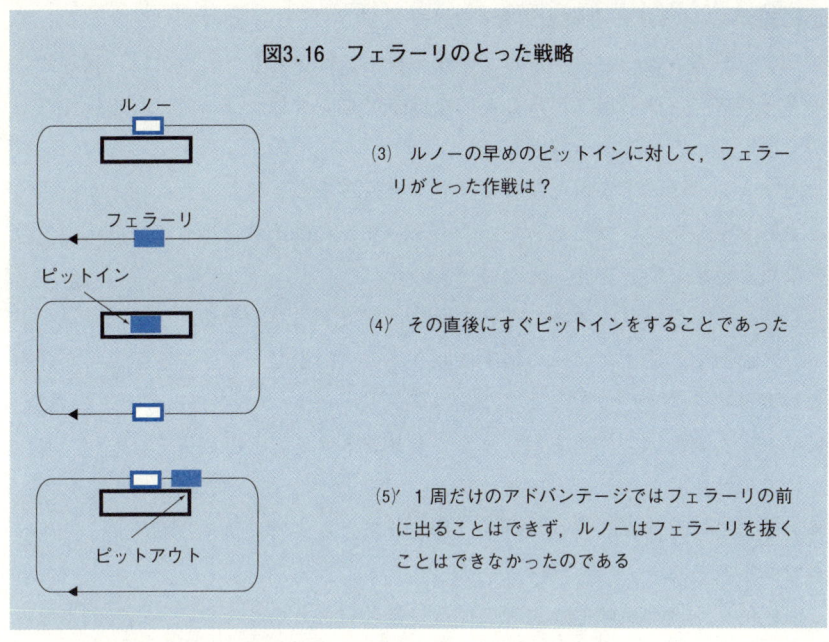

図3.16 フェラーリのとった戦略

(3) ルノーの早めのピットインに対して、フェラーリがとった作戦は？

(4) その直後にすぐピットインをすることであった

(5) 1周だけのアドバンテージではフェラーリの前に出ることはできず、ルノーはフェラーリを抜くことはできなかったのである

アロンソをピットに入れるという戦略であった（図3.15）．

　これはF1で膠着状態が続くときによく使われる戦略である．ピットインのタイムロスの後にルノーの車がコース上に戻ったときは、フェラーリの車はかなり前の別の位置を走っており、ルノーは前に車がいない状態で走行できる．2台はお互いが見えない位置で相手と競争することになる．本来、ルノーはフェラーリより速いはずなので、何周か周回を重ねればルノーはフェラーリとの差を縮めて、実質的には相手を抜くことになる．フェラーリは何周か後に必ずピットインしなければならないので、そのピットから出てきたときは、本来の接近した位置に戻る．このときにルノーはフェラーリの前にいるはずだ．これがルノーの戦略である．

　果たして先手をとるというルノーの戦略は成功したのだろうか？　結果はそうならなかった．ルノーの早めのピットインを見たフェラーリは、間髪をいれずに自分の車が次にピットに来たところで、すぐにシューマッハをピットインさせたのである．ルノーはこれによって1周のみしかアドバンテージを得られない．しかもフェラーリの完璧なピット作業は、ルノーのピット作業よりわず

かに速かったので，その1周分のアドバンテージをも奪っていた．かくしてフェラーリのシューマッハがピットからコースに復帰したときには，猛追するルノーのアロンソの前に出ることになり，アロンソはシューマッハを抜くことができなかったのである（図3.16）．

両マシンはそのままゴールまでバトルを続けることになった．何とか抜こうとする2位のアロンソであったが，シューマッハはそれを押さえ，前年の雪辱を果たし見事に優勝を勝ちえたのであった．

さて，フェラーリを優勝に導いた戦略は何であったろうか？　それはピットインにおいて，必ずルノーの**後手に回り**，ルノーがピットインをするのを観察した直後に，すかさずピットインをするという戦略であったろう．この場合，ピットインにおいて先手を選びコミットメントすることは得策ではない．じゃんけんの後出しと同じように常に後手に回るようにするべきである．もちろんルノーにとってもコミットメントは命取りになる．常に後手に回るようにすべきであったろう．

徹底的に両者が戦略的な思考に従って後手をとりあうならば，最終的には燃料を多く搭載したほうに結果的に分があったのだろうか．そうならばその1つ前のピットインで燃料を少し多めに搭載するほうがよさそうだが，燃料を多く積み車体を重くすることは得策ではない．同時のピットインというのが究極の結果だったのだろうか．このあたりは予測の域を出ない．

2006年のサンマリノGPより15年前に書かれたDixit and Nalebuff（1992）は，MBA向けのゲーム理論テキストの草分け的な名著として知られている．ここには，ヨットレースについて興味深い事例が挙げられている．ヨットレースでは，リードしているヨットが追ってくるヨットの進路をそのまま真似するという戦略がとられることが多いという．リードしているヨットは，追ってくるヨットの進路をそのまま真似れば追ってくるヨットとほぼ同じ速度で進むことができ，その差はなかなか詰められない．その結果，最初につけた差をそのまま保ってゴールし，相手に勝つことができるという．もしルノーが本書を読んでいたら，それでも周回を早めてピットインしたであろうか．

このように後手になることは，相手の出方をうかがい対処できるという点の他に，相手の行動が環境の不確実性に対する情報をもたらし，それによって戦

略を決められるという利点もある．ある企業が画期的な新製品を売り出した後に，後発の企業が先の製品の欠点を改良した製品を売り出し，それが先発企業の製品を抜いて大ヒットに繋がるという例は枚挙に暇がない．

このようにゲームには，コミットメントや先手になることが有利になる場合と，後手で相手の出方をうかがい柔軟に対処したときが有利になる場合とがある．どのような場合が先手有利で，どのような場合が後手が有利なのか，ゲームの木や利得行列を作って，検討することが重要であると言えよう．

> **ポイント17　先手か後手か考える**
> 先手をとったり，コミットメントをしたりすることで，有利になるときと不利になるときがある．ゲームの木と利得行列を使って分析せよ．

3.2.4 【応用】交渉と最後通牒ゲーム

人間が1対1で行う**交渉**（bargaining）は，現実の社会で私たちが直面する典型的なゲーム理論的状況だと言える．まさに戦略的な思考やゲーム的感覚というものが交渉では問われるのである．したがって当然のことながら，交渉という問題を考察することはゲーム理論における重要な課題であり，ナッシュが考察したのを最初として，ゲーム理論における中心的課題として扱われてきた．そこでは，交渉というものをどのようにモデル化すればよいのか，交渉の決着において何が大きな要因となるのか，交渉での立場の強弱を決める「交渉力」の源泉とは何か，などについて多くの研究が行われてきた．

そもそも交渉というものは，何が目的で何が利得かすらはっきりしない場合も多く，モデル化することが難しい．相手と自分の共通の目標が見つけられれば交渉は成功したも同然だが，ゲーム理論が扱う部分は，そのようなモデル化が終わった後の部分だけである．さらに交渉には，感情や心理的な要素を多分に取り入れた技法的な部分が多くあり，勘や経験や天性の才能がモノを言う．

このような中でゲーム理論が言及できることは，交渉についての一部分に過ぎない．しかし，ゲーム理論を通して交渉をモデル化して見れば，西欧的な交渉の「理念」や「原理」を理解したり，交渉の基本的な要因を認識することなどができ，交渉術を身につける第一歩としては大いに役立つ．

本書では，売り手と買い手が1つの財について交渉し，その売買価格を決定する価格交渉について，何回か考察する．ここでは拙著『図解雑学ゲーム理論』(渡辺(2004))での我が家の土地の売買価格交渉の体験談を再度用いることを許してもらうとして，交渉の問題をモデル化してみよう．

モデル12　W家の土地購入における交渉PART1

　古い賃貸マンションに住んでいるW家は，新居のためにある土地の購入を考えている．夫婦は2人のそれぞれの勤務先へ向かう2つの路線が交わるI市周辺を早くから購入場所に決め，この3ヵ月間，様々な土地を調べ回ってきた．この結果，夫婦共に周辺の土地については不動産屋よりも詳しくなっており，面積，建ぺい率，容積率，土地の場所や条件を見れば，だいたい相場がいくらかが分かるようになっていた．

　2人が目をつけた土地は2面道路に面した土地区画整理中の土地で，様々な条件が2人にぴったりと符合していた．2人は2700万円まではこの土地に支払ってもよいと評価している．W家は不動産屋を介し，売り主と交渉を進めてきた．売り主は多くの場所に土地を持ち，I市でセレクトショップ「美家（ビカ）」という輸入雑貨店も経営している．さらに中央競馬会の馬主でもあり，競馬好きのW家の夫とは意気投合し，話もまとまりそうであった．しかし，最終価格がなかなか詰まらない．売り主は2500万円と土地を評価しているようで，それ以下では売らずそこまでは値が下がりそうな気配である．双方は交渉を重ねてこのような感覚を持っており，2500万円と2700万円のどのあたりで価格を決定するかが折り合わない，といった様相であった．

　ある日，不動産屋から電話があった．「Wさん，これまで例の土地はWさんと優先交渉ということにしてきましたが，別のお客さんも出てきました．そこで，とりあえず土地購入を今週の日曜までに決めてもらえませんか．日曜までに決まらない場合は，一旦この話はなかったこととさせてください」．Wは，いよいよ最終交渉に入らなくてはならない．

　Wの妻は，日頃から夫が「ゲーム理論」を研究しているにもかかわらず交渉に弱いということを不満に思っていた．Wの妻は言う．「あなたそのゲーム理論とやらで何とかしてみてよ」．Wはそれに対し，「よし，じゃあ

ここでゲーム理論の効力を見せてあげよう」と言った．

　Wのとった手段は，期限ぎりぎりまで返事を待ち，交渉の「最後通牒権」をとるという方法であった．Wはすぐには回答せず，期限である日曜の夕方まで回答を待った．笑点が終わり，サザエさんも終わり，大河ドラマが始まる遅い時間に不動産屋に電話し，「2510万円で買いたいが，売り主は承諾するだろうか，断るだろうか」と持ちかけたのである．

　この問題をゲーム理論で分析してみよう．交渉をゲーム理論で考える第1のポイントは，交渉の利得とは何であって，決裂したときにどうなるかを考えることである．実際の交渉では，利得が何であり，決裂したらどうなるかは，なかなか分からない難しい問題である．

　まず，利得について考えてみよう．ここではお互いに相手の評価額，言うなれば相手の本音が分かっていると仮定している．本来，交渉には「脅し」や「はったり」がつきもので，相手の本音（本当に売り主の評価額が2500万円なのか）が分からない，というのが本当だろう．交渉術の本を読むと，「相手に本音を見破られないのが交渉のポイントだ」と書いてある．確かにその通りなのだが，初歩的なゲーム理論では「はったり」のような技巧的な部分を扱うのは難しい．そこで，ここでは評価額は分かっているとしておく（完備情報ゲームの仮定）．さらに利得は，Wは評価額2700万円と売買価格との差額，売り主は2500万円と売買価格との差額と考えよう．例えば，2650万円で交渉がまとまったときは，Wの利得は50万円，売主の利得は150万円と考えるのである．この評価額と売買価格との差額は，「余剰」とも呼ばれる．

　次に，交渉の決裂がどのような結果となるかを考えてみる．交渉が決裂すると，売り主は他の客に土地を売ることができるし，Wも他の土地を見つけることができる．交渉が決裂した結果は，交渉力に影響を与える．売り主は，ほぼ同じ値段で買ってくれる客がいれば，強気の交渉を行うだろうし，Wは他に良い土地がなければ交渉力は弱くなるのである．しかしながら，ここではあまり複雑な問題を解きたくはない．そこでやや強引だが，売り主もWも交渉が決裂すると利得は0になってしまうと仮定しよう．この交渉の決裂した結果となる利得を，交渉の**基準点**（standard point）と呼ぶ．

ポイント18　交渉の利得と基準点

交渉の利得と基準点が何であるかを考える．決裂したときのダメージが少なければ交渉力は強くなる．

さて，利得と基準点が決まったところで，このモデルをWが購入価格を提示し，売り主がそれに対して承諾か拒否かを選択する完全情報の展開形として考えてみよう．このゲームをゲームの木で表してみたのが図3.17である．

交渉の提示金額を1円単位とするのは細かすぎるため，ここでは10万円単位で交渉をしていると仮定している．このゲームは，売り主が提示を拒否したら交渉が決裂するというゲームで，Wの提示が「最後通牒」となっていることから，**最後通牒ゲーム**（leave it or take it offer game）と呼ばれる．

最後通牒ゲームをバックワードインダクションで解いてみよう．バックワードインダクションでは，まず後手のすべての意思決定点での選択を考えなければならない．後手の売り主は金額を提示され，承諾か拒否かを決定する．売り主は提示された金額が交渉決裂よりも良い結果ならば承諾し，悪い結果ならば拒否する．よって，2510万円以上ならば承諾し，2490万円以下ならば拒否する

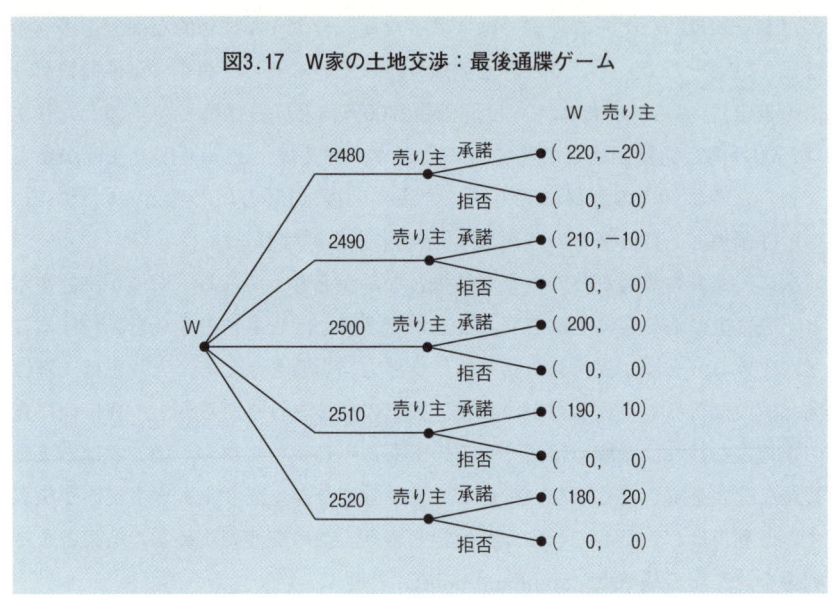

図3.17　W家の土地交渉：最後通牒ゲーム

```
                                    W    売り主
              2480  売り主 ─承諾─ ( 220, −20)
                   ─拒否─ (   0,   0)
              2490  売り主 ─承諾─ ( 210, −10)
                   ─拒否─ (   0,   0)
         W ─  2500  売り主 ─承諾─ ( 200,   0)
                   ─拒否─ (   0,   0)
              2510  売り主 ─承諾─ ( 190,  10)
                   ─拒否─ (   0,   0)
              2520  売り主 ─承諾─ ( 180,  20)
                   ─拒否─ (   0,   0)
```

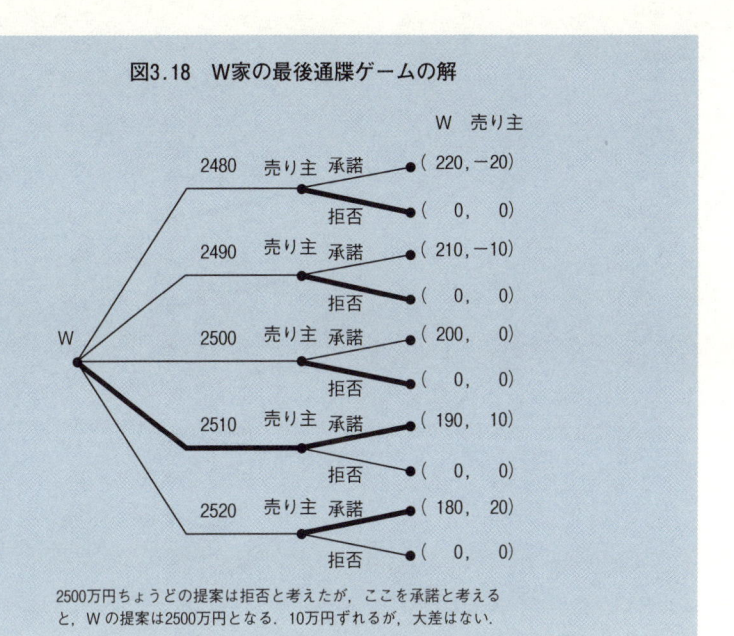

図3.18　W家の最後通牒ゲームの解

```
                                    W   売り主
                    2480  売り主 承諾 ( 220, −20)
                               拒否 (  0,   0)
                    2490  売り主 承諾 ( 210, −10)
                               拒否 (  0,   0)
              W ─── 2500  売り主 承諾 ( 200,   0)
                               拒否 (  0,   0)
                    2510  売り主 承諾 ( 190,  10)
                               拒否 (  0,   0)
                    2520  売り主 承諾 ( 180,  20)
                               拒否 (  0,   0)
```

2500万円ちょうどの提案は拒否と考えたが、ここを承諾と考えると、Wの提案は2500万円となる。10万円ずれるが、大差はない。

であろう。ここで2500万円ちょうどは、承諾と拒否が同じ利得をもたらすため、どちらを選択するかは微妙な問題である。ここでは拒否と考えておく。

次に先手のWは、それを先読みして金額を提示する。すると、2500万円以下の提示は、売り主に拒否され利得は0である。これに対し2510万円以上の提示は、売り主が承諾するがその中でWが最大の利得を得るのは、2510万円を提示し利得190万円を得ることである。Wは2510万円を提示し、売り主はそれを承諾することがゲームの結果となる（図3.18）。

このように最後通牒ゲームでは、金額を提示するほうが決裂ギリギリの金額を提示し、提示されたほうのプレイヤーが渋々それを承諾するというのがゲームの結果となる。したがって最後通牒ゲームでは、先手の最後通牒するプレイヤーが圧倒的に有利である。これがWが最後通牒権をとった理由である。

> **ポイント19　最後通牒権**
>
> 1回きりの最後通牒ゲームでは、最後通牒権をとれ。

さて、ここで交渉が決裂した時の基準点が何かをよく考えるべきだと述べ

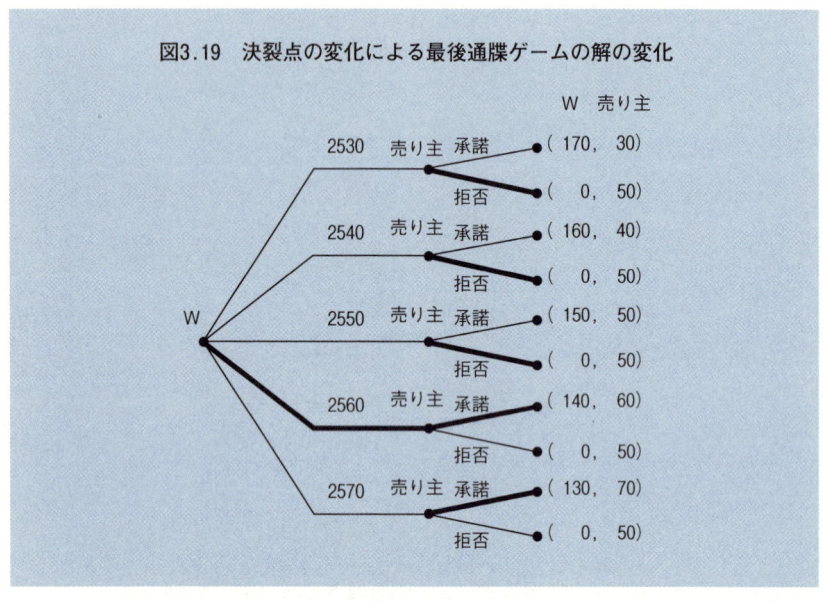

図3.19　決裂点の変化による最後通牒ゲームの解の変化

```
                                      W  売り主
           2530  売り主 ─承諾─● (170, 30)
                      └拒否──● (  0, 50)
           2540  売り主 ─承諾─● (160, 40)
                      └拒否──● (  0, 50)
        W  2550  売り主 ─承諾─● (150, 50)
                      └拒否──● (  0, 50)
           2560  売り主 ─承諾─● (140, 60)
                      └拒否──● (  0, 50)
           2570  売り主 ─承諾─● (130, 70)
                      └拒否──● (  0, 50)
```

た．この基準点は交渉にどのような影響を与えるのであろうか．**モデル12**を以下のような**モデル13**に変形し，考えてみよう．

モデル13　交渉の基準点の影響

　モデル12の状況において，売り主はW家との交渉が決裂すれば2550万円でこの土地を購入する買い手が既に現れており，W家もそれを知っていたとしよう．Wが最後通牒を行い，売り主が承諾すれば交渉は成立し，拒否すれば交渉が決裂するのは同じであるとする．交渉の結果は，どのように変化するだろうか．

　モデル13が**モデル12**と異なる点は，交渉が決裂したときは売り主の利得は0にはならず，売り主の利得は2550−2500＝50となるところである．これをもとに最後通牒ゲームを行えば，売り主はもはや2550万円より小さい提示は拒否する．Wはそれを読めば最大の利得を得る2560万円を提示して，利得140万円を得る（図3.19）．

　このように基準点が変化すれば，交渉の結果は変化する．交渉が決裂したときの結果が50万円増加した売り主は，同じ最後通牒ゲームでも余剰を50万円増

加させることができ，買い手のWは余剰を50万円減少させた．
　決裂したときの利得が有利であればあるほど，交渉力は強くなり，その逆に基準点の利得が小さいときは交渉力も小さい．当たり前のことではあるが，私たちは交渉が決裂した結果として失うものが大きいときにも，強気の交渉を行い交渉を決裂させてしまう場合がある．自分の基準点が何か，相手の基準点は何かを見極めて，交渉を行うことは重要である．

> **ポイント20　交渉の基準点と交渉力**
>
> 　交渉の基準点がどこであるかをよく考える．決裂したときの利得が小さいほど交渉力は弱くなる．

3.2.5 【実践】最後通牒ゲームの実験

　さて，W家の土地の売買交渉はどうなったのであろうか．**モデル12**に戻って，その顛末をお話ししよう．

　最後通牒権をとって，すっかりうまくいったと思ったWは不動産屋から売り主の回答が来るのを待っていた．思ったより時間がかかり，夜もやや遅くなった頃，不動産屋から電話が来た．

　「Wさんですか，夜分にすみません．売り主さんからの回答です．売り主さんからは2600万円なら売るがどうか，と逆に提案されました．ダメならばとりあえず話は流れます．どうしますか」

　なんと，Wは逆に最後通牒権をとられてしまったのである！　「どうしようか」とWは妻と相談したのだが，この土地を逃すのは惜しい，もともと支払おうと思っていた価格より100万円安くなったのだからよいだろう，ということになり，渋々了承したのである．妻からは「結局，ゲーム理論って役に立たないのね」と言われ，Wの面目は潰れたのであった．

　さて，ここで注目すべきことは売り主からの提案が2600万円という絶妙な金額であったことだ．最後通牒であれば2690万円がゲームの結果となるはずだが，売り主がそれを選択しなかったことに注目すべきである．そして，もしも2690万円が提示されたならWはYesとは言わなかったかもしれない．そこでYesというのは悔しさも残るので，また別の土地を探してみようという気持ち

になったかもしれないのだ．この2600万円という提案が，2人の交渉を決裂させずにまとめあげるポイントだったのであろう．

最後通牒ゲームでは，様々な実験が行われている．実際に被験者に最後通牒ゲームをさせ，ゲーム理論の結果と同じになるのか，ならないとすればそれはどのような理由によるものなのか，などが詳しく調べられているのである．そして実験結果は，ゲームの解と同じにはならない．最後通牒をする側は，自分と相手が利益を半々に分け合うことを提案するか，少しだけ自分に得をするように提案するかのどちらかを選択している．ゲーム理論と同じく最後通牒者が，相手が譲歩するギリギリの金額を提案すれば，その提案はほとんどの場合に拒否されるのである．Wと土地交渉をした売り主は，経験的にそれを知っていたと考えられるだろう．

このゲームの結果は国によって少し異なる．Roth, Prasnikar, Okuno-Fujiwara and Zamir (1991)はイスラエル，ユーゴスラビア（当時），アメリカ，日本の4カ国でこの実験を行った．彼らは1000トークンという，仮想のお金を分け合う最後通牒ゲームを，実際にお金を支払って実験したのである．読者は最後通牒をするプレイヤーが「自分に多くよこせ」と主張する国は，どこだと思われるだろうか．

この実験では，第1プレイヤーが5トークン単位で相手の分け前を提案する．例えば550トークンと提案すれば，相手の分け前は550トークンで，自分は450トークンである．提案されたほうが第2プレイヤーとして，承諾か拒否かを選択する．交渉が成立した場合は，実際にお金が支払われた．アメリカでは1000トークンを，10ドルに相当させた場合と30ドルに相当させた場合の2つの実験をし，結果に有意な差はないことも示している．拒否した場合はお互いの分け前は0になる．

最後通牒ゲームの解は0トークン，または5トークンを提案し，第2プレイヤーが承諾するというものであるが，この通りの結果になったものは全体の1％にも満たない．すべての国では「半々」あたりに提案が集中している．ここでアメリカとユーゴスラビアは500トークンの提案がもっとも多いのに対して，日本とイスラエルは400トークンの提案がもっとも多い．すなわちアメリカは，相手と自分が半々で分け合うことを提案する者が多いのに対して，日本

は相手に40％，自分が60％という提案が多いのである．

　これは日本のほうが強欲な者が多いということなのであろうか．結果はそんなに単純ではない．提案された第2プレイヤーの拒否率を調べてみると，それが分かる．低い提案をされる日本やイスラエルの第2プレイヤーは，アメリカやユーゴスラビアより高い確率で提案を拒否しているかと言えばそうではなく，提案を拒否する確率は同じなのである．すなわち日本やイスラエルの第2プレイヤーは，やや不公平な提案を（アメリカやユーゴスラビアより）認めて受け入れる傾向にあると考えられるのだ．

　これは第2プレイヤーの「どのくらいの提案を不公平で拒否するべきか」という考え方が国によって違うことを表している．アメリカは，少しでも提案者が多くをとろうとすると不公平であると敏感に反応し，日本はそれを少し認める傾向にある．国によって拒否率が変わらないのは，第1プレイヤーである提案者はそれをよく読み取り，自分の国の提案者がどのくらい妥協してくれるかをよく知っているからだと言えるだろう．日本人が，アメリカ人と交渉するときに自国と同じように「相手は40％でも妥協してくれるだろう」とアメリカ人に提案すると，それは「No!」と拒否されて自国との不公平感の違いに驚くかもしれない．

　このような最後通牒ゲームの実験は，人間は自分の利益を最大にするだけではなく，その分け方が公平であるかどうかも重要視していることを示してくれる．自分の利益を最大にするだけであれば，わずかな分け前を提案されてもYesと答えるだろう．不公平な提案には，たとえ自分の利益を失っても拒否するのである．ただ当然のことながら，人は公平性だけで行動しているわけでもない．Forsythe, Horowitz, Savin and Sefton（1994）をはじめとするいくつかの研究では，「独裁者ゲーム」と呼ばれるゲームの実験がされている．

　これは最後通牒ゲームと同じく，第1プレイヤーが相手の分け前と自分の分け前を提案するが，第2プレイヤーのYes, Noに関係なく，その分け前で分配が決まってしまうというゲームだ（第1プレイヤーは独裁者）．もしプレイヤーが完全に利己的であったなら，自分に全部よこせと提案するだろう．プレイヤーが公平性だけを重視するならば，最後通牒ゲームでもこのゲームでも，自分が公平だと思うような同じ提案をするだろう．

実験では，提案者はすべてを自分によこせとは提案しないが，最後通牒ゲームより自分にとって優位な提案をすることが多いことが示された．これより，最後通牒ゲームでは提案者は自分の利己的な行動と公平性との2つの基準の間で行動していることが確かめられる．最後通牒ゲームでの相手の取り分に対する提案は，「このくらいなら相手は拒否しないだろう」とする利己的な動機に基づく予想と，公平な提案をしようとする動機に基づく金額が合わさった結果なのである．

　以上で見たように最後通牒ゲームは，必ずしもゲーム理論の結果と実験結果が一致しない．実験の結果も，言われてみれば当たり前の結果ではある．それでは，最後通牒ゲームに関するゲーム理論の示唆は，私たちの戦略的な思考に役に立たないのだろうか．私はそうは思わない．1つ目の理由は，日本を含むいくつかの国では，程度の違いはあっても「最後通牒権をとることが有利だ」という教訓が，実験でも支持されているからである．第2の理由は，このような理論を勉強するまでは，人はこのような交渉の際に，自分の経験と勘でしか物事を考えず，体系立てて考えようとはしないからである．企業買収に関わっているMBA卒の私の友人は，「M&Aの現場で，直接ゲーム理論の通りに交渉することはないけれども，ゲーム理論でどう考えるかについては最低限頭に入っているでしょう」と言う．ゲーム理論は考察の出発点であり，ベンチマークなのである．

　筆者は展開形ゲームを講義する前に，必ず最後通牒ゲームの実験をさせる．そこで行う「なぜそのような提案をするのか」というアンケートに対しては，ほとんどの学生が「なんとなく」としか回答しない．せいぜいマシな回答でも「ちょうど半分ずつだと相手が納得する気がするから」ぐらいが関の山だ．展開形ゲームと最後通牒ゲームを習った後では，洞察はもう少し深くなる．最後通牒ゲームというシンプルなモデルでも，交渉という私たちの見方を前進させてくれるのだ．

　最後通牒ゲームのゲーム理論分析が示唆を与えると考える第3の理由は，この分析がさらに複雑な次の交渉のゲーム理論分析への出発点となるからである．さらに発展した交渉ゲームに関しては，本書の8.2で展開される．

3.3 ゲーム理論を実践するために

3.3.1 戦略の組合せが結果となる

さて，ここまでたどり着いた読者は，ゲーム理論のもっとも基本的な部分を習得することができたと考えてよい．初歩的な多くのゲーム理論の応用例は，ここまで考えてきた完備情報の戦略形ゲームか展開形ゲームであることがほとんどである．

しかしながら，ここまでの知識を応用して現実の問題をゲーム理論にモデル化しようとすると，いくつかの問題が発生する．ここではゲーム理論を応用し，現実の問題をモデル化して考えるときに大切なポイントについて，考えていきたい．

まず，ゲーム理論では利得は戦略に対して決まるのではなく戦略の組（ゲームの結果）に対して決まることに注意することが大切である．ゲーム理論の初学者のレポートなどに「囚人1が自白したときの利得は10」というような言い回しを見かけるが，「囚人1が自白し，囚人2が黙秘したときの囚人1の利得は10」のように正確に言葉を使わなければ意味が通らない．自分が同じ戦略を選んでも，相手が選ぶ戦略が異なれば，利得は異なるのだ．本書では，戦略の組を表現するためには（自白，黙秘）のように各プレイヤーの戦略をプレイヤー順にカッコで並べた表現を使う．すべてのプレイヤーの選択が決まってはじめて，利得が決まることに注意しよう．

ゲーム理論ではこのように，個人は他者と独立に自分の行動を選択し，その戦略の組合せがプレイヤー全体の「結果」となると考えている．「何を当たり前のことを」と読者は思われるかもしれない．少し具体的な例を挙げよう．筆者の講義では戦略形ゲームを最初に説明した後に，「身近な問題を戦略形ゲームにモデル化せよ．プレイヤー・戦略・利得は何であるかを示し，利得行列を作成せよ」という問題を出している．これに対してある学生が，以下のようなストーリーを考えて「先生，利得行列をどう作ればよいか分からないのですけれど」と質問してきた．

A君とB君は，クラスメートであるがいつもケンカばかりしてい

図3.20　これはゲームになっているのか

Dさん ＼ C君	満足する	満足しない
自分のやり方を通す	(5, 1)	(4, −1)
C君のやり方に変える	(1, 5)	(−1, 2)

る．しかし毎日ケンカばかりではつまらない．そこで，2人は仲良くしようか，ケンカを続けるか考えた．

プレイヤー　　A君，B君

戦略　　ケンカを続ける，仲良くする

利得　　ケンカを続けると−1，仲良くすると＋1

　この質問のどこに問題があるか，お分かりだろうか．彼は「個人の行動」と「全体の結果」を混同しているのだ．質問者の頭の中では，「ケンカが続く」「仲良くする」という2人のプレイヤー（社会）が置かれるであろう2つの結果しか想定されていないのである．

　もう1つある講義において，あるビジネスマンのDさんが作ってきたストーリーと利得行列を考えてみよう．

　　私の部下であるC君とは事あるごとに対立をしている．今回も，私のやり方に不満があるようで，私は自分のやり方をそのまま通すべきか，C君のやり方に妥協するべきか悩んでいる．利得行列は図3.20のようになる．

　ここで，C君の「満足する」「満足しない」というのは彼が選べる「行動」なのだろうか？　これはむしろ彼の利得と言えるのではないだろうか．

　もちろん，図3.20の利得行列を作りたい気持ちは理解できる．おそらく「満足する」「満足しない」というのは，「上司に賛成する」「上司に反対する」のような行動を意味しているのだろう．しかし，この利得行列には上司のDさんが，常に選択をするのは自分だけで，C君はそれに感想を持つだけしか許されていないという常日頃の状況が見え隠れしている．C君の選択を考えていないDさんがC君と対立するのはしょうがないと言えば言いすぎだろうか．

　ゲーム理論では，プレイヤーが自律的に行動を決定して，その1人1人の選

択の組合せが全体の結果になると考える．このような考え方は，**方法論的個人主義**（methodological individualism）などと呼ばれる．ゲーム理論で想定されるプレイヤーは，何かに動かされたり，人に物事を決めてもらうようなプレイヤーではない．非協力ゲーム理論を使って現実をモデル化するときには，それを意識しておく必要がある．ここまでの2つの例は，このような考え方が理解できていないために起きる問題を示している．最初の例では，結果を2人が別々に選ぶ行動の結果として捉えていない．後の例は，プレイヤーの選択を，彼が自律的に選ぶような行動と考えていないのである．

自律した個人1人1人の選択の結果を社会全体の結果と認識することが，良いことかどうかについては分からない．この方法は社会を捉える考え方や認識の「1つ」に過ぎない．これについては第12章の協力ゲームにおいて，もう一度議論したい．

3.3.2 意思決定の相互依存性

第1章の冒頭で，ゲーム理論とは「複数の意思決定をする主体が，その意思決定に関して相互作用する状況を研究する理論」であると述べた．ゲーム的状況をモデルにするときは，本当にその状況が「ゲーム」となっているかを吟味する必要がある．やはり筆者の講義において学生E君が作ってきた次の戦略形ゲームについて考えてみよう．

> A君とB君は，今日の夕食をどこで食べようか迷っている．A君は大好きなカレーを食べに行きたいのであるが，B君は中華を食べたいと考えている．彼らはどのような選択をすればよいのだろうか．
>
> プレイヤー　　A君，B君
> 戦略　　カレーを食べる，中華を食べる

図3.21　勝手な2人の夕食選び

A君 \ B君	カレー	中華
カレー	(1, −1)	(1, 1)
中華	(−1, −1)	(−1, 1)

利得　　自分の好きなものを食べると＋1，そうではないものを食べる
　　　　　　　と－1

　利得行列は図3.21のようになる．

　ああ，なんて勝手な2人であろうか．途中まではストーリーは良い感じで進んでいるのだが，最後の利得の設定には驚かされる．これでは「お互いが好きなものを食べればよい」という結果が自明ではないだろうか．

　このように自分の利得が，相手の行動に全く依存しないような設定では，2人でゲームをしているように見えても，実は1人で意思決定をしているのと同じである．したがって，「複数の意思決定をする主体が，その意思決定に関して相互作用する状況」とは言えないであろう．このような状況は，厳密にはゲーム理論が対象とする状況とは言えない．

　とはいっても，たぶん学生のE君が考えたかったA君とB君の夕食選びは，2人が一緒に夕食を食べたいのにうまくいかない，といった状況を表現したかったのだろう．そうであれば利得に「好きなものを食べられるかどうか」に加えて，2人が会えた場合と会えない場合で利得に相互依存性を持たせるべきであると言える．

> **ポイント21　利得の相互依存性**
> 利得の相互依存性は何であるかを考えながらゲームを作る．

　しかし，利得の相互依存性とは何かを厳密にすることは難しい問題である．ここで，囚人のジレンマを考えてみよう．囚人のジレンマでは，2人のプレイヤーは支配戦略を持っていた．支配戦略は，相手の戦略に関係なく自分に絶対に良い戦略である．したがって，「先のE君の事例でお互いが好きなものを食べればよい」ということと何ら変わりがないではないか．E君はこう言うだろう．「先生はゲーム理論では，相互依存性のある状況が対象だと言っているが，囚人のジレンマは相互依存性がなくてもゲーム理論で扱われているではないですか」と．

　このようなE君の反論はもっともである．ここでの主張は，相互依存性がないような状況を考えてはいけないということではない．自分がゲームを使って問題を分析する場合は，プレイヤー同士の利得の相互依存性がどのように働い

ているかをよく考えながら作ることが大切だ，ということである．

最後に，利得の相互依存性について極端な場合を考えてみよう．

> ■ モデル14　勝手な兄妹 ■
>
> 　大和家の兄妹メジャーとスカーレットは，自分勝手な兄妹だ．誕生日が近づいて，2人は母親のブーケにプレゼントをねだった．
>
> 　メジャー：「ぼくは時計が欲しい」
>
> 　スカーレット：「私は指輪が欲しい」
>
> 　2人の母親ブーケは，時計と指輪を売っているI市のセレクトショップ「美家」に2人を連れて行き，お金を渡して，こう言った．「いい．2人ともよく聞いて．今回の誕生日は，あなたたちはそのお金でお互いに相手へのプレゼントを買って，それを交換しなさい．それがあなたたちの今年の誕生日プレゼントよ」
>
> 　ここで2人は，時計か，指輪を相手に選んでプレゼントをする．しかし自分勝手な2人は自分がもらえるプレゼントにしか興味がない．お互いの選択は，「時計」を買って贈るか「指輪」を買って贈るかのどちらかで，利得は自分が好きなものをもらえば+1，そうでなければ0であるとする．このゲームを分析せよ．

　この場合の利得行列は，図3.22のように表される．このゲームの解はどうなるだろうか．

　先に習ったナッシュ均衡の求め方に従って均衡を求めると，すべての戦略の組がナッシュ均衡となることが分かる．このゲームは相手の選択によってのみ自分の利得が決定され，自分の戦略は自分の利得に影響しない．自分の選択が自分の利得に影響しないのであれば，自分の選択が決定できるはずがない．

図3.22　決定不能のゲーム

メジャー ＼ スカーレット	時計	指輪
時計	(1, 0)	(0, 0)
指輪	(1, 1)	(0, 1)

このように，自分の戦略に自分の利得が依存しないようなゲームは分析できない．しかし現実の状況は，よく考えればわずかながらでも自分の選択に影響しているだろう．上記の例でも，相手に好きなものを選んであげたほうが少しは利得が高くなるだろう（もっとも，2人の場合は自分が好きなものを得られないなら，相手が好まないものを選んで意地悪できたほうが利得が高くなるかもしれないが）．

理論的な考察においては，利得が同じ値をとる場合を考えることが重要であるが，現実の問題を分析する場合には利得が同じになるということはほとんどなく，よく考えればどちらかの利得が必ず高くなっているはずである．利得が同じで決定不能な現象が起きた場合は，利得を再検討してゲームを修正することが大切であると言える．

3.3.3 利得の数値はどのように定めるのか

ゲーム理論を応用して社会現象を分析しようとするとき，問題となるのは，利得の数値をどのように定めるかということである．例えば，囚人のジレンマにおいて，なぜ釈放のときの利得は 0，懲役 1 年のときの利得は -1 なのだろう？　これは囚人の喜びをお金に換算したものなのだろうか．このようなものを測ることができるのであろうか．

利得や効用をどのように考えるべきかという問題は，ゲーム理論や経済学の基礎をなす問題であり，**期待効用理論**（expected utility theory）と呼ばれる理論で展開されている．期待効用理論は，不確実な状況において，確率の理論で現れる期待値や効用に関して詳しく展開する理論である．これについては第 9 章でもう少し掘り下げた議論をする．

本書の第 5 章までは，確率で表現されるような不確実性が関係しない場合が多い．このような不確実性がない確率や期待値を使わない問題においては，

> 利得は，起こりうる結果に対し，好きなものには大きな数字が，嫌いなものには小さな数字がついていればよい

と考えてほしい．すなわち，結果の好き嫌いが順序よく表現されていれば何でもよいのであり，その数字自体は大した意味を持たないと考えてよい．

例えば，「囚人のジレンマ」において，「黙秘」を「協力」と考え，自白を

図3.23 利得を記号で表現した囚人のジレンマ

1 \ 2	協力	非協力
協力	(a_1, a_2)	(c_1, b_2)
非協力	(b_1, c_2)	(d_1, d_2)

「非協力」と考えよう．次のような記号で表現した利得行列，図3.23を考えてみよう．

ここでゲームの利得が，

$$a_1 < b_1 \quad c_1 < d_1 \quad a_1 > d_1$$
$$a_2 < b_2 \quad c_2 < d_2 \quad a_2 > d_2 \tag{3.1}$$

を満たしていれば，このようなゲームはすべて「囚人のジレンマ」と呼ばれる．**モデル5**の成果主義のジレンマや**モデル6**の囚人のジレンマもこのような形にすれば，全く「同じゲーム」と考えられるであろう．逆にゲームが「囚人のジレンマ」と呼ばれるためには，プレイヤーの利得が上記の結果を満たしてさえいればよく，**利得を数値化する必要はない．**

このように理論を進めていけば，「なぜ釈放のときの利得は0，懲役1年のときの利得は−1なのだろう？」という利得の数値に対するこだわりや疑問を持たずに分析を進めることができる．しかし，数学的な表現に慣れていない者にとっては，図3.23のような記号の表現よりは図2.7や図2.9のような数値の表現のほうが分かりやすいであろう．

したがって，本書では多くの場合に，主にこのような利得の数値表現を使って例を示している．このような利得の考え方は，実際にゲーム理論を用いて分析を行うときは，注意すべき点と言える．

演習問題

演習3.1 例（図3.24）に従って，図3.25のゲームの木のゲームの解を求めなさい．答えはプレイヤー順にどの意思決定点でどの行動を選ぶか記しなさい．

演習3.2 図3.26について，バックワードインダクションを用いてゲームの解

図3.24 （例）ゲームの解を求める

（例）

プレイヤー1	v_{11}	x_1
	v_{12}	b_1
プレイヤー2	v_{21}	y_2
	v_{22}	x_2
プレイヤー3	v_{31}	x_3

図3.25 ゲームの解を求める

問1

問2

問3

問4

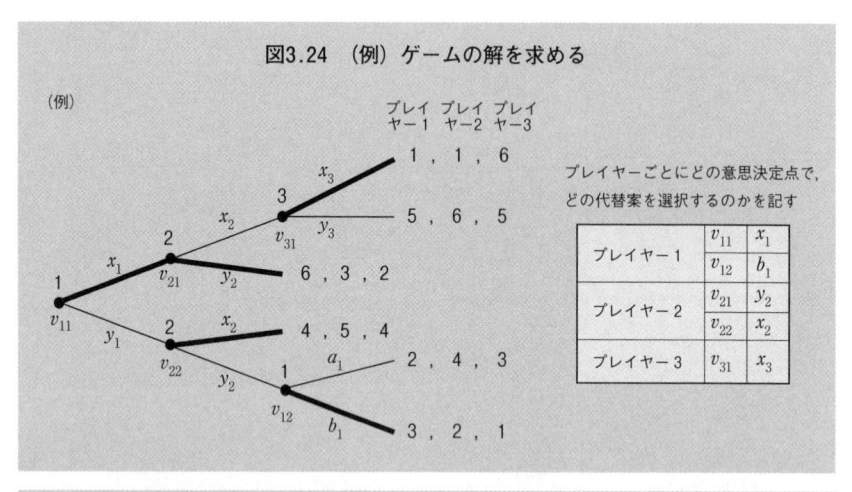

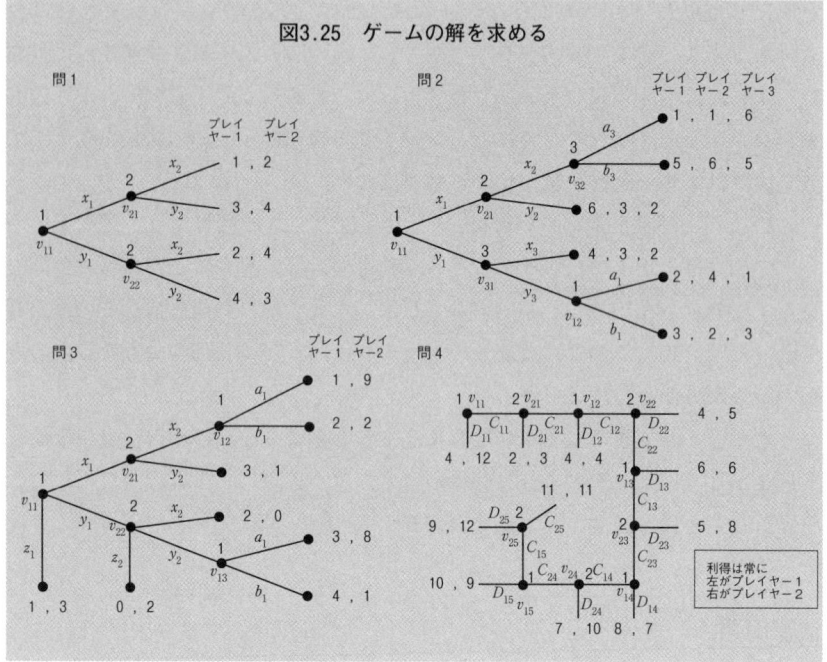

を求めなさい．答えは各プレイヤーが意思決定点で選択する代替案を記入しなさい．なお図では利得は左から順にプレイヤー1，2，3を表し，点のv_{ij}はプレイヤーiのj番目の意思決定点を表している．

図3.26 ゲームの解を求める

問1

問2

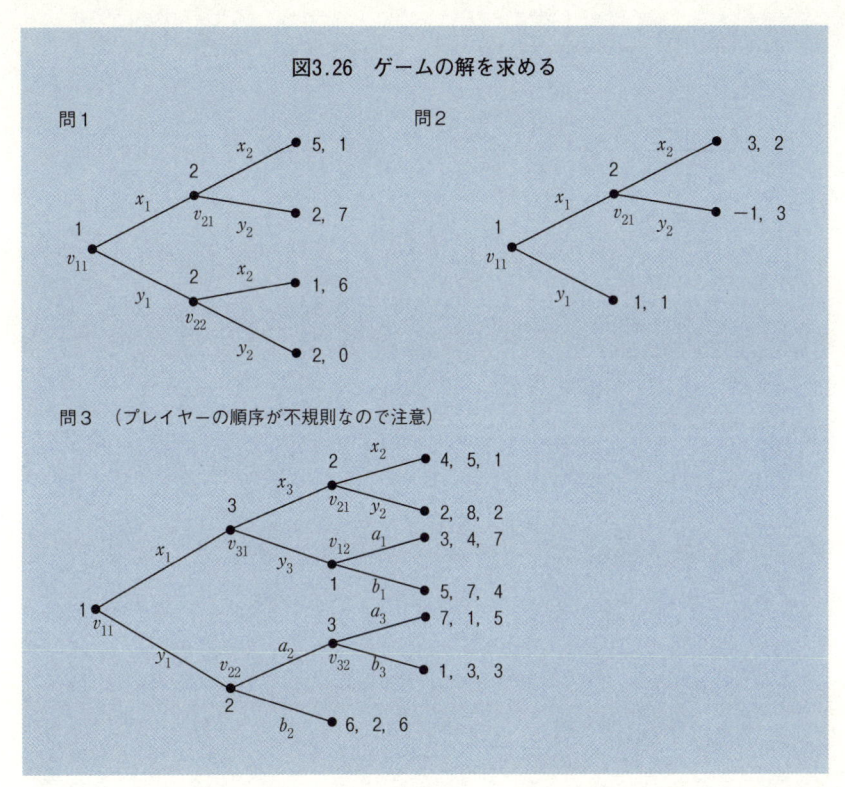

問3 （プレイヤーの順序が不規則なので注意）

演習3.3 モデル12のW家の土地交渉において，次の質問に答えよ．

問1 モデル12では交渉金額の単位を10万円としたが，これを20万円としたときゲームの結果はどうなるか．

問2 売り主が先手で，Wが後手の場合，最後通牒権はどちらにあるか．またこのときのゲームの結果はどうなるか．

問3 売り主が後手で，Wが先手の場合について考える．このとき，売り主は交渉が決裂（提案を拒否）したときは，別の買い手Sに2600万円で土地を売れることとする．このとき，ゲームの結果はどうなるか，利得を書き換えて分析してみよ．

問4 売り主が後手で，Wが先手の場合について考える．問3と同じく売り主は交渉が決裂（提案を拒否）したときは，評価額が2600万円の買い手Sに土地を売ることができるとしよう．ただし，買い手Sとの土地の売買

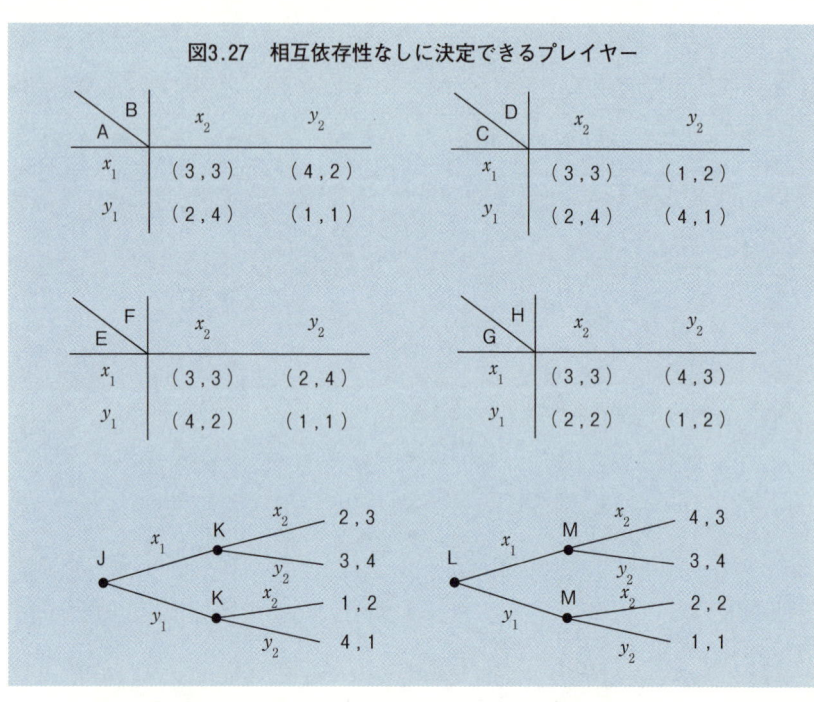

図3.27 相互依存性なしに決定できるプレイヤー

A＼B	x_2	y_2
x_1	(3,3)	(4,2)
y_1	(2,4)	(1,1)

C＼D	x_2	y_2
x_1	(3,3)	(1,2)
y_1	(2,4)	(4,1)

E＼F	x_2	y_2
x_1	(3,3)	(2,4)
y_1	(4,2)	(1,1)

G＼H	x_2	y_2
x_1	(3,3)	(4,3)
y_1	(2,2)	(1,2)

J — K(x_1) — x_2: 2,3 / y_2: 3,4
J — K(y_1) — x_2: 1,2 / y_2: 4,1

L — M(x_1) — x_2: 4,3 / y_2: 3,4
L — M(y_1) — x_2: 2,2 / y_2: 1,1

価格の決定には，買い手Sと売り主との間で再び売り主が先手の最後通牒ゲームを行うものとする．さてこのときゲームの解とゲームの結果はどうなるか．ゲームの解とは「誰がどの時点でどのような行動をとるかを細かく記したもの」で，「ゲームの結果」はそのゲームの解において最終的に実現した結果であることに気をつけて，それを記しなさい．

演習3.4 図3.27におけるプレイヤーAからMの中で，相手の利得を知らなくとも自分の最適な選択が決定できるプレイヤーはどれか．また，2つの選択が常に同等なので，最適な選択が決定不能なプレイヤーはどれか答えよ．

演習3.5 次のようなゲームを示せ．
- 2人のプレイヤーAとBがいて，戦略は2つずつある．
- 戦略形ゲームとして利得行列を作るとナッシュ均衡は2つある．
- 一方のナッシュ均衡は，AよりBの利得が高く，もう一方のナッシュ均衡はBよりAの利得が高い．
- これをAが先手，Bが後手の展開形ゲームに変えると，戦略形ゲームでB

よりAの利得が高いナッシュ均衡がゲームの解となる．

演習3.6 それでは，次のようなゲームは存在するだろうか．ある場合は利得行列とゲームの木を書き，それぞれゲームの解を示しなさい．そのようなゲームがないならば「ない」と書きなさい（可能であればそう考える理由も述べなさい）．

- 2人のプレイヤーAとBがいて，戦略は2つずつある．
- 戦略形ゲームとして利得行列を作ると，ナッシュ均衡は1つしかない．このナッシュ均衡は，AよりBの利得が高い．
- これをAが先手，Bが後手の展開形ゲームに変えると，ゲームの解ではBよりAの利得が高くなる（すなわちAは先手をとると，戦略形ゲームのナッシュ均衡ではない結果をゲームの解にでき，有利に立てる）．

解答
演習3.1

問1

プレイヤー1	v_{11}	x_1
プレイヤー2	v_{21}	y_2
	v_{22}	x_2

問2

プレイヤー1	v_{11}	x_1
	v_{12}	b_1
プレイヤー2	v_{21}	y_2
プレイヤー3	v_{31}	y_3
	v_{32}	a_3

問3

プレイヤー1	v_{11}	x_1
	v_{12}	b_1
	v_{13}	b_1
プレイヤー2	v_{21}	x_2
	v_{22}	z_2

問4

プレイヤー1	v_{11}	C_{11}
	v_{12}	C_{12}
	v_{13}	D_{13}
	v_{14}	D_{14}
	v_{15}	D_{15}
プレイヤー2	v_{21}	C_{21}
	v_{22}	C_{22}
	v_{23}	D_{23}
	v_{24}	D_{24}
	v_{25}	D_{25}

演習3.2

問1

プレイヤー1	v_{11}	x_1
プレイヤー2	v_{21}	y_2
	v_{22}	x_2

問2

プレイヤー1	v_{11}	y_1
プレイヤー2	v_{21}	y_2

問3

プレイヤー1	v_{11}	y_1
	v_{12}	b_1
プレイヤー2	v_{21}	y_2
	v_{22}	b_2
プレイヤー3	v_{31}	y_3
	v_{32}	a_3

演習3.3 （本文と同じく，後手が承諾と拒否で同じ利得を得るときは拒否すると考える．） 問1 Wが2520万円を提案し，売り主が承諾する． 問2 最後通牒権は売り主．売り主が2690万円を提案し，Wが承諾する． 問3 売り主は少なくとも2600万円で土地を売却できる．したがってWが2610万円を提案し，売り主が承諾する． 問4 ゲームの解は第1段階のゲームでは「Wは2600万円を提示し，売り主は2590万円以下なら拒否して，2600万円以上なら承諾する」となり，第2段階のゲームでは「売り主は2590万円を提示し，Sは2590万円以下なら承諾し，2600万円以上なら拒否する」となる．ゲームの結果は「Wが2600万円を提示し，売り主はそれを承諾する」となる．

演習3.4 相手の利得を知らなくても自分の最適な決定ができるプレイヤーは，A，B，D，G，K，L，M．戦略が同等なので決定ができないプレイヤーはH．

2人が同時にプレイする場合（戦略形ゲーム）は，支配戦略があれば相手の利得に関係なく自分は支配戦略を選べばよく，自分の最適な決定ができる．A，B，D，Gは支配戦略があるので，相手の利得に関係なく最適な決定ができる．C，E，Fは支配戦略がなく相手の利得が分からないと相互依存性から，ゲーム的な思考で決定ができない．Hは2つの戦略が同等なので，どちらの戦略がよいか決定が

できない.

2人が交互にプレイする場合（完全情報の展開形ゲーム）は，後手は相手の利得は分からなくても相手の行動を観察した後ならば，それに応じて最適な決定ができるので，相手の利得を知らなくても自分の利得だけで最適な決定ができる．したがってK, Mは決定可能．しかし先手Jは後手の選択が分からなければ，x_1とy_1のどちらを選べばよいかが決定できない．Lは先手であるが，後手のMがどんな選択をしてもx_1のほうがy_1よりよいので，相手の利得が分からなくても決定可能である．

演習3.5 解答例は図3.28．他にもI市コンビニ戦争PART3がその例に当たる．

図3.28 均衡が2つで先手をとると有利になる例

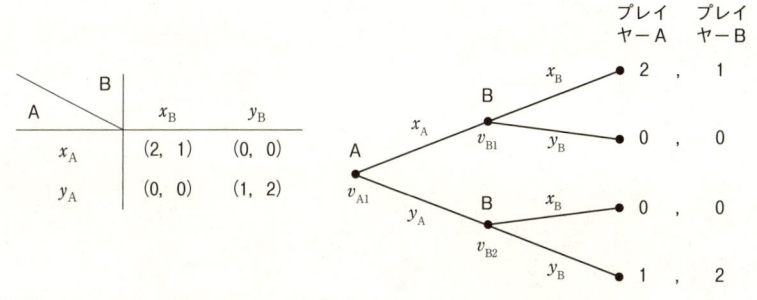

	B	x_B	y_B
A			
x_A		(2, 1)	(0, 0)
y_A		(0, 0)	(1, 2)

プレイヤーA, プレイヤーB
- $x_A \to x_B$: 2, 1
- $x_A \to y_B$: 0, 0
- $y_A \to x_B$: 0, 0
- $y_A \to y_B$: 1, 2

演習3.6 題意を満たすゲームを作ることができる．解答例は図3.29．

図3.29 均衡が1つで先手をとると有利になる例

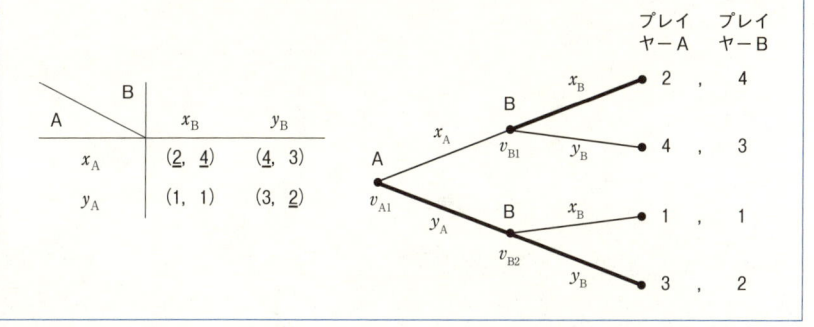

	B	x_B	y_B
A			
x_A		(<u>2</u>, <u>4</u>)	(<u>4</u>, 3)
y_A		(1, 1)	(3, <u>2</u>)

プレイヤーA, プレイヤーB
- $x_A \to x_B$: 2, 4
- $x_A \to y_B$: 4, 3
- $y_A \to x_B$: 1, 1
- $y_A \to y_B$: 3, 2

第4章

戦略形ゲームの応用

　第3章までで，私たちは戦略形ゲームと展開形ゲームのもっとも基本的な内容について学習を終えた．そこでは戦略形ゲームの解はナッシュ均衡であり，展開形ゲームの解はバックワードインダクションによって求める先読み解であるとした．第4章では戦略形ゲームの解について，もう少し深い検討を加え，それをオークションの分析に応用してみることにする．

4.1　弱支配戦略と支配されないナッシュ均衡

4.1.1　戦略の支配関係

　私たちは第2章において，支配戦略や支配戦略に対する最適反応戦略によって解を求める方法を学んだ．これは**戦略の支配関係**という概念により導かれる戦略である．この章では，戦略の支配関係という概念について考えていこう．

定義　4.1(戦略の支配関係)
　あるプレイヤーの2つの戦略xとyを比べたときに，自分以外のプレイヤーがどんな戦略を選択しても，xのほうがyより高い利得を与える場合，そのプレイヤーの戦略xは戦略yを**支配**（dominate）すると言う．

　例えば，成果主義のジレンマ（図2.7）では，両方のプレイヤーとも「協力しない」という戦略が「協力する」という戦略を支配している．相手が何を選択しても，自分は「協力しない」を選択したほうが「協力する」を選択するよ

図4.1　戦略の支配関係

1 \ 2	x_2	y_2	z_2
x_1	(4, 3)	(3, 1)	(2, 2)
y_1	(3, 2)	(2, 1)	(1, 1)
z_1	(2, 3)	(1, 2)	(0, 1)

り利得が高い．同様にⅠ市コンビニ戦争PART1（図2.1）では両プレイヤー共に「A駅に出店する」という戦略は，「B駅に出店する」という戦略を支配している．Ⅰ市コンビニ戦争PART2（図2.2）では，ファミモの「A駅に立地する」戦略は「B駅に立地する」戦略を支配している．

しかし，この場合，セレブは相手の戦略によって最適反応戦略が異なるのであった．このような場合は**2つの戦略**（「A駅」「B駅」）**には支配関係はない**と言う．モデル3のⅠ市コンビニ戦争PART3では，どちらのプレイヤーの2つの戦略も支配関係はない．

図4.1はプレイヤー1とプレイヤー2に戦略が3つずつあるゲームである．このような戦略が3つ以上のときは，それぞれの2つの戦略のペアに対して支配関係があるかどうかが定義される．プレイヤー1の戦略において，戦略の支配関係は以下のようになる．

- 戦略x_1は戦略y_1を支配している．
- 戦略y_1は戦略z_1を支配している．
- 戦略x_1は戦略z_1を支配している．

これを見て分かるように，支配関係については次のようなことが成り立つ．

- もし戦略xが戦略yを支配し，戦略yが戦略zを支配しているならば，戦略xは戦略zを支配している．
- ある戦略がすべての戦略を支配しているならば，その戦略は支配戦略である（図4.1の戦略x_1は支配戦略である）．

なお，同じ戦略であっても，ある戦略には支配関係があるが，また別の戦略には支配関係がない場合もある．図4.1のプレイヤー2の戦略においては，戦略x_2は戦略y_2とz_2を支配しているが，その支配されているy_2とz_2の間には支配関

図4.2 弱支配関係

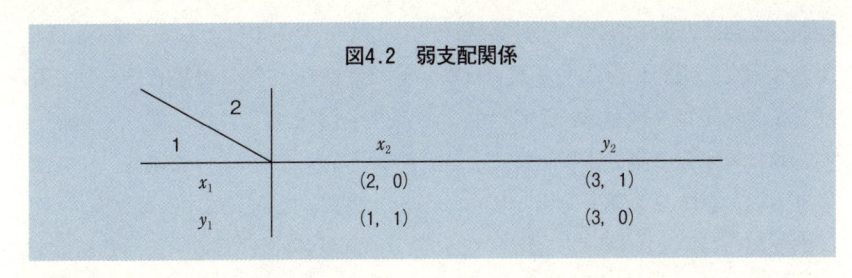

1 \ 2	x_2	y_2
x_1	(2, 0)	(3, 1)
y_1	(1, 1)	(3, 0)

係はない．

　このような支配関係は，プレイヤーが相手の選択に関係なく決定できる戦略間の優劣を表している，と考えることができる．もしある戦略が支配されているときには，合理的なプレイヤーはその支配された戦略を選択することはないと考えられる．もしすべての戦略を支配する戦略，すなわち支配戦略があれば（支配戦略以外は選択されないと考えて），その支配戦略が選ばれる，と考えることができるだろう．

> **ポイント22　戦略の支配**
> 　合理的なプレイヤーは支配された戦略を選択しない．もしすべての戦略を支配する支配戦略があれば，それを選択する．

4.1.2　弱支配と弱支配戦略

　戦略 x が戦略 y を支配しているときは，相手のどんな戦略に対しても戦略 x のほうが高い利得を与えるので，戦略 y が選ばれないと考えることは，納得できることと言える．それでは図4.2はどうであろうか．

　図4.2においてプレイヤー1の立場になって考えてみよう．このとき，

- もしプレイヤー2が戦略 x_2 を選ぶならば，プレイヤー1は x_1 を選ぶほうが y_1 を選ぶよりよい．
- もしプレイヤー2が戦略 y_2 を選ぶならば，x_1 を選ぶことと y_1 を選ぶことは，プレイヤー1にとって同じ．

　プレイヤー1にとって，戦略 x_1 は y_1 よりすべての場合にとって「よい」わけではなく，したがって x_1 は y_1 を支配しているわけではない．このように2つの戦略にとって利得が同じ場合があるときは，戦略の優劣関係は，支配関係より

第4章　戦略形ゲームの応用　105

は弱くなる．しかしながら図4.2の場合も，プレイヤー1にとって，戦略x_1はy_1よりすべての場合にとって「悪くはない」．したがって，この場合においてもプレイヤー1は，戦略y_1を選択せず，戦略x_1を選ぶと考えれば，プレイヤー1の行動に対する予測を絞り込むことができるだろう．このような場合に，支配よりも弱い意味での優劣関係として，戦略x_1は戦略y_1を弱支配すると言う．

弱支配とは，2つの戦略を比べて必ずしも高い利得とは限らず，同じ利得を与えるときがあってもよいとして支配関係を拡張したものである．ただし，この場合に少なくとも1つは他のプレイヤーの戦略に対して高い利得を与えなければ，相手のすべての戦略に対して，自分の2つの戦略が常に同じ利得を与えることになり，戦略間に区別がつかない（戦略的同等）．そこで弱支配の定義は，支配に比べて少しばかり複雑なものになる．

定義 4.2（戦略の弱支配関係）

あるプレイヤーの2つの戦略xとyを比べたときに，そのプレイヤー以外がどんな戦略を選んでも，xの利得がy以上であり，なおかつ他のプレイヤーの少なくとも1つの選択に対しては，xの利得がyの利得より高いとき，そのプレイヤーの戦略xは戦略yを**弱支配**（weakly dominate）すると言う．

なお定義としては，戦略xがyを支配しているならば，戦略xがyを弱支配していることにも注意せよ[1]．

この弱支配関係を用いれば，支配戦略と同様に弱支配戦略と呼ぶ戦略も定義できる．

定義 4.3（弱支配戦略）

あるプレイヤーの戦略xが他のすべての戦略を弱支配するとき，そのプレイヤーの戦略xを**弱支配戦略**（weakly dominant strategy）と呼ぶ．

---

[1] ゲーム理論は数学で定義されているので，このようなことがよくある．「正三角形は二等辺三角形である」というと何か変な気がするが，正三角形が二等辺三角形の特殊ケースであるので，数学的には「正三角形は二等辺三角形である」という命題は正しい．これと同様に「支配しているならば弱支配している」という命題は正しいのである．

支配関係と同じように，合理的なプレイヤーは弱支配された戦略は選択しない．また，弱支配戦略があるときは，プレイヤーはその戦略を選択すると考える．この考え方は，支配関係に比べてやや乱暴な考え方だと思うかもしれない．もし相手の戦略が予測できたときに，2つの戦略の利得が同じであれば一方が選ばれないとする理由はないかもしれない．しかし，弱支配された戦略＝「よいことはない戦略」が選ばれないと考えることで，私たちはゲームにおける予測を絞り込むことができるのである．

> **ポイント23　戦略の弱支配**
>
> 合理的なプレイヤーは，弱支配された戦略を選択しないと考える．もし弱支配戦略があれば，それを選択する．

図4.2において，x_1はプレイヤー1の弱支配戦略であり，プレイヤー1はx_1を選択すると考えることができる．プレイヤー2には弱支配の関係はないが，プレイヤー2が，プレイヤー1はx_1を選択すると予測すれば，y_2を選択すると考えられ，(x_1, y_2)がゲームの解であると考えられる．

4.1.3　支配されないナッシュ均衡とナッシュ均衡の精緻化

第2章では，すべてのプレイヤーが支配戦略を選ぶ支配戦略均衡や，一方のプレイヤーが支配戦略を選んでもう一方のプレイヤーがその最適反応戦略を選ぶゲームの解を学んだ後で，それは結局ナッシュ均衡という考え方に集約されることを知った．したがって穿った見方をすれば，支配戦略という考え方を知らなくとも，ナッシュ均衡という概念だけ知っていればゲームの解を求めることができた．

このことから，弱支配に関しても同様で，この考え方を知らなくてもゲームの解はナッシュ均衡だけ覚えていればいいのではないか，と類推する者もいるかもしれない．実際に図4.2のナッシュ均衡は(x_1, y_2)であり，先に求めた解と一致している．しかしそれは正しくない．ここで図4.3を見てみよう．

図4.3のプレイヤー1の利得は図4.2と同じであり，x_1が弱支配戦略である．プレイヤー2には，やはり弱支配の関係はないが，プレイヤー1が弱支配戦略x_1を選択することを予測すれば，x_2を選択すると考えられ，(x_1, x_2)がゲーム

第4章　戦略形ゲームの応用　107

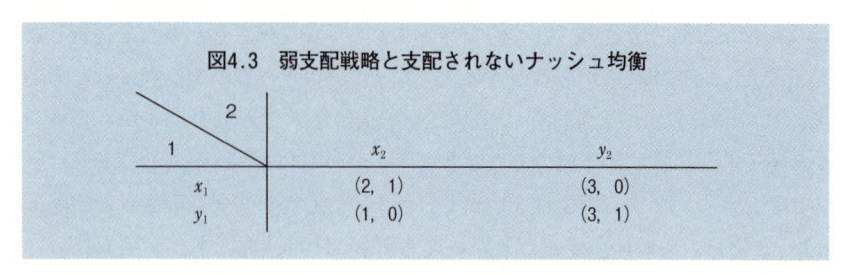

図4.3　弱支配戦略と支配されないナッシュ均衡

1 \ 2		x_2	y_2
x_1		(2, 1)	(3, 0)
y_1		(1, 0)	(3, 1)

の解であると考えられる．

しかしナッシュ均衡を求めると，(x_1, x_2) だけではなく (y_1, y_2) もナッシュ均衡であることが分かる．プレイヤー1の弱支配された戦略である y_1 を用いた戦略の組 (y_1, y_2) がナッシュ均衡になることがあるのだろうか．よく見てみると，プレイヤー1は y_1 から x_1 に戦略を変えても同じ利得であり，ナッシュ均衡は「相手がその戦略を用いているときに，自分がその戦略より高い利得を得ることができないような戦略の組」であるから条件を満たす．

すなわちナッシュ均衡は，他のプレイヤーがナッシュ均衡の戦略を選んでいるとき，同点となる自分の戦略があることを許しており，また弱支配される戦略は支配する戦略に対して同点になる場合もあることから，ナッシュ均衡において，弱支配された戦略が選択されることが起こりうると言える．

このようなナッシュ均衡において弱支配された戦略が選択されることを，どのように考えればよいのだろうか．先ほどの「何かに弱支配される戦略は選択されることはない」という理由から，(y_1, y_2) は起こりえないナッシュ均衡と考えることができる．これにより図4.3では，ゲームの解を (x_1, x_2) だけに絞り込むことができる．

今回のような複数のナッシュ均衡がある場合は，すべてのナッシュ均衡をゲームの解と考えず，すべてのプレイヤーの戦略が弱支配されないようなナッシュ均衡だけをゲームの解と考えることで，結果をより精緻にできるのである．このようなナッシュ均衡は，**支配されないナッシュ均衡**（undominated Nash equilibrium）と呼ばれる[2]．

2）undominated Nash equilibrium は非支配ナッシュ均衡という名詞に訳されることもあるが，本書ではこのように訳して意味を明確にした．

図4.4 弱支配戦略がないときの支配されないナッシュ均衡

1 \ 2	x_2	y_2
x_1	(3, 1)	(1, 0)
y_1	(1, 0)	(2, 1)
z_1	(2, 1)	(2, 0)

定義 4.4(支配されないナッシュ均衡)
ナッシュ均衡の中で,すべてのプレイヤーの戦略がそのプレイヤーのどの戦略にも弱支配されていないとき,そのナッシュ均衡を支配されないナッシュ均衡と呼ぶ.

━━ ポイント24 支配されないナッシュ均衡 ━━
ナッシュ均衡の中で,支配されないナッシュ均衡をゲームの解として考える.

図4.3の支配されないナッシュ均衡 (x_1, x_2) において,x_1 は弱支配戦略であった.しかし,支配されないナッシュ均衡では,誰かが必ず弱支配戦略を用いているわけではない.例えば図4.4を見てみよう.

ナッシュ均衡は,(x_1, x_2),(y_1, y_2) の2つである.今回は,x_1 と z_1 に弱支配関係がないため,プレイヤー1には弱支配戦略はない.しかしながら,y_1 は z_1 に弱支配された戦略であり,これから (y_1, y_2) は起こりえないナッシュ均衡であると言えるだろう.支配されないナッシュ均衡は,(x_1, x_2) だけである.

以上から分かったことは,ナッシュ均衡の中には,弱支配された戦略を用いたナッシュ均衡のように,ゲームの解としてふさわしくないナッシュ均衡と,支配されないナッシュ均衡のようなゲームの解としてよりふさわしいナッシュ均衡があるということである.ナッシュ均衡が多いということは,私たちがどれが起きるかを予測できないだけではなく,プレイヤーがそのゲームの結果を予測できないという二重の意味においてゲーム理論の予測力を弱くする.ゲームの解は,できるだけその可能性を絞り込んだほうがよい.このことから,ナッシュ均衡としてふさわしくないものを除去し,ふさわしいナッシュ均衡を

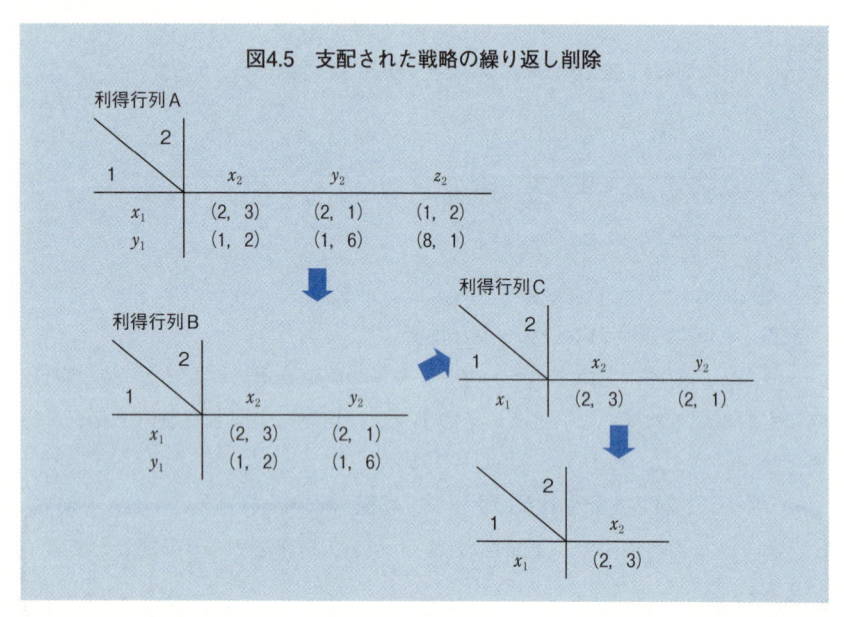

図4.5　支配された戦略の繰り返し削除

利得行列A

	x_2	y_2	z_2
x_1	(2, 3)	(2, 1)	(1, 2)
y_1	(1, 2)	(1, 6)	(8, 1)

利得行列B

	x_2	y_2
x_1	(2, 3)	(2, 1)
y_1	(1, 2)	(1, 6)

利得行列C

	x_2	y_2
x_1	(2, 3)	(2, 1)

	x_2
x_1	(2, 3)

絞り込むことは，大変役に立つ考え方である．このような考え方を**均衡の精緻化**（equilibrium refinement）と呼ぶ．支配されないナッシュ均衡は精緻化されたナッシュ均衡の1つなのである．

4.2　支配された戦略の繰り返し削除

4.2.1　支配された戦略を削除する

前節では，戦略形ゲームにおける戦略の支配関係について学んだ．そこでは「何らかの戦略に支配された戦略は，合理的なプレイヤーは選択しない」という考え方が提示された．「何らかの戦略に支配された」戦略ならばその戦略を選択するよりは，その戦略を支配した戦略を用いるほうが，相手のどんな戦略に対してもよいからである．

ここでは，この考え方をもう一歩先に推し進めて考えてみたい．

図4.5の一番上にあるような利得行列Aを考えてみる．あなたがプレイヤーであればどの戦略を選択するだろうか．プレイヤー1の戦略x_1，y_1には支配関係はない．一方，プレイヤー2の戦略もx_2とy_2，y_2とz_2には支配関係はない．こ

のゲームには，どのプレイヤーにも支配戦略はない．ちなみにナッシュ均衡を求めてみると，(x_1, x_2) である．

それでは，このゲームの解に対する予測は「支配」の考え方ではできないのであろうか．ここでプレイヤー2にとって，x_2 が z_2 を支配していることに注目しよう．

x_2 が z_2 を支配していることから，プレイヤー2は z_2 を用いることはない．プレイヤー2が z_2 を用いることはないということは，図の1つ下にあるような利得行列Bでどのような戦略を選択するかを考えていることになるだろう．このことを**支配された戦略** z_2 を**削除する**と言う．

さらにプレイヤー1が「プレイヤー2において，x_2 は z_2 を支配しており，合理的なプレイヤー2は z_2 を用いることはない」と推論しているとしよう．このときプレイヤー1も利得行列Bで，どのような戦略を選択すべきか考えていることになる．すると，プレイヤー1は，利得行列Bでは x_1 は y_1 を支配している．プレイヤー2の z_2 以外のすべての戦略において x_1 は y_1 より高い利得を与えるからである．

そこでプレイヤー1は y_1 を考えず，さらに図の横にあるような利得行列Cでどのような戦略を選択するかを考えることになるだろう．同様に考えると，プレイヤー2は x_2 を選択する．このような思考プロセスを経るならば，(x_1, x_2) がゲームの解となる．

本書の2.2.4で学んだ「一方のプレイヤーに支配戦略があるときは，そのプレイヤーが支配戦略を選択し，もう一方のプレイヤーがその最適反応戦略を選択することがゲームの解となる」という考え方（ここでは利得行列B以降のプレイヤー1と2の考え方に対応する）も支配された戦略の削除であると解釈することができる．すなわち利得行列Bでは「y_1 は x_1 に支配されるため選択されることはなく，これを削除すると利得行列Cとなり，さらにこれを考えると y_2 が x_1 に支配されるため削除され，最後は (x_1, x_2) のみとなる」としたが，これは「利得行列Bのプレイヤー1の支配戦略が x_1 で，プレイヤー2のその最適反応戦略が x_2 である」ということと同じである．

このように，あるゲームで支配された戦略を繰り返して削除していくと，唯一の戦略の組合せが残るとき，このゲームは**支配可解**（dominance solvable）

であると言う．

なお残った唯一の戦略の組合せは，そのゲームの唯一のナッシュ均衡となることが知られている．支配可解はゲームの解に到達するプレイヤーの思考プロセスが明確なゲームのクラスであると考えることができる．

すべてのゲームが，このようにしてゲームの解を求められるわけではない．**モデル3のI市コンビニ戦争PART3の図2.14**などは，支配戦略で削除できる戦略は存在しない．

4.2.2 弱支配された戦略の繰り返し削除

弱支配の場合も同じように弱支配された戦略は選択されないとした．したがって，弱支配された戦略の繰り返し削除によりゲームの解を求めることができる．

ただし，弱支配戦略の繰り返し削除は注意すべき点がある．今までの（強い意味で）支配された戦略の繰り返し削除により求められる解は，削除する戦略が複数あったときに，「すべてを同時に削除する」か，それとも「どちらか一方を削除する」か，などの削除方法や順番には依存せずに，ゲームの解が1つだけ求められる．これに対して，弱支配された戦略の繰り返し削除により求められる解は，削除する戦略の順序によって，異なる解が得られたり，解が1つに定まらなかったりする可能性があるのである．

図4.6は，弱支配された戦略を削除する順番によって，異なる解が得られる利得行列である．ここでプレイヤー2の戦略には弱支配関係はなく，削除できる戦略は存在しない．しかし，プレイヤー1のy_1, z_1は共にx_1に弱支配されており，共に選択されることがないと考えられる．

ここでプレイヤー2が「プレイヤー1はz_1を用いない」と考えて，推論を進めると，プレイヤー2はy_2がx_2に弱支配されていると考えることができ，これを削除できる．この考えにお互い従っていけば，弱支配された戦略を繰り返し削除して得られるゲームの解は (x_1, x_2) である（図4.6の左側）．

これに対し，最初の段階でプレイヤー2が「プレイヤー1はy_1を用いない」と考えて，推論を進めてみると，プレイヤー2はx_2がy_2に弱支配されていると考え，前の考え方と全く逆の結論が得られる．この考えにお互い従っていけ

図4.6 削除する順序によりゲームの解が異なる例

	2		
1		x_2	y_2
x_1		(8, 3)	(0, 3)
y_1		(4, 2)	(0, 1)
z_1		(8, 1)	(−8, 2)

プレイヤー1：弱支配されたz_1を削除

	2		
1		x_2	y_2
x_1		(8, 3)	(0, 3)
y_1		(4, 2)	(0, 1)

プレイヤー2：弱支配されたy_2を削除

	2	
1		x_2
x_1		(8, 3)
y_1		(4, 2)

プレイヤー1：弱支配されたy_1を削除

	2	
1		x_2
x_1		(8, 3)

ゲームの解は (x_1, x_2)

プレイヤー1：弱支配されたy_1を削除

	2		
1		x_2	y_2
x_1		(8, 3)	(0, 3)
z_1		(8, 1)	(−8, 2)

プレイヤー2：弱支配されたx_2を削除

	2	
1		y_2
x_1		(0, 3)
z_1		(−8, 2)

プレイヤー1：弱支配されたz_1を削除

	2	
1		y_2
x_1		(0, 3)

ゲームの解は (x_1, y_2)

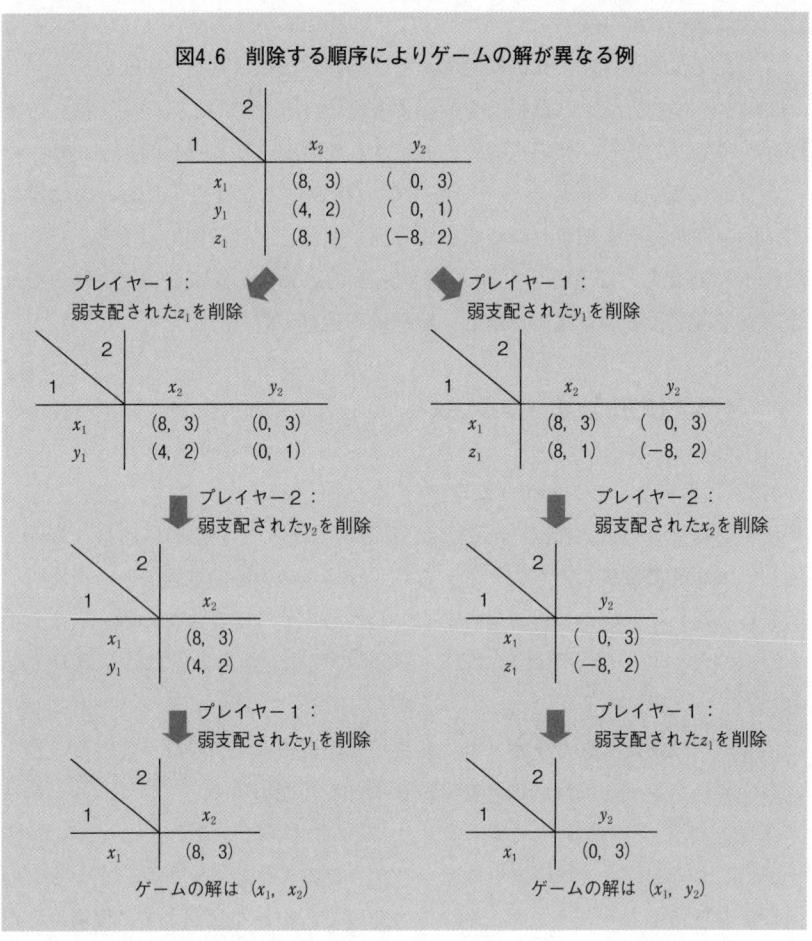

ば，弱支配された戦略を繰り返し削除して得られるゲームの解は (x_1, y_2) である（図4.6の右側）．

　弱支配されたプレイヤー1のy_1とz_1のどちらを選択されない戦略と考えるべきなのか．特にプレイヤー2がそれをどちらに考えるかによって，ゲームの解は異なり，プレイヤー1の利得に大きな影響を及ぼす．

　もちろん削除できるルールを決めておけば，得られる解は1つである．例えば，「各段階でプレイヤーの削除できる戦略はすべて同時に削除してしまってから，次の推論をする」というルールを仮定しておけばよい．しかしこの場合

は，(x_1, x_2)，(x_1, y_2) の2つのどちらが解となるかは決められないし，そもそもプレイヤーがこのように推論するという強い根拠は見当たらない．

このように弱支配された戦略を削除する場合は，理論的には問題を抱える例が存在する．しかし，強い意味での支配された戦略の繰り返し削除が，唯一のナッシュ均衡を選び出すという意味で解の精緻化には役に立たないのに対して，弱い意味での支配された戦略の繰り返し削除は，複数個出現するナッシュ均衡を精緻化し，予想される解を絞り込むために効力を発揮する．4.3ではオークションにこの方法を適用し，解を絞り込むという分析を行う．

4.3 【応用】オークション

4.3.1 オークションとゲーム理論

オークション（auction）や入札は，経済学において仮想的に語られる「市場」を物理的に実現したものと考えられ，経済学の中心的課題である市場の解明を行うための格好の分析対象である．しかし，オークションの研究はこのような経済学からの要請だけではなく，現実の問題からも非常に注目されている．

情報通信技術とインターネットの発展がその理由の1つとなっている．昔ながらのオークションには，魚，青果，花などの卸売市場や，サザビーズ，クリスティーズといったオークションハウスなどがある．しかし，近年では，Yahoo！オークションや中古車のオークションのようなネットオークションのほうが身近であろう．インターネットの発達で，様々なビジネスの現場や私たちの生活にオークションが入り込みつつある．ネットオークションはオンラインショッピングと並んで，C2CやB2Cにおける新しい事業形態の代表例である．

ビジネスだけではない．公的分野の市場原理の導入は，公的機関のオークションや入札の機会を増大させた．周波数利用権，温室効果ガスの排出権，電力の卸売市場など公共的なサービスや財においてもオークションの導入がなされているのである．

オークションの理論はゲーム理論においても，現実に成功をおさめて注目さ

れている分野である．大きな理由の1つとしてアメリカの周波数オークションの設計において，ゲーム理論研究者ミルグロム（Paul Milgrom）とウィルソン（Robert Wilson）が提案した「同時複数回オークション」が成功したことが挙げられる．このオークションに当初FCC（米連邦通信委員会）メンバーは「理想に近いが実施困難と考えられる」と否定的であったが，FCC局長は後に「オークション制度の構築は経済理論，とりわけゲーム理論の勝利であった」と述べ，2000年のアメリカのNFS賞（大学の研究で優れたものに送られる賞）では周波数オークションの研究が受賞している．

この節ではオークションについて，完備情報ゲーム理論による観点から分析してみることにしよう．

4.3.2　オークションの経済学的意義

ところで，経済学的にオークションがなぜ良いとされているのであろうか．学生に問うと，一番多い答えは「儲かるから．すなわち売り手が高く財を売ることができるから」というものである．経営やビジネスの面からは，これも大切な視点である．しかし経済学においては少し視点が異なる．それは経済学では，売り手だけではなく買い手を合わせて経済全体の厚生を考えるからである．経済学では，オークションは経済全体の厚生を高める，すなわち「みんなを幸せにする」と考えられているのである．これを「効率的な資源配分を達成する」と呼ぶが，オークションをゲーム理論で分析する前に，まずこの効率性や効率的資源配分という用語を，ミクロ経済学を援用することで理解することから始めてみよう．

モデル15　売り手と買い手が1人の財の交換

今，1つの財を1人の売り手が1人の買い手（買い手1）に売ろうとしている（図4.7）．売り手の財の評価額は500円，買い手の評価額は1500円であるとしよう．ここで，売り手と買い手はどのような価格であれば売買が成立し，その価格はいかに決まるのであろうか．また，価格がいくらであれば経済全体（売り手と買い手）を合わせて良い結果になると考えられるのだろうか．

図4.7 状況1:売り手と買い手が1人の財の交換

売り手
評価額500円

買い手1
評価額1500円

財 →
← 1200円

売り手の余剰
1200−500=700円

買い手1の余剰
1500−1200=300円

社会的総余剰
700+300=1000円

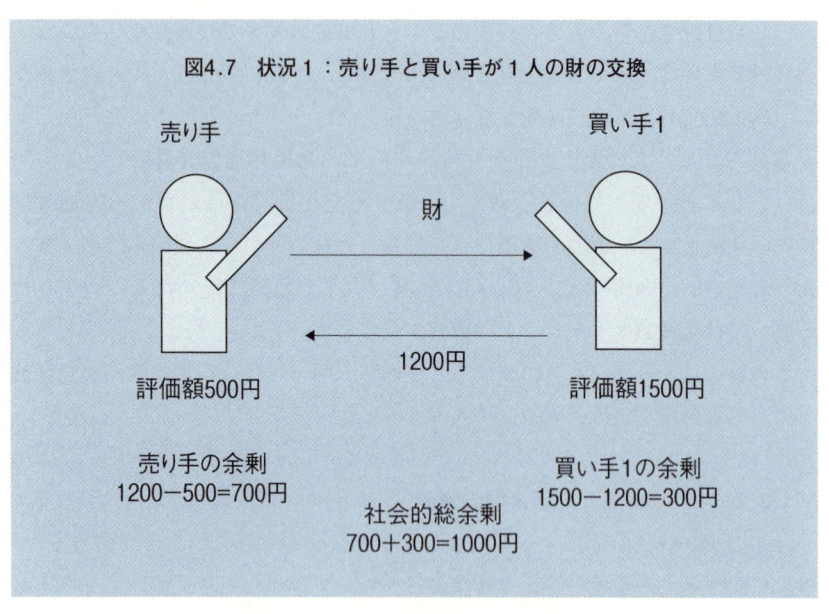

　このような売り手が財を1つだけ所持していて，買い手が1人だけいるような経済は，経済のモデルの中でもっとも単純なモデルであると考えられる．このようなモデルにおいて，社会全体の幸福度は，どのように測ればよいのだろうか．

　ここで仮に1200円で売買が成立し，財の交換が行われたとしよう．このとき，売り手が得をしたと考える売買価格と評価額の差，1200−500＝700円を売り手の**余剰**（surplus）と呼ぶ．同様に1500−1200＝300円を買い手の余剰と呼ぶ．この余剰は，売り手や買い手の個人それぞれの利益と損失を金額に換算したものと考えられる．そう考えると売り手の余剰と買い手の余剰を足した700＋300＝1000円は，お金に換算した社会全体の幸福度と考えることができるであろう．これを**社会的総余剰**（social surplus）と呼ぶ．

　社会的総余剰は，個人の幸せをお金に換算したものであり，真の幸福度を意味しない．例えば，大変なお金持ちの売り手と貧乏な買い手がいたとするならば，売り手の700円の余剰は微々たる「幸福度」なのに対して，買い手の300円は大変大きな「幸福度」になっているかもしれない．いや，そもそもお金で幸せを測るという考え方そのものにも問題があると言えよう．人のいい売り手は

買い手にできるだけ安く買ってもらうことが幸せかもしれないのである．このように，社会的総余剰は厳密な意味で社会の幸せを測る基準ではなく，あくまでも近似的なものである．しかしながら，近似的なものであるとはいえ，社会の幸せを測るということは大変困難なことで，その中では余剰という考え方は，かなり納得のいく換算方法であると言えよう．そこで，本書ではこの社会的総余剰をもって，社会全体の幸福度である社会厚生を表していると考えていこう．

さて，この交換による社会的総余剰は1000円であった．これは言い換えると，社会全体の幸せは交換前に比べて1000円分増加したと考えられるだろう．これは経済の基本原則の1つである，「交換は社会の幸せを高める」ということを示している．

社会的総余剰はどのような価格であれば一番高くなるのであろうか．実は社会的総余剰は売買価格に依存しない．価格p円で交換が行われると，売り手の余剰は$p-500$円で買い手の余剰は$1500-p$円．社会的総余剰は$(p-500)+(1500-p)=1000$で，常に1000円である．したがって交換が行われ，財が買い手に渡りさえすれば売買価格は社会厚生に影響しない．このように社会の厚生は「いくらで売買されるか」ではなく，「財が誰に渡るか」によって決まるのである．

それでは，売買価格は何を決めているのであろうか．もし1400円で財が売買されれば，売り手の余剰は900円で買い手の余剰は100円，600円ならば売り手の余剰は100円で買い手の余剰は900円である．これを考えると，売り手と買い手は総余剰の1000円を分け合っており，どちらが多く余剰をとるかを売買価格が決めていると考えられる．すなわち「いくらで売買されるか」は，余剰の配分を決めているのである．

───── ポイント25　社会的総余剰と財の配分 ─────
社会全体の余剰は「誰に財が渡るか」で決まり，余剰の配分は「いくらで売買されるか」で決まる．

この売買価格はどのように決まるのであろうか．考え方の1つは，売買価格は売り手と買い手の交渉によって決まるとするものである．そして，どのよう

な交渉が行われるかが詳しく決まれば，その価格は決定できる．ゲーム理論ができる前までは，交渉の価格がどのように決まるかという理論は存在しなかったが，ゲーム理論の交渉理論の発達によって理論的な言及が可能となった．例えばここで，売り手が最後通牒権を持つ最後通牒ゲームによって売買交渉が行われると仮定するならば，売り手が社会的総余剰の大部分を得て，買い手はほとんど余剰を得ることができないということが分かる．

それでは，買い手が2人以上になるとどうなるのだろうか．

モデル16　売り手1人と買い手が2人の財の交換

モデル15に対して財の評価額を2500円と考える買い手2が加わったとしよう（図4.8）．どのような財の配分が社会的総余剰を最大にするのであろうか．

まず，例として買い手2に1600円で財を売った場合を考え，余剰について計算してみよう．このとき，売り手の余剰1100円，買い手1の余剰0円，買い手

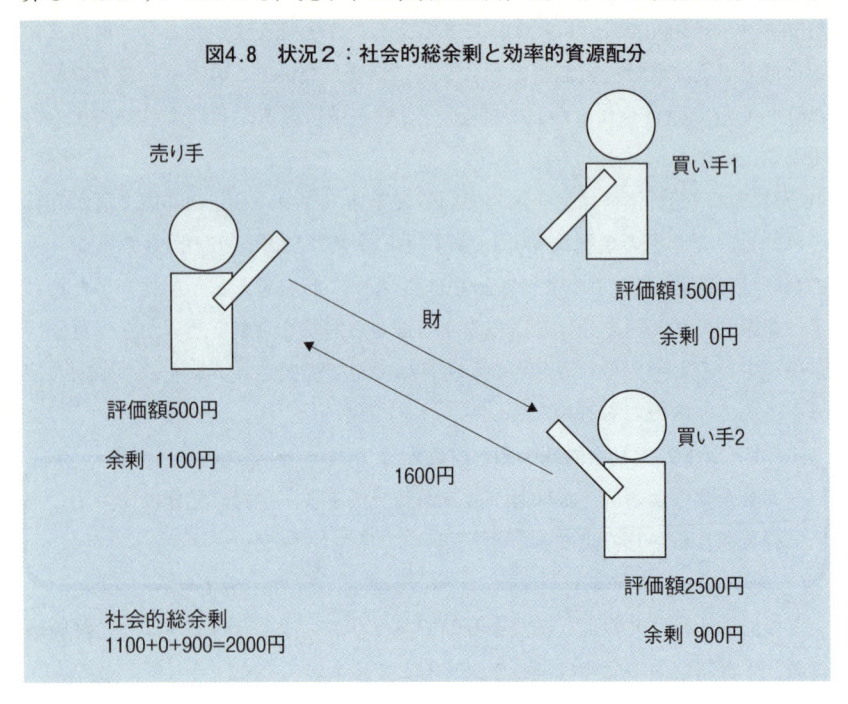

図4.8　状況2：社会的総余剰と効率的資源配分

売り手
評価額500円
余剰 1100円

財
1600円

買い手1
評価額1500円
余剰 0円

買い手2
評価額2500円
余剰 900円

社会的総余剰
1100+0+900=2000円

118

2の余剰900円となる．この場合も先ほどと同様に，売買価格は社会的総余剰に影響しないことが確かめられる．買い手2にp円で財を売った場合は，売り手の余剰$p-500$円，買い手1の余剰0円，買い手2の余剰$2500-p$円で，社会的総余剰は2000円である．

社会的総余剰を最大にするには，どうすればよいのだろうか．社会的総余剰は売買の金額に依存しないことから，財が誰の手に渡るかのみに依存する．このため次の3つの場合が考えられる．

(a) **売り手が売らない（交換が起きない）** この場合は，売り手，買い手1，買い手2の総余剰はすべて0であるから，社会的総余剰は0円．

(b) **買い手1が財を買う** これは先ほどの買い手1しかいない場合と同じで，社会的総余剰は1000円．

(c) **買い手2が財を買う** このとき社会的総余剰は2000円．

すなわち社会的総余剰は，交換した者たちの評価額の差額になるので，売り手が買い手2に財を売ること(c)が，社会的総余剰を最大にすることが分かる．このような社会的総余剰を最大にする財の配分を**効率的資源配分**（efficient allocation）と呼ぶ．評価額がもっとも高い者に財が渡ることが効率的資源配分であり，売買価格には依存しないのである．

では，効率的資源配分においては，全員の余剰が大きくなり全員の厚生が良くなっているのだろうか．このケースでは，買い手1の余剰が300円から0円に減り，状態が悪くなっている．したがって，配分だけではそれは言えない．しかし，もし余剰の再配分をする良いシステムがあれば，効率的資源配分は，そうでない配分に比べて全員の余剰を高くすることができる．

例えば状況2で，（政府が）売り手から100円，買い手2から300円を徴収し，買い手1に400円を再分配することができれば売り手余剰1000円，買い手1余剰400円，買い手2余剰600円で，状況1の資源配分に比べて全員の余剰が増加している．すなわち効率的資源配分は，税制など余剰を再配分する良いシステムがあれば，社会全体を幸せにする配分である．

ポイント26　効率的資源配分

社会的総余剰を最大にする効率的資源配分は，価格に関係なく財の配分だけで決まっている．このとき価格は，余剰の分配を決める．効率的資源

配分が余剰をうまく再配分することができれば，どんな配分よりも全員の余剰を高くすることができる．

　実際は，余剰を再配分する良いシステムがないかもしれない．この場合は，効率的資源配分は，全員を幸せにするとは限らない．なお，通常，新聞やTVで用いられる「経済効率」という言葉は，単純に「コストを安く」とか，「利潤を大きく」などの意味で用いられることが多く，この場合の「効率」と少し異なる意味で用いられるので注意してほしい．

　このような効率的資源配分を達成する方法の1つとして，オークションがあると考えられている．しかし，現実には買い手の評価額が分からない．買い手は安く財を手に入れようとして，自分の評価額を戦略的に申告するであろう．このような戦略的行動の下でもオークションは効率的資源配分を達成するのだろうか．以下にそれを考えてみよう．

4.3.3　様々なオークション

　一口にオークションと言っても様々なものがあり，まず，売りに出される財が1つである**単一財オークション**（single unit auction）と，複数の財を売る**複数財オークション**（multi unit auction）に大きく分けられる．美術品・中古車など私たちがよく目にするものは，1つの財を売りに出す単一財のオークションである．国債や周波数の利用権などは複数財のオークションの例である．ここでは基本的な単一財オークションに話を限って進めていこう．

　単一財オークションは，**公開オークション**（open auction）と**封印オークション**（sealed bid auction）の2つの形式に分けられる．公開オークションは他者の入札額が常に開示され，その情報をもとに意思決定が行われるオークションである．公開オークションの代表的なものは，サザビーズなどのオークションハウスや青果市場や魚市場などの競り上がっていくタイプのものである．このような競り上げ式のオークションは，**イングリッシュオークション**（English auction）と呼ばれる．

　これに対し，**ダッチオークション**（Dutch auction）と呼ばれる公開オークションがある．これは競り人が刻々と入札額を下げていき，「買った！」と手

を挙げた入札者が出た時点で，その金額でその者が落札するという競り下げ式のオークションである．東京の大田市場をはじめとする多くの花市場ではこのダッチオークションが使われている．

公開オークションに対して封印オークションは，参加者が入札価格を紙に封印して競り人に渡し，開封して一番高い値段をつけた参加者が落札というものである．たいていの封印オークションでは，落札価格はその一番高い価格を書いた入札者自身の入札額となる．買い手と売り手は逆になるが，公共事業入札などはこの形態をとっている．他に日本の古書や骨董品の入札のほとんどは，この形態である．この封印オークションは，**ファーストプライスオークション**（first price auction）と呼ばれる．

これに対し，**セカンドプライスオークション**（second price auction）と呼ばれる封印オークションがある．一番高い値をつけた参加者が落札する点はファーストプライスオークションと同じであるが，落札価格がその人の次に高い値をつけた者の入札額（2番目に高い入札額）となるオークションである．セカンドプライスオークションは，そのように銘打たれて実際に使われている例は少ないが，理論的には重要なものである．このオークションを提唱した**ヴィカリー**（William Vickrey）の名前をとって，ヴィカリーオークションとも呼ばれる．また後に述べるがインターネットオークションには，この形式とみなせるものがある．

4.3.4　セカンドプライスオークション

オークションをゲーム理論で分析する場合，相手のつけた価格が観察できる公開オークションは展開形ゲームで，それが分からない封印オークションは戦略形ゲームで分析することができる．

ここでは，**モデル16**の状況で2人の買い手がセカンドプライスオークションで財を購入する場合を考えよう．

オークションでは，(1)入札額の最小単位，(2)最低入札額，(3)同点のときはどうするか，を設定しなければならない．ここでは最小入札単位を500円，最低入札額も500円，同点のときはくじびきで$\frac{1}{2}$の確率で財を購入できるとしよう．

図4.9は，このときのセカンドプライスオークションの利得行列を表してい

図4.9 セカンドプライスオークションの利得行列

買い手1 \ 買い手2	500	1000	1500	2000	2500	3000
500	(500, 1000)	(0, 2000)	(0, 2000)	(0, 2000)	(0, 2000)	(0, 2000)
1000	(1000, 0)	(250, 750)	(0, 1500)	(0, 1500)	(0, 1500)	(0, 1500)
1500	(1000, 0)	(500, 0)	(0, 500)	(0, 1000)	(0, 1000)	(0, 1000)
2000	(1000, 0)	(500, 0)	(0, 0)	(−250, 250)	(0, 500)	(0, 500)
2500	(1000, 0)	(500, 0)	(0, 0)	(−500, 0)	(−500, 0)	(0, 0)
3000	(1000, 0)	(500, 0)	(0, 0)	(−500, 0)	(−1000, 0)	(−750, −250)

る．相手の入札額より自分の入札額が高いときにはプレイヤーは財を落札し，落札したときの利得は落札額と評価額の差額であるとしている．落札額はセカンドプライス（相手の入札額）であることや，同点のときは期待値で表示されているため利得は落札額と評価額の差額の $\frac{1}{2}$ となることを確認してほしい．落札しないときの利得は 0 である．

セカンドプライスオークションでは，かなりの数のナッシュ均衡がある．そこで単純にナッシュ均衡をもってゲームの解とはできない．しかし，先に習った弱支配の概念を用いれば，ゲームの解を 1 つに絞ることができる．

利得行列を見て分かるように，セカンドプライスオークションでは，自分の評価額を入札する戦略が，他の戦略よりすべての場合に「よい」か「同じ」になっていることが分かる．言い換えると，自分の評価額を入札することが他の入札額を弱支配している．このことから，セカンドプライスオークションでは，すべてのプレイヤーは自分の評価額を入札することがゲームの解となる．

一般的にこれが成立するかどうか考えてみよう．ここで 1 人のプレイヤーを考え，そのプレイヤーの評価額を x とする．そして自分以外の様々な入札額の戦略に関して考察する．しかし，ここでは自分以外のプレイヤーで一番高い入札額だけが問題となるので，それを y としよう．自分が x を入札したとき，x より小さい L を入札したとき，x を超える H を入札したとき，の 3 つのケースを y の大小関係によって比較した表が表4.1である．

さて，セカンドプライスオークションにおいては，すべての買い手が評価額を正直に入札することが（弱支配の意味での）支配戦略であることが分かった．

表4.1 セカンドプライスオークションの入札額と利得

自分の入札額 \ 自分以外の最も高い入札額 y	$y \leq L$	$L < y \leq x$	$x < y \leq H$	$y > H$
L を入札 ($L < x$)	$x - y > 0$	0	0	0
x を入札	$x - y > 0$	$x - y \geq 0$	0	0
H を入札 ($x > H$)	$x - y > 0$	$x - y \geq 0$	$x - y < 0$	0

　したがって，ゲーム理論の分析では，セカンドプライスオークションでは買い手は評価額を正直に入札し，評価額が一番高い者が落札することになる．すなわち，セカンドプライスオークションでは，効率的資源配分が達成されるのである．このとき売り手の収入（財の売買価格）は，買い手の中で2番目に高い評価額となることが分かる．

> **ポイント27　セカンドプライスオークション**
>
> 　セカンドプライスオークションでは，評価額を入札することが弱支配戦略となる．このとき財は評価額の一番高い者に，2番目に高い評価額で落札される．

4.3.5　ファーストプライスオークション

　セカンドプライスオークションにおいては，すべての買い手が評価額を正直に入札し，その結果，売り手の収入は，買い手の中で2番目に高い評価額となることが分かった．それでは，ファーストプライスオークションではどうだろう．売り手の収入はセカンドプライスと比べてどちらが高いのだろう．

　よく見られる誤った考え方に，「買い手は評価額を正直に入札するので，ファーストプライスのほうがセカンドプライスよりも売り手にとって高い収入を与える」というものがある．

　「買い手は評価額を正直に入札する」というのはセカンドプライスオークションにおける参加者の行動であり，入札方法をファーストプライスオークションに変えれば，買い手の行動も変化する．買い手はもはや評価額を正直に

は入札しないであろう．

　話は逸れるが，ある第3セクターの経営する鉄道の試算で，「本鉄道の年間利用客は50万人なので，1人当たり100円の値上げを行えば年間5000万円の増収になる」という類の報告書があった．値上げを行えば利用客が減るのは当然で，年間5000万円の増収にならないのは当然である．経済学では需要の価格弾力性というものを使って，このような価格の上下に対する需要の増減を測る．

　ここまで誤った考え方はしなくても，現状が変化すれば現在のデータは変化するのだという考え方は，意外と認識されていない．1つには「データ」と「計算」という行為に目が行きすぎて，データを信頼してしまう傾向にあるからではないだろうか．

　同様に「入札方法」「投票ルール」「契約方法」などが変われば，買い手・有権者・契約者の行動は変化する．このような変化を推測するために，ゲーム理論は大変強力なツールとなる．ゲーム理論を用いてこのような制度を設計する研究は，メカニズムデザイン（mechanism design）や制度設計の理論などと呼ばれている．メカニズムデザインは，ゲーム理論を使って現実の問題を解決する重要な分野である．2007年には，このメカニズムデザインへの貢献を評価されて，ハーヴィッツ（Leonid Hurwicz），マスキン（Eric S. Maskin），マイヤーソン（Roger B. Myerson）の3人がノーベル経済学賞を受賞している．

ポイント28　メカニズムデザイン

入札方法，税の徴収方法，契約方法など，ルールが決まれば人の行動は変化する．これを読み込んで新しい制度を設計する方法が，メカニズムデザインである．

　ファーストプライスオークションでは，一般に自分以外の買い手の評価額が分からない．本格的な分析では，相手の利得を確率分布で推測してゲームをする不完備情報ゲームの理論が用いられるが，これは難しい．ここでは，今まで習った完備情報ゲームの理論を用いてファーストプライスオークションを解析してみよう．完備情報ゲームでは相手の利得が分かるとしており，オークションの分析には少し現実的ではないが，それでも戦略的な相互作用を理解するために良い分析である．

図4.10 ファーストプライスオークションの利得行列

買い手1 \ 買い手2	500	1000	1500	2000	2500	3000
500	(500, 1000)	(0, 1500)	(0, 1000)	(0, 500)	(0, 0)	(0, −500)
1000	(500, 0)	(250, 750)	(0, 1000)	(0, 500)	(0, 0)	(0, −500)
1500	(0, 0)	(0, 0)	(0, 500)	(0, 500)	(0, 0)	(0, −500)
2000	(−500, 0)	(−500, 0)	(−500, 0)	(−250, 250)	(0, 0)	(0, −500)
2500	(−1000, 0)	(−1000, 0)	(−1000, 0)	(−1000, 0)	(−500, 0)	(0, −500)
3000	(−1500, 0)	(−1500, 0)	(−1500, 0)	(−1500, 0)	(−1500, 0)	(−750, −250)

前項のセカンドプライスオークションで考えた**モデル16**の状況を再び考え，今度はファーストプライスオークションで2人の買い手がどのように行動するかを分析してみよう．やはり，最小入札単位を500円，最低入札額も500円，同点のときはくじびきで$\frac{1}{2}$ずつの確率で財を購入できると考える．ファーストプライスオークションでの利得行列は図4.10のように与えられる．

ファーストプライスオークションでは，セカンドプライスオークションのように弱支配でも「すべての」戦略を支配するような戦略は存在しない．そこでナッシュ均衡を解として考えることになるが，ファーストプライスオークションのナッシュ均衡は複数あり，どのナッシュ均衡を解とすべきか困る．

しかしながら，「弱支配された戦略の繰り返し削除」という考え方を用いると，1つのナッシュ均衡をゲームの解として求めていくことが可能となる[3]．

まず，ファーストプライスオークションでは，

- 各プレイヤーの評価額以上の入札は，評価額より1単位（1入札単位）低い入札額に弱支配される
- 最低価格の入札は，その金額の1単位上の入札額に弱支配される

ということが分かる．弱支配された戦略は，プレイヤーは選択しないので削除してみよう．

図4.10においては，買い手1にとって1500円以上の入札は1000円の入札に弱

---

3) ただし，弱支配戦略の繰り返し削除は削除する順番によって結果が異なることがあるため，「各回で，両プレイヤーの弱支配された戦略は，両プレイヤー同時にすべて削除する」というルールで削除を行う．

図4.11 弱支配された戦略の削除

買い手1 \ 買い手2	1000	1500	2000
1000	(250, 750)	(0, 1000)	(0, 500)

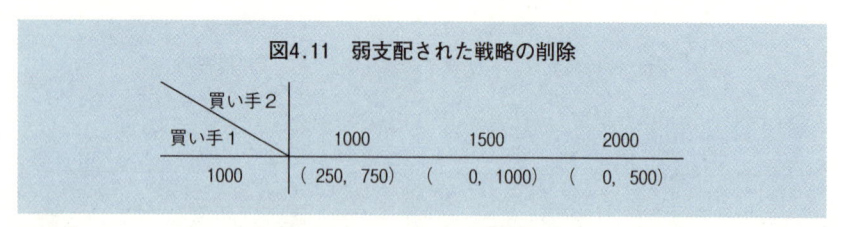

支配され，買い手2の2500円以上の入札は2000円の入札に支配される．また両方のプレイヤーの500円の入札は1000円の入札に弱支配される．そこで，これらの戦略を削除する．

一般には，この1回の削除で1つの戦略が残るとは限らない．しかし，

- 削除されずに残った入札額が複数あるときは，新たにそのゲームを考えるとその中の最低額の入札はその金額の1単位上の入札額に弱支配される

ということが分かるので，削除を繰り返していくと，

- 評価額が一番高い買い手以外は，自分の評価額の1単位低い入札額だけが残る

という結果になる．

このケースにおいては，1回の削除で買い手1は1000円の入札が唯一の戦略として残ることが分かる．一方，買い手2は1000円，1500円，2000円の3つが戦略として残っている（図4.11）．

このように，評価額が一番高い買い手以外はすべて，評価額より1単位低い入札額だけが残るため，最終的には，

- 評価額が一番高い買い手は，2番目に高い評価額の1単位低い入札額の1単位高い評価額（すなわち2番目に高い評価額）が他の評価額を弱支配する

ことが分かる．

この場合，買い手2の1500円の入札は1000円，2000円を弱支配している．したがってゲームの解は，

- 評価額が一番高い買い手は，2番目に高い評価額（1500円）を入札
- それ以外の買い手は評価額の1つ低い単位1000円を入札
- 結果，評価額が一番高い買い手は，2番目に高い評価額で落札する

となる．

したがって，ファーストプライスオークションでも，評価額が一番高い者が落札し（効率的資源配分が達成），そのときの売り手の収入は，買い手の中で２番目に高い評価額となることが分かる．

> **ポイント29　ファーストプライスオークション**
>
> ファーストプライスオークションを，支配された戦略の繰り返し削除で解くと，評価額の一番高い買い手が２番目に高い評価額を入札し，その他の買い手は評価額より１単位低い価格を入札することがゲームの解となる．このとき評価額の一番高い買い手が２番目に高い評価額で落札する結果となる．

このように，ファーストプライスオークションとセカンドプライスオークションでは，売り手の収益は同じで２番目に高い評価額となる．今回は相手の評価額が分かっている完備情報ゲームを仮定した結果であるが，さらに相手の評価額が不確実な「不完備情報ゲームの理論」を用いても，これと同等な結果を得ることができる．これを，オークションにおける**収入等価定理**（revenue equivalence theorem）と呼んでいる．

一般的には，ある仮定の下で，ダッチオークションやイングリッシュオークションも含めた広いクラスのオークションに収入等価定理が成り立つことが知られている．すべてのオークションの収入がすべて同じであることは，驚くべき結果である．

4.4　【実践】インターネットオークション

4.4.1　自動入札方式とセカンドプライスオークション

一昔前はオークションと言えば，美術品や骨董品などオークションハウスで専門家が行う，私たちから遠い存在であった．しかし，**インターネットオークション**（Internet auction，以下ネットオークション）の発達によって，オークションは私たちの暮らしに大変身近なものになったと言える．学生や主婦も含め，多くの人がネットオークションを使い，様々なものを売買している．日本のネットオークション最大手であるYahoo！オークションの2004年度取引高

図4.12 インターネットオークション

(1) 売り主が開始価格2000円でオークション開始
（入札単位は100円とする）
- 現在の価格：2000円
- 最高額入札者：入札者なし

(2) Aさんが2500円を入札
（現在のAさんの購入価格は開始価格と同じになる）
- 現在の価格：2000円
- 最高額入札者：Aさん

(3) Bさんが2200円を入札
（Bさんの1単位上まで，自動的にAさんの価格が競り上がる）
- 現在の価格：2300円
- 最高額入札者：Aさん

(4) Cさんが2800円を入札
（Cさんが新しい最高額入札者となり，価格はAさんの1単位上になる）
- 現在の価格：2600円
- 最高額入札者：Cさん

は約6035億円で，これは大手百貨店の伊勢丹（約6290億円）や丸井（約5562億円）の売上高に匹敵するとされている（読売新聞2005年6月6日付）．ここではそのネットオークションについて説明し，ゲーム理論での答えと現実との違いについて考えてみたい．

ネットオークションの形式も様々なものがある．いくつかのオークション（楽天のスーパーオークションなど）は，自分の入札額がそのまま商品の購入価格になる．これは封印オークションの中のファーストプライスオークションであることが分かる．

これに対して，日本の代表的ネットオークションであるYahoo！オークションなどは**自動入札方式**（automatic biddingまたはproxy bidding）と呼ばれる方法が用いられている．この入札方法では画面には，現在の最高額入札者と購入価格が記されているが，その入札額がいくらであるかは隠されている．新しい入札者は，現在の購入価格以上の金額を入札するのだが，ここでその新しい入札者とそれまでの最高額入札者で自動的に競りが行われ，高い金額を入札している者が新しい最高額入札者となる．このときの購入価格が，低い入札額の1単位上に自動的に更新される．

これだけでは分かりにくいので，例を示そう．図4.12は，インターネットオークションの一例が示されている．

ここでまず，出品者（売り主）は2000円をオークションの開始価格として設定しているものとする．そこに最初の入札者のAさんが2500円を入札したとしよう．このAさんの入札額は直接，現在の購入価格になるのではなく，開始価格の2000円がAさんの購入価格として最初に設定される．次に，（現在の価格が2000円であると考えた）Bさんが2200円を入札したとしよう．このとき，AさんとBさんの中で入札額が高いAさんが最高額入札者となり，価格はBさんの入札額の100円上（1単位上）の2300円に自動的に更新される．これは言い換えると，AさんとBさんとで自動的に競りが行われ，Bさんが2200円で脱落してAさんが2300円で残っている状況を再現しているとも考えられる．

次に，Cさんが2800円を入札したとしよう．このときは，最高額入札者はCさんに変わり，入札額はそれまでの最高額入札者であるAさんの1単位上の2600円に変わるのである．

さて，入札が終了した時点ではどうなるだろうか．入札が終了した時点においては，それまでの最高額の入札者が落札者となる．このとき落札者の購入価格は，彼の入札額ではなく彼の次に高い入札額の1単位上となっていることに注意しよう．例えば図4.12の最後の状況(4)で入札を終了したとするならば，最高額入札者はCさんで，その購入価格は彼の次に高い入札額を入れたAさんの1単位上の2600円である．「1単位上」という細かな点を無視すれば，自動入札方式の落札価格は2番目に高い入札額に等しく，このことから**自動入札方式はセカンドプライスオークション**とみなすことができる．

セカンドプライスオークションでは，自分の評価額を正直に入札することが弱支配戦略であった．すなわち入札者は，自分の評価額を正直に入札することが，他者のどんな入札にとっても悪くない．

再度，このことを確認してみよう．もし評価額より小さい金額を入札しても，落札できたときは，相手の入札額が落札金額となるなので，安く入札する意味はない．しかも評価額より小さい入札は，それより相手が大きな金額を入札したときに，落札できない可能性がある．したがって，評価額より小さい入札をしてもよいことはない．

第4章 戦略形ゲームの応用　129

また，評価額より大きい入札をしても，相手が評価額以下の入札をしたときは評価額の入札でも落札できるので同じである．もし評価額より大きい入札だけが落札できるならば，それは相手の入札が評価額を超えているときで，落札価格も評価額を超え，自分の利益はマイナスになるはずである．評価額より大きい入札もよいことはないはずである．

4.4.2　ネットオークションの現実の入札行動

このようにネットオークションの自動入札方式では，各参加者は自分の評価額を1度だけ正直に入札すればよいはずである．自動入札方式は，長い時間をかけて行われるネットオークションに対して，参加者が何度もコンピュータの前に座って他の人の入札を観察しなくてもよいように作られたものなのだ．しかし参加者は，何度もコンピュータの前に座り直し，何度も入札額を更新するのが実態なのである．

実際の例でこれを見てみよう．表4.2は，あるネットオークションに中古のコンピュータが出品されたときの入札履歴を記録したものである．

このオークションは，5時41分に10000円の開始価格で開始された．入札単位は500円である．10時51分に10000円でperotanという入札者[4]が入札を行い，とりあえず最高額入札者となる．しかし，夕方になると16時08分にhatagold，19時07分にjore777という者が現れて少しずつ入札額が上がっていく．

21時13分にsaitoponという大物が現れた．彼は31000円を入札する．かなり大きく幅を上げたが，購入価格には12000円と表示されて，彼の入札額は見えていないことに注意しよう．21時22分にkazfuncという入札者が13000円を入札するが，saitoponにかなうはずもなく，購入価格は13500円に．

注目すべきことが21時47分に起きた．夕方16時08分に入札して敗れ去ったhatagoldが再度現れたのである．ここでhatagoldは15000円を入札する．しかしここで15000円を出す気があるのであれば，なぜ16時08分にその金額を入札しなかったのであろうか．ここでsaitoponにかなうはずもなく，購入価格は

4）入札者はこのような「ハンドルネーム」と呼ばれるニックネームを使ってオークションを行い，落札しない限りは本名は明かさない．落札後に初めて出品者との間で本名が明かされ，取引が行われる．

表4.2　ネットオークションの入札例（入札単位は500円）

時刻	入札者	入札額	最高額入札者	購入価格
05:41	オークション開始		開始価格	10000
10:51	perotan	10000	perotan	10000
16:08	hatagold	11000	hatagold	10500
19:07	jore777	11500	jore777	11500
21:13	saitopon	31000	saitopon	12000
21:22	kazfunc	13000	saitopon	13500
21:47	hatagold	15000	saitopon	15500
21:48	hatagold	16000	saitopon	16500
23:52	moscow20	18000	saitopon	18500
09:55	hatagold	19000	saitopon	19500
⋮				

15500円になり最高額入札者はsaitoponのままである．これを見たhatagoldは直後に16000円を入札する．それならばなぜ16000円を最初から入札しないのか．購入価格は16500円となるが，最高額入札者はsaitoponのままである．hatagoldは敗れ去った．

hatagoldの入札はこの夜はここまでであったが，次の日の朝9時55分に，あきらめきれないのかhatagoldが再度19000円を入札しているのである．ここで**19000円を出す気があるのであれば，なぜ前日の夕方16時08分にその金額を入札しなかったのであろうか．**ここでの分析はこれで終わりにするが，入札はまだまだ続き，やがて遂にsaitoponも敗れ去り，最終的には81500円でこのコンピュータは落札されている．

このように，セカンドプライスオークションでは評価額を正直に入札することが弱支配戦略であるにもかかわらず，ほとんどのオークションで何人もの入札者が何度も入札額を更新するという現象が観察される．

また同様に，インターネットオークションは終了時間間際に入札が殺到し，いくつかの入札が終了時間を超えてしまい受理されないという現象も観察されている．自分の評価額を1回だけ正直に入札すればよいのであれば，わざわざ終了時間間際に入札する必要はないはずだ．

なぜこのようなことが起きるのかについては，いくつかの原因が考えられる．

⑴自動入札の仕組みを理解しておらず，評価額を入札することが一番良い戦略だと思っていない．できるだけ安く入札すれば，安く買えると単純に考えてしまう．

⑵入札者はその財の評価額（＝自分がその財に支払える最高金額）をはっきりと認知しておらず，最初は安い金額で評価しているが他者の入札金額を見てもっと支払えると思い，評価額を更新する．

⑶⑵に関連して，早い時間に高い金額を入札するとそれだけ他者の評価額を高く更新してしまい，その結果，購入価格がつりあがってしまうため，あらかじめ高い金額は入札しない．

⑵に関しては多くの者が共感することが多いだろう．入札者は最初から自分の評価額をしっかり認知しているわけではない．他者が自分の評価額を上回る金額を入札するのを見て，「もっと自分は出せる」と思い，評価額を上げて入札をし直すのである．

この点についてさらなる分析を進めるには，異なる 2 つの観点による方法論がある．1 つは，人間はゲーム理論で考えるような合理的で完璧な人間ではないので，それを超えた観点から分析を進めるべきだという考え方である．本書の 1.3.2 において，我々は分析において自分の好みをしっかりと自覚しているようなプレイヤーを想定した．しかし，その想定を変えて分析を進めなければならないとする考え方である．

もう 1 つの方法は，あくまでもゲーム理論の枠組みからこの現象を捉えて分析する方法で，入札者は評価額を確定的な値ではなく確率分布として認識しており，他者の入札額を見てその確率を更新するという考え方である．

どちらの方法をとるにしろ，正確なネットオークションの分析にはさらなる理論が必要である．しかしながら，それはここまで学んだゲーム理論の含意だけではネットオークションに役に立たないということではない．上記で挙げた⑵や⑶のような点を考慮する前に，⑴の「自動入札の仕組みを理解していない」と思われる行動も多く見受けられるからである．どのような理由にしろ，先に挙げた hatagold の行動は，（人間的であって共感は持てるが）戦略的思考というものからは離れた行動であろう．

セカンドプライスオークションでは，評価額をしっかり見極めて，その評価

額を入札することがどんな入札より悪くないというゲーム理論の含意を知れば，このような入札行動は起きないのではないだろうか．

> **ポイント30　インターネットオークションの賢い入札**
> インターネットオークションでは，自分が商品に支払える金額，すなわち自分の評価額をしっかりと見極めることが大切である．

演習問題

演習4.1

問1　図4.13において，プレイヤー1とプレイヤー2の戦略間の支配関係を示せ．これは，例えばまずx_1とy_1という2つの戦略に対して，「x_1がy_1を支配している」「y_1がx_1を支配している」「支配関係はない」のどれかを示し，それをすべての戦略のペアについて答えよ，という意味である．ここでの支配関係は強い意味での支配であり，弱支配は支配関係とは考えない．

問2　図4.13において，プレイヤー1とプレイヤー2の戦略間の弱支配関係を示せ．定義より，戦略が「xがyを支配している」ならば，「xがyを弱支配している」ともなることに注意せよ．

問3　図4.13において各プレイヤーに支配戦略はあるか．ある場合はその戦略を答え，ない場合は「なし」と答えよ．

問4　図4.13において各プレイヤーに弱支配戦略はあるか．ある場合はその戦略を答え，ない場合は「なし」と答えよ．定義より，支配戦略は，また弱支配戦略ともなることに注意せよ．

演習4.2　図4.14の戦略形ゲームのナッシュ均衡をすべて求め，さらにその中の支配されないナッシュ均衡を求めよ．

演習4.3　図4.15のゲームの解を，支配された戦略の繰り返し削除の考え方を用いて求めよ．

演習4.4　財が1つのオークションに2人の買い手がいる状況を考えよう．買い手1の評価額を200，買い手2の評価額を500として，次の問いに答えなさ

図4.13 支配と弱支配

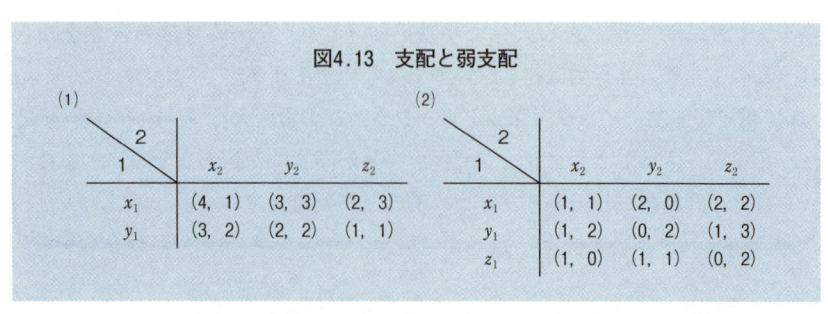

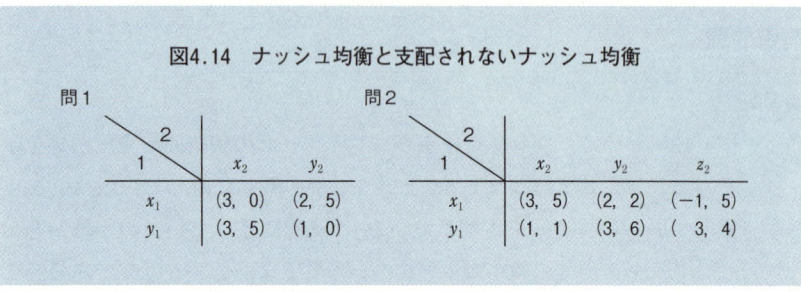

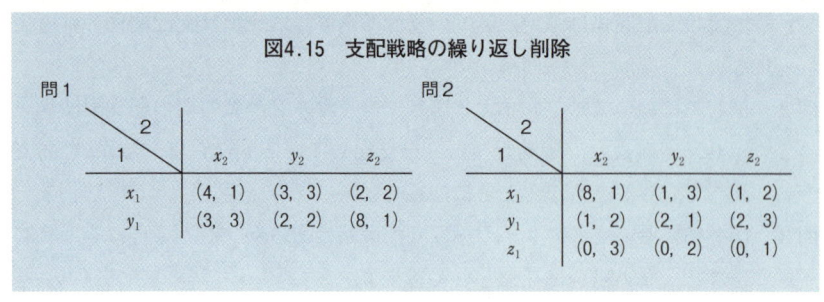

(1)

1 \ 2	x_2	y_2	z_2
x_1	(4, 1)	(3, 3)	(2, 3)
y_1	(3, 2)	(2, 2)	(1, 1)

(2)

1 \ 2	x_2	y_2	z_2
x_1	(1, 1)	(2, 0)	(2, 2)
y_1	(1, 2)	(0, 2)	(1, 3)
z_1	(1, 0)	(1, 1)	(0, 2)

図4.14 ナッシュ均衡と支配されないナッシュ均衡

問1

1 \ 2	x_2	y_2
x_1	(3, 0)	(2, 5)
y_1	(3, 5)	(1, 0)

問2

1 \ 2	x_2	y_2	z_2
x_1	(3, 5)	(2, 2)	(−1, 5)
y_1	(1, 1)	(3, 6)	(3, 4)

図4.15 支配戦略の繰り返し削除

問1

1 \ 2	x_2	y_2	z_2
x_1	(4, 1)	(3, 3)	(2, 2)
y_1	(3, 3)	(2, 2)	(8, 1)

問2

1 \ 2	x_2	y_2	z_2
x_1	(8, 1)	(1, 3)	(1, 2)
y_1	(1, 2)	(2, 1)	(2, 3)
z_1	(0, 3)	(0, 2)	(0, 1)

い．

問1 この財を最低入札額が0，入札額の上限が600，入札単位が100のファーストプライスオークションで売るとき，その利得行列を書きなさい．

問2 上記のファーストプライスオークションにおいて，ナッシュ均衡をすべて求めなさい．

問3 弱支配された戦略を繰り返し削除したときのゲームの解を求めなさい．ただし，弱支配された戦略の繰り返し削除は，削除する順番によって結果が異なるため，本書のファーストプライスオークションの項で用いたルールで削除を行う．

問4　同様に最低入札額が0，入札額の上限が600，入札単位が100のセカンドプライスオークションで売るとき，その利得行列を書きなさい．

問5　上記のセカンドプライスオークションにおいて，ナッシュ均衡をすべて求めなさい．

問6　ゲームの解として支配されないナッシュ均衡を求めなさい．

問7　問3と問6から，収入等価定理を説明しなさい．

解答
演習4.1
問1(1) プレイヤー1はx_1がy_1を支配．プレイヤー2はx_2とy_2，y_2とz_2，x_2とz_2すべてに支配関係はない．

問1(2) プレイヤー1はx_1とy_1，y_1とz_1，x_1とz_1すべてに支配関係はない．プレイヤー2はx_2とy_2に支配関係はなく，z_2がx_2を支配し，z_2はy_2も支配している．

問2(1) プレイヤー1はx_1がy_1を弱支配している．プレイヤー2はy_2はx_2を弱支配していて，y_2はz_2も弱支配しているが，x_2とz_2に弱支配関係はない．

問2(2) プレイヤー1はx_1がy_1とz_1を弱支配しているが，y_1とz_1に弱支配関係はない．プレイヤー2はx_2とy_2に弱支配関係はないが，z_2はx_2，y_2を弱支配している．

問3(1) プレイヤー1はx_1が支配戦略．プレイヤー2には支配戦略はない．

問3(2) プレイヤー1には支配戦略はない．プレイヤー2はz_2が支配戦略．

問4(1) プレイヤー1はx_1が支配戦略なので弱支配戦略でもある．プレイヤー2はy_2が弱支配戦略．

問4(2) プレイヤー1はx_1が弱支配戦略．プレイヤー2はz_2が支配戦略なので弱支配戦略でもある．

演習4.2
問1 ナッシュ均衡は(x_1, y_2)，(y_1, x_2)．その中で支配されないナッシュ均衡は(x_1, y_2)（y_1はx_1に支配されている）．　問2 ナッシュ均衡は(x_1, x_2)，(y_1, y_2)．その中で支配されないナッシュ均衡は(y_1, y_2)（x_2はz_2に支配されている）．

演習4.3
問1　(x_1, y_2)（z_2, y_1, x_2の順に削除される）　問2　(y_1, z_2)（z_1, x_2，

x_1, y_2 の順に削除される）

演習4.4　問1略　　問2 (100, 200), (200, 300), (300, 400)　　問3 (100, 200)　　問4略

問5

(0, 200)　(0, 300)　(0, 400)　(0, 500)　(0, 600)　(100, 200)
(100, 300)　(100, 400)　(100, 500)　(100, 600)　(200, 300)　(200, 400)
(200, 500)　(200, 600)　(300, 400)　(300, 500)　(300, 600)　(400, 500)
(400, 600)　(500, 0)　(500, 100)　(500, 200)　(500, 600)　(600, 0)
(600, 100)　(600, 200)

問6 (200, 500)　　問7 ファーストプライスオークションもセカンドプライスオークションも共にゲームの解では，評価額の高いプレイヤー2が落札し，その時の支払額はプレイヤー1の評価額である200となる．すなわち売り手の収益はファーストプライスもセカンドプライスも共に等しい．

第5章

不完全競争市場への応用

この章では,ゲーム理論のモデルの中で経済学において多用される寡占市場の競争モデルについて述べる.

5.1 完全競争市場とゲーム理論の発展

ゲーム理論は様々な分野に応用されているが,その中でも経済学はもっともゲーム理論が活躍している分野である.むしろ,理論経済学において経済学への応用のためにゲーム理論を精緻化してきたことが,現在のゲーム理論の発展を築き上げたと言ってもいいかもしれない.なぜ経済学において,ゲーム理論はこのような発展を遂げたのであろうか.

20世紀前半までの経済学は,消費者も企業も多数存在し,1人の消費者や1企業の行動が市場価格には影響を与えない**完全競争市場**(perfectly competitive market)が主な分析の対象であった.完全競争市場では,消費者や企業は,自らの行動によって変化しない価格を所与として,効用や利潤を最大化する**価格受容者**(price taker)であった.しかし現実の市場は,売り手や買い手が価格に影響を与える**不完全競争**(imperfect competition)の市場であり,特に企業が少数の**寡占**(oligopoly)の市場であることが多い.

このような市場では,各企業は自分の行動が市場の価格に影響を与える**価格決定者**(price maker)である.寡占市場では,各企業は相手企業の行動に自分の行動が影響を与えることを考慮して,戦略的に意思決定を行う.そのため,寡占市場における企業行動を分析する手法が求められていたのである.こ

の寡占市場の分析の道具としての必要性が，経済学でゲーム理論が発展した1つの要因である．

ここまでの利得行列による戦略形ゲームの分析やゲームの木による展開形ゲームを用いた分析では，経済学・社会学・政治学など，その分析対象を限っていない．利得行列やゲームの木は，価格や需要や生産量など市場を分析する形に特化していないのである．これに対し，経済学でよく用いられる寡占市場の分析に用いられるゲーム理論は，需要関数・価格・生産量など経済現象の分析に固有のモデル化がなされている．したがって，経済学（もしくはそこから派生した経営戦略などの経営学への応用）のためにゲーム理論を学ぶのであれば，寡占市場の分析方法について学んでおく必要がある．本章では，このような寡占市場の分析の基礎として，企業が2つのときの複占の市場について学ぶこととしよう．

5.2 独占市場での企業行動

2つの企業が競争する複占の理論を学ぶ前に，さらにその基礎として企業が1つの**独占**（monopoly）の市場における企業行動について知っておく必要がある．1つの財を独占的に販売している企業は，利潤を最大化するためにどのように価格を決定するのであろうか．以下の**モデル17**を題材として考えてみよう．

モデル17　輸入販売店「阿季家」

阿季家（アキカ）は輸入雑貨を中心としたI市のお店である．この阿季家が，中国から独占的に輸入している商品「三千年マッサージ器」がなかなかの人気であり，インターネットを通じ爆発的に売れている．そこで，売り主は来期の仕入れをどの程度にしようか頭を悩ませている．

ここで問題となるのは，輸入量が少ないと非常に高価で売れるのだが，販売量が少ないため儲けにならず，反対に，たくさん輸入すると販売量は多いのだが，それだけ価格が下がってしまうという，価格と販売量の間にトレードオフが存在していることだ．

ここで，輸入量＝販売量（輸入したものはすべて売れる）と考え，販売

量をx（台）としたときのマッサージ器の販売価格pは$p=120-x$（千円）であることが分かっているとしよう．例えば$x=20$として20台仕入れれば，マッサージ器は$p=100$で100（千円）と高価な価格で売れるが，$x=80$として80台仕入れれば，マッサージ器は$p=40$で40（千円）でしか売れない．ここでマッサージ器の1台当たりの仕入れ価格が30（千円）であるとし，販売にかかる費用はこれだけであると考える．

　利潤を最大にするためには，阿季家は何台のマッサージ器を仕入れればよいのだろうか．

モデル17について説明しよう．独占・寡占市場の理論では共に，企業が生産量（販売量）xを決めると価格pが決まると考える．在庫は考えない．モデル17では，この関係を$p=120-x$という式で表現しているが，この式を**逆需要関数**（inverse demand function）と呼ぶ．逆にある価格に対して，製品を売りきるような需要を表す式$x=120-p$は**需要関数**（demand function）と呼ばれる．企業の**収入**（revenue）は，販売量xに価格pをかけたものであり，販売量がxのときの収入をRで表すと$R=px=(120-x)x=-x^2+120x$となる．

　企業の費用は，原材料費などの販売量に依存する**可変費用**（variable cost）と，設備費や資本費用など販売量に依存しない**固定費用**（fixed cost）に分けて考える．モデル17では，固定費用は0としている．可変費用は生産量をxとすると$30x$で表される．販売量がxのときの総費用をCで表すと$C=30x$である．

　企業の**利潤**（profit）は，販売による収入からその費用を差し引いたものである．モデル17において，財の販売量をxとしたときの企業の利潤を$\pi(x)$で表すとすれば，$\pi(x)$は，

$$\pi(x)=R-C=(120-x)x-30x=-x^2+90x$$

となる．

　表5.1は，販売量を$x=0$から20単位刻みで100まで増加させたときの価格，収入，費用，利潤を表している．販売量が100以上では利潤が負になり，赤字が大きくなるだけなので100を超える販売量については表示していない．

　例えば，販売量を$x=20$としたとき，価格は$p=100$で収入は$R=2000$，費用

表5.1　独占企業の販売量，価格と利潤

販売量 (x)	価格 (p)	収入 (R)	費用 (C)	利潤 (π)
0	120	0	0	0
20	100	2000	600	1400
40	80	3200	1200	2000
60	60	3600	1800	1800
80	40	3200	2400	800
100	20	2000	3000	−1000

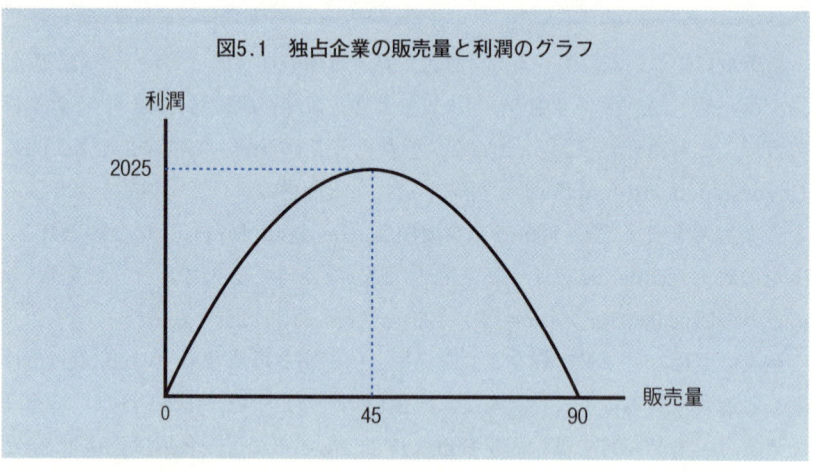

図5.1　独占企業の販売量と利潤のグラフ

は$C=600$で利潤πは1400となる．利潤を販売量が0の部分から観察すると，最初は販売量の増加とともに増加するが，やがて価格の下落で収入の増加分が小さくなり，利潤は減少を始める．販売量が100を超えたあたりでは，収入より費用のほうが大きくなるため，利潤は負になってしまう．図5.1は販売量に対する利潤のグラフを表している．上記で説明したように利潤は最初は増加し，やがて減少することが読み取れる．

　さて，企業が利潤を最大にするには，販売量をいくらに設定すればよいのであろうか．表5.1を見ると販売量を40にすれば，利潤が最大になるようにも思えるが，これは誤りである．表5.1は販売量を20単位ごとに表示しているため正確な数値は読み取れない．利潤を最大にする販売量を正確に求めるためには，利潤$\pi(x)$がxの2次関数になっていることから，2次関数の最大値を求

めればよい．$\pi(x)$ を完全平方によって変形すれば，

$$\pi(x) = -x^2 + 90x = -(x-45)^2 + 2025$$

となるので，販売量が$x=45$のときに利潤は2025で最大になることが分かる．

　計算を簡単にするには微分を用いることが一番良い．ここで$\pi(x)$を微分すると$-2x+90$になる．最大となるxはこれを0と置いて$-2x+90=0$を解けば求められる．ここから，やはり販売量が$x=45$のときに最大になることが分かる．

　利潤を最大にする販売量を求める方法には，このように2次関数の最大化を考える方法と，微分による方法の2つがあるが，もう1つ経済学でよく用いられる考え方を示しておこう．それは限界収入と限界費用の2つを考える方法である．

　財を1単位追加して販売したときに増加する収入を**限界収入**（marginal revenue）と言い，MRで表す．価格pが一定であれば，財を1単位増加したときに増える収入はpであるが，独占のようなケースでは販売量が増加すれば価格が変化するために，限界収入はpとはならない．この限界収入は，収入$R = -x^2 + 120x$を微分することによって得られ，

$$MR = R' = -2x + 120$$

となる．

　これに対し，**限界費用**（marginal cost）は，財を1単位追加して販売するために，追加しなければならない費用であり，MCで表される．これはやはり$C = 30x$を微分して得られるが，**モデル17**では1単位の財を販売するのにかかる費用は常に30なので，わざわざ微分しなくても，限界費用は$MC = 30$であることはすぐ分かる．

　利潤を最大にする販売量を限界収入と限界費用の比較から考えてみよう．もし$MR > MC$ならば，財をさらに販売すれば，追加される収入は費用より大きいので利潤は増える．一方，$MR < MC$ならば，販売する財を減らしたほうが利潤は増える．これにより利潤が最大になるところでは$MR = MC$，すなわち**限界収入と限界費用が等しくなる販売量xで利潤が最大になる**．このような販売量を求めると，$-2x + 120 = 30$より$x = 45$となり，これまでの結果と一致する

ことが分かる．

このような利潤を最大にする生産量が$x=45$のとき，製品の価格は$p=120-x=120-45=75$であり，企業の利潤は$\pi(45)=2025$となる．

5.3 クールノー競争

5.3.1 複占市場の分類

企業が1つしかない独占市場において，企業の利潤が最大となる生産量や，価格と利潤を求めることができた．ここからは，企業が2つの**複占**（duopoly）の市場を考えてみよう．複占では，ある企業の意思決定は自分の意思決定だけではなく，相手企業の行動によっても影響を受けるためゲーム理論による分析が必要となる．

複占市場は，以下のような3つの要因から，その状況を分けることができる．

意思決定を同時にするか，逐次にするか　2つの企業が行動を同時に行うか，交互に行うかで競争を分類することができる．同時に行う場合は戦略形ゲーム，交互に行う場合は展開形ゲームで分析する．

価格競争か数量競争か　企業が決定する戦略は，製品の生産量（販売量）か価格かで，競争を2つに分ける．生産量を決める競争は数量競争のモデルと呼ばれ，特に2企業が同時に生産量の決定を行う場合は，その基礎を与えた研究者クールノー（A. Augustin Cournot）の名をとり，**クールノー競争**（Cournot competition）と呼ばれる．これに対し，2企業が同時に価格を決定する価格競争のモデルは，やはりその基礎を与えた研究者ベルトラン（Joseph L. F. Bertrand）の名をとって，**ベルトラン競争**（Bertrand competition）と呼ばれる．また，2企業が先手と後手に分かれて生産量の決定を行う数量競争のモデルは，研究者シュタッケルベルグ（Heinrich F. von Stackelberg）の名をとり，**シュタッケルベルグ競争**（Stackelberg competition）と呼ばれる．

なお，2企業が交互に価格決定を行う場合は，「交互」であることを重視してシュタッケルベルグ競争と呼ばれることも，「価格競争」の側面を重視してベルトラン競争と呼ばれることもある．

同質財か異質財か　経済学の理論では，2つの企業が提供する財が**同質財**（homogeneous goods）か異質財（heterogeneous goods）かにこだわる．同質財の複占とは，2つの企業が提供する財が全く同じと考えられる場合で，ガソリンなどがこれに近い．同質財の競争では，2つの企業が異なる価格をつけると，すべての消費者は安い価格をつけた企業からすべての財を購入すると考える．このため，2企業が財につける価格は同じにならなければならない，としている．現実の市場には完全なる同質財はなく，あくまでも競争を捉えるための理論的な市場であると考えられる．

異質財は，製品差別化の市場とも呼ばれ，2企業が提供している財は異なるが，一方の企業の財の価格（や販売量）が，もう一方の企業の需要に影響を与えると考える市場である．当然，異質財のほうが現実には近いが分析は難しくなる．

5.3.2　クールノー競争のモデル

複占市場において，もっとも基本となるクールノー競争について分析しよう．ここではモデル17を変えて，以下のようなモデル18を考える．

モデル18　輸入販売店「阿季家」の複占競争PART1

阿季家の売り出す「三千年マッサージ器」がなかなかの人気であるため，今期から中国雑貨のライバル店である美家（ビカ）でも，これを輸入し販売することに決めた．

ここで2つの店が売り出す「三千年マッサージ器」は全く同じ（同質財）であり，2つの店は同時に販売量を決めるものとする．モデル17と同じように，2つの店の販売量の合計をx（台）としたときのマッサージ器の販売価格pは，$p = 120 - x$（千円）であるとし，マッサージ器の1台当たりの仕入れ価格は2つの店とも30（千円）であるとする．

利潤を最大にするためには，両店舗は何台のマッサージ器を仕入れればよいのだろうか．

このモデル18は，同質財で同時に販売量を決める競争なので，クールノー競争のモデルとなる．

分析は，最初は独占市場と同じような手順で進められる．まず阿季家（Akikaなので以下，企業A）の販売量をx_A，美家（Bikaなので以下，企業B）の販売量をx_Bで表すことにしよう．市場全体の販売量をxとすれば，$x = x_A + x_B$となる．企業Aと企業Bの利潤は，それぞれx_Aとx_Bの関数で表すことができる．企業Aの利潤を$\pi_A(x_A, x_B)$，企業Bの利潤を$\pi_B(x_A, x_B)$とすれば，

$$\pi_A(x_A, x_B) = (120-x)x_A - 30x_A = \{120-(x_A+x_B)\}x_A - 30x_A$$
$$= -x_A^2 - x_A x_B + 90x_A \tag{5.1}$$

$$\pi_B(x_A, x_B) = (120-x)x_B - 30x_B = \{120-(x_A+x_B)\}x_B - 30x_B$$
$$= -x_B^2 - x_A x_B + 90x_B \tag{5.2}$$

と表すことができる．例えば企業Aの生産量を$x_A = 20$，企業Bの生産量を$x_B = 40$として，企業Aの利潤$\pi_A(20, 40)$と企業Bの利潤$\pi_B(20, 40)$を計算してみると，

$$\pi_A(20, 40) = \{120-(20+40)\} \times 20 - 30 \times 20 = 600$$
$$\pi_B(20, 40) = \{120-(20+40)\} \times 40 - 30 \times 40 = 1200$$

となる．

　独占市場では，自分の販売量が決まれば市場の価格と利潤が決まったが，複占市場では自分の販売量だけではなく，相手の販売量に価格と利潤が依存する．したがって，自分の最適な販売量は相手の販売量によって変化する．自分に最適な生産量が1つだけ決まるわけではない．そこでゲーム理論の考え方が必要となる．

　企業Aと企業Bの生産量を戦略，利潤を利得として戦略形ゲームで考えてみよう．独占市場のときと同様に，まず販売量を20単位刻みで$x=0$から60までとしよう．このとき，利得行列は図5.2のようになる．

　ここで，企業Aの立場で考えてみよう．企業Bの生産量が$x_B = 20$のときは，企業Aは生産量を$x_A = 40$とすることで利潤を最大にできる．一方，企業Bの生産量が$x_B = 40$のときは企業Aは生産量を$x_A = 20$とすることで利潤を最大にできる．企業Aが，常に自分の利潤を最大にするような生産量（支配戦略）は存在

図5.2 クールノー競争の利得行列

A\B	0	20	40	60
0	(0, 0)	(0, 1400)	(0, 2000)	(0, 1800)
20	(1400, 0)	(1000, 1000)	(600, 1200)	(200, 600)
40	(2000, 0)	(1200, 600)	(400, 400)	(−400, −600)
60	(1800, 0)	(600, 200)	(−600, −400)	(−1800, −1800)

しない．前章までで考えてきたように，このゲームの結果は，2人が考え抜いて行き着く先であるナッシュ均衡になる．図5.2のナッシュ均衡を求めると，$x_A=20$, $x_B=40$と，$x_A=40$, $x_B=20$の2つになる．

しかしながら，これは販売量を20単位刻みとしたことに依存している．前節の独占市場の分析で見たように，販売量を連続としなければ正確な結果は得られない．第4章までは，このような連続した変量を戦略として扱うゲームのナッシュ均衡の求め方については，学んでこなかった．今回のような連続した変量を扱うときには，どのような方法を用いればナッシュ均衡が求められるのであろうか．

ここで，前節までの利得行列でのナッシュ均衡の求め方をもう一度復習してみよう．ナッシュ均衡を求めるためには，各プレイヤーの立場になり，相手のそれぞれの戦略に対する最適反応戦略を求めるのであった．具体的には，相手の各戦略に対して，利得が最大になる部分に下線を引く．そして2人のプレイヤーが最適反応戦略を選ぶ戦略の組（下線が2つ引かれた部分）がナッシュ均衡であった．

これはゲーム理論において，一般的に成り立つ重要な考え方である．ゲームの解を求めるには，各プレイヤーの利得の単純な大小よりはむしろ，プレイヤーの最適反応戦略が何かを知ることが重要である．極端に言えば，利得の値が分からなくても，相手の戦略に対して何が最適反応戦略かが分かればゲームは解けるのである．これは今回の連続した量が戦略となるようなゲームにも言える．

> **ポイント31　最適反応戦略に注目する**
>
> ナッシュ均衡を求めるには，自身の利得の大小よりも最適反応戦略が何かに注目する．

そこで，まず**企業Bの立場になり**，企業Aの戦略x_Aが与えられたときの企業Bの最適反応戦略をx_Bとして，これを求めてみよう．これはすなわち，x_Aが与えられたときに企業Bの利潤式 (5.2) を最大にするようなx_Bを求めることになる．これには独占市場のときと同様に，(1) 2次関数の最大値を求める，(2)微分を用いる，(3)限界収入と限界費用が等しくなる販売量を求める，という3つの方法がある．(1)は読者に考えてもらうとして，(2)の微分による方法を考えてみよう．

ここでπ_Bをx_Bで微分すると，

$$(-x_B^2 - x_A x_B + 90 x_B)' = -2x_B - x_A + 90$$

となる．最大となるためにはこの式が0でなければならないので，これを解くと利潤を最大にする**生産量**x_Bは，

$$x_B = -\frac{1}{2}x_A + 45 \tag{5.3}$$

となる．

もう1つの限界収入と限界費用が等しくなる販売量を求めるという方法も確かめてみよう．ここで企業Bの収入は，

$$\{120 - (x_A + x_B)\}\ x_B = -x_B^2 + 120 x_B - x_A x_B$$

であるから，これをx_Bで微分することにより限界収入は$-2x_B + 120 - x_A$となる．また，限界費用は30である．利潤が最大になるにはこの2つが等しくなければならないから，$-2x_B + 120 - x_A = 30$より，やはり式 (5.3) を得る．

例えば$x_A = 20$のとき，企業Bの最適反応戦略は式 (5.3) により，

$$x_B = -\frac{1}{2} \times 20 + 45 = 35$$

となる．これは，利得行列でナッシュ均衡を求めるときの下線を引く作業に相

図5.3 企業Bの最適反応曲線

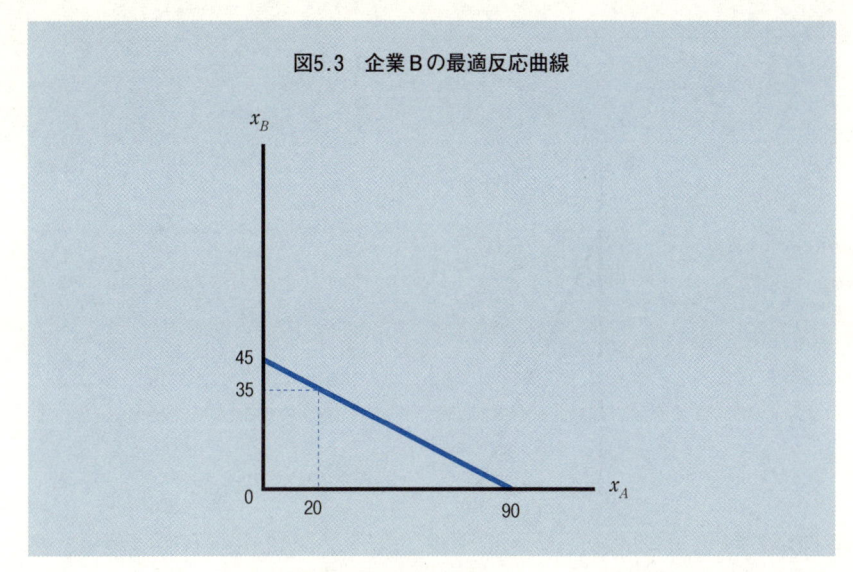

当すると言える．ちなみに図5.2の利得行列では，$x_A = 20$のときの最適反応戦略を求めると40であるが，これは正確ではなく，正しくは$x_B = 35$であることが分かる．

式（5.3）を，横軸にx_A，縦軸にx_Bをとり，グラフに表したものが図5.3である．$x_A = 20$のときの最適反応戦略が$x_B = 35$であることが図5.3のグラフから読み取れる．企業Aの販売量がx_Aであるときは，それに対応するグラフのx_Bの値が，企業Bの最適反応戦略である．このグラフを企業Bの**最適反応曲線**（best reply curve）と呼ぶ[1]．

同様に（企業Aの立場で），企業Bの販売量x_Bが与えられた下での企業Aの最適反応戦略を求めてみよう．式（5.1）で与えられる企業Aの利潤π_Aをx_Aで微分すると，

$$(-x_A^2 - x_A x_B + 90 x_A)' = -2x_A - x_B + 90$$

となる．この式が0になるx_Aを求めると，

---

[1] 直線であるのに曲線と呼ばれるのは，一般的にはこの線は曲線になるからである（数学的には「曲線」は「直線」を含む）．今回のように限界費用が一定で需要関数が直線の場合は，最適反応曲線は直線になる．

図5.4 企業Aの最適反応戦略

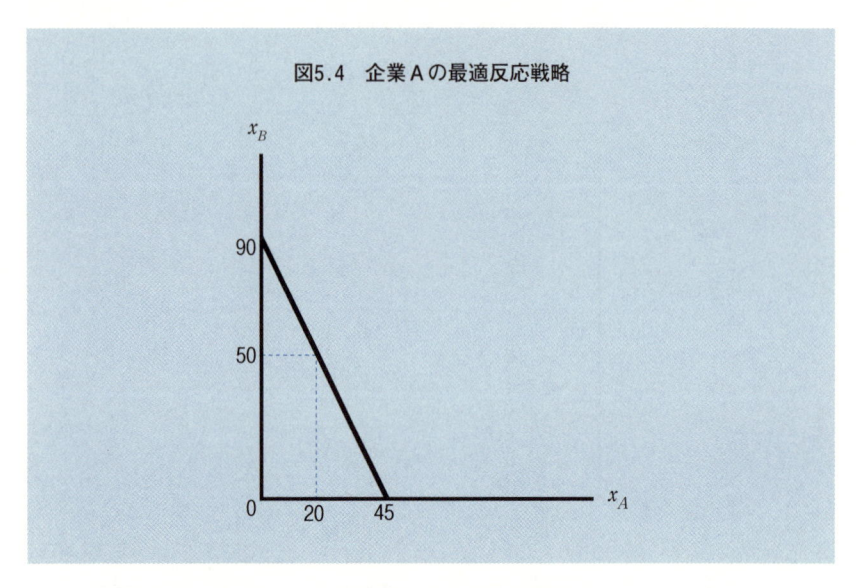

$$x_A = -\frac{1}{2}x_B + 45 \tag{5.4}$$

となる．これが，企業Bの販売量x_Bが与えられた下で，企業Aの利潤π_Aを最大にするx_Aである．先ほどと同様に横軸にx_A，縦軸にx_Bをとってグラフにすると図5.4となる．先ほどと異なり，今度は縦軸のx_Bが決まれば，その最適反応戦略x_Aが決まるように，グラフを読まなければならない点に気をつけよう．例えば$x_B = 50$のとき，企業Aの最適反応戦略は式（5.4）より，

$$x_A = -\frac{1}{2} \times 50 + 45 = 20$$

で，$x_A = 20$であることが図5.4のグラフから読み取れる．

　図5.3と図5.4を求める作業は，利得行列において最適反応戦略を探し出し，そこに下線を引く作業に対応する．そしてナッシュ均衡は，お互いに最適反応戦略を選ぶ組合せであり，それは両方の最適反応曲線が交わる点となる．図5.3と図5.4を重ねたものが図5.5となる．

　2つの最適反応の交点を求めるには，式（5.3）と式（5.4）を同時に満たすx_Aとx_Bを求めればよい．ここで式（5.3）と式（5.4）を同時に満たすx_Aとx_Bを改めてx^*_Aとx^*_Bとしてみよう．x^*_Aとx^*_Bは，次頁の連立方程式を満たす解である．

図5.5 クールノー・ナッシュ均衡

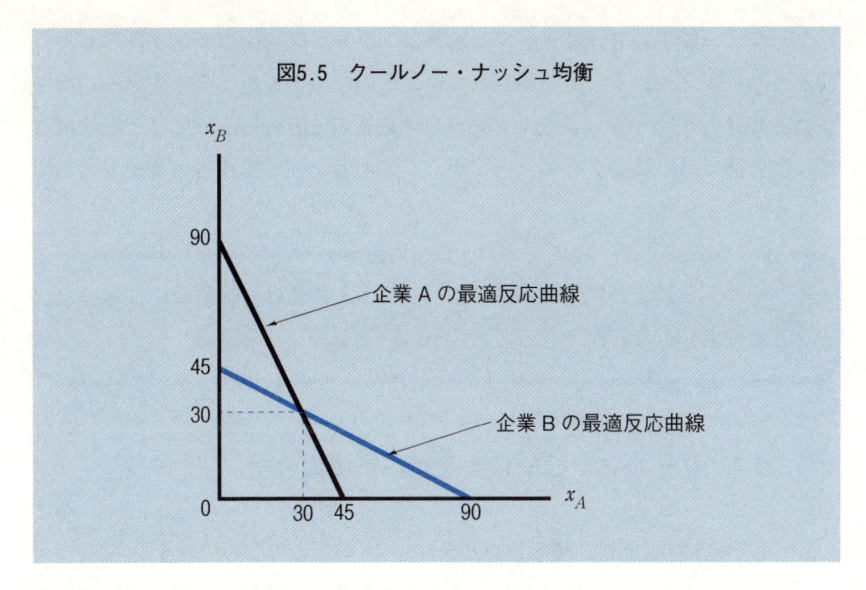

$$x_A^* = -\frac{1}{2}x_B^* + 45$$

$$x_B^* = -\frac{1}{2}x_A^* + 45$$

これを解くと，$x_A^* = 30$，$x_B^* = 30$ となる．これがナッシュ均衡であり，**モデル18**のゲームの解である．

$x_A^* = 30$，$x_B^* = 30$ の販売量の組合せがナッシュ均衡となることは，$x_A^* = 30$ のときの企業Bの最適反応が式（5.3）より30であり，$x_B^* = 30$ のときの企業Aの最適反応は式（5.4）より30であることから確かめられる．ナッシュ均衡は，あくまでも戦略の組合せで，「$x_A^* = 30$ がナッシュ均衡である」とは言わないことに注意しよう．企業Bの販売量が $x_B^* = 30$ でなければ，$x_A^* = 30$ は「最適な」販売量ではないのである．

また，これ以外の販売量の組合せはナッシュ均衡ではないことも確認しよう．例えば $x_A = 20$，$x_B = 50$ のような組合せでは，企業Bは $x_B = 35$ としたほうが利潤を高くできる．企業Bにとって $x_B = 50$ は $x_A = 20$ の最適反応戦略ではない．お互いに最適反応を選び合っているわけではないので，$x_A = 20$，$x_B = 50$ の組合せはナッシュ均衡ではない．

第5章 不完全競争市場への応用

クールノー競争におけるナッシュ均衡は，ナッシュ均衡の概念が作られる以前からクールノーによって提唱されていたものなので，単にクールノー均衡とか**クールノー・ナッシュ均衡**（Cournot-Nash equilibrium）などとも呼ばれる．次の節では，このクールノー・ナッシュ均衡を使って複占市場を分析してみよう．

> **ポイント32　クールノー・ナッシュ均衡**
>
> クールノー競争の解，クールノー・ナッシュ均衡は，最適反応曲線の交点として求めることができる．

5.4　クールノー競争による複占市場の分析

5.4.1　社会的総余剰，競争とカルテル

クールノー・ナッシュ均衡は，複占のクールノー競争において2つの企業が考え抜いた結果として行き着く先のゲームの解であり，ゲームの結果として予測される点である．ここで**モデル18**のクールノー競争の結果を詳細に検討してみよう．まずクールノー・ナッシュ均衡における価格や各企業の利潤を求めよう．財の価格（均衡価格）をp^*とすると，p^*は，

$$p^* = 120 - (x^*_A + x^*_B) = 60$$

となる．またこのときの企業Aの利潤は式（5.1）から，

$$\pi_A(x^*_A, x^*_B) = \pi_A(30, 30) = -30^2 - 30 \times 30 + 90 \times 30 = 900$$

となる．これは財（マッサージ器）の価格が60で，財1個当たりの費用（仕入れ値）が30で，それが$x^*_A = 30$販売できたので，$(60-30) \times 30 = 900$としても計算できる．同様に企業Bの利潤は式（5.2）から，$\pi_B(30, 30) = 900$である．

クールノー・ナッシュ均衡は2企業が，それぞれ最適な戦略を選んでいるので，2企業はもっとも利潤が高くなっている生産量を選んでいると考えがちである．しかしこれは正しくない．図5.2の利得行列からも分かるように，もし両企業の販売量が20であれば，両企業の利潤は共に1000となる．これは両企業

図5.6　20と30のみを戦略とした利得行列

A \ B	20	30
20	(1000, 1000)	(800, 1200)
30	(1200, 800)	(900, 900)

ともクールノー・ナッシュ均衡に比べて利潤が100高くなっている．両企業は共に生産量を30から20に減らすと，利潤を上げることができるのである．

では2企業は，なぜそうしないのであろうか．図5.2を見ると，もし企業Aが販売量を$x_A=20$としていたならば，企業Bは販売量を20として利潤を1000とするよりも，販売量を40としたほうが利潤が1200となって高くなる[2]．両企業が販売量を20とすることは，最適反応戦略ではなく，考えて行き着く予想結果＝ナッシュ均衡ではない．

これは囚人のジレンマと似た状況である．図5.6は販売量を20と30のみに限定した利得行列であるが，これを見るとクールノー・ナッシュ均衡が囚人のジレンマと近い構造を持っており，2企業にとって必ずしも良い結果ではない様子が読み取れる．

図5.6から分かるように，相手企業の販売量が20であっても30であっても，自分の販売量を20より30にしたほうが利潤が高くなる．すなわち販売量を30とすることは支配戦略である．しかし，お互いに販売量を30としたときの利潤は，販売量を20としたときよりも低い．複占市場による数量競争であるクールノー競争は，企業にとって囚人のジレンマと近い構造になっているのである．

2企業の利潤の合計がもっとも高くなる販売量は，2企業があたかも1つの企業として市場を独占していると考えることで求められる．独占市場ではモデル17で見たように，$x=45$のときに利潤が2025と最大になる．したがって，2企業が共に$x_A=x_B=22.5$の生産量を選べば，各企業は1012.5の利潤を得る．これが2企業の利潤の合計が最大になる生産量である．クールノー・ナッシュ均

---

[2] 前節の終わりに見たように，$x_A=20$に対する企業Bの最適反応戦略は正確には$x_B=35$であり，このとき$\pi_B(20, 35)=1225$で企業Bは利潤をもっとも高くできる．

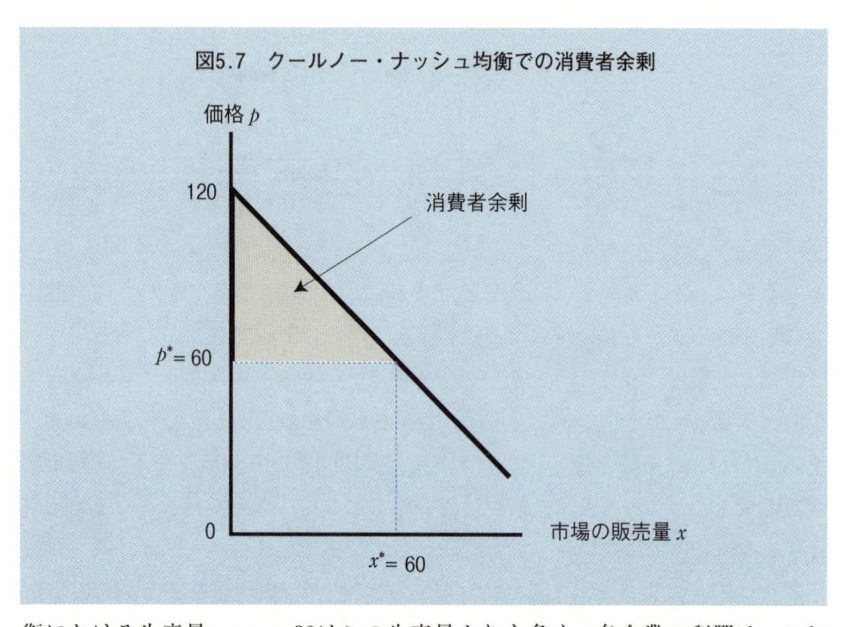

図5.7　クールノー・ナッシュ均衡での消費者余剰

衡における生産量$x_A=x_B=30$はこの生産量よりも多く，各企業の利潤は，これより112.5小さい900である．これから両企業は共に契約を結ぶなり，話し合いをして販売量を$x_A=x_B=22.5$にすることで，両企業共に利潤を上昇させることができる．しかしながら，このような行為は**カルテル**（cartel）や**談合**（collusion, cartel）と呼ばれ，法律で禁止されている．囚人のジレンマでは，お互いが協力して利得を上げることが社会的に望ましかったのであるが，今回はなぜそれがいけない行為なのであろうか．それは社会的にはゲームのプレイヤーとしての企業の利潤だけではなく，ゲームには現れない消費者の便益を考慮する必要があるからである．

　経済学では，消費者の便益を測るために**消費者余剰**（consumer surplus）という考え方を用いる．図5.7は，需要曲線，クールノー・ナッシュ均衡での均衡価格$p^*=60$，市場全体の販売量$x^*=x_A+x_B=60$をグラフで示したものである．需要曲線と縦軸，および価格を示す横線で囲まれた三角形（グレーの部分）が消費者余剰である．

　消費者余剰がなぜ消費者の便益を表すかについて図5.8を用いて簡単に説明しておこう（詳しくはミクロ経済学のテキストなどを参照していただきたい）．

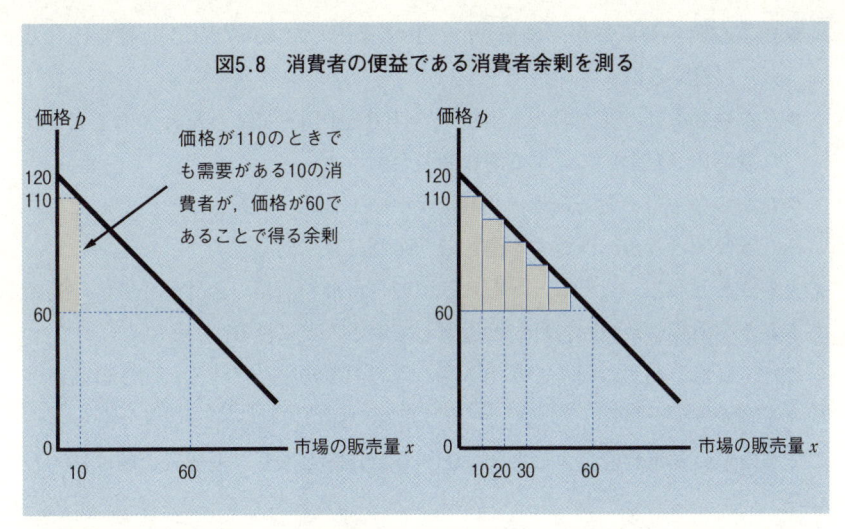

図5.8 消費者の便益である消費者余剰を測る

需要関数が $x = 120 - p$ で,均衡価格 $p^* = 60$ のとき,消費者の需要は60である.しかしこの60を購入する消費者が,「商品を買うために出してもよい」と考える金額はそれぞれ異なる.例えば,価格が $p = 110$ のとき,財の需要は10である.したがって,少なくとも60の需要の中で10の財を購入する消費者は,価格が $p = 110$ であっても商品を購入したいと考えていたことになる.この消費者が,価格が110ではなく60で商品を購入できたということは,商品1単位当たり $110 - 60 = 50$ で50だけ得をしたことになる.この得をした分が,消費者の「余剰」である.こう考えると60の消費者のうち10の財を購入する消費者の余剰を合計すると $50 \times 10 = 500$ となる.これを図に示すと図5.8の左側のグラフにおける,左の長方形(グレーの部分)の面積となる.

次に価格が $p = 100$ であるときを考えると,需要は110のときに比べて10追加されて,20となる.このとき増加した需要10を購入する消費者は100であっても商品を購入してよいと考えていた消費者で,価格が60であればその余剰は $100 - 60 = 40$ である.これらの消費者の余剰の合計は $40 \times 10 = 400$ となる.これは図5.8の右側のグラフの需要曲線の下に並んでいる5つの長方形の,左から2番目の面積に相当する.

この考え方を進めると,図5.8の需要曲線の下に並んでいる5つの長方形の面積はそれぞれ,

第5章 不完全競争市場への応用

- 一番左側の長方形が，価格が$p=110$（千円）であったときの需要10（万台）に対する消費者の余剰
- 左から2番目の長方形が，価格が$p=100$（千円）であったときに追加された需要10（万台）に対する消費者の余剰
- 左から3番目の長方形が，価格が$p=90$（千円）であったときに追加された需要10（万台）に対する消費者の余剰（以下同じ）

を表すこととなる．このことから，5つの長方形の面積の合計が「価格が60であるときの消費者余剰の合計」と近似していることになる．

これは価格を10ずつ刻んで変化させたため誤差が生じているが，この価格の刻みを細かくすれば図5.7のグレーの三角形の面積に近づくことが分かる．ここで三角形の面積を計算すると$60 \times 60 \times \frac{1}{2} = 1800$となり，消費者余剰は1800となる．

なお，ここでの余剰の考え方は，オークションのときに学んだ考え方と同じであることがわかる．

ポイント33　消費者余剰

需要曲線と縦軸，および価格を示す横線で囲まれた三角形が消費者の便益を測る消費者余剰となる．

ここで2企業の合計利潤が最大となる価格が75，市場全体の販売量が45（これは企業が独占であるときと同じ）であるときの消費者余剰を計算すると，$45 \times 45 \times \frac{1}{2} = 1012.5$となる．すなわち，企業がカルテルを組み，販売量を調整した場合や独占の場合は，複占で競争させた結果となるクールノー・ナッシュ均衡に比べて，企業の利潤は増加するが消費者の余剰は減少するのである．

消費者の余剰が減少するからといって，それは社会的に悪いこととは言えない．これはオークションのときと同じである．もし消費者と企業の余剰の合計である社会的総余剰が大きければ，たとえ消費者の余剰が減少しても，社会的総余剰が大きいほうを選び，余剰の再分配を行うほうがよいかもしれない．それでは消費者余剰と企業の利潤を合わせると，複占とカルテル（独占と同じ）では，どちらのほうが大きいのだろうか．

表5.2は独占（またはカルテル），複占（クールノー競争），および完全競争

表5.2 企業の利潤，消費者余剰と社会的総余剰

	価格	生産量	企業利潤の合計	消費者余剰	社会的総余剰
独占	75	45	2025	1012.5	3037.5
複占	60	60	1800	1800	3600
完全競争	30	90	0	4050	4050

（価格が限界費用と等しい）時の社会的総余剰を示している．消費者余剰と企業の利潤[3]を合計した値である社会的総余剰を計算すると，独占時には3037.5，複占時には3600となっている．これを見れば独占時の社会的総余剰が小さく，完全競争のときの社会的総余剰が一番大きいことが分かる．

　私たちが，市場が競争的でなければいけないことや，カルテルがよくないことを口にするときは，競争によって価格が下がり，消費者が恩恵を受けるということしか考えていないことが多い．しかし消費者の余剰が上がれば企業の利潤は下がる．**重要なことは，消費者の余剰と企業の利潤の両方を考えて，それでもなおかつ競争がよいのかどうかを検討することである**．社会的総余剰と独占，そしてクールノー競争の分析をはじめとする経済学の理論は，そのトレードオフを考慮しても，市場における競争が社会にとって良い効果を与えることを明らかにしている．また2企業が競争状態にあるときは，2企業は同時に生産量を上げれば2企業共に利益を上げることができるものの，囚人のジレンマと似た構図で，そうはしないということが分かる．

> **ポイント34　市場競争と社会的総余剰**
>
> 　市場における競争を考えるときは，消費者と企業の便益を合わせ社会的総余剰で考えることが重要である．社会的総余剰は，独占よりは複占，複占よりは完全競争のほうが大きい．

5.4.2　費用削減による効果，税金と補助金の効果

　前項ではクールノー競争を用いて，カルテルや社会的総余剰について考察し

---

[3] 一般には，社会的総余剰は消費者余剰と生産者余剰の和で定義され，生産者余剰は企業の利潤に固定費用を加えた額として算出される．今回は固定費用を0としているので，生産者余剰と企業の利潤は等しい．

たが，クールノー競争によって企業の費用削減の効果や，補助金と税金の効果についても分析することができる．以下の例を考えてみよう．

> ■ モデル19 「阿季家」の費用削減・クールノー競争の場合 ■
>
> モデル18においては，阿季家と美家のマッサージ器の仕入れ価格は共に30（千円）で対等であるとした．
>
> ここで阿季家が，同じマッサージ器を18（千円）でかなり安く購入できる仕入れルートを開拓したとしよう．これは1台につき12（千円）の費用削減である．美家はこの仕入れルートは確保できず，30（千円）でしか仕入れられないものとする．
>
> このとき阿季家と美家の販売量や利潤，そして均衡価格はどのように変わるだろうか．

両企業の仕入れ値が共に30であったときは，販売価格は60，販売量は30，各企業の利潤は900であった．単純計算では1台当たり12の費用削減であるから，企業Aの利潤は$12 \times 30 = 360$の増加になり1260になる．この単純計算が正しいかどうか，検証してみよう．

企業Aが費用を削減したときのクールノー・ナッシュ均衡を求めてみよう．企業Aの利潤を，削減された費用分を分離して計算すると以下の式になる．

$$\pi_A(x_A, x_B) = (120-x)x_A - (30-12)x_A = -x_A^2 - x_A x_B + 90x_A + 12x_A$$

すなわち販売量がx_Aであると，費用削減により利潤は以前より$12x_A$だけ増加する．この利潤π_Aをx_Aで微分し，それを0とすることで最適反応関数を求めると，

$$x_A = -\frac{1}{2}x_B + 45 + 6 \tag{5.5}$$

となる．

横軸にx_A，縦軸にx_Bをとって最適反応曲線がどのように変化するかを示した図が図5.9である．ここで黒い実線で示されている直線は，費用削減前の最適反応曲線である．費用削減により，企業Aの最適反応曲線は右に移動することになる．

図5.9 費用削減後のクールノー・ナッシュ均衡

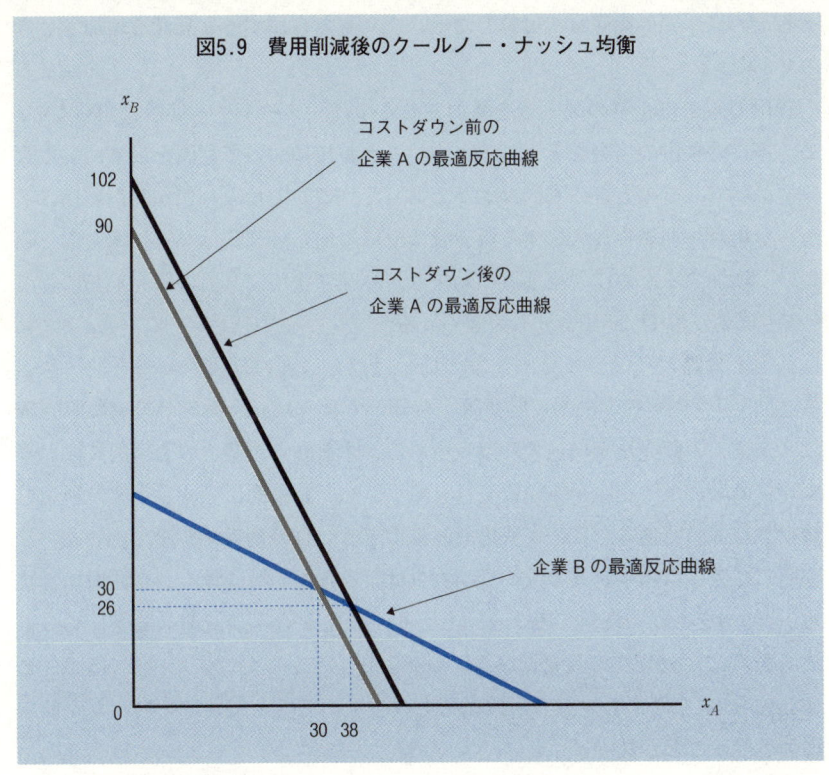

(図中ラベル: x_B, 102, 90, 30, 26, 0, 30, 38, x_A, コストダウン前の企業Aの最適反応曲線, コストダウン後の企業Aの最適反応曲線, 企業Bの最適反応曲線)

2つの最適反応の交点であるクールノー・ナッシュ均衡がどのように変化するかを考えてみよう．企業Aの費用削減後のクールノー・ナッシュ均衡の販売量をx^{**}_Aとx^{**}_Bとすると，これは以下の連立方程式を満たす解である．

$$x^{**}_A = -\frac{1}{2}x^{**}_B + 45 + 6$$

$$x^{**}_B = -\frac{1}{2}x^{**}_A + 45$$

これを解くと$x^{**}_A = 38$，$x^{**}_B = 26$で，企業Aの販売量は38，企業Bの販売量は26となる．

これにより製品の価格は56，企業Aの利潤は1444，企業Bの利潤は676となる．企業Aの利潤は，最初の単純な計算による1260よりもかなり大きく増加していることが分かる．複占競争における費用削減は，企業Aの販売量を増加さ

第5章 不完全競争市場への応用 157

せるために，元の販売量で計算したときよりもさらにずっと利潤を増加させるのである．

費用削減が自企業の販売量を増加させるのは，クールノー競争に限らない．**モデル17**の独占の場合を考えてみよう．**モデル17**において利潤を最大にする販売量は45で，そのときの利潤は2025であった．ここで仕入れ値が30から18に下がった場合，利潤を最大にする販売量は51に増加し，利潤は2601に増える．販売量が増加するために費用削減の効果は，単純に費用削減前の販売量45に費用の減少分12をかけた540よりも大きくなる．

独占とは違い，クールノー競争の場合はさらに別の効果が利潤を増加させる．図5.9の企業Bの最適反応曲線から分かるように，企業Bの最適な販売量は，企業Aの販売量が増加すれば減少する．すなわち企業Aの費用削減による販売量の増加は，相手企業の販売量を減少させ，結果的には相手企業の利潤を減少させるのである．これが費用削減による2つ目の効果である．

そしてさらに相手企業の販売量の減少は，自企業の販売量をさらに増加させる．図5.9をもう一度見てみよう．もし相手企業が費用削減前の販売量30のままであれば，企業Aの販売量は均衡の38より小さかったはず（式（5.5）より36になる）．しかし企業Bが販売量を減らすので，企業Aはさらに販売量を増加させることが最適になる．

このようにクールノー競争における費用削減は，その直接的な利益の増加だけではなく，自分の販売量を増加させ，相手の販売量を減少させる効果があり，単純な計算による費用削減の効果より高い利益をもたらすのである．

> **ポイント35　クールノー競争での費用減少効果**
>
> クールノー競争での費用の減少は，その直接的な効果だけではなく，自分の販売量を増加させ，相手の販売量を減少させることで，より高い利益をもたらす．単純に減少前の販売量に，費用削減の金額をかけて考えてはいけない．

ここでは，企業A自身の努力による費用の減少を考えた．しかし，クールノー競争における費用の変化は税金や補助金によっても生じる．したがって，同様の分析方法を用いることで，税金や補助金の効果についても調べることが

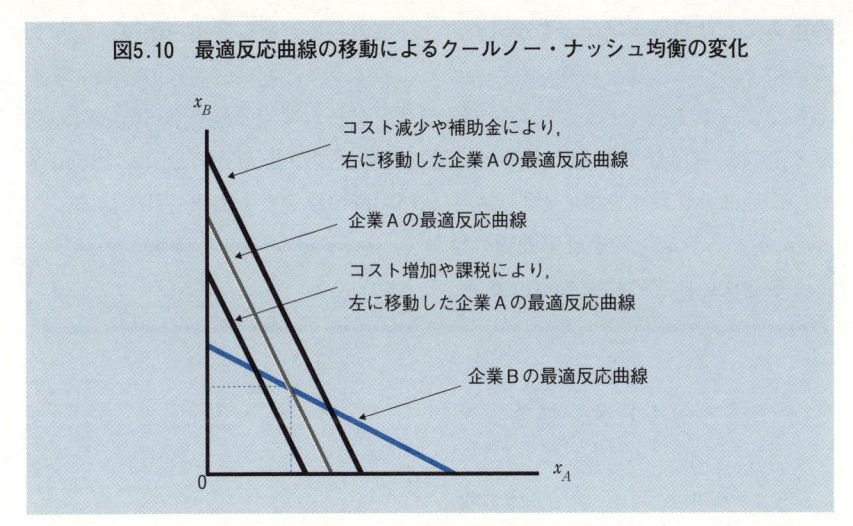

図5.10　最適反応曲線の移動によるクールノー・ナッシュ均衡の変化

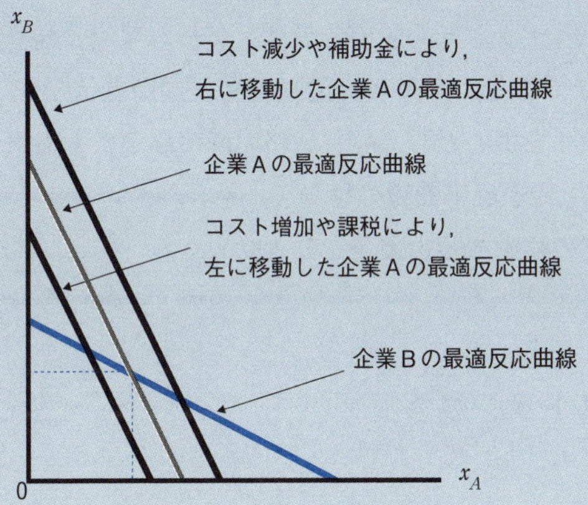

できる．例えば，企業Aと企業Bが対等な立場で競争していた**モデル18**において企業AがI市の企業で企業Bが別の市の企業であった場合に，I市が地域振興のために企業Aだけに補助金を出したとしよう．ここで企業Aが商品を１台販売するたびに12（千円）の補助金を出したとすれば，それは**モデル19**と同じ状況である．クールノー競争における補助金の効果は，ライバル企業の販売量を減少させ，補助金を出した企業には現状の販売量に補助金をかけた金額以上の効果をもたらす．

逆に，企業Aはマッサージ器を中国から輸入し，企業Bは（同じ費用で）マッサージ器を国内で生産している状況を想定しよう．そしてこのとき企業Aには，販売量に応じて輸入関税がかけられたとしよう．この場合は，企業Aに対する関税の影響は，現在の販売量で考えたよりも大きなものとなる．

図5.10は，補助金や費用削減，および課税による最適反応曲線の移動と，それによるクールノー・ナッシュ均衡の変化を示している．補助金や費用の減少は最適反応曲線を右に移動させる．その結果，クールノー・ナッシュ均衡点は右下に移動し，企業Aの販売量を増加させ，企業Bの販売量を減少させる．反対に，課税や費用の増加は最適反応曲線を左にシフトさせ，クールノー・ナッシュ均衡点は左上に移動して，企業Aの販売量は減少し，企業Bは増加する．

すべての企業を同質と考えたゲーム理論以前の経済学では，このように一部

の企業にだけ関税や補助金をかけたり，一部の企業だけが費用を削減したりする効果を調べる理論が存在しなかった．このような最適反応曲線の移動を基本としたクールノー・ナッシュ均衡の分析は，ゲーム理論の経済学への応用の花形とも言える部分であり，産業組織論や貿易，国際経済学などに広く応用され，最近は投資戦略を中心とした経営戦略の理論などにも応用されている．

> **ポイント36　最適反応曲線の移動**
> 最適反応曲線の移動で複占競争を分析せよ．

5.5　ベルトラン競争

5.5.1　ベルトラン・ナッシュ均衡

5.3のクールノー競争は，複占企業が販売量を決定する数量競争であった．しかし現実の企業は，数量競争より価格競争を行っているというイメージが強い．そこで，ここでは価格競争であるベルトラン競争に焦点を当てる．先に述べたように，複占競争を考える場合は競争となっている財が同質財か異質財かを考えなければならない．同質財では，2企業が異なる価格をつけると，すべての消費者は安い価格をつけた企業からすべての財を購入すると考える．この結果，安い価格をつけた企業がすべての需要を総取りし，高い価格をつけた企業の利潤は0になる．各企業は相手より少しでも安い価格をつけようとするため，自分が安くできる限界の価格まで値を下げるであろう．結果として**同質財の価格競争では，両企業が限界費用まで価格を下げる**．同質財のベルトラン競争では，価格と限界費用が等しくなり利潤は0となり，完全競争市場の状態と一致する．

2企業が財につける価格は同じにならなければならず，安い価格をつけた企業がすべての需要をとり，高いほうの価格をつけた企業は全く売れないという仮定は理論的には正しいかもしれないが，私たちには違和感を感じさせる．それは，現実の市場には完全なる同質財はほとんどないからであろう．2企業が全く同じ財を販売しているように思えても，異なる価格がついていることが多くある．理論的には同質財に近いガソリンの場合でも，向かい合うガソリンス

タンドでさえ異なる価格がついていることがある．実際には，我々は販売地域や小売店のサービスも含めて財とみなしているので，売られている財がほとんど同質の財であっても，異なる財と考えられて異なる価格がついていることが多い．

このように考えれば，多くの複占競争は異質財や製品差別化市場での競争であると考えられるだろう．そこで以下では，モデル18で考えた阿季家と美家の複占競争の続きとして，異質財のベルトラン競争をモデル20のような例を挙げて考えることにする．

モデル20　輸入販売店「阿季家」の複占競争PART2

阿季家と美家は好評の「三千年マッサージ器」に続き，次なるマッサージ器の販売を始めた．阿季家は「もみっこ機能つきマッサージ器」を売ることにし，美家は「ツボ押し機能つきマッサージ器」を売ることとした．マッサージ器の1台当たりの仕入れ価格は，今度も2店とも30（千円）であるとする．

そして今度は2つの店は販売量ではなく，価格を決定するものとする．阿季家と美家がつけた販売価格は，それぞれ自分と相手の需要に影響を与える．ここで阿季家の価格をp_A（千円），美家の価格をp_B（千円）とするとき，阿季家の商品の需要x_A（台）と美家の商品の需要x_B（台）はそれぞれ，

$$x_A = 120 - p_A + p_B$$
$$x_B = 120 - p_B + p_A$$

であるとする．利潤を最大にするために，両店舗は価格をいくらに設定すればよいのであろうか．

分析に入る前に，与えられた需要関数について詳しく見てみよう．企業Aの商品の需要x_Aは，自分の価格p_Aが1上昇すると1減少し，相手の価格p_Bが1上昇すると1増加する．前節では販売量x_Aやx_Bが，各企業の戦略（決定変数）であったのに対して，今回はp_Aとp_Bが戦略であり，x_Aやx_Bはそれに応じて決まるものであることに注意しよう．

図5.11 $p_B=30$と$p_B=60$における企業Aの需要関数

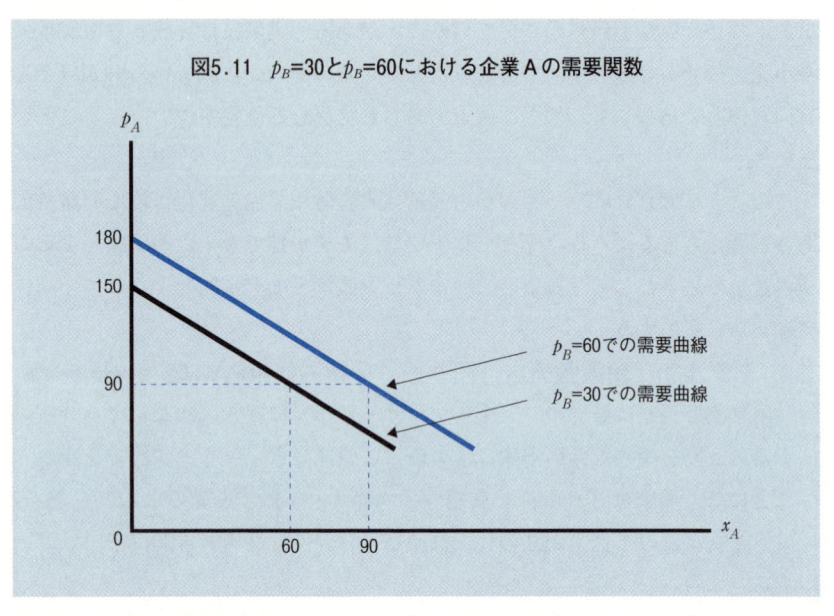

　図5.11は$p_B=30$と$p_B=60$における企業Aの需要関数をグラフに表したものである．企業Aの需要は，企業Aの価格が決まると需要曲線に沿って決まり，企業Bの価格に対しては需要曲線がシフトすると考えればよい．企業Aの需要曲線は，企業Bの商品の価格が上がると右に移動し，下がると左に移動する．例えば，企業Aの商品価格を$p_A=90$とすれば，$p_B=30$のときの需要は$x_A=60$，$p_B=60$のときは$x_A=90$である．

　ベルトラン競争の分析もクールノー競争とほとんど同じ手順で進めることができる．まず企業Aの利潤を$\pi_A(p_A, p_B)$，企業Bの利潤を$\pi_B(p_A, p_B)$とp_A, p_Bの関数で表すことにしよう．利潤はそれぞれ，

$$\pi_A(p_A, p_B) = p_A x_A - 30 x_A = p_A(120 - p_A + p_B) - 30(120 - p_A + p_B)$$
$$= -p_A^2 + 150 p_A + p_A p_B - 30 p_B - 3600$$

$$\pi_B(p_A, p_B) = p_B x_B - 30 x_B = p_B(120 - p_B + p_A) - 30(120 - p_B + p_A)$$
$$= -p_B^2 + 150 p_B + p_A p_B - 30 p_A - 3600$$

と表される．

まず，企業Aの立場で考える．企業Bの戦略p_Bが与えられたときの，企業Aの最適反応戦略を求める．π_Aをpで微分すると，

$$(-p_B^2 + 150p_B + p_A p_B - 30p_A - 3600)' = -2p_A + 150 + p_B$$

となる．これが0となるようなp_Aを解くと，

$$p_A = \frac{1}{2}p_B + 75 \tag{5.6}$$

となる．

同様に（企業Bの立場で），企業Aの戦略p_Aが与えられたときの，企業Bの最適反応戦略を求めると，

$$p_B = \frac{1}{2}p_A + 75 \tag{5.7}$$

となる．

ここで横軸にp_A，縦軸にp_Bをとって，企業Aの最適反応戦略式（5.6）と企業Bの最適反応戦略式（5.7）を描くと図5.12となる．

クールノー競争の場合は，企業Aの最適反応関数は右下がりになるのに対して，ベルトラン競争の最適反応関数は右上がりになることを覚えておこう．2つの最適反応の交点をp_A^*とp_B^*とすると式（5.6）と式（5.7）から，

$$p_A^* = \frac{1}{2}p_B^* + 75$$

$$p_B^* = \frac{1}{2}p_A^* + 75$$

となる．これを解くと$p_A^* = 150$，$p_B^* = 150$となり，これがベルトラン競争のナッシュ均衡となる．クールノー・ナッシュ均衡と同じ理由から，ナッシュ均衡よりも先にこの問題を解析していたベルトランの名前をとり，**ベルトラン・ナッシュ均衡**（Bertrand-Nash equilibrium），また単にベルトラン均衡と呼ばれる．

ベルトラン・ナッシュ均衡における両店の販売量は$x_A^* = x_B^* = 120$となり，利潤は両企業共に$\pi_A(150, 150) = \pi_B(150, 150) = 14400$となる．次項では，クールノー・ナッシュ均衡と同様にベルトラン・ナッシュ均衡を用いて，価格

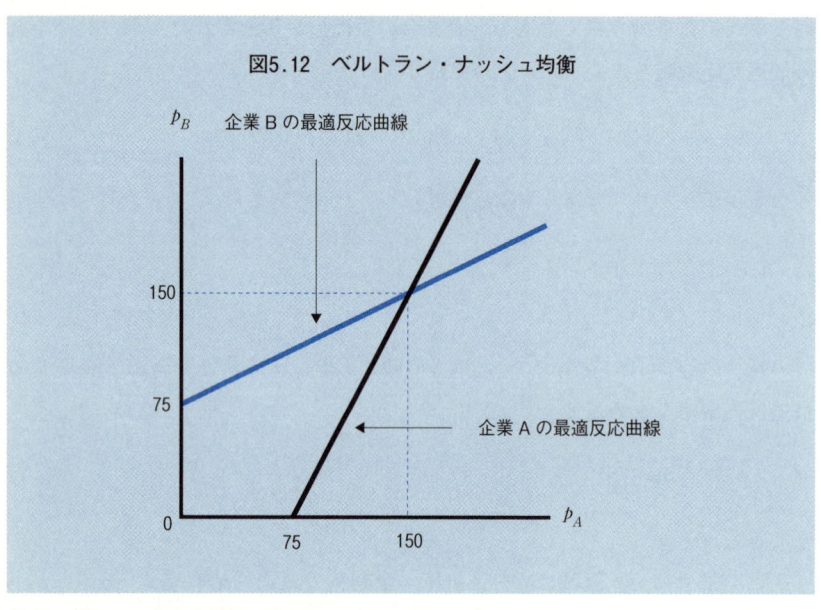

図5.12 ベルトラン・ナッシュ均衡

競争における費用削減の効果を分析してみよう．

5.5.2 費用削減による効果，戦略的代替と戦略的補完

> **モデル21 「阿季家」の費用削減・ベルトラン競争の場合**
>
> ここでは，クールノー・ナッシュ均衡の**モデル19**と同様に，阿季家が1台につき12（千円）の費用削減に成功し，同じマッサージ器を18（千円）で購入できる仕入れルートを開拓したとしよう．美家はこの仕入れルートは確保できず，30（千円）でしか仕入れられないものとする．
>
> 現在の販売量が $x_A = 120$ であることから，単純な計算では，$12 \times 120 = 1440$ の利潤の増加となるが，クールノー競争の場合は，それよりも大きな利潤の増加になった．ベルトラン競争ではどうなるだろうか．

企業Aが費用を削減したときの利潤を，費用削減の部分を分離して計算すると，以下の式になる．

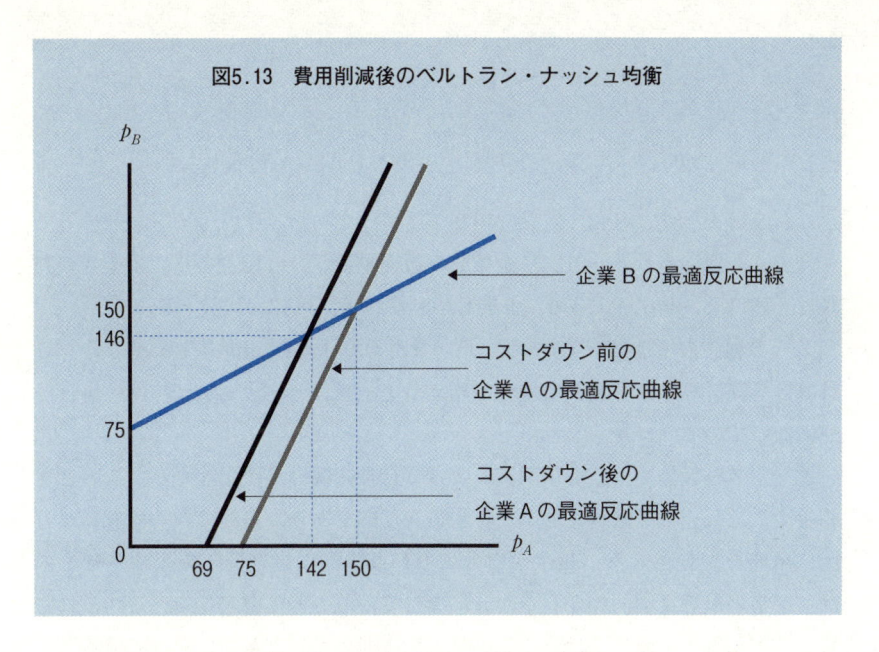

図5.13 費用削減後のベルトラン・ナッシュ均衡

$$\pi_A(p_A, p_B) = p_A x_A - (30-12)x_A$$
$$= p_A(120 - p_A + p_B) - (30-12)(120 - p_A + p_B)$$
$$= -p_A^2 + (150-12)p_A + p_A p_B - (30-12)p_B - (3600-1440)$$

π_Aをp_Aで微分し,それを0となるようなp_A(最適反応関数)を求めると,

$$p_A = \frac{1}{2}p_B + 75 - 6 \tag{5.8}$$

となる.式(5.6)と比べると,費用削減前より価格を6安くすることが,企業Aの最適反応になることが分かる.

　横軸にp_A,縦軸にp_Bをとり,最適反応曲線の変化を示した図が図5.13である.グレーの実線は,費用削減前の最適反応曲線である.費用削減により企業Aの最適反応曲線は左に移動し,この結果ベルトラン・ナッシュ均衡は左下に移動する.

　企業Aと企業Bの費用削減後のベルトラン・ナッシュ均衡の販売量をp^{**}_Aとp^{**}_Bとすると,これは式(5.8)と式(5.7)から,以下の連立方程式を満たす解となる.

$$p^{**}_A = \frac{1}{2}p^{**}_B + 75 - 6$$

$$p^{**}_B = \frac{1}{2}p^{**}_A + 75$$

これを解くと $p^{**}_A = 142$, $p^{**}_B = 146$ となる.

企業Aの販売量は $x^{**}_A = 124$, 企業Bの販売量は $x^{**}_A = 116$ となり, 企業Aの利潤は $\pi_A(142, 146) = 15376$, 企業Bの利潤は $\pi_B(142, 146) = 13456$ となる. 企業Aの利潤の増加は976であり, 単純な計算による1440より少なくなる. これは, 単純計算よりも利潤の増分が増えるクールノー・ナッシュ均衡の場合と逆になっている.

クールノー競争では, 費用削減によって自社の販売量が増加する. このとき相手企業は販売量を減少させることが最適反応であり, 自社にさらに有利な方向に戦略を変化させる. 相手が自分に有利な方向に最適反応を変化させるのは, 企業の最適反応曲線が右下がりになっていることに由来している. これに対し, ベルトラン競争では, 企業の最適反応曲線が右上がりになっている. したがって, 費用削減によって自社の価格を下げると, 相手企業も自社と同じように価格を下げることが最適反応であり, 自社に不利な方向に戦略が変化する. このため, ベルトラン競争では, 自社の費用削減は単純な計算よりも効果を小さくしてしまうのである.

―― ポイント37　ベルトラン競争の費用減少の効果 ――
ベルトラン競争での費用の減少は, 自分の価格を下げるだけでなく相手の価格も下げるため, 効果は小さくなる.

クールノー競争では, 自社が戦略を増加（減少）させた場合, 相手の最適反応は自社の変化と逆の方向に戦略を減少（増加）させることである. このような競争の性質は, **戦略的代替**（strategic substitute）の性質があると言われる. 一方で, ベルトラン競争では自社が戦略を増加（減少）させると相手の最適反応も自社の変化と同じ方向に戦略を増加（減少）させることになる. このような競争の性質は, **戦略的補完**（strategic complement）の性質があると言われる.

投資による費用の削減や補助金の効果は，戦略的代替の場合は競争の効果により単純な計算よりも強く表れ，戦略的補完の場合は単純な計算よりも効果が弱まる．このような競争効果の分析は，経営戦略論や貿易論の基礎理論として広く用いられている．

> **ポイント38　戦略的代替と戦略的補完**
>
> 戦略的代替か戦略的補完かを考えて，経営戦略・投資戦略や補助金・関税などの効果を考察することが重要である．

5.6 シュタッケルベルグ競争

クールノー競争やベルトラン競争では，2企業が同時に意思決定を行った．それでは2企業が交互に意思決定を行う場合，すなわち「先手」と「後手」に分かれて意思決定を行う場合は，どのようになるのであろうか．

ここでは，その中でももっとも基本的な同質財の数量競争を，「先手」と「後手」に分かれて交互に意思決定するシュタッケルベルグ競争について考察する．以下のような設定を考えてみよう．

> **モデル22　輸入販売店「阿季家」の複占競争PART3**
>
> 阿季家と美家が全く同じ（同質財）マッサージ器を売る複占競争において，今度は先に阿季家が販売量を決定し，それを見て美家が最適な販売量を決定するような複占競争を考えよう．
>
> **モデル18**と同じように，2つの店の販売量の合計を x（台）としたときのマッサージ器の販売価格 p は，$p = 120 - x$（千円）であるとし，マッサージ器の1台当たりの仕入れ価格は両店とも30（千円）であるとする．

シュタッケルベルグ競争においては，先に戦略を決定するプレイヤーを**先手**（leader）と呼び，後から戦略を決定するプレイヤーを**後手**（follower）と呼ぶ．モデル22では，企業Aが先手であり，企業Bが後手である．

市場全体の販売量を x とすれば，$x = x_A + x_B$ となり，企業Aの利潤を $\pi_A(x_A, x_B)$，企業Bの利潤を $\pi_B(x_A, x_B)$ で表せば，利潤の式はクールノー競争と全

第5章　不完全競争市場への応用　167

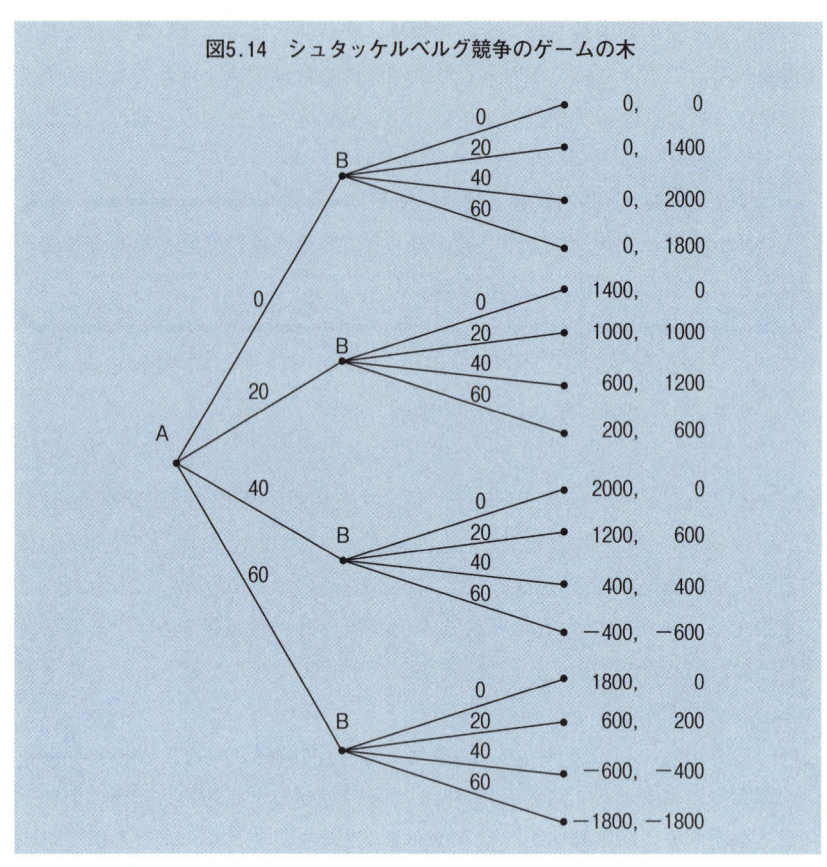

図5.14 シュタッケルベルグ競争のゲームの木

```
                  ┌─ 0  ─── 0,     0
          B ──────┼─ 20 ─── 0,  1400
       0 /        ├─ 40 ─── 0,  2000
        /         └─ 60 ─── 0,  1800
       /
       /          ┌─ 0  ─── 1400,    0
   20 / B ────────┼─ 20 ─── 1000, 1000
     /            ├─ 40 ─── 600,  1200
    A             └─ 60 ─── 200,   600
     \
   40 \           ┌─ 0  ─── 2000,    0
       \ B ───────┼─ 20 ─── 1200,  600
       \          ├─ 40 ─── 400,   400
    60  \         └─ 60 ─── -400, -600
         \
          B ──────┌─ 0  ─── 1800,    0
                  ├─ 20 ─── 600,   200
                  ├─ 40 ─── -600, -400
                  └─ 60 ─── -1800,-1800
```

く同じ式（(5.1)，(5.2)）となる．クールノー競争が戦略形ゲームに相当するのに対して，シュタッケルベルグ競争は展開形ゲームに相当する．クールノー競争と同じように販売量を20単位刻みで$x=0$から60までとして考えてみたい．このような限定された販売量の設定では，図5.14のようなゲームの木によってゲームを表現することができる．

このゲームをバックワードインダクションで解くと，企業Aは40を販売し企業Bは20を販売するという結果になる．しかし既に見たように，これは販売量を20単位刻みに制限しているので，正確な均衡ではないかもしれない．販売量を連続的な値として，均衡を求めるにはどうすればよいか考えてみよう．

ここで，先手と後手の2人の交互ゲームのバックワードインダクションの解

き方を再度,復習してみると,

Step.1 まず先手のすべての戦略について,後手がどのような最適戦略をとるかをまず考える.図5.14で考えると,$x_A=0$であれば,後手の最適戦略は$x_B=40$,$x_A=20$であっても後手の最適戦略は$x_B=40$,$x_A=40$のときは後手の最適戦略は$x_B=20$であった.これは戦略が20刻みで限定されているものなので,すべてのx_Aの値に対して,後手が利潤を最大にする戦略を求めることが必要である.

Step.2 Step.1で求められた戦略を後手が選ぶことを前提に,先手は各戦略x_Aを選んだときの自分の利潤を計算する.

Step.3 Step.2において,先手の利潤を最大にする戦略を求める.

これを連続値に置き換えて考える.まずStep.1の部分は,すべての値x_Aに対して,企業Bが利潤を最大にする販売量を求めればよい.これは$\pi_B(x_A, x_B)$をx_Bで微分して0とすることで求めることができ,それは企業Bの最適反応戦略として既に式(5.3)として以下のように求められていた.すなわち,

$$x_B = -\frac{1}{2}x_A + 45$$

である.図5.14と異なりすべての値をとることを許せば,$x_A=0$であれば,後手の最適戦略は$x_B=45$,$x_A=20$では後手の最適戦略は$x_B=35$となることが分かる.

次にStep.2の部分に移ろう.先手企業Aがx_Aを決定すると,後手は常に上の式(5.3)に従って販売量を選択すると考えれば,先手企業Aがx_Aを決定したときの先手企業Aの利潤は,

$$\pi_A(x_A, x_B) = -x_A^2 - x_A x_B + 90x_A = -x_A^2 - x_A\left(-\frac{1}{2}x_A + 45\right) + 90x_A$$

$$= -\frac{1}{2}x_A^2 + 45x_A$$

となる.企業Aは自分が販売量を決めれば(企業Bの販売量は決まるので)利潤は決まる.つまり,利潤はx_Aだけの関数となるのである.これを改めて$\hat{\pi}(x_A)$と置こう.すなわち,

$$\hat{\pi}(x_A) = -\frac{1}{2}x_A^2 + 45x_A$$

である．

企業Aが自分の利潤を最大にするStep.3は，$\hat{\pi}(x_A)$ を最大にすることに相当する．$\hat{\pi}(x_A)$ を最大にするx_Aは，2次関数の最大化問題として完全平方を使うか，$\hat{\pi}(x_A)$ をx_Aで微分して0とすることで求められる．$\hat{\pi}(x_A)$ をx_Aで微分すると，

$$\hat{\pi}' = -x_A + 45$$

である．求めるシュタッケルベルグ均衡の販売量をx^*_A，x^*_Bとすれば，x^*_Aは$-x^*_A + 45 = 0$を満たす．したがって$x^*_A = 45$となる．均衡における企業Bの販売量は式 (5.3) から，

$$x^*_B = -\frac{1}{2}x^*_A + 45 = 22.5$$

となる．企業Aの利潤は$\pi_A(45, 22.5) = 1012.5$，企業Bの利潤は$\pi_B(45, 22.5) = 506.5$である．今回の場合は先手のほうが断然有利であることが分かる．

シュタッケルベルグ競争の先手は，クールノー競争よりも高い利潤を得ることは明らかである．なぜならば，シュタッケルベルグ競争では先手がクールノー競争の販売量$x_A = 30$を選べば，後手はその最適反応戦略としてクールノー競争の販売量$x_B = 30$を選び，先手はクールノー競争の利潤$\pi_A(30, 30) = 900$を獲得できる．先手は，このようなx_Aも候補にしてもっとも利潤が高くなる販売量を選び，その最適な販売量が$x^*_A = 45$であったのであるから，先手は必ずクールノー競争よりも高い利潤となるはずである．

したがってプレイヤーは数量競争であれば，同時に意思決定するよりも「先手」と「後手」に分かれて交互に意思決定するシュタッケルベルグ競争の先手になろうとするだろう．現実には，意思決定を早めるためにはそれだけ費用が生じ，またここでは考慮しなかった需要や費用などの様々な不確実性の存在が，意思決定を早めることのメリットを減少させるだろう．どのような要因によって意思決定の順序が決まるかについては，産業組織論などで大変多く研究

されている.

演習問題

演習5.1 2つの企業（企業1と企業2）が同質な財を供給するクールノー競争を考える．この財の逆需要関数が，$p = 120 - 2x$で与えられるものとする（xは生産量で，pは価格を表す）．また2つの企業共に，財をxだけ生産するための費用Cは，$C = 24x$で与えられるものとする．次の問いに答えなさい．

- 問1　企業1の生産量をx_1，企業2の生産量をx_2とするとき，企業1の利潤π_1をx_1とx_2の式で求めなさい．
- 問2　企業1の利潤を最大にする生産量をx_1としたときに，x_1をx_2の式で表しなさい．
- 問3　企業2の利潤を最大にする生産量をx_2としたときに，x_2をx_1の式で表しなさい．
- 問4　両企業の最適反応曲線を，横軸をx_1，縦軸をx_2として書きなさい．
- 問5　このときのクールノー均衡を求めなさい．具体的には両企業の生産量をx^*_1, x^*_2として求め，そのときの均衡価格p^*を求めなさい．
- 問6　クールノー競争における各企業の利潤を求めなさい．
- 問7　このクールノー競争における消費者余剰と，社会的総余剰を求めなさい．

演習5.2 上記の演習5.1の企業1と企業2のクールノー競争において，技術革新によって企業1の限界費用が24から12に低下し，$C = 12x$になったとする．企業2の限界費用は同じであるとする．各企業の利潤や生産量はどうなるだろうか．

- 問1　企業1の利潤を最大にする生産量をx_1としたときに，x_1をx_2の式で表しなさい．また先ほどの最適反応曲線の図に企業1の新しい最適反応曲線を書き入れなさい．
- 問2　クールノー均衡を求めなさい．具体的には両企業の生産量をx^{**}_1, x^{**}_2として求め，そのときの均衡価格p^{**}を求めなさい．
- 問3　各企業の利潤π^{**}_1, π^{**}_2を求めなさい．企業1の利潤が，上記の問題の

π^*_1 に比べてどれだけ増加したか示しなさい.

演習5.3（クールノー均衡(3)） 2つの企業（企業1と企業2）が同質な財を供給するクールノー競争を考える.この財の逆需要関数が $p = a - bx$ で与えられるものとする（x は生産量で,p は価格を表す）.また2つの企業共に,財を x だけ生産するための費用は,cx で与えられるものとする.次の問いに答えなさい.

問1 企業1の生産量を x_1,企業2の生産量を x_2 とするとき,企業1の利潤 π_1 を x_1 と x_2 の式で求めなさい.

問2 企業1の利潤を最大にする生産量を x_1 としたときに,x_1 を x_2 の式で表しなさい.

問3 企業2の利潤を最大にする生産量を x_2 としたときに,x_2 を x_1 の式で表しなさい.

問4 このときのクールノー均衡を求めなさい.具体的には両企業の生産量を x^*_1, x^*_2 として求め,そのときの均衡価格 p^* を求めなさい.

問5 クールノー競争における各企業の利潤を求めなさい.

問6 このクールノー競争における消費者余剰と,社会的総余剰を求めなさい.

問7 この2企業がカルテルを組み,2企業の利潤の合計を最大にしたときの両企業の生産量の合計を x_m とし,x_m を求めなさい.またこのときの財の価格を p_m とし,p_m を求めなさい.

問8 このときの消費者余剰と,社会的総余剰を求めなさい.

問9 カルテルによってクールノー競争より,どのくらい社会的総余剰が減少したか求めなさい.

演習5.4 2つの企業（企業1と企業2）が差別化された製品を供給している差別化寡占の問題を考えよう.財の需要関数は,企業 i の価格を p_i,需要量を q_i とすると,

$$q_1 = 12 - p_1 + p_2$$
$$q_2 = 12 - p_2 + p_1$$

で与えられるものとする.また,企業が財を q だけ生産するための費用は,企業1が $12q$,企業2が $18q$ であるとする.次の問いに答えなさい.

問1 企業1の価格をp_1，企業2の価格をp_2とするとき，企業1の利潤π_1を求めなさい．

問2 企業1の利潤を最大にする価格をp_1としたときに，p_1をp_2の式で表しなさい．

問3 企業2の利潤を最大にする価格をp_2としたときに，p_2をp_1の式で表しなさい．

問4 両企業の最適反応曲線を，横軸をp_1，縦軸をp_2として書きなさい．

問5 このときの両企業のナッシュ均衡（ベルトラン・ナッシュ均衡）価格p_1^*，p_2^*を求めなさい．

問6 ナッシュ均衡における各企業の利潤π_1^*，π_2^*を求めなさい．

演習5.5 2つの企業（企業1と企業2）が同質な財を供給する複占競争を考え，企業1が先手として生産量x_1を決め，次にそれを見て企業2が生産量x_2を決めるものとする．財の逆需要関数は$p = 120 - 2x$で与えられ（xは市場全体の生産量で，pは価格を表す），各企業が財をx生産する費用Cは，$C = 12x$で与えられるものとする．次の問いに答えなさい．

問1 このとき均衡（シュタッケルベルグ均衡）の生産量を，企業1と企業2でそれぞれ求めなさい．

問2 均衡（シュタッケルベルグ均衡）における財の価格と両企業の利潤も求めなさい．

問3 両企業が同時に生産量を決めたとき（クールノー均衡）における，各企業の生産量・財の価格・利潤を求めなさい．

問4 シュタッケルベルグ均衡の先手・後手の利潤はクールノー競争のそれに比べて，大きいか小さいか求めなさい．

演習5.6 同質財のシュタッケルベルグ競争における均衡価格や生産量を一般的に導いてみよう．ここで企業1が先手で財の生産量x_1を決定し，これを観察した後，企業2が財の生産量x_2を決定するとする．財の逆需要関数は$p = a - b(x_1 + x_2)$（$a \geq 0$, $b \geq 0$）（pは財の価格を表す）とする．企業1，企業2が財をx生産する費用はそれぞれx_1，x_2で与えられるものとし，企業1，企業2の利潤はx_1とx_2の関数$\pi_1(x_1, x_2)$，$\pi_2(x_1, x_2)$で与えられるものとする．次の問いに答えなさい．

問1 企業1の生産量x_1が決定された下での企業2の最適反応戦略をx^*_2とする．x^*_2をx_1の式として求めなさい．

問2 企業1の生産量x_1が決定すると，企業2がその最適反応戦略x^*_2を選ぶと想定したときの企業1の利潤$\hat{\pi}(x_1)$をx_1の式として求めなさい．

問3 企業1が問2で求めた利潤を最大化するとして，企業1の最適生産量x^*_1を求めなさい．またx^*_2も求めよ．

問4 これで企業1と企業2のシュタッケルベルグ均衡における生産量x^*_1，x^*_2を求めることができた．これよりシュタッケルベルグ均衡における財の価格p^*，企業1と企業2の利潤，消費者余剰，社会的総余剰を求めなさい．

問5 演習5.5の答えが上記で求めた答えと一致することを確かめよ．

解答

演習5.1 問1 $\pi_1 = -2x_1^2 - 2x_1x_2 + 96x_1$　問2 $x_1 = -\frac{1}{2}x_2 + 24$　問3 $x_2 = -\frac{1}{2}x_1 + 24$　問4 略　問5 $x^*_1 = x^*_2 = 16$, $p^* = 56$　問6 各企業の利潤は$\pi^*_1 = \pi^*_2 = 512$　問7 消費者余剰1024，社会的総余剰2048

演習5.2 問1 $x_1 = -\frac{1}{2}x_2 + 27$　問2 $x^{**}_1 = 20$, $x^{**}_2 = 14$, $p^* = 52$　問3 各企業の利潤は$\pi^{**}_1 = 800$, $\pi^{**}_2 = 392$　企業1の利潤は288増加した．

演習5.3 問1 $\pi_1 = -bx_1^2 - bx_1x_2 + (a-c)x_1$　問2 $x_1 = -\frac{1}{2}x_2 + \frac{a-c}{2b}$　問3 $x_2 = -\frac{1}{2}x_1 + \frac{a-c}{2b}$　問4 $x^*_1 = x^*_2 = \frac{a-c}{3b}$, $p^* = \frac{a+2c}{3}$　問5 $\pi^*_1 = \pi^*_2 = \frac{(a-c)^2}{9b}$　問6 消費者余剰$\frac{2(a-c)^2}{9b}$，社会的総余剰$\frac{4(a-c)^2}{9b}$　問7 $x_m = \frac{a-c}{2b}$, $p_m = \frac{a+c}{2}$　問8 消費者余剰$\frac{(a-c)^2}{8b}$，社会的総余剰$\frac{3(a-c)^2}{8b}$　問9 余剰の損失は$\frac{5(a-c)^2}{72b}$

演習5.4 問1 $\pi_1 = -p_1^2 + 24p_1 + p_1p_2 - 12p_2 - 144$　問2 $p_1 = \frac{1}{2}p_2 + 12$　問3 $p_2 = \frac{1}{2}p_1 + 15$　問4 略　問5 $p^*_1 = 26$, $p^*_2 = 28$　問6 各企業の利潤は$\pi^*_1 = 196$, $\pi^*_2 = 100$

演習5.5 問1 企業1の生産量27，企業2の生産量$\frac{27}{2}$　問2 財の価格39，企業1の利潤729，企業2の生産量$\frac{729}{2}$　問3 生産量18，価格48，利潤648　問4 シュタッケルベルグ均衡の先手の利潤はクールノー均衡よりも大きく，後手の利潤

はクールノー均衡よりも小さい.

演習5.6 問1 $x^*_2 = -\frac{1}{2}x_1 + \frac{a-c}{2b}$　　問2 $\hat{\pi}(x_1) = -\frac{b}{2}x_1^2 + \frac{a-c}{2}x_1$　　問3 $x^*_1 = \frac{a-c}{2b}$, $x^*_2 = \frac{a-c}{4b}$　　問4 財の価格 $p^* = \frac{a+3c}{4}$，企業1の利潤 $\pi^*_1 = \frac{(a-c)^2}{8b}$，企業2の利潤 $\pi^*_2 = \frac{(a-c)^2}{16b}$，消費者余剰 $\frac{9(a-c)^2}{32b}$，社会的総余剰 $\frac{15(a-c)^2}{32b}$　　問5 略

第6章

混合戦略

　第2章で戦略形ゲームについて学び，そのゲームの解はナッシュ均衡であることを学んだが，このとき図6.1のようにナッシュ均衡が存在しないゲームがあった．このようなゲームの解をどのように考えるかこそが，ゲーム理論のもともとの目的であったと言っても過言ではない．この章では，このようなゲームの解を考えるために混合戦略と呼ばれる戦略の概念を導入し，その戦略におけるナッシュ均衡について考察する．

6.1　混合戦略とナッシュ均衡

6.1.1　ナッシュ均衡のないゲーム？

　私たちは第2章で戦略形ゲームについて学び，そのゲームの解はナッシュ均衡であることを学んだ．このときモデル1のI市コンビニ戦争PART1やモデル6の囚人のジレンマ，モデル2のI市コンビニ戦争PART2や，モデル8の合理的な豚などにはナッシュ均衡が1つだけ存在し，モデル3のI市コンビニ戦争PART3にはナッシュ均衡が2つ存在した．
　ここでは，モデル4の精巧堂vs便乗工房のナッシュ均衡について，再び考えてみよう（図6.1に再掲）．
　図2.16で見たように，精巧堂vs便乗工房のゲームにはナッシュ均衡がないように見える．どの戦略の組が与えられても，どちらかのプレイヤーは他の戦略に変えたほうが利得が高くなり，最適な戦略を選択し合う組合せはないからである．

図6.1　再掲：精巧堂vs便乗工房の利得行列

精巧堂＼便乗工房	人形A	人形B
人形A	(120, 120)	(216, 24)
人形B	(192, 48)	(96, 96)

　ゲーム理論の創始者であるフォン・ノイマンとモルゲンシュテルンが，そしてナッシュが真に興味を持ったことは，「このような一見するとナッシュ均衡が存在しないようなゲームの解はどうなるか」という問題である．

　このような見かけ上はナッシュ均衡がないゲームは，ゲーム理論でいうところのゲームではなく，現実にゲームと呼ばれるもの，例えばスポーツや遊びの中に多く見ることができる．典型的なものは「じゃんけん」であることに気づくであろう．じゃんけんにおいて勝ちを＋1で負けを－1，あいこを0と考えれば，その利得行列は図6.2になる．図6.2には，すべてのプレイヤーが最適反応戦略を選ぶような戦略の組はない．

　他には野球の投手と打者の球種の読み合い（変化球か直球か），テニスにおけるサーブとレシーブのコース（バックかフォアか），ボクシングのパンチ（右か左か），サッカーのPK（右か左か）などに同様の状況が現れる．

　このような状況では，何がゲームの解となるのだろうか．ここで戦略形ゲームにおけるゲームの解の考え方，すなわち本書の2.3.4で学んだ「ナッシュ均衡がゲームの解である理由」を復習してみよう．ゲームの解とは，それが起こるべき結果であるとゲームの中のプレイヤーが予測したとしても，その結果が変わらないような自己拘束的なものでなければならなかった．したがって，予測されたゲームの解は各プレイヤーが最適な戦略を選び合っており，1人のプレイヤーが戦略を変えても良くならないような戦略の組合せでなければならない．もしそうでなければ，最適な戦略を選んでいないプレイヤーは最適な戦略に行動を変えるであろう．例えば，じゃんけんでは「プレイヤー1がグーを出し，プレイヤー2がパーを出す」というような，確定的な予測はゲームの解にはならないはずである．もしこのような予測をプレイヤー1が知ったならば，プレイヤー1はチョキに手を変えるはずで，この予測はもう当たらない．

図6.2　じゃんけんの利得行列

1＼2	グー	チョキ	パー
グー	(0, 0)	(1, −1)	(−1, 1)
チョキ	(−1, 1)	(0, 0)	(1, −1)
パー	(1, −1)	(−1, 1)	(0, 0)

6.1.2　混合戦略とゲームの解

それでは，じゃんけん（図6.2）にはゲームの解はないのであろうか．いや私たちは直観的にじゃんけんのゲームの解を知っている．よく考えてみよう．私たちはどのようにじゃんけんをするだろうか．

私たちはじゃんけんをするとき，相手に悟られないように「デタラメに」グー・チョキ・パーを出す．これがじゃんけんのゲームの解である．正確には，じゃんけんは，グー・チョキ・パーを確率$\frac{1}{3}$ずつ出すことがゲームの解である．もしお互いがグー・チョキ・パーを確率$\frac{1}{3}$ずつ出しているときは，どのプレイヤーもそこから手を変えてもよくならない．このことから，これがゲームの解であることは理解できよう．

フォン・ノイマンをはじめとするゲーム理論の初期の研究者は，このような考え方にゲームを解く鍵があるとした．すなわちこのようなゲームでは，お互いが考え抜けば，1つの戦略を固定的に選択することにはならず，戦略を確率的に選ぶような結果となる，と考えたのである．そして，このような確率的に戦略を選ぶことが，戦略そのものであると定めた．この「確率的に戦略を選ぶ」という戦略を**混合戦略**（mixed strategy）と呼ぶ．

> **ポイント39　混合戦略**
> 「じゃんけん」のようなゲームでは，混合戦略を用い，確率を使って複数の戦略を悟られないように出す．

「じゃんけん」では，グー・チョキ・パーをまんべんなく等確率で出すことがゲームの解である．しかし気をつけなければならないことは，いつもすべての戦略を等確率に出すことがゲームの解になるわけではない，ということであ

る．ここで子供の頃にやった，「グリコ・パイナップル・チョコレート」という遊びを思い出してみよう．

> **モデル23　変則じゃんけん**
>
> 子供の頃に，次のような遊びがあった．
> - じゃんけんをして，パーで勝てば「パイナツプル（パイナップル）」で6歩進める．
> - グーで勝てば「グリコ」で3歩進める．
> - チョキで勝てば「チヨコレイト（チョコレート）」で6歩進める．
>
> このようにして，同じ場所からじゃんけんして行き，先に目的地まで進んだほうが勝ちとなる遊びである．この遊びをここでは「変則じゃんけん」と名づけよう．変則じゃんけんでは，どのような手を出すことが有利なのだろうか．
>
> ちなみにこのゲームは足の長いほうが有利で，足の短い私はハンデを背負い不利であった．子供の頃にゲーム理論を用いれば有利に事を運べたのであろうか．

このゲームの利得行列を，勝って進める数を利得と考えると図6.3になる（負ければ利得は常に0と考える）．

図6.3の特徴を考え，どのような戦法が有利か考察してみよう．
- パーやチョキはたくさん進めるので有利であるから，多く出したい．
- みんながそう考えパーとチョキを多く出すならば，その中でもチョキを多く出せばさらに有利．
- しかしチョキばかり出しすぎると，グーを多く出されて負ける．

このことから，この変則じゃんけんではチョキをやや多めに出せばよさそうだ．

このような確率的な現象を判断する1つの目安は，「平均」「期待値」などと呼ばれる値である．そこで相手がグー・チョキ・パーを等確率の$\frac{1}{3}$で出してきたとき，自分がグー・チョキ・パーを出したときの**期待値**を求めてみる．

グーを出したときの期待値　　$\frac{1}{3} \times 0 + \frac{1}{3} \times 3 + \frac{1}{3} \times 0 = 1$

図6.3 変則じゃんけんの利得行列

1＼2	グー	チョキ	パー
グー	(0, 0)	(3, 0)	(0, 6)
チョキ	(0, 3)	(0, 0)	(6, 0)
パー	(6, 0)	(0, 6)	(0, 0)

チョキを出したときの期待値　　$\frac{1}{3}\times 0+\frac{1}{3}\times 0+\frac{1}{3}\times 6=2$

パーを出したときの期待値　　$\frac{1}{3}\times 6+\frac{1}{3}\times 0+\frac{1}{3}\times 0=2$

　したがって，相手がグー・チョキ・パーを $\frac{1}{3}$ で出してきたときはチョキやパーを出したほうが期待値が高い．

　ちなみに自分も一緒になってグー・チョキ・パーを $\frac{1}{3}$ ずつ出せば，そのときの期待値は上記の期待値をさらに $\frac{1}{3}$ ずつかけあわせたものになる．これは，

$$\frac{1}{3}\times 1+\frac{1}{3}\times 2+\frac{1}{3}\times 2=\frac{5}{3}\quad(=1.67)$$

となり，チョキやパーを確実に出したほう（期待値2）が期待値が高い．これは相手がグー・チョキ・パーを $\frac{1}{3}$ ずつ出すならば，自分はチョキやパーを確実に出したほうがよく，「等確率に出す」という手が均衡ではないことを示している．

　では，この変則じゃんけんではどのような戦略がゲームの解となるのだろうか．実はこの計算はなかなか難しい．計算方法については後ほど説明することにして結果だけ示すと，以下のような混合戦略 x がゲームの解となる．

混合戦略 x　　グーを $\frac{1}{4}$，チョキを $\frac{1}{2}$，パーを $\frac{1}{4}$ で出す（チョキをグーとパーの2倍の頻度で出す）．

　混合戦略 x を求めることは難しいが，これが解であることを確かめることはできる．まず，相手が混合戦略 x を用いてきたとき，自分がグー・チョキ・パーをそれぞれ出したときの期待値を計算してみよう．

グーを出したときの期待値　　$\frac{1}{4}\times 0 + \frac{1}{2}\times 3 + \frac{1}{4}\times 0 = \frac{3}{2}$

チョキを出したときの期待値　　$\frac{1}{4}\times 0 + \frac{1}{2}\times 0 + \frac{1}{4}\times 6 = \frac{3}{2}$

パーを出したときの期待値　　$\frac{1}{4}\times 6 + \frac{1}{2}\times 0 + \frac{1}{4}\times 0 = \frac{3}{2}$

したがって相手がグーとパーを$\frac{1}{4}$，チョキを$\frac{1}{2}$で出してきたときは，グー・チョキ・パーをどのように出しても期待値は$\frac{3}{2}$で同じである．

ここで，自分も相手と同じように混合戦略xを出したときの期待値を求めてみると，

$$\frac{1}{4}\times\frac{3}{2} + \frac{1}{2}\times\frac{3}{2} + \frac{1}{4}\times\frac{3}{2} = \frac{3}{2}$$

となる．すなわち自分が混合戦略xを用いたときの期待値は，グーやチョキやパーを確定的に出したときと同じである．手を変えても期待値が高くなることはないので，混合戦略xをゲームの解とすれば，そこから戦略を変えないと考えてよい．

しかし，もしかすると相手が混合戦略xを出してきたときに，自分が他の混合戦略（例えばグー・チョキ・パーを$\frac{1}{3}$ずつ出す）などすれば，もっと期待値は高くなるかもしれない．そこで念を入れて自分がグーをp_1，チョキをp_2，パーをp_3で出すような混合戦略（$p_1+p_2+p_3=1$）を用いて，このときの期待値を計算してみる．これは，

$$p_1\times\frac{3}{2} + p_2\times\frac{3}{2} + p_3\times\frac{3}{2} = \frac{3}{2}(p_1+p_2+p_3) = \frac{3}{2}$$

となる．つまり，どんな混合戦略を用いても，自分が混合戦略xを用いたときの期待値と同じで，それよりは高くならない．そのため，混合戦略xから，どんな混合戦略にも戦略を変えようとは思わない．すなわち変則じゃんけんでは，お互いが混合戦略xを選ぶと，それより良い手は存在しない．このことより混合戦略xがゲームの解であることが分かる．

混合戦略xは期待値の計算をする前に考察した，「変則じゃんけんではチョキをやや多めに出せばよさそうだ」という結果を裏付けている．もし一方のプレ

イヤーがこのような戦略をとれば，もう一方の相手は「勝ち負け」だけ考えるとグーを多く出してきそうだが，これは得策ではない．グーでは進む数を減らすことになるからだ．当然，パーやチョキを多く出すことは勝つ機会を少なくしてしまう．したがって，求めた答えの状態では，グーもチョキもパーもその確率を増減させて良くすることはできないはずである．

　このことから，混合戦略におけるゲームの解では，自分が有利になる確率を高くすることを考えるのではなく，むしろ相手を有利にさせないような確率を用いると考えればよいことが推測できる．これはスポーツの例などを考えれば分かる．例えばテニスで，自分がバックハンドの非常に強い選手であったとしよう．この場合に相手が打ち込んでくるときにフォアにヤマを張るか，バックにヤマを張るか考えてみる．一見すると，自分が強いバックにヤマを張って決めたくなるが，それは戦略的思考としては得策ではない．相手のことを考えてみよう．相手は，バックに打ち込めば決められる可能性が高いので，フォアに多く球を集中させることになるだろう．したがって，フォアに高い確率でヤマを張ることにより，相手にダメージを与える可能性が高まる．相手はバックへ打ち込む確率を上げると，そこで確実に決められることが高いので，フォアにヤマを張られる確率が高いと分かっていても確率を変えられない．したがってこの状態は均衡しているのである．もちろん，フォアだけにヤマを張っていることが分かれば，相手は確実にバックへ打ち込んでくるので，少ない確率でもバックにヤマを張ることを織り交ぜなければならない．

　同様な戦略はスポーツにおいて，
- ボクシングで強い右を持っているボクサーが，左のパンチを打つ確率を上げる
- サッカーで非常に攻撃力の強い選手やバレーボールで非常に強いアタッカーがいる場合は，その選手はマークされることが多い

などが挙げられる．要は，相手に勝たせないようにすること，自分に強みがあればその強み以外の場所にヤマを張っておくこと，が大切なのである．

> **ポイント40　混合戦略を戦略的に使う**
>
> 　混合戦略を用いるときは，相手に勝たせないような確率を考える．また，自分に強みがあるときは，強みではないほうの戦略の確率を上昇させ

る．もちろん他の戦略も悟られないようにランダムに出すのは当然である．

6.1.3　混合戦略のナッシュ均衡

　以上に見てきたことをまとめ，混合戦略とそのナッシュ均衡について，もう少し厳密に定義をする．

　これまでは戦略形ゲームにおける戦略とは，図6.1における「人形A」と「人形B」や，図6.2におけるじゃんけんのグー・チョキ・パーのような，各プレイヤーの確定的な行動を指した．しかし混合戦略も戦略であるため，このような確定的な行動と，確率的にこのような行動を選ぶ混合戦略とを区別しなければ，混同を起こしてしまうことがある．

　このような区別を明確にしたいときは，「人形A」「人形B」「グー」「チョキ」「パー」などの確定的な行動を**純粋戦略**（pure strategy）と呼ぶことにする．**混合戦略とは純粋戦略を確率的に選ぶ戦略である**と言える．さらに，混合戦略を用いたときのプレイヤーの利得は，利得に確率をかけあわせた期待値であると考える．これを**期待利得**（expected payoff）と呼ぶ．

　ここで，**モデル4**で混合戦略を使ったときとその期待利得を例にしてみよう．

　例えば精巧堂が「人形Aを$\frac{1}{2}$の確率で選択し，人形Bを$\frac{1}{2}$の確率で選択する」という混合戦略を用いたとし，便乗工房が「人形Aを$\frac{1}{4}$，人形Bを$\frac{3}{4}$の確率で選択する」という混合戦略を選んだとしよう．このときの精巧堂の期待利得は，

$$\frac{1}{2} \times \frac{1}{4} \times 120 + \frac{1}{2} \times \frac{1}{4} \times 192 + \frac{1}{2} \times \frac{3}{4} \times 216 + \frac{1}{2} \times \frac{3}{4} \times 96 = 156$$

で156となる．

　上記では純粋戦略が2つのときについて記したが，戦略が3つ以上あるときも，その純粋戦略を選択する確率を与えることで混合戦略を定義できる．またn人ゲームにおいても同様に，混合戦略を定義でき，各プレイヤーが混合戦略を用いたときのプレイヤーの利得も定義できる．

　したがって，この混合戦略を新たにプレイヤーの戦略と考えれば，今までの

議論は同様に拡張することができる．例えば最適反応戦略は，以下のように定義できる．

定義6.1（混合戦略の最適反応戦略）
他のプレイヤーの混合戦略の組に対して，期待利得を最大にする混合戦略を（その混合戦略の組に対する）最適反応戦略と呼ぶ．

ナッシュ均衡も同様に定義できる．

定義6.2（混合戦略のナッシュ均衡）
すべてのプレイヤーの混合戦略が最適反応戦略であるような混合戦略の組をナッシュ均衡と呼ぶ．

ところで，混合戦略と純粋戦略は異なる戦略と考える必要はない．それはある純粋戦略を確率1で選ぶ混合戦略は，純粋戦略と同じだからである．例えば「人形Aを確率1で選択し，人形Bを確率0で選択する」という混合戦略は，「人形A」を選ぶという純粋戦略と実質的に同じであり，「グーを確率1で選択（チョキとパーを確率0で選択）する」という混合戦略は，グーを選ぶという純粋戦略と同じである．すなわち混合戦略は，純粋戦略と同等な戦略を含んでいる．混合戦略のナッシュ均衡を求め，その結果として（どれかの純粋戦略を）確率1で選ぶ混合戦略になれば，それは今までのような純粋戦略でのナッシュ均衡になるはずである．

さて，これで**モデル4**も含めて今まで出てきたすべての戦略形ゲームにはナッシュ均衡が存在した．それではすべてのゲームは混合戦略まで拡張すればナッシュ均衡が必ず存在するのだろうか．それともナッシュ均衡が存在しないようなゲームはあるのだろうか．既に述べた通り，ナッシュはこのようなナッシュ均衡をゲームの解として定義しただけではなく，**どんなn人ゲームによっても混合戦略まで考えれば必ずナッシュ均衡が存在することを示したのである．**

ポイント41　ナッシュ均衡の存在
混合戦略まで拡張すれば，すべての戦略形ゲームにナッシュ均衡が必ず存在する．

6.2 【発展】2×2の混合戦略のナッシュ均衡を求める

6.2.1 精巧堂vs便乗工房のナッシュ均衡を求める

ナッシュ均衡は必ず存在するが，その値を求めるのは一般的には難しい．しかし2×2ゲーム（プレイヤーが2人で各プレイヤーの戦略が2つずつ）の均衡点は求めることができる．

まずここでは精巧堂vs便乗工房（**モデル4**）のナッシュ均衡を求める方法を示そう．精巧堂と便乗工房はどんな戦略を選ぶだろうか．

まず，ゲーム理論の思考方法に則って，精巧堂の視点から考えてみよう．ゲーム理論の思考方法では，便乗工房のすべての戦略に対する精巧堂の最適反応戦略を考えてみればよかった．そこで便乗工房が人形Aをqの確率で選択し，人形Bを$1-q$の確率で選択するような混合戦略を用いるとする（図6.4）．qを0から1まで変化させることで，すべての便乗工房の混合戦略を考えることができる．

便乗工房の混合戦略に対して，精巧堂はどのような戦略を用いればよいだろうか？　まず純粋戦略だけで考えてみよう．

精巧堂が「人形A」という純粋戦略を選んだときの期待利得は，

$$120 \times q + 216 \times (1-q) = -96q + 216 \tag{6.1}$$

となる．また精巧堂が「人形B」を選択したときの期待利得は，

$$192 \times q + 96 \times (1-q) = 96q + 96 \tag{6.2}$$

である．qの値に依存して精巧堂の期待利得は変化する．

理解を深めるために数値例を考えてみよう．便乗工房が$q = \frac{5}{6}$となる混合戦略を用いたとする．これは便乗工房が人形Aを選ぶ確率が$\frac{5}{6}$で，人形Bを選ぶ確率が$1-q = \frac{1}{6}$であることを意味している．式（6.1）より，精巧堂が「人形A」を選択したときの期待利得は136，精巧堂が「人形B」を選択したときの期待利得は式（6.2）より176であり，「人形B」を選択したときのほうが利得が高い．これは便乗工房が人形Aを選ぶ可能性が$\frac{5}{6}$と高く，人形Bを選ぶ確率

図6.4 便乗工房が人形Aをqの確率で選択し人形Bを$1-q$の確率で選択

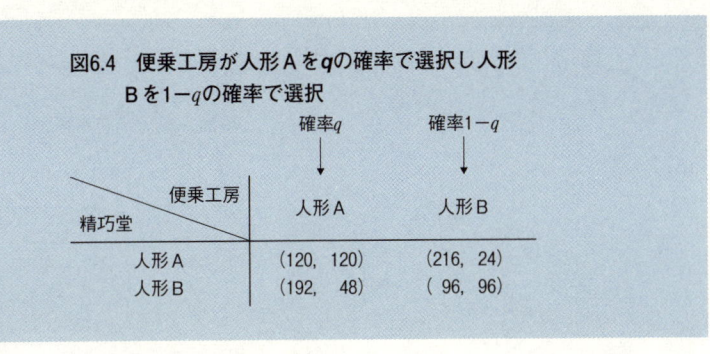

精巧堂 \ 便乗工房	人形A (確率q)	人形B (確率$1-q$)
人形A	(120, 120)	(216, 24)
人形B	(192, 48)	(96, 96)

が$\frac{1}{6}$と低いので，精巧堂は（人形Bのほうが人気がないことを考慮しても）人形Bを選んだほうがよいということを表している．このようにqが小さければ精巧堂は「人形A」を選択したほうがよく，qが大きければ精巧堂は「人形B」を選択したほうがよい．

どこがその分岐点となるかを考えてみるには，精巧堂が「人形A」を選択したほうが利得が高くなるようなqの不等式，

$$-96q + 216 > 96q + 96$$

を解いてみれば分かる．これを解くと$q < \frac{5}{8}$（$= 0.62$）を得る．$q < \frac{5}{8}$のときは精巧堂は「人形A」を選択したほうがよく，$q > \frac{5}{8}$のときは「人形B」を選択したほうがよい．$q = \frac{5}{8}$のときはどうだろうか？ 「人形A」を選択することと「人形B」を選択することは，同じ期待利得となる．

ここまでで便乗工房の混合戦略qの値に応じて，精巧堂がどのような「純粋戦略」を用いればよいかが分かった．そこで純粋戦略だけではなく混合戦略も考えたときの精巧堂の最適反応戦略を求めてみよう．ここで精巧堂がpで人形Aを選択し，確率$1-p$で人形Bを選択するような混合戦略を考える（図6.5）．

このときの精巧堂の期待利得は，

$$p \times (-96q + 216) + (1-p) \times (96q + 96)$$

である．先ほどの計算より$q < \frac{5}{8}$のときは$-96q + 216 > 96q + 96$が成立する．したがって，$q < \frac{5}{8}$のときは$p = 1$としたほうが，$0 \leq p < 1$のどんなpよりも期待利得は高くなる．$q < \frac{5}{8}$のときは精巧堂は純粋戦略で「人形B」を選ぶより「人

第6章 混合戦略

図6.5　精巧堂が人形Aをpの確率で選択し人形Bを$1-p$の確率で選択

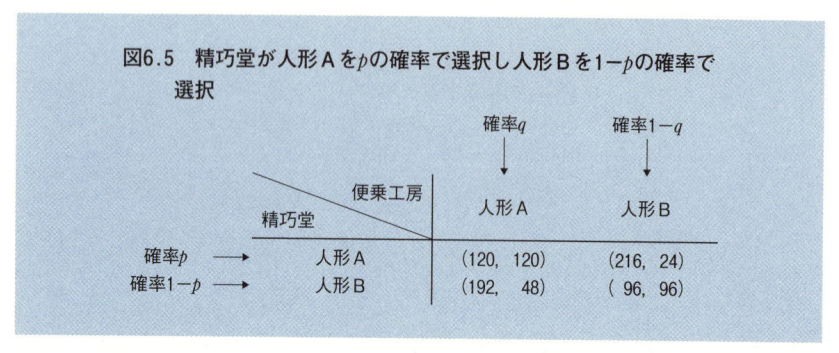

	便乗工房	人形A (確率q)	人形B (確率$1-q$)
精巧堂			
確率p	人形A	(120, 120)	(216, 24)
確率$1-p$	人形B	(192, 48)	(96, 96)

形A」を選んだほうが利得が高かったので，混合戦略$p=1$が最適反応戦略となるのは明らかである．同様に$q>\frac{5}{8}$のときは$p=0$が最適反応戦略であり，他にどんなpを選んだときよりも期待利得は高くなる．

では$q=\frac{5}{8}$のときはどうだろうか．このときは$-96q+216=96q+96$が成立するので，$p=1$でも$p=0$でも，どんなpでも期待利得は同じである．もう少し詳しく説明すると，このときは$-96q+216=96q+96=156$となるので，期待利得は，

$$p\times(-96q+216)+(1-p)\times(96q+96)=156p+156\ (1-p)=156$$

となり，pの値にかかわらず期待利得は同じ156である．これは言い換えると，すべてのpが最適反応戦略であることを意味している．

また逆にこのことから，精巧堂が「人形A」と「人形B」という2つの純粋戦略の一方だけではなく，2つを確率的に混合した戦略を用いる可能性があるのは$q=\frac{5}{8}$のときに限られることも分かる．

このことから，精巧堂の最適反応戦略を混合戦略pの式として表現し直すと，

$q<\frac{5}{8}$のとき　$p=1$
$q=\frac{5}{8}$のとき　すべてのp
$q>\frac{5}{8}$のとき　$p=0$

となる．これをpを横軸，qを縦軸とした図（グラフ）で表現してみると図6.6となる．

図6.6　精巧堂の最適反応戦略

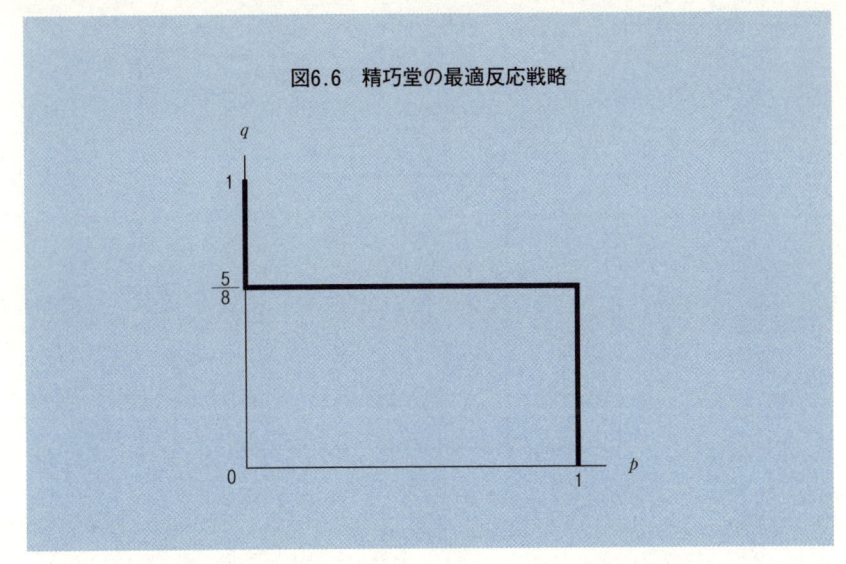

同様に，便乗工房の最適反応戦略を精巧堂の混合戦略の値で場合分けしてみよう．ここで精巧堂が人形Aをpの確率で選択し，人形Bを$1-p$の確率で選択するような混合戦略を考える（図6.5）．便乗工房が「人形A」を選んだときの期待利得は，

$$120 \times p + 48 \times (1-p) = 72p + 48$$

となり，便乗工房が「人形B」を選択したときの期待利得は，

$$24 \times p + 96 \times (1-p) = -72p + 96$$

である．便乗工房が「人形A」を選択したほうが利得が高くなる条件は，

$$72p + 48 > -72p + 96$$

で，これを解くと$p > \frac{1}{3}$（$=0.33$）である．便乗工房の最適反応戦略を混合戦略pの値として表現すると，

図6.7　便乗工房の最適反応戦略

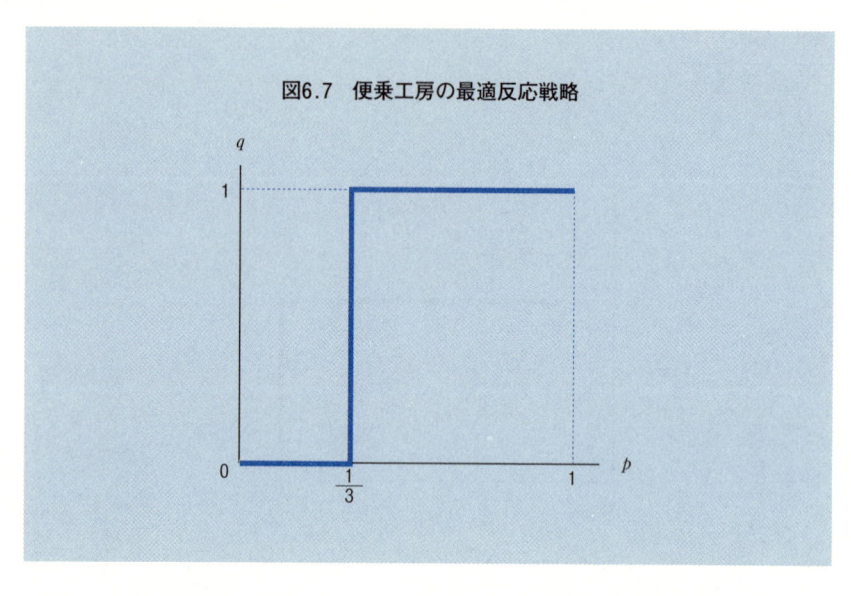

$p > \frac{1}{3}$ のとき　$q = 1$
$p = \frac{1}{3}$ のとき　すべての q
$p < \frac{1}{3}$ のとき　$q = 0$

となる．これを p を横軸，q を縦軸とした図（グラフ）で表現すると図6.7となる．

　ナッシュ均衡が，すべてのプレイヤーが最適反応戦略を選ぶ混合戦略の組合せであったことを考えると，それは両方の最適反応戦略のグラフが交わるような戦略の組であるはずだ．

　図6.6と図6.7を重ね合わせると図6.8となる．このグラフの交点がナッシュ均衡を表す．

　精巧堂 vs 便乗工房のナッシュ均衡は，混合戦略でしか存在しない．p, q は混合戦略を求めるためにこちらで勝手に使った記号であるから，元の問題に戻ってこれを記述すると，表6.1のように表せる．

　このゲームの結果を考えるときに，どちらかのプレイヤーが確実にどちらかの戦略を選ぶということはない．お互いが読み合う結果として，便乗工房も精巧堂も確率という「運」にまかせて戦略を選択するしかない．しかしその確率

図6.8 精巧堂vs便乗工房のナッシュ均衡

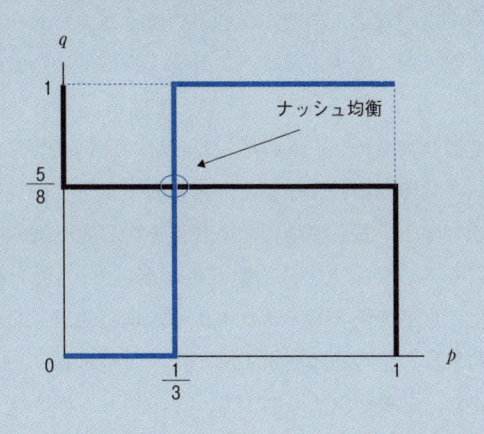

表6.1 精巧堂vs便乗工房のゲームの解

精巧堂の戦略	人形Aを選択する確率	$\frac{1}{3}$
	人形Bを選択する確率	$\frac{2}{3}$
便乗工房の戦略	人形Aを選択する確率	$\frac{5}{8}$
	人形Bを選択する確率	$\frac{3}{8}$

は決して半々($\frac{1}{2}$)ではない.

―― 精巧堂vs便乗工房フィナーレ ――

　精巧堂と便乗工房は,人形Aと人形Bのどちらを製作すべきか.ここで,精巧堂社長・竜崎はおもむろにサイコロを取り出した.このサイコロを振った目が2以下ならば精巧堂は人形Aを作り,3以上ならば人形Bを作る(サイコロを振ったときの目が2以下の確率は$\frac{1}{3}$).同様に便乗工房社長・尾崎はコインを3枚取り出した.便乗工房は,この3枚のコインを投げ,1枚だけ表が出たときに限り人形Bを作り,それ以外なら人形Aを作る(3枚のコインを投げ,表が1枚だけ出る確率は$\frac{3}{8}$).

　2人の選択の結果は神のみぞ知る(完!).

ここで人形Aのほうが人気があって，利得が高いにもかかわらず，精巧堂は人形Aを選ぶ確率が小さく，人形Bを選ぶ確率が大きいことに注意すべきである．これは，便乗工房が人形Aを選んだ利得のほうが人形Bを選ぶより少し高いため，便乗工房が人形Aを選ぶ確率が少し高くなると精巧堂が読んだ結果である．

　このようにして混合戦略のゲームの解を見ると，実は精巧堂のナッシュ均衡における戦略は精巧堂の利得に関係なく，相手の便乗工房の利得によって決定されていることが分かる．試しに精巧堂の利得を少し変えてみても，精巧堂の均衡戦略は同じになる（便乗工房の均衡戦略が変わる）．混合戦略の均衡の確率は，相手の利得によって決まる．これがゲーム理論的思考なのである．

　このゲームの結果は，精巧堂と便乗工房がサイコロを振り，コインを投げた後に決まる．しかし，結果が決まる前でも，このゲームのナッシュ均衡における期待利得は計算することができる．最後にそれを計算してみよう．

　精巧堂の期待利得は，

$$\frac{1}{3} \times \frac{5}{8} \times 120 + \frac{2}{3} \times \frac{5}{8} \times 192 + \frac{1}{3} \times \frac{3}{8} \times 216 + \frac{2}{3} \times \frac{3}{8} \times 96$$

$$= 25 + 80 + 27 + 24 = 156$$

となり，便乗工房の期待利得は，

$$\frac{1}{3} \times \frac{5}{8} \times 120 + \frac{2}{3} \times \frac{5}{8} \times 48 + \frac{1}{3} \times \frac{3}{8} \times 24 + \frac{2}{3} \times \frac{3}{8} \times 96$$

$$= 25 + 20 + 3 + 24 = 72$$

となる．同じ人形を選んだときの利得は同じでも，異なる人形を選べば精巧堂の利得が断然高いため，精巧堂のほうが期待利得は高くなる．

6.2.2　I市コンビニ戦争PART3のナッシュ均衡を求める

　精巧堂vs便乗工房（**モデル4**），じゃんけんや変則じゃんけん（**モデル23**）では，純粋戦略でのナッシュ均衡は存在しないが，混合戦略の均衡は1つ存在し，それが唯一のナッシュ均衡であることを学んだ．

図6.9　I市コンビニ戦争PART3と混合戦略

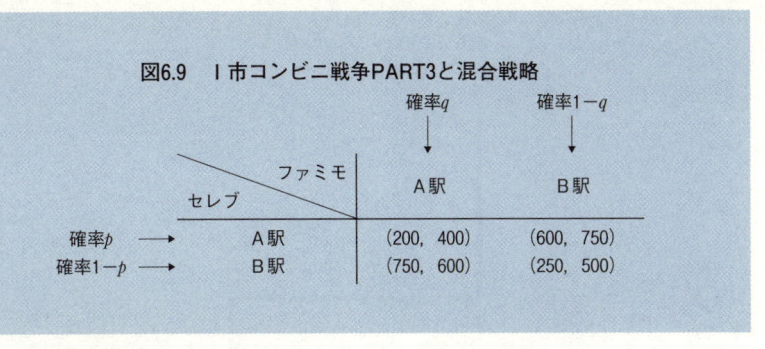

	ファミモ	A駅 確率q	B駅 確率$1-q$
セレブ			
確率p → A駅		(200, 400)	(600, 750)
確率$1-p$ → B駅		(750, 600)	(250, 500)

　しかし混合戦略のナッシュ均衡は，このような純粋戦略でのナッシュ均衡がない場合に限り存在するわけではなく，またそれが唯一の均衡とも限らない．例えば，**モデル3**のI市コンビニ戦争PART3には，純粋戦略のナッシュ均衡が2つ存在するが，混合戦略まで拡張すると，このゲームにはその2つの均衡とは異なる混合戦略のナッシュ均衡がもう1つ存在する．ここではそれを示そう．

　ここで混合戦略を，
- セレブはA駅をpの確率で選択し，B駅を$1-p$の確率で選択
- ファミモはA駅をqの確率で選択し，B駅を$1-q$の確率で選択

とし，これがナッシュ均衡となるようなp，qの値を求めてみよう（図6.9）．

　混合戦略のナッシュ均衡を求める方法は，精巧堂vs便乗工房と同じである．

　まずセレブの視点で考え，その最適反応戦略を考える．ファミモが「A駅」をqの確率で選択し，「B駅」を$1-q$の確率で選択しているとき，セレブが純粋戦略で「A駅」を選択したときの期待利得は，

$$200 \times q + 600 \times (1-q) = -400q + 600$$

となる．また「B駅」を選択したときの期待利得は，

$$750 \times q + 250 \times (1-q) = 500q + 250$$

である．セレブの最適反応戦略が「A駅」（$p=1$）となるのは，$-400q+600 > 500q+250$のときで，これを解くと$q < \frac{7}{18}$．セレブの最適反応戦略が「B駅」（$p=0$）となるのは$q > \frac{7}{18}$のときである．精巧堂vs便乗工房と同様に$q \neq \frac{7}{18}$では，

図6.10 セレブの最適反応戦略

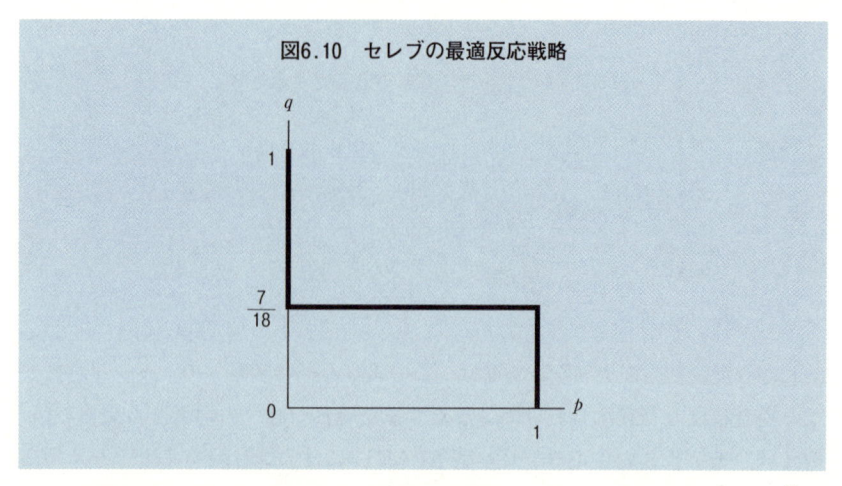

2つの戦略を正の確率で混合する戦略が最適となることはない．また$q=\frac{7}{18}$のときは，「A駅」も「B駅」も，さらにこの2つをどんな確率で選ぶ（すなわちすべてのpに対する）混合戦略も同じ期待利得を与える．セレブの最適反応戦略を混合戦略pの値として表現すると，

$q<\frac{7}{18}$のとき　$p=1$
$q=\frac{7}{18}$のとき　すべてのp
$q>\frac{7}{18}$のとき　$p=0$

となる．これをpを横軸，qを縦軸とした図に表すと，図6.10となる．

同様にファミモの視点でも考えよう．ファミモが「A駅」を選択したときの期待利得は，

$$400\times p+600\times(1-p)=-200p+600$$

となり，「B駅」を選択したときの期待利得は，

$$750\times p+500\times(1-p)=250p+500$$

である．ファミモの最適反応戦略をpの値で場合分けすると，

図6.11　ファミモの最適反応戦略

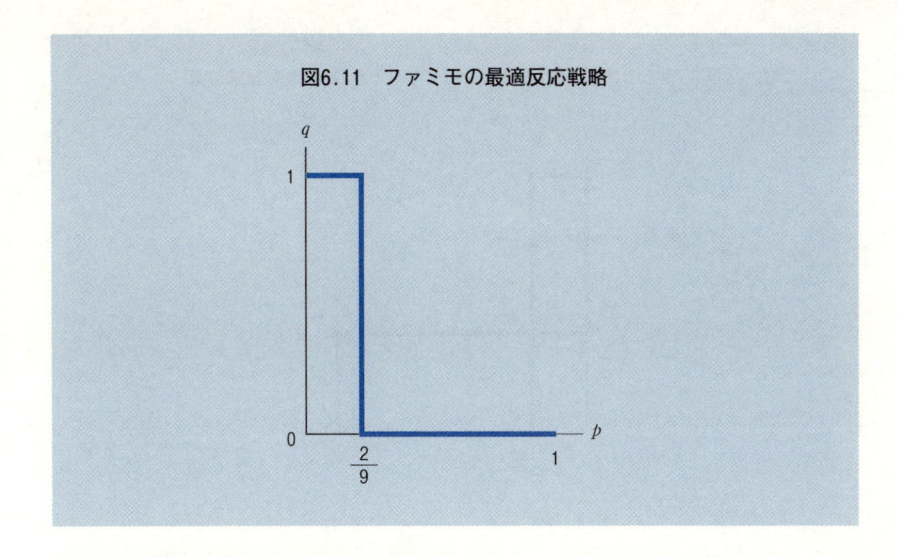

$p < \frac{2}{9}$ のとき　$q = 1$
$p = \frac{2}{9}$ のとき　すべての q
$p > \frac{2}{9}$ のとき　$q = 0$

である．

　p を横軸，q を縦軸としてこの最適反応戦略を図示すると，図6.11となる．

　グラフを重ね合わせたものは，図6.12となる．このグラフの交点がナッシュ均衡である．これにより，I市コンビニ戦争PART3のナッシュ均衡は次の3点であることが分かる．

均衡(1)　$p = 1$　$q = 0$
均衡(2)　$p = \frac{2}{9}$　$q = \frac{7}{18}$
均衡(3)　$p = 0$　$q = 1$

　与えられた戦略に基づいて正確に書けば，表6.2のようになるだろう．
　ここで，均衡(1)，均衡(3)はそれぞれ「セレブはA駅を選択し，ファミモはB駅を選択する」「セレブはB駅を選択し，ファミモはA駅を選択する」という純粋戦略のナッシュ均衡に相当するものである．

第6章　混合戦略

図6.12　I市コンビニ戦争PART3のナッシュ均衡を求める

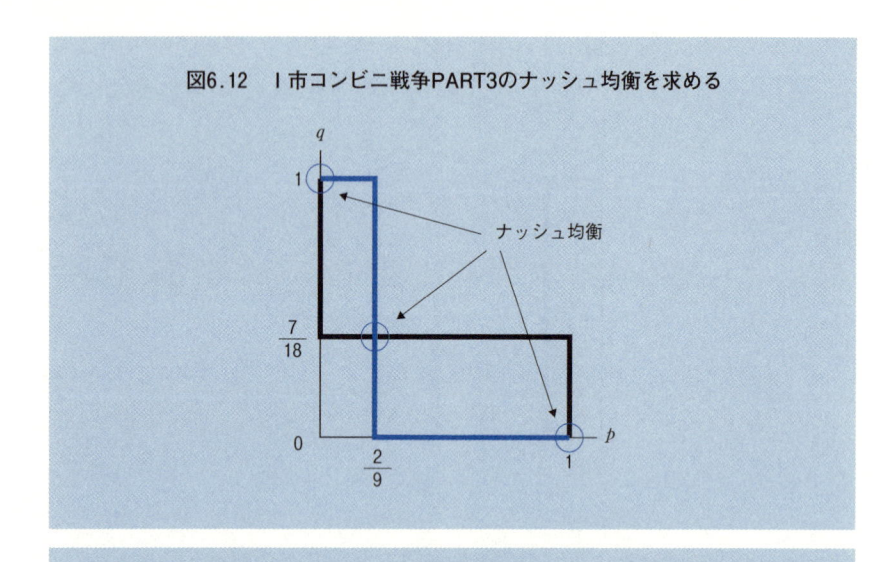

表6.2　I市コンビニ戦争PART3のナッシュ均衡を求める

		均衡(1)	均衡(2)	均衡(3)
セレブの戦略	A駅を選択する確率	1	$\frac{2}{9}$	0
	B駅を選択する確率	0	$\frac{7}{9}$	1
ファミモの戦略	A駅を選択する確率	0	$\frac{7}{18}$	1
	B駅を選択する確率	1	$\frac{11}{18}$	0

6.2.3　その他の混合戦略のナッシュ均衡

ここでは，その他のゲームにおける混合戦略のナッシュ均衡に関して考察する．

コインの表裏合わせ

まず，図6.13について考えてみる．

このゲームは，**コインの表裏合わせ**（matching pennies）と呼ばれるゲームである（図6.13）．このゲームではプレイヤー1とプレイヤー2が，同時にコインの表か裏を出す．もし2人が表か裏でコインが一致したならばプレイヤー1が勝ち，一致しなかったならばプレイヤー2が勝つ．勝ったほうは負けたほうから1万円もらえるというゲームである．図6.13の利得行列は，単位を万円としている．

図6.13　コインの表裏合わせゲーム

1 \ 2	表	裏
表	(1, −1)	(−1, 1)
裏	(−1, 1)	(1, −1)

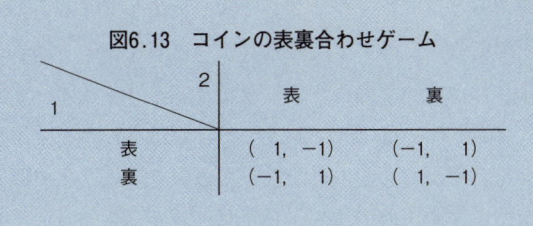

図6.14　(表, 表)で大儲けの表裏合わせゲーム

1 \ 2	表	裏
表	(100, −100)	(−1, 1)
裏	(−1, 1)	(1, −1)

　このゲームはじゃんけんと同じで，純粋戦略のナッシュ均衡はない．混合戦略のナッシュ均衡を求めると，両プレイヤーが対称なので「両プレイヤー共に表と裏を確率 $\frac{1}{2}$ で出す」という混合戦略の組がナッシュ均衡となる（演習6.2）．

　それでは，図6.13を変形させた図6.14のゲームはどうだろうか．

　これはコインの表裏合わせゲームにおいて，もし（表，表）が出ると，そのときはプレイヤー1がプレイヤー2から100万円もらえるゲームである（単位はやはり万円としている）．このゲームには，やはり純粋戦略のナッシュ均衡はない．プレイヤー1にとって絶対的に有利なゲームであり，得られる期待利得は大きなものになりそうである．さて，あなたがプレイヤー1ならばどうするだろうか．100万円の獲得を狙って，「表」を大きな確率で出すべきだろうか．

　このゲームの混合戦略によるナッシュ均衡を求めると，プレイヤー1は「表を $\frac{2}{103}$，裏を $\frac{101}{103}$」で選び，プレイヤー2は「表を $\frac{2}{103}$，裏を $\frac{101}{103}$」で選ぶ，という戦略の組合せになる（演習6.2）．ゲームの解では，プレイヤー1が100万円を狙って表を出してくる確率は非常に小さいことが分かる．なぜこうなるのかは，これは**ポイント40**で学んだ混合戦略の戦略的思考をもう一度思い起こしてみればよい．プレイヤー2は，相手が勝って100万円をとられると大変な損失

になる．そう考えると，プレイヤー2が「表」を出してくることは，ほとんどありえないはずである．このように考えれば，プレイヤー1は表を出しても勝てる可能性はほとんどないであろう．したがって，プレイヤー1は裏を出す確率を高くする．プレイヤー2は，プレイヤー1がほとんど表を出さないことは分かっていても，わずかでもその可能性がある限り，表を出す確率を高くはしないので，均衡が成立するのである．しかし，だからといってプレイヤー1は100万円のチャンスを活かしていないわけではない．プレイヤー1はその優位性を活かし，このゲームではほとんど確実に1万円をせしめることができるのである．

囚人のジレンマ

さて，次に囚人のジレンマ（図2.9）のナッシュ均衡を混合戦略まで拡張して求めるとどうなるかを考えてみる．ここで囚人1，囚人2が「黙秘する」を選ぶ確率をそれぞれp, qとしよう．

まず，囚人1の視点で考えると，「黙秘する」を選択したときの期待利得は，

$$(-1) \times q + (-10) \times (1-q) = 9q - 10$$

となる．また「自白する」を選択したときの期待利得は，

$$0 \times q + (-5) \times (1-q) = 5q - 5$$

となる．ここで「黙秘する」という期待利得が「自白する」より高くなるのは，$9q-10 > 5q-5$で，これを解くと$q > \frac{5}{4}$となる．しかし$0 \leqq q \leqq 1$であることに注意すると，このような場合は存在しない．言い換えると$0 \leqq q \leqq 1$であるすべてのqに対して囚人1の最適反応戦略は「自白する」（$p=0$）である．同様に囚人2の最適反応戦略は囚人1のどんな混合戦略（$0 \leqq p \leqq 1$）に関しても「自白する」（$q=0$）である．お互いの最適反応戦略をグラフにすると，図6.15となる．

囚人のジレンマでは，ナッシュ均衡は純粋戦略1つしか存在せず，それは図6.15においては$p=0$, $q=0$の点として現れている．混合戦略のナッシュ均衡を求めれば，このような純粋戦略しかナッシュ均衡を持たないようなゲームにお

図6.15 囚人のジレンマのナッシュ均衡

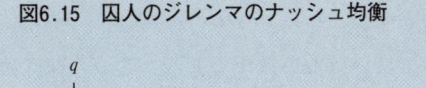

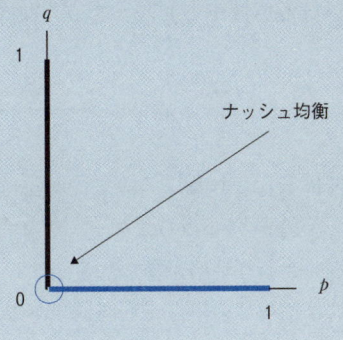

いても，整合的にナッシュ均衡を求められることを物語っている．もし混合戦略まで含めてすべてのナッシュ均衡を求める方法があれば，それは純粋戦略だけのナッシュ均衡を求めることと分けて考えなくても有効な方法なのである．

なお，ここまで出てきたゲームにおけるナッシュ均衡の個数を数えてみると，精巧堂vs便乗工房では1個（混合戦略のみ），I市コンビニ戦争PART3では3個（純粋戦略2つと混合戦略1つ），囚人のジレンマでは1個である．実は混合戦略まで含めて考えると，ほとんどの2×2ゲームではナッシュ均衡が2個になることはない．実は戦略がいくつであってもナッシュ均衡の個数はほとんど偶数個になることはないことが知られている．

変則じゃんけん

一般に戦略が3個以上のナッシュ均衡を求めることは簡単ではない．ここでは，**モデル23**の変則じゃんけんのナッシュ均衡の求め方について，やや厳密さは欠けるが述べてみたい．

いつもと同じくプレイヤー1の視点に立って考えよう．プレイヤー2はグー・チョキ・パーをそれぞれq_1, q_2, q_3 ($q_1+q_2+q_3=1$) という混合戦略を選択しているものとする．このとき，プレイヤー1が，グー・チョキ・パーという純粋戦略を選んだ場合の期待利得は，それぞれ$3q_2$, $6q_3$, $6q_1$となる．

さて，ここでq_1, q_2, q_3をプレイヤー2のナッシュ均衡の混合戦略であると

考えてみよう．するとこの変則じゃんけんでは，純粋戦略のナッシュ均衡は存在しないことから，プレイヤー1のグー・チョキ・パーの中のどれか1つの期待利得が高くなってはいけないはずである．3つの期待利得がすべて等しい，すなわち，

$$3q_2 = 6q_3 = 6q_1$$

であるならば，この条件は満たされる．この条件と $q_1 + q_2 + q_3 = 1$ を合わせて解くと，$q_1 = \frac{1}{4}$, $q_2 = \frac{1}{2}$, $q_3 = \frac{1}{4}$，すなわち「グー・チョキ・パーをそれぞれ $\frac{1}{4}$, $\frac{1}{2}$, $\frac{1}{4}$ の確率で選択する」という戦略が得られる．プレイヤー1の視点に立って考えたが，これはプレイヤー2の視点でも同様である．

最後にお互いがこの「グー・チョキ・パーをそれぞれ $\frac{1}{4}$, $\frac{1}{2}$, $\frac{1}{4}$ の確率で選択する」という戦略を選択し合っているとしよう．相手がこの戦略を選択しているとき，グー・チョキ・パーの3つの期待利得は等しく $\frac{3}{2}$ であり，それを確率的に混合したどんな混合戦略も，期待利得は $\frac{3}{2}$ である．したがって，「グー・チョキ・パーをそれぞれ $\frac{1}{4}$, $\frac{1}{2}$, $\frac{1}{4}$ の確率で選択する」という戦略より利得を高くする戦略は存在せず，この戦略は最適反応戦略であり，さらに各プレイヤーがこの戦略を選ぶ戦略の組はナッシュ均衡であることが分かる．

6.3　2人ゼロ和ゲームミニマックス定理

6.3.1　2人ゼロ和ゲームとマキシミニ戦略

じゃんけん，変則じゃんけん，コインの表裏合わせゲーム（図6.13）などでは，どんな純粋戦略の組に対しても，

（プレイヤー1の利得）= −（プレイヤー2の利得）

が成り立つ．言い換えると，プレイヤー1とプレイヤー2の利得の和が常に0である．

このようなゲームを**ゼロ和ゲーム**（zero-sum game）と呼び，特にプレイヤーが2人の場合は**2人ゼロ和ゲーム**（two person zero-sum game）と呼ぶ．ゼロ和ゲームは決められた資源を奪い合うようなゲームであると言える．言い換えれば，ゼロ和ゲームは，1人が利得を得れば必ずもう1人が利得を失うよ

図6.16　2人ゼロ和ゲーム

	2	x_2	y_2
1			
x_1		(4, −4)	(1, −1)
y_1		(−3, 3)	(−1, 1)

図6.17　プレイヤー1の利得のみを表記した2人ゼロ和ゲーム

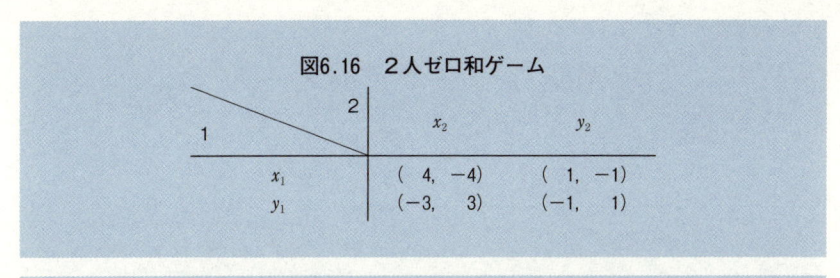

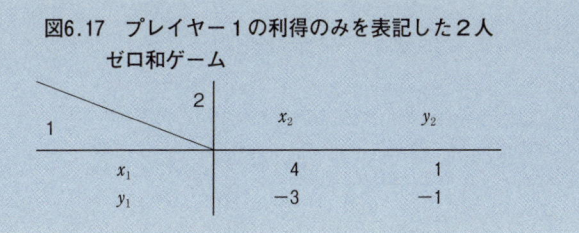

	2	x_2	y_2
1			
x_1		4	1
y_1		−3	−1

うなゲームであり，勝者と敗者が必ず存在するゲームである．

図6.16は2人ゼロ和ゲームの例を示している．プレイヤー1とプレイヤー2の利得の和は常に0であり，プレイヤー1の利得の正負を逆転したものがプレイヤー2の利得となっていることが分かるだろう．このことから，2人ゼロ和ゲームではプレイヤー1の利得を定めればゲームは定まる．そこで，ゼロ和ゲームは図6.17のように，プレイヤー1の利得のみを示して表記することもある．

ゲーム理論の出発点であるvon Neumann and Morgenstern（1944）では，このゼロ和ゲームを対象とし，そのゲームの解の概念を示した．その後，1951年にナッシュが，ゼロ和ではないゲーム（非ゼロ和ゲーム〈non-zero-sum game〉）にその概念を拡張した．それがナッシュ均衡である．それでは，ナッシュ均衡が定義される前に，もともとフォン・ノイマンとモルゲンシュテルンが示したゼロ和ゲームの解とは何であったのだろうか．

フォン・ノイマンとモルゲンシュテルンはゼロ和ゲームの解として，マキシミニ戦略（max-min strategy）を提唱した．プレイヤーのマキシミニ戦略とは，以下のようなものである．

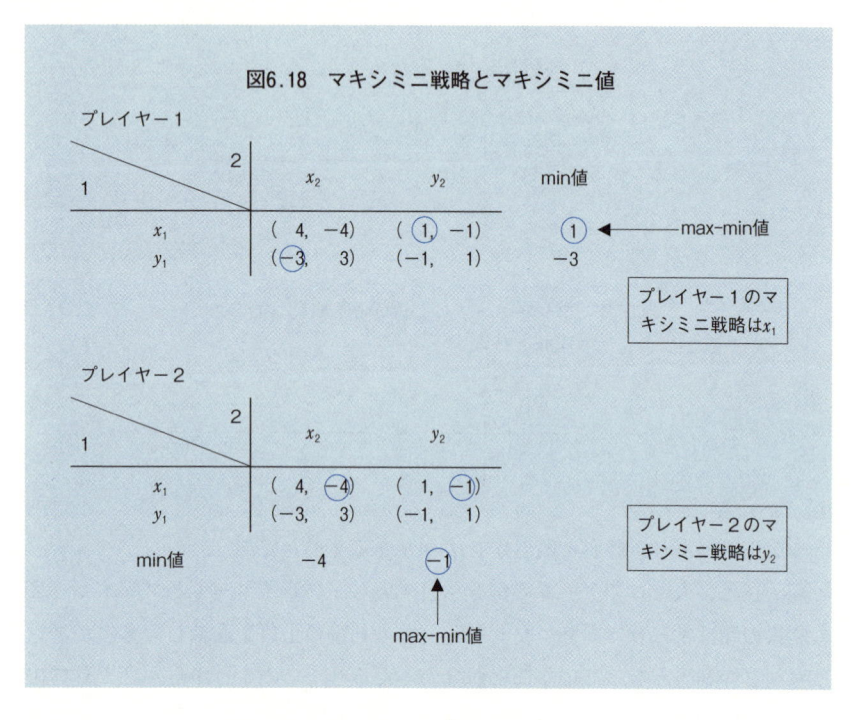

図6.18 マキシミニ戦略とマキシミニ値

```
プレイヤー1
       2    x₂        y₂        min値
  1
       x₁   ( 4, -4)  ( ①, -1)   ①  ← max-min値
       y₁   (-3,  3)  (-1,  1)  -3
```

プレイヤー1のマキシミニ戦略はx_1

```
プレイヤー2
       2    x₂        y₂
  1
       x₁   ( 4, -4)  ( 1, -1)
       y₁   (-3,  3)  (-1,  1)
 min値       -4        -1
                        ↑
                     max-min値
```

プレイヤー2のマキシミニ戦略はy_2

定義6.3（マキシミニ戦略とマキシミニ値）

- プレイヤーは，自分の各戦略に対して相手が自分にとって最小の（最悪な）利得を与える戦略を選択すると考える．その利得はその戦略の最小の利得であることから，その**戦略のミニ値**（min値）と呼ばれる．
- このとき，戦略のミニ値を最大にする利得を与える戦略は（ミニ値を最大 $\langle \max \rangle$ にするので）**マキシミニ戦略**（max-min strategy）と呼ばれ，そのときの利得は**マキシミニ値**（max-min value）と呼ばれる．

図6.16におけるマキシミニ戦略を求めてみよう（図6.18）．ここでは簡単化のため混合戦略は考えない（混合戦略は6.4節で再考する）．

まずプレイヤー1のマキシミニ戦略を求めてみる．プレイヤー1にとって，

- x_1を選択したとき，最悪になるのは相手（プレイヤー2）がy_2を選択したときで，利得は1
- y_1を選択したとき，最悪になるのは相手がx_2を選択したときで，そのとき

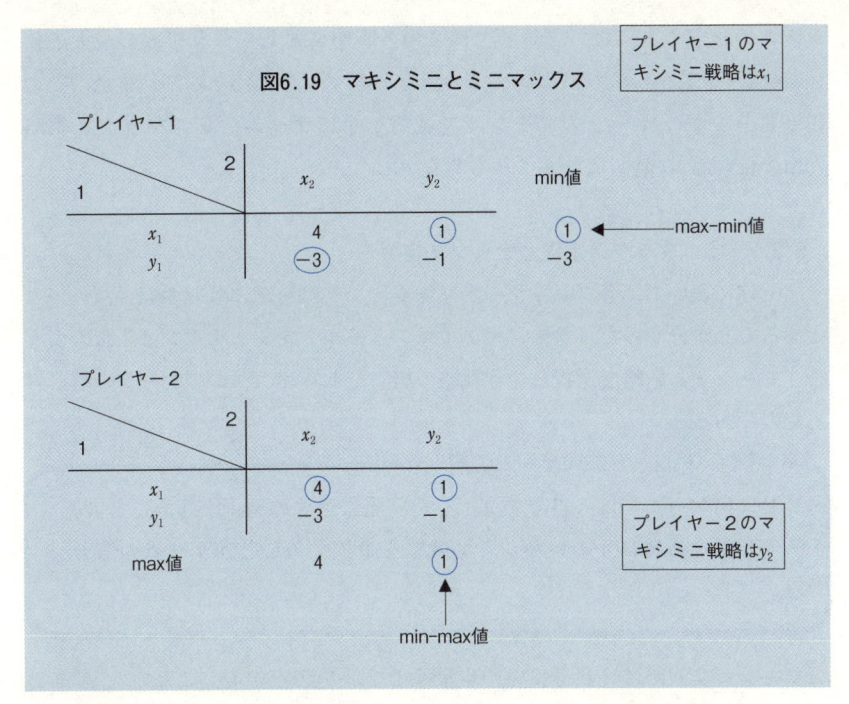

図6.19 マキシミニとミニマックス

プレイヤー1のマキシミニ戦略はx_1

プレイヤー1

	x_2	y_2	min値
x_1	4	①	① ← max-min値
y_1	-3	-1	-3

プレイヤー2

	x_2	y_2
x_1	④	①
y_1	-3	-1
max値	4	①

↑ min-max値

プレイヤー2のマキシミニ戦略はy_2

利得は-3

　これによりプレイヤー1の最悪の場合の利得が最良となるのは，x_1を選択したときで利得は1となる．すなわち，プレイヤー1のマキシミニ戦略はx_1，マキシミニ値は1である．
　次にプレイヤー2を考えてみる．
- x_2を選択したとき，最悪になるのは相手（プレイヤー1）がx_1を選択したときで，利得は-4
- y_2を選択したとき，最悪になるのは相手がx_1を選択したときで，そのとき利得は-1

となり，プレイヤー2のマキシミニ戦略はy_2，マキシミニ値は-1である．
　ところで，プレイヤー1の利得しか書いていない利得行列（図6.17）で，これをどのように求めるかを考えてみる（図6.19）．図6.17においてもプレイヤー1は同じように考えればよい．しかしプレイヤー2の利得はプレイヤー1の利得が大きくなるほど小さくなる．したがって図6.17でプレイヤー2のマキ

シミニ値を求めるには，プレイヤー2の各戦略に対して，利得表の最大の値（max値）を最小にすればよい．この値をミニマックス値と呼ぶ．また，このことよりプレイヤー2のマキシミニ戦略を単にゲームの**ミニマックス戦略**（min-max strategy）と呼ぶこともある．

6.3.2 ミニマックス定理とナッシュ均衡

図6.18において，各プレイヤーがマキシミニ戦略を選ぶ戦略の組は (x_1, y_2) であることが分かった．フォン・ノイマンとモルゲンシュテルンは，このような「マキシミニ戦略を選択し合う戦略の組」をゼロ和ゲームのゲームの解と考えたのである．

> **ポイント42　ゼロ和ゲームの解**
>
> ゼロ和ゲームでは，自分の選択した戦略に最悪の利得が起きると考え，その利得を最善にするマキシミニ戦略を選択することがゲームの解となる．

マキシミニ戦略は「自分にいつも最悪の事態を想定する」ことで，「リスク管理」が叫ばれる現代において魅力的な考え方かもしれない．しかし，この考え方はやや悲観的であり，私たちが今まで考えてきた戦略的思考の観点から大きな疑問が残るだろう．すなわち，相手がマキシミニ戦略を選択すると予測するとき，自分はマキシミニ戦略をとるよりも良い戦略があるならば，それに戦略を変更するだろう，ということである．すなわち，各プレイヤーがマキシミニ戦略を選ぶことがナッシュ均衡でなければ，それはゲームの解として成立しないのではないか，と考えられる．

ところがゼロ和ゲームにおいては，すべてのプレイヤーがマキシミニ戦略を選べば，その戦略の組はナッシュ均衡となるのである．これは，フォン・ノイマンとモルゲンシュテルンが示したゼロ和ゲームにおいてもっとも重要な定理によって導かれる．

定理6.1（ミニマックス定理〈min-max theorem〉）

自分のマキシミニ戦略に対し，相手のマキシミニ戦略は，その利得を最悪に

図6.20 プレイヤー1のx_1は，y_2に対する最適反応戦略

	2	x_2	y_2
1			
	x_1	4	①
	y_1	-3	-1
	max値	4	1

ミニマックス定理：「プレイヤー2のマキシミニ戦略y_2に対し，プレイヤー1のマキシミニ戦略x_1は，プレイヤー2に最悪の利得を与える」

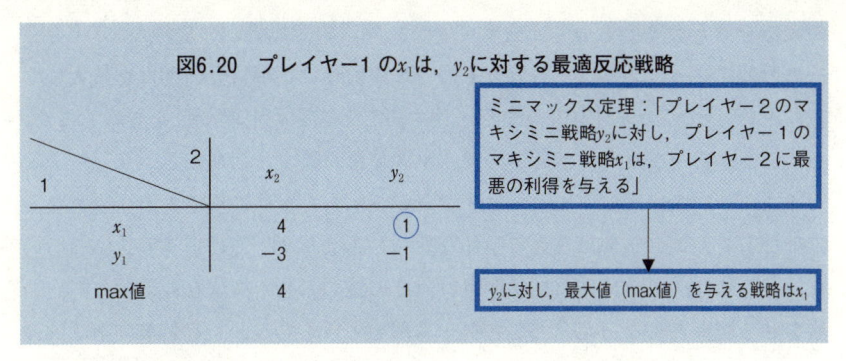

y_2に対し，最大値（max値）を与える戦略はx_1

するような戦略となっている．

なぜこの定理から「すべてのプレイヤーがマキシミニ戦略を選ぶ戦略の組はナッシュ均衡になる」と言えるのだろうか．図6.19のゲームで確かめてみよう（図6.20）．（なお定理6.1は混合戦略まで考えて成立する定理で，純粋戦略では成り立たないことがある（6.4節で解説）．しかし図6.20のゲームは，定理6.1の主張が純粋戦略でも成立するため以下の説明が成り立つ）．

ミニマックス定理は，「プレイヤー2のマキシミニ戦略y_2に対して，プレイヤー1のマキシミニ戦略x_1は最悪の利得を与える」ということを主張している．つまりプレイヤー2の戦略y_2に対して，x_1は「プレイヤー2の利得の最小値（min値）」を与えている．しかし「プレイヤー2の利得の最小値（min値）」は「プレイヤー1の利得の最大値（max値）」である．すなわちプレイヤー2がy_2を選んでいるとき，x_1はプレイヤー1の利得を最大にする．このことは，x_1がy_2に対する最適反応であることを表している．

同様にプレイヤー2のy_2に対しても，「プレイヤー1のマキシミニ戦略x_1に対して，プレイヤー2のマキシミニ戦略y_2は最悪の利得を与える」ということが成り立つ．よってx_1が選択されているときに，y_2は「プレイヤー1の利得の最小値（min値）」を与えているが，これはすなわち，「プレイヤー2の利得の最大値（max値）」である．したがって，y_2もx_1に対する最適反応である．

プレイヤー1と2がマキシミニ戦略を選ぶ(x_1, y_2)はナッシュ均衡であることが分かる．

このように，ミニマックス定理は「最悪の事態を最善にする」という（相手

の戦略を考えなくとも導くことができる）個人の意思決定の原理が，「相手がその原理に従っていれば，自分もその原理に従うことが自分の利得を最大にする」というナッシュ均衡の概念と一致することを導く定理なのである．また，このことからマキシミニ値とミニマックス値は一致すると言える．

　ミニマックス定理はフォン・ノイマンが証明したゲーム理論の出発点となる定理である．この定理は社会科学的な意味のみならず，この当時の数学において，全く新しい概念によって証明され，その後の新しく有望な数学の分野を発展させる契機ともなった．初期のゲーム理論のうちもっとも有名な成果はこのミニマックス定理であったと言ってよい．

　しかし，この結果からゲーム理論の初期には，**人間は「自分が最悪の場合を最善にするような行動をとる」と仮定しているのがゲーム理論である**と言われていた．マキシミニ戦略を解としていた初期のゲーム理論には，この言葉は確かに当てはまっている．しかしそれだけではないのである．すなわち，ゼロ和ゲームでは「プレイヤーは自分が最悪の場合を最善にするような行動をとる」というプレイヤーの1人の意思決定の原理と，「相手がそのような行動をとっているときに，自分はその行動から逸脱しても利得を高くすることができない」とする意思決定の相互依存関係に関する原理（ナッシュ均衡の自己拘束性）の，2つの異なる原理が同時に成立している．

　ところが，一般の非ゼロ和n人ゲームにおいては，マキシミニ戦略の組とナッシュ均衡は必ずしも一致しない．図6.21にその例を挙げよう．

　図6.21のマキシミニ戦略の組は(x_1, x_2)である（各自確かめてみよ）．しかしこの場合に，もし相手がマキシミニ戦略をとると分かっているならば，自分にはマキシミニ戦略よりも利得を高くする戦略が存在する．すなわち，非ゼロ和ゲームでは「プレイヤーが自分が最悪の場合を最良にするような行動をとる」というプレイヤーの1人の意思決定の原理と，「相手がそのような行動をとっているときに，自分はその行動から逸脱しても利得を高くすることができない」とする自己拘束性の原理が両立しないことがある．

　「プレイヤー1がx_1を選択する」とプレイヤー2が考えるならば，プレイヤー2はx_2を選択せずy_2を選択するだろう．相手が「最悪の場合を最良にするような行動をとる」ならば，自分は「最悪の場合を最良にするよりももっと良

図6.21 マキシミニ戦略の組とナッシュ均衡の不一致

1 \ 2	x_2	y_2
x_1	(0, 0)	(2, 1)
y_1	(1, 2)	(−9, −9)

い戦略がある」のである.

「危機管理」や「リスク管理」における「最悪の場合を最善にするような行動」は不確実なことが起きうる状況において,とるべき1つの行動指針ではある.しかしこのような理由から,現在のゲーム理論ではマキシミニ戦略を解としていない.相手が地震や気象など,こちらの戦略に依存せずに結果を選択する「自然」ではなく,こちらの戦略に依存して戦略を変える人間であれば,マキシミニ戦略はもはや良い戦略とは言えないのである.

> **ポイント43　現在のゲーム理論は勝ち負けの理論だけではない**
>
> 初期のゲーム理論はゼロ和ゲームを対象とし,勝ち負けを分析する理論であり,その解であるマキシミニ戦略はナッシュ均衡の概念と一致していた.現在のゲーム理論はwin-winの関係も考察できる非ゼロ和ゲームを対象としている.その解は必ずしもマキシミニ戦略にならない.

6.4 【発展】マキシミニ戦略とミニマックス値を求める

6.4.1 混合戦略への拡張とミニマックス定理

前節ではミニマックス定理を説明し,自分のマキシミニ戦略に対し,その利得を最悪にするような戦略は相手のマキシミニ戦略になっていることを示した.ここで図6.22のゼロ和ゲームとマキシミニ戦略を考えてみよう.

- プレイヤー1の戦略がx_1であるときに,プレイヤー1の利得を最悪にするプレイヤー2の戦略はy_2で,このときのプレイヤー1の利得は1.
- プレイヤー1の戦略がy_1であるときに,プレイヤー1の利得を最悪にするプレイヤー2の戦略はx_2で,このときのプレイヤー1の利得は0.

図6.22 マキシミニ戦略は？

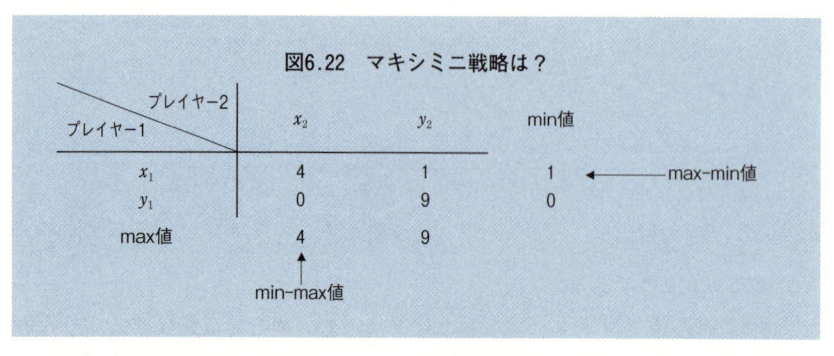

プレイヤー1 \ プレイヤー2	x_2	y_2	min値
x_1	4	1	1 ← max-min値
y_1	0	9	0
max値	4	9	

min-max値

　この場合，プレイヤー1のマキシミニ戦略はx_1でマキシミニ値は1のように思えるが，本当にそうであろうか．ここでプレイヤー2のマキシミニ戦略はx_2となる．このプレイヤー2のマキシミニ戦略x_2は，プレイヤー1がマキシミニ戦略x_1を選んだときに最悪の利得を与える戦略y_2とは一致していない．この場合はミニマックス定理は成立しないのであろうか．

　実はプレイヤー1のマキシミニ戦略はx_1ではない．プレイヤー1の戦略を混合戦略まで拡張し期待利得を考えると，プレイヤー1は最悪のときの利得をx_1より大きくすることができるのである．

　例えば，プレイヤー1の戦略（混合戦略）を「x_1を確率$\frac{1}{2}$，y_1を確率$\frac{1}{2}$で選択する」としてみよう．このときプレイヤー2が戦略x_2を選べば期待利得は2，戦略y_2を選べば期待利得は5である．最悪の利得は2であるが，これはx_1を選んだときの最悪の利得1よりも高い．

　このように混合戦略を考えると，最悪のときの利得を大きくすることができる．それでは混合戦略を考えると常にミニマックス定理は成立するのであろうか．ミニマックス定理がすべての2人ゼロ和ゲームについて成立するかという問題は，20世紀初頭には解けていない大きな問題であった．確率論の大家ボレル（Emile Borel）はこの問題に取り組み，1921年から27年にかけて，戦略の数が3，5，7でプレイヤーの数が対称のときは成立することを示した．しかし一般にこの定理が成立するかどうかは分からず，やや否定的だったという（鈴木（1994））．しかし，フォン・ノイマンは1928年に，ミニマックス定理がすべての2人ゼロ和ゲームについて成立することを証明した．

　混合戦略まで拡張すれば，「自分のマキシミニ戦略に対し，その利得を最悪

にするような戦略は相手のマキシミニ戦略になっている」という主張，および「すべてのプレイヤーがマキシミニ戦略を選ぶことがナッシュ均衡である」という主張は，すべての2人ゼロ和ゲームについて成立するのである．

ミニマックス定理は独創的な定理で，これをきっかけにオペレーションズリサーチや数理経済学の多くの新しい分野が開拓された．本書ではミニマックス定理の証明は記さないが，興味のある読者は巻末の参考文献を頼りに，一度証明について書かれたものを読んでほしい．

6.4.2 マキシミニ戦略とミニマックス値を求める

2人ゼロ和ゲームのマキシミニ戦略を求める問題は，線形計画問題に帰着し，2人非ゼロ和ゲームのナッシュ均衡を求めるよりはやさしいことが知られている．といっても，それは計算機上での解法であり，2人ゼロ和ゲームのマキシミニ戦略を私たちが手で計算することは一般的には難しいことである．しかし，2人のプレイヤーのどちらかの戦略が2つに限定されれば，図を用いて簡単にそれを求めることができる．

図6.22のマキシミニ戦略を求めてみよう．ここでプレイヤー1がx_1を確率p，y_1を$1-p$で選ぶ混合戦略を考える．このプレイヤー1の混合戦略に対して，プレイヤー2がx_2，y_2を選んだときのプレイヤー1の期待利得を求めると，それぞれ以下のようになる．

x_2に対するプレイヤー1の混合戦略の期待利得　　$4 \times p + 0 \times (1-p) = 4p$

y_2に対するプレイヤー1の混合戦略の期待利得　　$1 \times p + 9 \times (1-p) = -8p + 9$

このとき横軸にp，縦軸にプレイヤー1の期待利得を描いた図が，図6.23である．x_2に対する期待利得とy_2に対する期待利得は$p = \frac{3}{4}$で交わる．

プレイヤー1の様々な混合戦略（p）に対して，期待利得が最小になるのは，プレイヤー2がどの戦略を選んだときかを見てみよう．図6.23のグラフより，$p < \frac{3}{4}$のときはプレイヤー2がx_2を選んだときの利得がy_2を選んだときの利得よりも小さい．したがって，最小の利得となるのはプレイヤー2がx_2を選んだときである．同様に$p > \frac{3}{4}$のときは，最小の利得となるのはプレイヤー2がy_2を選んだときである．$p = \frac{3}{4}$はどちらも同じ期待利得を与える．プレイヤー1の

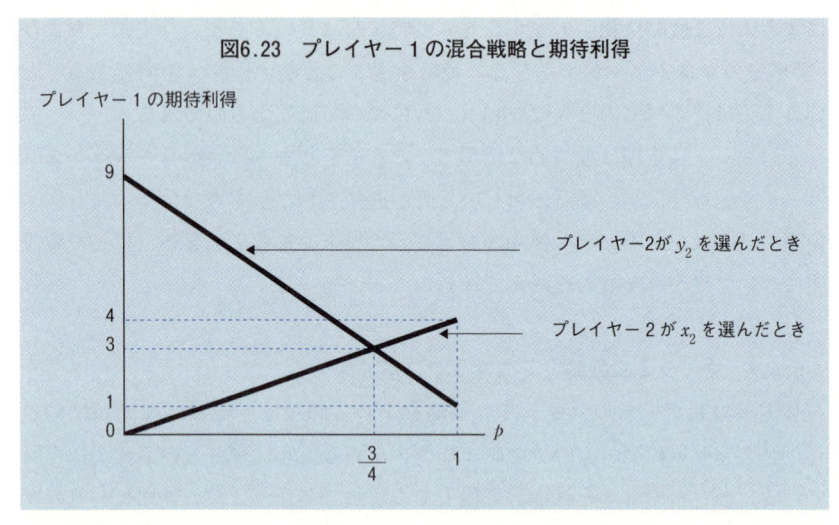

図6.23　プレイヤー1の混合戦略と期待利得

プレイヤー1の期待利得

- プレイヤー2が y_2 を選んだとき
- プレイヤー2が x_2 を選んだとき

混合戦略 p の値に対する最小値は，それぞれの p の値に対して下側にあるグラフを選べばよい．

よって，プレイヤー1の混合戦略 p の値に対する最小値のグラフを作ると，図6.24の太線で表されるような，$p=\frac{3}{4}$ が頂点となる山形のグラフとなる．

以上のことから，最小の利得を最大にするプレイヤー1の戦略，すなわちマキシミニ戦略は $p=\frac{3}{4}$ であることが分かる．また，このときのミニマックス値は3となる．

プレイヤー2のマキシミニ戦略を求めるにはいくつかの考え方がある．まず1つ目はプレイヤー1の利得表（図6.22）に -1 をかけてプレイヤー2の利得に直し，プレイヤー1と同様にして求める方法である．これは読者の演習としたい．2つ目はプレイヤー1の利得表をそのまま用いて考える方法である．この場合，プレイヤー2は，プレイヤー1の最大の利得を最小にするように行動する「ミニマックス戦略」を選ぶと考えればよい．プレイヤー2の混合戦略を，x_2 を選ぶ確率 q，y_2 を選ぶ確率 $1-q$ として，これを考えよう．

このプレイヤー2の混合戦略に対して，プレイヤー1が x_1，y_1 を選んだときの期待利得を求めると，それぞれ以下のようになる．

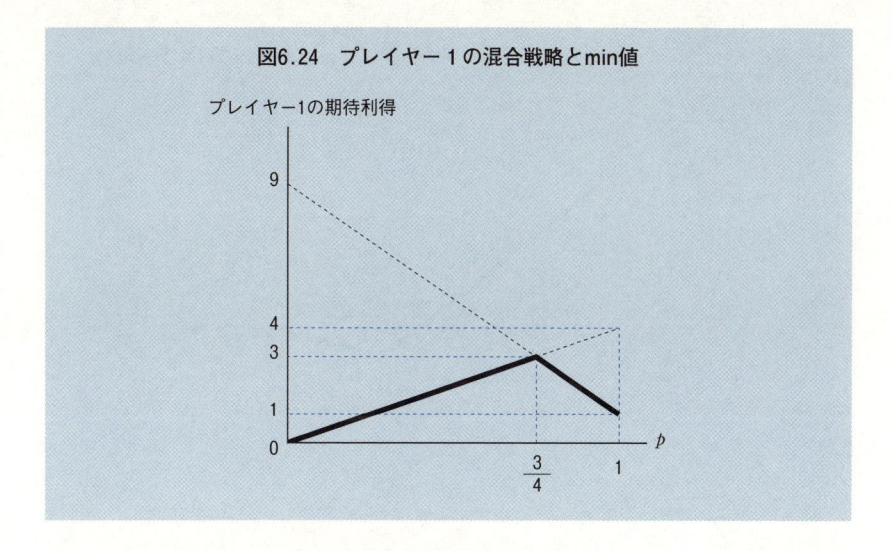

図6.24 プレイヤー1の混合戦略とmin値

プレイヤー1の期待利得

（グラフ：横軸 p、縦軸にプレイヤー1の期待利得。$p=3/4$ で最大値3をとる折れ線グラフ）

x_1に対するプレイヤー2の混合戦略の期待利得　　$4 \times q + 1 \times (1-q) = 3q + 1$
y_1に対するプレイヤー2の混合戦略の期待利得　　$0 \times q + 9 \times (1-p) = -9q + 9$

このとき横軸にq，縦軸にプレイヤー2の期待利得を描いた図が，図6.25である．

ただし，プレイヤー2の期待利得はプレイヤー1の利得として表現されており，実際のプレイヤー2の利得はこれに-1をかけたものである．したがって，プレイヤー1で考えたときと対称的に，常に利得が最大になるときを考え，それを最小にするような値を求めればよい．図6.25では，常に最大の利得となるとき（max値）のグラフを太線で示している．これが最小となるのは，x_1に対する期待利得とy_2に対する期待利得の線が交わる$q = \frac{2}{3}$である．したがって，$q = \frac{2}{3}$がマキシミニ戦略である．

最後にもう1つ，プレイヤー2のミニマックス戦略を計算する別の方法を示す．ミニマックス定理より，プレイヤー1のマキシミニ戦略に対して，プレイヤー2のマキシミニ戦略は，プレイヤー1に最悪の利得を与える．図6.24のグラフより最悪の利得を与えるプレイヤー2の（純粋）戦略は，x_2とy_2の両方である．したがって，プレイヤー2のマキシミニ戦略は，x_2を確率q，y_2を$1-q$で選ぶような混合戦略で表せるはずである．しかもそのときのプレイヤー2の期

図6.25 プレイヤー2の混合戦略と期待利得（プレイヤー1の利得で表現）

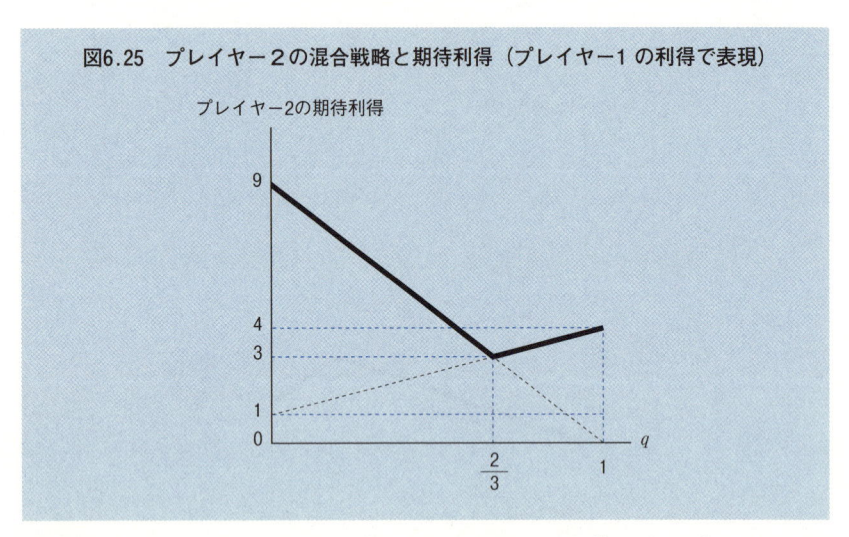

待利得は，プレイヤー1がx_1を選んでもy_1を選んでも等しいはずである．図6.22の表に−1をかけたものが，プレイヤー2の期待利得であることから，これを計算すると，

x_1を選んだときの期待利得　　$(-4) \times q + (-1) \times (1-q) = -3q-1$

y_1を選んだときの期待利得　　$0 \times q + (-9) \times (1-q) = 9q-9$

となるので，プレイヤー2のマキシミニ戦略は$-3q-1=9q-9$を満たさなければならない．これにより$q=\frac{2}{3}$を得る．

以上より，プレイヤー1とプレイヤー2のマキシミニ戦略を求めることができた．プレイヤー1のマキシミニ戦略は，x_1を$\frac{3}{4}$，y_1を$\frac{1}{4}$で選ぶ混合戦略であり，プレイヤー2のマキシミニ戦略は，x_2を$\frac{2}{3}$，y_2を$\frac{1}{3}$で選ぶ混合戦略である．マキシミニ値は3となる．

6.4.3　2×nのマキシミニ戦略

2人ゼロ和ゲームにおいては，2人のプレイヤーのどちらかの戦略が2つであれば，マキシミニ戦略を求めることは2×2ゲームとほとんど同じように図を用いて解くことが可能である．ここでは，図6.26のような2×3のゼロ和ゲームのマキシミニ戦略を求めてみよう．

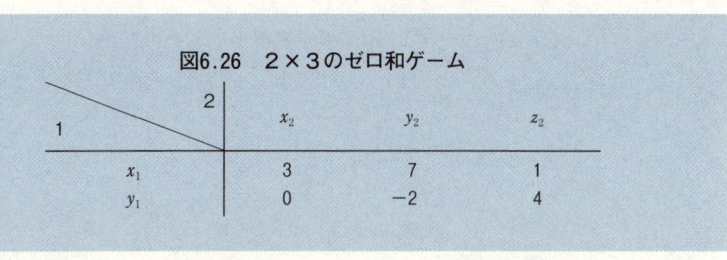

図6.26 2×3のゼロ和ゲーム

	x_2	y_2	z_2
x_1	3	7	1
y_1	0	−2	4

ここでプレイヤー1がx_1を確率p, y_1を$1-p$で選ぶ混合戦略を考える．プレイヤー2がx_2, y_2, z_2を選んだときの期待利得を求めるとそれぞれ以下のようになる．

x_2に対する期待利得　　$3 \times p + 0 \times (1-p) = 3p$

y_2に対する期待利得　　$7 \times p + (-2) \times (1-p) = 9p - 2$

z_2に対する期待利得　　$1 \times p + 4 \times (1-p) = -3p + 4$

このとき横軸にp，縦軸にプレイヤー1の期待利得をとり，プレイヤー2の戦略に対する期待利得のグラフを描くと図6.27となる．

図6.27のグラフより，$p < \frac{1}{3}$のとき最小の利得となるのはプレイヤー2がy_2を選んだとき，$\frac{1}{3} < p < \frac{2}{3}$のとき最小の利得となるのはプレイヤー2が$x_2$を選んだとき，$p > \frac{2}{3}$のとき最小の利得となるのはプレイヤー2が$z_2$を選んだときである．$p = \frac{1}{3}$のときは$x_2$と$y_2$が，$p = \frac{2}{3}$のときは$x_2$と$z_2$が共に最小の利得を与える．

グラフの太線はpの値に対する最小の利得を表している．これにより最小の利得を最大にするプレイヤー1の戦略，すなわちマキシミニ戦略は$p = \frac{2}{3}$であることが分かる．また，このときのマキシミニ値は2となる．

プレイヤー2のマキシミニ戦略を求めるには，どうすればよいだろうか．ここでは前の項で説明した3番目の考え方を使ってみよう．ミニマックス定理より，プレイヤー1のマキシミニ戦略に対して，プレイヤー1のマキシミニ戦略はプレイヤー2に最悪の利得を与える．図6.27のグラフより，最悪の利得を与えるプレイヤー2の（純粋）戦略は，x_2とz_2の両方である．したがってプレイヤー2のマキシミニ戦略は，x_2を確率q, z_2を$1-q$で選ぶような混合戦略で表せるはずで，y_2に割り振られる確率は0でなければならない．プレイヤー2の

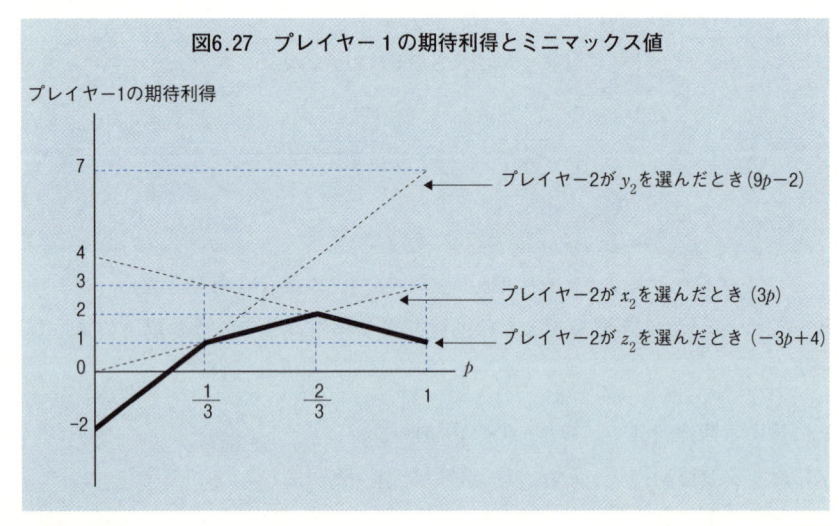

図6.27 プレイヤー1の期待利得とミニマックス値

プレイヤー1の期待利得

プレイヤー2がy_2を選んだとき $(9p-2)$
プレイヤー2がx_2を選んだとき $(3p)$
プレイヤー2がz_2を選んだとき $(-3p+4)$

期待利得は，プレイヤー1がx_1を選んでもy_1を選んでも等しいはずである．図6.26から，

x_1を選んだときの期待利得　　$(-3)\times q + (-1)\times(1-q) = -2q-1$

y_1を選んだときの期待利得　　$0\times q + (-4)\times(1-q) = 4q-4$

となるので，プレイヤー2のマキシミニ戦略は$-2q-1 = 4q-4$を満たさなければならない．これにより$q=\frac{1}{2}$を得る．

以上より，プレイヤー1とプレイヤー2のマキシミニ戦略を求めることができた．プレイヤー1のマキシミニ戦略は，x_1を$\frac{2}{3}$，y_1を$\frac{1}{3}$で選ぶ混合戦略であり，プレイヤー2のマキシミニ戦略は，x_2を$\frac{1}{2}$，y_2を0，z_2を$\frac{1}{2}$で選ぶ混合戦略である．マキシミニ値（＝ミニマックス値）は2となる．

演習問題

演習6.1　図6.28のナッシュ均衡を混合戦略まで含めて求めなさい．答えの書き方は表6.2にならいなさい．

演習6.2

問1　図6.13のコインの表裏合わせのナッシュ均衡を求めよ．

問 2　図6.14の（表,表）で大儲けのコインの表裏合わせゲームのナッシュ均衡を求めよ．

演習6.3

問 1　図6.22のナッシュ均衡を，本書の6.2の方法に従って求め，これが6.4で学んだ方法と一致することを確かめなさい．

問 2　図6.13のマキシミニ戦略を本書の6.4で学んだ方法で求め，これが上の演習問題で求めたナッシュ均衡と一致することを確かめなさい．

演習6.4　ゲーム理論では，以下の命題が証明されている．

　　混合戦略まで含めてナッシュ均衡を考えても，（強く）支配された戦略がナッシュ均衡の戦略に使われることはない．つまり（強く）支配された戦略は，どんなナッシュ均衡においても正の確率は割り振られることはない．ただし，弱く支配された戦略はナッシュ均衡の戦略になることはある．

上記の命題を使って図6.29のナッシュ均衡について考察する．次の問いに答えよ．

問 1　図6.29の純粋戦略のナッシュ均衡を求めよ．

問 2　図6.29において，各プレイヤーの支配された戦略を求めよ．

問 3　上記で示した命題を使って図6.29のナッシュ均衡を求めよ．

図6.28　ナッシュ均衡を求める

問1

1 \ 2	x_2	y_2
x_1	(3, 4)	(1, 2)
y_1	(2, 1)	(4, 3)

問2

1 \ 2	x_2	y_2
x_1	(1, 7)	(5, 2)
y_1	(2, 0)	(0, 1)

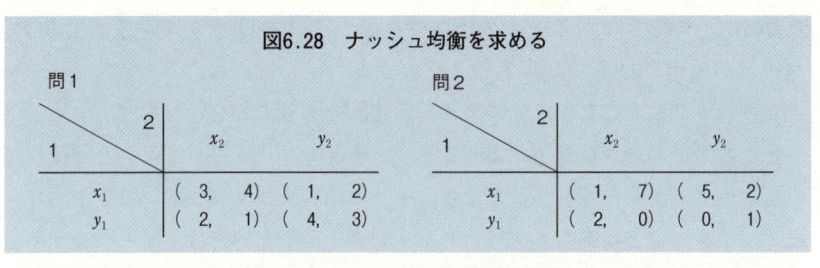

図6.29　混合戦略までナッシュ均衡を求める

1 \ 2	x_2	y_2	z_2
x_1	(3, 2)	(1, 1)	(0, 0)
y_1	(1, 1)	(2, 3)	(0, 0)
z_1	(0, 0)	(0, 0)	(−1, −1)

図6.30　2人ゼロ和ゲームの利得表

	2	x_2	y_2	z_2
1				
x_1		1	4	2
y_1		7	0	1

問4 じゃんけんや変則じゃんけんでは，3つ戦略があり純粋戦略のナッシュ均衡がない．この場合のナッシュ均衡は，その3つの戦略すべてに正の確率が割り振られている．この「3つの戦略があり純粋戦略のナッシュ均衡がないゲームのナッシュ均衡は，その3つの戦略すべてに正の確率が割り振られている」という命題は常に成立するか．

演習6.5 図6.30は2人ゼロ和ゲームの利得表を表している．プレイヤー1は行x_1, y_1の戦略を選択し，プレイヤー2は列x_2, y_2, z_2の戦略を選択する．図6.30の数字はプレイヤー1の利得を表し，例えばプレイヤー1がx_1，プレイヤー2がx_2を選択したときにプレイヤー1の利得は1である．

このとき各プレイヤーのマキシミニ戦略を混合戦略まで含めて考えて求めなさい．解答は，プレイヤー1がx_1, y_1を選ぶ確率，プレイヤー2がx_2, y_2, z_2を選ぶ確率を書きなさい．

演習6.6 本書では，グーはグリコで3歩，チョキはチヨコレイトで6歩，パーはパイナツプルで6歩進むような変則じゃんけんは，グーとパーを$\frac{1}{4}$，チョキを$\frac{1}{2}$で出すことが唯一のナッシュ均衡であることを示した．

ところでこの遊びは地方により「グミ・チョコレート・パイン」と呼ばれている．つまりグーは「グミ」で2歩，チョキは「チヨコレート」で6歩，パーは「パイン」で3歩進む．ではこのゲームのナッシュ均衡は，グー・チョキ・パーをそれぞれいくつの確率で選ぶことになるか求めなさい（勝ったときの歩数を利得とし，負けたときとあいこでは利得は0と考える）．

解答

演習6.1

問1

		均衡(1)	均衡(2)	均衡(3)
プレイヤー1	x_1を選択する確率	1	$\frac{1}{2}$	0
	y_1を選択する確率	0	$\frac{1}{2}$	1
プレイヤー2	x_2を選択する確率	1	$\frac{3}{4}$	0
	y_2を選択する確率	0	$\frac{1}{4}$	1

問2

プレイヤー1	x_1を選択する確率	$\frac{1}{6}$
	y_1を選択する確率	$\frac{5}{6}$
プレイヤー2	x_2を選択する確率	$\frac{5}{6}$
	y_2を選択する確率	$\frac{1}{6}$

演習6.2 答は本文中.

演習6.3 答は本文中.

演習6.4 問1 (x_1, x_2), (y_1, y_2)　問2 プレイヤー1のz_1は支配された戦略である．またプレイヤー2のz_2も支配された戦略である．

問3

		均衡(1)	均衡(2)	均衡(3)
プレイヤー1	x_1を選択する確率	1	$\frac{2}{3}$	0
	y_1を選択する確率	0	$\frac{1}{3}$	1
	z_1を選択する確率	0	0	0
プレイヤー2	x_2を選択する確率	1	$\frac{1}{3}$	0
	y_2を選択する確率	0	$\frac{2}{3}$	1
	z_2を選択する確率	0	0	0

問4 この問題のように，3つの戦略の中で2つだけに正の確率が割り振られることがあるので，命題は常には成立しない．

演習6.5

プレイヤー1	x_1を選択する確率	$\frac{6}{7}$
	y_1を選択する確率	$\frac{1}{7}$
プレイヤー2	x_2を選択する確率	$\frac{1}{7}$
	y_2を選択する確率	0
	z_2を選択する確率	$\frac{6}{7}$

演習6.6 グーが $\frac{1}{3}$, チョキが $\frac{1}{2}$, パーが $\frac{1}{6}$

第7章

一般の展開形ゲーム

　第3章では，プレイヤーが交互に行動を選択するゲームにおいて，自分より前に行動するプレイヤーの選択が完全に分かる完全情報の展開形ゲームについて勉強した．この章では，さらに一般的な展開形ゲームについて学ぶ．一般的な展開形ゲームとは，自分より前に行動したプレイヤーの選択が観察できないプレイヤーが存在したり，プレイヤーが同時に行動したり，交互に行動したりすることが混在するゲームである．

7.1 不完全情報の展開形ゲーム

7.1.1 不完全情報ゲームと情報集合

　第7章では，自分より前に行動したプレイヤーの選択が観察できないプレイヤーが存在する展開形ゲームを学ぶ．そのようなゲーム（すなわち完全情報ではない展開形ゲーム）は，**不完全情報**（imperfect information）の展開形ゲームと呼ばれる．この章では，完全情報と不完全情報の両方を含む一般的な展開形ゲームについて考察する．

　戦略形ゲームは，不完全情報ゲームの1つの例である．本書の1.3.4で示した「面倒なじゃんけん」の例を思い出してみよう．戦略形ゲームの章で説明したように2人ゲームにおいて「2人が同時に行動する」ということと，「先に行動したプレイヤーの行動を観察できずに，次のプレイヤーが行動を選択する」というゲームは同じであると考えることができる．一般の展開形ゲームの概念を学ぶことで，このことはより明確になるであろう．

以下の例を考える．

> **モデル24　I市コンビニ戦争PART5**
>
> 　2つの大手コンビニ，セレブとファミモが，A駅かB駅のどちらかに出店しようと考えている．A駅にコンビニができた場合は1日600人が，B駅にコンビニができた場合は1日400人が利用すると考えられている．
>
> 　もし両コンビニが違う駅前に出店すれば，その駅の利用客はすべて獲得できるものとする．また，同じ駅前に出店すれば，ファミモとセレブはお客を半分ずつ分け合うと考えよう．すなわち両コンビニがA駅に出店した場合は，セレブもファミモも300人，両コンビニがB駅に出店した場合はセレブもファミモも200人の客を獲得するとする．
>
> 　利用客を多く獲得するために，2つのコンビニはどちらに立地しようと考えるだろうか．ここで両コンビニは，相手の行動を観察できずに，同時に行動を選択することとする．

図7.1　I市コンビニ戦争PART5の利得行列

セレブ＼ファミモ	A駅	B駅
A駅	(300, 300)	(600, 400)
B駅	(400, 600)	(200, 200)

　モデル24は，同時のゲームであるから戦略形ゲームとして表現することができる．このゲームの利得行列は，図7.1となる．

　この例はセレブとファミモが同時に行動するゲームであるが，セレブが先手で，ファミモが後手としてセレブの行動を観察できないゲームであると解釈することもできる．先手をファミモ，後手をセレブとしても同じゲームになるが，以下ではセレブを先手として分析していこう．図7.2は，**モデル24**の「I市コンビニ戦争PART5」を，セレブを先手で後手をファミモと考えた不完全情報の展開形ゲームとして再解釈し，ゲームの木で表現したものである．

　この図においてv_2とv_3が円で囲まれて1つの集合にまとめられていることに注意しよう．ここでv_2は「セレブがA駅を選んだ」という状態でファミモが行

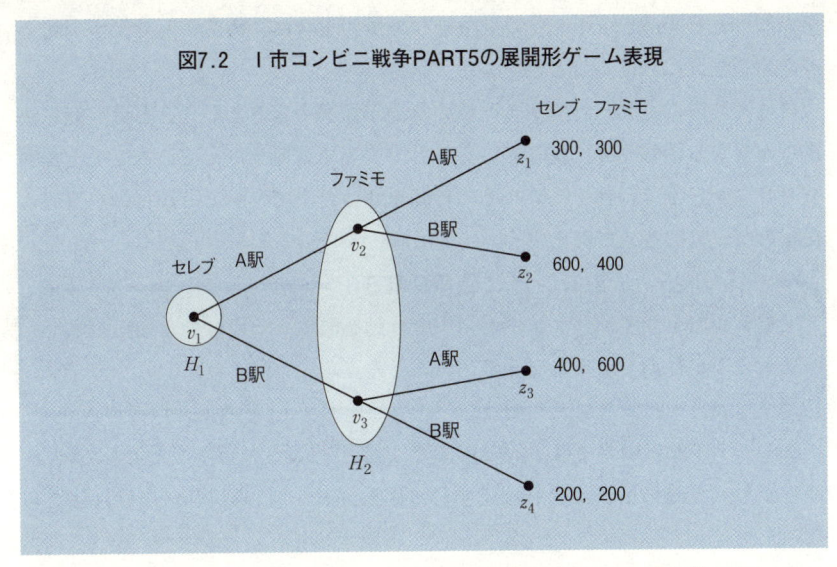

図7.2　I市コンビニ戦争PART5の展開形ゲーム表現

	セレブ	ファミモ
z_1	300,	300
z_2	600,	400
z_3	400,	600
z_4	200,	200

動を選択する点であり，v_3は「セレブがB駅を選んだ」という状態でファミモが行動を選択する点である．しかし，ファミモは先に行動したセレブの行動を観察できずに，自分の行動を選択しなければならない．これは，ファミモは「自分がv_2という点で行動を選択しているのか，v_3という点で行動を選択しているのかが識別できない」と解釈できるのである．このことを表現するために，v_2とv_3は円で囲まれて同じ集合にまとめられている．

図7.2では，各意思決定点v_1，v_2，v_3が円で囲まれて集合として分けられ，その集合にH_1，H_2という名前がつけられていると考えることができる．H_1はv_1という1つの点からなる集合$H_1 = \{v_1\}$であり，H_2はv_2とv_3という2つの点からなる集合$H_2 = \{v_2, v_3\}$である．

このように，不完全情報の展開形ゲームでは，各プレイヤーの意思決定点を集合に分け，その集合のどの点で行動しているかをプレイヤーが識別できないという方法で，自分より前のプレイヤーの行動が観察できないという事実を表現する．この円で囲まれた，プレイヤーが識別できない意思決定点の集合を**情報集合**（information set）と呼ぶ．情報集合とは，そのプレイヤーが，自分がどの点にいるか区別できないような意思決定点の集合である．

セレブはもともと意思決定点が1つであり，識別できるかできないかは関係

第7章　一般の展開形ゲーム　221

ないが，便宜上v_1という1つの点を1つの情報集合に含めることで，すべての点を情報集合に分けることができる．

自分より前に行動したプレイヤーの行動が観察できるということは，意思決定点が異なる情報集合に属していることで表現できる．例えばここで**モデル24**をセレブが先手で行動を決め，**その行動を知った上で**ファミモが行動を決める交互のゲームに変えて考えよう．

> **モデル25 I市コンビニ戦争PART6**
>
> モデル24を今度は，セレブが先手で行動を決め，その行動を知った上でファミモが行動を決める交互のゲームと考える．

このモデル25については，前の章までは図7.3のように書くこととしていた．しかし，正確に情報集合を記述すれば図7.4のように表現されなければならない．

図7.4では，v_2とv_3は異なる情報集合H_2とH_3に属し，各情報集合は1つの点だけで作られている．ファミモはv_2とv_3を異なる点として識別できることを示しており，これはすなわち，セレブの行動をファミモが観察できるということを示しているのである．

1つの点だけからなる情報集合は，その意思決定点で行動していることが確実に分かるような情報をプレイヤーが持っているということである．したがって完全情報の展開形ゲームは，すべての情報集合においてただ1つの意思決定点が属するような展開形ゲームであると言い換えることができる．

完全情報の展開形ゲームは，ここまでは図3.1，図3.2や図7.3のような表記を用いてきた．正確には情報集合を記述して図7.4のようなゲームの木によって表現されなければならないが，このような情報集合に点が1つしかない場合は情報集合を表記すると煩雑になる．したがって，今後も混乱がないと思われる限りは，完全情報では図3.1，図3.2や図7.3のような表現をすることがある．

このように情報集合を使えば，ある時点で行動するプレイヤーが，それ以前に行動したプレイヤーのどの行動が観察できて，どの行動が観察できないかを，自由に表現することができる．これまではゲームは，同時に行われるか，交互に進められるかのどちらかであったが，それ以外の広い範疇のゲームを分

図7.3　I市コンビニ戦争PART6のこれまでのゲームの木

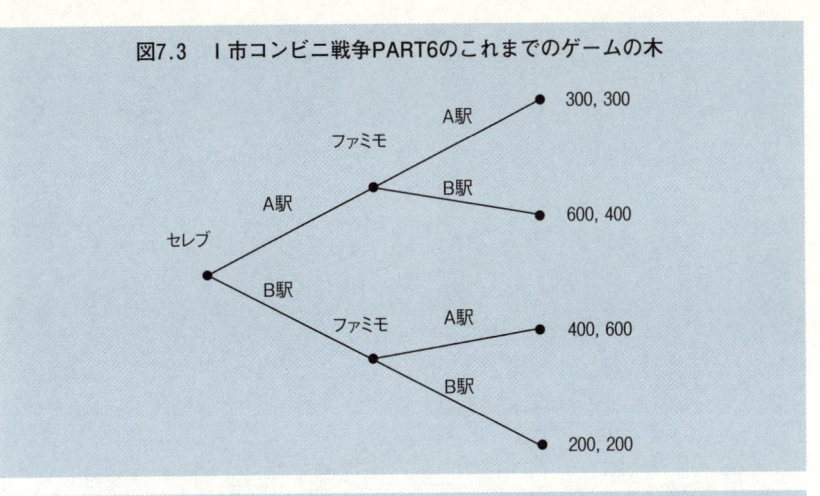

図7.4　情報集合を記述したI市コンビニ戦争PART6のゲームの木

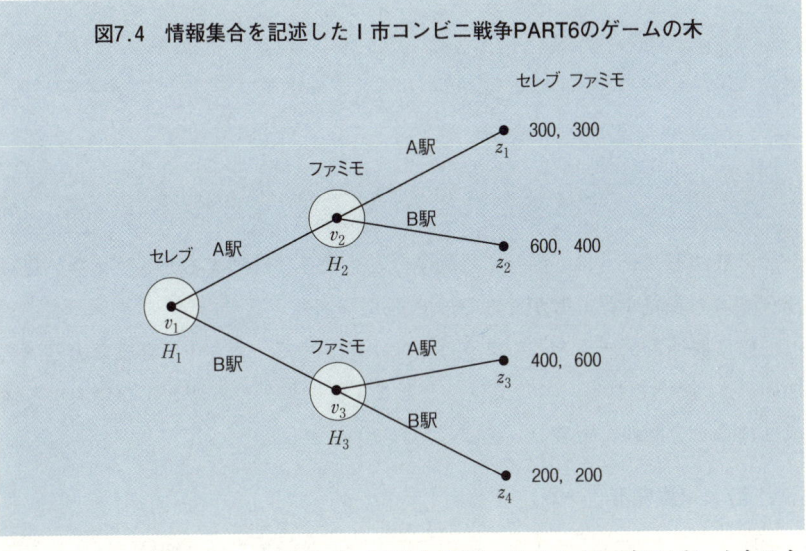

析することが可能になる．例えば，不完全情報ではあるが同時にプレイするとは限らないゲームの例として，図7.5を考えてみよう．プレイヤー2はプレイヤー1がx_1とy_1を選択したときは，そのどちらが選択されたかを知ることはできないが，プレイヤー1がz_1を選択したときは，それを特定することができる．つまり，プレイヤー1がx_1とy_1を選択したときは，プレイヤー2は同時にプレイしていると考えられるが，z_1を選択したときは交互にプレイしている．

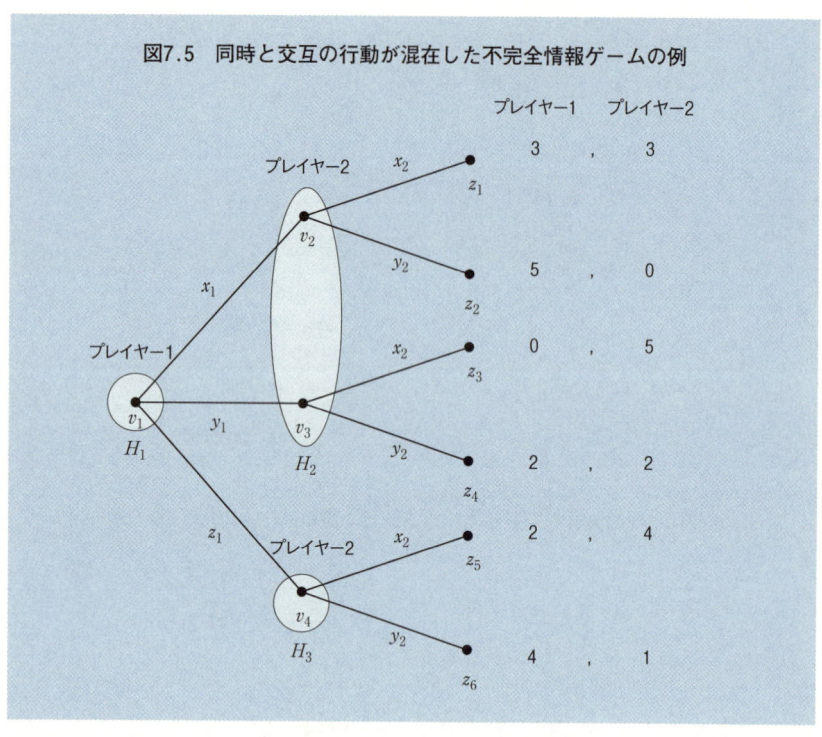

図7.5　同時と交互の行動が混在した不完全情報ゲームの例

	プレイヤー1	プレイヤー2
z_1	3 ,	3
z_2	5 ,	0
z_3	0 ,	5
z_4	2 ,	2
z_5	2 ,	4
z_6	4 ,	1

一般の展開形ゲームは，同時に行動するとも交互に行動するとも言えない複雑なゲームも表現することができるのである．

　一般の展開形ゲームをどのように表すかについて，もう少し詳細な議論は次節の7.2で展開される．ここでは，ひとまず展開形ゲームがどんな要素から構成されるかを簡便に定義し，確認しておこう．

定義7.1（展開形ゲーム）

　展開形ゲームは，プレイヤー，ゲームの木（意思決定点，終点，枝から構成される），意思決定点でどのプレイヤーが行動するか，各意思決定点での行動の候補（意思決定点でプレイヤーが選択できる行動），情報集合，終点に対応づけられた利得，から構成される．

7.1.2　行動戦略

　第3章の完全情報の展開形ゲームではゲームの解を求める方法についてのみ

述べ，展開形ゲームの戦略とは何であるかについては説明せず曖昧な形で進んできた．これ以降では，展開形ゲームにおける戦略とは何かを明確にして，ゲームの解とは何かを考えていく．まず，完全情報のゲームの解をもう一度おさらいしよう．図7.4のゲームの解は，

セレブ　　v_1でA駅に立地を選ぶ
ファミモ　v_2ではB駅に立地することを選び，v_3ではA駅に立地することを選ぶ

というものであった．

　各プレイヤーが選択できる代替案を，その意思決定点の行動と呼んでいたことを思い出そう．例えばv_2でファミモが選択できる「A駅に立地する」「B駅に立地する」という行動は，ファミモの戦略とは呼ばない．ここは，自分が選択できる行動をそのまま戦略と呼ぶ戦略形ゲームとは異なる部分である．展開形ゲームにおいては，先読みのゲームの解と結果を区別して考えることが大切であることも学んだ．このゲームの解における結果は，「セレブがA駅に立地し，ファミモがB駅に立地する」という行動の組合せであったが，ゲームの解を記述するときは実際には到達しないv_3という意思決定点で，プレイヤーが何を選択するかを説明することも重要であるとした．ゲームの解では，すべての意思決定点で何が選択されるかを記述しなければならない．

　これは，合理的なプレイヤーは「すべての意思決定点でどのような行動をとるか」という行動計画を持っているという考え方に拠るものであり，あらゆる場合を想定してそれを読み合うという考え方に由来するものである．この「すべての意思決定点でどのような行動をとるか」という行動計画を完全情報展開形ゲームの戦略と考え，**行動戦略**（behavioral strategy）と呼ぶ．セレブの「v_1でA駅を選択する」や，ファミモの「v_2ではB駅を選択し，v_3ではA駅を選択する」は，それぞれのプレイヤーが1つの行動戦略を選んだと考える．

　ここで，ファミモの行動戦略として，H_2，H_3でどのような選択をするかを，カッコの中に順に並べて表現しよう．例えば，（A駅，B駅）は「H_2ではA駅，H_3ではB駅を選ぶ」という行動戦略を表すものとする．このとき，ファミモの行動戦略は次の4つである．

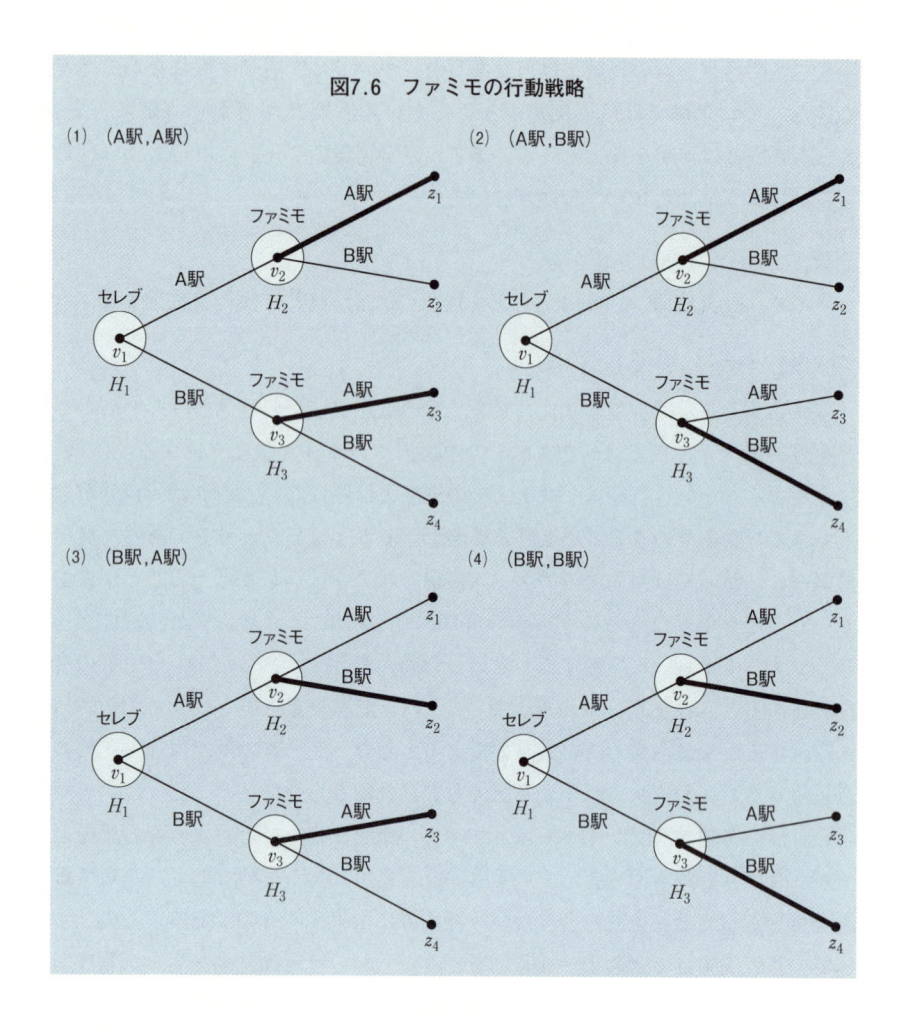

図7.6 ファミモの行動戦略

(1) (A駅, A駅)　　(2) (A駅, B駅)

(3) (B駅, A駅)　　(4) (B駅, B駅)

行動戦略1：(A駅, A駅)　　H_2ではA駅，H_3でもA駅を選ぶ
行動戦略2：(A駅, B駅)　　H_2ではA駅，H_3ではB駅を選ぶ
行動戦略3：(B駅, A駅)　　H_2ではB駅，H_3ではA駅を選ぶ
行動戦略4：(B駅, B駅)　　H_2ではB駅，H_3でもB駅を選ぶ

　図7.6は，この4つの戦略をゲームの木の上に記したものである．これに対し，セレブの行動戦略は，

行動戦略1：A駅　　H_1でA駅を選ぶ
行動戦略2：B駅　　H_1でB駅を選ぶ

の2つである．セレブはこの2つから，ファミモは上の4つから1つの戦略を選び，行動すると考えるのである．

　それでは，完全情報ゲームとは限らない，一般的な展開形ゲームにおける行動戦略とはどのようなものであろうか．完全情報ゲームでは，各プレイヤーは意思決定点ごとに，自分の行動を決めることができた．しかし不完全情報の展開形ゲームでは，同じ情報集合内では，その点ごとには自分の行動を決めることはできない．

　例えばセレブとファミモが同時に行動する図7.2を考えよう．この展開形ゲームにおいては，ファミモはv_2とv_3のどちらの点にいるかが識別できない．したがって「v_2ではB駅に立地し，v_3ではA駅に立地する」という選択はできない．そうであればファミモはv_2とv_3を識別できていることになるからである．したがって，ファミモはv_2とv_3では同じ行動を選択しなければならないはずである．

　このことを一般化すると，「識別できないような意思決定点では同じ行動を選択しなければならない」ということになる．すなわち同じ情報集合に属する意思決定点では，すべて同じ行動が選択されなければならない．言い換えると**1つの情報集合につき，1つの行動が選択される**ということである．このことから，一般的な展開形ゲームの行動戦略とは以下のように定義される．

定義7.2（行動戦略）
　展開形ゲームにおいて，各プレイヤーがすべての情報集合でどのような行動をとるかを，そのプレイヤーの行動戦略と呼ぶ．

　この定義に従って，図7.2の行動戦略を考えてみよう．この場合はセレブの行動戦略はH_1で「A駅を選ぶ」か「B駅を選ぶ」の2つであり，ファミモの行動戦略もH_2で「A駅を選ぶ」か「B駅を選ぶ」の2つである．それでは，図7.5ではどうだろうか．このゲームではプレイヤー1の行動戦略は情報集合H_1でx_1, y_1, z_1の3つのうちどれを選ぶかである．プレイヤー2の行動戦略は

情報集合H_2とH_3でそれぞれx_2, y_2のどちらを選ぶかであり，H_2とH_3での選択をカッコに順に並べて書くとすれば，行動戦略は (x_2, x_2), (x_2, y_2), (y_2, x_2), (y_2, y_2) の4つである．

完全情報ゲームは，すべての情報集合内の意思決定点が1つのゲームであるから，完全情報ゲームにおける行動戦略とは，各プレイヤーがすべての意思決定点でどのような行動を選択するかをすべて記したものである，と言い換えることができる．ここまで習ってきた完全情報ゲームの解は，展開形ゲームの行動戦略の特殊な場合なのである．

7.1.3　行動戦略におけるナッシュ均衡

前項では展開形ゲームの戦略である行動戦略を定義した．そこで，この行動戦略を用いて一般の展開形ゲームの解とは何かを改めて考えてみよう．それには行動戦略とは，いつその「戦略」を立てるのかを考えることが鍵となる．

ゲーム理論では，各プレイヤーはゲームが始まる前にどのようなプレイヤーがおり，それぞれがどのような順でプレイし，どのような行動が候補であって，各プレイヤーの行動を選択した結果どのような利得になるかが，完全に分かっているとしている．すなわち，お互いがプレイする展開形ゲームやゲームの木については完全に分かっているのである．

そこで賢いプレイヤーであれば，ゲームが始まってから場当たり的に行動を決めるのではなく，**自分が各情報集合を用いてどのような行動を選択するかは，ゲームが始まる前に熟考してあらかじめ決めておく**と考えることができる．すなわち各プレイヤーは，相手の行動を観察してから自分の行動を決めるのではなく，ゲームが始まる前に行動戦略を決めておき，あらゆる意思決定点でどのように対処するのか想定しておく．図7.4を例に，これを考えてみよう．

図7.4では，ファミモはセレブの行動を見てから自分の行動を決定すればよい．しかし，もしファミモが賢ければ，セレブの行動を見てから決めるのではなく，ゲームが始まる前に，あらかじめすべての場合に自分がどうするかを決めておくと考えられる．

そこでファミモは熟考の末，ゲームが始まる前に（A駅，A駅），（A駅，B駅），（B駅，A駅），（B駅，B駅）の4つの戦略から1つの戦略を選ぶ．な

お，ここで先読みの考え方を導入するならば，（B駅，A駅）をあらかじめ選んでおけばよい．ファミモはセレブの行動を観察してから改めて行動を変える必要はなく，ゲームが始まる前に（B駅，A駅）の戦略を立てておき，セレブがA駅を選べばB駅，B駅を選べばA駅というように何を選んでも，最初に立てておいた（B駅，A駅）に従って行動すればよいのである．

　セレブは，先読みの考え方に従えば，ファミモが（B駅，A駅）を選ぶことをゲームが始まる前に推測して，A駅を選んでおけばよいことが分かるだろう．したがって，セレブもファミモもゲームが始まる前に行動戦略を選び，その「行動計画」に従ってゲーム開始後に粛々と行動していると考えることができる．

　このように考えれば，展開形ゲームもゲームが始まる前にすべてのプレイヤーが戦略を同時に決定すると考えられる．すなわち戦略形ゲームと同じと考えられるのではないだろうか．そうであれば，展開形ゲームの行動戦略に関する解は，戦略形ゲームの場合と同様の論理によって，ナッシュ均衡でなければならないことが分かる．もしナッシュ均衡でないものが解として予測されれば，どちらかのプレイヤーは別の戦略を選択し直すことで自分の利得を高くすることができるはずだ．そうなれば，その予測はもはやゲームの解ではなくなってしまう．

　先読み解となる「セレブがA駅を選び，ファミモが（B駅，A駅）を選ぶ」という戦略の組合せがナッシュ均衡であることを図7.7で確かめてみよう．

　この行動戦略の組合せによって得られる利得はセレブが600，ファミモは400である．セレブは，ファミモが（B駅，A駅）を選択している状態で行動戦略をA駅からB駅に変えれば，利得は600から400に下がる．したがってA駅を選択することが，セレブの（B駅，A駅）に対する最適反応戦略である．またファミモは，セレブがA駅を選択している下で行動戦略を（B駅，A駅）から（A駅，A駅）や（A駅，B駅）に変えれば利得は300に下がり，（B駅，B駅）に変えても利得は同じ400であるので，（B駅，A駅）はファミモのB駅に対する最適反応戦略であることが分かる．先読み解となる「セレブがA駅を選び，ファミモが（B駅，A駅）を選ぶ」という戦略の組合せは，確かにナッシュ均衡である．

図7.7 先読み解は行動戦略のナッシュ均衡

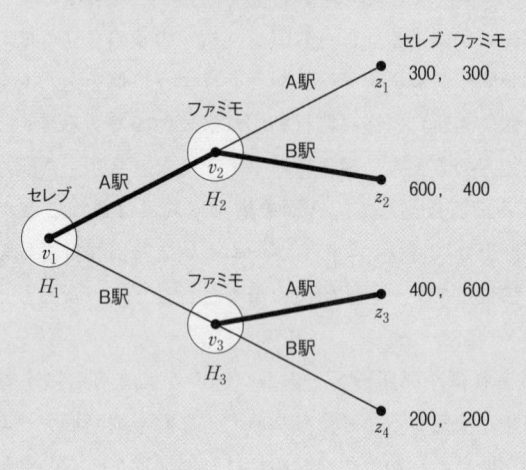

		セレブ	ファミモ
z_1		300,	300
z_2		600,	400
z_3		400,	600
z_4		200,	200

ゲーム理論の魅力は，多くの場合を場当たり的ではなく統一的に説明する整合性にある．しかしゲームには戦略形ゲームと展開形ゲームの2種類があり，前者はナッシュ均衡が解であり，後者は先読み解であると学んできた．これらの2つの概念は一見すると別のように思えるが，実は同じナッシュ均衡という1つの概念で統一して説明できることが，おぼろげながら見えてきたと言えよう．すなわち展開形ゲームであっても，賢いプレイヤーであれば，ゲームが始まる前にあらゆる場合を想定して，各情報集合における自分の選択を考え，それを決めておくと考えれば，それは戦略形ゲームと同様と考えることができる（実際にすべての展開形ゲームは戦略形ゲームに変換することができる．これについては後述の7.3で詳しく考察する）．

　プレイヤーはゲームが始まる前に，ありとあらゆる場合にどのような行動を選択すべきか行動戦略を立てておく．自分の最適な選択は，自分の選択だけでなく相手の選択に依存する．そこで，相手がどのような行動戦略を立てるかも予測する．相手も同様に自分の行動戦略を予測しているので，お互いが相互依存的に行動を予測する．もし行動戦略の組がナッシュ均衡でなければ，どちらかが行動を変化させたほうが利得が高くなるので，それは読み合って行き着く先である「ゲームの解」とはならないはずである．

改めて行動戦略のナッシュ均衡について定義しよう．

定義7.3（行動戦略のナッシュ均衡）
ある行動戦略の組に対して，どのプレイヤーも，他のプレイヤーがその行動戦略を選択している下では，他の行動戦略に変えても利得が高くならないようなとき，その行動戦略の組をナッシュ均衡であると言う．

完全情報ではない他の展開形ゲームについても考えてみよう．図7.2においては，セレブの行動戦略はH_1で「A駅を選ぶ」か「B駅を選ぶ」の2つであり，ファミモの行動戦略もH_2で「A駅を選ぶ」か「B駅を選ぶ」の2つである．ナッシュ均衡は，「セレブがH_1でA駅を選び，ファミモがH_2でB駅を選ぶ」と「セレブがH_1でB駅を選び，ファミモがH_2でA駅を選ぶ」の2つであることが分かり，これは戦略形ゲームと同じであることが確かめられる（混合戦略も含めればもう1つあるが，展開形ゲームの混合戦略については，ここでは扱わない）．図7.8はこの2つのナッシュ均衡を図に表したものである．

7.1.4 展開形ゲームにおけるナッシュ均衡の問題点

このように展開形ゲームであっても，行動戦略がゲームの始まる前に選択されると考えれば，戦略形ゲームと同様に考えることができ，ゲームの解はナッシュ均衡でなければならないと考えられた．ところが，単にナッシュ均衡すべてがゲームの解と考えると問題が起きてしまうのである．

再び図7.4を考えてみよう．このゲームでは先読み解である，
- セレブがA駅を選び，ファミモが（B駅，A駅）を選ぶ

という解（図7.7）はナッシュ均衡であった．これをナッシュ均衡(1)としよう．しかし，ナッシュ均衡はそれだけではない．
- セレブがA駅を選び，ファミモが（B駅，B駅）を選ぶ
- セレブがB駅を選び，ファミモが（A駅，A駅）を選ぶ

という行動戦略の組合せもナッシュ均衡になるのだ．これらをナッシュ均衡(2)と(3)としよう．特にナッシュ均衡(3)はセレブの行動が先読み解とは反対になる（図7.9）．

ナッシュ均衡(3)が本当にナッシュ均衡であるのか確かめてみよう．この行動

図7.8　図7.2のナッシュ均衡

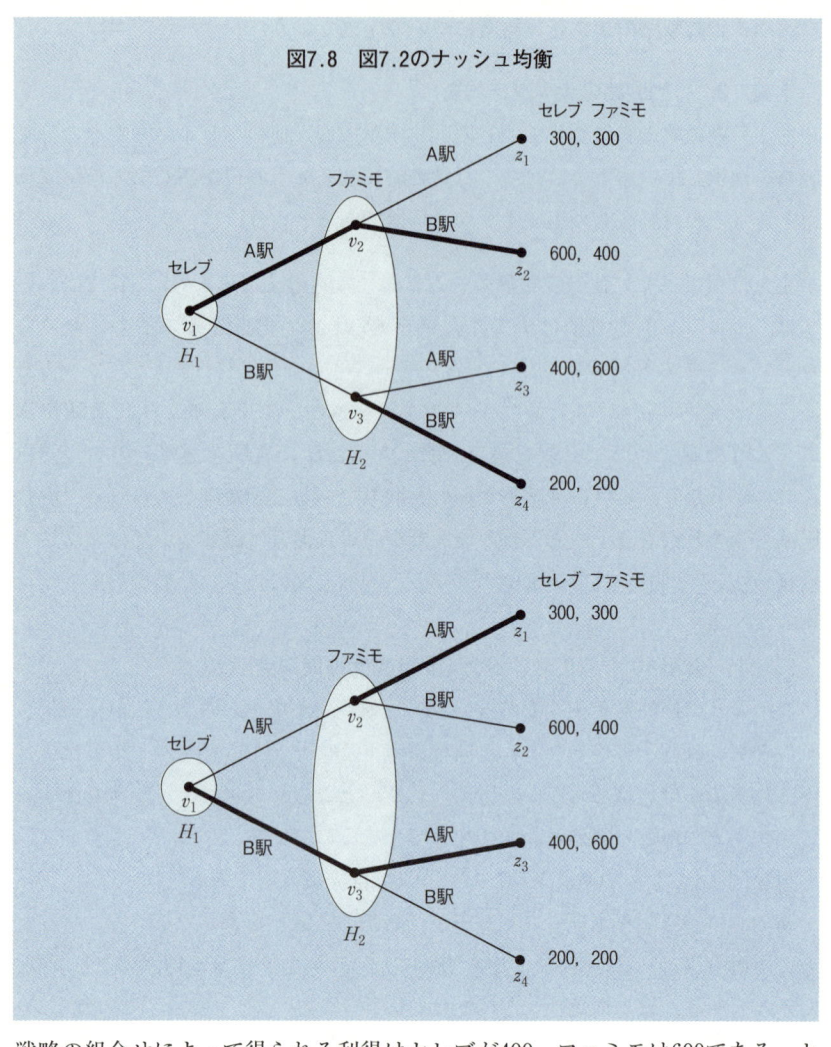

戦略の組合せによって得られる利得はセレブが400，ファミモは600である．セレブは（ファミモが（A駅，A駅）を選択している下で），行動戦略をB駅からA駅に変えれば，利得は300に下がる．したがってB駅を選択することが（ファミモの（A駅，A駅）に対する）最適反応戦略である．またファミモは（セレブがB駅を選択している下で），（A駅，A駅）から，（A駅，B駅）や（B駅，B駅）に変えれば利得は200に下がり，（B駅，A駅）に変えても利得

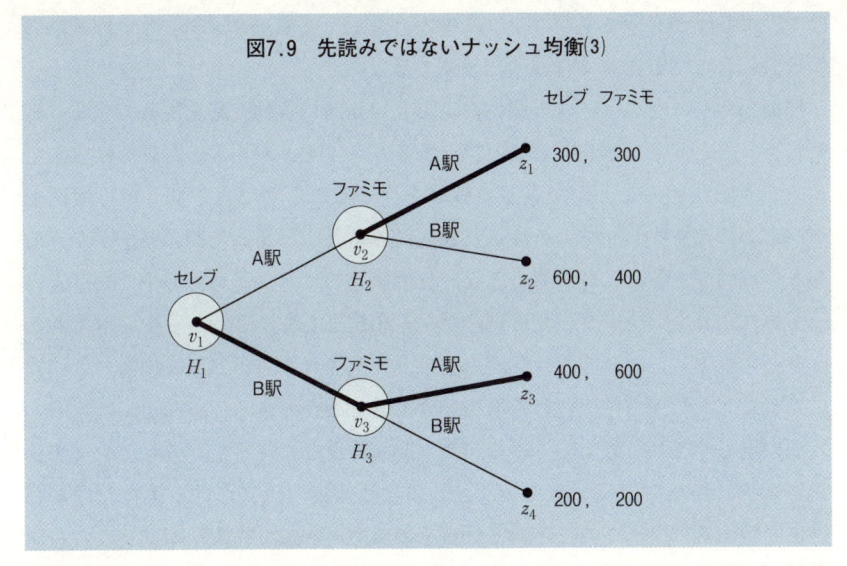

図7.9 先読みではないナッシュ均衡(3)

```
                                    セレブ  ファミモ
                         A駅
                  ファミモ ●——————— z₁   300,   300
                    ●
             A駅  v₂  B駅
                   H₂  ●——————— z₂   600,   400
      セレブ
        ●
        v₁
        H₁            ファミモ  A駅
             B駅       ●——————— z₃   400,   600
                      v₃
                      H₃  B駅
                          ●——————— z₄   200,   200
```

は同じ600である．やはり（A駅，A駅）は（ファミモのB駅に対する）最適反応戦略であり，確かにこれは行動戦略のナッシュ均衡となることが分かる．

　なぜこのような問題が起きるのだろうか．先読み以外の2つのナッシュ均衡もゲームの解と考えるべきなのだろうか．そこで先読みとナッシュ均衡の概念はどこがかみあわないのか，検討してみよう．ナッシュ均衡(3)では確かに，セレブはA駅に立地を変えても，ファミモが戦略を変えずA駅に立地する限り（（A駅，A駅）の左側の要素），セレブの利得は高くならない．

　しかし本当にセレブにはA駅に行動を変える誘因はないのだろうか．もしこれが本当に戦略形ゲームであり，ファミモが（A駅，A駅）という戦略をセレブと同時に選択するならば，この推論は正しいだろう．しかし，これは展開形ゲームであり，ファミモはセレブの行動を見てから，自分の行動を決定することができる．

　仮にセレブがA駅を選択したとしよう．それを観察したファミモはもうA駅を選択し続けることが最適ではない．ファミモはそのままA駅を選び続ければ利得は300であるが，B駅に変えれば利得は400である．ファミモが合理的なプレイヤーであればB駅に立地を選択するであろう．したがって，セレブはそれを先読みすることでA駅に行動を変えて利得を上げることを考えるだろう．も

第7章　一般の展開形ゲーム　233

はや「セレブがB駅を選び，ファミモが（A駅，A駅）を選ぶ」という戦略の組は読み合って行き着く合理的な予測ではない．

　展開形ゲームを，ゲームの開始前にお互い同時に行動戦略を決めてしまう戦略形ゲームと同じと解釈することは，あるプレイヤーが相手の行動を観察してから行動を決めることができる（戦略を変えることができる）という展開形ゲームの構造を失わせている．これが先読み解とナッシュ均衡の概念がかみあわない原因である．これを考えると，行動戦略のナッシュ均衡の中で先読みによって得られないナッシュ均衡は，ゲームの解としてふさわしくない解であると考えられる．この意味で，先読み解は「支配されないナッシュ均衡」と同様に，ナッシュ均衡を精緻化したものと考えることができる．

　別の見方でこれを考えてみよう．ナッシュ均衡(3)に従って，もしセレブがB駅を選択したならば，ファミモにとっては情報集合H_3における選択だけが利得に影響する．ファミモにとっては自分の戦略（A駅，A駅）のカッコの右側だけしか影響がなく，カッコの左側は何を選んでいてもよいのである．

　「セレブがB駅を選び，ファミモが（A駅，A駅）を選ぶ」というナッシュ均衡において，均衡でセレブがB駅を選択しているために実現するH_3を**均衡上経路（on-equilibrium path）**と呼び，均衡で実現しないH_2を**均衡外経路（off-equilibrium path）**と呼ぶ．ナッシュ均衡は均衡上経路に対してのみ，最適な選択を選ぶことを要求しているので，ナッシュ均衡(3)のファミモの戦略（A駅，A駅）はナッシュ均衡として成立する．

　しかし，合理的なプレイヤーが選択し合う行動戦略では，均衡外経路もすべて最適な選択がされていなければならないだろう．先読みはすべての意思決定点で最適な戦略を選択するような戦略であり，均衡外経路についても最適な戦略を選択する．先読みは，この意味で展開形ゲームの解としてナッシュ均衡をより精緻化したふさわしい解となるのである．

　ナッシュが提示したナッシュ均衡をゲーム理論に適用すると問題があることを明快に示し，上記のような概念を検討し，次項で示す部分ゲーム完全均衡点を提唱したのはゼルテンである．展開形ゲームの解はゼルテンによって定義されたものを基礎としていると考えてよい．ゼルテンはこの功績によって，ナッシュと同時に1994年にノーベル経済学賞を受賞している．

> **ポイント44　先読み解とナッシュ均衡**
> 　先読み解は，行動戦略のナッシュ均衡を精緻化したものである．

7.1.5　部分ゲーム完全均衡

　完全情報の展開形ゲームの解は，行動戦略のナッシュ均衡の中から先読み解の概念を当てはめ精緻化して求めればよいことが分かった．しかしそれは既に第3章で学んでおり，わざわざ改めて記すことではないと思うかもしれない．しかし，ここまでのバックワードインダクションや先読みの概念は，完全情報ゲームのみに当てはめることができる概念であった．完全情報ゲームだけでなく，不完全情報ゲームを含めた一般の展開形ゲームに先読みの概念を当てはめて，ゲームの解を導くにはどうすればよいのだろうか．

　一般の展開形ゲームではバックワードインダクションを単純に当てはめることができない．このことは図7.2を例に考えてみればすぐ分かる．図7.2において，終点に近い情報集合H_2でのファミモの選択を考えてみよう．情報集合H_2では，セレブがA駅を選択していれば，ファミモはB駅を選択するほうがよいが，セレブがB駅を選択していれば，ファミモはA駅を選択するほうがよい．すなわち，情報集合H_2でのファミモの最適な選択はその前のセレブの行動に依存し，それが分からなければ選択できない．

　完全情報の展開形では，それ以前のプレイヤーの行動が観察できるため，各プレイヤーはすべての意思決定点で独立に行動が選択できた．したがって，終点からさかのぼるバックワードインダクションが可能であったのである．しかし不完全情報の展開形ゲームでは，それができない．同様にセレブもファミモの選択が決まらないため先読みをすることができない．セレブは自分の選択がファミモに依存してしまうのである．

　それでは図7.2のゲームの解はどう考えるべきであろうか．既に述べたように，図7.2はファミモとセレブが同時に行動する戦略形ゲームと等価なゲームであることを思い出してみよう．戦略形ゲームにおいて，各プレイヤーは独立に自分の行動を決定できないため，図7.2の情報集合H_2において，ファミモの行動を独立に決定できなかったのは当然と言えよう．この展開形ゲームは図

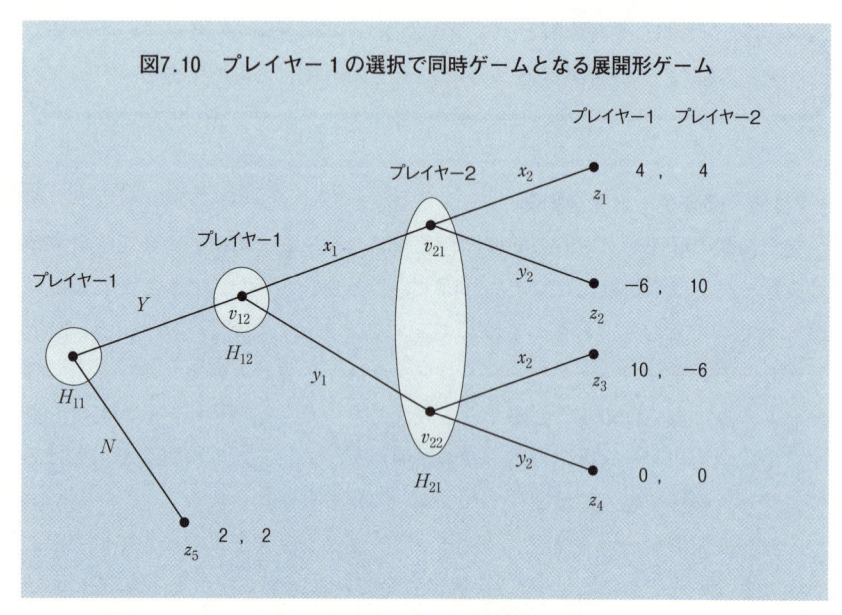

図7.10 プレイヤー1の選択で同時ゲームとなる展開形ゲーム

$$
\begin{array}{ll}
\text{プレイヤー1} & \text{プレイヤー2} \\
\end{array}
$$

(図: 情報集合 H_{11} でプレイヤー1が Y か N を選択。N なら z_5 で利得 $2,2$。Y なら情報集合 H_{12} でプレイヤー1が x_1 か y_1 を選択、続いて情報集合 H_{21}(v_{21}, v_{22})でプレイヤー2が x_2 か y_2 を選択。終端:$z_1: 4,4$;$z_2: -6,10$;$z_3: 10,-6$;$z_4: 0,0$.)

7.1の利得行列で表現された戦略形ゲームと同じであるので,その純粋戦略での解は図7.1のナッシュ均衡である「セレブがA駅を選び,ファミモがB駅を選ぶ」か,「セレブがB駅を選び,ファミモがA駅を選ぶ」の2つである[1].

では,次に図7.10の展開形ゲームを考えてみよう.

このゲームは最初に情報集合 H_{11} でプレイヤー1が Y か N かを選択する.Y は2人ゲームをプレイすることに「Yes」を意味しており,それ以降のプレイヤー1とプレイヤー2の2人ゲームが続く.N は「No」を意味し,それでゲームは終了して両プレイヤーとも利得2を得る.図7.10では,プレイヤー1が Y を選択した後のゲームは同時に行動するゲームであるから,イメージとしては図7.11のような,Y か N かを選択した後に戦略形ゲームが続く形のゲームを解いていることになる.このゲームの最初の情報集合 H_{11} におけるプレイヤー1は,Y を選択した後に,どのような利得となるかを予測しなければならない.ここでプレイヤー1は「先読み」の考え方を適用できることが分かる.その先の戦略形ゲームで何が起きるかは,この戦略形ゲームの結果であるナッシュ均

---

1) もう1つ,混合戦略による解が存在し,正確には3つである.

図7.11　図7.10のイメージ

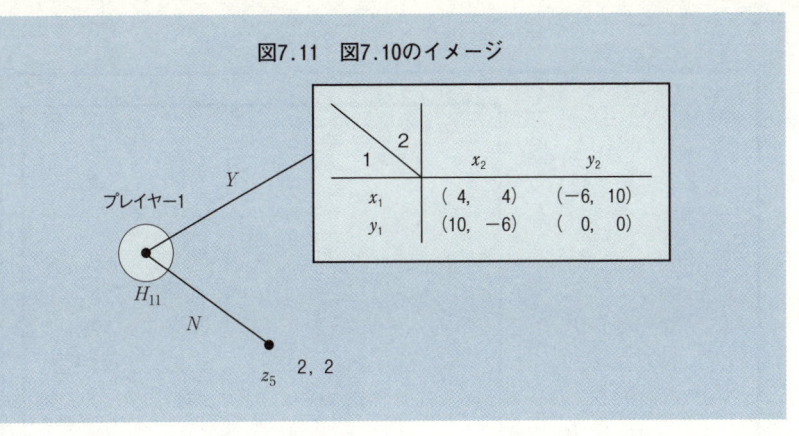

```
              2
           1 ＼       x₂        y₂
      Y   ─────┼──────────────────────
 プレイヤー1    x₁ │ ( 4,   4)  (−6, 10)
      ●       y₁ │ (10,  −6)  ( 0,  0)
     H₁₁
      N
       ●  2, 2
      z₅
```

衡を予測すればよい．ナッシュ均衡は，(y_1, y_2) だけである（このゲームは囚人のジレンマとなっており，両プレイヤーとも支配戦略が存在する）．

ナッシュ均衡による予測に基づけば，プレイヤー1がYを選択すると，その結果の利得は0となることが分かる．プレイヤー1は，それを先読みすればYを選択すれば利得は0，Nを選択すれば利得は2である．したがって，ゲームの解は「H_{11}でプレイヤー1はNを選択し，H_{12}でy_1，プレイヤー2はH_{21}でy_2を選択する」となる（表7.1）．

このように一般の展開形ゲームでも，同時に行動を決定しなければならない部分と，交互に行動を決定しなければならない部分を分けることで，先読みの考え方を適用していくことが可能となる．このような考え方を一般化した展開形ゲームに適用して得られる解は，**部分ゲーム完全均衡点**（subgame perfect equilibrium）と呼ばれる．

部分ゲーム完全均衡点を正確に理解するには，展開形ゲームの構造をもう少し詳しく定義し，「適切な部分ゲーム」という概念を理解しなければならない．これは次節の7.2で行われるが，少し骨の折れる作業である．

表7.1　図7.10の行動戦略におけるゲームの解

プレイヤー1	H_{11}	N
	H_{12}	y_1
プレイヤー2	H_{21}	y_2

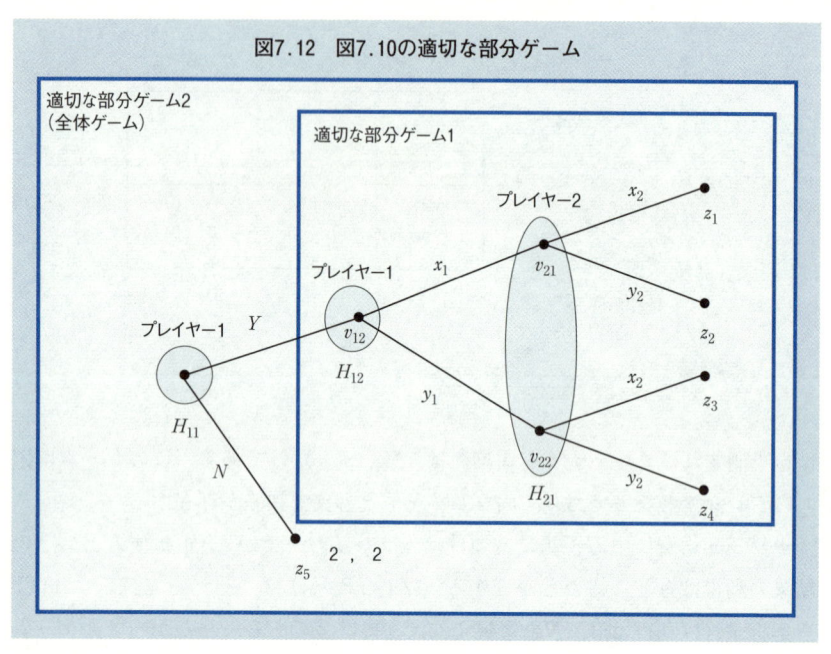

図7.12　図7.10の適切な部分ゲーム

しかし，読者がゲーム理論を応用して問題を解くためにややラフな理解も可能であろう．以下にそれを示す．

定義7.4（部分ゲームの「ラフ」な定義）

展開形ゲームにおいて，ある意思決定点以降に続くゲームが独立した1つの展開形ゲームとみなせる場合，それを適切な部分ゲームと呼ぶ．

これをもとに部分ゲーム完全均衡点を定義すると以下のようになる．

定義7.5（部分ゲーム完全均衡点）

ある行動戦略の組が部分ゲーム完全均衡点であるとは，そのゲームのすべての適切な部分ゲームにおいて，元のゲームの行動戦略に対応する戦略が，ナッシュ均衡になっているような戦略の組である．

例えば図7.10の適切な部分ゲームを考えてみよう．これはv_{12}以降に続くゲームは1つの独立したゲームとみなすことができ，これが1つの適切な部分ゲームである．また，全体のゲームは常に1つの適切な部分ゲームである．図

図7.13 部分ゲームのナッシュ均衡が複数あるとき

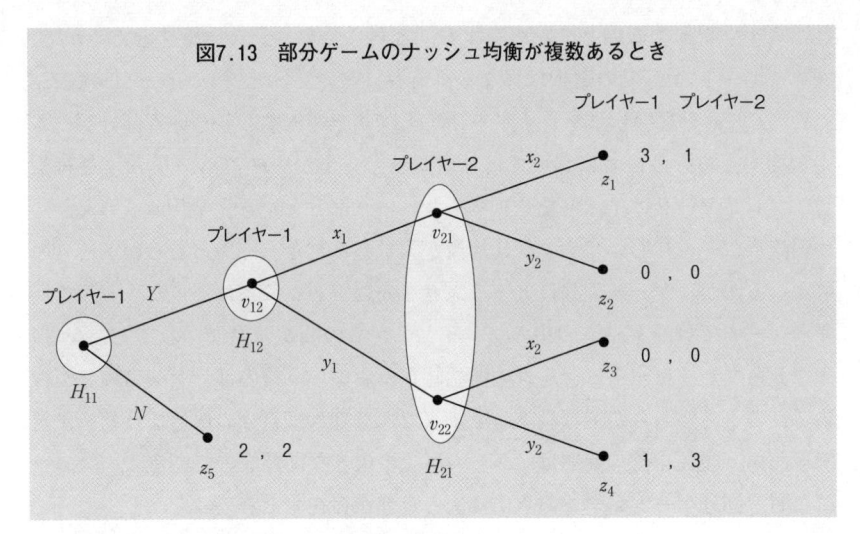

[図：プレイヤー1がH_{11}でYまたはNを選択。Nならz_5で$(2,2)$。Yならプレイヤー1がv_{12}（H_{12}）でx_1またはy_1を選択。その後プレイヤー2がv_{21}またはv_{22}（情報集合H_{21}）でx_2またはy_2を選択。利得は$z_1:(3,1)$, $z_2:(0,0)$, $z_3:(0,0)$, $z_4:(1,3)$。]

7.12は，この適切な部分ゲームを示している．

したがって部分ゲーム完全均衡点は，この2つのゲームで共にナッシュ均衡となっていることが必要であり，表7.1が部分ゲーム完全均衡であることが分かる．

ここまで出てきた不完全情報展開形ゲームの部分ゲーム完全均衡点をおさらいしておこう．

図7.4（**モデル25**）の部分ゲーム完全均衡点は，セレブがH_1でA駅を選択し，ファミモがH_2でB駅を，H_3でA駅を選択することである．

図7.10（イメージは図7.11）の部分ゲーム完全均衡点は，プレイヤー1が，H_{11}でN，H_{12}でy_1を選択し，プレイヤー2はH_{21}でy_2を選択することである．

部分ゲーム完全均衡点は1つとは限らない．図7.2の部分ゲーム完全均衡点は，「セレブがH_1でA駅を選択し，ファミモがH_2でB駅を選択する」「セレブがH_1でB駅を選択し，ファミモがH_2でA駅を選択する」の2つであった．

興味深いのは図7.13のゲームにおける部分ゲーム完全均衡点である．

このゲームは，形状は図7.10と全く同じで，全体のゲームを除く部分ゲームは後半に続く1つだけである．しかし，この部分ゲームには「プレイヤー1が，H_{12}でx_1を選択し，プレイヤー2はH_{21}でx_2を選択する」というナッシュ均衡と，「プレイヤー1がH_{12}でy_1を選択し，プレイヤー2はH_{21}でy_2を選択する」

というナッシュ均衡の2つが存在する．どちらのナッシュ均衡を考えるかで，プレイヤー1のH_{11}での選択は異なる．前者においては「プレイヤー1が，H_{11}でY，H_{12}でx_1を選択し，プレイヤー2はH_{21}でx_2を選択する」という部分ゲーム完全均衡を導き，後者においては「プレイヤー1が，H_{11}でN，H_{12}でy_1を選択し，プレイヤー2はH_{21}でy_2を選択する」という部分ゲーム完全均衡を導く．

　戦略形ゲームにおいてナッシュ均衡が複数あるとき，そのどちらがゲームの解となるかが，ゲーム理論にとって大きな問題であることは述べた．一般の展開形ゲームでは，ゲームの中のプレイヤーがこの問題に直面することになる．すなわちプレイヤー1はゲームの開始時点において，後の部分ゲームの2つの均衡点のうちどちらが選ばれるかを予測できなければ自分の最適な行動を決定できない．複数均衡の問題は，ゲーム理論の大きな問題なのである．

　なお，部分ゲーム完全均衡点には次の定理が存在する．

定理7.1
すべての展開形ゲームに部分ゲーム完全均衡点は必ず1つは存在する．

　すべての戦略形ゲームにはナッシュ均衡が存在した．このことより，一番最後にある部分ゲームのナッシュ均衡から順に求めていくことを考えれば，この定理は明らかとなる．また以上から完全情報における後向き帰納解が少なくとも1つは存在することも導ける．

7.2 【発展】展開形ゲームの構成要素と部分ゲーム完全均衡点

7.2.1 展開形ゲームを構成する要素
　戦略形ゲームでは，「プレイヤー，各プレイヤーの戦略，各プレイヤーの利得」の3つの要素によって，戦略形ゲームが構成される（特定化される）ことを学んだ．ここでは，一般の展開形ゲームの用語や構成要素である情報集合，部分ゲーム完全均衡点について，もう少し詳しく正確な定義をする．図7.2（**モデル24**），図7.4（**モデル25**）の2つを例に考えてみよう．

(1)**プレイヤー**　　　ゲームにおいて意思決定をする主体．図7.2（**モデル24**），図7.4（**モデル25**）においては，どちらも，セレブ，ファミモの2人がプレイ

ヤーであった．プレイヤーの集合は {セレブ，ファミモ} で表される．展開形ゲームでは，ゲームの意思決定点に関連づけられるプレイヤーの中に**自然**（nature）と呼ばれる特殊なプレイヤーが存在することもある．これはその点では不確実な状況が存在して，ある確率によってゲームの状態が決定されることを意味している．これについてはさらに後の節で取り扱う．

(2) **ゲームの木**　　ゲームの木は，点と枝の2つの要素から構成され，ゲームの木における出来事を時間順に示すものである．

図7.2，図7.4において，どちらも点はv_1, v_2, v_3, z_1, z_2, z_3, z_4の7点である．点の集合を $\{v_1, v_2, v_3, z_1, z_2, z_3, z_4\}$ と表す．

またどちらの図においても，v_1とv_2をつなぐ枝を (v_1, v_2) と書く．このとき，**点v_1は点v_2の直前にあると言い，点v_2は点v_1の直後にあると言う**．

また，直前，直後だけではなく，多くの行動が選択された場合に，その「一連の行動の流れ」を表す言葉が必要である．これを**経路**（path）と呼ぶ．

例えば，図7.2，図7.4において「セレブがA駅を選び，ファミモがB駅を選ぶ」という一連の行動は，点v_1から出発し点z_2に到達する行動の流れを表している．これを「点v_1から点z_2までの経路」と呼ぶ．このとき点v_1は点z_2の前にあると言い，点z_2は点v_2の後ろにあると言う．

点は(1)各プレイヤーが行動する順番か，(2)ゲームの結果のどちらかに対応しており，前者を意思決定点，後者を終点と呼ぶ．

意思決定点とは，「少なくとも直後に1つ以上の点がある」点である．これに対し終点とは，「直後の点が存在しない」ような点で，各プレイヤーが行動を選択した結果に対応している．

図7.2，図7.4ではv_1, v_2, v_3が意思決定点であり，z_1, z_2, z_3, z_4が終点であった．

意思決定点の中で直前に点がない点を特に初期点と呼ぶ．図7.2，図7.4ではv_1が初期点である．

ゲームの木は以下のような3つのルールを満たしていなければならない．ゲームの木に関する条件は，情報集合や意思決定点に対応するプレイヤーが定義される以前に，既に満たされていなければならない条件である．

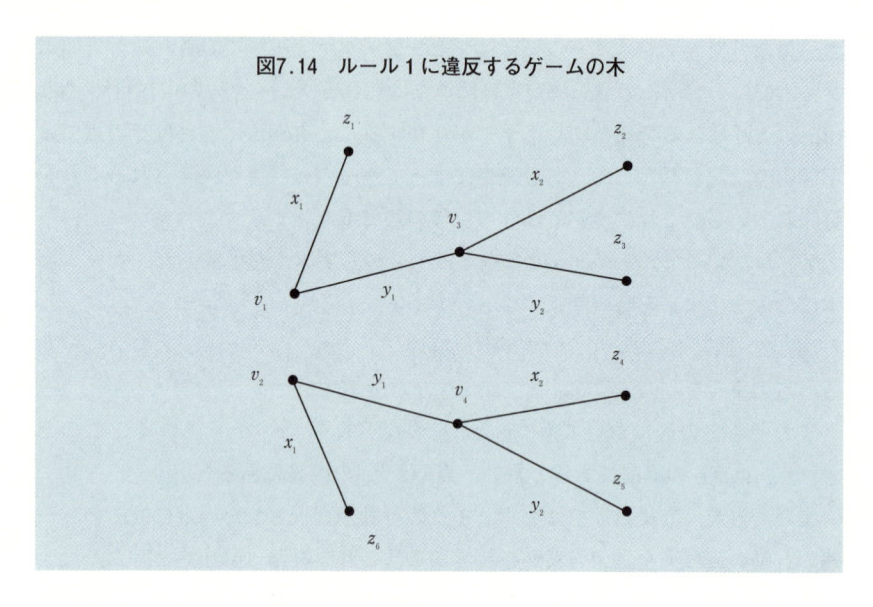

図7.14 ルール1に違反するゲームの木

ゲームの木のルール1

ゲームの木は初期点を必ず1つだけ持つ．

図7.14のような木はルール違反である．

ゲームの木のルール2

初期点以外の点は必ず1つだけ直前の点を持つ．

図7.15はこれに反するものである．ゲームの木に関する条件は，情報集合や意思決定点に対応するプレイヤーが定義される以前に，既に満たされていることが条件なので，この違反例にはプレイヤーや情報集合は示されていない．

ゲームの木の中では時間がさかのぼるようなことがあってはならない．過去にとられた行動が，再度変更されるようなことはない．経路という言葉によって，以下のルールが定義される．

ゲームの木のルール3

どの点も自分自身への経路は持たない．

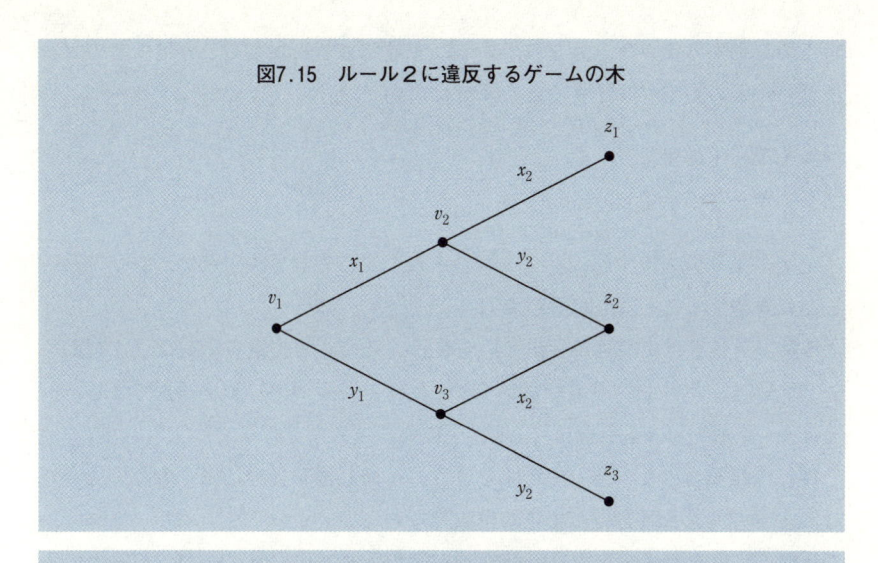

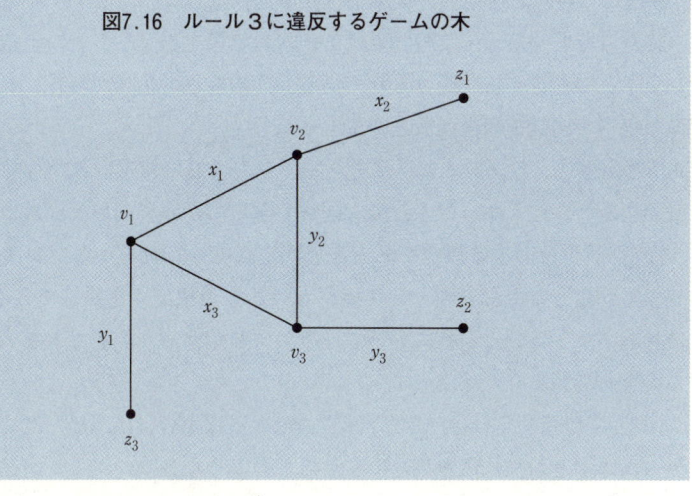

図7.15 ルール2に違反するゲームの木

図7.16 ルール3に違反するゲームの木

図7.16はこれに反するものである[2]．

(3) 手番　ゲームの木における点には，意思決定点と終点の2種類の点があるが，意思決定点には，どのプレイヤーが行動するかが結びつけられている．これを手番と呼ぶ．ゲームの木の図7.2，図7.4にはどのプレイヤーがどの意思決

---

2) ゲームの木と上記のルールは数式で書くことができる．ここでは扱わない．

定点で行動するかが書き込まれている．記号化して表現するときは，どのプレイヤーがどの点でプレイするかを示せばよい．

プレイヤー1の手番　　v_1
プレイヤー2の手番　　v_2, v_3

　上記のように表現すれば，ゲームの木のすべての意思決定点は，プレイヤーごとに重複することなしに分けられる．

(4)行動　　各意思決定点から出ている枝は，その意思決定点で選ばれる行動を表している．すべての手番でプレイヤーは，ただ1つの行動を選択できる．例えば，v_1で選択できる行動は「A駅」「B駅」の2つである．

　後に情報集合のところで説明するように，同じ情報集合に属する意思決定点は，すべて同じ行動を持っていなければならない．

(5)利得　　各意思決定点で次々と行動が選択されていくと，やがてゲームの木の終点にたどり着く．この終点はゲームの結果を表し，ゲームの結果には各プレイヤーの利得が結びつけられている．この終点の集合から各プレイヤーの利得の組への関数を利得関数と呼ぶ．

(6)情報集合　　各プレイヤーがそれまで過去において選ばれた行動をすべて観察できるのかどうか，どの行動を観察できるのかが展開形ゲームの大きな要素となる．「自分の手番以前にある意思決定点での行動を，各プレイヤーが観察できるかどうか」は「自分の手番における意思決定点を識別できるかどうか」に対応する．自分の手番において，そのプレイヤーが識別できない意思決定点の集合を情報集合と呼ぶ．

　図7.2では情報集合はH_1，H_2，図7.4では情報集合はH_1，H_2，H_3である．ゲームの木と同様に情報集合にも，以下のような3つのルールが存在する．まず，情報集合は1人のプレイヤーに対して，自分がどのような状態にあるかの情報を示すものである．したがって，大前提として次のようなルール1が存在する．

情報集合のルール1

　同じ情報集合に含まれるすべての意思決定点に対応するプレイヤーは，同じ

図7.17 情報集合が正しくない例

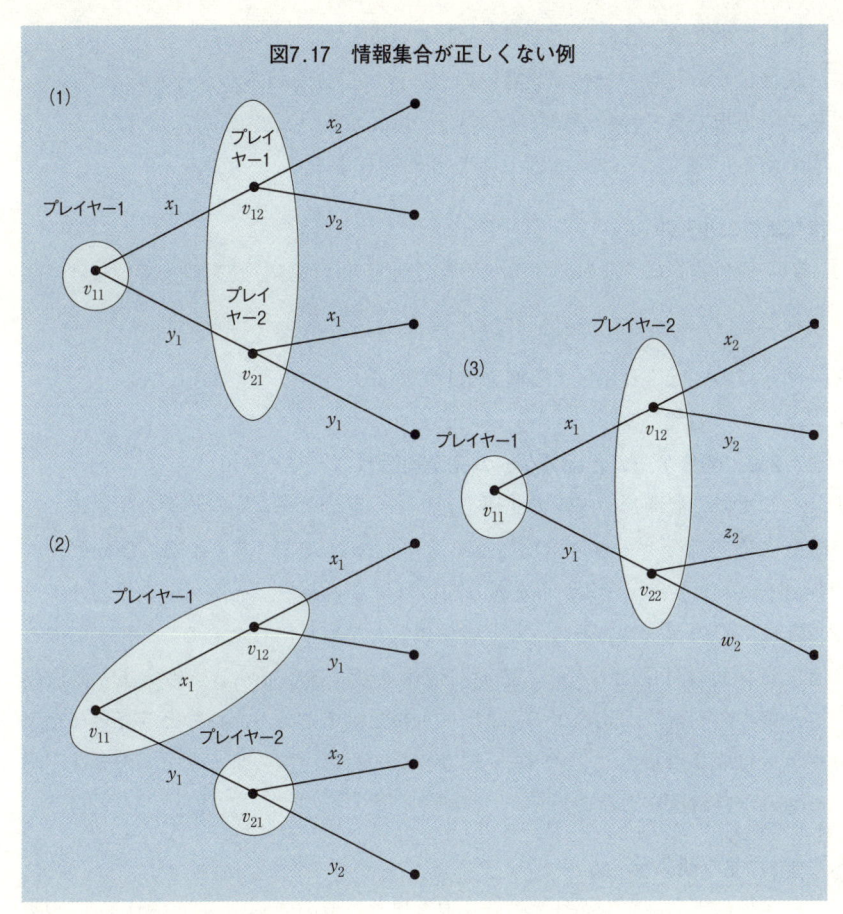

プレイヤーでなければならない.

　図7.17の(1)はこれに反する例を示している.

　次に自分がプレイしたかどうかが分からないこと，プレイする前か後かが分からないことはない（自分が何をプレイしたかが分からないことはある．これについては7.2.3で扱う）.

情報集合のルール2
　同じ情報集合に含まれる，どの2つの意思決定点も「前」や「後」の関係にあってはならない.

図7.17の(2)はこれに反する例を示している.

最後にプレイヤーは情報集合内のどの点に自分がいるかが分からないので，そこで選択できる行動が異なっているのはおかしい（異なっていれば分かるはずである）．したがって，以下のルールが存在する．

情報集合のルール3

同じ情報集合に含まれるすべての意思決定点は同じ行動を持っていなければならない．

図7.17の(3)はこれに反する例を示している．

7.2.2 部分ゲームと部分ゲーム完全均衡点

ここまでの展開形ゲームの記述を使って，部分ゲーム完全均衡点を正確に定義しよう．部分ゲーム完全均衡点を考えるためには，まず最初に**部分ゲーム**（subgame）という言葉から定義しなければならない．あるゲームの部分ゲームとは，そのゲームの木の「点」と「枝」とを取り出したものである．このとき，情報集合は，元のゲームで同じ情報集合に属している点の集まりで作成し，終点の利得は，元のゲームと同じ利得を対応させる．このとき点と枝をデタラメに取り出しては「ゲーム」にならないため，次のような2つの条件が満たされなければならない．

定義7.6（部分ゲーム）

ゲームの木の「点」と「枝」とを取り出したもので，以下の2つのルールを満たすものを部分ゲームと呼ぶ．

部分ゲームのルール1

取り出したすべての点について，元のゲームで「後につながっている点」は，すべて取り出されていなければならない．

部分ゲームのルール2

取り出したすべての点について，元のゲームで同じ情報集合に属していた点はすべて取り出されていなければならない．

例として図7.5から，いろいろな点と枝を取り出して考えてみよう．図7.18は，図7.5のゲームの木を(0)として，(1)から(5)まで，5つ「点」と「枝」を取り出したものである．この場合，利得は関係ないので省略した．どれが部分ゲームで，どれが部分ゲームでないか考えてみよう．

まず(1)は全く駄目である．「後に繋がっている点はすべて取り出されていなければならない」という部分ゲームのルール1に違反している．(1)で取り出された点v_1において，元のゲームで後に繋がっているv_3, z_3, z_4が取り出されていない．実はルール2にも違反している．取り出した点v_2において，元のゲームで同じ情報集合H_2に属していた点v_3が取り出されていない．

(2)はどうだろうか．ルール1は満たされているが，ルール2に違反している．(1)と同様に，v_2と同じ情報集合H_2に属していた点v_3がやはり取り出されていないからだ．

(3)は，一見すると部分ゲーム「らしい」が，やはりルール1に違反している．(1)で取り出された点v_1に，元のゲームで繋がっていたv_4, z_5, z_6が取り出されていない．

(4)は，ゲームには見えないが，ルールに反することはない．したがって部分ゲームである．(5)は1人のゲームだが，部分ゲームである．したがって，この場合の部分ゲームは(4)と(5)である．

ただし(4)は少し違和感があるのではないだろうか．それはゲームが開始される点がよく分からないこと，すなわち初期点（それより前にプレイするプレイヤーがいない点）が2つあることに由来する．ゲームがゲームの木として成立するためには初期点は1つでなければならない．

そこで，部分ゲームの中で初期点が1つである（一番前にある点の情報集合は，その1つだけの点を含む）ような「きちんとした」部分ゲームを「適切な部分ゲーム」と呼ぶ．

定義7.7（適切な部分ゲーム）

適切な部分ゲーム（proper subgame）とは，初期点が1つであるような部分ゲームである．

図7.18の(1)～(5)における適切な部分ゲームは(5)だけである．

図7.18 図7.5の部分ゲーム，適切な部分ゲームはどれか？

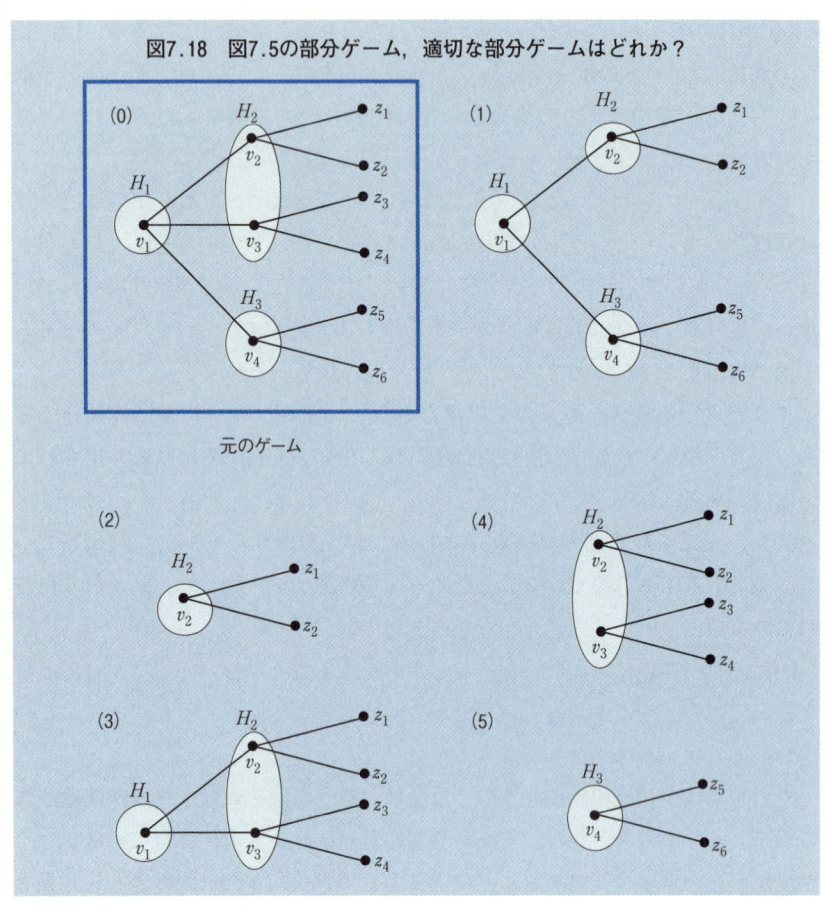

　さて，この図7.18のゲーム(0)には，(5)以外にもう1つ適切な部分ゲームがある．それは元のゲーム自体である．数学において，「部分集合」に全体の集合も含めて考えるのと同じように，元のゲーム自体も部分ゲームと考える．図7.5の適切な部分ゲームは，図7.18の(0)（自分自身）と(5)の2つとなるのである．

　確認するために図7.10の適切な部分ゲームについて考えてみよう．図7.19の(0)（自分自身）と(1)の2つである．

　図7.11において，完全情報における「先読み」を不完全情報に適用するアイディアについて述べたが，これは「適切な部分ゲーム」の考え方によって，よ

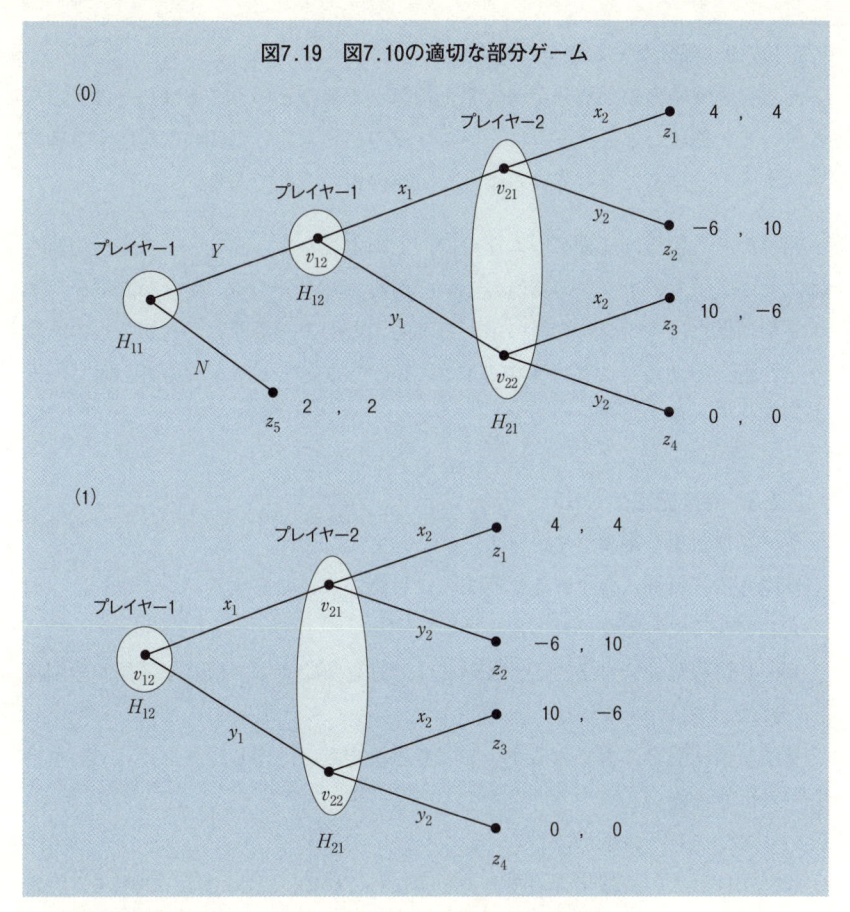

図7.19　図7.10の適切な部分ゲーム

(0)

(1)

り明確に定義できる．それは以下のような考え方である．

　一般の展開形ゲームでは，すべての情報集合においてプレイヤーは，その先に存在するすべての部分ゲームで，自分も含めたすべてのプレイヤーが合理的な選択をすると予測して，自分の利得を最大にするような戦略を選択しようとするだろう．それは，その先のすべての適切な部分ゲームで，ナッシュ均衡を選択していると予測し，戦略を選ぶと考えてよい．したがって，一般の展開形ゲームで妥当なゲームの解となる行動戦略とは，すべての適切な部分ゲームで，元のゲームの行動戦略に対応する戦略がナッシュ均衡になっているような戦略の組であるはずである．

定義7.8（部分ゲーム完全均衡点）
ある行動戦略の組が部分ゲーム完全均衡点であるということは，そのゲームのすべての適切な部分ゲームにおいて，元のゲームの行動戦略に対応する戦略が，ナッシュ均衡になっているような戦略の組のことである．

元のゲーム自体は部分ゲームなので，上の定義から，部分ゲーム完全均衡点は，元のゲームのナッシュ均衡の1つであることが分かる．すなわち部分ゲーム完全均衡点はナッシュ均衡の中から不適切なものを排除し，適切なものを絞り込む概念である．これは本書の4.1で示した非支配ナッシュ均衡と同じ均衡の精緻化であることが分かる．

7.2.3 完全記憶ゲーム
さて，情報集合が満たすべきルールとして，
- 同じ情報集合に含まれるすべての意思決定点に対応するプレイヤーは，同じプレイヤーでなければならない
- 同じ情報集合に含まれる，どの2つの意思決定点も「前」や「後」の関係にあってはならない
- 同じ情報集合に含まれるすべての意思決定点は，同じ行動を持っていなければならない

という3つのルールを挙げた．

図7.20は，この情報集合のルールを満たしている．それではこのゲームの木にはおかしなところはないのだろうか？

図7.20のプレイヤー1の2回目のプレイ（情報集合H_{12}）では，プレイヤー1は$v_{12}, v_{13}, v_{14}, v_{15}$のどの意思決定点にいるか識別できない．これは，自分より前にプレイしたプレイヤー2の選択を知らないだけではなく，その前に自分が情報集合H_{11}でした選択を知らないことになっている．つまりプレイヤー1は1回目の自分のプレイを忘れているのである．

完全合理的なプレイヤーを想定したゲーム理論では，通常このようなプレイヤーは考えない．すなわち，

(1) 自分が選択したことは忘れない

図7.20 完全記憶ではない例

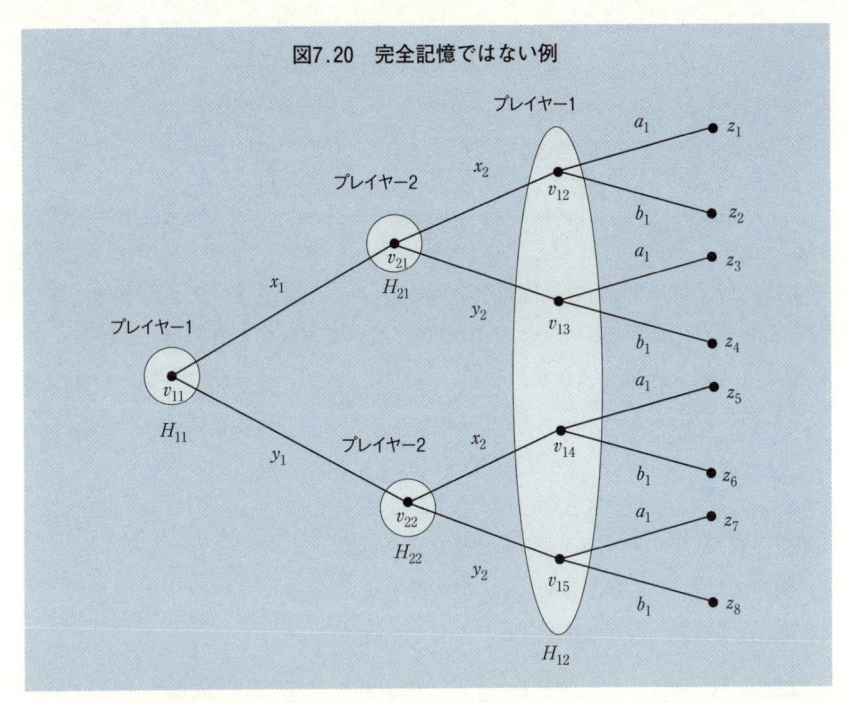

(2) 自分が一度識別できた他者の行動は，その後識別できなくなることはないという２つの仮定を置く．このような仮定を満たすゲームは**完全記憶**（perfect recall）ゲームと呼ぶ．

　記憶量に制限のあるような限定合理的なプレイヤーを想定したゲーム理論では，このような情報集合も許すことがある．第８章の繰り返しゲームでは，２回前に自分が選んだ行動を忘れるようなプレイヤーについても考察する．

7.3 【発展】展開形ゲームと戦略形ゲームの関係

7.3.1　展開形ゲームと戦略形ゲームの相互変換

　本章のはじめに見たように，戦略形ゲームは情報集合を用いることで展開形ゲームに変換することができる．

　これに対して，行動戦略の概念を用いれば展開形ゲームを戦略形ゲームに変換することも可能である．まず，展開形ゲームの行動戦略について思い出して

図7.21　図7.4の利得行列表現

セレブ＼ファミモ	（A駅, A駅）	（A駅, B駅）	（B駅, A駅）	（B駅, B駅）
A駅	（300, 300）	（300, 300）	（600, 400）	（600, 400）
B駅	（400, 600）	（200, 200）	（400, 600）	（200, 200）

みよう．例えば，図7.4の展開形ゲームでは，v_2, v_3でファミモが，どのような選択をするかについて，カッコの中に順に並べて表現するならば，ファミモの行動は（A駅, A駅），（A駅, B駅），（B駅, A駅），（B駅, B駅）の4つで表されるのであった．詳しく説明すると，この4つの行動戦略は，

（A駅, A駅）　　v_2ではA駅，v_3でもA駅を選ぶ
（A駅, B駅）　　v_2ではA駅，v_3ではB駅を選ぶ
（B駅, A駅）　　v_2ではB駅，v_3ではA駅を選ぶ
（B駅, B駅）　　v_2ではB駅，v_3でもB駅を選ぶ

というものである．また，セレブの行動戦略はv_1でA駅を選ぶか，B駅を選ぶかの2通りであった．

　さらに，この行動戦略はゲームの開始前に，2人に熟考の上で選択されると考えた．すなわち，ファミモはセレブの行動を見てから自分の行動を選択するのではなく，観察したセレブの行動に応じ，当初の行動戦略に従って行動すると考えるのであった．

　このように，セレブとファミモは同時にゲームの開始前に行動戦略を決めていると考えれば，展開形ゲームは戦略形ゲームと全く同じであると考えることができる．すなわち図7.21のような戦略形ゲームへと変換できると考えられる．

　図7.21の見方に注意しよう．例えばファミモの2番目の戦略（A駅, B駅）は「v_2ではA駅，v_3ではB駅に立地する」を意味している．セレブがA駅を選んだ場合は，ファミモの戦略のカッコの左側だけが結果に影響する（セレブがA駅，ファミモもA駅を選んだことになり利得は（300, 300））．同様にセレブ

図7.22　図7.2の利得行列表現

セレブ＼ファミモ	A駅	B駅
A駅	(300, 300)	(600, 400)
B駅	(400, 600)	(200, 200)

がB駅を選んだ場合は，ファミモの戦略のカッコの右側だけが結果に影響する（セレブがB駅，ファミモもB駅を選んだことになり利得は (200, 200)）．

ちなみに図7.2の場合を考えると，図7.2で，セレブの行動戦略は，

A駅　H_1でA駅を選ぶ
B駅　H_1でB駅を選ぶ

の2通りであり，ファミモの行動戦略も今度は，

A駅　H_2でA駅を選ぶ
B駅　H_2でB駅を選ぶ

の2通りであるので，利得行列で書けば図7.22のような戦略形ゲームに変換できる．これはもともと，図7.1を展開形ゲームにしたものであるから，その同じ利得行列に戻っている．

このように戦略形ゲームと展開形ゲームは相互に変換でき，等価であると考えられなくもない．

しかし，展開形ゲームを戦略形ゲームに変換したゲームのナッシュ均衡は，元の展開形ゲームの解としてふさわしくないものも含んでいた．図7.21のナッシュ均衡を求めてみるとナッシュ均衡は3つで，(B駅, (A駅, A駅))，(A駅, (B駅, A駅))，(A駅, (B駅, B駅)) である．しかしこれは既に述べたように問題があり，私たちは部分ゲーム完全均衡を求めなければならない．元の展開形ゲームに戻って考えてみれば，部分ゲーム完全均衡（すなわち先読みによって得られる解）は，(A駅, (B駅, A駅)) だけである．

私たちは図7.21が展開形ゲームから変換されたということを知っているので，図7.21を図7.4の展開形ゲームに戻して部分ゲーム完全均衡を考察した．

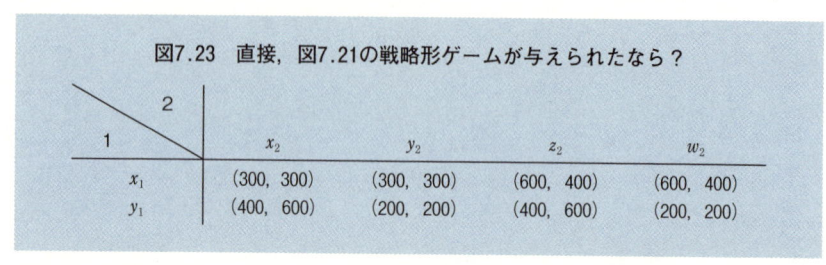

図7.23　直接，図7.21の戦略形ゲームが与えられたなら？

1 \ 2	x_2	y_2	z_2	w_2
x_1	(300, 300)	(300, 300)	(600, 400)	(600, 400)
y_1	(400, 600)	(200, 200)	(400, 600)	(200, 200)

しかし，展開形ゲームが与えられるのではなく，直接，戦略形ゲームとして図7.21が与えられたときに，(B駅, (A駅, A駅))，(A駅, (B駅, A駅))，(A駅, (B駅, B駅)) の3つのナッシュ均衡から，ふさわしい解を選び出すことができるだろうか．すなわち，戦略に (B駅, A駅) のような構造が入っているのではなく，図7.23のようなゲームが与えられたときに，先ほどの部分ゲーム完全均衡に対応するような均衡を選び出せるのだろうか．

　これを単純に考えると，「部分ゲーム完全均衡を選び出すには展開形ゲームを再生すればよい」と思うかもしれない．何よりも私たちは展開形ゲームも戦略形ゲームに変換可能であるということを学んだばかりである．しかし，それは既に図7.23が展開形ゲームから作られたことを知っているためであって，直接，図7.23のようなゲームが与えられたときにこれに対応する展開形ゲームを書くことは難しくなる．もし図7.23を展開形ゲームに直せと言われれば，私たちは図7.24のような展開形ゲームを書くであろう．

　したがって展開形ゲームを戦略形ゲームに変換すると，展開形ゲームが持っているいくつかの構造や情報を落としてしまっていることが分かる．特に，プレイヤーがどの順番で行動するか，という逐次的な行動は戦略形ゲームでは失っているように思える．

　このことは，ゲーム理論のもっとも基本的な形は戦略形ゲームなのか展開形ゲームなのか，という議論に繋がっている．戦略形ゲームと展開形ゲームが変換可能であれば，片方だけを中心に研究すれば，もう一方にも，その概念が適用可能であると考えられる．これは一方の形式のみを研究すれば，もう一方の形式の性質も得ることができるという省力化の観点のみならず，両形式のゲームに統一した概念を適用する上でも重要な点である．

　ここまでの部分ゲーム完全均衡点の議論を考えれば，展開形ゲームこそが

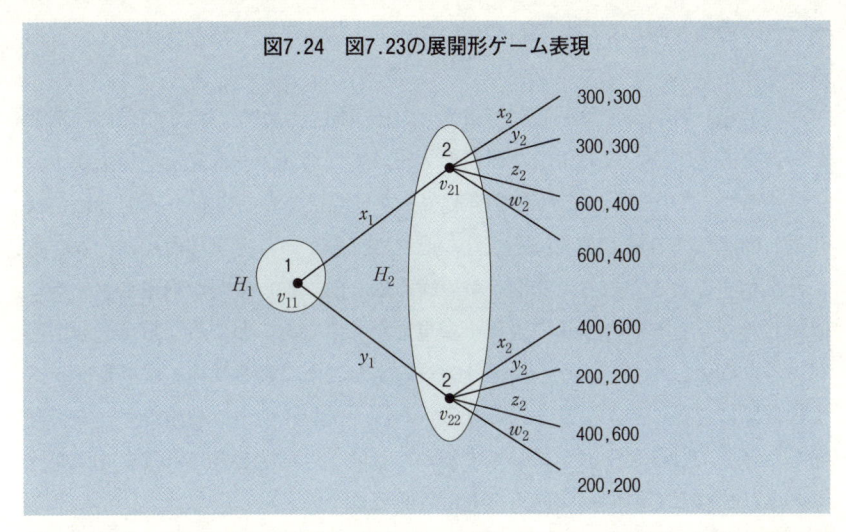

図7.24 図7.23の展開形ゲーム表現

ゲーム理論の基本であるように思える.実際,Selten(1975)やKreps and Wilson(1982)はそのような主張をしている.大雑把に言えば「戦略形ゲームは展開形ゲームに含まれているので,展開形ゲームの理論だけ発展させれば十分であり,逆に戦略形ゲームだけを考えると,展開形ゲームの中にある概念が見落とされてしまう」というものである.

これに対し,Kohlberg and Mertens(1986)は展開形ゲームは多くの情報を含みすぎており,議論がゲームの木の構造に依存する傾向が強く,ゲームの木に依存しない一般的な解の概念を議論するためには戦略形ゲームこそが適しており,戦略形ゲームこそがゲーム理論の基本であるとしている.

それでは展開形ゲームを戦略形ゲームに変換したとき,情報が落ちてしまい元の展開形ゲームに対して不適切なナッシュ均衡を解としてしまうという点については,どう考えるのだろうか.実は,本書4.1で見たような戦略形ゲームの均衡の精緻化を用いれば,展開形ゲームの持つ構造とほぼ同じものを見つけ,ゲームの解を絞り込むことができる.図7.23に弱支配された戦略の繰り返し削除を適用してみよう.これによって部分ゲーム完全均衡解と同じ解を得ることができる.

先読みの考え方を発展させ,ゲームの解としてふさわしいと考えたものが「部分ゲーム完全均衡」であった.したがって,部分ゲーム完全均衡は非支配

ナッシュ均衡と同じく均衡の精緻化によって，均衡を絞り込む方法の1つであると考えられる．

一般的な，各プレイヤーの利得に等しい値（同点）がない完全情報の展開形ゲームを考えよう．このような展開形ゲームでは部分ゲーム完全均衡点が1つに定まる[3]．このとき，これを戦略形ゲームに変換したとき行う支配戦略の繰り返し削除による解も1つに定まり，それは部分ゲーム完全均衡点に一致することを示すことができる．支配戦略の繰り返し削除による解が戦略形ゲームに直面したプレイヤーの推論の過程を表現したものであるとするならば，展開形ゲームに直面したプレイヤーの部分ゲーム完全均衡による推論も戦略形ゲーム上の推論に含むことができる．こう考えれば「プレイヤーは戦略形ゲームに直面したときにどうゲームをプレイするか」という点だけを考えればよく，ゲームの木に依存して展開形ゲームを考える必要はない．

このように，展開形ゲームと戦略形ゲームのどちらをゲーム理論のもっとも基本的な概念にするべきかという議論の結論は得られていない．これは，難しい問題である．von Neumann and Morgenstern (1944)の原著をはじめ，多くのテキストでは伝統的には戦略形ゲームを先に学び，展開形ゲームを後に学ぶ．したがってどちらかと言えば戦略形ゲームを基本に置いており，本書もそう考えている．しかし，近年の優れたテキストの中にはVega-Redondo (2003)のように展開形ゲームを基礎に置くものも増えてきた．展開形ゲームか戦略形ゲームかは，ゲーム理論の応用面にはあまり関係がないが，理論面やどうゲーム理論を教えるかという教育面からは興味深い問題であると言える．

7.3.2 混合戦略をどう考えるか

ここまでは展開形ゲームの戦略については，純粋戦略のみを考えてきた．しかし展開形ゲームにおいて，戦略形ゲームと同様に混合戦略を考えなければならない場合もある．

再び図7.4のI市コンビニ戦争PART6を例にして考えよう．図7.25はI市コ

---

[3] 同点があると，そのときプレイヤーがどちらの行動を選ぶかが一意に定まらなくなり，これが問題を複雑にしてしまう．

図7.25　I市コンビニ戦争PART6のゲームの木とその戦略形ゲーム

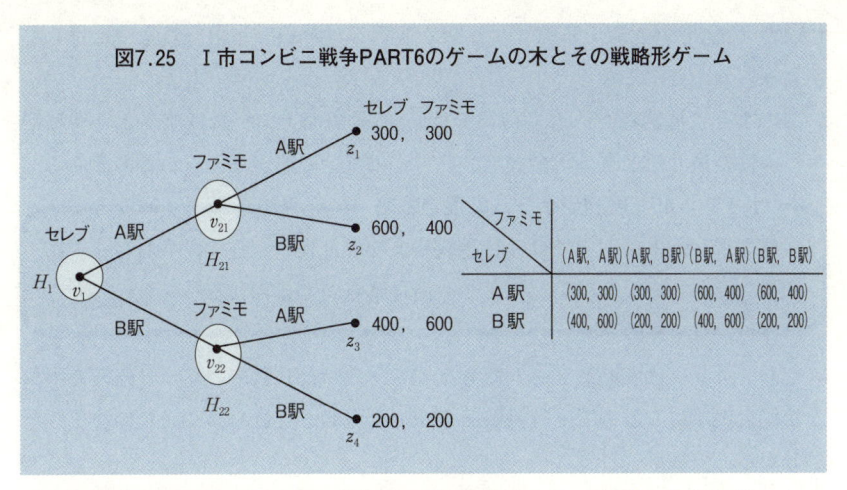

セレブ \ ファミモ	(A駅, A駅)	(A駅, B駅)	(B駅, A駅)	(B駅, B駅)
A駅	(300, 300)	(300, 300)	(600, 400)	(600, 400)
B駅	(400, 600)	(200, 200)	(400, 600)	(200, 200)

ンビニ戦争PART6のゲームの木とその戦略形ゲームの表現を左右に並べたものである（情報集合と点のラベルは図7.4と少し変えている）．

ここでセレブが選べる混合戦略は，「A駅を確率p_1で選び，B駅を確率$1-p_1$で選ぶ」という戦略である．これに対してファミモのとりうる混合戦略は，どのように考えればよいのだろうか．

ゲームの木から考えれば，ファミモはセレブの選択によって情報集合H_{21}かH_{22}のどちらかにいる．したがって，ファミモは情報集合H_{21}とH_{22}の双方において，各行動をどのような確率で選ぶかを決めておけばよいはずである．具体的にはファミモには，以下のような戦略が考えられる．

情報集合H_{21}において　　A駅を確率p_{21}で選び，B駅を確率$1-p_{21}$で選ぶ
情報集合H_{22}において　　A駅を確率p_{22}で選び，B駅を確率$1-p_{22}$で選ぶ

このように「各プレイヤーはすべての情報集合において，各行動を選ぶ確率を定める」とすることが，展開形ゲームの混合戦略の1つの考え方と言える．このような展開形ゲームの混合戦略を，行動戦略上の混合戦略と呼ぶ．これは図7.25においては，上に書かれているゲームの木から混合戦略を考えた場合の自然な発想と言えるだろう．

これに対して図7.25の右の利得行列は，左のゲームの木と同等な戦略形ゲームである．戦略形ゲームにおける混合戦略を考えると，ファミモの混合戦略は

（A駅，A駅），（A駅，B駅），（B駅，A駅），（B駅，B駅）の4つに対して割り振られた確率になる．

このように展開形ゲームにおいては，「行動戦略上の混合戦略」と「戦略形ゲームに変換したときの混合戦略」の2つの混合戦略が考えられるのである．

> **ポイント45 展開形ゲームの混合戦略**
>
> 展開形ゲームにおいては「行動戦略上の混合戦略」と「戦略形ゲームに変換したときの混合戦略」の2つの混合戦略が考えられる．

なお，セレブは戦略形ゲームで考えても，A駅とB駅をいくつの確率で選ぶかが混合戦略になるので，行動戦略上の混合戦略と実質的には同じになることが分かる．

さてこの2つの混合戦略の関係はどうなっているのだろうか．図7.25でこれを考えてみよう．セレブの混合戦略は「行動戦略上の混合戦略」も「戦略形ゲームに変換したときの混合戦略」も実質的には同じであるから，ファミモの混合戦略のみ考察する．

ここで行動戦略上の混合戦略を，上記のようにp_{21}，p_{22}で表し，ファミモの戦略形ゲームに変換したときの混合戦略（A駅，A駅），（A駅，B駅），（B駅，A駅），（B駅，B駅）を，それぞれ確率q_1，q_2，q_3，q_4（$q_1+q_2+q_3+q_4=1$）で選ぶ戦略とする．

まず展開形ゲームの「行動戦略上の混合戦略」を1つ与えると，それに対応する戦略形ゲームの混合戦略を1つ作ることができるかどうかを考える．

表7.2 図7.25に対応する行動戦略上の混合戦略

プレイヤー	情報集合	行動	行動を選択する確率
セレブ	H_1	A駅を選択する確率	$\frac{1}{2}$
		B駅を選択する確率	$\frac{1}{2}$
ファミモ	H_{21}	A駅を選択する確率	$\frac{1}{4}$
		B駅を選択する確率	$\frac{3}{4}$
	H_{22}	A駅を選択する確率	$\frac{1}{3}$
		B駅を選択する確率	$\frac{2}{3}$

行動戦略上の混合戦略が与えられたとき，戦略形ゲームの「（A駅, A駅）を選ぶ確率」は，「情報集合H_{21}でA駅を選び，なおかつ情報集合H_{22}でA駅を選ぶ確率」に対応するから，$p_{21}p_{22}$となる．同様に考えれば，

$q_1 = p_{21}p_{22}$
$q_2 = p_{21}(1-p_{22})$
$q_3 = (1-p_{21})p_{22}$
$q_4 = (1-p_{21})(1-p_{22})$

となる．$q_1+q_2+q_3+q_4=1$から，この戦略は混合戦略として整合的になっていることが確かめられる．

このように，行動戦略上の混合戦略が与えられ，すべての情報集合において各行動が選ばれる確率をかけあわせれば，それに対応する戦略形ゲームの混合戦略を作ることは常に可能である．

具体的な例を示してみよう．「行動戦略上の混合戦略」として表7.2の戦略を考える．この戦略に対応する戦略形ゲーム上の混合戦略を作ると表7.3のようになる．

以上のように行動戦略上の混合戦略から，戦略形ゲームの混合戦略は，常に作ることができるのである．

表7.3　図7.25の混合戦略

プレイヤー	戦略	戦略を選択する確率
セレブ	A駅を選択する確率	$\frac{1}{2}$
	B駅を選択する確率	$\frac{1}{2}$
ファミモ	（A駅, A駅）を選択する確率	$\frac{1}{12}$
	（A駅, B駅）を選択する確率	$\frac{2}{12}$
	（B駅, A駅）を選択する確率	$\frac{3}{12}$
	（B駅, B駅）を選択する確率	$\frac{6}{12}$

> **ポイント46　行動戦略上の混合戦略から戦略形ゲームの混合戦略への変換**
>
> 展開形ゲームにおける行動戦略上の混合戦略を1つ与えると，それに対応する戦略形ゲーム上の混合戦略を常に作ることができる．

それでは，逆に戦略形ゲームの混合戦略が1つ与えられたときに，行動戦略上の混合戦略を1つ作ることができるであろうか．

例えば，情報集合H_{21}においてA駅を選ぶ戦略は，（A駅，A駅）か（A駅，B駅）であるから，$p_{21}=q_1+q_2$とすれば行動戦略上の混合戦略を作ることができそうである．すなわち，

$$p_{21}=q_1+q_2$$
$$1-p_{21}=q_3+q_4$$
$$p_{22}=q_1+q_3$$
$$1-p_{22}=q_2+q_4$$

とすれば，図7.25において，行動戦略上の混合戦略を1つ作ることができる．

実際に表7.3のファミモの戦略を上記の式によって計算すれば，表7.2の行動戦略上の混合戦略が得られることが分かる．

このような単純な計算が成り立つのは，各プレイヤーに時間が前後する情報集合がない場合である．実際には時間的に前後する情報集合があっても完全記憶ゲームであれば，戦略形ゲームの混合戦略が1つ与えられたときに，行動戦略上の混合戦略を1つ作ることができる．

> **ポイント47　戦略形ゲームの混合戦略を行動戦略上の混合戦略への変換**
>
> 完全記憶の展開形ゲームにおいては，対応する戦略形ゲーム上の混合戦略を1つ与えると，それに対応する行動戦略上の混合戦略を1つ作ることができる．

7.4 【応用】投票とゲーム理論

7.4.1 様々な投票

投票は形式的な手続きが定められた集団の意思決定方法であると言える．集団の意思決定には，話し合いや交渉などが不可欠であるが，これらには定まったルールというものは存在せず，その時々で様々な形をとりうる．したがって，これらの話し合いや交渉をゲーム理論で分析しようとするならば，そのルールをいかにモデル化するかによって導く答えが異なる可能性がある．これに対し，投票は定められたルールに基づいて行われるため，ゲーム理論の分析に馴染みやすく，1つの答えに到達しやすい．このことからゲーム理論による投票分析は古くから行われている．

私たちは投票で物事を決めるとき，投票者の誰がどの案に賛成か反対かにまず注目し，投票ルール自身にはなかなか関心を払わない．しかしながら同じメンバーであっても投票ルールが異なれば，その結果が異なることは多くあるのである．ここではゲーム理論の分析に入る前に，投票方法にはどのようなものがあり，それぞれどのような特徴を持っているのかについて学んでいく．その後，これらの投票ルールをゲーム理論によって分析してみよう．

モデル26　日本触球協会会長選挙PART1

次期オリンピックでは正式種目となり，ファンも多くなった触球．日本の触球はオフパスを右で打つか，左で打つかによって2つの団体に分裂していたが，オリンピックをにらんで2つの派閥は1つに統合され日本触球協会が作られることとなり，その初代会長を選ぶ選挙が行われることになった．触球協会設立に関わった20人の評議員が，会長を投票で決めることになったが，その20人の評議員は3つの派閥に分かれている．

最大の評議員数を擁する右派は9人の評議員がいるが，過半数には今ひとつ足りない．これに対する左派は8人の評議員を有する．キャスティングボートとなる中立派は，3人の評議員を有している．

一方，初代会長候補は3人いる．右打ち触球で日本に初の国際大会優勝をもたらした竜崎氏（以下R氏），左打ち触球を日本に伝え30年間広めて

きたLoyd氏（以下L氏），中立的立場からテレビの触球解説で日本に触球ファンを広めた中村氏（以下N氏）である．

右派は，R氏を会長に推しており，もしそれが駄目ならN氏にしたいとしている．L氏の会長就任には反対だ．一方で左派は，L氏，N氏の順に考えており，R氏の会長就任には反対である．

問題となる中立派はN氏を会長にと考えているが，もし駄目であればやや強硬姿勢の目立つ多数派閥のR氏よりは，L氏を選びたいと考えており，R氏は避けたいとしている．

会長は誰になるのか．それは投票ルールによってどのように変わるのかを考えてみたい．

3つの派閥が好む候補者を整理したものが表7.4になる．個人の候補者や代替案に関する好みの順序を表すものを，その個人の**選好**（preference）と呼ぶ．

いくつかの候補者や代替案から，投票者の投票によって1つの候補者・代替案を選び出す方法が投票ルールである．もっとも簡単な投票ルールは，1人の投票者が1人の候補者を記入し，一番多い票を得た者が選ばれるというルールである．このような方法を「多数決」と呼ぶことが多いが，ゲーム理論や投票の研究においては多数決とは呼ばず，**単記投票**（plurality voting）と呼ぶ．

表7.4において単記投票を行うと，どのような結果になるだろうか．単記投票ではR氏が9票，L氏が8票，N氏が3票を獲得し，R氏が当選する．

この投票ルールは，各投票者が一番好む情報しか集計しない．投票者が2番目以降に好む候補者や代替案は考慮されないのである．もちろん，すべての投票者が一番好む候補者の情報のみを考慮する考え方が悪いとは限らない．多くの場合，人は自分がもっとも好む案や候補者は分かるが，それ以外の候補者に

表7.4　3つの派閥の候補者に関する選好

右派（9名）	R氏 ≻ N氏 ≻ L氏
左派（8名）	L氏 ≻ N氏 ≻ R氏
中立派（3名）	N氏 ≻ L氏 ≻ R氏

対しては好む順序が曖昧になりがちである．このような曖昧な好みを集計するよりは，単記投票のように一番好むものだけ集計し，はっきりさせようとする考え方もある．

しかし投票者が2番目以降に好む候補者や代替案を切り捨ててしまうのは問題であるとする考え方もある．表7.4の例では，集団全体の争点はR氏かL氏かという2大候補者の争いと考えることができるだろう．ここで少数の中立派がN氏に投票すると，中立派の票は意味を持たないと考えることもできる．いわゆる中立派の票は死票になっているのである．

このような場合に，最終的な決定に全員の票を反映させる方法として「単記投票で過半数を獲得すれば当選し，過半数に達しない場合は，上位2名により決選投票を行う」という方法も多く用いられる．このような方法は，**決選投票付き単記投票**（plurality voting with runoff voting）と呼ばれる．

表7.4における決選投票付き単記投票の結果を調べてみよう．まずR氏が9票，L氏が8票，N氏が3票を獲得し，R氏とL氏の上位2名で決選投票が行われる．結果としては中立派がL氏に投票するため，L氏が11票と過半数を獲得し，L氏が当選することになる．

これは1段階目での単記投票で最多数を獲得した候補が，2段階目に逆転されて負けるというケースで，現実にもこのような例は多く見受けられる．例えば2003年7月チェコのプラハで行われた第115回国際オリンピック委員会（IOC）総会において行われた，2010年の冬季五輪開催地の決定がその例である．ここではバンクーバー（カナダ），平昌（ピョンチャン／韓国），ザルツブルク（オーストリア）の3都市が最終選考に残り，投票となった．1回目の投票では平昌が51票を獲得してトップに立ち，以下バンクーバー40票，ザルツブルク16票と続いた．しかし1位の平昌が過半数の票を獲得できなかったため，上位2都市のバンクーバーと平昌による決選投票が行われた．決選投票ではザルツブルクからの票がバンクーバーに回り，結果56対53と3票差でバンクーバーが逆転勝利し，開催地はバンクーバーに決定した（1回目と2回目で票の合計数が合わないのは，1回目に棄権が出たためと思われる）．韓国の悲願は達成されなかったのである．

なお，IOC総会の開催地決定の投票ルールを「上位2つの決選投票」と呼ぶ

のは，正確ではないかもしれない．正しくは「何回も投票が行われて，毎回最下位の都市が脱落していき，最後に1つが選び出される」という投票ルールである．2005年7月にシンガポールで開かれた第117回IOC総会における2012年の夏季五輪開催地の決定を見てみよう．ここではパリ，ロンドン，ニューヨーク，モスクワ，マドリードの5候補都市で投票が行われ，毎回もっとも得票数の少なかった都市を1つずつ抜かして決選投票が行われた．1回目の投票でモスクワが脱落，2回目でニューヨークが，3回目ではマドリードが脱落．残るパリとロンドンの決選投票となり，ロンドンが開催地となった．なお，このときも2回目の投票では，ロンドン27，パリ25，マドリード32，ニューヨーク16でマドリードが1位となっているが，この後の3回目の投票ではロンドン39，パリ33，マドリード31となりマドリードは首位から最下位になって脱落するという逆転現象が起きている（Wikipediaを参照した）．

　決選投票付き単記投票の結果を，通常の単記投票と比較してみると，最終的に残る2つの候補者や代替案には，すべての投票者の意思が反映されていることが分かる．したがって単純な単記投票よりは，投票者の意思は反映されていると言える．しかしながら，1段階目が単記投票であるために，2つの「多数派が強く望む候補者」の中から当選者が選ばれるという点は変わっていないと言えるだろう．ここで表7.4を改めて見てみると，L氏やR氏に対しては多数派がそれぞれ好みを最下位に位置づけているのに対し，N氏は右派，左派のどちらにとっても中庸的に位置づけられる候補である．右派と左派の対立を避け，全体の調和を考えると，中立派からのN氏が選ばれるということも1つの考え方であると言えるだろう．

　このように単記投票が一番好むものに焦点を当てるのに対して，投票者の2番目，3番目に好むものの情報も集計しようとする方法はいくつか存在する．代表的な投票ルールは**ボルダ投票**（Borda counting）と呼ばれる方法だ．この方法は順位評点法とも呼ばれ，自分が一番好む候補者に一番高い点をつけ，そこから順に1点ずつ減らして点をつけていく方法である．例えば表7.4のような3つの候補者がいる場合は，一番好む候補者に2点，次に好む候補者に1点，一番好まない候補者には0点をつける．このように投票して，最多得点を獲得した候補者が当選する．

表7.4で，ボルダ投票を実施した結果はどうなるだろうか．この場合，R氏が18点，L氏が19点，N氏が23点となりN氏が当選する．ボルダ投票が，投票者の選好全体を集計し，投票者全体の中庸な候補を選び出すことが分かる．

ここまで投票ルールとして単記投票，決選投票付き単記投票，ボルダ投票とよく知られる3つの投票ルールを考えてきたが，驚くべきことにこれらのよく知られる投票ルールでさえ，**モデル26**で選び出す候補者はR氏，L氏，N氏とすべて異なっている．どのルールが良いかは一概には言えないが，単記投票は各投票者の一番好む代替案・候補者に重点を置き多数派の意見を尊重する投票方法，決選付き単記投票は最終的に争点を2者択一にし全員の選好を明確に集計する方法，ボルダ投票は全員の選好を考慮し中庸で調和的な代替案を選ぶ投票方法であると言えよう．

> **ポイント48 投票ルールの特徴**
>
> 単記投票は各投票者が一番好む代替案に重点を置き多数派の意見を尊重，決選付き単記投票は全体の争点が2者択一になるときに適しており，ボルダ投票は中庸で調和的な代替案を選ぶ．

候補者の選好を細かく集計すればするほど，投票ルールは良い性質を満たしやすいが，それだけ手間はかかる．投票理論の研究において**単純多数決**（majority voting）と呼ばれる方法は，多くの良い性質を満たす投票ルールである．この方法は候補を2つずつのペアで選び出し，そのペアのどちらを好むかについて投票者の多数決で決定する．言わば候補者の総当たり戦を行うのである．そして，この総当たり戦においてすべての候補者を打ち負かす候補者を勝者とするものである．

表7.4で単純多数決を行ってみよう．すると，

- R氏対L氏は9対11でL氏の勝ち
- L氏対N氏は8対12でN氏の勝ち
- N氏対R氏は11対9でN氏の勝ち

となる．したがって，すべての候補者に対してN氏は多数決で勝っている．このときN氏を**単純多数決勝者**（majority voting winner）と呼び，N氏が当選者となる．

第7章 一般の展開形ゲーム　265

単純多数決は私たちが普段「多数決」と呼んでいる単記投票とは異なり，大変手間がかかるものであるが，もし勝者がいるならば，いろいろな性質を満たす良い投票ルールであることが知られている．しかしながら，単純多数決勝者は常に存在するとは限らない．このことを次に見てみよう．

7.4.2 循環多数決と審議順序

単純多数決は，18世紀におけるフランスの研究者**コンドルセ**（Marquis de Condorcet）が提唱したものである．このことから単純多数決勝者は**コンドルセ勝者**（Condorcet winner）とも呼ばれる．もし候補者に単純多数決勝者が存在する場合は，その候補者を選ぶことで様々な良い面がある．しかし単純多数決勝者は常に存在するとは限らない．単純多数決勝者が存在しない場合は，いくつかの決め方にいろいろな問題が生じる．これは**コンドルセのパラドックス**（Condorcet paradox）と呼ばれるものだ．次のケースでそれを考えてみよう．

モデル27　Ｉ市の文化センター

発展著しいＩ市の市議会は100議席からなり，赤党，黒党，白党の３つの党が議席を有している．与党の赤党は45議席を獲得しているが過半数には届かない．２つの野党のうち黒党が35議席，白党が20議席と３党が議席を分け合う形だ．

与党赤党は，今年度予算でＩ市の文化センターを赤葉台駅（Ａ駅）に設置する案（以下Ａ案）を市議会に提出した．これに対し，黒党は文化センターはブラックリバー駅（Ｂ駅）周辺に建設するように要望しており，案の修正を要求している（以下Ｂ案）．

文化センターの建設は赤党の公約であり，Ａ駅建設が駄目ならＢ駅建設案でも可決したいと考えており，廃案は絶対避けたい．これに対し黒党は，Ｂ駅周辺の古くから居住する住民がその支持基盤である．Ｂ駅周辺の住民は，Ｉ市の中心街がＡ駅周辺に移りつつあるのを危惧しており，Ａ駅への文化センター建設には絶対反対で，それよりは廃案を望んでいる．

もう１つの白党は，Ｉ市の予算規模での新しい文化センター建設には絶対反対で，文化センター建設の白紙撤回（廃案）を望んでいる．しかしな

がら，もし建設するのであれば新しいI市を作るA駅案がB駅案より良い
と考えている．

さて赤党は審議の順番として，「まずA案か廃案かを決める．可決なら
ばA案を修正しB案にするかどうかを決める．また廃案の場合には再度，
修正したB案で本当に廃案にするか，修正案のB案を採択するかを審議す
る」という審議順序を提案した．これに対し野党白党は「先にA案かB案
かを決めた後で，その案に対し採択か廃案かを決める」としている．両者
の審議順序に違いはあるのだろうか．

ここで3党の選好をまとめると表7.5のようになる．ここで各党の議員は必
ず同じ案に投票すると考えると，このゲームは議員ではなく党が投票する（全
部で3票の）3人ゲームとみなすことができる．例えば単純多数決を考えると，

- A案対B案は2対1でA案が選ばれる．
- B案対廃案は2対1でB案が選ばれる．
- 廃案対A案は2対1で廃案となる．

のように考えることができる．単純多数決では，すべての案に多数決で勝利す
る単純多数決勝者（コンドルセ勝者）となる案が存在しない．この例では単純
多数決では決定することができないのである．多数決では，A案のほうがB案
より賛成者が多く，B案のほうが廃案より多い．これから廃案とA案を比べる
とA案のほうが賛成者が多くなるのが自然であるが，実際には廃案のほうが賛
成者が多くなってしまうのである．全体が多数決で好む順番に代替案を並べる
と，A案，B案，廃案，A案，…と循環してしまうことから，この現象を**循環
多数決**（majority cycle）と呼ぶ．

このような循環多数決は決して架空のことではない．佐伯（1980）は，この
ような投票や決め方のルールについて，様々な例を紹介をした古典的な本であ

表7.5 3党の選好

赤党（45名）	A案 ≻ B案 ≻ 廃案
黒党（35名）	B案 ≻ 廃案 ≻ A案
白党（20名）	廃案 ≻ A案 ≻ B案

るが，この中には循環多数決のパラドックスが数多く起こっていることが述べられている．

このような循環多数決では，どの案とどの案を先に比べるかという審議順序によって，選ばれる結果が変わる．このことを**経路依存的**（path dependent）であると言う．

各党が正直に好むほうの案に賛成するとして，赤党の提案する審議順序と白党の提案する審議順序ではどのような結果になるか比較してみよう．

赤党の提案ではまずA案か廃案かを決めるため，一旦廃案となるが，次に再度B案か廃案かを審議するため，最終的にはB案が採択される．これに対し白党の提案では，まずA案かB案かを決めるためA案が採択され，次にそのA案か廃案かを審議するので廃案となってしまうのである．

もし各党が正直に好むほうの案に賛成するならば，赤党の提案する決め方ではB案，白党の提案では廃案となってしまうのである．これを読んだ黒党は赤党の決め方に賛成し，白党の反対の中，赤党の提案による審議順序に従うことになった．さて，結果はどうなるのであろうか．

ここまでは，投票者は正直に自分の選好を表明すると考えてきた．この考え方はゲーム理論が現れる以前の投票ルールの分析であると言える．ゲーム理論を習得してきた読者は，もはやこの考え方には不足があることに気づくであろう．投票者が自分の利得を最大にするように行動すると考えるならば，もはや自分の選好を正直に表明するのではなく，戦略的に投票を行うはずである．次項では，それを反映した戦略的投票という考え方について述べる．

7.4.3 戦略的投票

投票者は，正直に自分の選好を投票するとは限らない．これには様々な状況が考えられるだろう．1つは自分が正直に投票しても行使できる力が小さいために，実効力のあるような票に変更する場合である．例えば表7.4で単記投票を行うとき，少数の中立派に属する投票者はN氏に投票しても，その票が大勢には影響を与えないことを知り，このような死票を投じるよりは自分が2番目や3番目に好む候補者に投票するほうが自分の票を活かすことができると考えて，そう投票するかもしれない．

表7.6 ボルダ投票の戦略的操作可能性

千葉	じゃじゃ麺 ≻ 冷麺 ≻ ビビン麺 ≻ そば
尾崎	冷麺 ≻ じゃじゃ麺 ≻ ビビン麺 ≻ そば
藤堂	冷麺 ≻ じゃじゃ麺 ≻ ビビン麺 ≻ そば

このような場合は，投票者が自分の選好を正直に表明しなくてもよいだろうと考える方もいるかもしれない．しかし，投票ルールによっては自分の選好を正直に表明しないことで，自分がもっとも好む代替案を当選させることも可能になる．以下のボルダ投票による例はその典型的なものである．ここで千葉，尾崎，藤堂の3人が今日の夕食として，冷麺，じゃじゃ麺，ビビン麺，そばの4つの麺のどれを食べに行こうか迷っていたとしよう．表7.6は，この3人の真の選好を示したものである．

このとき，ボルダ投票（もっとも好む案に3点，以下2点，1点とつけ，一番好まない案には0点をつける）で最多得点の案を選び出すことにしよう．もし全員が正直に選好を表明すると，冷麺が8点，じゃじゃ麺が7点，ビビン麺が3点，そばが0点で冷麺が選出されることになる．

ここで千葉が自分のもっとも好むじゃじゃ麺を当選させたいために戦略的に投票するならば，どうすればよいだろうか．彼は冷麺の点数を故意に落として投票すればよい．尾崎，藤堂はそのままで千葉が以下のような投票をしたとしよう．

千葉　　じゃじゃ麺 ≻ ビビン麺 ≻ そば ≻ 冷麺

この場合は冷麺が6点，じゃじゃ麺が7点，ビビン麺が4点，そばが1点でじゃじゃ麺が選出されることになる．

このような投票の戦略的操作可能性はゲーム理論が生まれるはるか前から議論されていた．もともとボルダ投票は，18世紀のフランス王立科学アカデミーの会員選出方法で単記投票の問題点を指摘したボルダ（Jean-Charles de Borda）という研究者が提案した投票方法である．コンドルセは，上記のようなボルダ投票の戦略的操作の可能性を指摘したと言われるが，これに対してボルダは「私の投票方法は正直者のための投票方法だ」と言ったという（佐伯

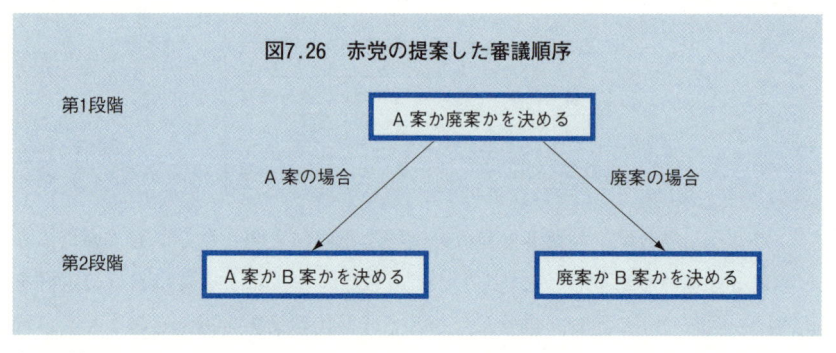

図7.26　赤党の提案した審議順序

第1段階　　　　　　　　　　A案か廃案かを決める

　　　　　　　　A案の場合　　　　　　　　　　廃案の場合

第2段階　　A案かB案かを決める　　　　　廃案かB案かを決める

(1980)).

さて，このような戦略的な投票は，前項で考えた審議順序の問題にも影響を与える．ここで先ほどの**モデル27**において，各投票者が戦略的に行動したらどうなるかをゲーム理論で考察してみよう．

赤党の提案した審議順序を図に表すと，図7.26のようになる．

これに部分ゲーム完全均衡点の考え方を適用すると，**第2段階のすべての場合に全員が戦略的に行動したときに何が起きるかを考えて，その結果として第1段階の結果を選択する**ことになる．そこで第2段階に何が起きるかについて考えてみよう．

第2段階の投票は2つの案の多数決（案が2つの場合は単純多数決，単記投票，ボルダ投票ともすべて同じ）である．第2段階で，A案とB案のどちらを選ぶべきかの多数決が行われる場合について，ゲームで考えてみよう．これは3人が同時にA案とB案のどちらにするかを投票する同時のゲームであり，戦略形ゲームとして考えることができる．図7.27はこの多数決のゲームを表したものである．

図7.27の上の図は，3つの派閥をプレイヤーと考え，その投票結果によって何が起きるかを示した表である．赤党は行を選び，黒党は列を選び，白党は右か左の箱を選ぶ．例えば，赤党がA案，黒党がB案，白党がB案を選ぶと，1対2でB案が選ばれるが，これは右の箱における，上の行，右の列の「B案」に対応していることが分かるだろうか．

そして図7.27の下の図は，各党が一番好むものを利得2，2番目に好むものを利得1，もっとも好まないものを利得0であるとした利得行列である．

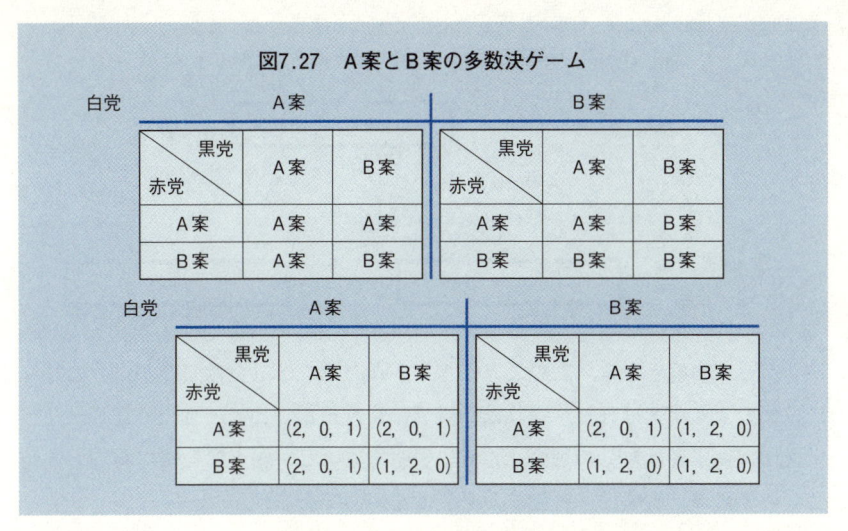

図7.27　A案とB案の多数決ゲーム

白党　A案

赤党＼黒党	A案	B案
A案	A案	B案
B案	A案	B案

白党　B案

赤党＼黒党	A案	B案
A案	A案	B案
B案	B案	B案

白党　A案

赤党＼黒党	A案	B案
A案	(2, 0, 1)	(2, 0, 1)
B案	(2, 0, 1)	(1, 2, 0)

白党　B案

赤党＼黒党	A案	B案
A案	(2, 0, 1)	(1, 2, 0)
B案	(1, 2, 0)	(1, 2, 0)

　このゲームのナッシュ均衡はいくつかあり，例えば全員がB案に投票することはナッシュ均衡である．多数決では他の2人の票が一致していれば，自分1人が票を変更しても同じであり，利得は良くはならない．したがって，これは確かにナッシュ均衡である．しかし，この戦略の組をゲームの結果と考えるのは明らかにおかしいのではないだろうか．A案とB案を比べると，赤党はA案，黒党はB案，白党がA案を好むので，全員がB案を選ぶナッシュ均衡は不自然である．

　ここで，各プレイヤーの戦略をよく見ると自分の好む案（赤党と白党はA案，黒党はB案）に投票することが，好まないほうの案に投票することを弱支配していることが分かる．どの党にとっても自分以外の2つの党が同じ案に票を入れている（2票）ならば，自分はどちらの案に投票しても利得は同じであるし，自分以外の2つの党が異なる案に票を入れている（1票ずつ）ならば，自分が投票した案が可決されるので，好む案に投票したほうが好まないほうに投票するよりも利得が高い．したがって，自分の好む案に投票することが好まない案に投票するよりも（相手のすべての投票に関して）利得は同じか高くなっている．

　以上からA案とB案の多数決ゲームでは，各投票者は自分の好む案に正直に投票することが弱支配戦略である．そして，全員がそのように投票すること

図7.28 第2段階のゲームの解を読み込んだ全体ゲーム

第1段階: A案か廃案かを決める
- A案の場合 → 第2段階のゲームの結果: A案
- 廃案の場合 → 第2段階のゲームの結果: B案

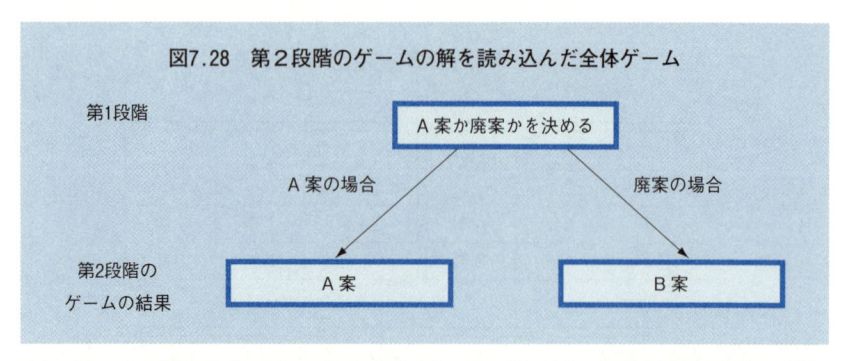

が，ゲームの解となる．このことからゲームの解では，全投票者が自分の好みに投票しA案が選ばれる．これは一般的にも言えることで，2つの案しかない場合には投票者は自分の選好を正直に表明することが弱支配戦略である．案が2つの場合は，戦略的に行動する必要はないのである．

> **ポイント49　2つの案の投票**
>
> 2つの案の投票においては単純多数決，単記投票，ボルダ投票共にすべて同じ結果であり，自分の好む案に正直に投票することが弱支配戦略となる．このとき投票者は戦略的に行動する必要はない．

したがって，2段階目で廃案かB案かを決める場合も各投票者が好む案に正直に投票することがゲームの解となり，B案が選ばれる．第2段階の結果は，各党の希望を正直に反映した結果となるのである．

この第2段階の結果から，各投票者が先読みをした部分ゲーム完全均衡点を考えよう[4]．図7.28は，第2段階のゲームの解を読み込んだ全体ゲームの概念図である．

第2段階の結果を先読みして，第1段階に戻って考えてみると，
- 第1段階でA案が採択されると，第2段階ではA案が選ばれる
- 第1段階で廃案が採択されると，第2段階ではB案が選ばれる

となることが分かる．このような審議順序では，どうあっても最終的に廃案と

4）このゲームの2段階目にはナッシュ均衡が多数あるため，厳密には部分ゲーム完全均衡も多数あるが，2段階目のナッシュ均衡の中で「支配されないナッシュ均衡」を用いた解を，ここでは部分ゲーム完全均衡と考える．

図7.29 第2段階のゲームの解を読み込んだ第1段階のゲーム

白党	A案			廃案		
	赤党\黒党	A案	廃案	赤党\黒党	A案	廃案
	A案	A案	A案	A案	A案	B案
	廃案	A案	B案	廃案	B案	B案

白党	A案			廃案		
	赤党\黒党	A案	廃案	赤党\黒党	A案	廃案
	A案	(2, 0, 1)	(2, 0, 1)	A案	(2, 0, 1)	(1, 2, 0)
	廃案	(2, 0, 1)	(1, 2, 0)	廃案	(1, 2, 0)	(1, 2, 0)

なることはない．第2段階のゲームの結果を読み込んで，第1段階のゲームの利得行列を作ると図7.29のようになる．上の図は，第1段階の投票結果によって最終的には何が起きるかを示した表であり，下の図はそれを利得行列にしたものである．

第1段階で廃案が採択されると，最終的にはB案が選ばれるという利得行列になっている．言い換えると**第1段階で廃案に賛成することは，B案を選択することを意味する（置き換えられる）**のである．したがって第1段階では，実質的にはA案とB案を比較していることにほかならない．

先ほどと同じように考えれば，各投票者はA案とB案を比べて，A案を好む者はA案に，B案を好む者は廃案に投票することがゲームの解となる．したがって赤党はA案，黒党は廃案，白党はA案に投票し第1段階ではA案が選択され，最終的にもA案が選択される．

第1段階で各党が正直に投票した場合と比較してみると，赤党と黒党は廃案とA案を比べて実際に自分が好むほうに投票しているのに対し，白党は廃案とA案では実際には廃案を好んでいるのに対して，ゲームの解ではA案に投票している．白党は第1段階で実際に好む廃案に投票しても，最終的には最悪のB案が可決されるシナリオになっている．自分の好むものに投票せず，あえて次点のA案を通すために第1段階でA案を選択する白党の選択に戦略的投票の結

果が現れている．

かくして，第1段階で白党は実際の党の希望と異なりA案賛成に回ることになった．赤党は，このような戦略的思考から審議順序を提案したと言えよう．

演習問題

演習7.1 図7.30に示されている3つの展開形ゲームについて，それぞれ部分ゲーム完全均衡を求めよ．ただし，ここで情報集合H_{ij}はプレイヤーiのj番目の情報集合を表しており，終点では左にプレイヤー1，右にプレイヤー2の利得が与えられている．答えは，「各プレイヤーがどの情報集合でどの行動を選択するか」の表にして書きなさい．

演習7.2 図7.31に示されている3つの展開形ゲームについて，それぞれ部分ゲーム完全均衡を求めよ．ただし，ここで情報集合H_{ij}はプレイヤーiのj番目の情報集合を表しており，終点では左にプレイヤー1，右にプレイヤー2の利得が与えられている．

演習7.3 図7.32のゲームの部分ゲーム完全均衡を求めよ．ここで情報集合H_{ij}はプレイヤーiのj番目の情報集合を表す．（問2は，H_{12}から始まる部分ゲームを戦略形ゲームに直すと，混合戦略でのナッシュ均衡が唯一あるのみである．この場合は，混合戦略でのナッシュ均衡を求め，期待利得を考える）．

演習7.4 図7.33に示されている3つの展開形ゲームについて次の問いに答えよ．

(1)戦略形ゲームに変換せよ．
(2)(その戦略形ゲームを用いて) ナッシュ均衡を求めよ．
(3)(その戦略形ゲームを用いて) 支配されないナッシュ均衡を求めよ．
(4)上記のナッシュ均衡から部分ゲーム完全均衡を選びなさい．

ここで情報集合H_{ij}はプレイヤーiのj番目の情報集合を表しており，左にプレイヤー1，右にプレイヤー2の利得が与えられている．また問1では (Y, x_1) と (Y, y_1) の戦略を，1つのYという戦略として考えなさい（定義では，情報集合ごとに，それぞれ行動を決定するものを行動戦略と考えるので，(Y, x_1) と (Y, y_1) は別の戦略として考えなければならないが，この2つの戦略

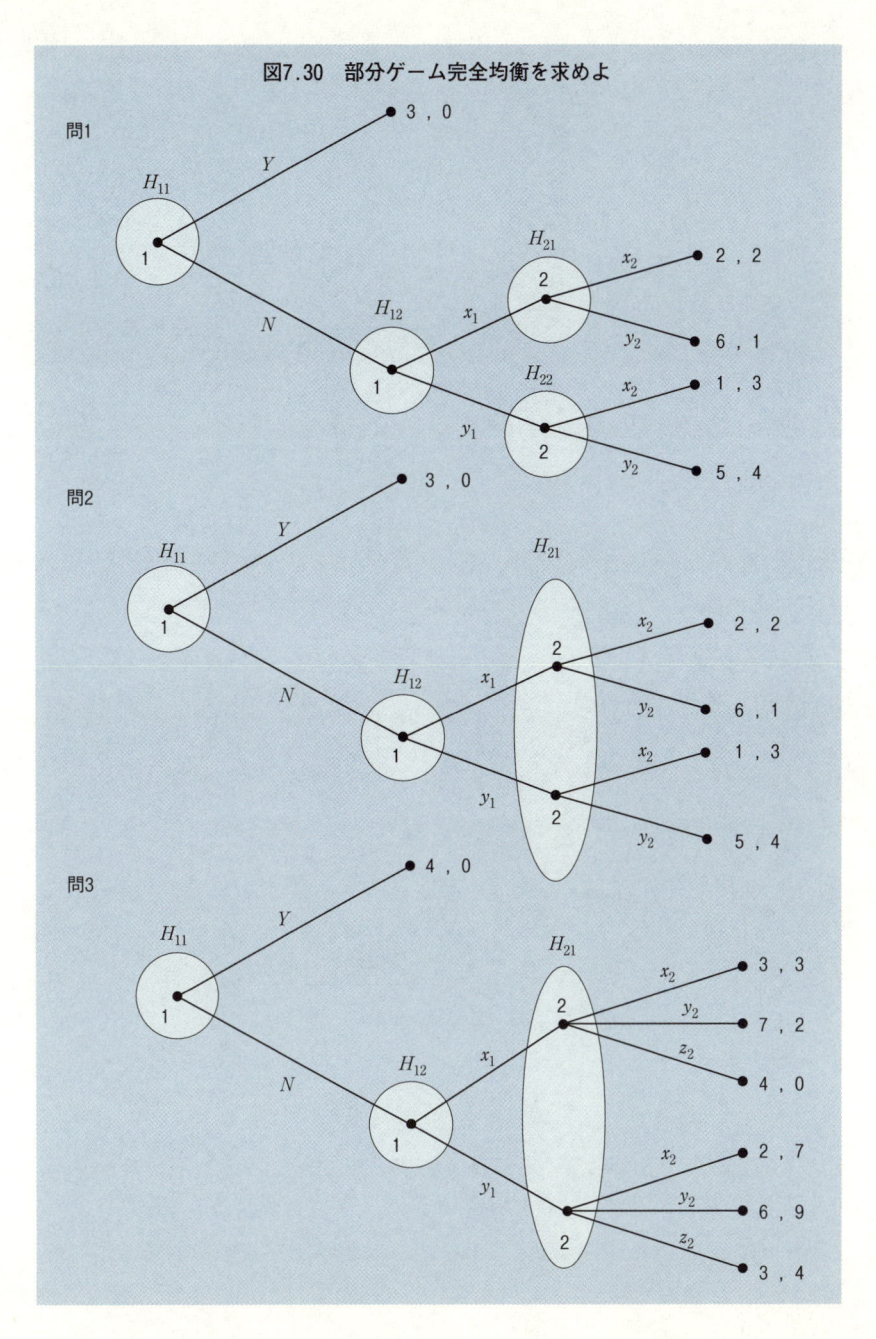

図7.30 部分ゲーム完全均衡を求めよ

問1

- H_{11}: 1 — Y → 3, 0
- N → H_{12}: 1
  - x_1 → H_{21}: 2
    - x_2 → 2, 2
    - y_2 → 6, 1
  - y_1 → H_{22}: 2
    - x_2 → 1, 3
    - y_2 → 5, 4

問2

- H_{11}: 1 — Y → 3, 0
- N → H_{12}: 1
  - x_1 → H_{21} (情報集合): 2
    - x_2 → 2, 2
    - y_2 → 6, 1
  - y_1 → 2
    - x_2 → 1, 3
    - y_2 → 5, 4

問3

- H_{11}: 1 — Y → 4, 0
- N → H_{12}: 1
  - x_1 → H_{21} (情報集合): 2
    - x_2 → 3, 3
    - y_2 → 7, 2
    - z_2 → 4, 0
  - y_1 → 2
    - x_2 → 2, 7
    - y_2 → 6, 9
    - z_2 → 3, 4

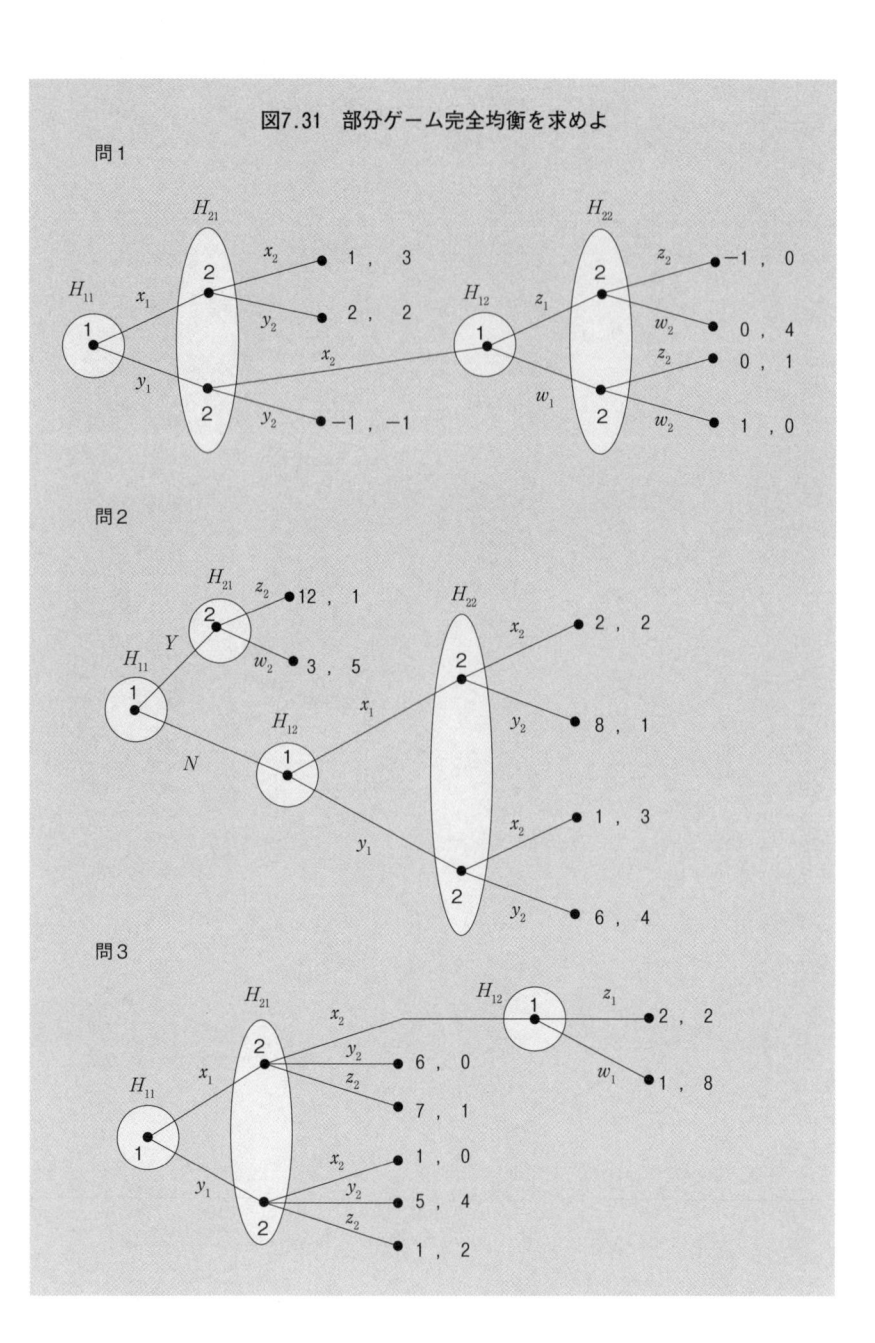

図7.31 部分ゲーム完全均衡を求めよ

問1

H_{11} — x_1 → H_{21}: 2
- x_2 → 1, 3
- y_2 → 2, 2

H_{11} — y_1 → 2
- x_2 → (接続先 H_{12})
- y_2 → −1, −1

H_{12}: 1
- z_1 → H_{22}: 2
  - z_2 → −1, 0
  - w_2 → 0, 4
- w_1 → 2
  - z_2 → 0, 1
  - w_2 → 1, 0

問2

H_{11}: 1
- Y → H_{21}: 2
  - z_2 → 12, 1
  - w_2 → 3, 5
- N → H_{12}: 1
  - x_1 → H_{22}: 2
    - x_2 → 2, 2
    - y_2 → 8, 1
  - y_1 → 2
    - x_2 → 1, 3
    - y_2 → 6, 4

問3

H_{11}: 1
- x_1 → H_{21}: 2
  - x_2 → H_{12}: 1
    - z_1 → 2, 2
    - w_1 → 1, 8
  - y_2 → 6, 0
  - z_2 → 7, 1
- y_1 → 2
  - x_2 → 1, 0
  - y_2 → 5, 4
  - z_2 → 1, 2

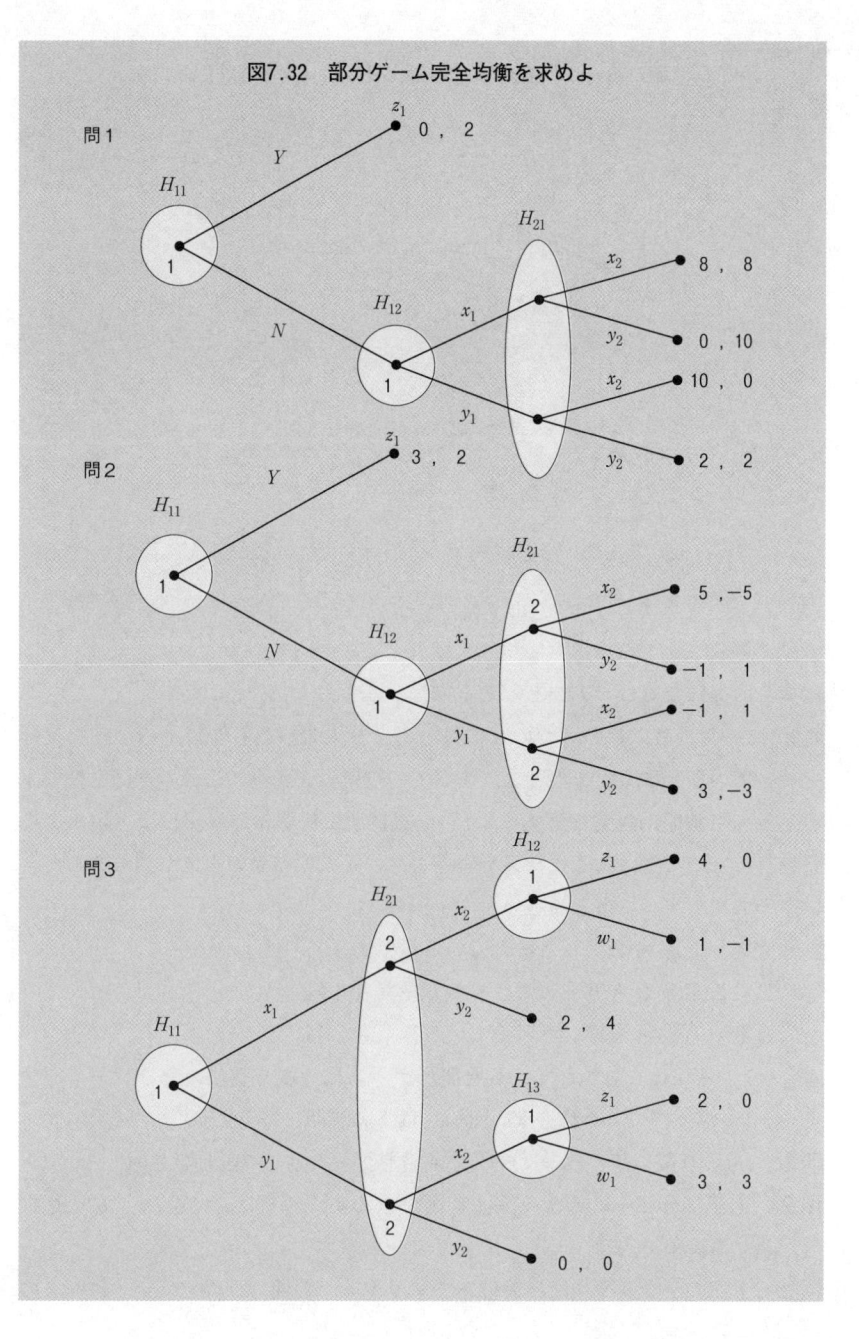

図7.32 部分ゲーム完全均衡を求めよ

問1

- H_{11} (プレイヤー1):
  - $Y \to z_1$: $0, 2$
  - $N \to H_{12}$ (プレイヤー1):
    - $x_1 \to H_{21}$:
      - x_2: $8, 8$
      - y_2: $0, 10$
    - $y_1 \to H_{21}$:
      - x_2: $10, 0$
      - y_2: $2, 2$

問2

- H_{11} (プレイヤー1):
  - $Y \to z_1$: $3, 2$
  - $N \to H_{12}$ (プレイヤー1):
    - $x_1 \to H_{21}$ (プレイヤー2):
      - x_2: $5, -5$
      - y_2: $-1, 1$
    - $y_1 \to H_{21}$ (プレイヤー2):
      - x_2: $-1, 1$
      - y_2: $3, -3$

問3

- H_{11} (プレイヤー1):
  - $x_1 \to H_{21}$ (プレイヤー2):
    - $x_2 \to H_{12}$ (プレイヤー1):
      - z_1: $4, 0$
      - w_1: $1, -1$
    - y_2: $2, 4$
  - $y_1 \to H_{21}$ (プレイヤー2):
    - $x_2 \to H_{13}$ (プレイヤー1):
      - z_1: $2, 0$
      - w_1: $3, 3$
    - y_2: $0, 0$

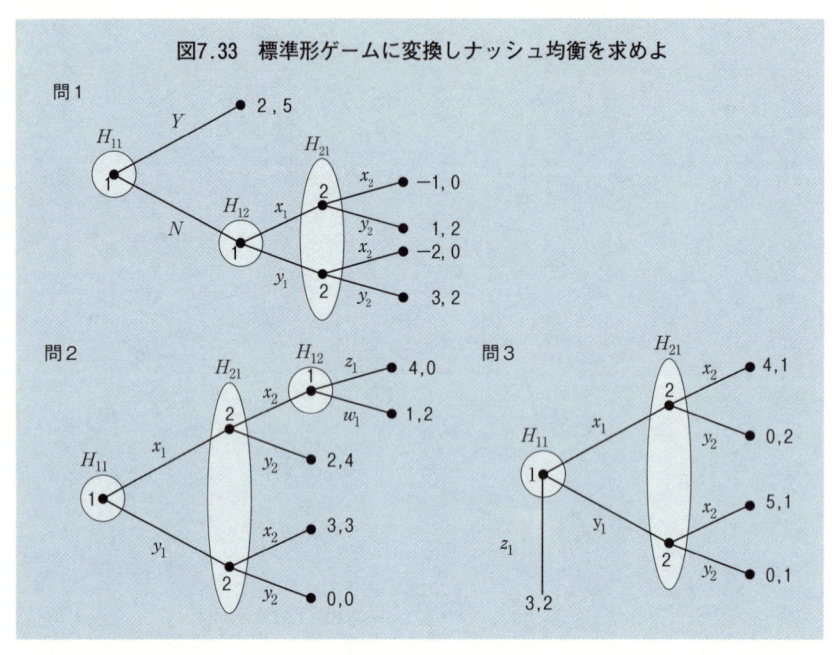

図7.33 標準形ゲームに変換しナッシュ均衡を求めよ

は全く同等になるので1つと考える).

演習7.5 A,B,Cの3つの案に対して,9人の投票者が以下のような選好を持っているとする.このとき,すべての投票者が正直に自分の選好を投票するとして(戦略的投票を考えない),単記投票・決選付き単記投票・ボルダ投票を行った結果選ばれる代替案を書きなさい.投票結果の1位が複数あるときは,その案をすべて書きなさい.

　　A案≻C案≻B案　と考えている投票者3名
　　B案≻C案≻A案　と考えている投票者4名
　　C案≻A案≻B案　と考えている投票者2名

演習7.6 図7.34に示されている展開形ゲームは,混合戦略の部分ゲーム完全均衡を1つだけ持つ.それを求めたい.以下の質問に答えよ.

問1　H_{12}より後に続く部分ゲームを戦略形ゲームとして表しなさい.

問2　上記部分ゲームのナッシュ均衡を求めよ.答えはa_1, b_1, a_2, b_2を選択する確率で表せ.

問3　上記のナッシュ均衡におけるプレイヤー1の期待利得とプレイヤー2の

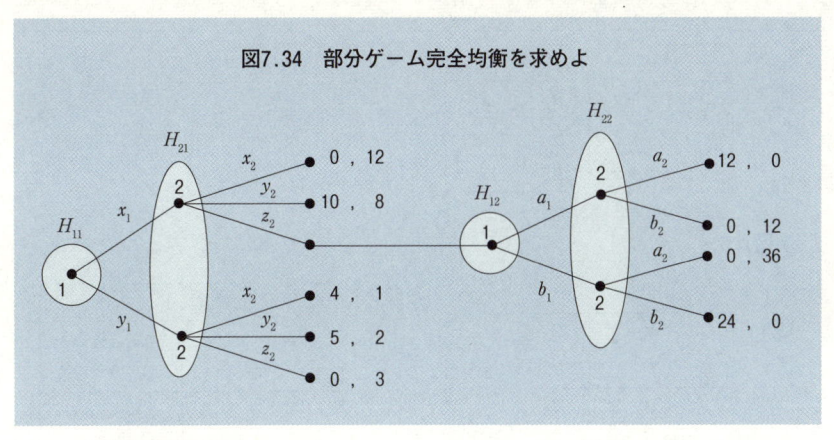

図7.34 部分ゲーム完全均衡を求めよ

期待利得を求めよ.

問4 ゲームの部分ゲーム完全均衡を求めよ.ただし答は情報集合H_{11}とH_{21}における選択のみを記せばよい.

解答

演習7.1

問1

プレイヤー1	H_{11}	N
	H_{12}	y_1
プレイヤー2	H_{21}	x_2
	H_{22}	y_2

問2

プレイヤー1	H_{11}	Y
	H_{12}	x_1
プレイヤー2	H_{21}	x_2

問3

プレイヤー1	H_{11}	Y
	H_{12}	x_1
プレイヤー2	H_{21}	x_2

演習7.2

問1

プレイヤー1	H_{11}	x_1
	H_{12}	w_1
プレイヤー2	H_{21}	x_2
	H_{22}	z_2

問2

プレイヤー1	H_{11}	Y
	H_{12}	x_1
プレイヤー2	H_{21}	w_2
	H_{22}	x_2

第7章 一般の展開形ゲーム

問3

プレイヤー1	H_{11}	x_1
	H_{12}	z_1
プレイヤー2	H_{21}	x_2

演習7.3

問1

プレイヤー1	H_{11}	N
	H_{12}	y_1
プレイヤー2	H_{21}	y_2

問2

プレイヤー1	H_{11}	Y
	H_{12}	x_1を選ぶ確率 $\frac{4}{10}$
		y_1を選ぶ確率 $\frac{6}{10}$
プレイヤー2	H_{21}	x_2を選ぶ確率 $\frac{4}{10}$
		y_2を選ぶ確率 $\frac{6}{10}$

問3

プレイヤー1	H_{11}	x_1
	H_{12}	z_1
	H_{13}	w_1
プレイヤー2	H_{21}	y_2

演習7.4
問1 (1)略 (2) (Y, x_2), $((N, y_1), y_2)$ (3) $((N, y_1), y_2)$ (4) $((N, y_1), y_2)$

問2 (1)略 (2) $((x_1, z_1), y_2)$, $((x_1, w_1), y_2)$ (3) $((x_1, z_1), y_2)$ (4) $((x_1, z_1), y_2)$

問3 (1)略 (2) (y_1, x_2), (z_1, y_2) (3) (z_1, y_2) (4) (y_1, x_2), (z_1, y_2)

演習7.5　単記投票B案　決戦付き単記投票A案　ボルダ投票C案

演習7.6　問1 略

問2

プレイヤー1	a_1を選択する確率	$\frac{3}{4}$
	b_1を選択する確率	$\frac{1}{4}$
プレイヤー2	a_2を選択する確率	$\frac{2}{3}$
	b_2を選択する確率	$\frac{1}{3}$

問3 プレイヤー1は8，プレイヤー2は9．

問4

プレイヤー1	H_{11}	x_1を選ぶ確率 $\frac{2}{5}$
		y_1を選ぶ確率 $\frac{3}{5}$
プレイヤー2	H_{21}	x_2を選ぶ確率 $\frac{2}{3}$
		y_2を選ぶ確率 0
		z_2を選ぶ確率 $\frac{1}{3}$

第8章

時間経過と長期的関係

ここまでは比較的短期間に行われるゲームを想定してきた．これに対して，現実の社会では長期的な関係を調べ，その戦略的状況や協力関係を理解することが重要な場合もある．企業間の競争と協調の戦略・国家間の協力関係・パートナーやライバルとの交渉などでは，短期的・近視眼的な考え方ではなく，長期的な視野に立って考えなければならない状況はよくある．

この章では，時間経過と長期的な関係を扱うゲーム理論について学習する．このような長期的関係のゲーム理論は，学習や慣習の形成なども含めるとゲーム理論の最新のトピックであり，現在もかなり発展中のテーマであるため，それらをすべて概説するのは難しい．本章では，話題を限定し，まず既に習った最後通牒ゲームを何度も提案できるゲームに拡張して考える．次に囚人のジレンマを例にして同じゲームを繰り返しプレイする「繰り返しゲーム」を学び，有限に繰り返されるゲーム，無限に繰り返されるゲームの理論などを学ぶ．また長期的な「評判」のゲーム理論による表現を学ぶ．

8.1 割引因子による利得の計算

長い時間が経過するゲームや意思決定において大切な考え方は，「将来と現在で同じ利得が得られるならば，現在のほうが価値が高く，将来のほうが価値が低い」とする考え方である．端的には「将来の1万円と現在の1万円では，現在の1万円のほうが価値が大きいと考えよ」ということである．

この考え方は，利得を金銭と考えれば容易に理解することができる．例え

ば，今，1億円を1期間運用したり投資したりすることで，1億1000万円の利益が期待できる（個人がいた）としよう．この期待できる1000万円の元金1億円に対する比率0.1（＝10％）は期待利益率などと呼ばれる．

このとき現在の1億円は，1期間後の1億1000万円と等しい価値を持っていると考えられるだろう．これを逆算すると1期間後の1億1000万円は，それに$\frac{1}{1.1}=0.91$をかけて得られる現在の1億円と等しい価値となることが分かる．この$\frac{1}{1.1}=0.91$を**割引因子**（discount factor）と呼ぶ．この割引因子の下では1期間後のxは現在の$0.91x$と等しい価値になると換算できる．割引因子を用いれば，将来の利得を現在の利得に換算することが可能である．このように割引因子をかけて将来の利得を現在の利得に直したものを，将来の利得の**現在価値**（present value）と呼ぶ．

一般的には，プレイヤーが得るaの利得を1期運用したり投資したりすることによる期待利益率をrとすると割引因子は$R=\frac{1}{1+r}$となり，1期間後のxの現在価値はRxとなることが分かる．

ここで「割引が大きい」と「割引因子が大きい」という言葉の用法を混乱しないように注意しなければならない．例えば将来の1億円を現時点に換算したときに，それが9500万円の価値に換算される場合と6000万円の価値に換算される2つの場合を比べよう．このときどちらのほうが割引因子が大きいだろうか．前者のほうは5％を割り引いているのに対し，後者のほうは40％を割り引いている．このように考えると後者のほうが前者より「割引が大きい」ことになる．しかし割引因子は，前者は$R=0.95$であるのに対し，後者は$R=0.60$である．この意味では前者のほうが「割引因子が大きい」．確かに40％が割り引かれているという点では後者のほうが「割引の率が大きい」という意味で割引因子が大きいような気がするが，本書では「割引因子が大きい」とは「Rが大きく割引が小さいこと」を指すこととする．

割引が大きい（割引因子が小さい）とは，将来の利得の価値を現在に比べて小さく見積もっていることと考えてよい．今すぐにお金が欲しい人や，近視眼的なプレイヤーは割引が大きい．反対に，気長な人や今すぐにお金が必要ではない人は割引が小さい．

次に多期間ではどのように考えればよいだろうか．この場合は，複利の考え

方を用いることで現在の価値を求めることができる.

　ここで期間のはじめをそれぞれ時点と呼ぶことにし，現在を時点1とする．先ほどの収益率の考え方を拡張して考えてみよう．時点1においてaの元金を1期運用すればそのお金は時点2には$(1+r)a$になると期待できる．ここでその$(1+r)a$をさらに1期運用すれば，時点3には$(1+r)^2 a$になる．これにより時点tにはaの元金は$(1+r)^{t-1}a$となることが分かる．よって，割引因子を$R = \frac{1}{r+1}$とし，時点tのx円を現在価値に換算すると$R^{t-1}x$円となることが分かる．

　例えば，時点1には-27，時点2には20，時点3には10の利得が得られるとき，割引因子が0.9ならば利得の合計の現在価値は正になるだろうか，負になるだろうか．もし割引因子と現在価値の概念がなければ，利得の合計の価値は$-27+20+10=3$で正となる．しかし，この利得を現在価値に換算すると，

$$-27 + 0.9 \times 20 + 0.9^2 \times 10 = -27 + 18 + 8.1 = -0.9$$

となり，利得の合計の現在価値は負になることが分かる．私たちは未来に対する利得を単純に足して考えることが多い．しかしこのような割引を考えて，現在の価値に換算し，適切に価値を計算することが必要である．

　割引利得の和を考えるときに重要な数式として，等比級数の和の公式がある．例えば，プレイヤーが時点1から時点tまで毎時点同じ利得xを受け取る場合に，その利得の合計の現在価値は等比級数の和の公式を使って，

$$x + Rx + R^2 x + \cdots R^{t-1}x = x(1 + R + R^2 + \cdots + R^{t-1}) = \frac{x(1-R^t)}{1-R}$$

となる．例えば，割引因子を$R=0.95$として時点50まで，毎時点4の利得を受け取り続けると，その現在価値は，

$$4 + 0.95 \times 4 + 0.95^2 \times 4 + \cdots 0.95^{49} \times 4$$

$$= \frac{4(1-0.95^{50})}{1-0.95}$$

$$= \frac{4(1-0.077)}{0.05} = 73.8$$

となる．現在価値と割引因子の概念がなければ単純に，$4 \times 50 = 200$ となるので，0.95という割引はその半分以下となるような，かなり大きな割引であることが分かる．

また利得をずっと受け取り続ける場合，すなわち終わりがないような場合は無限級数の和の公式で表すことができる．プレイヤーが無限回同じ利得 x を受け取る場合，

$$x + Rx + R^2 x + \cdots = x(1 + R + R^2 + \cdots) = \frac{x}{1-R}$$

となる．
例えば割引因子を $R = 0.95$ として，毎時点 4 の利得を無限に受け取り続けると，その現在価値は，

$$4 + 0.95 \times 4 + 0.95^2 \times 4 + \cdots = \frac{4}{1-0.95} = 80$$

となる．
このような無限級数の和は，土地などの資産の価値を評価するための基礎的な原理となっている．例えば，毎時点 4 万円の家賃収入が得られるような土地を所有していたとしよう．その土地から収入が永遠に得られると仮定し，その合計価値を土地の価値としても無限にはならない．割引因子を $R = 0.95$ とするならば，その土地は現在の80万円と等価になると考えられるのである．

8.2 交渉の要因と交互提案ゲーム（2段階交渉ゲーム）

既に戦略的思考の技術において，最後通牒権と交渉について考えたが，一般には，1度の提案（最後通牒）とその諾否で交渉が終わるとは考えにくく，何度か提案が繰り返されるであろう．この場合に交渉力を左右する要因は何であろうか．このようなある程度の時間をかけて交渉が行われる場合には，割引因子が交渉力の要因となるのである．ここで**モデル12**の「W家の土地購入における交渉」のゲームを再び考えてみることにしよう．

モデル28　W家の土地購入における交渉PART2

Wは新居のためにある土地の購入を考え，2700万円まではこの土地に支

払ってもよいと評価している．できるだけ安く買おうと不動産屋を介し売り主と交渉を進めてきたが，そろそろ交渉期間も限界に近づいてきた．売り主は2500万円と土地を評価しているようで，それ以下では売らず，そこまでは値が下がりそうである．

ある日，不動産屋から電話があり，「土地購入を今週の日曜までに決めてほしい．さもないと他者に売る」と言ってきた．Wは，いよいよ最終交渉に入らなくてはならない．

交渉をゲーム理論で考えるためには，まず交渉の基準点と利得が何であるかを考えなければならない．ここで，Wと売り主の交渉がまとまるのは，2500万円以上2700万円以下の価格で，それ以外の価格提示では交渉は決裂するとしよう．交渉が結実した際の利得は，Wは評価額2700万円と売買価格との差額，売り主は2500万円と売買価格との差額と考える．

交渉の手順は以下の通り．まず，Wが売買価格について提案し，売り主が承諾すれば交渉が成立するところは同じ．しかし拒否した場合に交渉は決裂せず，もう一度だけ，今度は売り主が売買価格を提案できることにする．ここでWが承諾すれば交渉は成立するが，拒否すれば今度は本当に交渉が決裂する．

このゲームは最後通牒ゲームに対し，2段階の交互提案ゲームと呼ばれる（図8.1）．交互提案ゲームでは，交渉が遅く決まった場合と早く決まった場合の利得が異なるところがポイントである．ここでは双方のプレイヤーの割引因子が共に$R=0.8$であるとして考えてみよう．

このゲームは完全情報の展開形ゲームであり，バックワードインダクションによってゲームの解を求めることができる．提案できる金額の単位を10万円として考えよう．2回目の交渉でWは2700万円以上であれば拒否，それより下ならば承諾する（2700万円の点は無差別であるが，ここでは拒否と考える．2700万円を承諾と考えても，結果には大きく影響しない）．

売り主はそれを先読みして2690万円を提案する．よって2回目の交渉は，売り主が2690万円を提案し，Wがそれを承諾する．2回目の交渉は，売り主が最後通牒権を持つ交渉ゲームであるから，売り主がほとんどの利益を手にできる

図8.1　2段階交互提案ゲーム

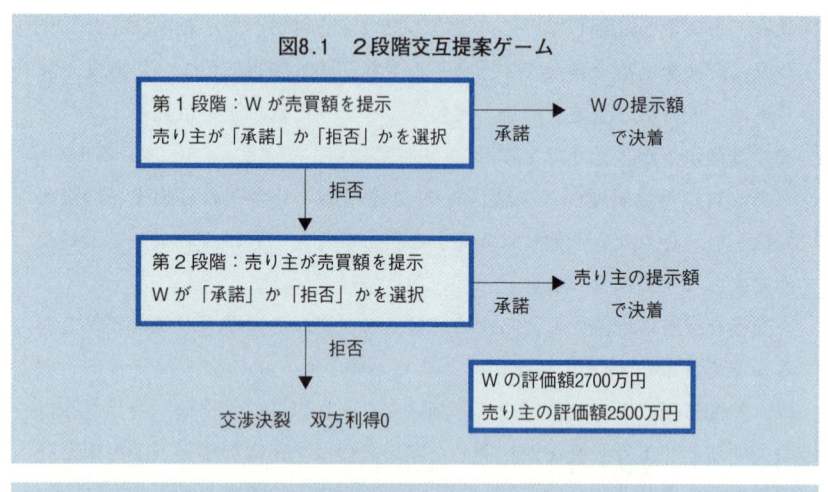

- 第1段階：Wが売買額を提示　売り主が「承諾」か「拒否」かを選択
  - 承諾 → Wの提示額で決着
  - 拒否 ↓
- 第2段階：売り主が売買額を提示　Wが「承諾」か「拒否」かを選択
  - 承諾 → 売り主の提示額で決着
  - 拒否 ↓
- 交渉決裂　双方利得0

Wの評価額2700万円
売り主の評価額2500万円

図8.2　2回目の結果を読み込んだゲーム

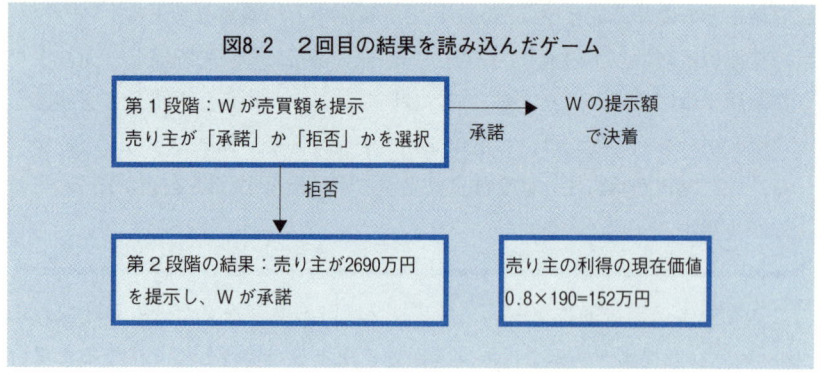

- 第1段階：Wが売買額を提示　売り主が「承諾」か「拒否」かを選択
  - 承諾 → Wの提示額で決着
  - 拒否 ↓
- 第2段階の結果：売り主が2690万円を提示し，Wが承諾

売り主の利得の現在価値
$0.8 \times 190 = 152$万円

ことが分かる．そこで，これをもとに1回目の交渉を考えてみよう（図8.2）．

まず，諾否を決める売り主は，交渉を2回目に持ち越せば2690万円で売買でき，190万円の利得が手に入る．しかし，2回目の190万円は1回目の価値に直せば$0.8 \times 190 = 152$万円であるから，Wの提示価格が2652万円以上であれば承諾し，それより下ならば拒否して2回目に持ち越したほうがよいことになる．Wはこれを読めば（交渉単位が10万円なので），1回目に2660万円を提示し，売り主を承諾させ利得を40万円とすることが，自分の利得を最大とする．

よって，この交互提案ゲームは，1回目の交渉でWが2660万円を提示し，売り主がこれを承諾するという結果になる．

このゲームは売り主が最後通牒権を持っているため，売り主に有利なゲーム

となる．しかし1段階で終わる最後通牒ゲームであれば売り主はほとんどの余剰190万円を手にすることができるが，2段階のゲームであるためにその交渉力は弱くなっている．時間による価値の減損が売り主の交渉力を弱くしていると考えられる．

このことを明確にするために，売り主の割引因子を$R=0.8$から$R=0.5$まで小さく（割引を大きく）してみよう．この場合は，1回目の交渉でWが2600万円を提示し，売り主がこれを承諾するという結果になり，売り主が最後通牒権を持っているにもかかわらず，Wと売り主の交渉の結果は互角になる．

割引因子が小さい（割引が大きい）ということは，将来のお金の価値が現在に比べ大きく減少することを示している．このようなプレイヤーは，交渉が遅延することを嫌い，早く交渉を終えようと考え，その分（初回の）提案に譲歩する．したがって割引因子が小さいと辛抱が効かず（忍耐がない），交渉力が弱くなる．

このように多段階交渉ゲームでは，割引因子の大小が交渉力を左右すると考えられる．

> **ポイント50　多段階の交渉ゲーム**
>
> 多段階の交渉ゲームでは，最後通牒権を持つプレイヤーの交渉力は割引が大きい（割引因子が小さい）と弱くなる．

8.3　繰り返しゲーム

8.3.1　囚人のジレンマの繰り返し

戦略形ゲームはすべてのプレイヤーが同時に1回だけゲームを行う．しかし，現実には1回だけその状況が訪れるのではなく，何度も同じ状況が繰り返されるようなことも多い．例えば企業間の価格競争において，お互いがどのように価格を設定するかは，今日や明日だけの問題ではなく，毎日，毎月，長期間にわたり，繰り返し直面する問題であろう．国家間の競争や協調に対しても同じである．軍事や外交において，相手に同調するか対抗するかは，その外交事例1つだけの問題で考えるのではなく，長期的な2国間の関係で考えるべき

図8.3 囚人のジレンマの利得行列

1 \ 2	協力する	協力しない
協力する	(4, 4)	(−6, 10)
協力しない	(10, −6)	(0, 0)

ものである．また，身近な問題として家庭のゴミの減量化問題を考えた場合も，ゴミの減量を行うか，行わないかなどは1回だけ直面する問題ではなく，毎回のゴミの収集日ごとに，長期間にわたって何度も考えさせられるものであろう．

このことから，同時手番の戦略形ゲームを1回だけで考えるのではなく，何度も（時には無限に）繰り返すような状況を考えることが大切である．1つの戦略形ゲームを何度も繰り返すことは，それ自体を1つの大きなゲームと考えることができる．このゲームを，**繰り返しゲーム**（repeated game）と呼ぶ．

繰り返しゲームにおいて，もっとも興味深い現象は，**モデル5**の「成果主義のジレンマ」のような囚人のジレンマの繰り返しゲームである．囚人のジレンマを短期的な1回だけのゲームと考えると，双方が裏切り，社会的には非効率的な結果となることはなかなか避けられない．しかし長期的なゲームにおいては，「相手の裏切りに対しては，その後のゲームで報復行動をとる」という戦略を用い，お互いの協調関係を引き出せる可能性がある．

繰り返しゲームの一般理論は大変精緻で面白いものであるが，それゆえに難しい．そこで本書では囚人のジレンマを何回か繰り返すようなゲームを中心にして解説をしていくことにしよう．ここでは**モデル5**の「短期的な視点からの成果主義」を繰り返す問題として**モデル29**を考える．

モデル29 成果主義のジレンマの長期的関係

成果主義のジレンマに陥ったA君とB君．**モデル5**では，1回の成果だけを勘案したが，2人の付き合いは長くずっと何回も続くものである．このとき2人はどのように行動すればよいのであろうか？

図8.3は1回のゲームの利得を表した利得行列を再掲したものである．

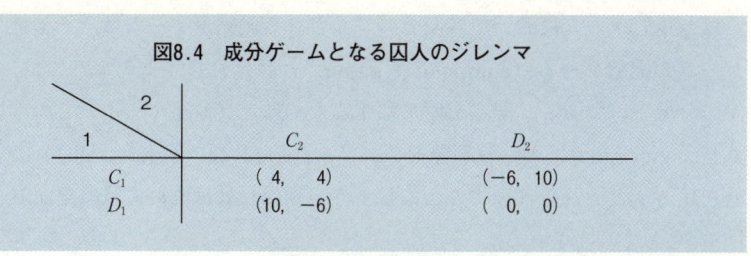

図8.4 成分ゲームとなる囚人のジレンマ

1 \ 2	C_2	D_2
C_1	(4, 4)	(−6, 10)
D_1	(10, −6)	(0, 0)

図8.5 2回繰り返しの囚人のジレンマ

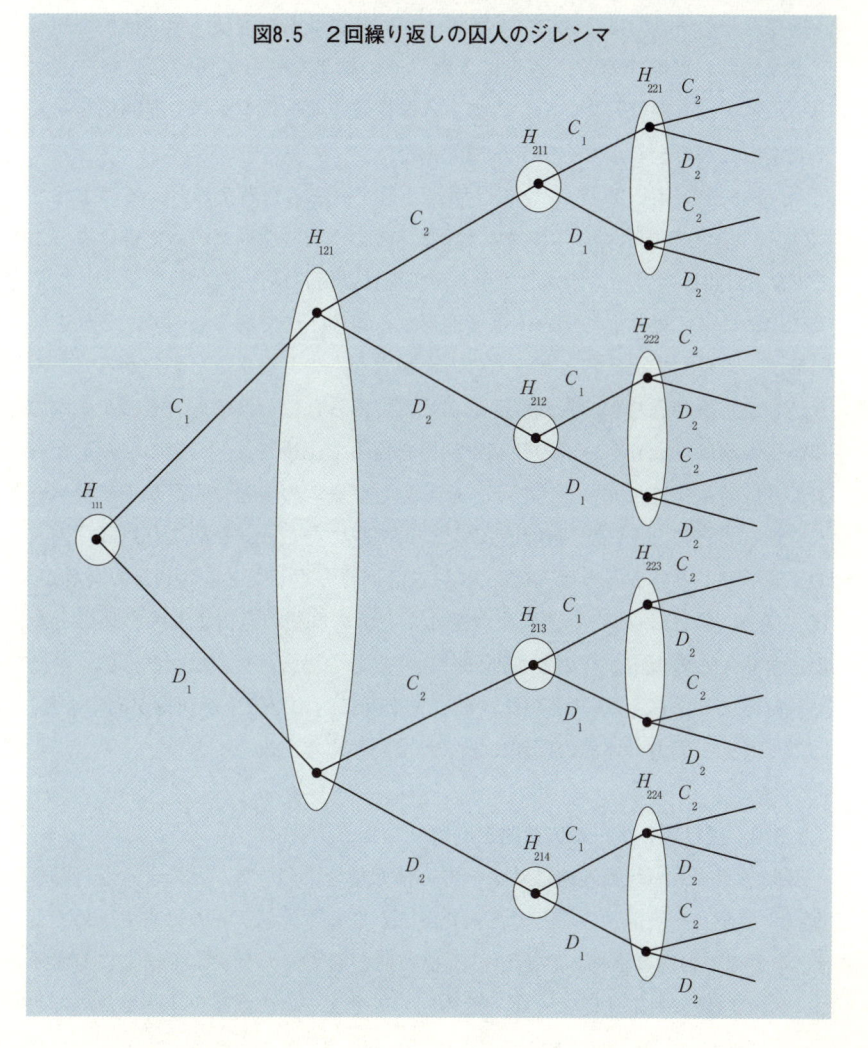

第8章 時間経過と長期的関係

繰り返しゲームにおいて各回でプレイされる戦略形ゲームは，その繰り返しゲームの**成分ゲーム**（component game）と呼ばれる．**モデル29**では，図8.3が成分ゲームである．記述を簡単にするために，プレイヤー1と2の「協力する（cooperation）」という戦略をC_1, C_2,「協力しない（defection）」という戦略をD_1, D_2とそれぞれ表すことにしよう．利得行列は改めて戦略を記号化して図8.4として表現される．

　繰り返しゲームでは2人のプレイヤーが同時に戦略を選び，その結果を知ってまた同時に戦略を選ぶ．さらにまた，その結果を知って同時に戦略を選ぶ……，とゲームが続いていく．このような複雑なゲームもすべて展開形ゲームで表すことができることを第7章で学んだ．

　今，図8.4の囚人のジレンマを2回繰り返すゲームを考えると，このような「2回繰り返しの囚人のジレンマ」は図8.5のような展開形ゲームで書ける（ここでH_{ijk}はi回目のゲームのプレイヤーjのk番目の情報集合を表す）．

　このように，繰り返しゲームは展開形ゲームの1つであるものの，それを展開形ゲームとして捉えるとゲームの木が膨大なものとなることが分かるであろう．しかし繰り返しゲームは展開形ゲームであるとはいっても，そのゲームの利得や戦略は，成分ゲームの戦略や利得を使って記述され，一般の展開形ゲームよりは構造化されている．以下，繰り返しゲームの戦略や利得が，成分ゲームを使ってどのように記述されるかについて見ていこう．なおこれ以降「囚人のジレンマ」と言うときは，(C_1, C_2)を2回繰り返したときの利得の合計が，(C_1, D_2)と(D_1, C_2)を1回ずつ選んだときの利得の合計より大きいことを仮定する．この仮定がないと長期間の繰り返しの場合，2人は(C_1, C_2)をとり続けるより，(C_1, D_2)と(D_2, C_1)を交互に選んだほうが利得が高くなり，ここで考える協力の達成の問題にそぐわないからである．

8.3.2　繰り返しゲームの戦略と利得

　展開形ゲームの行動戦略は「すべての情報集合において，どのような行動を選択するか」を決定することであった．これを繰り返しゲームに当てはめてると，「すべての回のゲームにおいて，その前の回までのゲームの結果に対するすべての履歴に対応するような，その回の成分ゲームの戦略をすべて決めてお

くこと」が戦略であることが分かる．

「その前の回までのゲームの結果の履歴」とは何であろうか？ t 回目のゲーム（$t \geqq 2$）に対して，$t-1$ 回目まで既に行われた成分ゲームの結果の列を，$t-1$ 回目までのゲームの**履歴**（history）と言う．例えば4回目のゲームにおける履歴とは，それまでの3回分のゲームの結果を指し，例えば以下のような例が考えられる．

$$(C_1, D_2) \ (D_1, C_2) \ (D_1, D_2) \tag{8.1}$$

ここで式（8.1）は，「1回目の（成分ゲーム）は，プレイヤー1は C_1，プレイヤー2は D_2 をプレイし（すなわち (C_1, D_2)），2回目は (D_1, C_2)，3回目は (D_1, D_2) が選択された履歴」を表すものである．

先ほど挙げた囚人のジレンマを2回繰り返すようなゲームを考え，その各回のプレイヤー1の戦略を考えてみよう．このとき，プレイヤー1が決めなければならないことは，

- (1) 1回目に C_1, D_1 のどちらを選択するか
- 2回目に1回目の成分ゲームの4通りの履歴，

  (2) (C_1, C_2), (3) (C_1, D_2), (4) (D_1, C_2), (5) (D_1, D_2)

のそれぞれに対して，C_1, D_1 のどちらを選択するかである．プレイヤー1が決めなければならないことは5つあるが，これは図8.5における5つの情報集合 H_{111}, H_{211}, H_{212}, H_{213}, H_{214} で選択すべき行動に対応していることが分かるであろう．これがプレイヤー1の戦略である．

さらに囚人のジレンマを3回繰り返すことを考えてみよう．この場合，プレイヤー1の戦略として決めるべきことは，**2回繰り返しのときと同様に1回目と2回目にどうするかに加えて**，3回目の成分ゲームでの選択をどうするかである．3回目の成分ゲームでは2回目までの16通りのゲーム履歴，

- (6) 1回目：(C_1, C_2) 2回目：(C_1, C_2)，
- (7) 1回目：(C_1, C_2) 2回目：(C_1, D_2)，
  $\vdots$
- (21) 1回目：(D_1, D_2) 2回目：(D_1, D_2)．

のすべてに対し，C_1, D_1 のどちらを選ぶか決めなければならない．3回の繰り

返しゲームでも，1つの戦略で決めるべき行動の数はかなり多く（21個），戦略の数も膨大になることが分かる．

一般にT回の繰り返しゲームにおける戦略とは，**各t回目のすべての成分ゲーム（$t=1,\cdots,T$）において，$t-1$回のすべての履歴に対してどのような成分ゲームの戦略を選択するかをすべて記したもの**となる．

このように複雑でかつ膨大な数となる戦略を，ゲーム理論では数学的な表記を用いてうまく表現する．気が遠くなりそうな話ではあるが，これは厳密な分析が求められる場合であり，本書ではこれを以下の比較的単純な戦略だけに限定して考える．

囚人のジレンマでは，プレイヤーの代表的な戦略として次のような戦略が知られている（プレイヤー1について述べる．プレイヤー2については1と2を入れ替えればよい）．

常に協力する戦略　　すべての回でどんな履歴でもC_1を選択する．

常に協力しない戦略　　すべての回でどんな履歴でもD_1を選択する．

協力－おうむ返し　　初回はC_1を選択する．2回目以降は，その直前の回で相手のプレイヤー2がC_2を選択していたらC_1を，D_2を選択していたらD_1を選択する．前に相手が選択した戦略と同じ戦略を選ぶところから，この戦略は**おうむ返し (tit-for-tat)** と呼ばれる．おうむ返し戦略は1回目の戦略だけは独立に定めなければならないので，本戦略は［協力－おうむ返し］と呼ばれる．

協力しない－おうむ返し　　初回はD_1を選択する．2回目以降は，その直前の回で相手のプレイヤー2がC_2を選択していたらC_1を，D_2を選択していたらD_1を選択する．

トリガー戦略 (trigger)（永久懲罰）　　初回はC_1を選択する．2回目以降は，それまでの履歴の中で一度でも相手がD_2を選択していればD_1を，そうでなければC_1を選択する．

すべてのプレイヤーの戦略が決まると，その組合せによって1つのゲームの結果が決まる．ここでゲームの結果とは，戦略の組合せによって決まるゲームの履歴である．例えば3回の繰り返しゲームにおいてプレイヤー1がトリガー戦略を選び，プレイヤー2が［協力しない－おうむ返し］戦略を選んだときの

履歴は式 (8.1) で与えられる．展開形ゲームでの「戦略の組」と「ゲームの結果」の違いを思い出してほしい．戦略はあらゆる場合，あらゆる履歴に対する行動を詳細に決めているが，それによって実際に起こる結果は毎回1つだけである．

次に繰り返しゲームの利得について考えてみよう．繰り返しゲームの利得として用いられる代表的なものは**平均利得**（average payoff）か，もしくは，既に8.1で述べた利得を割引因子によって現在価値に変換した割引利得の和である[1]．

平均利得は，履歴に対応する各回の成分ゲームでの利得の和を繰り返しの回数で割ったものである．図8.4の囚人のジレンマを3回繰り返し，その履歴が式 (8.1) で与えられたとすると，プレイヤー1，2の平均利得はそれぞれ，

プレイヤー1の利得　　$\frac{1}{3}(-6+10+0) = \frac{4}{3}$

プレイヤー2の利得　　$\frac{1}{3}(10-6+0) = \frac{4}{3}$

となる．平均利得では，1回目の利得も100回目の利得も現在に換算した価値は同じであると考え，割引の概念を用いていない．ここでは，これまでの議論を踏まえ，割引利得の和を繰り返しゲームの利得として考えていこう．やはり図8.4の囚人のジレンマを3回繰り返し，その履歴が式 (8.1) であった場合，割引因子をRとするとプレイヤー1，2の割引利得の和はそれぞれ，

プレイヤー1の利得　　$-6+10R+0R^2 = -6+10R$

プレイヤー2の利得　　$10-6R+0R^2 = 10-6R$

と表される．$R=0.9$とすればプレイヤー1の利得は3，プレイヤー2の利得は4.6である．プレイヤー1も2も10，-6，0という利得を1回ずつ得ているにもかかわらず割引によって異なる利得になっていることが分かる．

---

[1] 一般的には，繰り返しゲームの利得は，結果となる履歴に対応して決まる関数として表現される．

8.4 有限回の繰り返しゲーム

8.4.1 2回の繰り返しゲーム

さて，繰り返しゲームの利得と戦略を踏まえて，有限の繰り返しゲームを考察してみよう．繰り返しゲームが，展開形ゲームの特殊形であったことを考えると，ゲームの解としては部分ゲーム完全均衡点を考えることが妥当である．

囚人のジレンマも繰り返しゲームを考えると，部分ゲーム完全均衡点で協力が達成されるのであろうか．有限回の場合にはこの答えは否定的である．部分ゲーム完全均衡点ではすべての回においてどのような履歴に対しても裏切りを選択することとなるのである．

このことをまず簡単な2回の繰り返しゲームで確めてみよう．ここで割引因子を$R=0.9$とし，図8.4の囚人のジレンマを2回繰り返すゲームを考えると，これは図8.6のような展開形ゲームで書くことができる．

この場合，適切な部分ゲームは全体のゲームと，1回目の4つの結果に対応した，2回目の4つの囚人のジレンマであることに注意しよう．2回目の囚人のジレンマでは，必ずしも同じ行動を選ぶ必要はなく，1回目の結果に応じて4つの異なる行動を選べる可能性がある．図8.7は，この2回繰り返しの囚人のジレンマのイメージを表したものである．

部分ゲーム完全均衡点は，1回目のゲームの結果（履歴）4つに対応する4つの部分ゲームの解を求めることから始まる．ここで1回目のゲームの結果が(C_1, C_2)であったときの2回目のゲームの解を考えてみよう．このときのゲームの利得は，1回目のゲームの結果の利得4に，2回目のゲームの利得をRで割り引いた利得を加えたものになる．すなわち，

$$4 + R \times (2回目の成分ゲームの結果の利得)$$

となる．つまり1回目のゲームの利得は既に決まっているため，利得を最大にするためには，2人は2回目のゲームの利得だけを最大にするように行動すればよい．そうすると2回目のゲームでは，2人は改めて囚人のジレンマゲームに直面することになる．結果は(D_1, D_2)となるのである．

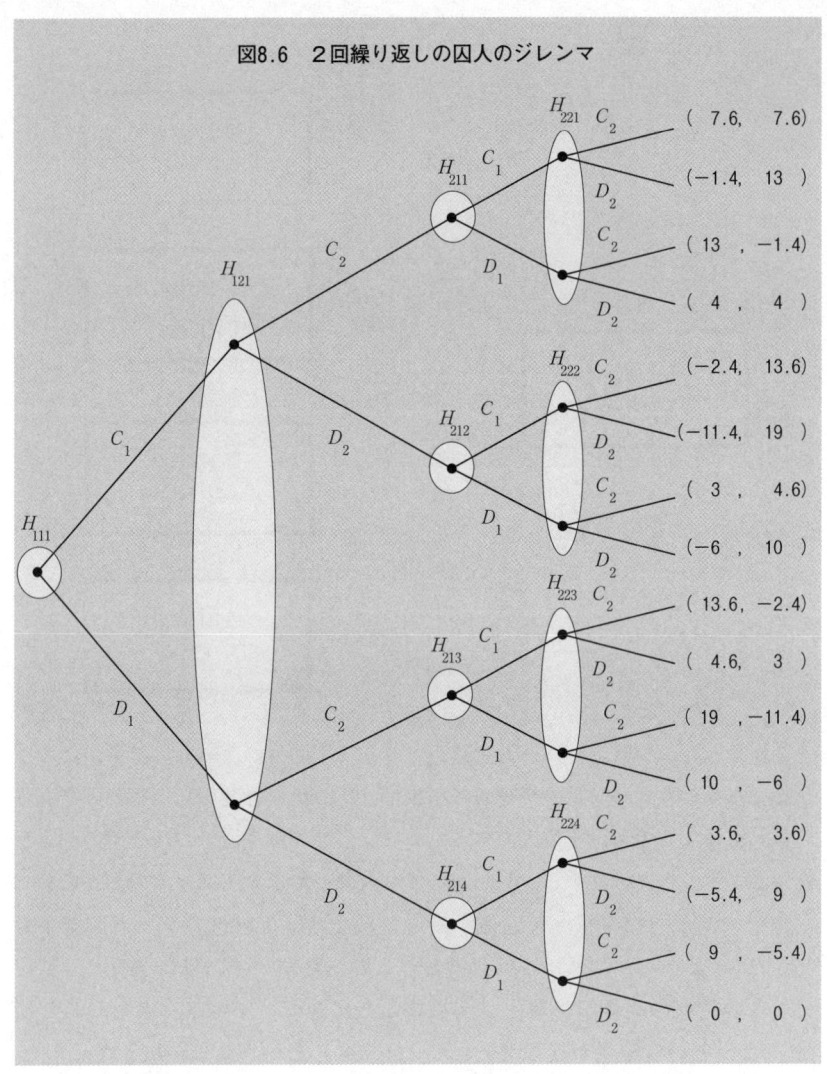

図8.6　2回繰り返しの囚人のジレンマ

この考え方のポイントは，2回の割引利得の和を最大にしようと考えた場合，最後の回の利得は，既に前の回の結果が決まっていれば，それと独立してその回のみの利得の最大化を考えればよい，という点にある．同様に1回目のゲームの結果が他のどの結果 (C_1, D_2), (D_1, C_2), (D_1, D_2) であっても，2回目のゲームの結果はすべて (D_1, D_2) となることが分かる．

第8章　時間経過と長期的関係

図8.7 2回繰り返しの囚人のジレンマのイメージ

```
                                    ┌─────────────┐
                          (C₁, C₂)   │   第2回目の  │
                        ╱            │ 囚人のジレンマ │
                       ╱             └─────────────┘
                      ╱              ┌─────────────┐
                     ╱     (C₁, D₂)  │   第2回目の  │
    ┌─────────────┐ ╱                │ 囚人のジレンマ │
    │   第1回目の  │╱                 └─────────────┘
    │ 囚人のジレンマ │╲                ┌─────────────┐
    └─────────────┘ ╲    (D₁, C₂)   │   第2回目の  │
                     ╲               │ 囚人のジレンマ │
                      ╲              └─────────────┘
                       ╲             ┌─────────────┐
                        ╲  (D₁, D₂)  │   第2回目の  │
                                     │ 囚人のジレンマ │
                                     └─────────────┘
```

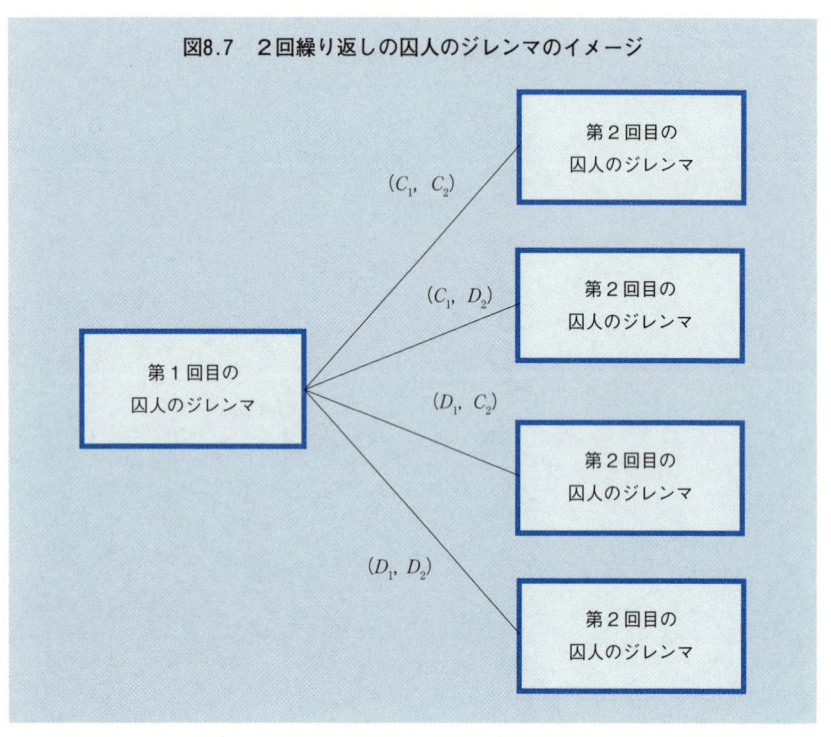

　これをもとに1回目のゲームを考えてみる．1回目のゲームの結果がどのようになろうとも，2回目のゲームの結果は (D_1, D_2) と変わらないわけであるから，結局ここで利得を最大にするためには，2人は1回目のゲームの利得を最大にするように行動する．したがって2人は，やはり1回きりの囚人のジレンマゲームと同様の状況に直面することになり，1回目のゲームの結果も (D_1, D_2) となる．これは1回目のゲームの結果が，2回目にプレイされるゲームの結果の利得に影響を与えないことに基づいている．もし，ここで (C_1, C_2) という結果が起きたときと (D_1, D_2) という結果が起きたときで，2回目に同じ結果が起きても2回目で得られる利得が変わるのであれば，そうは考えないであろう．

　このように2回のゲームの繰り返しの結果は，

$$(D_1, D_2) \ (D_1, D_2)$$

となり,すべての回で協力は達成できない.このことは一般の有限繰り返しゲームでも「既に前の回の結果が決まっていれば,それと独立してその回のみの利得の最大化を考えればよい」ということと,「その回の結果は,次の回の結果の利得に影響を及ぼさず,次の回の利得はその回のみの結果で決まる」という点を考慮すると,同じであることが分かる.次にそれを確かめてみよう.

8.4.2 T回の有限繰り返しゲーム

T回の囚人のジレンマゲーム(図8.4)の繰り返しゲームを考えてみよう.部分ゲーム完全均衡点では,すべての履歴に対しそれ以降の戦略の組がナッシュ均衡になっている必要があった.言い換えると部分ゲーム完全均衡点で各プレイヤーは,

- 最後のT回のゲームでは,どんな履歴に対しても最適な行動をする
- $T-1$回目のゲームでは,T回のゲームが上記のような結果になると予想した上で,どんな履歴に対しても最適な行動をする
- …(以下1回目まで続く)

ような戦略を選択する.

T回(最終回)のゲームを考えてみよう.$T-1$回目までのどんな履歴に対してもプレイヤーiの最適な行動はD_iを選択することである.なぜならプレイヤーiの繰り返しゲームの利得は,

($T-1$回目までの履歴の割引利得和)
$+R^{T-1}\times$(T回目の成分ゲームの結果の利得)

であるから,既に決定した結果の履歴(すなわち「$T-1$回目までの割引利得和」)が与えられた状況では,プレイヤーiは最後のT回目での囚人のジレンマでもっとも良い利得を得ようとする.したがってどんな履歴に対してもD_iを選択する.すなわち**どんな履歴に対しても最後は必ず裏切ったほうがよい**.

次に$T-1$回目の行動を考えよう.$T-2$回目までのどんな履歴に対してもプレイヤーiの最適な行動はやはりD_iを選択することである.彼の繰り返しゲームの利得は,

> ($T-2$回目までの履歴の割引利得和)
> $+R^{T-2}\times$($T-1$回目の成分ゲームの結果の利得)
> $+R^{T-1}\times$(T回目の成分ゲームの結果の利得)

であるが，どんな履歴に対しても両プレイヤーとも最後は必ず裏切ったほうがよいので，T回目の成分ゲームでは必ず（D_1, D_2）が選択され，ここでの戦略と利得は既に決まっている．したがってどんな履歴でも，彼は$T-1$回目の囚人のジレンマで，もっとも良い利得を得ようとし，D_iを選択する．すなわち**最後には何があっても裏切ることが決まっているので，最後の1回前はどんな履歴に対しても必ず裏切ったほうがよい**．

このように考えると，部分ゲーム完全均衡点ではすべての回において裏切ることのみが解となることが分かるであろう．すなわち任意のt回目のすべての履歴に対し，プレイヤーiの利得は，

> ($t-1$回目までの与えられた履歴の割引利得和)
> $+R^{t-1}\times$(t回目の成分ゲームの結果の利得)
> $+$($t+1$回目以降の成分ゲームの結果の割引利得和)

で表されるが，第1項は与えられた履歴に対し利得が既に定まっており，第3項の履歴においてはすべて（D_1, D_2）が選択されることが決まっている．よってt回目の囚人のジレンマでも，どんな履歴に対してもD_iを選択する．すなわ**ちそれ以降は何があっても裏切ることが決まっているので，その1回前はどんな履歴に対しても必ず裏切ったほうがよいのである**．

有限の囚人のジレンマの繰り返しゲームでは，すべての回にどんな履歴に対しても協力しないことが唯一の部分ゲーム完全均衡点である．一般に成分ゲームのナッシュ均衡が1つの場合は，有限の繰り返しゲームではすべての回のすべての履歴に対し，その成分ゲームのナッシュ均衡の戦略が選択されることが唯一の部分ゲーム完全均衡点となる．

ポイント51　囚人のジレンマの有限回繰り返しゲーム

囚人のジレンマを有限回繰り返しても，部分ゲーム完全均衡点ではすべての回で協力しないという結果になる．

ゲームを繰り返しても協力が達成できないという否定的な結論は，部分ゲーム完全均衡点の持つ「逆戻り推論」に由来するところが大きい．何度ゲームが繰り返されても，「すべての場合に最後の1回に何が起きるか」「それが決まった上で，その1回前には何が起きるか」をすべて逆算していくことで，このような結果となるのである．

しかし人は同じことが恒常的に繰り返される場合，終わりから逆算したり，最後の1回を考えたりするだろうか．ゴミの減量は毎日の問題であり，毎日取り組まなければならない意思決定であるが，果たして一番最後にどうなるのか，そのとき自分はどうするのかを考えて推論しているのであろうか．東西冷戦にしても，地球温暖化にしても囚人のジレンマに喩えられる現象では，プレイヤーは「終わりはない」と考えているのではないだろうか．もし終わりがないならば，逆戻り推論とは違う結果になるであろう．このことを表現する方法の1つが，無限回の繰り返しゲームとフォーク定理である．

8.5 無限回の繰り返しゲームと協力の達成

8.5.1 無限回の繰り返しゲーム

現実の世界に「無限回の繰り返し」は存在しない．無限回は「逆戻り推論が起きないほど多く繰り返される」という「大きな回数」の1つの数学的な表現方法と言える．

無限回の繰り返しゲームを直観的につかむために，［常に協力しない戦略］，［トリガー戦略］の2つの戦略の組合せによって，プレイヤーがどのような利得を得るのか割引利得の和を求めてみよう．

まず両方のプレイヤーが［常に協力しない戦略］の場合は，双方がずっと協力しないという履歴となる．これは記号で表すと，

$(D_1, D_2)\ (D_1, D_2)\ (D_1, D_2)\ (D_1, D_2)\cdots$

となる．プレイヤーの利得は，

$0 + 0R + 0R^2 + 0R^3 \cdots = 0$

図8.8　無限回繰り返しの囚人のジレンマ［常に協力しない］と［トリガー］

1＼2	常に協力しない	トリガー
常に協力しない	(0, 0)	(10, −6)
トリガー	(−6, 10)	($\frac{4}{1-R}$, $\frac{4}{1-R}$)

である．次に両方のプレイヤーがトリガー戦略を選び合った場合を考えると，双方がずっと協力し続けることがゲームの結果となる．すなわち，

$$(C_1, C_2)(C_1, C_2)(C_1, C_2)(C_1, C_2)\cdots$$

がゲームの結果となるので，プレイヤーの利得は，

$$4 + 4R + 4R^2 + \cdots = \frac{4}{1-R}$$

である．次にプレイヤー1がトリガー戦略を選択し，プレイヤー2が常に協力しない戦略を選択すると考えよう．この場合は，初回にはプレイヤー1は協力し，プレイヤー2は協力しない．その後は双方がずっと協力しないことが履歴となり，

$$(C_1, D_2)(D_1, D_2)(D_1, D_2)(D_1, D_2)\cdots$$

がゲームの結果となる．プレイヤー1の利得は，

$$-6 + 0R + 0R^2 + 0R^3\cdots = -6$$

プレイヤー2の利得は，

$$10 + 0R + 0R^2 + 0R^3\cdots = 10$$

となる．プレイヤー1が常に協力しないで，プレイヤー2はトリガー戦略を選んだときは，この逆になる．

既に見たように，繰り返しゲームは展開形ゲームの一種であるから，これを戦略形ゲームに変換できる．図8.8は常に協力しない戦略とトリガー戦略をそ

図8.9　無限回繰り返しの囚人のジレンマ［常に協力しない］と［トリガー］

1 \ 2	常に協力しない	トリガー
常に協力しない	(0, 0)	(10, −6)
トリガー	(−6, 10)	(80, 80)

れぞれのプレイヤーがとったときの利得を行列で表したものである．本当は戦略は無限にあるが，ここでは戦略を2つに限定して表現したものと考える．

　ここでゲームの解は部分ゲーム完全均衡でなければならないが，無限ゲームでの部分ゲーム完全均衡を考えることは難しいので，ゲームの解をナッシュ均衡として，考察を進めていこう．

　ここで$R>0.6$のとき，$\frac{4}{1-R}>10$であるから，（常に協力しない，常に協力しない）の戦略の組と（トリガー戦略，トリガー戦略）の戦略の組は双方ともナッシュ均衡であることが分かる．通常Rは1に近いと考えられる．例えば$R=0.95$（このとき$\frac{4}{1-R}=80$）とすると，図8.8は図8.9のように書けて，同じナッシュ均衡でも（トリガー戦略，トリガー戦略）の均衡のほうが大きい利得を与えることが分かる．

　戦略を2つに限定したので正しい分析ではないが，一般にどんな戦略を考えても，割引因子が十分に大きく（Rが1に近い），相手がトリガー戦略を選んでいるならば，自分はトリガー戦略以外の戦略に変えても利得は同じか，下がることが示される．すなわち各プレイヤーがトリガー戦略を選ぶ戦略の組は，ナッシュ均衡であることが厳密に証明できる（岡田（1996）などを参照せよ）．

　このように無限回の繰り返しゲームでは，割引因子が大きい（割引が小さい）ならばトリガー戦略を選び合うようなお互いが協力する均衡点が現れる．もう少しその理由について見てみよう．囚人のジレンマにおいて，相手が協力しているときに自分が協力すれば利得は4であり，協力しなければ利得は10であるから，1回目の囚人のジレンマでは裏切ることで6だけ利得が増加する．しかし，もし協力を続けていれば，それ以降にずっと4の利得が得られるはずであったものが，永遠に0になってしまう．自分が裏切ることによる1期間後以降の利得の損失は現時点の価値に直せば，

$$4R + 4R^2 + 4R^3 + \cdots = \frac{4R}{1-R}$$

である．したがって $6 \leqq \frac{4R}{1-R}$ であれば，裏切ったことによる損失が得られる利得以上なので，協力を続けたほうがよい．この条件を R について解くことで，各プレイヤーがトリガー戦略を選ぶ戦略の組がナッシュ均衡になる条件は，$R \geqq 0.6$ であると分かる．一方，割引因子が小さい（割引が大きい），すなわち将来の利得の価値が小さく現在の利得の価値を高く評価するならば，1時点後から毎回4の利得を失うよりも，現在6の利得をもらったほうが得になる．したがって $R < 0.6$ の場合，各プレイヤーがトリガー戦略を選ぶ組合せはナッシュ均衡にはならない．

このように，将来得られる利得に対してある程度以上の価値を持っている長期的な視野のプレイヤーでは協力の達成が可能になる．逆に将来のことを考えず，ただ現在の利得だけを見る近視眼的な（割引因子が極端に低い）プレイヤーは，それだけ協力の達成が困難になるのである．

> **ポイント52　長期的ゲームと協力の達成**
>
> 無限の繰り返し囚人のジレンマでは，割引の小さい将来の利得を考慮するプレイヤーならばトリガー戦略などで協力を達成することができる．現在の利得に大きな価値を見出す近視眼的なプレイヤーは，協力を達成できない．

2国のジレンマで，あらかじめお互いが協力する協定や契約を結び，破った場合は「罰則」を加える第三者がいれば，協力が達成されることは以前に示した．これに対し，長期間にゲームが続く無限の繰り返しゲームでは，罰則を加える第三者がいなくとも，「トリガーを引けば永遠に協力しないぞ」という「罰則」をプレイヤー自身が作り出すことができるため協力が達成できる．裏切りに対する罰則によって協力が達成されるという意味では，この2つは同じ含意を示しているとも言える．

8.5.2 【実践】アクセルロッドの実験とおうむ返し戦略

このように囚人のジレンマは，繰り返し行われる長期関係の中においては協

力が生まれてくる可能性があることが分かった．無限回の繰り返しの囚人のジレンマにおける「無限」という概念は，終わりからさかのぼって先読みできないほどの長期間を数学的に表したものであることは既に述べた．実際には，ある程度の「有限」の期間でも人は様々な戦略で協力を達成することが，被験者を使った囚人のジレンマの実験によって示されている．このような実験は，囚人のジレンマが発見された当時から，盛んに行われている．

この中でもっとも有名な実験は，**アクセルロッド**（Robert Axelrod）の行った実験である．アクセルロッドは1983年に，様々な分野の研究者を集めて囚人のジレンマを対戦させる「コンピュータプログラム選手権」を実行した．この実験には，数学・心理学・経済学・社会学などの様々な分野から14人の参加者が集い，コンピュータプログラムを作成し競い合った．

実験では，これにさらにランダムにプレイするプログラムを1つ加えた15のプログラムが，総当たり戦で合計得点を競うという方法が用いられた（後に述べるが，この「総当たり戦」というのが大きなポイントである）．1回の対戦では囚人のジレンマが200回繰り返し行われている．

実験の様子はAxelrod（1985）に詳しく書かれている．ここではそれをもとに結果を紹介しよう．表8.1は，この実験の結果を合計得点の高い順に示したものである．

表8.1から分かるように，様々な分野の研究者がこの実験に参加している．経済学からの**シュービック**（Martin Shubik）や**フリードマン**（James W. Friedman）はゲーム理論の研究者としても有名であり，**タロック**（Gordon Tullock）は公共選択の研究者として名を知られている．しかしながら優勝したのは**ラパポート**（Anatol Rapoport）という心理学者であり，その戦略はおうむ返し戦略であった（正確には1回目は「協力」から始めるものなので，[協力-おうむ返し]戦略である）．

参加者の考えたプログラムは，簡単なものから複雑なものまで多様な戦略が存在したが，優勝したおうむ返し戦略はプログラムの中ではもっとも単純なものであった．これに対し，もっとも複雑なプログラムは参加者の中では最下位（全部の最下位はランダム戦略）であった．複雑な戦略ほど高い得点をとれるわけではない，ということは非常に興味深い結果であり，このような囚人のジ

表8.1 アクセルロッドの実験：第1回実験の参加者と順位（Axelrod（1985））

順位	氏　名	所属	プログラムの長さ	得点
1	Anatol Rapoport	心理学	4	504.5
2	Nicholas Tideman & Paula Chieruzzi	経済学	41	500.4
3	Rudy Nydegger	心理学	23	485.5
4	Bernard Grofman	政治学	8	481.9
5	Martin Shubik	経済学	16	480.7
6	William Stein & Amnon Rapoport	数学　心理学	50	477.8
7	James W. Friedman	数学	13	473.4
8	Moteon Davis	心理学	6	471.8
9	James Graaskamp		63	400.7
10	Leslie Downing	心理学	33	390.6
11	Scott Feld	社会学	6	327.6
12	Johann Joss	数学	5	304.4
13	Gordon Tullock	経済学	18	300.5
14	匿名		77	282.2
15	ランダム		5	276.35

レンマがチェスなどのゲームと異なることを示している．チェスや将棋のプログラムでは，一般的に複雑でよく考えられたプログラムほど高い点を獲得できる．

　無限回繰り返しの囚人のジレンマでは，［協力-おうむ返し］戦略でも，トリガー戦略でも，どちらでもすべての回で協力を達成することができる．しかしこの同じ協力を達成するナッシュ均衡戦略でも，実際に実験させてみると大きな違いが現れる．ゲーム理論の研究者であるフリードマンはトリガー戦略を用いたが，その結果は7位と高くはなかった．トリガー戦略は一度相手が裏切ると，二度と協力しない．したがって協力が達成できているうちは良いのだが，一度関係が悪化すると修復ができないのである．

　［協力-おうむ返し］戦略は，相手が協力してこないときに罰則を与えるだけではなく，相手が協力してきたときに，こちらも協力するという賞与を与える点で優れている．裏切られても再度相手がニコニコして近づいてきたら過去のことを忘れて協力をする「おうむ返しな人」よりも，一度相手を裏切ると二度とその相手を信用しないような「トリガーな人」は，実際には協力できずに低い利得になってしまうのである．

上位を占める戦略にはある共通点がある．それらはすべて先に相手を裏切らないような「上品な戦略」なのである．10位になった**ダウニング**（Leslie Downing）のプログラムは，順位は低いがこのような「上品な戦略」が上位を占める1つの鍵となるプログラムである．ダウニングは，前の回に相手の行動（CかDか）から，次に何を出してくるかを，今までの履歴から確率的に推測する学習プログラムを持っている．相手がCを出しそうならC，Dを出しそうならDを出すのである．このプログラムは，相手が最初に裏切ってくると，そいつを裏切るタイプと認識し，裏切り続けるように仕向ける効果を持っている．反対に最初に協力すると，互いに協力するように誘発する効果がある．このため先に相手を裏切らない「上品な戦略」は高い得点を得る．確かに我々の社会にも，協力的な人とは協力し，良い関係が築けるが，協力しない人はどんどん自分からドツボにはまっていくような猜疑心の強い人がおり，そういう人との協力関係を築くためには，最初は協力することが重要である．

　この結果は全世界に広まり，非常に有名になった．このようにおうむ返しが強いという結果が知られた後であっても，おうむ返し戦略がまだ良い戦略なのであろうか．アクセルロッドは1回目の選手権の結果を克明に記して，翌年にもう一度同じ大会を行った．今度は6カ国から62人の参加があり，すべての参加者はおうむ返しの対抗戦略も研究して大会に臨んだ．しかしながら第1位は，なんとやはりラパポートの提出したおうむ返し戦略だったのである．

　もちろん戦略の中には，おうむ返しと対抗すればおうむ返しより高い利得を得る戦略もある．しかしながら，そのような戦略同士が戦うと，協力が達成できず，お互いに低い利得になってしまう．したがって総当たり戦の合計得点としては，おうむ返し戦略がもっとも高い得点を挙げたのである．これにより，おうむ返し戦略の地位は不動のものとなった．

　アクセルロッドの実験は，囚人のジレンマに限らずゲーム理論全体に様々な示唆を与えた．1つは，ゲーム理論で考えるように「完全な先読み」ができるほど，人は合理的ではないということである（コンピュータでも100回の囚人のジレンマのすべての場合の戦略を考えることは，数が多すぎて不可能）．このようなことから人間の合理性を限定し，ゲーム理論を考えていく「限定合理性によるアプローチ」が，近年ゲーム理論の新しい分野として注目されてい

る.

　実際には人間の合理性が限定的であることは誰もが分かっている．しかし，どこまで合理的かと言うと，それは人により状況により異なる．プレイヤーの完全合理性を仮定したゲーム理論がゲームにただ1つの答えを出すことを目指してきたのに対し，「状況でいろいろな結果がありうる」では役に立たない．限定合理性によるアプローチでどのように答えを出していくのか．これから多くの研究が必要だと言える．

　もう1つは，ゲームを人間にプレイさせてみると実際にはゲーム理論の解とは異なる行動を選び，それには理由があることである．これにより，ゲーム理論で得られた結果を被験者に実験させ，その違いをフィードバックして理論を再構築しようという試みも近年は盛んになり，実験経済学と呼ばれている．

ポイント53　アクセルロッドの実験による協力の達成

　囚人のジレンマの繰り返しで協力を達成するには，最初は協力することから始めよ．相手が協力したら協力し，相手が協力しなければこちらも協力しないおうむ返し戦略が有効である．

8.6　評判

　本章でここまで紹介した2種類のゲーム（多段階の交渉ゲームと繰り返しゲーム）は，どちらも同じ2人のプレイヤーが長期間にわたってゲームをする設定であった．これに対して，同じプレイヤーとは1回しかプレイをしないが，異なるプレイヤーと似たような状況を何度もプレイするという状況も考えられる．

　例えば，初めての人との交渉などにおいても，自分が今まで過去に行ってきた他の人との交渉でどのような態度をとったかが，相手の行動に影響を与える．ネットオークションなどで初めての人と取引をするときには，その人が過去に他の人に対してどのような取引をしたかが重要な判断要素だ．

　このようにあるプレイヤーの過去の行動は，その人の**評判**（reputation）や信用となってそれ以降のゲームにも影響を及ぼすのである．このような評判

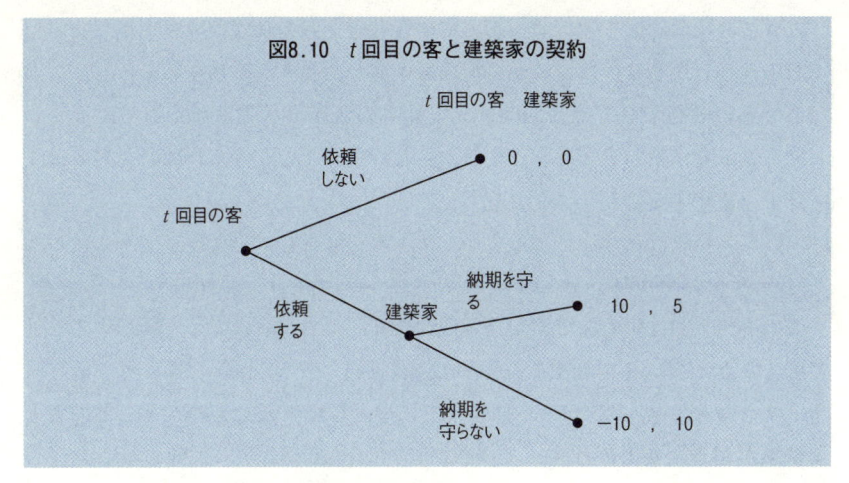

図8.10　t 回目の客と建築家の契約

```
              t 回目の客　建築家
          依頼
          しない ●  0 , 0
t 回目の客 ●
          依頼      納期を守
          する  建築家 る
              ●────────● 10 , 5
                納期を
                守らない
                      ● −10 , 10
```

は，ビジネスや日常生活で重要な要素であり，これについて考察するゲーム理論のモデルはいくつか存在する．代表的なものは繰り返しゲームと似た構造で長期的関係を基礎として分析するモデルである．

第3章の**モデル11**では，A県と建築家の「拘束力のない口約束」について考えた．ここで建築家の口約束に拘束力を持たせたのは，契約を結び納期に遅れたときは罰金を科すという方法であった．

しかし一般的には拘束力のない口約束のようなものであっても，納期は守られることが多い．それは一度でも納期を守らないと，それが「悪い評判」になり仕事の依頼が来なくなるからである．**モデル11**では建築家は引退前の最後の仕事であり，ここで悪い評判が立っても今後の仕事には関係がなかったのである．

そこで，この建築家との契約を，以下のように変形して考えてみよう．

モデル30　若き頃の建築家との契約

ここで若き頃のB氏を考えよう．若き頃のB氏は，今，初めての客と会い，**モデル11**で起きたような状況に遭遇しているとしよう．そしてB氏はこれから2回目の客，3回目の客，4回目の客……と出会い生涯を過ごしていく．t 回目の客とのゲームを改めてゲームの木に書いたものが図8.10である．

もしこの客との仕事を1回きりと考えれば，この場合は**モデル11**で見た

> ようにB氏は納期を守らず，初めての客もそう考えれば仕事を依頼しない
> だろう．しかしB氏はこれから何人もの客と出会う．それを考えると，こ
> こで悪い評判が立てば長期的に見て仕事の依頼は全く来なくなる．そこ
> で，ここでは納期を守ろうとするかもしれない．そう考えれば，その客は
> 仕事を依頼するかもしれない．
>   さて，結果はどうなるだろうか．ゲームを解析してみよう．

　この**モデル30**は先の節で学んだ長期的な繰り返しゲームを少し変形することで解くことができる．建築家の戦略は繰り返しゲームと全く同じと考えられる．すなわち，t回目では$t-1$回目までに遭遇した1人1人の人と，どのような結果が起きたかというすべての履歴に対し，どのように行動するかを決める．建築家の利得はすべての回の割引利得の合計である．一方，毎回異なる客は，毎回自分とプレイするより前に建築家がどのような行動をとっていたかをよく見て，それに応じて行動を決める．ただし建築家と異なり，それぞれの客は，自分のプレイのみで利得が決定する．ここが繰り返しゲームと異なるところである．t番目の人の利得は，現在価値に割り引いても割り引かなくても，R^{t-1}をかけるかどうかの違いなのでどちらでもよい．そこで，ここでは割り引かないで考えよう．

　ゲームの解は建築家と他のすべての客の戦略を決めなければならない．まず建築家であるが，これは繰り返しゲームと同じで，履歴に応じた様々な複雑な戦略が考えられる．ここでは，以下の単純な3つの戦略のみで考えてみよう．

とにかく納期を守る　　$t-1$回目までにどんな結果が起きていても納期を守る．

とにかく納期を守らない　　$t-1$回目までにどんな結果が起きていても納期を守らない．

トリガー戦略　　1回目は納期を守る．t回目は，それまで（$t-1$回目の人まで）のすべてのゲームにおいて，仕事の依頼が来ていれば納期を守り，1回でも依頼が来ないことがあれば納期を守らない．

　今度のトリガー戦略は，ずいぶんイジケタ戦略である．

　次に，客の戦略を考えてみよう．気をつけなければならないのは，1人のお

客がゲームを毎回するのではなく，毎回毎回異なるお客が来るということである．しかし，前の客や建築家が選んだ戦略は観察できるので，これは繰り返しゲームで考えた戦略を，異なる個人に置き換えたものに対応する．やはりここでは単純な戦略のみで考えてみよう．t回目にプレイする客には，以下のような戦略が考えられる．

とにかく依頼する　　$t-1$回目までにどんな結果が起きていても依頼する．

とにかく依頼しない　　$t-1$回目までにどんな結果が起きていても依頼しない．

トリガー戦略　　1回目の客は依頼する．t回目の客は，それまで（$t-1$回目の人まで）のすべてのゲームにおいて，建築家がすべての回で納期を守れば依頼し，1回でも納期を守らなければ依頼しない．

　さて，このような状況では，繰り返しゲームと同じ結果になることが分かるだろう．まず有限回ゲームの部分ゲーム完全均衡点で考えてみよう．有限回の場合は最後の客（**モデル11**ではA県であった）が存在する．建築家は，これまでの履歴がどんな結果であっても，最後の回であれば依頼されれば納期を守らない．最後の客はそれを予測すれば仕事を依頼しない．これをもとに最後から1つ前の客を考えると，最後の客は建築家がここで何をしても仕事を依頼しない．そうすると建築家にとっては，この客が実際には最後の客となる．したがって，この客にも依頼されれば納期を守らない．客はそれを予測すれば仕事を依頼しない……，となりすべての回で客が仕事を依頼せず，建築家はもし仕事が来ても納期を守らない．

　直観と反するこの結果は，有限回のゲームであれば最後から遡って考えるというところから来ている．無限回の繰り返しゲームをとれば，すべての客がトリガー戦略を選び，建築家もトリガー戦略を選び，ナッシュ均衡になることが分かる．

　このように繰り返しゲームではなく，一方のプレイヤーが1回きりの短期的なプレイヤーであっても，一方のプレイヤーが長期的なプレイヤーであったならば，繰り返しゲームと同じロジックによって1回きりのゲームとは異なる結果が達成できる．**モデル11**では，1回きりのゲームでは客にも建築家にも双方にとって良くない結果であったが，長期的な関係では双方にとって良い結果が

もたらされる可能性がある．この場合は，繰り返しゲームにおける個人の戦略は，多数の客という1つの「集団」や「世間」という社会のとる行動に置き換えられると考えることもできるだろう．モデル30で客が仕事を依頼し，建築家が納期を守るという結果が達成できるのは，例えば「トリガーな人たち」によって（すなわち一度納期を守らないと見れば，そのような悪い評判の建築家には依頼しないという集団や社会によって）達成されるのである．

8.7 【発展】フォーク定理

　無限回の繰り返し囚人のジレンマでは，トリガー戦略を用いて常に協力するような結果が得られることが分かった．しかしこのトリガー戦略を応用すれば，様々な利得を達成するナッシュ均衡が存在することが分かる．例えば，

　　　3回のうち1回（3の倍数）は，(D_1, C_2) としてプレイヤー1に
　　　少し高い利得を与え，それ以外の回では (C_1, C_2) で協力する．

という複雑な結果も実現することが可能である．これを実現するには，上記の「約束」をお互いが守るように決めておき，一度でも破ればトリガーを引いたということで永遠に協力しないような戦略を考えればよい．具体的には，

戦略x_1　　プレイヤー1は初回はC_1を選択する．t回目 $(t \geq 2)$ は，それまでの履歴で約束が守られていたら約束に従う（3の倍数の回ではD_1を，それ以外の回ではC_1を選択する）．もし履歴の中で一度でも約束が守られていなかったらD_1を選択する．

戦略x_2　　プレイヤー2は初回はC_2を選択する．t回目 $(t \geq 2)$ は，それまでの履歴で約束が守られていたら約束に従う（C_2を選択する）．もし履歴の中で一度でも約束が守られていなかったらD_2を選択する．

という戦略を考えればよい．

　戦略x_1とx_2の組合せで実現できる利得を計算する．ゲームの結果は，

$$(C_1, C_2)\ (C_1, C_2)\ (D_1, C_2)\ (C_1, C_2)\cdots$$

となる．この結果でのプレイヤー1の利得は，

$$4 + 4R + 10R^2 + 4R^3 + 4R^4 + 10R^5 + \cdots$$

となる．これは3項ずつをくくり，

$$(4 + 4R + 10R^2) + R^3(4 + 4R + 10R^2) + R^6(4 + 4 + 10R^2) + \cdots$$

とし（$4 + 4R + 10R^2$）$=A$，$R^3=B$と置くことで，式は，

$$A + BA + B^2A + B^3A + B^4A \cdots$$

となる．これは初項がAで公比がBの等比級数になるので，値は$\frac{A}{1-B}$となる．AとBを元に戻して，

$$\frac{4+4R+10R^2}{1-R^3}$$

を得る．プレイヤー2の利得は，

$$4 + 4R - 6R^2 + 4R^3 + 4R^4 - 6R^5 + \cdots$$

となり同様にして，

$$\frac{4+4R-6R^2}{1-R^3}$$

を得る．

割引因子が大きい（1に十分近い）ときに戦略x_1とx_2の組合せは，ナッシュ均衡であることは以下のようにして分かる．ここで$R=1$として近似して考えれば，プレイヤー1が毎回のゲームで平均してもらう利得は$\frac{4+4+10}{3}$で6になり，プレイヤー2が平均してもらう利得は$\frac{4+4-6}{3}$で$\frac{2}{3}$である．すなわちプレイヤーは，平均的に毎回6と$\frac{2}{3}$の利得をもらっている計算になる．

もしこの戦略x_1とx_2を選び合う約束から逸脱してトリガーを引けば，その瞬間には少しだけ高い利得を得られるかもしれないが，それ以降はずっと利得は0になる．もらえる利得が小さいプレイヤー2であっても少しだけ利得が上がった後に未来永劫に0しか得られないよりは，約束を守って$\frac{2}{3}$をもらい続けたほうがよいだろう（もし割引因子が十分1に近ければ）．

このことからRが十分大きく1に近ければ，この戦略x_1とx_2の組合せはナッ

図8.11　フォーク定理

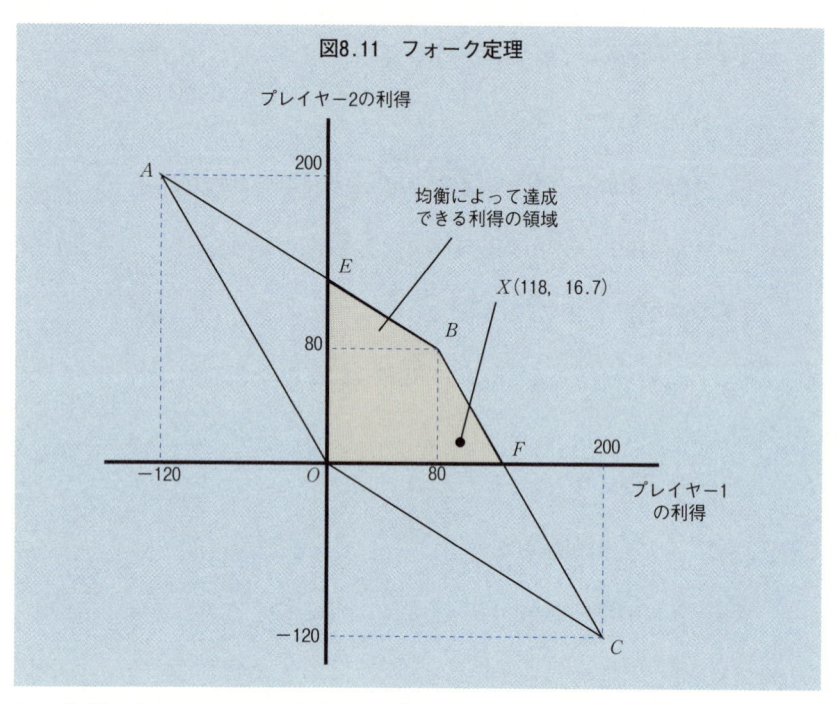

シュ均衡である．$R = 0.95$とすれば（118，16.7）が，このときに実現する利得である．

　これと同様にして「ある約束を決め，一度でもその約束を守らなければ永遠に協力しない」というトリガーを応用した戦略を用いれば，無限回の繰り返し囚人のジレンマでは様々な利得を達成するナッシュ均衡が存在することが分かるであろう．それでは，いったいどのような利得が達成可能なのであろうか．

　図8.11は，横軸にプレイヤー1の利得，縦軸にプレイヤー2の利得をとり，この囚人のジレンマを繰り返すことによって達成できる利得の組合せの領域を示した図である．ここで点O，A，B，Cはそれぞれ，元の成分ゲームでの4つの純粋戦略の組 (D_1, D_2), (C_1, D_2), (C_1, C_2), (D_1, C_2) がすべての回で選択されたときの利得に対応している．例えば，すべての回で (D_1, D_2) が選択されれば利得は $(0, 0)$ となりこれは点Oに対応する．またすべての回で (C_1, C_2) が選択されれば，図8.9で既に見たように利得は $(80, 80)$ になり，これは点Bに対応する．

もしすべての回で (D_1, C_2) が選択されればプレイヤー1の利得は $\frac{10}{1-0.95}=$ 200になり，プレイヤー2の利得は $\frac{-6}{1-0.95}=-120$ となり，これは点 C (200, -120) に対応する．しかし，これはナッシュ均衡にはならない．

例えば OB 上の中点である (40, 40) は，(C_1, C_2) と (D_1, D_2) を等しい回数で（例えば奇数回に (C_1, C_2) で偶数回に (D_1, D_2) を）選ぶ結果によってほぼ実現することができる．このような考え方を使うことで，無限回の繰り返しゲームのあらゆる履歴によって達成できる利得が，この四角形 $OABC$ とほとんど等しくなることを示すことができる．先ほどの戦略 x_1 と x_2 の組で得られる利得は点 X である．

これより，無限回の囚人のジレンマのナッシュ均衡で達成できる利得の図8.11の領域は，四角形 $OABC$ 内部の四角形 $OEBF$ に「ほぼ」等しくなることが分かる[2]．グレーの部分は四角形 $OABC$ の中で各プレイヤーの利得が0以上の部分を表している．つまり各プレイヤーの利得が0以上の部分は，「それを実現する戦略を毎回とることを約束し，その約束が破られれば永遠に協力しない」というトリガー戦略の組がナッシュ均衡になるのである．

一方，各プレイヤーの利得が0より小さければ，そのような利得の組はナッシュ均衡で実現することはできない．なぜなら「その利得を実現する戦略を毎回とることを約束し，その約束が破られれば永遠に協力しない」というトリガー戦略に対しても，「協力しない」を選べば少なくとも0以上の利得は必ず得られるので（未来永劫に協力しなくても少なくとも0は得られる），0より小さい利得を約束したプレイヤーは約束を破りトリガーを引き，協力しないほうがまだ大きな利得を得られるからである．

このことを，囚人のジレンマに限らず無限回の繰り返しゲームすべてに一般化してみよう．すべての履歴によって達成できる領域の中で，達成できない領域は，「自分がある戦略をとっていれば，相手が何をしても最低限保証される利得」より小さい利得を含む領域である．この「最低限保証される値」とは，相手が自分の利得を最小にするとしても，その利得を最大にできる戦略である

2）x 軸と y 軸に非常に近い部分は達成できない．R をさらに1に近づけることで達成できない部分は小さくなる．

ので，第6章で現れたマキシミニ値に等しい．例えば，今回の囚人のジレンマではお互いに協力しないときに得られる利得0がマキシミニ値である．

以上のことをまとめると，次の定理を得られる．

定理8.1（フォーク定理）

どんな無限回の繰り返しゲームでも，割引因子を1に十分近くすれば，すべての履歴によって達成できる利得の組の中で，各プレイヤーのマキシミニ値より大きい利得の組を達成できるナッシュ均衡が存在する．

この定理は**フォーク定理**（folk theorem）と呼ばれる．この定理は1950年代に既に研究者の間で知られていたが，1970年代になるまではその証明が公刊されたことはなかった．誰が言ったか知らないが，誰もがみんな知っているという意味で，「民間伝承（folklore）」として知られていた，という意味でこのように呼ばれている．

ポイント54　フォーク定理

無限回の繰り返しゲームでは，1回のゲームでは達成できない様々な利得が達成できる．

8.8 【発展】有限回繰り返しの囚人のジレンマでの協力達成

8.8.1 有限の繰り返しゲームから協力の達成を導く

さて，ここまでの章において，囚人のジレンマは有限の繰り返しでは協力が達成できないが，無限の繰り返しでは達成できることを示し，さらに無限回の繰り返しゲームでは協力を達成できるだけではなく，フォーク定理が成立してマキシミニ値を超える様々な利得が達成できることを示した．しかしながら，注意深く見ると有限回ゲームでは部分ゲーム完全均衡点を考え，無限回の繰り返しゲームでは（ただの）ナッシュ均衡を考えているという矛盾に気づく．このことから以下のような疑問が出てくるであろう．

(1)無限回の繰り返しゲームでの部分ゲーム完全均衡点では解はどうなるのか．
(2)有限回の繰り返しゲームで部分ゲーム完全均衡点ではなく，ナッシュ均衡を

解と考えるとどうなるのか．

まず(1)について説明しよう．確かにフォーク定理はナッシュ均衡をゲームの解としており，展開形のナッシュ均衡では，そのナッシュ均衡の組をプレイしたときに得られる履歴からはずれた履歴においては，必ずしも各プレイヤーは合理的な行動をしているとは言えない．このことを考えるためには，無限回の繰り返しゲームにおいても部分ゲーム完全均衡点を考える必要がある．無限回の繰り返しゲームの部分ゲーム完全均衡点を考えることは大変に複雑であり，本書では触れなかった．

しかし部分ゲーム完全均衡点を考えても，フォーク定理とほぼ同様の定理である**完全フォーク定理**（perfect folk theorem）が成り立つことが証明されている．部分ゲーム完全均衡点を解としても，割引因子が十分1に近いならば（いくつかの緩やかな条件を付加することで）マキシミニ値を超えるような利得の組を達成する部分ゲーム完全均衡点が存在する．詳しくは中山（1997）や岡田（1996）を参照されたい．

次に(2)について，検討してみよう．再び図8.3の囚人のジレンマを考える．このゲームのT回繰り返しゲームについて，［常に協力しない］と［トリガー戦略］の2つを考えて，図8.8と同じ利得行列を作成すると図8.12の上の行列を得る．一見すると，Rが十分1に近く，Tがある程度の長さがあれば，この利得行列ではトリガーを選び合うことはナッシュ均衡になっているように思える．実際に$R=0.95$，$T=50$とすると（図8.12の下の利得行列），この2つの戦略だけ考えればトリガー戦略を選び合うことはナッシュ均衡のように見える．

しかし実際には，各プレイヤーがトリガー戦略を選ぶような戦略の組はナッシュ均衡ではない．ここでは，単純に考えるために戦略を2つだけに限定して考えていたのであった．しかし先に見たように，この繰り返しゲームには他にも多くの戦略が存在するのである．このゲームにおいて，相手がトリガー戦略を選ぶならば，自分はトリガー戦略よりも利得を高くする戦略が存在する．それは「$T-1$回目まではトリガー戦略を選び，T回目に協力しない」という戦略である．この戦略には特に名前はないが，「ルパン三世」に出てくる峰不二子が「協力するフリをして最後の最後に裏切る」というパターンが多いので，ここでは［不二子戦略］にしておこう．相手がトリガー戦略を選んでいるとき

図8.12　有限回繰り返しの囚人のジレンマ［常に協力しない］と［トリガー］

1 ＼ 2	常に協力しない	トリガー
常に協力しない	(0, 0)	(10 , −6)
トリガー	(−6, 10)	$\left(\frac{4(1-R^T)}{1-R}, \frac{4(1-R^T)}{1-R}\right)$

$R=0.95$, $T=50$ のとき

1 ＼ 2	常に協力しない	トリガー
常に協力しない	(0, 0)	(10, −6)
トリガー	(−6, 10)	(73.8, 73.8)

に，自分が不二子戦略を選べば，相手は最後まで協力し，自分は最後の1回だけは相手が協力している状態で協力しないときの利得10を得ることができる．このときの割引利得の合計は $\frac{4(1-R^{T-1})}{1-R}+10R^{T-1}$ であり，トリガーを選んで最後まで協力した場合 $\left(\frac{4(1-R^T)}{1-R}\right)$ に比べて，最後の1回だけの差額である $6R^{T-1}$ だけ高い利得を得ることができる．$R=0.95$, $T=50$ とすると，この3つの戦略を並べた利得行列は図8.13となる．相手がトリガー戦略をとっているとき，自分がトリガー戦略を選べば利得は73.8であるが，不二子戦略では利得は74.3になる．かくして，もはやトリガー戦略の組合せはナッシュ均衡ではないことが分かる．

　この利得行列では，不二子戦略の組がナッシュ均衡に見えるが，もはやそうではないことが分かるであろう．相手が不二子戦略を選んでいるならば，自分は $T-2$ 回目に裏切ることでさらに利得を高くすることができる．このように考えれば，結果は部分ゲーム完全均衡と変わらない．すなわち，「すべての回で協力しない」という戦略の組だけが唯一のナッシュ均衡となるのである．

　また同様に，アクセルロッドの実験では効果的であった［協力−おうむ返し戦略］でも，現実の有限回繰り返しではナッシュ均衡にならない．やはり不二子戦略によって利得が高くなるからである．

　このように考えれば，部分ゲーム完全均衡でもナッシュ均衡でも無限回の繰り返しでは協力が達成され，有限回では何度繰り返しても協力は達成されな

図8.13 ［トリガー］はナッシュ均衡ではない

$R=0.95$, $T=50$のとき

1 \ 2	常に協力しない	トリガー	不二子
常に協力しない	(0, 0)	(10, −6)	(10, −6)
トリガー	(−6, 10)	(73.8, 73.8)	(73.0, 74.3)
不二子	(−6, 10)	(74.3, 73.0)	(73.5, 73.5)

い．それは有限回には常に「最後の1回」が存在し，そこで裏切ることでほんのわずかでも利得が上昇するからである．数学的にはこれは正しいかもしれないが，直観には少し反する結果である．有限回でも回数を多くすれば無限に近づくはずであり，回数を多くすることによって協力が達成されない理由は何であろうか．

有限で回数を多くすることが，その極限点である状態に近づいていかないという「有限から無限への不連続性」は数学の厳密性がその理由だと言ってしまえばそれまでであるが，このことは我々の完全な合理性に関する考察を深めることにもなる．すなわち有限で協力が達成されない理由は，どんな先であっても見通し，どんな過去の履歴も覚えていることができて，わずかな利得であっても高い利得を獲得するように戦略を選ぶ，完全に合理的な人間を想定している点にある．

以下の項では，有限で協力を達成するために，プレイヤーの合理性に2種類の限定的な仮定を置いて考察を行う．まず最初は「厳密に利得を最大にしなくてもよいプレイヤー」，すなわち少しくらい利得は下がったとしても，そのような戦略も選ぶプレイヤーについて考察する．次に過去の履歴をすべて覚えていられない，記憶が限定されるプレイヤーを考える．これらの状況ではいずれも協力を達成することができるのである．

8.8.2 わずかな利得は気にしないプレイヤー

ナッシュ均衡では，すべてのプレイヤーが厳密に，利得を最大にする戦略を選んでおり，ある戦略の組を選び合ったときに，いずれかのプレイヤーにわずかでも利得を大きくする戦略があれば，それはナッシュ均衡ではない．このた

め囚人のジレンマの有限回繰り返しゲームでは，不二子戦略があるために各プレイヤーがトリガー戦略を選ぶような戦略の組はナッシュ均衡にはならない．

しかしながら，トリガー戦略から不二子戦略への逸脱によって増える利得はほんのわずかなものである．例えば図8.13の$R=0.95$，$T=50$の例では，最後の逸脱によって増加する利得は$74.3-73.8=0.5$でわずか0.5に過ぎない．これはトリガーによって得られる利得73.8に比べて相対的に小さな数である．もし相手の選んだ戦略に対して，厳密に最適にする戦略を選ぶという条件を緩めてやれば，各プレイヤーがトリガー戦略を選ぶ戦略の組合せはゲームの解となる．

この考え方を実現するために，以下のようなε−ナッシュ均衡という概念を導入しよう．

定義8.1（ε−ナッシュ均衡）

εをある小さな正の数とする．このとき戦略の組がε−ナッシュ均衡であるとは，すべてのプレイヤーが，どの戦略に逸脱しても，増加する利得がεより小さいときを言う．

ε−ナッシュ均衡は，プレイヤーが利得を最大にしようと厳密に考えているのではなく，ε程度の誤差であれば関知せずに許容する，と考える概念である．先の図8.13の例では，$\varepsilon>0.5$とすれば，各プレイヤーがトリガー戦略を選ぶ戦略の組はε−ナッシュ均衡になる[3]．

このように利得に対して厳密に最大化するという合理性を緩和し，わずかな利得は気にしないプレイヤーを考えることで，囚人のジレンマは有限でも協力し合うという結果が得られる．

ポイント55　わずかな利得を気にしないプレイヤー

わずかな利得の減少を気にしないプレイヤー同士ならば，有限回の囚人のジレンマでも協力は達成できる．

---

3) これは，トリガー戦略から逸脱して得られる最大の利益は不二子戦略の74.3であることから分かる．しかし，本当は不二子戦略よりも利得が高くなる戦略が他にないことを証明しなければならない．読者は不二子戦略以外の戦略も，トリガー戦略からの逸脱によって利得が高くなることがないことを確かめてほしい．

8.8.3 記憶が限定されるプレイヤー

繰り返しゲームにおける戦略は,すべての回で,あらゆる履歴に対して何を選ぶかを決めるものである.このような戦略の数は膨大になるということは既に述べた.現実にはここまで合理的なプレイヤーは存在しない.チェスや将棋において,あらゆる履歴に対してどのような手を指すかをあらかじめ決めておくことは不可能である.現実には,5,6回程度の繰り返しゲームでも,あらゆる履歴で何をするかを,すべて細かく決めることはできない.

したがって,実際には履歴の中のいくつかの特徴だけを取り出してそれに対してどのような選択をするかを決めるということになる.このようなプレイヤーとしては,「初回と前の回に協力したかどうか」「2回続けて協力したことが,過去に一度でもあるかどうか」などに対して場合分けをして,その真偽の状態だけを記憶するプレイヤーが考えられる.また過去のすべての出来事ではなく,過去数回の短期間の履歴だけに依存して行動を選択するような「短期的な記憶のプレイヤー」もこのようなプレイヤーに属する.

このようなプレイヤーの記憶を限定するというアプローチを考察してみよう.ここではその中で極端に限定された「1回前の相手の行動しか記憶できないプレイヤー」を考える(自分の手も記憶できない).

プレイヤー1の戦略はどうなるだろうか.1回前の相手の行動しか記憶できないので,プレイヤー1の2回目以降の行動は,プレイヤー2が前回に協力したか,しないかのみに依存して決まる.そこで,前の回にプレイヤー2が協力したときとしないときのプレイヤーの行動をカッコの左と右で表して,$[C_1, C_1]$,$[C_1, D_1]$,$[D_1, C_1]$,$[D_1, D_1]$の4つの戦略を考える.例えば$[C_1, D_1]$は「前回にプレイヤー2が協力すればC_1(協力する),協力しなければD_1(協力しない)」を選択する,という戦略を表している.

また,プレイヤーの戦略として第1回目の戦略だけ別に与えなければならない.そこで1回目の戦略を付け加えて$(C_1, [C_1, D_1])$,$(D_1, [C_1, D_1])$のように表記することにしよう.ここでカッコの最初は第1回目の戦略を表す.例えば,

- $(C_1, [C_1, D_1])$ は第1回目にはC_1(協力する),2回目以降は前回にプレイヤー2が協力すればC_1(協力する),協力しなければD_1(協力しな

い），を表し，

- $(D_1, [C_1, D_1])$ は第1回目にはD_1（協力しない），2回目以降は前回にプレイヤー2が協力すればC_1（協力する），協力しなければD_1（協力しない）を表す．

このように1回前の相手の行動しか記憶できないプレイヤーを考えると，プレイヤーが選べる戦略は8種類に限定される．ここでよく見ると，$[C_1, D_1]$は既に見た「おうむ返し戦略」であることが分かる．したがって$(C_1, [C_1, D_1])$は［協力-おうむ返し戦略］であり，$(D_1, [C_1, D_1])$は［非協力-おうむ返し戦略］に対応する．

［協力-おうむ返し戦略］の組合せは，無限の繰り返しゲームではナッシュ均衡となるが，有限回ではもはやナッシュ均衡ではなかった．プレイヤー2が［協力-おうむ返し戦略］を選択していれば，プレイヤー1は［協力-おうむ返し戦略］よりも［不二子戦略］のほうが利得を高くできるからである．しかし今回のような1回前の相手の行動しか記憶できないプレイヤー同士では，有限の繰り返しゲームにおいても［協力-おうむ返し戦略］を各プレイヤーが選ぶ戦略の組はナッシュ均衡であり，協力を達成できる．このことを確かめるために，プレイヤー2が［協力-おうむ返し戦略］$(C_2, [C_2, D_2])$を選んでいるときに，プレイヤー1が他の戦略に逸脱しても利得が高くならないことを確かめよう．

図8.14には，プレイヤー2が$(C_2, [C_2, D_2])$を選んでいるときに自分が選ぶことができる8種類のすべての戦略と，その5回までの履歴，および$R = 0.95$，$T = 50$における利得が示されている．$R = 0.95$，$T = 50$の利得を見ると，プレイヤー2が$(C_2, [C_2, D_2])$を選んでいるときは，プレイヤー1も$(C_1, [C_1, D_1])$を選ぶことは最適反応になる．したがって$(C_1, [C_1, D_1])$と$(C_2, [C_2, D_2])$の戦略の組はナッシュ均衡であり協力が達成されることが分かる．

プレイヤー2が$(C_2, [C_2, D_2])$を選んでいるときにプレイヤー1が$(C_1, [C_1, D_1])$から他の戦略に変えても利得が高くならない理由を見てみよう．まず，プレイヤー1が$(C_1, [C_1, D_1])$を選ぶと全期間の協力が達成され，そのときの利得は73.8である．$(C_1, [C_1, C_1])$や$(D_1, [C_1, C_1])$など「相手が何をしても常に協力する」という戦略に変えた場合，$(C_1, [C_1, C_1])$ではすべ

322

図8.14 プレイヤー2が $(C_2, [C_2, D_2])$ を選ぶときの，プレイヤー1の戦略・履歴・利得

プレイヤー1の戦略	5回目までの履歴					$R=0.95, T=50$ における利得
$(C_1, [C_1, D_1])$	(C_1, C_2)	(C_1, C_2)	(C_1, C_2)	(C_1, C_2)	$(C_1, C_2)\cdots$	73.8
$(C_1, [C_1, C_1])$	(C_1, C_2)	(C_1, C_2)	(C_1, C_2)	(C_1, C_2)	$(C_1, C_2)\cdots$	73.8
$(C_1, [D_1, C_1])$	(C_1, C_2)	(D_1, C_2)	(D_1, D_2)	(C_1, D_2)	$(C_1, C_2)\cdots$	42.4
$(C_1, [D_1, D_1])$	(C_1, C_2)	(D_1, C_2)	(D_1, D_2)	(D_1, D_2)	$(D_1, D_2)\cdots$	13.5
$(D_1, [C_1, C_1])$	(D_1, C_2)	(C_1, D_2)	(C_1, C_2)	(C_1, C_2)	$(C_1, C_2)\cdots$	70.3
$(D_1, [C_1, D_1])$	(D_1, C_2)	(C_1, D_2)	(D_1, C_2)	(C_1, D_2)	$(D_1, C_2)\cdots$	40.7
$(D_1, [D_1, C_1])$	(D_1, C_2)	(D_1, D_2)	(C_1, D_2)	(C_1, C_2)	$(C_1, C_2)\cdots$	40.4
$(D_1, [D_1, D_1])$	(D_1, C_2)	(D_1, D_2)	(D_1, D_2)	(D_1, D_2)	$(D_1, D_2)\cdots$	10

ての期間で，また $(D_1, [C_1, C_1])$ では3回目以降に，ずっと協力し合うが，これにより利得が高くなるわけではない（ちなみに自分が $(C_1, [C_1, C_1])$ をとると，相手は $(D_2, [D_2, D_2])$ を選ぶことで相手の利得が高くなるので，この戦略は均衡にはならない）．$(C_1, [D_1, D_1])$ や $(D_1, [D_1, D_1])$ など「プレイヤー2が何をしても常に協力しない」という戦略に変えると，1回目か2回目のどちらかで一瞬高い利得が得られるが，3回目以降は永遠に協力できない．1回分のわずかな得が3回目以降の大きな損に繋がるため，割引が小さく期間が長ければ利得は高くならない．

面白いのは $(D_1, [C_1, D_1])$ であり，1回目にすれ違ってしまったために，プレイヤー2が協力するとプレイヤー1は協力せず，プレイヤー1が協力しないとプレイヤー2は協力する，というすれ違いが交互にやってくる．この場合，自分に入る利得は10，-6，10，$-6\cdots$となる．2回ごとに入ってくる利得の1回当たりの平均は，割引因子が1に近いとすると，およそ $\frac{10+(-6)}{2}=2$ であるので，ずっと協力したときの毎回の利得4を下回る．したがって割引因子が1に十分近いと，ずっと協力し続けるより悪い利得となる．

最後に $(C_1, [D_1, C_1])$ と $(D_1, [D_1, C_1])$ を考察してみよう．これは自分が天の邪鬼な戦略（相手が協力したら協力せず，協力しなければ協力する）をとっているために，履歴は複雑になり (C_1, C_2)，(D_1, C_2)，(D_1, D_2)，(C_1, D_2) という4つの場合をサイクルとして繰り返す．4回ごとに入ってくる利得の1回当たりの平均は，割引因子が1に近いとすると，およそ $\frac{4+10+(-6)+0}{4}=$

2であり，ずっと協力したときの毎回の利得4をやはり下回る．割引が十分に小さい（割引因子が1に近い）と，ずっと協力し続けるよりも悪くなる．

以上のように，記憶が制限されたプレイヤーの場合，割引因子が十分に1に近ければ，[協力－おうむ返し戦略]を各プレイヤーが選ぶ戦略の組はナッシュ均衡になるので，協力が達成できることが分かる．一般に，チェスや将棋などのゲームでは，記憶できる容量が多いほど勝つための強い戦略が作れる．しかし，このような勝ち負けではない非ゼロ和ゲームでは，必ずしも記憶容量が多いことで協力を達成できるとは限らない．これはアクセルロッドの実験を反映した結果であるとも言えるだろう．現実の社会に当てはめてみれば，いつまでも昔のことを根に持たず嫌なことはすぐ忘れる楽観的な人間同士は協力が達成されやすいということになり，共感できる結果となっている．

> **ポイント56　記憶が限定されたプレイヤー**
>
> 記憶が限定された「禍根を残さない」プレイヤー同士ならば，有限回の囚人のジレンマでも協力は達成できる．

演習問題

演習8.1　売り主の評価額が3800万円，買い手の評価額が4200万円のときの交渉ゲームについて考える．ここで提示額は10万円単位であるとしよう．

問1　売り主の最後通牒ゲーム（1段階）であるとして，この交渉ゲームの結果についてどうなるか示しなさい．

問2　買い手の最後通牒ゲームであるとして，この交渉ゲームの結果についてどうなるか示しなさい．

問3　2段階の交渉ゲームを考える．第1段階では売り主が提案し，買い手が承諾か拒否を決め，承諾ならば決着，拒否ならば第2段階へ行く．第2段階では，買い手が提案し，売り主が承諾か拒否を決め，承諾ならば決着，拒否ならば決裂し，双方の利得は0とする．このとき割引因子を0.9として，交渉の結果を示しなさい．

問4　上記の交渉ゲームにおいて，買い手が優位になる（買い手が200万円以

上得られる）には，割引因子はいくら以上でなければならないか，求めなさい．

演習8.2　図8.4を無限に繰り返すゲームにおいて次の問いに答えよ．

問1　［常に協力する］［常に協力しない］［トリガー戦略］［協力する－おうむ返し］［協力しない－おうむ返し］の5つの戦略のそれぞれの組合せの利得を計算し，図8.8の利得行列を5×5に拡張した利得行列を作成してみよ．

ヒント　例えばプレイヤー1が［協力－おうむ返し］の戦略をとり，プレイヤー2が［非協力－おうむ返し］をとったときのゲームの結果は，

1回目：(C_1, D_2)　2回目：(D_1, C_2)　3回目：(C_1, D_2)　4回目：(D_1, C_2)…

となり，(C_1, D_2) と (D_1, C_2) が交互に現れる．この結果でのプレイヤー1の利得は，

$$-6+10R-6R^2+10R^3-6R^4+10R^5+\cdots$$

となる．これは2項ずつをくくり，

$$(-6+10R)+R^2(-6+10R)+R^4(-6+10R)+\cdots$$

として，$(-6+10R)=A$，$R^2=B$と置くと求めることができる．式は，

$$A+BA+B^2A+B^3A+\cdots=\frac{A}{1-B}$$

となるので，置いた式を元に戻して，

$$\frac{-6+10R}{1-R^2}$$

を得る．他の利得も同様に考えれば求めることができる．

問2　$R=0.95$として上記の利得行列を数値で求めよ．

問3　問2の数値行列のナッシュ均衡を求めよ．

演習8.3　5回の囚人のジレンマの繰り返しゲームにおいて，2人のプレイヤーが以下のような戦略を選択するとき，ゲームの結果はどのようになるか．

問1　プレイヤー1の戦略：「常に協力しない戦略」
　　　プレイヤー2の戦略：「トリガー戦略」
問2　プレイヤー1の戦略：「協力-おうむ返し戦略」
　　　プレイヤー2の戦略：「協力-おうむ返し戦略」
問3　プレイヤー1の戦略：「協力-おうむ返し戦略」
　　　プレイヤー2の戦略：初回から3回目まではどんな履歴でもC_2を，4回目と5回目はどんな履歴でもD_2を選択
問4　プレイヤー1の戦略：「協力-おうむ返し戦略」
　　　プレイヤー2の戦略：「協力しない-おうむ返し戦略」
問5　プレイヤー1の戦略：「最初と2回目は協力する．3回目以降は，前回と前々回の両方で相手が協力したら協力し，前回と前々回の一方でも相手が協力しなかったら協力しない戦略」
　　　プレイヤー2の戦略：「協力しない-おうむ返し戦略」

演習8.4　図8.4を無限に繰り返す繰り返しゲームにおいて次のような［戦略x］を考える．

- プレイヤー1は初回はC_1を選択する．t回目（$t \geq 2$）は，それまでの履歴で約束が守られていたら約束に従い（3の倍数の回ではD_1を，それ以外の回ではC_1を選択する），もし履歴の中で一度でも約束が守られていなかったらD_1を選択する．
- プレイヤー2は初回はC_2を選択する．t回目（$t \geq 2$）は，それまでの履歴で約束が守られていたら約束に従う（C_2を選択する）．もし履歴の中で一度でも約束が守られていなかったらD_2を選択する．

このとき以下の問いに答えよ．
問1　この［戦略x］と［常に協力しない］［トリガー戦略］の3つの戦略のそれぞれの組合せの利得を計算し利得行列を作成してみよ．
問2　$R = 0.95$として上記の利得行列を数値で求めよ．
問3　問2の数値行列のナッシュ均衡を求めよ．

演習8.5　図8.15は囚人のジレンマとなるようなゲームである．
　この囚人のジレンマゲームを成分ゲームとして繰り返すゲームにおいて，次の2つの戦略を考える．

戦略1　「常に協力しない」戦略

戦略2　トリガー戦略

このとき以下の問いに答えなさい．必要であれば$0.95^9 = 0.63$，$0.95^{10} = 0.60$，$\log 0.95 = -0.0223$，$\log 0.01 = -2$を用いなさい．

問1 上記の戦略1と戦略2のみを戦略であると考えた無限の繰り返しゲームを戦略形ゲームにした利得行列が図8.16で与えられている．割引率$R = 0.95$として利得a, b, c, dがいくつになるか数値で求めなさい．

問2 問1を無限の繰り返しゲームではなく，10回の繰り返しゲームとする．図8.16の利得行列の利得a, b, c, dがいくつになるか数値で求めなさい（数値は小数第1位まで求めなさい）．割引率は$R = 0.95$とする．

問3 10回繰り返しゲームでは，戦略2（トリガー戦略）の組合せはナッシュ均衡にはならず協力は達成されない．それは，相手が戦略2を選んでいるときに以下のような戦略3（不二子戦略）を選ぶことが利得を高くするからである．

戦略3　第1回目はCを出す．2回目以降9回目までは，もしそれまでの回で相手がずっとCを出していたならばCを選ぶ．その回までに1度でも相手がDを出していたならばDを選ぶ．ただし10回目は必ず（あ）を選ぶ．

このとき（あ）にはCとDのどちらが入るか？

問4 プレイヤー2が戦略2を選んでいるとき，プレイヤー1は戦略2から戦略3に戦略を変えることで，利得をεだけ増加させることができる．εはいくつになるか求めなさい（数値は小数第2位まで求めなさい）．

問5 プレイヤーが，戦略2から戦略3に変えたときの利得のわずかな増加εは気にせずに，戦略2を選択するようなプレイヤーであれば，両プレイヤーは戦略2を選び協力が達成される．プレイヤーが気にしない利得がεより小さいときは，10回の繰り返しゲームでは協力が達成されないが，繰り返す回数を多くすれば協力は達成できる．ではプレイヤーが0.02以下の利得の増加を気にしないのであれば，ゲームを最低，何回繰り返せば協力が達成できるか．

図8.15 成分ゲームとなる囚人のジレンマ

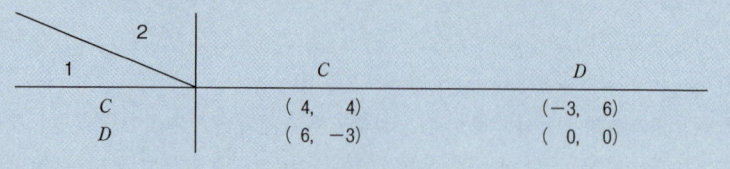

1＼2	C	D
C	(4, 4)	(−3, 6)
D	(6, −3)	(0, 0)

図8.16 繰り返しゲーム

1＼2	戦略1	戦略2
戦略1	(a, a)	(c, b)
戦略2	(b, c)	(d, d)

解答

演習8.1 （本文と同じく，後手が承諾と拒否で同じ利得を得るときは拒否すると考える．） 問1 売り主が4190万円を提案し，買い手が承諾する． 問2 買い手が3810万円を提案し，売り主が承諾する． 問3 第1段階で売り主が3840万円を提案し，買い手が承諾する． 問4 $R \geq 0.49$

演習8.2 問1 利得行列は以下の通り．

	常に協力する	常に協力しない	トリガー	協力する−おうむ返し	協力しない−おうむ返し
常に協力する	$(\frac{4}{1-R}, \frac{4}{1-R})$	$(\frac{-6}{1-R}, \frac{10}{1-R})$	$(\frac{4}{1-R}, \frac{4}{1-R})$	$(\frac{4}{1-R}, \frac{4}{1-R})$	$(-6+\frac{4R}{1-R}, 10+\frac{4R}{1-R})$
常に協力しない	$(\frac{10}{1-R}, \frac{-6}{1-R})$	$(0,0)$	$(10, -6)$	$(10, -6)$	$(0,0)$
トリガー	$(\frac{4}{1-R}, \frac{4}{1-R})$	$(-6, 10)$	$(\frac{4}{1-R}, \frac{4}{1-R})$	$(\frac{4}{1-R}, \frac{4}{1-R})$	$(-6+10R, 10-6R)$
協力する−おうむ返し	$(\frac{4}{1-R}, \frac{4}{1-R})$	$(-6, 10)$	$(\frac{4}{1-R}, \frac{4}{1-R})$	$(\frac{4}{1-R}, \frac{4}{1-R})$	$(\frac{-6+10R}{1-R^2}, \frac{10-6R}{1-R^2})$
協力しない−おうむ返し	$(10+\frac{4R}{1-R}, -6+\frac{4R}{1-R})$	$(0,0)$	$(10-6R, -6+10R)$	$(\frac{10-6R}{1-R}, \frac{-6+10R}{1-R})$	$(0,0)$

問2 $R=0.95$ を代入した数値の利得行列は以下の通り.

	常に協力する	常に協力しない	トリガー	協力する－おうむ返し	協力しない－おうむ返し
常に協力する	(80,80)	(−120,200)	(80,80)	(80,80)	(70,86)
常に協力しない	(200,−120)	(0,0)	(10,−6)	(10,−6)	(0,0)
トリガー	(80,80)	(−6,10)	(80,80)	(80,80)	(3.5,4.3)
協力する－おうむ返し	(80,80)	(−6,10)	(80,80)	(80,80)	(35.9,44.1)
協力しない－おうむ返し	(86,70)	(0,0)	(4.3,3.5)	(44.1,35.9)	(0,0)

問3 ナッシュ均衡は5つ：(トリガー, トリガー), (トリガー, 協力する－おうむ返し), (協力する－おうむ返し, トリガー), (協力する－おうむ返し, 協力する－おうむ返し), (常に協力しない, 常に協力しない)

演習8.3

問1 $(D_1, C_2), (D_1, D_2), (D_1, D_2), (D_1, D_2), (D_1, D_2)$

問2 $(C_1, C_2), (C_1, C_2), (C_1, C_2), (C_1, C_2), (C_1, C_2)$

問3 $(C_1, C_2), (C_1, C_2), (C_1, C_2), (C_1, D_2), (D_1, D_2)$

問4 $(C_1, D_2), (D_1, C_2), (C_1, D_2), (D_1, C_2), (C_1, D_2)$

問5 $(C_1, D_2), (C_1, C_2), (D_1, C_2), (C_1, D_2), (D_1, C_2)$

演習8.4 略

演習8.5
問1 $a=0, b=-3, c=6, d=80$ 　問2 $a=0, b=-3, c=6, d=32.1$ 　問3 D 　問4 $\varepsilon=1.26$ 　問5 91回

第9章
不確実性とゲーム理論

ゲーム理論では，不確実性と確率という概念が大きな役割を果たす．

私たちは第6章で，プレイヤーが自分の選択に確率を用いる「混合戦略」がゲーム理論において重要な考え方であることを学んだ．これは，プレイヤー自らが確率を用いて行動を選択するものだ．しかし，この場合は，プレイヤーを取り巻く環境に不確実性があるわけではない．

これに対しビジネスや政策決定，または日常生活の様々な場面では，プレイヤーを取り巻く環境自体に不確実性があり，これが意思決定に大きな影響を及ぼす．

この章からは，このようなプレイヤーを取り巻く状況に不確実性が存在する場合について考察する．まず本章では，不確実な事象が存在する場合のプレイヤーの行動についての基本を学び，不確実性がプレイヤーの行動に影響を及ぼす応用例としてモラルハザードやインセンティブ契約を取り上げる．

9.1 リスクと行動

9.1.1 期待値とリスクプレミアム

不確実な状況における意思決定を扱う理論は確率論であり，これらの意思決定を正確に学ぶためには確率論をしっかり学ぶことが必要となる．しかし残念ながら確率論を本書で講義すると，それだけで紙面が尽きてしまう．そこで本書では，確率に関して用いる概念をできる限り最小限にとどめ，読者が少なくとも「確率」と「期待値」については理解しているという前提で話を進める．

「期待値」や「平均」は重要で初歩的な概念ではあるが，不確実性下での意思決定のために大切な点は「金額の期待値」（期待金額）と「利得の期待値」を区別することである．例として，以下の問題を考える．

> **モデル31　くじと期待値**
>
> ここに「$\frac{1}{2}$の確率で100万円が当たり，$\frac{1}{2}$の確率で何ももらえない（0円）」という「くじ」があるとする．あなたは，このくじと「50万円を確実にもらう」ことと，どちらを好むだろうか．

「$\frac{1}{2}$の確率で100万円が当たり，$\frac{1}{2}$の確率で何ももらえない（0円）」というくじの金額の期待値（期待金額）を計算すると，

$$100 \times \frac{1}{2} + 0 \times \frac{1}{2} = 50$$

で50万円となる．それでは，この「くじ」をもらうことと，50万円を（確実に）もらうこと，は等価であろうか．多くの人にとって「期待値50万円のくじ」と「確実な50万円」は等価ではない．あなたならどちらを好むだろうか．

間違えやすい答えは，「合理的な人ならば，この2つは同じと考えるが，人間は合理的ではないから，同じとは思わない」とするものである．ゲーム理論においては，合理的なプレイヤーであっても，その答えはプレイヤーのリスクに対する態度によって異なると考える．

リスクに対する態度は，その人のリスクに対する好みを表していると考える．「焼肉でカルビが好きか，ミノが好きか」という問いに対して，どちらかの好みが「合理的」だということはありえない．ゲーム理論では，個人の好み（＝選好）に対しては規定しない．個人の好みは与えられた条件として，分析が進むのである．そしてリスクが好きか嫌いかも個人の好みによって決まると考える．

しかし多くの人がミノよりカルビを好むように，「くじ」より50万円を確実にもらうことを好む人のほうが多いであろう．このようなプレイヤー（またはその態度）を**リスク回避的**（risk averse）と呼ぶ．これに対し，一部の人がカルビよりミノを好むように，少ない数ではあるが「くじ」のほうを好む者もいる．このようなギャンブラータイプのプレイヤー（またはその態度）をリス

ク選好的（risk prefer）と言う．

中には全くそれは同じだ，無差別だという人もいるかもしれない．理論的にはこのようなプレイヤーを仮定することも多く，このような人（またはその態度）をリスク中立的（risk neutral）と言う．

「くじ」より50万円を確実にもらうことを好むリスク回避的な人であっても，「確実に1万円がもらえる」ことと「期待値50万円のくじ」では「くじ」のほうを好むと考えられるであろう．そうであるならば，「確実に50万円もらえる」という金額を，50万円から下げていくと，くじと等価になる金額x円がどこかにあり，

- 「確実にx円以下もらう」ことと「くじ」ならば，くじを好み，
- 「確実にx円もらう」ことと「くじ」ならば等価（無差別）であり，
- 「確実にx円以上もらう」ことと「くじ」ならば，「確実にx円以上もらう」ことを好む

ということになるはずだ．仮にここで$x=35$とし，35万円とこのくじが等価であるとしよう．このとき，くじの期待値との差額15万円は，くじが期待値と等価になるために，リスクに対して補償してもらわなければならない金額と考えられる．

この15万円を**リスクプレミアム**（risk premium）と呼び，35万円をくじと**確実性同値**（certainty equivalent）の金額であると言う．

このように，不確実な状況下において，「くじ」と「くじと同じ金額の期待値を確実に得ること」とは同じではない．くじの期待金額と確実にもらえる金額の大小関係は，彼の好みの大小関係と一致しないのである．しかし不確実な状況での意思決定やゲームを考察するためには，期待値の大小と好みの大小が整合的に並んでいなければならない．これは，金銭を直接的利得と考えず，その人の好みをうまく測ることで解決することができる．

9.1.2 期待利得と期待効用

先に述べたように利得を金額で考えると，不確実な状況での金額の期待値は，それと同じ金額を確実にもらうことと等価ではなくなり，期待値の大小が意思決定者の好みの大小と一致しない．しかし，人の好みを表す数値である

図9.1　リスク回避的な人の効用

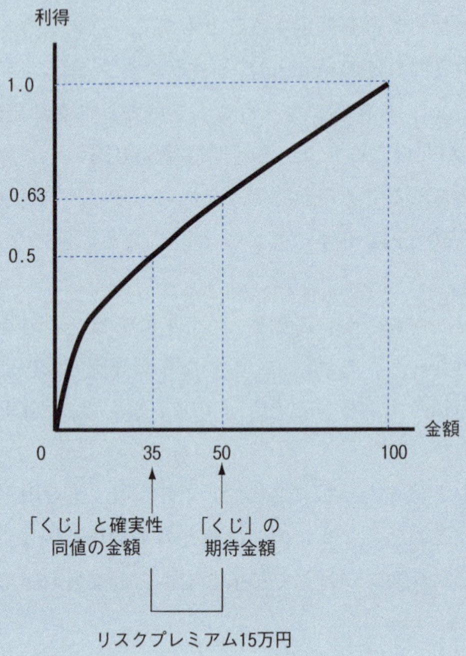

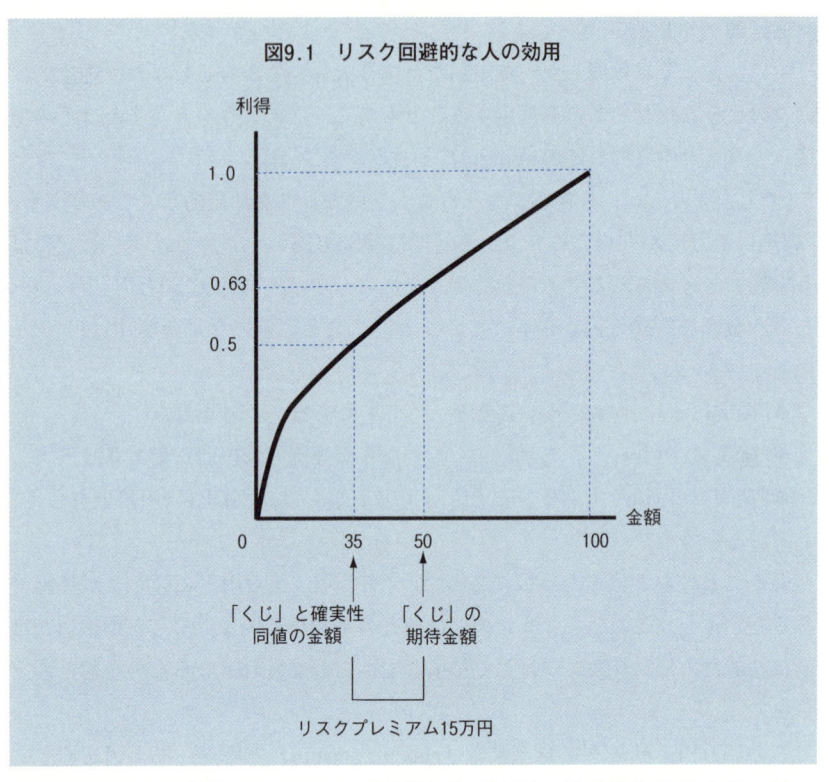

利得
1.0
0.63
0.5
0
35
50
100
金額
「くじ」と確実性
同値の金額
「くじ」の
期待金額
リスクプレミアム15万円

「利得」をうまく定義することで,「利得」と「利得の期待値」を整合的に並べることができるのである.

実は，前の項で見たリスク回避的な人の利得は，$u(x)=(\frac{x}{100})^{\frac{2}{3}}$という**効用関数**（utility function）を用いて表すことができる．図9.1は横軸を金額x，縦軸を利得$u(x)$としたグラフである．

この効用関数uは100万円に対する利得を１，０円の利得を０と規準化している．ここで35万円に対する利得は$u(35)=0.35^{\frac{2}{3}}=0.5$となる．50万円に対する利得が0.5より高くなっており，ここでは$u\ (50)=0.50^{\frac{2}{3}}=0.63$になっていることに注意しよう．

もしこの人がこのような利得を持っていると考えれば，「$\frac{1}{2}$の確率で100万円，$\frac{1}{2}$の確率で０円」という「くじ」の期待利得は，

$$\frac{1}{2} \times 100万円の利得 + \frac{1}{2} \times 0円の利得 = \frac{1}{2} \times 1 + \frac{1}{2} \times 0 = 0.5$$

であり，35万円と同じになり，利得の期待値と確実な利得の大小関係が，彼の好みと一致し，整合的になる．

グラフから，同じ「50万円」というお金でも0円から50万円を追加すること（利得の増分が0.5より大きい）より，50万円からさらに50万円を追加すること（利得の増分が0.5より小さい）のほうが，追加される利得が小さいということが読み取れる．50万円を確実にもらうことが「くじ」より好まれるのは，このことによって説明ができる．このような「量」と「価値」の関係はお金だけではなく，一般の財やサービスでもよく成り立つ．例えば毎日の食事に必要なパンを購入するとき，1斤目のパンと，既に1斤目を持っているときに，もう1斤追加して入手する2斤目のパンでは，同じ1斤のパンでも最初のほうが価値は高い．このような現象を経済学では「限界効用逓減の法則」と呼ぶ．

グラフを見ることで「リスク回避的であること」，お金に対して「限界効用逓減の法則」が成立すること，利得を表すグラフが上に向かって膨らんでいる（凹関数である）こと，これらはすべて同じであることが分かる．同様に，「リスク選好的であること」，お金に対して「限界効用逓増の法則」が成立すること，利得を表すグラフが下に向かって膨らんでいる（凸関数である）ことも同じである．

利得のグラフが直線であるときは，期待金額が期待利得と一致する．このような場合はリスク中立的である．モデルによる分析では，このリスク中立の仮定をするほうが簡単なので，まずプレイヤーをリスク中立であると仮定して分析し，その後リスク回避的なプレイヤーで分析を発展させるという手法がよく用いられる．

ゲーム理論において確率を用いない場合には，利得として用いられる数値は，結果に対する好みとその利得の大小関係が一致していればよい．利得は大小関係だけが重要であり，その数値に悩む必要はないということは既に述べた．したがって，利得を金額で表す場合には，その金額自体を利得と考えれば問題は生じない．

これに対して，確率を用いる場合の利得は，もはや金額ではなく，上記のよ

うに確率や期待値と整合的に測られた利得である必要がある．逆にこのように利得が測られていれば，確実にある利得が得られることと，利得の期待値は一致する．

すなわち「利得」とは正確には，結果に対する好みを数値で表したものであり，なおかつ，その利得の期待値と確実にその利得を得られることが整合的であるように測られたものである，と言うことができる．このような理論の数学的基礎を与えたのも，フォン・ノイマンとモルゲンシュテルンであり，この不確実な事象に対して好みと利得を関係づける理論は「期待効用理論」と呼ばれている．

このように確率を用いるゲーム理論においてゲームの木や利得行列に書かれるべき利得は，金額そのものではなく，リスクを考慮し，効用関数やリスクプレミアムを適切に評価しなければならない．しかし，実際にこのような効用関数や，不確実な事象に対する確率の評価は難しく，実際の意思決定やゲーム理論を適用する際の大きな課題となっている．

9.2 【応用】インセンティブ契約とモラルハザード

9.2.1 インセンティブとは何か

インセンティブは，動機や誘因と訳され，人が行動する理由やその要因などを意味する言葉であり，モチベーションと似た意味を持っている．もっとも，近年はインセンティブとモチベーションという言葉は区別され，インセンティブは金銭や昇進などの直接的な利益による動機付けを意味し，モチベーションは自己実現や組織への愛着などの，精神的な動機に対応させることもある．

ゲーム理論は，「インセンティブの構造を明らかにする理論だ」とも言われる．しかしこれはプレイヤーが，報酬やお金によって高い利得を得るのか，自己犠牲や自己実現で高い利得を得るのかなど，プレイヤーの目的・嗜好・興味に由来する「インセンティブ」を探るという意味ではない．

ゲーム理論は，あくまでも個人の利得が定まった上での分析方法であり，その人の興味や嗜好（利得）がどうであるかはゲーム理論以外の問題なのである．個人が行動する誘因や動機は，その人の興味や嗜好（利得）がどうである

かだけで定まらず，制度や契約などの「ゲームのルール」にも左右される．言うなればゲーム理論は，個人の興味や嗜好（利得）がどうであるかが明らかになっている状態で，社会の制度・契約・ルールに基づくインセンティブの構造を明らかにする理論と言うことができる．

このような理由からゲーム理論によって，様々な契約や制度はどのように働き，目的を達成するためにはどのように制度を設計するべきか，ということが盛んに研究されている．このような問題の中で，もっとも単純なものは**インセンティブ契約**（incentive contract）や成果主義の問題である．すなわち，雇用主（または依頼人）が，雇用者（または代理人）に報酬を払って雇用する場合，その報酬を成果に依存させた歩合給にするか，依存させない固定給にするかという問題だ．以下ではこのようなインセンティブ契約の問題について，考察を進めてみたい．

9.2.2 インセンティブ契約か固定給か

━━ モデル32 イベントにおけるマネジメント契約 ━━

中国音楽とHIP HOPを融合し，多くのファンを魅了している音楽家Pは，上海で開催するコンサートのチケット販売について，代理店Aとの契約で悩んでいる．

代理店Aはチケットの売れ行きにかかわらず，固定額60万円を報酬額として要求してきた．しかし，これまでの交渉により，固定額報酬では代理店がチケット販売に多くの力を割かないのではないか，という疑念が生まれてきたのである．そこでPはインセンティブ契約を検討し，代理店Aとさらに交渉を続けた．その結果，はじめは嫌がった代理店ではあったが，チケットの総売上の10%を報酬とするインセンティブ契約ならば，それでもよいという返答が得られた．

実は代理店としても依頼主Pのチケットを熱心に売るためには多くの「費用」が発生する．これは，人件費や交通費などの実費はもちろんであるが，他の大物音楽家のコンサートが同時期に控えており，そのチケットを売ったほうが高い利益になる可能性もあり，依頼主Pのチケット販売に高い努力を費やすと，機会損失が大きくなる危惧もある．そこで，ここで

は費用は努力水準に応じてかかるものとし，代理店Aは契約後に費用が20万円の「低い努力水準」か，費用が50万円かかる「高い努力水準」かのどちらかを選択すると考える．

しかし問題は費用だけではない．それは努力と売り上げには不確実性が伴うからである．代理店は「努力をしてチケットが売れない」という不運と，「努力をしなくても運良くチケットが売れる」という幸運が存在するため，この不確実性が努力を阻害する．ここでは，モデルを単純化し，代理店は努力をしなくても1500枚のチケットを売ることができるが，高い努力をすれば「80％の確率で2500枚の売り上げが見込めるが，20％の確率ではやはり1500枚しか売れない」というリスクが生じるとしよう．

コンサートのチケットは，一律5000円で販売される．コンサートの諸経費を差し引くと，売り上げの30％が手元に残る．ここからチケット販売の代理店への報酬を支払うと，残りがPの収入となる．

依頼主Pは，上記の状況は理解しているが，代理店の努力水準は観察できず，販売数という結果のみしか判別できない．すなわち情報の非対称性が存在すると仮定する．このような状況で，依頼主Pは固定報酬契約とインセンティブ契約のどちらを選択すべきだろうか．

この問題は，プリンシパルとエージェントの理論（principal-agent theory）とも呼ばれ，上司と部下，政府と官僚組織，親会社と子会社，投資家と経営者など，幅広い問題に応用される．今回は依頼主である音楽家Pがプリンシパル（principal，依頼人）で，代理店Aがエージェント（agent，代理人）である．

このゲームを，ゲームの木で表すと図9.2のようになる．ここで注目したいのは，代理店が高い努力を選択した場合に，チケットの売れ行きが成功する場合と失敗する場合を分ける「点」である．この点では，確率0.8で「成功」してチケットが2500枚売れる場合と，確率0.2で「失敗」して1500枚しか売れない場合の2つの枝に分かれる．この点はプレイヤーの意思に依存しない確率によって枝が選択されるが，形式上は意思決定点となるため自然と呼ばれる（利得を持たない）架空のプレイヤーが，混合戦略を用いて行動を選ぶ意思決定点とみなすのである．

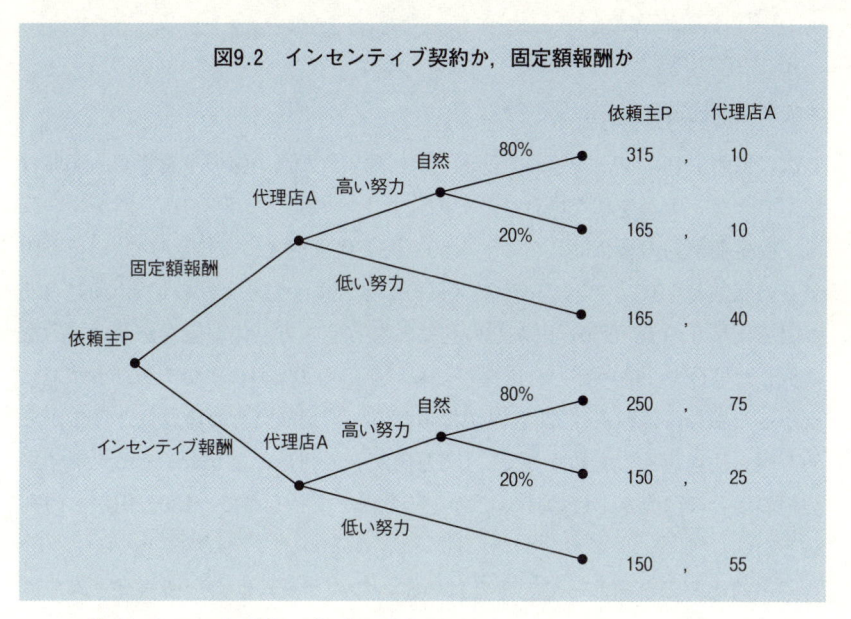

図9.2 インセンティブ契約か，固定額報酬か

```
                                                                 依頼主P    代理店A
                            自然     80%                          315    ,   10
               代理店A  高い努力
                                    20%                          165    ,   10
        固定額報酬
                       低い努力                                    165    ,   40
依頼主P
                            自然     80%                          250    ,   75
               代理店A  高い努力
        インセンティブ報酬          20%                          150    ,   25
                       低い努力                                    150    ,   55
```

> **ポイント57　自然というプレイヤー**
>
> 　不確実性を持つゲームは，利得を持たない「自然」というプレイヤーが混合戦略を用いて行動を選ぶと考えて，ゲームを表現する．

　このゲームにおける利得は以下のように計算される．

　まず代理店Aから考えてみよう．60万円の報酬が得られる固定額契約の場合において，代理店Aは高い努力だと60-50で10万円の利益が得られ，低い努力の場合は60-20で40万円の利益となる．

　インセンティブ契約の場合，高い努力を選択すれば，80％の確率で，

$$0.5（万円／枚）\times 2500（枚）\times 0.1 - 50（万円）= 75（万円）$$

で75万円の利益が期待できるが，20％の確率で，

$$0.5 \times 1500 \times 0.1 - 50 = 25$$

となり，利益が25万円となる．

　一方，低い努力の場合は，

第9章　不確実性とゲーム理論　339

$$0.5 \times 1500 \times 0.1 - 20 = 55$$

で55万円の利得が得られる．

次に依頼主Pについて考えてみよう．代理店Aが高い努力を選択し，80%の確率でチケットが売れた場合は，その売り上げの30%である375万円が得られる．固定額契約の場合は，ここから60万円を代理店Aに支払うので，315万円がPの利益となり，インセンティブ契約の場合は，売り上げの10%である125万円を支払うので，250万円がPの利益となる．一方，代理店Aが低い努力を選択した場合や，高い努力を選択しても不運にも20%の確率でチケットが売れなかった場合は依頼主は225万円が得られる．固定額契約の場合は，ここから60万円を代理店Aに支払うので，165万円がPの利益となり，インセンティブ契約の場合は，売り上げの10%である75万円を支払うので，150万円がPの利益となる．

確率的な要素が加わっているとはいえ，このゲームは完全情報ゲームであり，ゲームの解（部分ゲーム完全均衡）は単純なバックワードインダクションで求めることができる．ここではまず期待金額を期待利得（すなわち両プレイヤーはリスク中立的である）と考えて求めてみよう．

ゲームは後から解くので，まず最後のプレイヤーである自然を考えることになる．ただし自然は最適な選択を考える必要はなく，もう既に選択は決まっている．つまり自然の確率的な選択を期待利得に置き換える作業を行えばよい．まず代理店が固定額報酬を提示された場合の高い努力における自然の選択について考え，期待利得を計算してみよう．依頼主の期待利得は，

$$0.8 \times 315 + 0.2 \times 165 = 285$$

で285となる．これに対し代理店は常に同じ報酬10をもらうので期待利得は$0.8 \times 10 + 0.2 \times 10 = 10$で期待利得も当然10である．次にインセンティブ契約で高い努力をした場合の自然の選択を考えて期待利得を計算すると，依頼主の期待利得は，

$$0.8 \times 250 + 0.2 \times 150 = 230$$

となり，代理店の期待利得は，

$$0.8 \times 75 + 0.2 \times 25 = 65 \tag{9.1}$$

となる．

　期待利得を計算し，自然による確率的選択部分を期待利得に置き換えてゲームの木を表し，部分ゲーム完全均衡を記したものが図9.3である．

　代理店は，固定額報酬においては低い努力での期待利得は40万円，高い努力の期待利得は10万円なので，低い努力を選択する．一方，インセンティブ契約においては，高い努力では65万円，低い努力では55万円であるので高い努力を選択する．

　最後に依頼主Pの選択を考えてみよう．依頼主Pの利得は，代理店Aが固定額報酬では低い努力を選択するので165万円となり，インセンティブ契約では高い努力を選択するので230万円であるから，インセンティブ契約を選んだほうがよい，という結果になる．

　ここで注目したいのは，依頼主Pが代理店Aが努力したかどうかが観察できないために，余計な費用を払わなければならない，という点である．もし依頼主Pが，チケットが売れたかどうかという結果だけではなく，代理店Aが努力したかどうかという過程もきちんと観察できた場合はどうなるだろうか．この場合，依頼主Pは「もしチケットを売るために努力してくれた場合は，報酬を払うけれども，努力しない場合は，報酬は払わない」という契約を結ぶことができるだろう．この場合に改めて，インセンティブ契約と固定額契約のどちらがよいかを調べてみよう．

　図9.4は，上記のような高い努力をしたときのみ報酬が支払われる場合のゲームに書き直したものである．図9.3と比べると，高い努力のときは代理店も依頼主も同じ利得であるが，低い努力のときは報酬が支払われないので，代理店の利得は費用の分だけマイナスとなる．その結果，代理店は固定額報酬でも高い努力を選ぶ．依頼主は固定額報酬のような低い報酬で高い期待利得を得ることができる．

　このように代理店の行動が観察できる場合は，依頼主の期待利得は285万円になる．代理店の行動が観察できない場合は，代理店の努力を引き出すために

図9.3　期待利得に置き換え，ゲームの解を求める

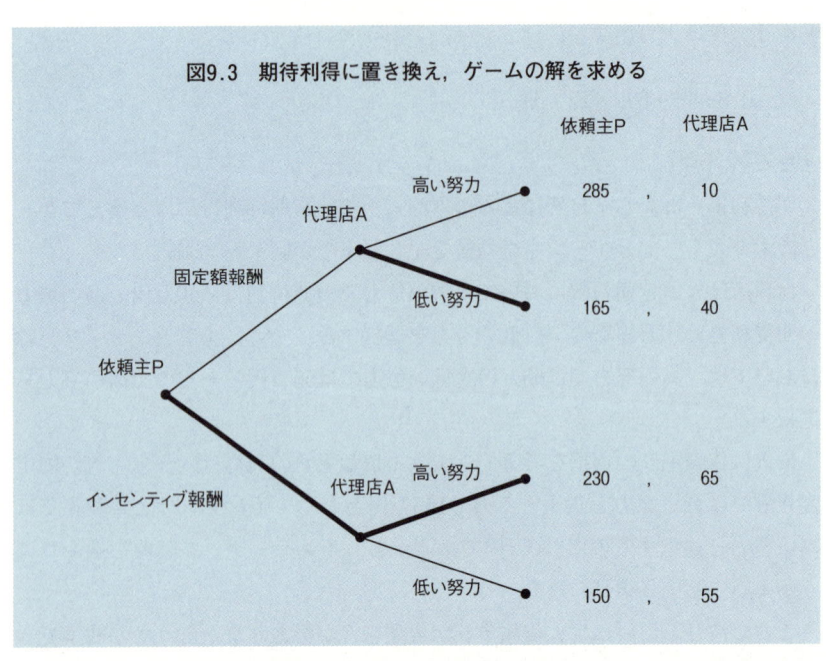

	依頼主P	代理店A
固定額報酬 → 代理店A → 高い努力	285	10
固定額報酬 → 代理店A → 低い努力	165	40
インセンティブ報酬 → 代理店A → 高い努力	230	65
インセンティブ報酬 → 代理店A → 低い努力	150	55

図9.4　代理店の努力が観察できる場合

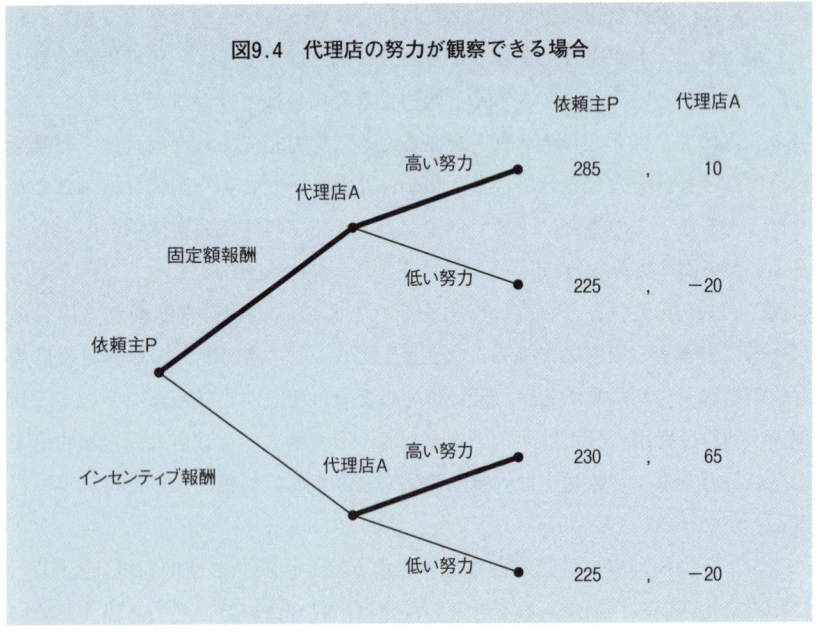

	依頼主P	代理店A
固定額報酬 → 代理店A → 高い努力	285	10
固定額報酬 → 代理店A → 低い努力	225	−20
インセンティブ報酬 → 代理店A → 高い努力	230	65
インセンティブ報酬 → 代理店A → 低い努力	225	−20

報酬を増加させなければならず，期待利得は230万円であった．代理店の行動が観察できないことにより減少した55万円は，情報の非対称性が存在するために，依頼主が余分に代理店に支払わなければならなかった費用と考えることができる[1]．

> **ポイント58　情報の非対称性による費用**
>
> 依頼人が代理人の行動を観察できない場合，代理人の努力を引き出すためには，追加的な費用を払わなければならない．

これはネガティブな言い方であるが，ポジティブに考えれば，代理人の努力が観察できない場合でさえも，追加的な費用を払いインセンティブ契約を用いることで，代理店であるエージェントに高い努力をさせることができる可能性があることを示している．しかし以下で見るように，代理店がリスクを回避する態度が大きくなり，リスクプレミアムを考慮しなければならないとすると，この追加的費用はもっと大きくなるのである．

9.2.3　リスクとインセンティブ契約

先に見たように期待金額は期待利得そのものではない．そこで，ここではさらに代理店がリスク回避的であると考える．式 (9.1) で計算した「代理店がインセンティブ報酬において高い努力を選択したときの期待利得」をその期待金額65万円からリスクプレミアムrを引いた，$65-r$であると考えて分析しよう．

このとき，リスクプレミアムを考慮した期待利得を計算し，自然による確率的選択を期待利得に変えて縮約したものが図9.5である．

$r=0$のときは，図9.3のリスク中立的な場合と同じであることを確認してほしい．代理店がリスク回避的であるならば$r>0$である．このような状況ではどうなるだろうか．もし代理店のリスク回避度が小さく，$r<10$ならば依然としてインセンティブ契約のほうがよい．

---

[1] ここでは報酬金額に2つの選択肢しか与えていないが，依頼主が自由に決められることになれば，代理店がリスク中立的であれば追加費用を払わなくてもよいことが知られている．

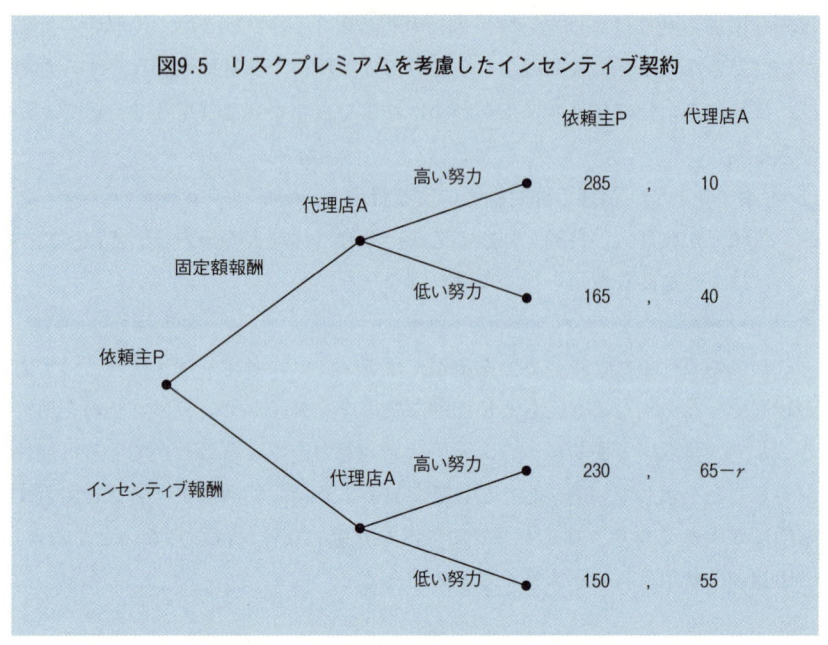

図9.5 リスクプレミアムを考慮したインセンティブ契約

```
                                        依頼主P    代理店A
                        高い努力 ●      285   ,   10
              代理店A ●
   固定額報酬            低い努力 ●      165   ,   40
依頼主P ●
   インセンティブ報酬     高い努力 ●      230   ,   65−r
              代理店A ●
                        低い努力 ●      150   ,   55
```

　しかし,もし代理店がリスク回避的で10万円以上のリスクプレミアムを見込む($r>10$)ならば,どうであろうか.この場合は代理店は,高い努力より低い努力の55万円を選択するほうが期待利得が高くなる.したがって,代理店のリスク回避度がある程度高いならば,10%のインセンティブ契約は効力を発揮せず,代理店は低い努力を選択する.

　この場合は,依頼主Pは,インセンティブ契約で契約するより(利得は150),固定額報酬で契約したほうが(利得は165)よいことが分かる.

　すなわちインセンティブ契約は常に相手の努力を引き出すとは限らず,エージェントが費用をかけて努力しても失敗のリスクがある場合は,有効であるとは言えない.

　これとは逆に,低い努力であっても成功する可能性が高い場合も,やはりインセンティブ契約は有効ではない可能性があることが知られている.

　しかし,ここで依頼主Pの利得を再度検証してみよう.依頼主としては,固定額でエージェントの努力が低くなるよりは,もう少し報酬を払っても高水準の努力を引き出したほうがよさそうである.そこでプリンシパルは費用を増加

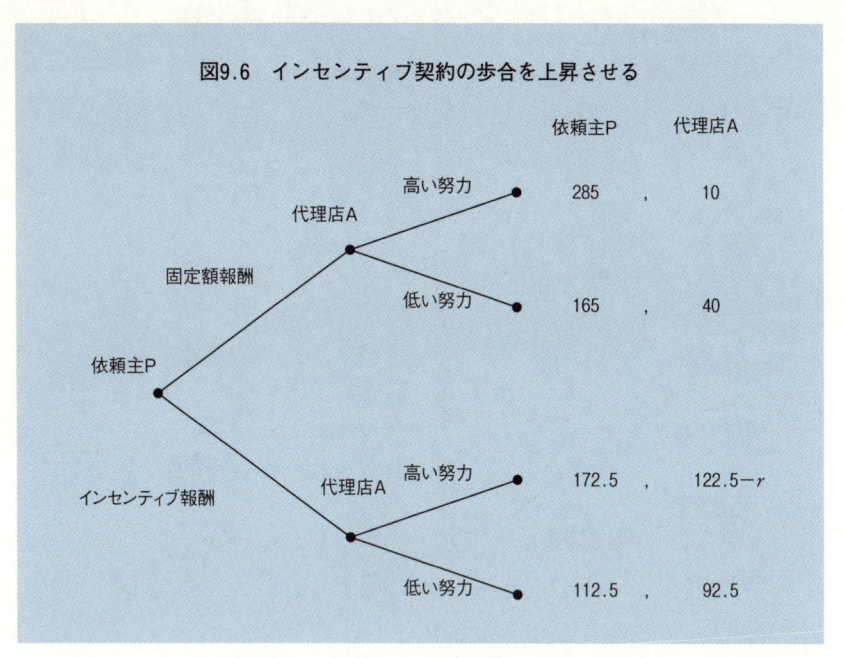

図9.6 インセンティブ契約の歩合を上昇させる

		依頼主P	代理店A
固定額報酬 → 代理店A	高い努力	285	10
	低い努力	165	40
インセンティブ報酬 → 代理店A	高い努力	172.5	$122.5-r$
	低い努力	112.5	92.5

させてリスクを分担し，インセンティブ契約を成立させることが次善策となる．ここで，依頼主Pのインセンティブ契約を10％から15％に上げて考えてみよう（図9.6）．

このとき代理店が高い努力をした場合の期待金額は$122.5-r$万円，低い努力の場合は92.5万円であるので，リスクプレミアムrが30万円以下ならば，代理店は高い努力を選択する．今度はかなりリスク回避的な代理店でも高い努力を選択するであろう．依頼主Pの期待利益（172.5万円）は，代理店に高い報酬を支払うことで減少するが，それでも固定額報酬による期待利益（165万円）を上回っている．このように，エージェントの努力に対して不確実性が存在する場合，依頼主Pは利益を減じてもエージェントのリスクを負担することによって，エージェントの努力を引き出すことができるのである．

> **ポイント59　代理人のリスク回避による費用の増加**
> 代理人がリスク回避的であれば，依頼人が代理人の努力を引き出すために払わなければならない費用は増加する．

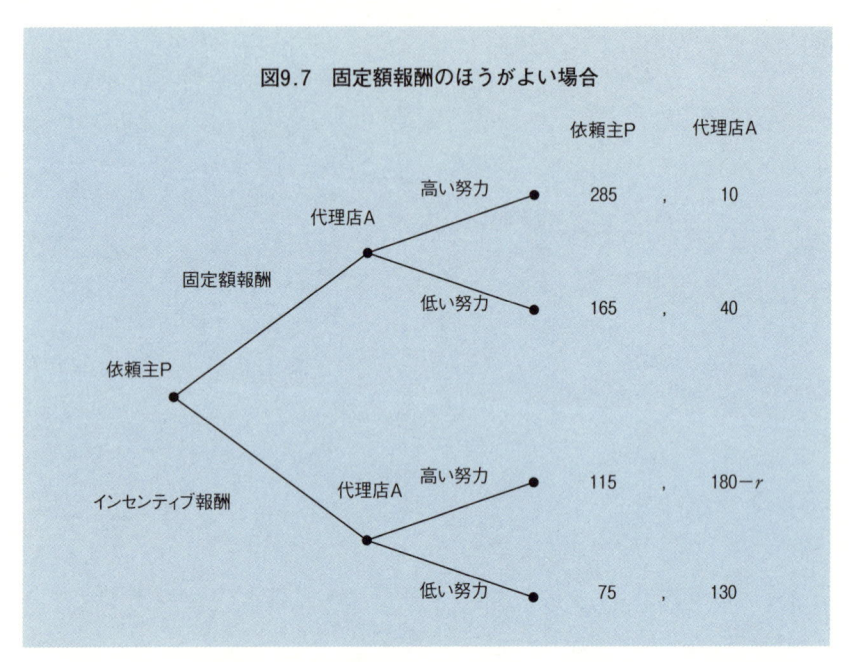

図9.7　固定額報酬のほうがよい場合

	依頼主P	代理店A
固定額報酬 → 代理店A → 高い努力	285	10
固定額報酬 → 代理店A → 低い努力	165	40
インセンティブ報酬 → 代理店A → 高い努力	115	$180-r$
インセンティブ報酬 → 代理店A → 低い努力	75	130

　しかしリスクを分担するにも限度がある．もしリスクプレミアムが高く，この30万円より大きい場合，依頼主Pはインセンティブ契約を20％に上昇させてでも高い努力を引き出したほうがよいだろうか？

　答えはNoである．20％の契約では，高い努力でも依頼主Pの期待利益は115万円（図9.7）となり，これなら代理店の努力が低くても固定額報酬で契約して我慢したほうがよい（利得は165万円）．

　すなわち，依頼主Pがリスクを負担するにも限度があり，ある範囲を超えればインセンティブ契約の効果がなくなることを示している．

　また，ここでは依頼主Pはリスク中立的であるとして，期待金額で評価をした[2]．もし依頼主P自身がリスク回避的であれば，リスクを負担できる範囲は狭くなることが分かる．

---

2) これは依頼主Pは，この上海1回の契約ではなく，アジアで何カ所もコンサートをするなどして，同様な状況に直面しているという設定からである．このような状況では，同じような確率的試行を何度も行うため，それらの平均金額は期待値に近づきリスクが小さくなると考えられる．

このように代理人のリスク回避度が増せば，代理人の努力を引き出すために依頼人が支払わなければならない費用は増加する．したがって，それがあまりにも大きいならば代理人に努力をさせることをあきらめて，固定額報酬を選ぶほうがよいときがある．代理人の努力を引き出すための費用を増加させる要因は，これだけではない．他の要因として，代理人が高い努力をしたときに，代理人自身の費用がどれだけ増すかは重要である．この例では低い努力（費用20万円）から，高い努力（費用50万円）に変えると，代理人の費用は30万円増加したが，高い努力をしたときの費用がもっと大きければ，依頼人が努力を引き出すために支払わなければならない報酬は増加する．もう1つの要因としては努力したときに失敗する確率である。ここではそれを20%としているが，この確率が大きくなれば，やはり依頼人が努力を引き出すために支払わなければならない報酬は増加する．

> **ポイント60　代理人の努力を引き出すための費用**
>
> (1)代理人のリスクプレミアム，(2)努力時の費用の増分，(3)努力したときに失敗する確率が大きくなれば，依頼人が代理人の努力を引き出すために払わなければならない費用が増加する．場合によっては，努力させないほうがよい場合もある．

さて，ここでは「歩合を10%から15%，20%に上げた」と考えたが，別の見方もできる．この状況ではチケットが最低でも1500枚は売れると考えられている．これは10%のインセンティブ契約では，最低で75万円の報酬が代理店に保証されている．したがってこの契約は，「固定額報酬が75万円で，チケットが多く売れればボーナスとして50万円を上乗せする」という固定額報酬＋インセンティブ契約の契約とみなすこともできる．

このようにみなすと，15%のインセンティブ契約は，「固定額報酬が112.5万円で，ボーナス75万円」，20%のインセンティブ契約は「固定額報酬が150万円で，ボーナス100万円」という固定額報酬＋成果報酬の契約とみなすこともできる．

このような固定額報酬＋成果報酬の契約は，営業マンの報酬・プロ野球の年俸契約など一般社会でもよく見られる．固定額報酬＋成果報酬契約はエージェ

ントのリスクを減らしながらインセンティブも引き出すための良い報酬体系であることが分かる．

9.2.4　モラルハザード

モラルハザード（moral hazard）は「道徳的危険」「倫理観欠如」と訳されるが，近年は保険以外の用語としても用いられるようになり，訳語ではなく「モラルハザード」という言葉自体が定着してきた．元来の保険用語としては，保険に入って安心した加入者が，事故や怪我に対する注意を怠り，かえって事故や怪我を誘発し，保険料の上昇を招くような事態を指している．

モラルハザードという言葉は，例えば1990年代後半の銀行やゼネコンに対する公的資金投入の際，よく使われた．それは経営が行き詰まった企業に公的資金を投入して救済をするならば，モラルハザードが起き，経営者は放漫な経営に陥り，経営危機を招く企業の数は増加するだろうというものであった．

モラルハザードは，モラル（道徳や倫理観）の欠如という意味だが，モラルの向上を唱えるだけでは問題は解決しない．経営者や保険加入者は必ずしも悪意を持って行動しているわけではない．ゲーム理論のキーワードで考えると，保険加入者に注意する義務や，経営者に努力するインセンティブがない（与えられていない）ことが問題だ，と見ることができる．

このように考えると，先の項で述べたインセンティブ報酬とモラルハザードの問題は，表裏一体をなしていることが分かる．固定額報酬で依頼を受けた代理店が低水準の努力を選ぶのは，モラルハザードであると考えることもできるのである．

これに対して依頼主である音楽家Pが「代理店が努力しないのは道徳の欠如だ」と怒っても事態は改善しない．適切な報酬契約でモラルハザードを改善することが求められるのである．

例えば，先のインセンティブ契約の話では，固定額報酬＋インセンティブ契約の契約がエージェントのリスクを減らしながら努力を引き出す良い報酬契約であることを述べた．これはモラルハザードに置き換えると，保険などで何年間か無事故でいると，保険料が下がったり報奨金が与えられたりする制度と同じと考えることができるだろう．

9.3 【発展】最適な報酬契約

　モデル32では，コンサートにおける代理店とのチケット販売の契約を例に挙げてインセンティブ契約とモラルハザードの問題について考察したが，これはまず最初に，インセンティブ契約やモラルハザードの問題に触れる読者のためにいくつかの仮定を置いている．
　まず第1の仮定は，依頼主は固定額報酬か，決められた割合のインセンティブ契約かのどちらかを選ぶと設定されている．しかしもし依頼主が自分の利益を最大にしようと望めば，さらに低い報酬で代理店Aの働きを最大にしようと望むであろう．また利益を最大にしようとするならば「売り上げの何パーセント」というインセンティブ契約にこだわらず，「成功したときはいくら，失敗したときはいくら」という報酬にすれば，さらに契約に自由度が増して利益を増やせる可能性が高まるであろう[3]．
　いったいどのような報酬額を設定すれば，依頼主Pは自分の利益を最大にすることができるのだろうか．このような**最適契約**（optimal contract）の問題は**契約理論**（contract theory）と呼ばれる分野で広く研究され，近年はこの分野に関する関心が高まっている．そこでこの節では先の**モデル32**を拡張し，依頼主Pが利益を最大にできるような最適契約を求める問題を考えることにする．契約理論については伊藤（2003），Bolton and Dewatripont（2004），Salanie（2005）などを参照せよ．この節は伊藤（2003）を参考にした．
　モデル32の第2の仮定は，代理店が契約を断るような選択肢が存在しないことである．もし代理店がどんな契約にも応じるのであれば，依頼主は報酬を0に近くしたり，さらに報酬を負にする（代理店からお金をとる）ような解でさえも排除できない．実際は代理店は，あまりに報酬が低ければ別の依頼主と契約を結ぶと考えられる．この節では，代理店が契約をするかしないかの選択肢を加え，報酬から費用を差し引いた期待効用が非負であれば依頼主と契約を結

---

3) 「売り上げの何パーセント」という報酬はこの種類の契約に含まれるので，より契約に自由度が増している．

ぶものとして分析を行う．

さらに**モデル32**では第3の仮定として，高い努力をしたときは販売が成功するか失敗するかの両方の可能性があったが，低い努力では，販売は必ず低調であった．実際には，低い努力でも販売が成功するような場合もあり，「一生懸命努力をしても失敗する」だけではなく，「楽をしてもたまたまうまくいく」という運不運がモラルハザードを起こす原因となっていることが多い．そこでこの節では努力しないときも成功する可能性を加えてモデルを拡張する．

最後に**モデル32**では，効用関数や期待効用というものを考えずリスクプレミアムによって話を進め，そのリスクプレミアムはrという定まった値をとるものとした．リスクプレミアムを用いた考え方は，測定が難しく実態がつかみにくい「効用」という概念を持ち出さず，直観的には理解しやすいのであるが，最適報酬を考える場合は，リスクプレミアムによって考察するよりは，代理店の効用関数を考えたほうがよい．リスクプレミアムによって考察するためには，プレミアムが報酬額によって変化することを考慮しなければならない．それには報酬額とリスクプレミアムの関係を関数として与えなければならないが，それは効用関数を与えることとほとんど同じである．これは最適報酬の問題では様々な報酬額を考察する必要があり，様々な金額の「くじ」の大小関係を比較しなければならないことになる．そのためには効用関数の形状を特定しなければならない．

この節では，このような4つの仮定を含めた一般的な以下のようなモデルを使って，モラルハザードと最適報酬の問題を考えてみることにしよう．

モデル33　代理店との最適契約

依頼主Pが代理店Aにチケットの販売を委託しようとしている．ここでチケット販売が成功すればb_s，失敗すればb_fの利益が得られるとし，依頼主はその利益から代理店への報酬を支払い，残りを自分の利益とする．販売の成否は代理店の努力に依存するが，努力するには代理店はより多くの費用をかけなければならない．また，努力しても必ずしも成功するわけではないし，努力しなくても成功する可能性はある．代理店が努力しないときのプロジェクトの成功確率をp_0で費用をd_0とし，努力するときの成功確率をp_1で費用をd_1とする．努力したほうが成功確率は高い（すなわち$p_0 <$

p_1) とし,努力したときのほうが費用は大きい(すなわち$d_0 < d_1$)と仮定する.

依頼主は,プロジェクトが成功したときの報酬をw_s,失敗したときの報酬をw_fとしたインセンティブ契約($w_s = w_f$のときは固定額報酬)を用いて代理店を努力させようと試みる.

ここで依頼主はリスク中立的であるが,代理店はリスク回避的であるとする.報酬をw,費用をdとすると,代理店の効用は$u(w) - d$で表されるものとする.ここでuは単調増加で連続な凹関数であると仮定し,$u(0) = 0$とする.

代理店はあまりに報酬が低ければ別の依頼主と契約を結ぶ.問題を簡単にするために,報酬から費用を差し引いた期待効用が非負であれば依頼主と契約を結ぶものとしよう.依頼主の期待利益が最大になる報酬契約(w_s, w_f)は,どのようなものだろうか.

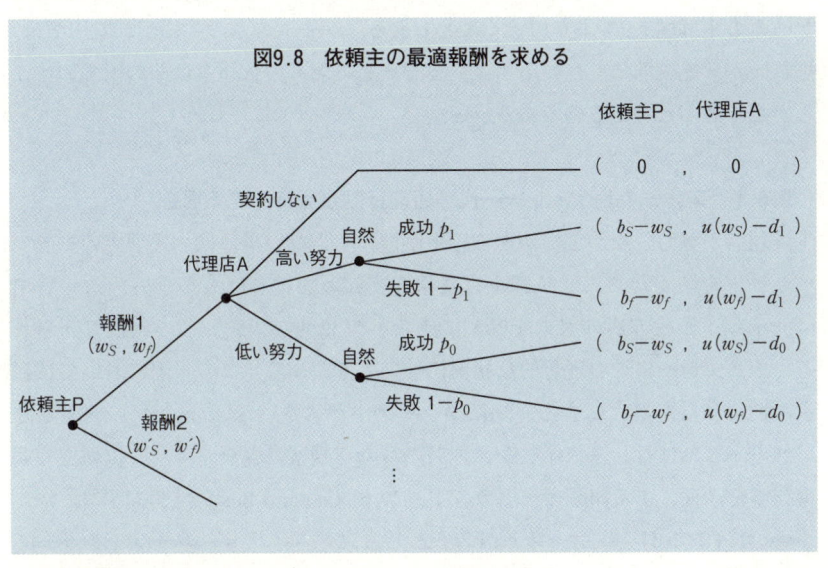

図9.8 依頼主の最適報酬を求める

モデル33をゲームの木として表したものが,図9.8である.ここで依頼主の選択は報酬1 (w_s, w_f),報酬2 (w'_s, w'_f),報酬3…と様々な報酬があり,依頼主は報酬を連続的に無限に変化させることができるが,ゲームの木としては

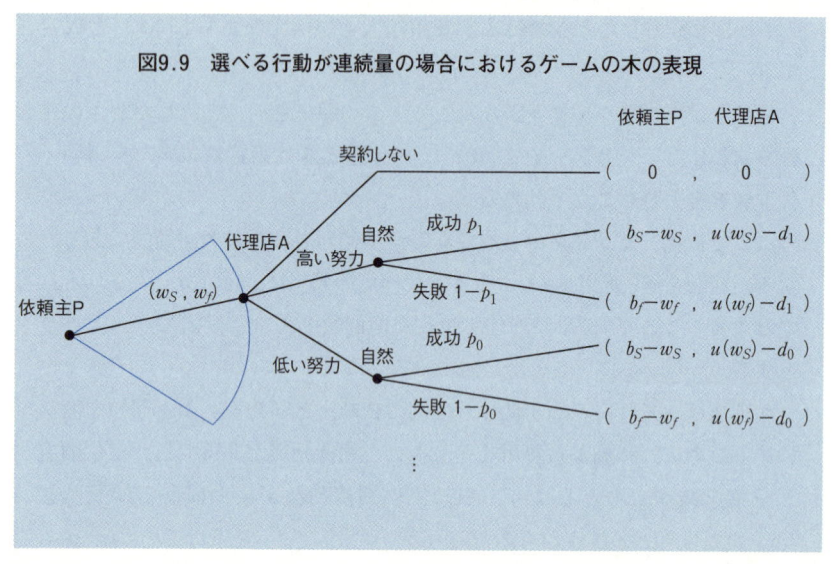

図9.9　選べる行動が連続量の場合におけるゲームの木の表現

依頼主P　　　代理店A

- 契約しない → $(\ 0\ ,\ 0\ )$
- 代理店A (w_s, w_f)
  - 高い努力 → 自然
    - 成功 p_1 → $(\ b_S - w_S\ ,\ u(w_S) - d_1\ )$
    - 失敗 $1 - p_1$ → $(\ b_f - w_f\ ,\ u(w_f) - d_1\ )$
  - 低い努力 → 自然
    - 成功 p_0 → $(\ b_S - w_S\ ,\ u(w_S) - d_0\ )$
    - 失敗 $1 - p_0$ → $(\ b_f - w_f\ ,\ u(w_f) - d_0\ )$
  - ⋮

うまく書くことができない．このような連続的な量が行動となるような場合はゲームの木は図9.9のように書くこともある．ゲームの木の中に現れる円弧は，選択肢が「連続的に」選べるイメージを表しており，依頼主はその円弧の中から1点を選ぶと考えるのである．

9.3.1　ファーストベスト——代理店の行動が観察できる場合

代理店が努力したかどうかを依頼主が観察できない場合は，代理店のモラルハザードを防ぐために，依頼主は費用を支払わなければならない．この費用は，依頼主が代理店の努力を観察できる「理想的な状態」との比較で語られる．そこで最初にこの理想的な状況について考察する．この状況において依頼主の期待利益を最大にする報酬は**ファーストベスト**（first best）の報酬と呼ばれる．これに対し，依頼主が代理店の行動を観察できない場合に依頼主の期待利益を最大にする報酬は，**セカンドベスト**（second best）と呼ばれる．

ポイント61　ファーストベストとセカンドベスト

依頼主が代理人の行動を観察できる状態はファーストベストと呼ばれ，観察できない場合はセカンドベストと呼ばれる．セカンドベストのときには，モラルハザードが起きる．

まず，ファーストベストの場合について考察をしてみよう．依頼主が利益を最大にするには，代理店を努力させればよいかどうかは必ずしも定かではない．もし代理店の努力費用がとても大きく，そのために支払わなければならない報酬が大きければ，依頼主は代理店を努力させないほうがよい．そこで，依頼主は代理店を努力させたときとさせないときの期待利益を比較し，高いほうを選ぶことになる．ここではまず代理店を努力させたときの最適報酬を求めてみよう．

努力を判別できる状態では，「もし代理店が努力しないならば高い罰金を科す」という契約をすれば，代理店を必ず努力させられる．したがって代理店の努力を前提にチケットの販売が失敗したときの報酬w_fと，成功したときの報酬w_sがどうなるかを考えればよい．依頼主の期待利益を最大にする問題は，以下のように書ける．

$$\max \quad p_1(b_s-w_s)+(1-p_1)(b_f-w_f)$$
$$s.t. \quad p_1(u(w_s)-d_1)+(1-p_1)(u(w_f)-d_1)\geq 0$$

制約式は「代理店は期待効用が非負でなければ契約しない」という条件を表すもので，**参加制約**（participation constraint）と呼ばれる．

$$\min \quad p_1 w_s+(1-p_1)w_f$$
$$s.t. \quad p_1 u(w_s)+(1-p_1)u(w_f)\geq d_1 \qquad (9.2)$$

すなわち，「代理店の報酬から得られる期待効用が費用より大きくなる」という制約の下で，代理店の期待報酬を最小にすれば，依頼主の期待利益が最大になる．

縦軸をw_s，横軸をw_fとして，この様子を図示したものが図9.10である．図中の曲線は，$p_1 u(w_s)+(1-p_1)u(w_f)=d_1$となる制約条件式を表しており，その右上の領域が，代理店がプロジェクトに参加するような報酬の領域，すなわち参加制約を満たす領域である．図の平行な直線は，式(9.2)の目的関数の等高線，すなわち代理店の期待報酬$p_1 w_s+(1-p_1)w_f$が無差別になる線を表していて，この平行線が左下に行くほど期待報酬が小さくなる．領域の中で，目

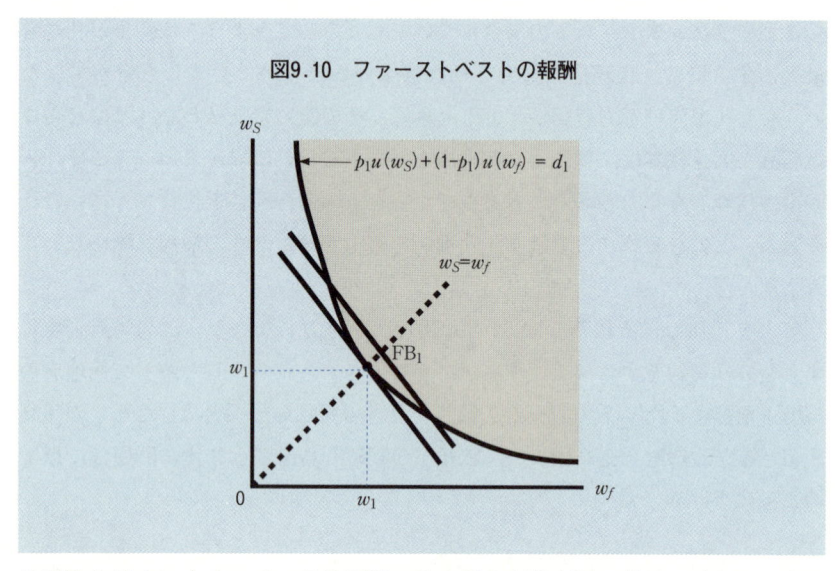

図9.10　ファーストベストの報酬

的関数を最小にするには，目的関数の等高線が制約領域で接する点FB_1で表される報酬とすればよい．

ここで制約条件の接線の傾きを求めると，

$$-\frac{1-p_1}{p_1}\frac{u'(w_f)}{u'(w_s)}$$

となる．目的関数の等高線の傾きは$-\frac{1-p_1}{p_1}$であるから，制約条件に目的関数が接する点を(w_s^*, w_f^*)とすると，$u'(w_s^*) = u'(w_f^*)$とならなければならない．これより最適な報酬は，$w_s^* = w_f^*$として成功時も失敗時も同じ報酬を与えることである．この値をw_1としよう．図ではこれは点FB_1が45度線上にあることを意味している．最適な報酬は$p_1 u(w_1) + (1-p_1) u(w_1) = d_1$を満たすことより，$w_1 = u^{-1}(d_1)$と書くことができる．

　代理店を努力させないときの最適な報酬も同様に求めることができる．代理店を努力させないときは，もし代理店が努力したら高い罰金を払うようにしておいて，努力せずプロジェクトが成功したときも失敗したときも$w_0 = u^{-1}(d_0)$，すなわち努力しないときの費用が効用と同じになるように報酬を払えばよい．

ポイント62　ファーストベストの報酬

ファーストベスト（依頼人が代理人の行動を観察できるとき）は，代理

人が望む行動をしたときのみに報酬を払い，望まない行動をしたときは罰金をとる．このときの依頼人にとっての最適な契約報酬は，望む行動を起こすために必要な費用と同じだけの効用を与える分の報酬を与えればよく，結果が成功しても失敗しても，同じ報酬額でよい．

9.3.2 セカンドベスト——代理店の行動が観察できない場合

さて，いよいよ代理店の行動が観察できない場合を考えてみよう．やはり最初は代理店を努力させる場合の報酬について考察する．依頼主の期待利益を最大にする報酬を求める問題は，以下のように書ける．

$$\begin{aligned}
&\min \quad p_1 w_s + (1-p_1) w_f \\
&s.t. \quad p_1 u(w_s) + (1-p_1) u(w_f) \geq d_1 \\
&\qquad p_1 u(w_s) + (1-p_1) u(w_f) - d_1 \\
&\qquad \geq p_0 u(w_s) + (1-p_0) u(w_f) - d_0
\end{aligned} \quad (9.3)$$

これは式(9.2)に対して制約条件を1つ加えたものである．この2番目の条件は，代理店が努力したときの期待効用が努力しなかったときの期待効用より大きくなければならないという条件で**誘因両立制約**（incentive compatibility constraint）と呼ばれる．これが成り立たなければ，モラルハザードが起きる．

図9.11は図9.10に，$p_0 u(w_s) + (1-p_0) u(w_f) - d_0 = 0$ となる曲線を書き加えたものである．グレーの部分は参加制約と誘因両立制約の両方を満たす領域である．領域の中で，目的関数を最小にするには，参加制約と誘因両立制約が交わる点SB_1を報酬とすればよい．これを解くと最適な報酬 (w_s^*, w_f^*) は，

$$u(w_s^*) = d_1 + \frac{1-p_1}{p_1 - p_0}(d_1 - d_0) \quad (9.4)$$

$$u(w_f^*) = d_1 - \frac{p_1}{p_1 - p_0}(d_1 - d_0) \quad (9.5)$$

を満たす値として与えられる．最適な報酬はファーストベストの場合に比べ

図9.11 セカンドベストの報酬

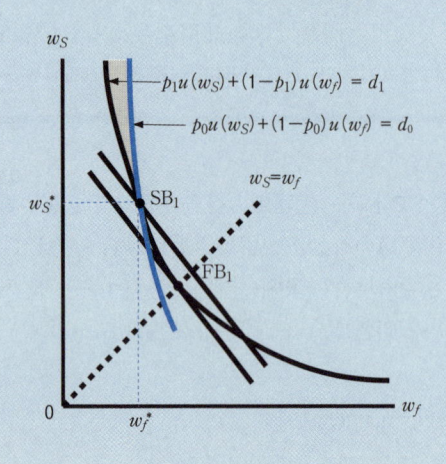

て，成功したときの代理店の効用を (d_1-d_0) だけ増加させ，失敗したときの効用を (d_1-d_0) だけ減少させるように設定し，成功することのインセンティブをより高くすればよいことが分かる．

> **ポイント63 セカンドベストで代理人を努力させるとき**
>
> セカンドベスト（依頼人が代理人の行動を観察できないとき）で代理人を努力させるには，成功したときの報酬を増加させ，失敗したときの報酬を減少させるような，インセンティブ契約が必要となる．このとき依頼人が代理店に支払わなければならない報酬の期待値は，ファーストベストのときに比べて増加する．

図9.11において，点FB_1，点SB_1を通る直線に対応する目的関数値は，それぞれファーストベストとセカンドベストに依頼主が代理店に支払う報酬の期待金額を示している．この目的関数値の差は，依頼主が代理店の行動を観察できない状況で，代理店を努力させるために支払わなければならない追加的な費用を表していると考えることができる．この費用はどんな要因で決まるのか考えてみよう．

ここで，代理店が努力しないときの費用d_0をΔdだけ減少させてみる（図

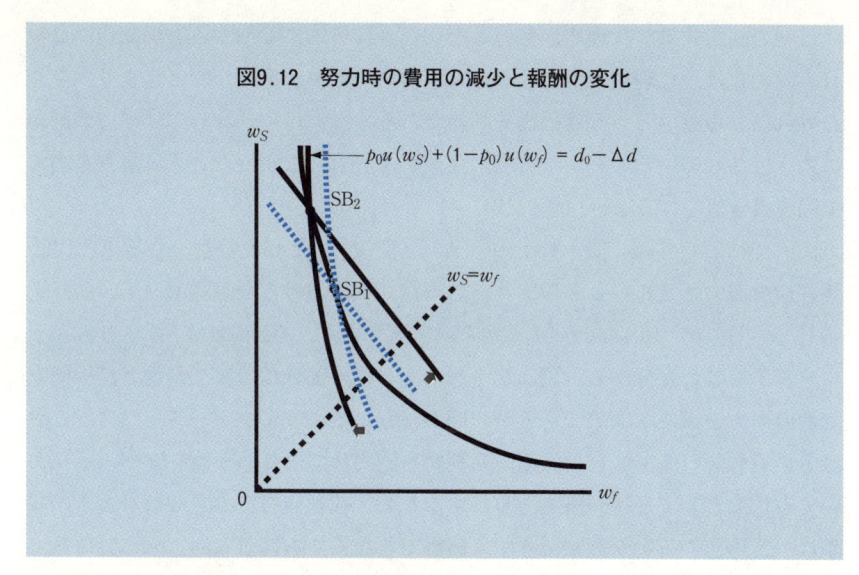

図9.12 努力時の費用の減少と報酬の変化

9.12). $p_0 u(w_s) + (1-p_0) u(w_f) - d_0 = 0$ となる曲線は左下に少し移動し，最適な報酬は点SB_1から点SB_2に移動する．努力しないときの費用d_0が減少すれば，それだけ依頼主が代理店を努力させるために支払わなければならない費用は増えることが分かる．

一般的にモラルハザードを防ぐために支払わなければならない費用は，(1)代理店が努力するときとしないときの費用の差 ($d_1 - d_0$) や，(2)プロジェクトの成功確率の差 ($p_1 - p_0$) が大きくなるほど高くなる．

9.3.3 代理店を努力させない場合

さてセカンドベストの状況において，今度は代理店を努力させない場合を考察しよう．この場合の依頼主の期待利益を最大にする問題は，以下のように書ける．

$$\begin{aligned} min \quad & p_0 w_s + (1-p_0) w_f \\ s.t. \quad & p_0 u(w_s) + (1-p_0) u(w_f) \geq d_0 \\ & p_0 u(w_s) + (1-p_0) u(w_f) - d_0 \\ & \geq p_1 u(w_s) + (1-p_1) u(w_f) - d_1 \end{aligned} \qquad (9.6)$$

最初の制約式は，代理店が努力しないときに契約に参加する参加制約，2つ目の制約式は，代理店が努力しないときの期待効用が努力したときより大きくなければならないという誘因両立制約である．図9.11にこれらのすべての制約は書き表されているのだが，再度，代理店が努力しなかったときに焦点を当てて図を書き直してみよう（図9.13）．

図9.13において$p_0 u(w_s) + (1-p_0) u(w_f) - d_0 = 0$と45度線が交わる点$FB_0$は，代理店を努力させないときのファーストベストにおける最適報酬(w_0, w_0)を示している．$u^{-1}(d_1) \geq u^{-1}(d_0)$から$w_1 \geq w_0$であり，点$FB_0$は点$FB_1$よりも左下に位置することが分かる．図に示されたグレーの部分は，参加制約と誘因両立制約の両方を満たす領域であるが，図から分かるようにファーストベストにおける最適報酬(w_0, w_0)は誘因両立制約も満たしており，セカンドベストにおいても依然として最適報酬である．すなわち，代理店を努力させないときの報酬は，代理店の行動が観察できても観察できなくても同じ(w_0, w_0)になる．

> **ポイント64　セカンドベストで代理人を努力させないとき**
>
> セカンドベスト（依頼人が代理人の行動を観察できないとき）においても，代理人が努力しないほうが望ましいときは，成功したときも失敗したときも同じ金額の報酬でよく，その額もファーストベストのときと同じになる．

9.3.4　数値例

以上，最適なインセンティブ契約を求める方法を考察してきた．ここで数値例を用いて考察を深めてみよう．ここで前節の**モデル32**をもう一度考えてみよう．**モデル32**では，一律5000円のチケットが，販売に成功した場合には2500枚，失敗したときは1500枚売れ，売り上げの30％が手元に残る設定であった．したがって，チケット販売が成功したときと失敗したときの利益であるb_s，b_fは，

$$b_s = 0.5 （万円／枚） \times 2500 （枚） \times 0.3 = 225 （万円）$$
$$b_f = 0.5 （万円／枚） \times 1500 （枚） \times 0.3 = 375 （万円）$$

図9.13 代理店が努力しないときの最適報酬

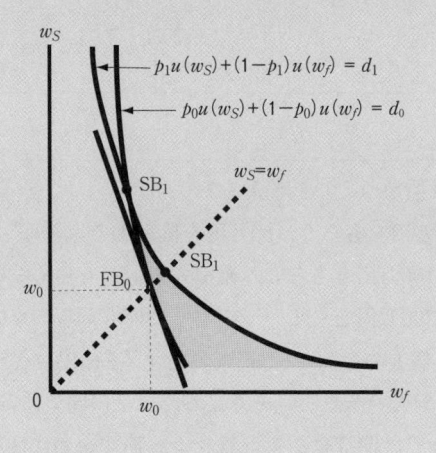

である．高い努力をしたとき，チケット販売の成功確率は80％であることから$p_1=0.8$．低い努力のときは，チケット販売は必ず失敗することから$p_0=0$である．またチケットの販売費用は，$d_1=50$，$d_0=20$であった．代理店の効用関数uは特定化されていない．

セカンドベストにおいて代理店を努力させるためには式 (9.4)，式 (9.5) から，

$$u(w_s^*) = 50 + \frac{1-0.8}{0.8-0}(50-20) = 57.5$$

$$u(w_f^*) = 50 - \frac{0.8}{0.8-0}(50-20) = 20$$

となる．

代理店がリスク中立的な場合，すなわち$u(x)=x$として最適なインセンティブ契約を求めれば，$w_s^*=57.5$，$w_f^*=20$である．この報酬を支払う際の依頼主の期待利益を計算すると，

$$0.8 \times (375-57.5) + 0.2 \times (225-20) = 295$$

となり，依頼主の期待利益は295万円となる．**モデル32で10％のインセンティ**

ブ契約を考慮したときは，依頼主の期待利益は230万円であった．このように報酬を最適化することによって依頼主の期待利益を65万円増加させることができる．

演習問題

演習9.1 以下の3種類のくじを考える．
くじA 確実に50万円をもらう（50万円を確率1でもらう）．
くじB 確率$\frac{1}{2}$で100万円をもらい，確率$\frac{1}{2}$で何ももらえない（0円）．
くじC 確率$\frac{1}{4}$で200万円をもらい，確率$\frac{3}{4}$で何ももらえない（0円）．

　このとき，ある個人の金額x（万円）に対する効用が$u(x)=\sqrt{\frac{x}{100}}$で与えられているとし，この個人の意思決定を考える．以下の問いに答えよ．

問1　くじA，B，Cの期待金額を計算せよ．期待金額に関してくじA，B，Cの優劣を述べよ．

問2　くじA，B，Cの期待効用を計算せよ．期待効用に関してくじA，B，Cの優劣を述べよ．

問3　くじA，B，Cの確実性同値額を計算し，各くじに対するリスクプレミアムを計算せよ．

問4　くじA，B，Cの期待金額は同じであるにもかかわらず，確実性同値額が異なる理由について説明せよ．

> **解答**
>
> 演習9.1　　問1 A，B，Cすべて50万円　　問2 A：0.71，B：0.5，C：0.35
> 問3 確実性同値額A：50万円，B：25万円，C：12.5万円　リスクプレミアム
> A：0円，B：25万円，C：37.5万円　　問4 リスク回避的な個人にとって，くじ
> A，B，Cの順にリスクが高くなるから．

第10章

不完備情報の戦略形ゲーム

10.1 不完備情報ゲームの基礎

　この章からは，各プレイヤーがゲームに直面する不確実性がプレイヤーごとに異なるゲームについて考察する．これは，ゲームをする前にプレイヤーの知っていることが，プレイヤーごとに異なるゲームであると言い換えることができる．ここまでの完備情報ゲームでは，不確実性が存在しないか，もしくは存在してもすべてのプレイヤーがゲームをする前に知っていることは同じであると考えてきた．ここから考える不完備情報ゲームでは，何人かのプレイヤーは，他のプレイヤーが知らないような**情報**（information）を持っていると考えるのである．このような枠組みは，**情報の非対称性**（asymmetric information）と呼ばれる現象を分析するための重要な道具となる．情報の非対称性は，従来の完全競争市場では捉えきれなかった多くの重要な経済現象や社会現象を考えるための鍵であり，これを分析する**情報の経済学**（economics of information）と呼ばれる分野は，ゲーム理論と相互に影響を及ぼし合いながら，20世紀後半に大きく発展した．

　不完備情報ゲームは，そのすべてを体系的に網羅して学ぶためには多くのページを割かなければならず，入門書としての本書の範囲を超えてしまう．この第10章と次の第11章では，取り扱う話題を限定して，不完備情報ゲームの基礎に触れることにしたい．まず第10章では，各プレイヤーが同時に戦略を選ぶ不完備情報の戦略形ゲームについて学ぶ．

10.1.1 簡単な2人不完備情報戦略形ゲーム

不完備情報の戦略形ゲームを考えるために，以下の例を考えてみよう．

> **モデル34　I市コンビニ戦争PART7**
>
> セレブとファミモのコンビニ戦争を以下のような設定で考える．もし2つのコンビニが別々の駅に出店した場合は，各コンビニの利用客はそれぞれ，600人であるとしよう．
>
> もし2つのコンビニが同じ駅に出店した場合は，コンビニのない他地域から300人が利用し，その駅のコンビニの利用客は合計900人になるとしよう．このとき，A駅とB駅の利用客の好みが異なることから，全国チェーンのセレブが近年展開している品揃え方針が，A駅とB駅のどちらの利用客に人気があるかによって，両コンビニが同じ駅に出店した場合の獲得客数が以下のように変わってくるとしよう．
>
> - もしセレブがA駅の利用客に人気があるタイプであった場合（これをタイプAと呼ぶ），両コンビニがA駅に出店すれば，セレブの獲得客数は750人で，ファミモは150人になる．2つのコンビニがB駅に出店すれば，900人の利用客を半々に分け合い，それぞれ450人ずつを獲得する．
> - もしセレブがB駅の利用客に人気があるタイプであった場合（これをタイプBと呼ぶ），2つのコンビニがB駅に出店すれば，セレブは合計750人を獲得し，ファミモの獲得客数は150人になる．2つのコンビニがA駅に出店すれば，それぞれ450人ずつを獲得する．
>
> このコンビニ戦争の利得行列をセレブがタイプAの場合とタイプBの場合に分けて書くと，図10.1のようになる．
>
> ここでセレブ自身は自分がタイプAかタイプBかは分かっているが，ファミモはそれを知らず，セレブがタイプAである確率を $\frac{1}{3}$，タイプBである確率を $\frac{2}{3}$ であると推測しているものとする（セレブはこのファミモの推測を知っているとする）．
>
> ここで各プレイヤーは同時に戦略を選ぶような戦略形ゲームを考える．この場合のコンビニ戦争はどのような結果になるだろうか．

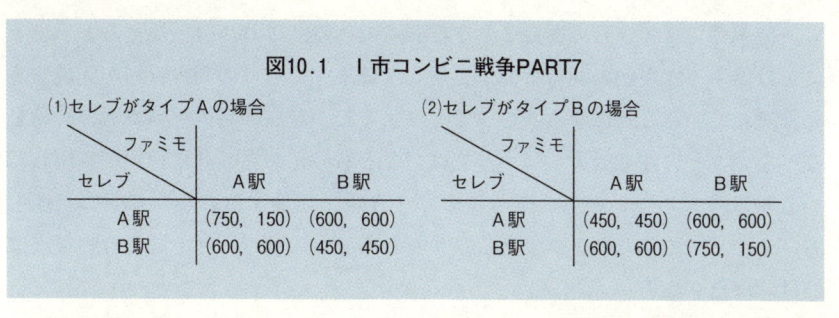

図10.1　I市コンビニ戦争PART7

(1) セレブがタイプAの場合

セレブ \ ファミモ	A駅	B駅
A駅	(750, 150)	(600, 600)
B駅	(600, 600)	(450, 450)

(2) セレブがタイプBの場合

セレブ \ ファミモ	A駅	B駅
A駅	(450, 450)	(600, 600)
B駅	(600, 600)	(750, 150)

不完備情報ゲームにおいては，何人かのプレイヤーが自分や他者の利得に影響を及ぼす「属性」を持っている．この「属性」をプレイヤーの**タイプ**（type）と呼ぶ．ここでセレブにはタイプAとタイプBの2つのタイプがある．ファミモには1つのタイプしか存在しない．不完備情報ゲームでは，プレイヤーはそれぞれのタイプごとに期待利得が最大になるように行動を選ぶと考え，その組合せがゲームの結果となる．これは「プレイヤーのタイプが異なれば，それは異なるプレイヤーとする」とした考え方に近い．**モデル34**はタイプAのセレブとタイプBのセレブと，ファミモの3人ゲームと考えてもよいくらいなのである．

――**ポイント65　不完備情報ゲームの戦略と解**――

不完備情報ゲームにおいて，各プレイヤーはタイプごとに行動を選ぶと考える．その組合せがゲームの結果となる．

一般的なゲームの解については後ほど検討するとして，**モデル34**に限定して，何がゲームの解となるかを考えてみよう．まずタイプAのセレブの立場で考える．タイプAのセレブは，図10.1の左側の利得行列が実現していることを知っている．ここで利得行列を見ると，タイプAのセレブはファミモがどちらに立地してもA駅に立地するほうが利得が高い．すなわちA駅に立地することが支配戦略であることが分かる．このことからタイプAのセレブは，A駅に立地する．同様にタイプBのセレブは，B駅に立地することが支配戦略である．タイプBのセレブはB駅に立地する．

次にファミモの立場で考える．ファミモは利得行列の左側が起こるか，右側が起こるかは正確には分からない．ファミモはセレブが確率$\frac{1}{3}$でタイプAであ

り，確率 $\frac{2}{3}$ でタイプBであることを推測している．これは言い換えると，ファミモは確率 $\frac{1}{3}$ で左側の利得行列が実現し，確率 $\frac{2}{3}$ で右側の利得行列が実現すると推測していることになる．ここで，ファミモが左右の利得行列で別の行動を選べないことに注意せよ．ファミモは，左と右のどちらの利得行列が実現しているかは分からないので，選べるのは「A駅に立地する」か「B駅に立地する」かの2つのうちの1つである．すなわち2つの利得行列で同じ行動を選ばなければならない．

しかしファミモは「セレブが自社がタイプAかタイプBのどちらかであることを知っている」ことを知っている．したがって「セレブはタイプA（左の利得行列）ならばA駅に，タイプB（右の利得行列）ならばB駅に」立地する戦略を選ぶことは分かるはずである．セレブがこのような戦略を選ぶことを前提に，ファミモが各駅に立地したときの期待利得を計算し，最適な選択を考えてみよう．

まず，ファミモがA駅に立地したときの期待利得を計算する．セレブがタイプA（左側の利得行列）であれば，セレブはA駅に立地するので，ファミモがA駅に立地すれば，ファミモの利得は150になる．またセレブがタイプB（右側の利得行列）であれば，セレブはB駅に立地するのでファミモがA駅に立地すれば，ファミモの利得は600になる．これらが確率 $\frac{1}{3}$，$\frac{2}{3}$ でそれぞれ起きることになるので，ファミモがA駅に立地したときの期待利得は，

$$\frac{1}{3} \times 150 + \frac{2}{3} \times 600 = 50 + 400 = 450$$

となる．

同様にファミモがB駅に立地したときの期待利得を求めると，

$$\frac{1}{3} \times 600 + \frac{2}{3} \times 150 = 200 + 100 = 300$$

となる．これよりファミモはA駅に立地するほうがよいことになる．

ゲームの結果は，各プレイヤーがタイプごとにどのような行動をとるかであるので，ゲームの解もこれに従って記せば，このゲームの解は，

- タイプAのセレブはA駅に立地する
- タイプBのセレブはB駅に立地する

- ●ファミモはA駅に立地する

となる．ファミモはセレブがタイプBである確率 ($\frac{2}{3}$) をタイプAである確率 ($\frac{1}{3}$) より大きく推測しているので，利得行列の右側でプレイしている確率が高いと考えられる．利得行列の右側では，セレブがB駅を選ぶことが支配戦略であるから，ファミモはその最適反応戦略であるA駅を選ぶだろう．この結果は直観的に理解できるものとなっている．

このゲームでは，セレブのどちらのタイプも支配戦略を持つため，簡単に解を得ることができた．一般的には各プレイヤーの各タイプが支配戦略を持つとは限らず，ゲームの解としてはナッシュ均衡を考える必要がある．そこで，さらに一般的な不完備情報ゲームについての定義やそのゲームの解であるベイズナッシュ均衡について学んでいくわけだが，その前に不完備情報ゲームで重要な役割を担う「タイプ」の概念についてもう少し詳しく考察する．

10.1.2　タイプとは何か

不完備情報ゲームでは，各プレイヤーにタイプが割り当てられる．10.1.1においてタイプとは，自分や他者の利得に影響を及ぼす属性であると述べた．これは不完備情報を導入するために直観的理解をしやすくするための説明であって，正確ではない．不完備情報ゲームでは，同じ戦略の組に関して各プレイヤーが様々な利得を持つ可能性があり，プレイヤーはその中のどの利得が実現するかに関して異なる情報を持っていると考える．プレイヤーが持つこの情報を，プレイヤーの**個人情報**（private information）と呼ぶ．ここでタイプとは，各プレイヤーがどのような個人情報を持っているかを表すものにほかならないのである．

このことを明確にするには，以下のような極端な例を考えるのがよいであろう．

モデル35　I市コンビニ戦争PART8

モデル34で考えたセレブとファミモのコンビニ戦争をもう一度考える．セレブの品揃えがA駅の利用客に人気がある場合とB駅の利用客に人気がある2つの場合があることもすべて設定は同じであると考える．ただ「誰が何を知っているか」という点だけ違っているものとしよう．

モデル34では，セレブの品揃えがA駅に強いか，B駅に強いかは，セレブ自身は分かっているものとし，ファミモはそれを知らずに，それぞれの場合を確率$\frac{1}{3}$と確率$\frac{2}{3}$であると推測していた．

しかしここではセレブがA駅に強いかB駅に強いかが，セレブ自身が分からないとし，それぞれ確率$\frac{1}{3}$と確率$\frac{2}{3}$であると推測するとしよう．一方，ファミモはセレブの品揃えがどちらに強いかという情報を持っており，それを知っているとする．

図10.2　I市コンビニ戦争PART8

(1)ファミモがタイプAの場合

セレブ \ ファミモ	A駅	B駅
A駅	(750, 150)	(600, 600)
B駅	(600, 600)	(450, 450)

(2)ファミモがタイプBの場合

セレブ \ ファミモ	A駅	B駅
A駅	(450, 450)	(600, 600)
B駅	(600, 600)	(750, 150)

モデル35においても，品揃えに強いか弱いかはセレブの属性であるから，一見するとセレブには2つのタイプがあり，ファミモのタイプは1つであるかのように見える．しかし不完備情報ゲームでは，各プレイヤーが何を知っているかという個人情報の違いがタイプであると考える．したがって**モデル35**では，セレブは1つのタイプしかなく，ファミモには「セレブの品揃えがA駅に強いと知っているファミモ」（これをタイプAとする）と「セレブの品揃えがB駅に強いと知っているファミモ」（これをタイプBとする）の2つのタイプがあると考える．これは図10.2で表される．

図10.2の左右の利得行列は，図10.1と全く同じである．図10.1では，左右のどちらの利得行列が実現しているのかをセレブは知っていて，ファミモは分からず確率的に推測しているのに対し，図10.2ではファミモがどちらの利得行列が実現しているのかを知っていて，セレブが確率的に推測している．利得に影響を及ぼすかどうかではなく，何を個人情報として得るかの違いがタイプとして表現されるのである．

ポイント66　タイプとは何か

タイプとは利得の違いを表したものではなく，各プレイヤーがどのよう

> な個人情報を持っているかを表すものである．異なる個人情報を持つプレイヤーは，異なるタイプとなる．

　タイプと個人情報の考え方は，各プレイヤーがどのように行動を選べるかという点に対応することに注意しよう．**モデル35**では，ファミモがタイプAとタイプBで別々の行動を選ぶことが可能であり，セレブは1つの行動しか選べない．ファミモは左右の利得行列のどちらが実現しているかが分かるので，左と右の利得行列に応じて別の行動を選べる．これに対し，セレブは左と右の利得行列のどちらが起きているかは分からないので，左と右で別の行動を選ぶことはできないのである．前項の**モデル34**ではこれがセレブとファミモで反対であった．

　この考え方は一般の展開形ゲームで学んだ情報集合の考え方に似ていることに気づくであろうか．1つの情報集合に複数の意思決定点がある場合，プレイヤーは各々の点で別々の行動を選ぶことができない．1つの情報集合につき1つの行動しか選べないのである．**モデル35**では，セレブは左の利得行列と右の利得行列での意思決定が1つの情報集合にグループ化されていて，ファミモはそれが別々の情報集合に分けられているのである．これは次章において，不完備情報ゲームを展開形として表現することで，さらに明確になる．

10.1.3　不完備情報ゲームとベイズナッシュ均衡

　これまでの説明をもとに改めて不完備情報ゲームを定義しよう．不完備情報の戦略形ゲームは，次の5つの要素を明らかにすることで表現できる．

プレイヤー　　これは完備情報のときと同じである．**モデル34**と**モデル35**においては，セレブとファミモがプレイヤーである．
各プレイヤーの行動　　完備情報の戦略形では「戦略」と呼んだプレイヤーの選択肢は，不完備情報においては展開形と同じように行動と呼ぶ．行動の候補はプレイヤーによって一意に決まり，タイプによって異なってはいけない．**モデル34**と**モデル35**においては，セレブの行動は「A駅に立地する」と「B駅に立地する」の2つであり，ファミモも同じである．

各プレイヤーのタイプ　　各プレイヤーは個人情報に応じてタイプを持つ．**モデル34**においては，セレブのタイプはタイプAとタイプBの2つであり，ファミモのタイプは1つである[1]．**モデル35**においては，セレブのタイプは1つであり，ファミモのタイプはタイプAとタイプBの2つであった．

各プレイヤーが自分以外のプレイヤーのタイプに持つ推測確率　　各プレイヤーは，タイプごとに，相手プレイヤーのタイプがいかなる確率で生起するかの推測確率を持つ．**モデル34**においては，ファミモはセレブがタイプAである確率，タイプBである確率をそれぞれ確率$\frac{1}{3}$と確率$\frac{2}{3}$で推測していた．**モデル35**においては，セレブがファミモがタイプA，タイプBである確率を，それぞれ確率$\frac{1}{3}$と確率$\frac{2}{3}$で推測していた．

利得　　利得は，各プレイヤーのすべてのタイプの組合せにおいて，プレイヤーが選んだすべての行動の組合せに対し，どのプレイヤーが，どの利得を得るか，がすべて決められていなければならない．**モデル34**，**モデル35**においては図10.1と図10.2の利得行列によってこれが表現されている．このように2人ゲームでは，すべてのタイプの組合せに対して，利得行列が定義されていることが必要である．

> **ポイント67　不完備情報の戦略形ゲーム**
>
> 不完備情報の戦略形ゲームは，プレイヤー，各プレイヤーの行動，各プレイヤーのタイプ，各プレイヤーが自分以外のプレイヤーのタイプに持つ推測確率，利得の5つの要素で表現される．

不完備情報ゲームにおける各プレイヤーの戦略とは，そのプレイヤーの「どのタイプがどの行動を選択するか」について，すべて記したものであると考える．例えば**モデル34**では「タイプAがA駅に立地し，タイプBがB駅に立地する」がセレブの戦略の1つである．これをタイプA，タイプBの順にカッコに並べて表現しよう．例えば，（A駅，B駅）は「タイプAがA駅に立地し，タイプBがB駅に立地する」という戦略を表すものとする．**モデル34**におけるセ

---

[1] プレイヤーのタイプが1つであっても正確にはタイプに名前をつけるべきであるが，本書では簡略化のためにタイプが1つのときはプレイヤーと同一視している．

レブの戦略は次の4つである．

戦略1：（A駅，A駅）　　タイプAがA駅に立地し，タイプBもA駅に立地する
戦略2：（A駅，B駅）　　タイプAがA駅に立地し，タイプBがB駅に立地する
戦略3：（B駅，A駅）　　タイプAがB駅に立地し，タイプBがA駅に立地する
戦略4：（B駅，B駅）　　タイプAがB駅に立地し，タイプBもB駅に立地する

これに対しモデル34におけるファミモの戦略は，A駅に立地するか，B駅に立地するかの2つである．

定義10.1（不完備情報戦略形ゲームの戦略）
不完備情報戦略形ゲームにおける各プレイヤーの戦略とは，すべてのタイプがどの行動を選ぶかを示したものである．

各プレイヤーの各タイプは，自分以外のプレイヤーの戦略が与えられれば，自分以外のプレイヤーのタイプが実現する推測確率をもとに，各行動を選択したときに得られる利得の期待値（期待利得）を計算できる．ゲームの解である戦略の組合せが，考え抜かれた上で到達した結果であれば，どのプレイヤーのどのタイプもその期待利得を最大にするような行動を選んでいるはずである．これが不完備情報ゲームの解であり，**ベイズナッシュ均衡**（Baysian Nash equilibrium）と呼ばれる．

定義10.2（ベイズナッシュ均衡）
不完備情報ゲームにおける戦略の組合せに対して，すべてのプレイヤーのすべてのタイプが，（他のプレイヤーの戦略はそのままで）その戦略で選んでいる行動を他の行動に変更しても期待利得が高くならないとき，その戦略の組合せをベイズナッシュ均衡と呼ぶ．

モデル34のゲームの解は直観的には，
- タイプAのセレブはA駅に立地する
- タイプBのセレブはB駅に立地する
- ファミモはA駅に立地する

であるとしていたが，ここで上記の定義に従ってこれがベイズナッシュ均衡であることを改めて示してみよう．そのためには，すべてのプレイヤーのすべてのタイプについて，期待利得が最大になる行動が選ばれているかどうかをチェックすればよい．

まず，セレブのタイプA（左側の利得行列）について考える．相手のファミモはA駅に立地するので，与えられた戦略に従いA駅に立地したときのタイプAの利得は750である（相手のタイプは1つで確率を推測する必要がないので，期待利得は利得そのものになる）．相手の戦略は変わらないままで，タイプAのセレブがB駅に立地するように変えると利得は600に下がる．したがってタイプAは最適な行動を選んでいる．

次にセレブのタイプB（右側の利得行列）について考える．相手のファミモはA駅に立地しているという条件の下で，与えられた戦略に従ってB駅に立地するとき，タイプBの利得は600になる．タイプBのセレブがA駅に立地するように行動を変えると利得は450に下がる．したがってタイプAは最適な行動を選んでいる．

最後にファミモについて考える．セレブの各タイプの戦略が上記に与えられている状況で，ファミモがA駅に立地したときの期待利得は，

$$\frac{1}{3} \times 150 + \frac{2}{3} \times 600 = 50 + 400 = 450$$

であり，ファミモがB駅に立地するように行動を変えると期待利得は，

$$\frac{1}{3} \times 600 + \frac{2}{3} \times 150 = 200 + 100 = 300$$

であるから，やはりファミモもA駅に立地したほうが期待利得が高い．これで与えられた戦略の組合せはベイズナッシュ均衡であることが確かめられた．

このようにしていけば，戦略の組合せがベイズナッシュ均衡であることを確かめられる．しかし与えられた不備情報ゲームからベイズナッシュ均衡を求めることは，どうすればできるのであろうか．次項ではそれについて考えてみよう．

図10.3 ベイズナッシュ均衡を求めるための利得行列

ファミモ セレブ	A駅	B駅
(A駅, A駅)	((750, 450), 350)	((600, 600), 600)
(A駅, B駅)	((750, 600), 450)	((600, 750), 300)
(B駅, A駅)	((600, 450), 500)	((450, 600), 550)
(B駅, B駅)	((600, 600), 600)	((450, 750), 250)

(750, 450)はセレブのタイプAの利得が750，タイプBの利得が450であることを示している

カッコの左側はタイプA，右側はタイプBの選択を示す

ファミモがA駅に立地したときの期待利得は
$\frac{1}{3} \times 150 + \frac{2}{3} \times 450 = 350$

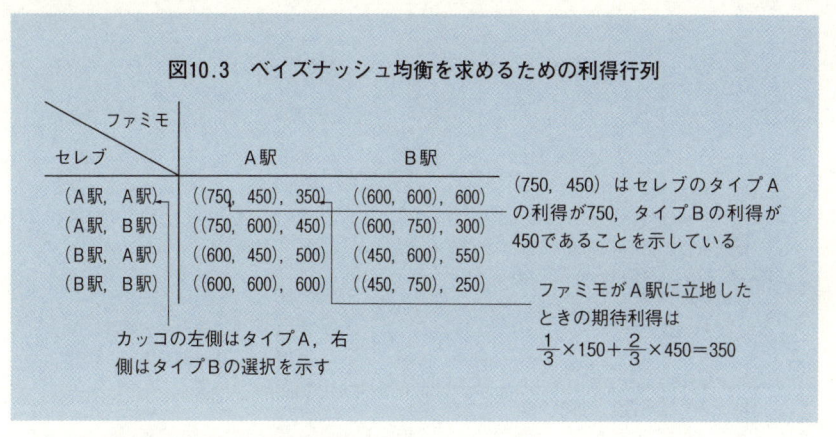

10.1.4 ベイズナッシュ均衡を求める

　私たちは第2章で，完備情報のナッシュ均衡の求め方について学んだ．この方法を少し工夫すれば，ベイズナッシュ均衡も求めることができる．具体的には，以下の手順を考えればよい．

Step.1　まず与えられた利得行列から，各プレイヤーの戦略と各プレイヤーの各タイプの期待利得を計算した利得行列を新しく作成する．

Step.2　各プレイヤーのすべてのタイプごとに考える．

Step.3　自分以外のプレイヤーのすべての戦略1つ1つに対してそのタイプの最適反応戦略（利得をもっとも高くする戦略）を求め，その戦略の利得に下線を引く．最適反応戦略が2つ以上あるときは，両方とも下線を引く．

Step.4　相手のすべての戦略に対してそれが終わったなら，別のタイプについて同様の操作を行う．すべてのタイプについて終わったなら別のプレイヤーのすべてのタイプについて，同様に行う．

　すべてのプレイヤーについて，上記の作業が終わったなら，すべてのプレイヤーのすべてのタイプの利得に下線が引かれている戦略の組がベイズナッシュ均衡である．

　モデル34について，この方法で均衡を求めてみよう．まずStep.1での利得行列を作成する．図10.3はこの利得行列を示している．

　セレブの戦略は4種類で，ファミモの戦略は2種類である．利得行列の各セルには，各プレイヤーの利得がタイプごとに示されている．例えば一番左上の

図10.4 ベイズナッシュ均衡を求める

セレブ＼ファミモ	A駅	B駅
(A駅, A駅)	((<u>750</u>, 450), 350)	((600, 600), 600)
(A駅, B駅)	((<u>750</u>, 600), 450)	((600, 750), 300)
(B駅, A駅)	((600, 450), 500)	((450, 600), 550)
(B駅, B駅)	((600, 600), 600)	((450, 750), 250)

(1) セレブのタイプAの視点で考える

(2) 相手プレイヤーのファミモがA駅を選んだときの最適反応戦略を選び，利得の下に下線を引く

セレブ＼ファミモ	A駅	B駅
(A駅, A駅)	((<u>750</u>, 450), 350)	((<u>600</u>, 600), 600)
(A駅, B駅)	((<u>750</u>, 600), 450)	((<u>600</u>, 750), 300)
(B駅, A駅)	((600, 450), 500)	((450, 600), 550)
(B駅, B駅)	((600, 600), 600)	((450, 750), 250)

(3) 次にファミモがB駅を選んだときの最適反応戦略を選び，利得の下に下線を引く

セレブ＼ファミモ	A駅	B駅
(A駅, A駅)	((<u>750</u>, 450), 350)	((<u>600</u>, 600), <u>600</u>)
(A駅, B駅)	((<u>750</u>, <u>600</u>), <u>450</u>)	((<u>600</u>, <u>750</u>), 300)
(B駅, A駅)	((600, 450), 500)	((450, 600), <u>550</u>)
(B駅, B駅)	((600, <u>600</u>), <u>600</u>)	((450, <u>750</u>), 250)

(4) 次に，セレブのタイプBの視点，ファミモの視点で同様の操作を行う

(5) すべての利得に下線が引かれている戦略の組合せがベイズナッシュ均衡である

セル（セレブが（A駅，A駅）を選び，ファミモがA駅を選ぶ）を見てみよう．((750, 450), 350) の左側の部分 (750, 450) はセレブのタイプAの利得が750，タイプBの利得が450であることを示している．また右側の利得350はファミモの期待利得を表している．これはセレブが（A駅，A駅）を選び，ファミモがA駅を選んでいるとき，セレブがタイプA（図10.1の左側の利得行列）だと利得は150，タイプBであると利得は450になり，それぞれのタイプは$\frac{1}{3}$, $\frac{2}{3}$で実現することから，ファミモの期待利得は，

$$\frac{1}{3} \times 150 + \frac{2}{3} \times 450 = 50 + 300 = 350$$

と計算できることによる．このファミモの期待利得を計算するのは大変であるが，すべてのセルに対してこれを行わなければならない．

この利得行列さえ完成すれば，あとは完備情報戦略形ゲームのナッシュ均衡

を求める方法と同じである．図10.4にその方法を示した．すべてのプレイヤーのすべてのタイプに対して，相手の各戦略に対する最適反応戦略の利得に下線を引いていけばよい．まず，セレブのタイプAの視点で考え，次にセレブのタイプBについて考え，最後にファミモの順で作業を行う．すべての作業が終わったなら，すべてのプレイヤーの利得に下線が引かれているところがベイズナッシュ均衡である．**モデル34**では「セレブはタイプAがA駅を選び，タイプBはB駅を選び，ファミモはA駅を選ぶ」が唯一のベイズナッシュ均衡であることが分かる．

また，**モデル35**において同様の方法でベイズナッシュ均衡を求めると「セレブはB駅に立地し，ファミモはタイプAもタイプBもA駅に立地する」となることが分かる．

10.2 【応用】不完備情報の複占競争

10.2.1 費用が不完備情報であるクールノー競争

これまで習ってきた様々な戦略形ゲーム（囚人のジレンマ，オークション，複占競争，投票）などは，自分と相手の情報が異なるような不完備情報ゲームの設定を考えて考察することができる．ここではその中でもクールノー競争について考えてみよう．

─ モデル36　輸入販売店「阿季家」の複占競争PART4 ─

モデル18や**モデル19**で考えた阿季家と美家の複占競争を不完備情報ゲームとして考察してみよう．2つの店が売り出す「三千年マッサージ器」は全く同じ（同質財）であり，2つの店は同時に販売量を決めるものであった．2つの店の販売量の合計をx（台）としたときのマッサージ器の販売価格pは，$p=120-x$（千円）である．

マッサージ器の1台当たりの仕入れ価格は，**モデル18**では2つの店とも30（千円）であり，**モデル19**では，阿季家が同じマッサージ器を18（千円）で安く購入できる仕入れルートを開拓していた．

ここでは，阿季家のマッサージの仕入れ価格が30（千円）の場合と18（千円）の場合の2つの可能性があると想定する．前者を阿季家の高費用

タイプ（タイプH），後者を阿季家の低費用タイプ（タイプL）とする．阿季家は当然，自分がいくらで仕入れるか（どちらのタイプか）は知っているが，美家は分からない．美家は阿季家が高費用タイプである可能性を$\frac{1}{4}$，低費用タイプである可能性を$\frac{3}{4}$で推測しており，この美家の推測は阿季家も知っている．なお，美家のマッサージ器の仕入れ価格は常に30（千円）である．

期待利潤を最大にするためには，両企業は何台のマッサージ器を仕入れればよいのだろうか．

モデル18で両企業の仕入れ値が共に30であったときは，販売量は30，各企業の利潤は900であった．**モデル19**で企業Aが費用を削減したときは企業Aは38に販売量を増加させ，企業Bは戦略的代替性から販売量が26に減少した（企業Aの利潤は1444に増加し，企業Bの利潤は676に減少）．これから予想されることは，企業Bの販売量は30と26の間の値になることである．企業Aはどうであろうか．高費用タイプ，低費用タイプはそれぞれ30，38と同じ販売量になるのだろうか．分析してみよう．

不完備情報ゲームでは，すべてのプレイヤーがタイプごとに行動を決めることに注意しよう．企業AはタイプHとタイプLがそれぞれ販売量を決める．そこでタイプHの販売量をx_{AH}，タイプLの販売量をx_{AL}とする．一方企業Bのタイプは1つであり，相手のタイプが分からないのでそれに応じて販売量を決めることはできない．企業Bは1つの販売量を決める．これをx_Bとする．

ベイズナッシュ均衡を求めるには，まず各プレイヤーのタイプごとに最適反応戦略を求める．

最初に企業AのタイプHについて考える．企業AのタイプHの利潤をπ_{AH}とすると，

$$\pi_{AH}(x_{AH}, x_B) = \{120 - (x_{AH} + x_B)\}x_{AH} - 30x_{AH}$$
$$= -x_{AH}^2 - x_{AH}x_B + 90x_{AH}$$

となる．この利潤π_{AH}をx_{AH}で微分し，それを0とすることで最適反応関数を求めると，

$$x_{AH} = -\frac{1}{2}x_B + 45$$

となる．企業Aのタイプ L について，最適反応関数を求めると，

$$x_{AL} = -\frac{1}{2}x_B + 51$$

となる．

次に企業Bの最適反応関数を求めてみよう．ここで企業Bの期待利潤を π_B とする．これは企業Aがタイプ H であるときの利潤と企業Aがタイプ L であるときの利潤の期待値になるので，

$$\begin{aligned}\pi_B(x_{AH}, x_{AL}, x_B) &= \frac{1}{4} \times (\{120 - (x_{AH} + x_B)\}x_B - 30x_B) \\ &\quad + \frac{3}{4} \times (\{120 - (x_{AL} + x_B)\}x_B - 30x_B) \\ &= -x_B^2 - (\frac{1}{4}x_{AH} + \frac{3}{4}x_{AL})x_B + 90x_B\end{aligned}$$

となる．この利潤を x_B とし0とすることで最適反応関数を求めると，

$$x_B = -\frac{1}{8}x_{AH} - \frac{3}{8}x_{AL} + 45$$

となる．

ベイズナッシュ均衡では，すべてのプレイヤーのすべてのタイプが最適反応戦略を選んでいる．そこでベイズナッシュ均衡となる販売量を $x^*_{AH}, x^*_{AL}, x^*_B$ とすれば，これは以下の連立方程式を満たす．

$$x^*_{AH} = -\frac{1}{2}x^*_B + 45$$

$$x^*_{AL} = -\frac{1}{2}x^*_B + 51$$

$$x^*_B = -\frac{1}{8}x^*_{AH} - \frac{3}{8}x^*_{AL} + 45$$

これを解くと，$x^*_{AH} = 31.5$, $x^*_{AL} = 37.5$, $x^*_B = 27$ となる．企業Bの販売量は予想通り30と26の間の値をとっている．期待利潤は $\pi_B(31.5, 37.5, 27) = 729$ より，729である．

これに対し，企業Aの高費用タイプは完備情報のときの30から31.5に販売量

が増えている．利潤を計算すると992.25で，やはり共に費用が30であった**モデル18**の900より増加している．企業Aの高費用タイプは自分自身には何ら不確実性はない．しかし企業Bは，企業Aは確率$\frac{3}{4}$で低費用ではないかと考えて，企業Aが確実に高費用であるときに比べて，販売量を減らす．そのために企業Aは販売量と利潤を増加させることができるのである．

反対に企業Aの低費用タイプは38から37.5に販売量が減少し，利潤も1406.25と完備情報のとき（**モデル19**）の1444より減少している．企業Bは，企業Aが費用を削減しているにもかかわらず，それがはっきりとは分からずに，確率$\frac{1}{4}$で高費用ではないかと考えているために，販売量を（はっきりと分かっているときほど）減少させていない．この影響で企業Aの低費用タイプは，自分が低費用だと企業Bがはっきりと認識しているときに比べて，販売量も利潤も低くなるのである．

費用を削減している企業Aに対しては，何とかして相手に正確に自分が費用削減に成功していることを知らせたほうがよいであろう．もし自分が費用を削減していることを相手がはっきりと分かり，不確実性がなくなれば自分の利潤を高くすることができるからである．しかし，これはそんなに簡単なことではない．なぜなら企業Aは費用を削減していなくても，何とか費用を削減しているように見せかけたいので，費用を削減しているように振る舞うだろう．いかに企業Bに信憑性のある推測を持たせるかは難しい問題なのである．

10.2.2　事前の推測確率の影響

モデル36で分かるように，相手だけが不確実性を持ち，自分には不確実性がない場合でも，相手がその不確実性をどのように推測するかが自分に影響を及ぼす．これはゲーム理論の戦略的思考の特徴と言える．このことを明確にするには，相手の推測確率を変化させてみればよい．

モデル36では，企業Bは企業AがタイプHである可能性を$\frac{1}{4}$，タイプLである可能性を$\frac{3}{4}$で推測しているとした．ここで企業Bが，企業AをタイプHと推測している確率をp，タイプLと推測している確率を$1-p$として考える．企業AのタイプHの販売量をx_{AH}，タイプLの販売量をx_{AL}，企業Bの販売量をx_Bとする．ベイズナッシュ均衡を求めてみよう．企業AのタイプH，タイプ

Lの最適反応関数を求めると，先ほどと同じで，

$$x_{AH} = -\frac{1}{2}x_B + 45$$

$$x_{AL} = -\frac{1}{2}x_B + 51$$

となる．また企業Bの最適反応関数は，

$$x_B = -\frac{1}{2}\{px_{AH} + (1-p)x_{AL}\} + 45$$

となる．ベイズナッシュ均衡の販売量をx^*_{AH}, x^*_{AL}, x^*_Bとすれば，これは，

$$x^*_{AH} = 32 - 2p$$
$$x^*_{AL} = 38 - 2p$$
$$x^*_B = 26 + 4p$$

と計算できる．

　ベイズナッシュ均衡から分かることは，以下の通りである．まず，企業Bの販売量x^*_Bはpが大きくなると増加する．企業Bは，相手が高費用であるという推測確率が大きくなればなるほど，販売量を増加させる．興味深いのは，x^*_{AH}もx^*_{AL}も共にpが大きくなると減少することである．相手が自分を高費用だと推測する確率が高くなれば，自分には不確実性はないにもかかわらず販売量を減少させなければならない．相手の自分に対する推測確率は，自分の戦略や利潤に影響を及ぼすことがよく分かる．

　なおこの設定で$p=1$とすれば**モデル18**に，$p=0$とすれば**モデル19**に，$p=0.25$にすれば**モデル36**に一致することが確認できる．

10.3　【発展】ベイズの定理とベイズゲーム

10.3.1　ベイズの定理

　不完備情報ゲームにおいては，確率による推測や個人の情報という考え方が，中心的な役割を果たす．このとき重要になる考え方が「**ベイズの定理**」（Bayes' theorem）である[2]．ベイズの定理は，個人が情報を得る前の確率的

推測が，情報を得た後にどのように更新されるかを示す定理である．まずは以下のような例を考えてみたい．

> **モデル37　ベイズの定理**
>
> 　白い袋と黒い袋の2つの袋の中に，白玉と黒玉が5個ずつ入っている．図10.5のように白い袋には白玉が4個と黒玉が1個，黒い袋には白玉が1個と黒玉が4個入っている．さて，ここで白い袋と黒い袋が確率$\frac{1}{2}$で選ばれ，そこから無作為に玉が1つ取り出されるとする．
>
> 　今，どちらの袋が選ばれたのかは分からないが，取り出された玉が白玉であることを知らされたとしよう．このとき，選ばれた袋が白い袋である確率はいくらと考えられるか．

　何も知らない状態で白い袋が選ばれる確率は$\frac{1}{2}$であるが，「白玉が選ばれた」という情報が得られたことで，白い袋が選ばれたとする確率は変化する．白い袋には白玉が多く，黒い袋には黒玉が多く入っていることから，白い袋が選ばれた確率は$\frac{1}{2}$より大きくなることは，直観的にも理解できるであろう．何も情報がないときに白い袋が選ばれる確率$\frac{1}{2}$を**事前確率**（prior probability）と呼び，「白い玉が選ばれた」という情報が得られた後に白い袋が選ばれる確率を**事後確率**（posterior probability）と呼ぶ．事前確率と事後確率は，特にゲーム理論に多く見られる呼び方で，一般的な確率のテキストなどでは事後確率は**条件付確率**（conditional probability）と呼ばれる．

　「白玉が選ばれた」という情報が得られた下での白い袋が選ばれた事後確率（条件付確率）はいくつと考えられるのだろうか．これを計算するには，条件付確率をはじめとするいくつかの確率の公式を復習しなければならない．以下でその公式をおさらいしておこう．

　まず確率を考えるときには，すべての起こりうる可能性を**事象**（event）と呼ぶ．このとき事象Aが起きる確率を$P(A)$で表し，事象Aが起きたという条件の下で事象Bが起きる条件付確率を$P(B|A)$と書く．$P(B|A)$は「事象Aが

2）ベイズ（Thomas Bayes）は18世紀の研究者で，ベイズの定理は彼の死後に発刊された友人のプライス（Richard Price）によって発表されている．

図10.5　白い袋と黒い袋から玉を取り出す

白い袋　　　黒い袋

起きたという情報の下で，事象Bが起きる事後確率」と解釈できる．また事象Aと事象Bが同時に起きる事象は，事象AとBの**積事象**（intersection event）と呼び$A\cap B$で表す．その確率は$P(A\cap B)$で表される．このとき積事象と条件付確率には，以下のような関係が成立すると考える．

$$P(A\cap B) = P(A|B)P(B) \tag{10.1}$$

具体的な例として，**モデル37**を考えてみよう．まず**モデル37**のいくつかの事象を記号で表す．

w：白玉が選ばれる（wはwhiteを表す）
b：黒玉が選ばれる（bはblackを表す）
W：白い袋が選ばれる
B：黒い袋が選ばれる

ここで，「白い袋が選ばれたという条件の下で，白い玉が選ばれる確率」は$P(w|W)$と書ける．白い袋の中には玉が5個あり，その中で白玉は4個であるから$P(w|W)=\frac{4}{5}$である．同様に$P(w|B)=\frac{1}{5}$である（読者は$P(b|W)$や$P(b|B)$がいくつになるかも考えてほしい）．さて，「白い袋が選ばれて，なおかつ白い玉が選ばれる確率」はいくつになるだろうか．この事象が積事象$w\cap W$である．白い袋が選ばれる確率$P(W)$は$\frac{1}{2}$であったから，

$$P(w\cap W) = P(w|W)P(W) = \frac{4}{5}\times\frac{1}{2} = \frac{2}{5}$$

と計算できる.「黒い袋が選ばれて,なおかつ白い玉が選ばれる確率」は,

$$P(w \cap B) = P(w|B)P(B) = \frac{1}{5} \times \frac{1}{2} = \frac{1}{10}$$

である.

「白い玉が選ばれる確率」$P(w)$ はいくつになるだろうか.これを計算するには「白い袋が選ばれて白玉が選ばれる確率」$P(w \cap W)$ と「黒い袋が選ばれて白玉が選ばれる確率」$P(w \cap B)$ を足せばよく,

$$P(w) = P(w \cap W) + P(w \cap B) = \frac{2}{5} + \frac{1}{10} = \frac{1}{2} \tag{10.2}$$

となる.

一般的には事象Aと事象Bのどちらかが起きる事象は,事象Aと事象Bの和事象(union event)と呼ばれ$A \cup B$で表される.その確率は$P(A \cup B) = P(A) + P(B) - P(A \cap B)$ で表される.特にAとBが同時に起きることがないとき($A \cap B = \emptyset$),AとBは排反(exclusive)であると言い,$P(A \cap B) = 0$であることから,$P(A \cup B) = P(A) + P(B)$ で表される.上記の例では,白い袋と黒い袋が同時に選ばれることはなく$W \cap B = \emptyset$であったから,$w \cap W$と$w \cap B$も排反であり単純に確率を足すことで結果が得られる.

さてモデル37の本題である,「白玉が選ばれたという情報が得られた下での白い袋が選ばれた確率」を求めてみよう.これは条件付確率として$P(W|w)$と表現できる.積事象の公式から$P(W \cap w) = P(W|w)P(w)$ であり,$P(W \cap w) = P(w \cap W)$ であることから,

$$P(W|w) = \frac{P(w \cap W)}{P(w)} = \frac{\frac{2}{5}}{\frac{1}{2}} = \frac{4}{5}$$

として求められる.「白玉が選ばれた」という情報が入ることで,「白い袋が選ばれた確率」は$\frac{1}{2}$から$\frac{4}{5}$にまで上昇する.これがベイズの定理が導く結果である.

一般的にはベイズの定理は事象Aと事象Bに対して,$P(A) > 0$であるならば,

$$P(B|A) = \frac{P(A \cap B)}{P(A)} \tag{10.3}$$

が成立することを指す.

この条件付確率を求める手順を,再度考察してみよう.まず条件付確率$P(W|w)$は,式 (10.2) によって求められた$P(w)$により求められる.すなわち,すべての事象は「白い袋が選ばれる」か「黒い袋が選ばれる」という2つの事象のどちらかに排反に(重なることはなく)分割され,それによって,

$$P(w) = P(w \cap W) + P(w \cap B)$$
$$= P(w|W)P(W) + P(w|B)P(B)$$
$$= \frac{4}{5} \times \frac{1}{2} + \frac{1}{5} \times \frac{1}{2} = \frac{1}{2}$$

として$P(w)$が求められることが,$P(W|w)$を求めるポイントであることが分かる.これから$P(W|w)$を求める式を書き直すと,

$$P(W|w) = \frac{P(w|W)P(W)}{P(w|W)P(W) + P(w|B)P(B)}$$

と書ける.

これを一般化して考える.すべての事象が事象Bと事象Cに,排反に分割できるとしよう(すなわち$P(B \cap C) = 0$,$P(B \cup C) = 1$).このとき事象Aが起きる確率は,

$$P(A) = P(A \cap B) + P(A \cap C) = P(A|B)P(B) + P(A|C)P(C)$$

と書ける.これは**全確率の定理**(total probability theorem)と呼ばれる.このときベイズの定理は$P(A) > 0$であるならば,

$$P(B|A) = \frac{P(A|B)P(B)}{P(A|B)P(B) + P(A|C)P(C)} \tag{10.4}$$

と書き直せる.

不完備情報ゲームや情報の経済学などの理論は,不確実性における私たちの推測や意思決定に対して,様々な興味深い結果を提示する.その中でベイズの定理は中心的な役割を果たすものである.ベイズの定理による考え方は,時に私たちの直観と異なる結果も示す.ある研究者は「だからベイズの定理をよく理解し,正しい推論を行わなければならない」と主張し,ある研究者は「なぜベイズの結果と人間の推論はずれるのか」という点に興味を持ち,認知科学の観点から興味深い研究課題を見出す.以下にそのような例を提示して,ベイス

の定理と情報という考え方について理解を深めてみよう．

> **モデル38　検査薬の問題**
>
> 　恐ろしい難病が見つかった．この難病は1万人に1人の割合でかかり，一度かかると治療は難しい．この難病にかかっているかどうかは，ある検査薬で検査することができる．今，あなたがこの検査薬で検査したところ，「陽性」のサインが出た．残念なことにこの検査薬が正しい確率は99％であり，この病気にかかっていないにもかかわらず「陽性」のサインが出る確率は1％である．なお病気にかかっている場合は必ず「陽性」になる．
>
> 　あなたがこの難病にかかっている確率はいくつだろうか．

　「確率は99％に決まってるだろう！」と思う人は，まだ情報と事前確率・事後確率に対する理解が進んでいないと言える．あなたが難病にかかっている確率はそんなに高くないのである．

　この難病にかかる確率は，何の情報もない状態では1万人に1人である．すなわち事前確率は1万分の1なのである．問題が要求している「難病にかかっている確率」とは，「検査が陽性と出た情報を得た後で難病にかかっている事後確率」であると考えられる．ベイズの定理の式（10.4）に従って，この確率を求めてみよう．ここで各事象を，

A：検査が陽性と出る
B：難病にかかっている
C：難病にかかっていない

とする．ここで求める確率は$P(B|A)$である．また$P(B) = \frac{1}{10000}$, $P(C) = \frac{9999}{10000}$である．難病にかかっているときには，確実に検査は「陽性」と出るので$P(A|B) = 1$，難病にかかっていないときに検査が「陽性」と出る確率は1％なので$P(A|C) = \frac{1}{100}$である．

　ベイズの定理の式（10.4）から，

$$P(B|A) = \frac{P(A|B)P(B)}{P(A|B)P(B) + P(A|C)P(C)}$$

$$= \frac{1 \times \frac{1}{10000}}{1 \times \frac{1}{10000} + \frac{1}{100} \times \frac{9999}{10000}}$$

$$= \frac{100}{10099} = 0.0099$$

となる．「検査が陽性と出た情報を得た後で難病にかかっている」確率は99％ではなく，およそ１％である．

　これは以下のような解釈を考えてみれば理解できる．実際に検査に１万人の人が訪れ，その中の１人だけが難病にかかっていたとしよう．この中で，検査で陽性と出る確率はどのくらいか考えてみる．まず実際に病気にかかっている者は陽性である．しかし残りの9999人の中でも１％は検査で誤って陽性と出るので，約100人が陽性と判断される．したがって検査で陽性と出るのは101人である．よって，検査で陽性と出ても，実際に難病にかかっているのはこの101人の中の１人に過ぎない．

　ベイズの定理と直観的な推論がずれることで有名な例は，以下の**モンティ・ホール問題**（Monty Hall problem）と言われるパラドックスである．

モデル39　モンティ・ホール問題

　アメリカのテレビにLet's Make a Dealという番組があった．この番組では３つのカーテンの中に１つだけ賞品が隠されており，ゲストにそれを当てさせる．この番組の面白いところは，参加者が１つのカーテンを選んだ後，有名な司会者の**モンティ・ホール**（Maurice "Monty Hall" Halperin）が，残りの（参加者が選んでいない）カーテンのうち，はずれているほうを１つだけ開けてみせるところにある（少なくとも１つははずれているので，必ずどちらかのカーテンは開けることができる）．そして参加者は残った２つのカーテンのうち好きなほうを選び直す権利を与えられる．参加者の選択は「スイッチ」（既に選んでいたほうから変える）か，「スティック」（既に選んでいたほうにとどまる）かのどちらかである．

　この状況をあなたが回答者であったとして考えてみよう．３つのカーテンの後ろの１つには「豪華アメリカ西海岸の旅」が隠されている！　しか

しはずれると後ろからヤギが出てきて景品はもらえない．カーテンは1，2，3と番号がつけられており，カーテンの後ろに賞品が置かれる確率は全くランダムで$\frac{1}{3}$であるとしよう．

ここであなたは1のカーテンを選んだとする．そこで，景品のありかを知っている司会者は，残りの2つのカーテンからはずれている1つを選んだ．この場合，それは2であるとしよう．2のカーテンからはヤギが出てきた．

司会者はもう一度，あなたに権利を与える．

　　今ならあなたはカーテンを変えられます．1のままにしますか（スティック）？　それとも3に変えますか（スイッチ）？

あなたならどうするだろうか．

多くの人は「ここで1のカーテンを選んでスティックしても，3のカーテンを選んでスイッチしても，当たる確率は同じ$\frac{1}{2}$である」と考える．したがって「ここでカーテンを変えると，後で1が当たっていたときに後悔するので，変えないで1のままスティックする」という人のほうが多い．「カーテンを変える」という人もいるが，当たる確率は同じであると考える場合が多い．しかし驚くべきことに，1にスティックしたときに当たる確率は$\frac{1}{3}$で，3にスイッチしたときに当たる確率は$\frac{2}{3}$なのである．この場合はスイッチしたほうが当たる確率は高くなるのである．

ベイズの定理でこれを計算してみよう．ただし，ここまでは全確率を求めるための排反な事象は2つであったが，ここではカーテンが3つあるため，ベイズの定理を排反な事象が3つの場合に拡張しなければならない．ベイズの定理は一般的には以下のように書ける．

　　　すべての事象が事象$B_1, B_2, \cdots, B_n$と，n個の事象に排反に分割できるとしよう．すなわち$i \neq j$のとき$P(B_i \cap B_j) = \emptyset$であり，$P(B_1 \cup B_2 \cup \cdots \cup B_n) = 1$が成り立つとする．このときある事象に対して$P(A) > 0$であるならば，どんな$i = 1, \ldots, n$に対しても，

$$P(B_i|A) = \frac{P(A|B_i)P(B_i)}{P(A|B_1)P(B_1) + P(A|B_2)P(B_2) + \cdots + P(A|B_n)P(B_n)}$$

が成り立つ.

この一般的な定理を用いて，モデル39において1のカーテンにスティックすべきか，3にスイッチすべきか考えてみよう．ここで各事象を，

A：司会者が2のカーテンを開ける
B_1：1のカーテンに当たりがある
B_2：2のカーテンに当たりがある
B_3：3のカーテンに当たりがある

とする．ここで求めたい確率は$P(B_1|A)$である．何も情報がない状態で，各カーテンに当たりが隠されている事前確率は$\frac{1}{3}$であるから，$P(B_1) = P(B_2) = P(B_3) = \frac{1}{3}$である．次に，それぞれのカーテンに当たりが隠されている条件の下で，司会者が2のカーテンを開ける確率を考えてみよう．

まず「1のカーテンに当たりがある条件の下で，司会者が2のカーテンを開ける」という確率$P(A|B_1)$を考えてみる．あなたが1のカーテンを指差しているならば，司会者は2を開けても，3を開けても同じである．そこで2のカーテンが開く確率は$\frac{1}{2}$としてよく，$P(A|B_1) = \frac{1}{2}$である．

次に確率$P(A|B_2)$を考える．「2のカーテンに当たりがある条件の下で，司会者が2のカーテンを開ける」ということはないから$P(A|B_2) = 0$である．最後に確率$P(A|B_3)$を考える．「3のカーテンに当たりがある」とすれば，司会者は（回答者が指した）1のカーテンを開けることができないから，必ず2のカーテンを開ける．したがって$P(A|B_3) = 1$である．

ベイズの定理に従って計算してみると，

$$P(B_1|A) = \frac{P(A|B_1)P(B_1)}{P(A|B_1)P(B_1) + P(A|B_2)P(B_2) + P(A|B_3)P(B_3)}$$
$$= \frac{\frac{1}{2} \times \frac{1}{3}}{\frac{1}{2} \times \frac{1}{3} + 0 \times \frac{1}{3} + 1 \times \frac{1}{3}} = \frac{1}{3}$$

となり，$P(B_1|A) = \frac{1}{3}$である．すなわちスティックして1のカーテンにとど

まって当たる確率は$\frac{1}{3}$なのである．あなたはスイッチしたほうがよい．

この問題はカーテンを変えても変えなくても当たる確率は$\frac{1}{2}$であると直観的に考える人が多いことから，ベイズの定理と人間の直観がずれる例としてよく知られている．この問題を有名にしたのは，コラムニストである"マリリン"・フォス・サヴァン（Marilyn vos Savant）が書いた「マリリンに聞け！」というコラムである．マリリンはこのコラムの中で「Let's Make a Dealではスイッチのほうがスティックよりも当たる確率が高い」と正解を示した．しかしこれに対して，およそ1万人の読者から反論が寄せられ，その中には多くの数学者も含まれていたという！（市川（1998）と英語版Wikipediaを参考にした）

私と友人のI先生は，ベイズの定理は理解できているが，この結果にはどうも納得できなかった．そこでこの状況を何回も生じさせて「変えたほうがよいかとどまったほうがよいか」というシミュレーションを行ってみた．すると，やはり「変えたほうがとどまるよりも2倍の比率でよく当たる」という結果が得られた（これを別の確率論が専門の先輩に話すと，ずいぶんと馬鹿にされたものである）．

そもそもこの問題は，「3囚人問題」として，以下のストーリーで知られる問題と同型である．

> **モデル40　3囚人問題**
>
> A，B，Cの3人の死刑囚のうち，2人が死刑になることが知られている．誰が死刑になるかは看守は知っている．ここであなたは死刑囚のAだとしよう．ここでA（あなた）は看守に「自分以外の死刑囚の中のBとCのうち，少なくとも1人は死刑になるだろう．そこでそのどちらか死刑になるほうを1人教えてくれないか．それは自分にとっては関係がないことなので，問題にはならないだろう」と聞いた．これを聞いた看守は「Bが死刑になるよ」と教えた．
>
> あなたは自分が死刑にならない確率が「A，B，Cのうちの1人」の$\frac{1}{3}$から，「A，Cのうちの1人」の$\frac{1}{2}$に上昇して喜んだという．これは正しいか．

この問題の答えは「Aが死刑にならない確率は$\frac{1}{3}$と同じなので，正しくな

い」というものである．この問題はかなり前から知られており，私も学部生でベイズの定理を習ったときに知った．そしてそのときは「やっぱり自分が死刑になるかならないかを知ったところで，確率は変わらないな，ベイズの定理は直観にあったものだな」という感想を持った．

この問題は，「死刑になる」をモンティ・ホール問題のはずれ，「死刑にならない」を当たりと考えれば，同じ問題になる．しかし3囚人問題では自分が死刑にならない確率が，前後で変わらないかどうかを尋ねており，それが変わらないことには違和感がない．しかし，実はCが死刑にならない確率は，看守に聞く前と聞いた後で $\frac{1}{3}$ から $\frac{2}{3}$ に変わっているのである！ 3囚人問題とモンティ・ホール問題は同型の問題ではあるが，その形によって，ベイズの定理に対する印象がずいぶん変わる．

モデル38やモデル39を例として，ベイズの定理がなぜ人間の認知とずれるのかは，認知科学や心理学で大きな問題として研究されている．市川（1998）などを参照せよ．

10.3.2 ベイズゲーム

不完備情報ゲームの解は，「ベイズナッシュ均衡」と呼ばれていた．不完備情報ゲームとベイズの定理には密接な関係がある．ここではそれについて説明しよう．

モデル34やモデル35では，プレイヤーの一方だけに不確実性があり，もう一方には不確実性が存在しなかった．しかし一般的にはプレイヤーの双方に不確実性が存在する．このとき不完備情報ゲームの要素として「各プレイヤーが相手のタイプに対してどのような確率的推測をしているか」が与えられなければならない．しかも相手と自分が戦略を読み合うためには「相手が自分のことをどのように推測しているか」が，お互いに分からなければならない．

すなわちゲームでは，「自分のタイプについて自分は分かる」「相手のタイプについては自分は確率的に推測している」「相手が自分のことをどのように推測しているかがお互いに分かっている」という3点をうまく表さなければならない．この状況を，ベイズの定理を用いて整合的に表現できる方法を提案し，不完備情報ゲームの理論を構築したのはハルサニである．ここでは不完備情

ゲームを3つの時間的な段階に分けて考える．

第1段階　各プレイヤーは，すべてのプレイヤーのすべてのタイプの組合せが起きる事前確率を知っている．自分のタイプが何であるかはまだ知らない．

第2段階　各プレイヤーは自分のタイプが何であるかを知る．そのタイプの個人情報をもとに，他のプレイヤーがどのようなタイプを持つかという事後確率をベイズの定理によって推測する．

第3段階　ゲームがプレイされて，結果が得られる．

具体的な例として，コンビニ戦争を以下のような設定に拡張して考える．

モデル41　I市コンビニ戦争PART9

セレブとファミモのコンビニ戦争を以下のような設定で考える．もし各コンビニが異なる駅に出店すれば，各コンビニの利用客はそれぞれ600人であるとしよう．

もし2つのコンビニが同じ駅に出店した場合は，コンビニのない他地域の利用客300人が利用し，その駅の利用客は合計900人になる（ここまでは**モデル34やモデル35と同じ**）．

この両方が同じ駅に出店した場合，今度はセレブとファミモに，それぞれ2つのタイプがあり，それによって獲得する客数が異なるとしよう．1つはA駅の客に品揃えが強いタイプ（タイプAとする）で，もう1つはB駅の客に品揃えが強いタイプ（タイプBとする）．

同じ駅に出店した場合，一方がその駅に強く他方がその駅に弱いタイプであった場合，強いほうの獲得客数は750人で，弱いほうの客数は150人になるものとする．また両方が同じタイプ（両方ともその駅に強いか，両方とも弱い）のときは900人の利用客を半々に分け合い，それぞれ450人ずつを獲得する．

ここでセレブのA駅に強いタイプとB駅に強いタイプをC_A, C_Bで表し，ファミモのA駅，B駅に強いタイプをF_A, F_Bで表す．両プレイヤーのタイプの組合せは，カッコの左にセレブ，右にファミモを書いて表すことにする．例えば (C_A, F_B) はセレブがA駅に強いタイプで，ファミモはB駅に強いタイプであることを表す．タイプの組合せは4通りあり，利得行列をこのすべての場合について書くと図10.6のようになる．

ここで，セレブ自身，ファミモ自身は自分がどちらのタイプかは分かっているが，相手のタイプは分からない．タイプの4つの組合せが起きる可能性はそれぞれ (C_A, F_A) が $\frac{4}{10}$, (C_A, F_B) が $\frac{1}{10}$, (C_B, F_A) が $\frac{2}{10}$, (C_B, F_B) が $\frac{3}{10}$ であるとし，これはお互いが知っているものとする．これは表10.1のように表現できる．

各プレイヤーが同時に戦略を選ぶような戦略形ゲームを考える．この場合のコンビニ戦争はどのような結果になるだろうか．

図10.6　I市コンビニ戦争PART9

(1) タイプの組合せが (C_A, F_A) の場合

セレブ\ファミモ	A駅	B駅
A駅	(450, 450)	(600, 600)
B駅	(600, 600)	(450, 450)

(2) タイプの組合せが (C_A, F_B) の場合

セレブ\ファミモ	A駅	B駅
A駅	(750, 150)	(600, 600)
B駅	(600, 600)	(150, 750)

(3) タイプの組合せが (C_B, F_A) の場合

セレブ\ファミモ	A駅	B駅
A駅	(150, 750)	(600, 600)
B駅	(600, 600)	(750, 150)

(4) タイプの組合せが (C_B, F_B) の場合

セレブ\ファミモ	A駅	B駅
A駅	(450, 450)	(600, 600)
B駅	(600, 600)	(450, 450)

モデル41では，各プレイヤーの各タイプが，相手のタイプをどのような確率で推定するかを直接与えていない．ゲームは第1段階として，すべてのタイプの組合せが起きる事前確率を与えているだけなのである．

自分のタイプが分かったプレイヤーはベイズの定理によって，相手のタイプに対する事後確率を推定する．実際にセレブのタイプが C_A であるときに，ファミモのタイプをどのように推定するかを示してみよう．

なお以下では，各プレイヤーのタイプの記号は，そのタイプが生じる事象と同一視する．すなわち C_A という記号は，セレブのタイプAを表すと同時に「セレブがタイプAである事象」も意味すると考える．このとき $C_A \cap F_A$ （セレブがタイプAで，同時にファミモがタイプAである事象）は (C_A, F_A) が実現する確率と同じであることに注意しよう．

表10.1 セレブとファミモのタイプの組合せと事前確率

セレブ \ ファミモ	F_A	F_B
C_A	$\frac{4}{10}$	$\frac{1}{10}$
C_B	$\frac{2}{10}$	$\frac{3}{10}$

セレブがタイプAである確率$P(C_A)$は，

$$P(C_A) = P((C_A, F_A)) + P((C_A, F_B)) = \frac{4}{10} + \frac{1}{10} = \frac{1}{2}$$

である．セレブがタイプAである条件の下で，ファミモがタイプAである確率$P(F_A|C_A)$は式（10.3）のベイズの定理より，

$$P(F_A|C_A) = \frac{P((C_A, F_A))}{P(C_A)} = \frac{\frac{4}{10}}{\frac{1}{2}} = \frac{4}{5}$$

である．同様にセレブがタイプAである条件の下で，ファミモがタイプBである確率$P(F_B|C_A)$は，

$$P(F_B|C_A) = \frac{P((C_A, F_B))}{P(C_A)} = \frac{\frac{1}{10}}{\frac{1}{2}} = \frac{1}{5}$$

となる．

このようにしてセレブ，ファミモが自分のタイプに応じてどのように相手のタイプを推測するかを計算することができる．表10.2は，その結果を示している．

不完備情報ゲームの構成要素であった「相手のタイプに対する推測確率」は，このように導くことができる．ここで考え方としては，各プレイヤーのタイプの事前確率の表10.1をあらかじめ与えて，そこから表10.2を導くのではなく，不完備情報ゲームの構成要素として，このような表10.2をあらかじめ与えておくことも可能である．しかし表10.1をゲームの条件として与え，表10.2をベイズの定理から導くとしたほうが次の3点から有利である．まず第1に表10.2を与えるより表10.1を与えたほうが，あらかじめ与えておくことは少なくて済む．第2はこれとほぼ同じことだが，表10.2のような推測をプレイヤーが

表10.2 セレブとファミモの各タイプによる相手のタイプの推測確率

プレイヤー	タイプ	相手のタイプの推測確率
セレブ	タイプC_A	ファミモがF_Aである確率を$\frac{4}{5}$, F_Bである確率を$\frac{1}{5}$で推測
	タイプC_B	ファミモがF_Aである確率を$\frac{2}{5}$, F_Bである確率を$\frac{3}{5}$で推測
ファミモ	タイプF_A	セレブがC_Aである確率を$\frac{2}{3}$, C_Bである確率を$\frac{1}{3}$で推測
	タイプF_B	セレブがC_Aである確率を$\frac{1}{4}$, C_Bである確率を$\frac{3}{4}$で推測

お互い知っていると考えるよりは，表10.1をプレイヤーがお互いに知っていると考えたほうが，「プレイヤーがあらかじめお互いに知っておかなければならないこと」に対する仮定が少なくて済む．第3に，この考え方を採用することで，不完備情報ゲームは事前確率から情報を得て，その事後確率によって意思決定をするというベイズの定理の考え方に従うことになり，ベイズの定理を用いる他の意思決定理論や統計理論と整合的になって，意思決定に対する統一した見方を提供できる．

このような考え方は，すべてのプレイヤーのタイプの組合せがどのように起きるのかという事前確率（表10.1）が全プレイヤーに共通しているという仮定を基礎としている．これは仮定であって，導かれることではない．この仮定を**共通事前確率に対する仮定**（common prior assumption），または**ハルサニ・ドクトリン**（Harsanyi doctrine）と呼ぶ．ハルサニ・ドクトリンに従って事前確率を共通に与え，ベイズの定理から相手のタイプに対する推測確率を導く不完備情報ゲームの形式を**ベイズゲーム**（Bayesian game）と呼ぶ．現在のゲーム理論におけるほとんどの不完備情報ゲームの分析は，ベイズゲームであり，ベイズゲーム＝不完備情報ゲームと考えても間違いではないだろう．

ハルサニはベイズゲームを定式化し，ベイズナッシュ均衡の存在を証明した（Harsanyi（1967-1968））．これによりゲーム理論は，ベイズの定理を用いて考える統計学や情報の経済学などの大きな分野と統一した理論として発展することが可能になったのである．ハルサニはナッシュ，ゼルテンと共に1994年にノーベル経済学賞を受賞している．

モデル41のゲームの解であるベイズナッシュ均衡を求めてみよう．まず各プレイヤーの戦略は，タイプごとにどの選択肢を選ぶかで表現されることに注意

図10.7 ベイズナッシュ均衡を求めるための利得行列

セレブ\ファミモ	(A駅, A駅)	(A駅, B駅)	(B駅, A駅)	(B駅, B駅)
(A駅, A駅)	((510, 330), (550, 375))	((480, 420), (550, 600))	((630, 510), (600, 375))	((600, 600), (600, 600))
(A駅, B駅)	((510, 600), (500, 487.5))	((480, 510), (500, 487.5))	((630, 660), (450, 487.5))	((600, 570), (450, 487.5))
(B駅, A駅)	((600, 330), (650, 487.5))	((510, 420), (650, 637.5))	((480, 510), (500, 487.5))	((390, 600), (500, 637.5))
(B駅, B駅)	((600, 600), (600, 600))	((510, 510), (600, 525))	((480, 660), (350, 600))	((390, 570), (350, 525))

図10.8 ベイズナッシュ均衡を求めるための利得行列

セレブ\ファミモ	(A駅, A駅)	(A駅, B駅)	(B駅, A駅)	(B駅, B駅)
(A駅, A駅)	((510, 330), (550, 375))	((480, 420), (550, <u>600</u>))	((<u>630</u>, 510), (600, 375))	((<u>600</u>, <u>600</u>), (<u>600</u>, <u>600</u>))
(A駅, B駅)	((510, <u>600</u>), (<u>500</u>, <u>487.5</u>))	((480, <u>510</u>), (<u>500</u>, <u>487.5</u>))	((<u>630</u>, 660), (450, <u>487.5</u>))	((<u>600</u>, 570), (450, <u>487.5</u>))
(B駅, A駅)	((<u>600</u>, 330), (<u>650</u>, 487.5))	((<u>510</u>, 420), (<u>650</u>, <u>637.5</u>))	((480, 510), (500, 487.5))	((390, <u>600</u>), (500, <u>637.5</u>))
(B駅, B駅)	((<u>600</u>, <u>600</u>), (<u>600</u>, 600))	((<u>510</u>, <u>510</u>), (<u>600</u>, 525))	((480, <u>660</u>), (350, <u>600</u>))	((390, 570), (350, 525))

する．これまでと同じように，セレブの戦略はカッコの左側にタイプC_Aの行動を，右側にタイプC_Bの行動を書く．例えば（A駅，B駅）は「タイプC_AがA駅に立地し，タイプC_BがB駅に立地する」という戦略を表すものとする．同様にファミモの戦略もカッコの左側にタイプF_A，右側にタイプF_Bを書いて表すことにする．また各プレイヤーの利得も同様に表現する．

ここで例として，セレブが（A駅，A駅）を選び，ファミモが（A駅，B駅）を選んだときの各プレイヤーの各タイプの期待利得を求めてみる．まず，セレブのタイプC_Aについて考える．セレブが（A駅，A駅）を選んだということは，セレブがタイプC_AのときはA駅を選ぶことを表している．表10.2より，セレブがタイプC_Aのとき，ファミモがF_Aである確率は$\frac{4}{5}$，F_Bである確率は$\frac{1}{5}$として推測している．ファミモが（A駅，B駅）を選んだということは，F_AはA駅を選び（結果としてセレブのタイプC_Aの利得は450），F_BがB駅を選ぶ（結果としてセレブのタイプC_Aの利得は600）．これからセレブがタイプC_Aのときの期待利得は，

$$\frac{4}{5} \times 450 + \frac{1}{5} \times 600 = 360 + 120 = 480$$

である．同様にセレブのタイプC_B，ファミモのF_A，F_Bについて期待利得を求めると420，550，600となる．

図10.7は，ベイズナッシュ均衡を求めるための利得行列である．一番上の行の左から2番目のセルを見てみよう．ここはセレブが（A駅，A駅），ファミモが（A駅，B駅）を選んだ場合であり，上で求めた利得に相当している．((480, 420), (550, 600))は，左側のカッコ（480, 420）がセレブのタイプC_AとタイプC_Bの利得を，右側のカッコ（550, 600）はファミモのタイプF_AとF_Bの利得を表している．

ベイズナッシュ均衡を求めてみよう．これまでと同じように，すべてのプレイヤーのすべてのタイプに対して，相手プレイヤーのすべての戦略に対する最適反応戦略を求め，下線を引いていけばよい．図10.8がこの結果を表している．これからベイズナッシュ均衡は「セレブが（A駅，A駅）を選び，ファミモが（B駅，B駅）を選ぶ」と「セレブが（B駅，B駅）を選び，ファミモが（A駅，A駅）を選ぶ」の2つであることが分かる．

演習問題

演習10.1　図10.9に示されている2つの利得行列の組に関して，プレイヤー1のタイプに対する事前確率が以下のように与えられているとき，ベイズナッシュ均衡を求めよ．混合戦略は考えなくてよい．

問1　利得行列の組1に対して，プレイヤー1のタイプがタイプAである確率が$\frac{1}{3}$，タイプBである確率が$\frac{2}{3}$であるとき．

問2　利得行列の組2に対して，プレイヤー1のタイプがタイプAである確率が$\frac{1}{4}$，タイプBである確率が$\frac{3}{4}$であるとき．

問3　利得行列の組2に対して，プレイヤー1のタイプがタイプAである確率が$\frac{1}{2}$，タイプBである確率が$\frac{1}{2}$であるとき．

演習10.2　図10.9に示されている利得行列の組1と2に関して，プレイヤー1がタイプAである確率がp，タイプBである確率が$1-p$であるとしたとき，ベ

図10.9 ベイズナッシュ均衡を求めよ

利得行列の組1
1）プレイヤー1がタイプAの場合

1 \ 2	x_2	y_2
x_1	(1, 3)	(0, 6)
y_1	(2, 12)	(1, 9)

2）プレイヤー1がタイプBの場合

1 \ 2	x_2	y_2
x_1	(2, 9)	(1, 12)
y_1	(1, 6)	(0, 3)

利得行列の組2
1）プレイヤー1がタイプAの場合

1 \ 2	x_2	y_2
x_1	(6, 12)	(0, 0)
y_1	(0, 0)	(3, 24)

2）プレイヤー1がタイプBの場合

1 \ 2	x_2	y_2
x_1	(6, 12)	(3, 0)
y_1	(0, 0)	(0, 24)

イズナッシュ均衡をpの大きさに場合分けして求めなさい．混合戦略は考えなくてよい．

演習10.3 恋人同士のMちゃんとK君は，大のラーメン好きである．毎週，日曜日12:00は，こってりラーメンの「コッテリ軒」かあっさりラーメンの「あっさり亭」かどちらかにラーメンを食べに行っている．さて今週はMちゃんの携帯が壊れてしまい，どちらの店に行くか連絡がとれなくなった．2人は相手の行動が分からないまま，12:00にどちらかの店の前に行って待ち合わせをしなければならない．

付き合って間もないK君は，Mちゃんがこってりラーメンが好きかあっさりラーメンが好きかよく分からない．ここでこってりラーメンが好きなMちゃんをタイプA，あっさりラーメンが好きなMちゃんをタイプBとする．なおK君はあっさりラーメンが好きで，それをMちゃんは知っている．

Mちゃんは K君に会うよりも好きなラーメンを食べることが大切で，でも K君と会えれば嬉しい．K君はMちゃんと会うことが優先で，できればあっさりラーメンを食べたい．2人の利得は，好みの順に3，2，1，0であり，以下のようになっている．

- 2人が「コッテリ軒」を選べば，Mちゃんの利得はタイプAでは3，タイプBでは1，K君の利得は2．

図10.10　MちゃんとK君のラーメン屋待ち合わせゲーム

1）MちゃんがタイプAの場合

Mちゃん \ K君	コッテリ軒	あっさり亭
コッテリ軒	(3, a)	(2, c)
あっさり亭	(0, b)	(1, d)

2）MちゃんがタイプBの場合

Mちゃん \ K君	コッテリ軒	あっさり亭
コッテリ軒	(e, 2)	(g, 1)
あっさり亭	(f, 0)	(h, 3)

- 2人が「あっさり亭」を選べば，Mちゃんの利得はタイプAでは1，タイプBでは3，K君の利得は3．
- Mちゃんが「コッテリ軒」を，K君が「あっさり亭」を選べば，Mちゃんの利得はタイプAでは2，タイプBでは0，K君の利得は1．
- Mちゃんが「あっさり亭」を，K君が「コッテリ軒」を選べば，Mちゃんの利得はタイプAでは0，タイプBでは2，K君の利得は0．

問1　このゲームを表した図10.10の利得行列の組に対して，aからhまでの部分の利得を埋めなさい．

問2　K君はMちゃんがタイプAである確率を$\frac{1}{2}$，タイプBである確率を$\frac{1}{2}$と見ているとき，ベイズナッシュ均衡を求めなさい．

問3　K君はMちゃんのタイプを半々と見ているにもかかわらず，あっさり亭を選ぶのはなぜか．

問4　MちゃんがタイプAである確率がいくつ以上のときに，K君はコッテリ軒を選ぶことが均衡となるか（均衡が複数あるときも含む）．

演習10.4　今，あなたがあるクイズ番組に出演して，最終段階まで残っていて，賞金1000万円がかかっているとしよう．問題は「中央競馬にワナという名前の馬がいたが，この馬の母はどんな名前か」という4択である．4つの選択肢は，

　　(1)メロンパン　　(2)ロバノパンヤ
　　(3)ナゾ　　　　　(4)モットヒカリヲ

である．ここであなたは(1)のメロンパンを選んだ．

さてこのクイズでは，選択肢を選んだ後に自分が選んでいない3つの選択肢のうち誤っている2つがランダムに消えて，残った選択肢からもう一度選び直せる「50-50」という権利を1回だけ使うことができる．あなたはその権利を

まだ使っていなかったので，迷わずその権利を行使した．すると選択肢(3), (4)が消え，(1)のメロンパンと(2)のロバノパンヤが残った．正解は(1)か(2)かどちらかである．司会者があなたに問いかける．「今なら選び直せますよ，(1)にとどまりますか，それとも(2)に変えますか？ 1000万円は目の前です．最終解答を！」

どこかで聞いたことがあるこの問題．授業では変えたほうがよいと習ったはずだ，しかし……？ この問題をベイズの定理で考えてみよう．なお正解が(1)であるときに，「50-50」で(2), (3), (4)が最終的に残る確率は同じであり，それぞれ $\frac{1}{3}$ とする（なおこの問題は，有名なクイズ番組に似てはいるが，その番組の「50-50」では，解答者の意思に関係なく4つの選択肢のうち2つが残る．この問題では，先に解答者が1つの選択肢を選んで，それ以外の選択肢の2つが消えるという違いに注意せよ）．

問1 競馬を知らないあなたはどれが答えか全く分からず，4つの選択肢が正解である確率は事前には $\frac{1}{4}$ であったとしよう．このとき，とどまって(1)にしたときと変えて(2)にしたときの正解の確率を求め，とどまったほうがよいか，変えたほうがよいか考察せよ．

問2 競馬を知っているあなたは，正解は(1)だろうと推測していたとし，(1)が正解である確率が0.7，他の3つが正解である確率はそれぞれ0.1ずつであると事前に推測していたとしよう．この場合はどうなるか．

問3 事前の段階で，(1)が正解である確率を p，他の3つが正解である確率はそれぞれ $\frac{1}{3}(1-p)$ ずつであると考えたとする．p がいくつ以上ならとどまったほうがよいか（確率が同じならとどまるとする）．

問4 事前の段階で「確かロバノパンヤはオスだよな……」と思い「ロバノパンヤ」は答えではないと考えていたとしよう．他の選択肢は，どれが正しいか全く分からなかったとする．ここでロバノパンヤが正解である確率を p とし，他の3つが正解である確率はそれぞれ $\frac{1}{3}(1-p)$ ずつであると考えたとする．p がいくつ以下ならとどまったほうがよいか．

演習10.5 本章の定義10.2において，ベイズナッシュ均衡は「すべてのプレイヤーのすべてのタイプが，他の戦略に変更しても利得が高くならない」ような戦略の組とした．ベイズナッシュ均衡はもう1つの定義がある．それは各プレ

図10.11　もう1つのベイズナッシュ均衡の定義

セレブ ＼ ファミモ	A駅	B駅
(A駅, A駅)	(550, 350)	(600, 600)
(A駅, B駅)	(650, 450)	(700, 300)
(B駅, A駅)	(500, 500)	(550, 550)
(B駅, B駅)	(600, 600)	(650, 250)

図10.3では (750, 450) と書かれていた利得が，各タイプの実現確率による期待利得に変わっている．
$\frac{1}{3} \times 750 + \frac{2}{3} \times 450 = 550$

イヤーが，自分のタイプについて事前の確率で期待利得を計算し，「すべてのプレイヤーが，他の戦略に変更してもその期待利得が高くならない」ような戦略の組とする定義である．**モデル34**と図10.3を使ってこれを説明しよう．

モデル34においてセレブの戦略が（A駅，A駅）（両タイプともA駅を選び），ファミモの戦略がA駅のとき，セレブがタイプAであれば利得は750であり，タイプBであれば利得は450であった．図10.3の左の一番上のカッコの左側の (750, 450) はそれを表している．

セレブがタイプAとタイプBである事前確率はそれぞれ$\frac{1}{3}$と$\frac{2}{3}$としている．もしここでセレブが自分のタイプをまだ知らないとして，上記の確率で自分のタイプを推測しているとしよう．この場合，セレブの期待利得は，

$$\frac{1}{3} \times 750 + \frac{2}{3} \times 450 = 550$$

となる．

このように，セレブはまだ自分のタイプについて事前確率で推測しているとするならば，セレブの利得をタイプに分けずに1人のプレイヤーの期待利得としてまとめて捉えることができる．このようにして利得行列を考えると，図10.11のような利得行列が得られる．

図10.11のナッシュ均衡を求めると，図10.3と図10.4で定義10.2に従って求めたベイズナッシュ均衡と一致し，「セレブは（A駅，B駅）（タイプAがA駅に，タイプBがB駅に立地する）を選択し，ファミモはA駅を選ぶ」という結果になる．

この別の定義によるベイズナッシュ均衡は，すべてのタイプが起きる確率が正であるならば，定義10.2と同値であることが知られている．期待利得を計算

第10章　不完備情報の戦略形ゲーム　397

する手間がかかるが，計算が終わると均衡の求め方は通常のナッシュ均衡と同じなので，煩雑にならない．

この定義を用いて，モデル35，モデル41，演習10.1のベイズナッシュ均衡を求めよ．

解答

演習10.1 問1 $((y_1, x_1), y_2)$　　問2 $((x_1, x_1), x_2)$　　問3 $((x_1, x_1), x_2)$, $((y_1, x_1), y_2)$

演習10.2 問1 $0 \leq p < \frac{1}{2}$ のとき $((y_1, x_1), y_2)$, $p = \frac{1}{2}$ のとき $((y_1, x_1), x_2)$, $((y_1, x_1), x_2)$, $\frac{1}{2} < p \leq 1$ のとき $((y_1, x_1), x_2)$　　問2 $0 \leq p < \frac{1}{3}$ のとき $((x_1, x_1), x_2)$, $\frac{1}{3} < p \leq 1$ のとき $((x_1, x_1), x_2)$, $((y_1, x_1), y_2)$

演習10.3 問1 $a=2, b=0, c=1, d=3, e=1, f=2, g=0, h=3$　　問2 K君はあっさり亭へ行き，MちゃんはタイプAがコッテリ軒へ，タイプBがあっさり亭へ行く．　　問3 K君はMちゃんが来る確率が半々ならば，自分の好きなあっさり亭を選ぶから．　　問4 $p \geq \frac{3}{4}$

演習10.4 問1 とどまったときに正解する確率は $\frac{1}{4}$，変えたときに正解する確率は $\frac{3}{4}$ なので，変えたほうがよい．　　問2 とどまったときに正解する確率は $\frac{7}{10}$，変えたときに正解する確率は $\frac{3}{10}$ なので，とどまったほうがよい．　　問3 $p \geq \frac{1}{2}$　　問4 $p \leq \frac{1}{10}$

演習10.5 略

第11章

不完備情報の展開形ゲーム

ここまで完備情報の戦略形ゲームと展開形ゲームについて学び，前章では不完備情報の戦略形ゲームについて学んだ．非協力ゲームの最後として，この章では不完備情報の展開形ゲームを学ぶ．不完備情報ゲームでは，各プレイヤーは他のプレイヤーが知らない個人情報を持っており，確率によって相手の持つ個人情報を推測して，その期待値によって行動を決める．相手の行動を観察した後で自分の行動を決める展開形ゲームでは，もう1つ別の要素が加わる．それは他のプレイヤーの行動を見ることによって，そのプレイヤーの持つ個人情報を推測できる（それまでの推測確率を更新できる）という点である．端的に言えば，相手の行動が相手の情報を運ぶということである．

11.1 不完備情報の展開形ゲームと完全ベイズ均衡

11.1.1 不完備情報の展開形ゲームの表現

不完備情報ゲームの展開形ゲームを考えるために，次のような例を考えてみよう．

> **モデル42 麗華の転職**
> 中国雑貨を中心に輸入品を販売している「美家」に勤める麗華は，現在の給与や待遇に不満を持っており，同じ輸入販売店である「阿季家」への転職を考えている．阿季家も新しく中国で開始する事業のために，中国語に堪能な人材を必要としており，もし麗華が中国語の能力が高いなら良い処遇で迎えたいと考えている．しかし美家に勤めていても，必ずしも中国

語の能力が堪能とは限らない．もし麗華が中国語の能力が高ければ，麗華は美家から年給1000万円を，低ければ800万円をもらっているはずだが，阿季家はそれは分からないとする．

ここで阿季家は麗華が中国語能力が高い確率を$\frac{1}{4}$，低い確率を$\frac{3}{4}$と推測しているとし，麗華もそれを知っているとしよう．ここで麗華は，現在勤めている美家に残るか，転職して阿季家に移るかを先に決めるとする．麗華が，もし転職することを決めた場合は，阿季家は年給1100万円か，900万円かのどちらの給料を支払うか決める．

ここで麗華の中国語能力が高いときは，年給1100万円で転職できればモチベーションも高まり，年間1500万円の価値を阿季家にもたらすものとする．しかし900万円で転職した場合は，モチベーションが下がり年間1200万円の価値しかもたらさない．もし麗華の能力が低ければ，提示された給料にかかわらず950万円の価値を阿季家にもたらすとする．阿季家の利得は，麗華がもたらす価値から，支払う給料を差し引いたものとし，麗華の利得は，給料であるとする．2者ともリスク中立的であると考える．

麗華は能力が高いときと低いときでそれぞれどのような行動を選び，阿季家は高い賃金と低い賃金のどちらを提示するだろうか．

問題を整理してみよう．もし麗華の中国語能力が高い場合，阿季家が高い給料（1100万円）を支払うならば，麗華は転職したほうがよく（現在の給料は1000万円），阿季家が低い給料（900万円）を支払うならば，麗華は転職をしないほうがよい．これに対し，麗華の中国語能力が低い場合は，阿季家の支払う給料が高くても低くても，麗華は転職したほうがよい．

このゲームは麗華の能力が個人情報となっており，麗華はそれは自分では分かるが，相手の阿季家は分からない不完備情報ゲームである．**モデル42**をゲームの木で表すと図11.1のようになる．

図11.1は，不完備情報の展開形ゲームである．v_{21}とv_{22}は阿季家の意思決定点を表しており，H_2という情報集合で1つにグループ化されている．これでは阿季家はv_{21}とv_{22}のどちらにいるかを識別できない，すなわち「転職した麗華の能力が高いか低いかを判別できない」ということを表している．一方，麗

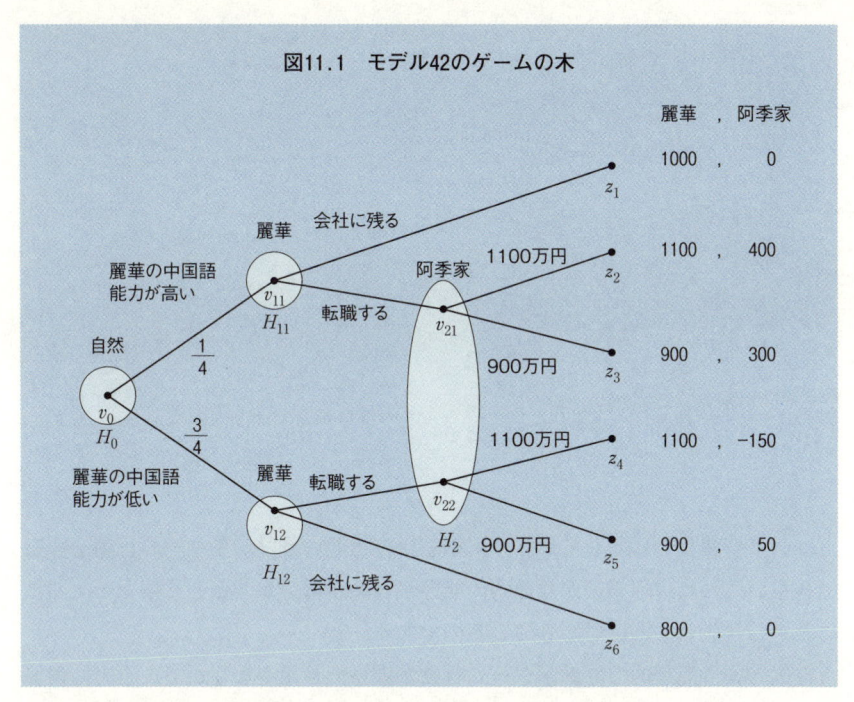

図11.1 モデル42のゲームの木

[図: 自然 v_0 (H_0) から確率 $\frac{1}{4}$ で「麗華の中国語能力が高い」v_{11} (H_{11})、確率 $\frac{3}{4}$ で「麗華の中国語能力が低い」v_{12} (H_{12}) へ分岐。

v_{11} から「会社に残る」→ z_1: (1000, 0)、「転職する」→ v_{21} へ。v_{21} から1100万円 → z_2: (1100, 400)、900万円 → z_3: (900, 300)。

v_{12} から「転職する」→ v_{22}、「会社に残る」→ z_6: (800, 0)。v_{22} から1100万円 → z_4: (1100, −150)、900万円 → z_5: (900, 50)。

v_{21} と v_{22} は情報集合 H_2 に属する。利得は (麗華, 阿季家)。]

華の意思決定点である v_{11} と v_{12} は H_{11} と H_{12} という異なる情報集合に属していて，麗華は v_{11} と v_{12} のどちらにいるかが分かることになっている．これは麗華自身は，自分が能力が高いタイプか低いタイプかが分かることを表している．初期点の v_0 は，自然と呼ばれる仮想的なプレイヤーの意思決定点である．

不完備情報の展開形ゲームは，以下のような特徴を持っている．

初期点と自然　不完備情報の展開形ゲームは，プレイヤーのタイプが確率的に実現することを，初期点で自然と呼ばれる仮想的なプレイヤーが混合戦略を選ぶことによって，表現する．図11.1では，麗華の能力が高いタイプか低いタイプかを，自然が確率 $\frac{1}{4}$ と $\frac{3}{4}$ で選んでいる．

個人情報と情報集合　不完備情報の展開形においては，各プレイヤーが持つ個人情報を，自然の行動を観察できるかどうかで表現する．図11.1においては，麗華の意思決定点は異なる情報集合に属しており，麗華は自然というプレイヤーの行動を観察できる．これは「麗華の能力が高いか低いかという情報を，麗華が知ることができる」ことに対応している．一方，阿季家の意思決定

図11.2 モデル34の展開形ゲームによる表現

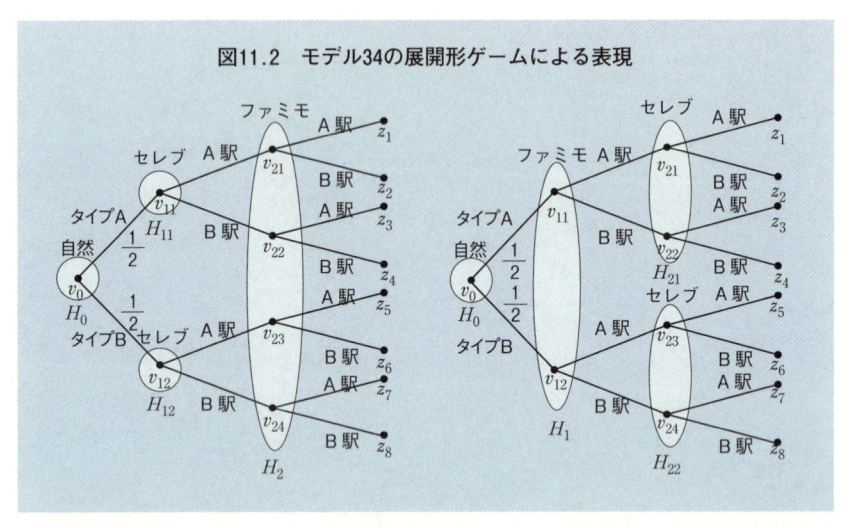

点は同じ情報集合に属しており，阿季家は自然というプレイヤーの行動を観察できない．これは阿季家が「麗華の能力が高いか低いか」という情報を，知ることができないことに対応しているのである．

自然という仮想的なプレイヤーの行動が観察できたかどうかで，不完備情報を表現するという方法は，少ない原理で多くを説明するゲーム理論の特徴をよく表している．「各個人の情報が分からない」と「相手がどのような行動をしたか分からない」という一見すると全く違う状況を，別々に表現して考えるのではなく，共通の概念で表現することで，両方の状況を共通した原理で扱うことができる．

このことを明確にさせるために前章で扱った**モデル34**を展開形ゲームで表現してみよう．**モデル34**は２人のプレイヤーが同時に行動する戦略形ゲームであったが，戦略形ゲームは先手の行動を後手が観察できないとすることで展開形ゲームに変換できる（第７章）．図11.2は，**モデル34**を展開形ゲームで表現したものである．左の図はセレブを先手に，右の図はファミモを先手にして描いたもので，両方とも同じゲームを表している．

図11.2のゲームの木は，２つとも以下のような特徴を持っている．

- 初期点では自然が，セレブのタイプがタイプAかタイプBかを選んでいる．

- セレブは，自然の行動は観察できるが，ファミモの行動は観察できない．
- ファミモは，自然の行動もセレブの行動も観察できない．

このように自然という仮想的なプレイヤーをうまく使うことで，不完備情報ゲームはすべて表現できるのである．

11.1.2 不完備情報展開形ゲームの解の考え方

さて不完備情報展開形ゲームの解は，どのようなものになるのか考えてみる．このためには**モデル42**の図11.1だけでは説明しきれない部分が生じるので，このゲームと形は同じであるが利得を変えた図11.3で考えてみたい．

図11.3は，プレイヤー1と2の2人不完備情報ゲームである．まず最初に自然がプレイヤー1のタイプがタイプAかタイプBかを選ぶ．プレイヤー1はタイプAかタイプBかを知った上で，x_1かy_1かを選ぶ．プレイヤー1がx_1を選べば，そこでゲームは終わりである．y_1が選ばれれば，次にプレイヤー2がx_2かy_2を選んでゲームは終わる．ただしy_1が選ばれたとき，プレイヤー2はそれがタイプAによって選ばれたのか，タイプBによって選ばれたのかは分からない．

展開形ゲームにおける戦略（行動戦略）とは，「各プレイヤーが各情報集合で，どのような行動を選ぶかをすべて表したもの」であった（自然はプレイヤーから除く）．また不完備情報ゲームの戦略形では，「各プレイヤーの各タイプがどのような行動を選ぶかをすべて記したもの」であった．この2つの考え方は，不完備情報の展開形では一致している．図11.3において，「プレイヤー1のタイプAとタイプBがそれぞれどの行動を選ぶか」を表すことは，「プレイヤー1が情報集合H_{11}とH_{12}のそれぞれで，どの行動を選ぶか」ということに対応している．またプレイヤー2は情報集合H_2で1つの行動を選ぶ．v_{21}とv_{22}で同じ行動しか選べないことに注意が必要である．

ここでプレイヤー1の戦略として「H_{11}ではy_1を選び，H_{12}でx_1を選ぶ」（タイプAはy_1を選び，タイプBはx_1を選ぶ），プレイヤー2の戦略として「H_2でx_2を選ぶ」という組合せを考え，この戦略の組がゲームの解として適当かどうかを検討してみよう[1]．この戦略の組をゲームの木に書き表すと図11.4のようになる．

図11.3 不完備情報展開形ゲームの解を考えるための例

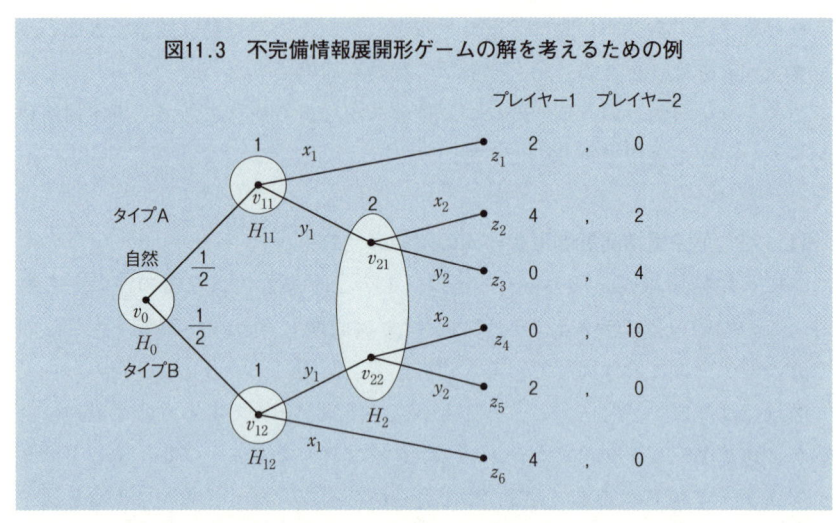

図11.4 ゲームの解かどうかを検討する

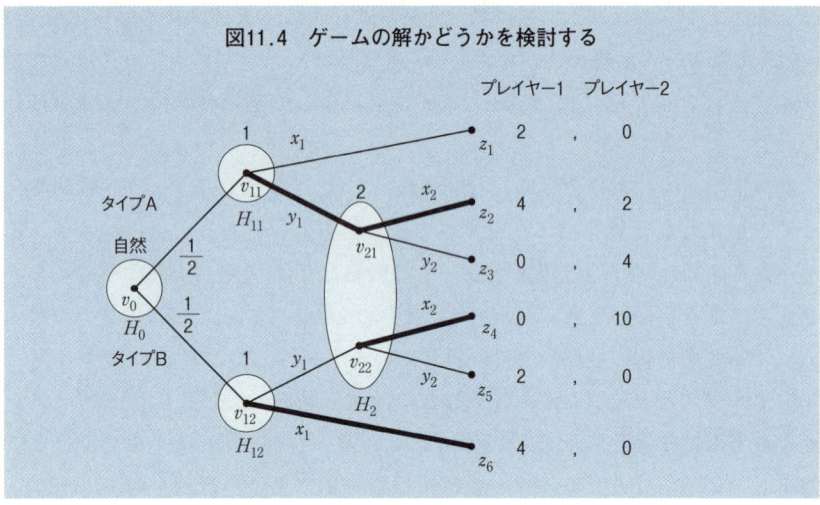

　第10章で習った不完備情報の戦略形ゲームの解であるベイズナッシュ均衡は，「すべてのプレイヤーのすべてのタイプが，（他のプレイヤーの戦略はそのままで）その戦略で選んでいる行動を他の行動に変更しても期待利得が高くな

1）第7章で展開形ゲームの解は部分ゲーム完全均衡であることを学んだが，この考え方との関係については後に検討する．

らない」ような戦略の組合せであった．そこで，この戦略の組がこの条件を満たすかどうか考えてみよう．

まずプレイヤー1のタイプA（情報集合H_{11}）を考える．H_{11}において（プレイヤー2の戦略x_2はそのままで）現在の行動y_1を選んだときの利得は4であり，これを別の行動x_1に変えると利得は2に下がる．したがって，プレイヤー1のタイプAはH_{11}で最適反応戦略を選んでいる．次にプレイヤー1のタイプB（情報集合H_{12}）において，（プレイヤー2の戦略x_2はそのままで）現在の行動x_1を選んだときの利得は4であり，これを別の行動y_1に変えると利得は0に下がる．プレイヤー1のタイプBもH_{12}で最適反応戦略を選んでいる．

残るはプレイヤー2であるが，ここで困ったことが起きる．プレイヤー2の情報集合H_2においては，プレイヤー2がx_2を選んだときとy_2を選んだときの期待利得を計算しなければならない．しかし，プレイヤー2はH_2において，v_{21}で行動しているか，v_{22}で行動しているかが分からない．もしプレイヤー2がv_{21}で行動していると考えていれば，現在x_2から得られる利得は2で，y_2に行動を変えれば利得は4であるから，現在の戦略は最適な戦略とは言えない．一方，プレイヤー2がv_{22}で行動していると考えていれば，現在x_2から得られる利得は10で，y_2に行動を変えれば利得は0である．したがって，この場合は現在の戦略は最適反応戦略である．

この問題を解決するために不完備情報の展開形ゲームでは，「各プレイヤーはすべての情報集合において，どの意思決定点にどのような確率でいるかを推測している」と考えて，ゲームの解を考えるときは，その推測を付加して考える．この推測を**信念**（belief）と呼ぶ．不完備情報展開形ゲームの解は，戦略の組合せだけでなく，信念も加えた組合せに対して定義されると考えるのである．

ポイント68　不完備情報展開形ゲームの解

不完備情報展開形ゲームの解は，戦略の組合せ（各プレイヤーが各情報集合でどのような行動を選ぶかをすべて記したもの）と信念（各プレイヤーがすべての情報集合において，どの意思決定点が実現するかの確率的推測）の2つの組合せに対して定義される．

表11.1 戦略と信念の組合せ1

プレイヤー1	H_{11}	y_1 を選択
	H_{12}	x_1 を選択
プレイヤー2	H_2	x_2 を選択
信念	H_2	v_{21} である確率が $\frac{1}{2}$
		v_{22} である確率が $\frac{1}{2}$

　ここで情報集合H_2における信念を，どのように考えればよいかが問題である．自然が各タイプに割り振る確率をそのまま使う方法が1つの方法かもしれない．すなわち，H_2においてv_{21}はタイプAが，v_{22}はタイプBが到達する点であるから，v_{21}とv_{22}が実現する確率は$\frac{1}{2}$ずつであると考えるということである．この戦略と信念の組合せは表11.1で表される[2]．

　表11.1に従って，改めてプレイヤー2が最適反応戦略を選んでいるかどうかを検討する．プレイヤー2の情報集合H_2において，プレイヤー2が現在のx_2を選択したときの期待利得は，

$$\frac{1}{2} \times 2 + \frac{1}{2} \times 10 = 6$$

プレイヤー2がy_2を選択したときの期待利得は，

$$\frac{1}{2} \times 4 + \frac{1}{2} \times 0 = 2$$

となる．したがって現在の戦略が最適である．

　上記のことだけを考えれば，表11.1はゲームの解のように思える．**しかし表11.1は2人が考え抜いて到達したゲームの結果の予測としては，おかしな点がある．**どこがおかしいのだろうか？

---

2) 信念は，厳密にはすべての情報集合に対して定義される．よって情報集合に1つの意思決定点しかない場合は，その意思決定点が確率1で起きると考える．図11.4においても，厳密には「プレイヤー1はH_{11}においてv_{11}にいる確率を1と考えている．またプレイヤー1はH_{12}においてv_{12}にいる確率を1と考えている」という信念も記述しなければならない．しかしこれは冗長であるので書かない．本書では情報集合に2つ以上の意思決定点があるときのみ，信念を記すことにする．

11.1.3 整合的な信念と完全ベイズ均衡

表11.1における信念は，図11.4に与えられた戦略の組合せと「整合的」ではない．すなわち与えられた戦略の組合せでは，プレイヤー1はH_{11}ではy_1を選択し，H_{12}ではx_1を選択しているのだから，ゲームはv_{22}に到達する可能性はない．したがって，情報集合H_2においては，v_{21}である確率が1，v_{22}である確率が0でなければおかしい．

ゲームの解とは，すべてのプレイヤーがお互いに考え抜き，ゲームが起きる結果として予測される点であった．表11.1で予測した戦略と，情報集合でどちらの点にどの確率でいるかという信念が矛盾しているのであれば，表11.1は各プレイヤーが考え抜いたゲームの結果とは言えないだろう．

不完備情報ゲームの展開形ゲームの解では，予測された戦略と信念の組合せは整合的でなければならないと考える．このような戦略と信念の組合せを，**完全ベイズ均衡**（perfect Bayesian equilibrium）と呼ぶ．完全ベイズ均衡は不完備情報ゲームの解である．

定義 11.1（完全ベイズ均衡）

すべてのプレイヤーの戦略と信念の組合せが以下の2つを満たすとき，完全ベイズ均衡[3]と呼ぶ．

逐次合理性の条件 すべてのプレイヤーは，すべての情報集合において，与えられた戦略と与えられた信念によって期待利得を計算すると，その戦略で与えられた行動は，他のどんな行動と比較しても期待利得を最大にしている．すなわち戦略は，与えられた信念の下で最適反応戦略である．

整合性の条件 すべてのプレイヤーのすべての情報集合において，与えられた信念は，与えられた戦略と整合的である．

逐次合理性（sequential rationality）の条件は，ゲームのどんな情報集合においても，もし新しいゲームがその情報集合から始まると考えれば，現在の戦略が（他のプレイヤーの戦略が与えられた下で），期待利得を最大にしていな

---

3) 本書で完全ベイズ均衡と呼ぶものは，一般的には「弱完全ベイズ均衡」と呼ばれる均衡概念である．

図11.5 整合的な信念

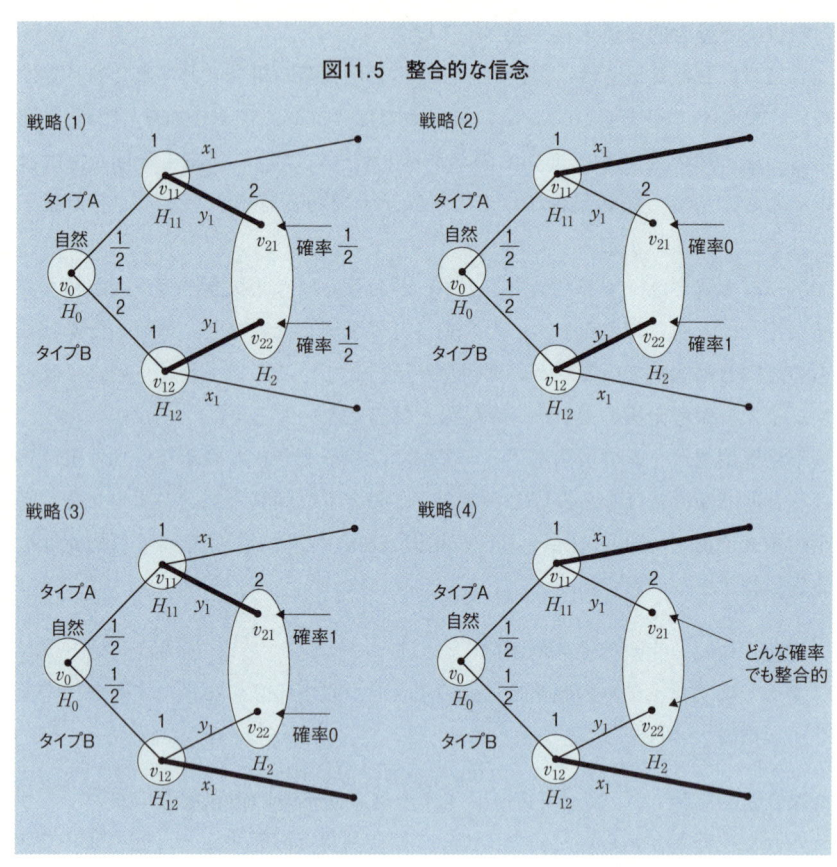

戦略(1)／戦略(2)／戦略(3)／戦略(4)の4つのゲームの木が示されており、それぞれ自然の分岐（$\frac{1}{2}$, $\frac{1}{2}$）を経てタイプA（v_{11}, 情報集合H_{11}）とタイプB（v_{12}, 情報集合H_{12}）に分かれ、プレイヤー1の行動x_1, y_1、およびプレイヤー2の情報集合H_2（v_{21}, v_{22}を含む）が描かれている。

- 戦略(1)：v_{21}の確率$\frac{1}{2}$、v_{22}の確率$\frac{1}{2}$
- 戦略(2)：v_{21}の確率0、v_{22}の確率1
- 戦略(3)：v_{21}の確率1、v_{22}の確率0
- 戦略(4)：どんな確率でも整合的

ければならない，とする条件である．このとき，情報集合が複数の点を含むときは，プレイヤーがどの点で行動しているかによって最適な戦略は異なることがある．戦略だけを考えずに，各情報集合でプレイヤーがどの点で行動しているかという「信念」を一緒に考えることで，情報集合が複数の点を含むときも，期待利得を最大にする戦略を特定化することができるのである．**整合性**（**consistency**）の条件は，「この信念は，適当に与えられるものではなく，予測される戦略と一貫していなければならない」とするものである．

ところで，どのような信念がどのような戦略と整合的と言えるのであろうか．一般的な定義は少し難しく，ここでは正確に定義しない（11.3.1で詳しく扱う）．先ほどのゲームの木に限って，プレイヤー1の戦略に対するプレイ

ヤー2の整合的な信念とはどのようなものかを考えてみる．プレイヤー1がH_{11}とH_{12}で選択する行動の組合せは4通りあるのでプレイヤー1の戦略は4つある．この4つの戦略に対してプレイヤー2の整合的な信念は以下の通りである．（図11.5）．

戦略(1)：H_{11}とH_{12}でy_1を選択　　　v_{21}である確率が$\frac{1}{2}$, v_{22}である確率が$\frac{1}{2}$
戦略(2)：H_{11}でx_1, H_{12}でy_1を選択　　v_{21}である確率が0, v_{22}である確率が1
戦略(3)：H_{11}でy_1, H_{12}でx_1を選択　　v_{21}である確率が1, v_{22}である確率が0
戦略(4)：H_{11}とH_{12}でx_1を選択　　　どんな確率でも整合的

戦略(1)では，両タイプの選択結果が共にH_2に到達するので，v_{21}とv_{22}の実現する確率は，それぞれのタイプが起きる事前の確率と同じであると考えられる．したがって，この場合は両方の点が実現する確率は$\frac{1}{2}$である（半々という意味ではなく，タイプが実現する確率）．戦略(2)と戦略(3)では，一方のタイプの選択しかH_2に到達しないので，到達するタイプの選択が実現する点の確率が1，到達しないタイプの点の確率は0である．

問題は戦略(4)で，このケースでは情報集合H_2に到達することはない．各点の実現する確率はどちらも0であると言えそうだが，それは誤りである．信念とは「その情報集合が起きたという条件の下でどの意思決定点が実現しているか」という確率であるので，情報集合内の意思決定点の予測確率をすべて加えると1になっていなければならない．戦略(4)では「与えられた戦略の組合せでは情報集合H_2に到達することはないが，もしこれが実現するとしたならば，どのような確率で2つの点が実現すると考えるべきか」を与えなければならないのである．したがって，この場合は「どのような確率でも整合的である」と考える．

表11.1で与えられた戦略と信念の組合せは，信念と戦略が整合的ではなかった．したがって完全ベイズ均衡ではない．与えられた戦略に信念が整合的であるには，H_2においてv_{21}が実現する確率が1でなければならない．そこでそのように信念を変えたものが，完全ベイズ均衡であるかどうかを調べてみよう．表11.2は，そのような戦略と信念の組合せを表している．

情報集合H_2において，この信念の下でプレイヤー2が現在のx_2を選択したときの期待利得は，

第11章　不完備情報の展開形ゲーム　409

表11.2　戦略と信念の組合せ2

プレイヤー1	H_{11}	y_1を選択
	H_{12}	x_1を選択
プレイヤー2	H_2	x_2を選択
信念	H_2	v_{21}である確率が1
		v_{22}である確率が0

$$1 \times 2 + 0 \times 10 = 2$$

プレイヤー2がy_2を選択したときの期待利得は，

$$1 \times 4 + 0 \times 0 = 4$$

である．端的に言えば，プレイヤー2はv_{21}である確率が1であるという信念を持っているならばv_{21}だけを考えて選択すればよく，その場合はx_2を選べば利得は2，y_2を選べば利得は4である．プレイヤー2はx_2よりy_2に変えたほうが利得が高くなり，期待利得を最大にしていない．表11.2は，整合性の条件を満たすが，逐次合理性の条件を満たさない．表11.2も完全ベイズ均衡ではない．

それでは，完全ベイズ均衡はどのようなものになるのだろうか．このゲームでは，表11.3が完全ベイズ均衡となる．ゲームの木に書き表すと図11.6となる．

表11.3（図11.6）で与えられた戦略と信念の組が完全ベイズ均衡であることを確かめてみよう．まずプレイヤー1の情報集合H_{11}（タイプA）では，（プレイヤー2の戦略y_2はそのままで）x_1を選んだときの利得は2であり，これをy_1にすると0に下がる．プレイヤー1はH_{11}で最適反応戦略を選んでいる．次にプレイヤー1の情報集合H_{12}（タイプB）では，（プレイヤー2の戦略はそのままで）x_1を選んだときの利得は4であり，これをy_1に変えると利得は2に下がる．プレイヤー1はH_{12}でも最適反応戦略を選んでいる．次にプレイヤー2が情報集合H_2において，x_2を選択したときの（与えられた信念における）期待利得は，

表11.3 戦略と信念の組合せ3

プレイヤー1	H_{11}	x_1を選択
	H_{12}	x_1を選択
プレイヤー2	H_2	y_2を選択
信念	H_2	v_{21}である確率が1 v_{22}である確率が0

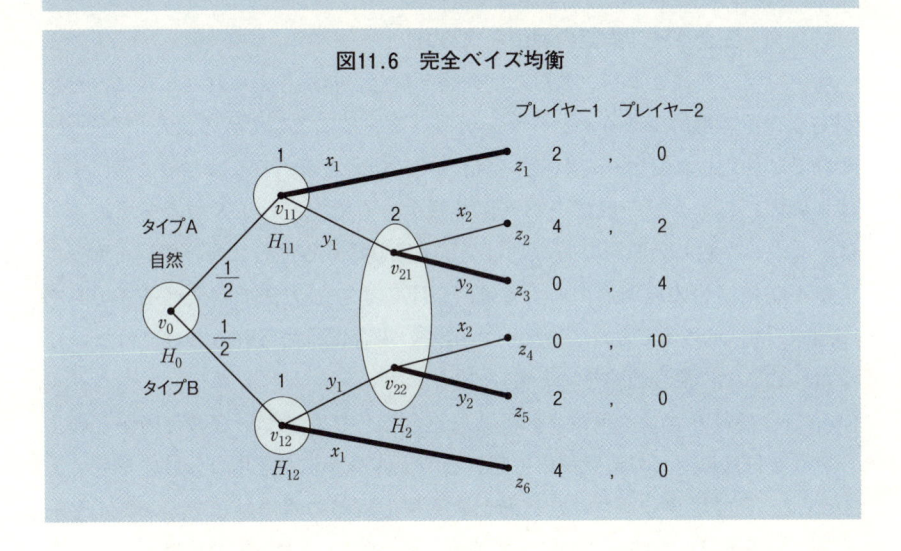

図11.6 完全ベイズ均衡

$$1 \times 2 + 0 \times 10 = 2$$

プレイヤー2がy_2を選択したときの期待利得は，

$$1 \times 4 + 0 \times 0 = 4$$

であるから，この信念の下ではプレイヤー2は最適反応戦略を選んでいる．このことから戦略の組合せは逐次合理性の条件を満たしている．最後に整合性の条件をチェックする．この戦略の組合せでは，両タイプとも情報集合H_2に到達することはない．したがって信念は何であってもよいことになるから，整合性の条件も満たされている（図11.5の戦略(4)の場合に相当する）．

逐次合理性と整合性の条件の2つが満たされているので，表11.3（図11.6）

の戦略と信念の組は完全ベイズ均衡であることが確かめられた．

> **ポイント69　不完備情報展開形ゲームの解：完全ベイズ均衡**
>
> 不完備情報展開形ゲームの解は，逐次合理性の条件と整合性の条件を満たす戦略の組と信念の組合せである．その戦略の組と信念の組合せは完全ベイズ均衡と呼ばれる．

11.1.4　完全ベイズ均衡の簡便な求め方

前項で学んだことより，私たちは戦略と信念の組が与えられたときに，それが完全ベイズ均衡であるかどうかをチェックすることはできるようになった．それでは与えられたゲームから，完全ベイズ均衡を求めるにはどのようにすればよいのだろうか．一般的な不完備情報ゲームで完全ベイズ均衡を求めるのは，なかなか難しい問題である．しかし本書で扱う程度の2人のプレイヤーによる不完備情報の展開形ゲームでは，以下のような方法で完全ベイズ均衡を「おおむね」求めることができる（すべての場合に求められるわけではない）．なお，ここでは混合戦略を考えていない．

Step.1　最後のプレイヤー2の各情報集合で，プレイヤー2の行動がどのような信念に対して最適反応戦略になるか調べ，信念を場合分けする．

Step.2　上で場合分けされた信念と最適反応戦略の組に対して，プレイヤー1の最適反応戦略を求める．さらに，そのプレイヤー1の戦略と整合的な信念を求め，その信念が場合分けの条件と矛盾しないかどうかをチェックする．矛盾しなければ，それが均衡になり，そうでない場合には均衡はない．これをすべての分けられた場合について行う．

先の図11.3について，この方法を適用してみよう（図11.7に，これを図示している）．

まずStep.1として，プレイヤー2の情報集合H_2において，プレイヤー2の行動x_2とy_2がどのような信念に対して最適反応戦略になるか調べて場合分けする．そこで信念を「v_{21}である確率がp，v_{22}である確率が$1-p$」であるとして考える．この信念の下でx_2を選んだときの期待利得は，

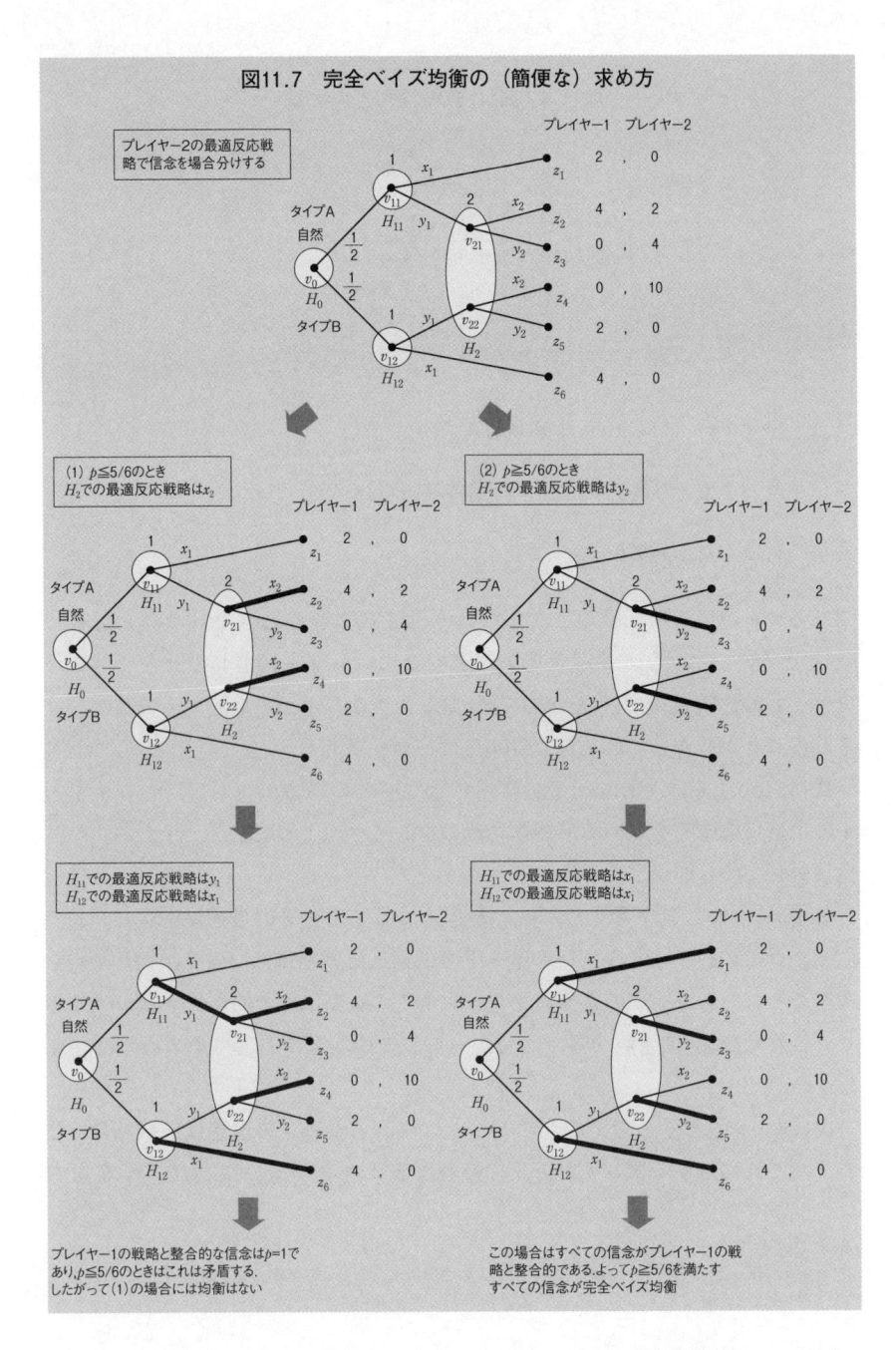

図11.7 完全ベイズ均衡の（簡便な）求め方

プレイヤー2の最適反応戦略で信念を場合分けする

(1) $p \leq 5/6$ のとき H_2 での最適反応戦略は x_2

(2) $p \geq 5/6$ のとき H_2 での最適反応戦略は y_2

H_{11} での最適反応戦略は y_1
H_{12} での最適反応戦略は x_1

H_{11} での最適反応戦略は x_1
H_{12} での最適反応戦略は x_1

プレイヤー1の戦略と整合的な信念は $p=1$ であり、$p \leq 5/6$ のときはこれは矛盾する。したがって(1)の場合には均衡はない

この場合はすべての信念がプレイヤー1の戦略と整合的である。よって $p \geq 5/6$ を満たすすべての信念が完全ベイズ均衡

第11章 不完備情報の展開形ゲーム

表11.4　図11.3の完全ベイズ均衡

プレイヤー1	H_{11}	x_1を選択
	H_{12}	x_1を選択
プレイヤー2	H_2	y_2を選択
信念	H_2	v_{21}である確率がp v_{22}である確率が$1-p$ （ただし$\frac{5}{6} \leq p \leq 1$）

$$p \times 2 + (1-p) \times 10 = -8p + 10$$

プレイヤー2がy_2を選択したときの期待利得は，

$$p \times 4 + (1-p) \times 0 = 4p$$

である．x_2が最適反応戦略となるのは$-8p+10 \geq 4p$のときで，これを解くと$p \leq \frac{5}{6}$となる．またy_2が最適反応戦略となるのは$-8p+10 \leq 4p$のときで，これを解くと$p \geq \frac{5}{6}$となる．したがって，pが$\frac{5}{6}$以上か以下かで最適反応戦略が分けられることが分かった．これでStep.1は終わりである[4]．

次にStep.2では，Step.1で分けられたすべての場合について，プレイヤー1の最適反応戦略を求める．さらにそのプレイヤー1の戦略が，与えられた信念に対して整合的かどうか調べる．

まず$p \leq \frac{5}{6}$のときを考える．このときのプレイヤー2の最適反応戦略はx_2であった．このx_2に対するプレイヤー1の最適反応戦略は，「H_{11}でy_1，H_{12}でx_1を選ぶこと」である．このようなプレイヤー1の戦略に整合的な信念は$p=1$であり，これは$p \leq \frac{5}{6}$に矛盾する．したがって，この場合に完全ベイズ均衡は存在しない．

次に$p \geq \frac{5}{6}$のときを考える．このときのプレイヤー2の最適反応戦略はy_2であり，これに対するプレイヤー1の最適反応戦略は，「H_{11}でx_1，H_{12}でx_1を選ぶ

---

[4］ $p=\frac{5}{6}$ではx_2とy_2が共に最適反応戦略であるだけでなく，x_2とy_2を確率で選択するすべての混合戦略が最適反応戦略であるが，ここでは混合戦略は考えない．

こと」である．このようなプレイヤー1の戦略に対しては，信念は何でもよく，したがって$p \geqq \frac{5}{6}$であれば矛盾しない．

したがって，完全ベイズ均衡は表11.4のように与えられる．

11.3で求めた図11.6の戦略と信念の組が完全ベイズ均衡であることは，これから再度確認することができ，$p=1$のとき，表11.3になることが分かる．

以上のような方法で完全ベイズ均衡は求めることができる．この方法はバックワードインダクションを完全情報ではないゲームに適用する概念の延長線上にあると考えれば理解しやすい．情報集合に2つ以上の意思決定点が存在するときには，バックワードインダクションで解いていこうとしても，単純に「利得が大きい行動」というものを選べない．そこで，信念を導入して期待利得が大きい行動を選ぶようにするのである．すべての行動が決定された後に，導入された信念が整合的かどうかをチェックし，整合的であれば均衡であると考えるわけである．

この方法で解を求める際には，信念の境界値が問題となる．図11.3では$p=\frac{5}{6}$で，どのように考えるかが問題となる．境界値は2つ（以上）の最適反応戦略が存在するので，その両方の最適反応戦略を考える．したがって境界値は，両方の最適反応戦略に属すると考えておく．図11.3の例では$p=\frac{5}{6}$は，最適反応がx_2の場合とy_2の場合の両方に属すると考えて，2つの場合それぞれについて考察する．なお今回は混合戦略を考えなかったが，信念の境界値は混合戦略の均衡点を求めるためのポイントである．図11.3の例では$p=\frac{5}{6}$のときは，x_2とy_2を確率的に選択するすべての混合戦略が最適反応戦略となるのである．この場合は，さらにその（プレイヤー2の）混合戦略の確率がプレイヤー1の最適反応を場合分けするため，求解はさらに複雑になる．

11.1.5 【応用】逆選択

前項の完全ベイズ均衡を求める方法を用いて，**モデル42**（図11.1）の完全ベイズ均衡を求めてみよう．まずStep.1として，情報集合H_2において，阿季家の最適反応戦略によって信念を場合分けする．信念を「v_{21}である確率がp，v_{22}である確率が$1-p$」であるとしよう．この信念の下で，阿季家が1100万円の給料を選んだときの期待利得は，

表11.5 モデル42の完全ベイズ均衡

麗華	H_{11}	会社に残る
	H_{12}	転職する
阿季家	H_2	900万円を支払う
信念	H_2	v_{21}である確率が0 v_{22}である確率が1

$$p \times 400 + (1-p) \times (-150) = 550p - 150$$

阿季家が900万円の給料を選択したときの期待利得は，

$$p \times 300 + (1-p) \times 50 = 250p + 50$$

である．1100万円を支払うことが最適反応戦略となるのは$550p - 150 \geq 250p + 50$のときで，これを解くと$p \geq \frac{2}{3}$となる．また逆に$p \leq \frac{2}{3}$では900万円を支払うことが最適反応戦略となる．これでStep.1は終わりとなる．

次にStep.2を考える．まず$p \geq \frac{2}{3}$のときを考える．このとき阿季家は1100万円を支払う．これに対する麗華の最適反応戦略は，「H_{11}でもH_{12}でも転職する」である．すなわち麗華はどちらのタイプも転職する．しかし，この戦略に整合的な信念は$p = \frac{1}{4}$であるので，$p \geq \frac{2}{3}$に矛盾する．したがって，この場合の完全ベイズ均衡は存在しない．

次に$p \leq \frac{2}{3}$のときを考える．このとき阿季家は900万円を支払う．これに対する麗華の最適反応戦略は，「H_{11}では会社に残り，H_{12}では転職する」である．すなわち麗華は，能力が高いときは会社に残り，能力が低いときは転職する．この戦略に整合的な信念は$p = 0$であり，これは$p \leq \frac{2}{3}$を満たす．したがって，これは完全ベイズ均衡である．

以上から**モデル42**における唯一の完全ベイズ均衡は表11.5となる．

モデル42においては，能力の高い麗華は転職をせず，阿季家は900万円しか給料を支払わないという結果になった．単純に考えると，麗華の能力が高い確率と低い確率が$\frac{1}{4}$と$\frac{3}{4}$であることから，転職してきた麗華に阿季家が1100万円を支払ったときの期待値は，

$$\frac{1}{4} \times 400 + \frac{3}{4} \times (-150) = -12.5$$

900万円を支払ったときの期待値は，

$$\frac{1}{4} \times 300 + \frac{3}{4} \times 50 = 112.5$$

であるから，阿季家が900万円を支払うことは妥当に思うかもしれない．しかし能力が高い麗華が転職すれば，麗華は美家に残るよりも100万円高い利益を得る．阿季家は，能力が高い麗華が転職してきて給料を1100万円を支払うことは，麗華が美家に残るよりも，さらには900万円を支払うよりも良い結果を得る．能力が高い麗華が転職し，それに阿季家が1100万円を支払うことは双方にとって望ましい結果のはずである．

　さらに注意すべき点は，麗華の不確実性は両者にとっての不確実性ではないということである．例えば，麗華自身が自分の能力が分からず自分の価値を半々に見積もっているというのであれば，阿季家はリスクを冒してまで麗華に高い給料を払うべきではないかもしれない．しかし，このケースでは麗華には不確実性はないのである．麗華の能力が高いときには，何とかその情報を正しく阿季家に伝えることができれば，2人にとって良い状態にできるはずだ．これは情報の非対称性が引き起こす問題なのである．

　このような問題を**逆選択**（adverse selection）と呼ぶ．逆選択は，情報の非対称性が存在するために，望ましい良い属性を持ったほうが選択されず，逆に悪い属性を持ったほうのみが市場で選択されてしまうような現象を指す．**モデル42**においては，情報の非対称性が存在するために能力が高い麗華は転職せず，能力の低い麗華のみが転職するという逆選択が起きている．

　逆選択は，ビジネスや日常生活の様々な場面で起きる問題である．例えば，保険において事故率が高いタイプの被保険者のみが多く加入して保険料が高くなり，そのために事故率の低い優良な被保険者がますますその保険に入らない，などは逆選択の例である．逆選択に関する有名な論文は，**アカロフ**（George A. Akerlof）が論じた「レモン市場」の論文（Akerlof（1970））である．レモンは中身が腐っていても外見だけは新しく見えて，良品と粗悪品の区別がつかないことから，中古車の俗語として使われるそうである．中古車市場

では，買い手が良品と粗悪品の区別がつかないという情報の非対称性が存在するため，市場では良品が販売されず，粗悪品のみが選択されるという逆選択の問題が起きる．アカロフの論文は，逆選択の仕組みを明らかにし，情報の非対称性という分野を大きく発展させた．アカロフはこの貢献により，2001年にノーベル経済学賞を受賞している．中古車の他にも，中古住宅などの中古品は，品質に関して情報の非対称性が存在しやすいため，逆選択が起こりやすい．

私たちは既に情報の非対称性が引き起こす問題として，モラルハザードについて学んだ．モラルハザードと逆選択はどこが異なるのだろうか．逆選択で起きる情報の非対称性は，経営者能力や中古車の品質などのプレイヤーの「属性」によるものであり，情報を持っている側は知ることができるが自分では選択できない．したがって逆選択は，**隠された情報**（hidden information）による問題と呼ばれる．これに対し，モラルハザードにおける非対称な情報は，「努力するかしないか」など，情報を持っている側が選択できる「行動」である．そのため，モラルハザードは**隠された行動**（hidden action）による問題と呼ばれる．行動と属性が，モラルハザードと逆選択を分ける１つの考え方である．

> **ポイント70　隠された情報と隠された行動**
> 隠された情報の逆選択と隠された行動のモラルハザード．

逆選択を解決する方法はあるのだろうか．次節で扱うシグナリングやスクリーニングは，その解決方法の１つである．

11.2 【応用】シグナリング

11.2.1 シグナリングゲームの例

モデル42において，麗華の能力が高い場合，自分の能力を知らせて逆選択を防ぎ，転職する方法はないのであろうか．このような逆選択を防いで，情報の非対称性を解決する方法として，**シグナリング**（signaling）と**スクリーニング**（screening）が知られている．シグナリングは属性や個人情報を持ってい

る側が，他の属性と区別できるように自分の情報を知らせるようなシグナルを発する行為である．これに対し，情報を知らないほうが持っている側を何らかの方法で区別しようとする行為をスクリーニングと呼ぶ．

　英語検定等の資格の取得などは，シグナリングやスクリーニングの一例として知られている．自分が資格を取得して相手に属性を知らせようとすればシグナリングとなり，資格の取得を要求して相手の属性を知ろうとすれば，それはスクリーニングとなる．両方とも，属性の違いを行動に結びつけることで相手に属性を知らせる（相手の属性を知る）方法であると言える．次の例を考えてみよう．

モデル43　麗華の転職と資格取得

　モデル42の設定を少し変えて，シグナリングについて分析する．モデル42と同様に，阿季家は麗華が中国語能力が高い確率と低い確率を $\frac{1}{4}$ と $\frac{3}{4}$ で推測している．今回は，まず麗華が能力に応じて中国語検定の資格を取得するかしないかを決めることとする．

　麗華の中国語能力が高ければ，資格を取得するのは簡単で費用は50万円であるとする．一方，能力が低ければ資格を取得するのは困難で350万円の費用がかかるとする．この費用を年給から差し引いたものが，麗華の利得と考える．

　モデル42では麗華が転職を決めてから給料が提示されたが，今度は阿季家の給料が提示された後で，麗華が転職するかどうかを決めるものとする．阿季家は麗華の中国語能力は分からないが，資格の有無は分かる．そこで資格の有無に応じて，1100万円か，900万円かのどちらかの給料を提示する．麗華の能力が高いときは，1100万円の給料が提示されれば転職するが，900万円の給料が提示されれば現在の会社に残り，1000万円の給料で働く．このとき阿季家の利得は0となる．ここは**モデル42**とは異なる点である．麗華の能力が低いときは1100万円，900万円のどちらの給料でも転職する．

　資格の取得は情報の非対称性を解消して，麗華の能力が高いときに，麗華は転職することになるのだろうか．

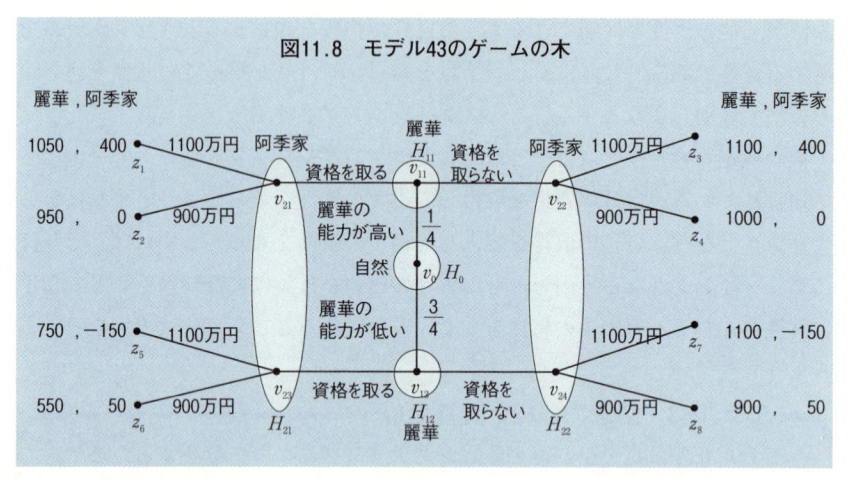

図11.8 モデル43のゲームの木

モデル43のようなゲームを，**シグナリングゲーム**（signaling game）という．シグナリングゲームは，一般には以下のようなゲームである．

(1) まず自然がプレイヤー1のタイプを確率で割り当てる．
(2) プレイヤー1は，自分のタイプを知った上で，行動を選択する．
(3) プレイヤー2は，プレイヤー1のタイプは分からないが，プレイヤー1の選んだ行動は分かる．プレイヤー2は，プレイヤー1が選んだ行動に応じて，自分の行動を選択する．
(4) プレイヤー1のタイプと，プレイヤー1とプレイヤー2が選んだ行動の3つの要素によって，両プレイヤーの利得が決まる．

このゲームをゲームの木で表す場合に，通常のゲームの木（左に初期点を持ち，右に向かってゲームが進行していく）で表現すると，プレイヤー2の情報集合が交差してしまい格好が悪い．そこでシグナリングゲームの木は，図11.8のように書く．

11.2.2 シグナリングゲームを解く

さて，シグナリングゲームの解について詳しく解説するために，**モデル43**だけでは不足する部分がある．そこでまず図11.9の例で説明して，次に**モデル43**について考えることにしよう．

図11.9は以下のようなゲームである．

図11.9 シグナリングゲームの解を考察するための例

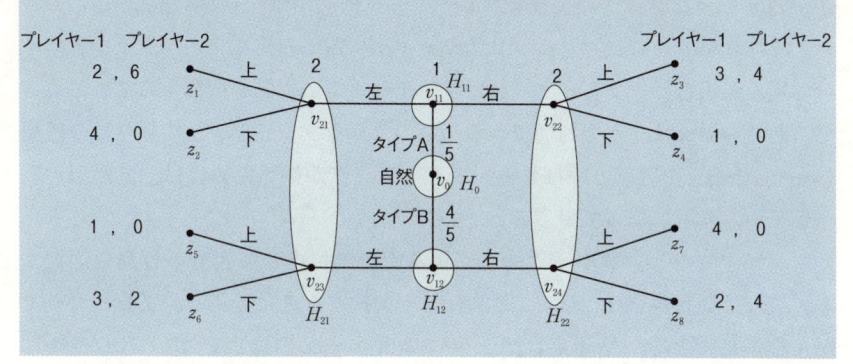

```
プレイヤー1 プレイヤー2                          プレイヤー1 プレイヤー2
   2 , 6     z₁  上  2      1       2   上   z₃    3 , 4
                      左  v₁₁ H₁₁ 右
   4 , 0     z₂  下  v₂₁              v₂₂  下   z₄    1 , 0
                      タイプA  1/5
                      自然   v₀  H₀
                      タイプB  4/5
   1 , 0     z₅  上                        上   z₇    4 , 0
                      左  v₁₂    右
   3 , 2     z₆  下  v₂₃              v₂₄  下   z₈    2 , 4
                      H₂₁  H₁₂   H₂₂
```

(1) まず自然が，プレイヤー1がタイプAかタイプBかを，確率 $\frac{1}{5}$ と $\frac{4}{5}$ で割り当てる．

(2) プレイヤー1の各タイプは，自分のタイプを知った上で，行動（左か右か）を選択する．

(3) プレイヤー2は，プレイヤー1が選んだ行動に応じて，自分の行動（上か下か）を選択する．

(4) プレイヤー1のタイプと，プレイヤー1とプレイヤー2が選んだ行動の3つの要素によって両プレイヤーの利得が決まる．

ここで，プレイヤー1とプレイヤー2の戦略について整理してみよう．プレイヤー1はタイプごとに行動を選択する．プレイヤー1のタイプA（情報集合 H_{11}）の選択をカッコの左側に，プレイヤー1のタイプB（情報集合 H_{12}）の選択をカッコの右側に記すことにすると，プレイヤー1の戦略は以下の4つである．

(左, 左) 　タイプAもタイプBも左を選ぶ．
(左, 右) 　タイプAは左，タイプBは右を選ぶ．
(右, 左) 　タイプAは右，タイプBは左を選ぶ．
(右, 右) 　タイプAもタイプBも右を選ぶ．

プレイヤー1が（左，左）や（右，右）を戦略として選んだ場合，プレイ

ヤー2はプレイヤー1の行動を観察しても，どちらのタイプが選んだ行動なのかが判別できない．このようなプレイヤー1の戦略は**一括型**（pooling）の戦略と呼ばれる．これに対し，プレイヤー1が（左，右）や（右，左）を戦略として選んだ場合は，プレイヤー2はプレイヤー1の行動を観察することによって，どちらのタイプかを判別できる．このようなプレイヤー1の戦略は**分離型**（separating）の戦略と呼ばれる．シグナリングが働くためには，分離型の戦略がゲームの解になっていることが必要である．

プレイヤー2は，プレイヤー1が選んだ行動に応じて自分の行動を選択する．これは情報集合H_{21}とH_{22}ごとに行動を選択することである．プレイヤー1が左を選んだとき（情報集合H_{21}）のプレイヤー2の選択をカッコの左側に，プレイヤー1が右を選んだとき（情報集合H_{22}）のプレイヤー2の選択をカッコの右側に記すと，プレイヤー2の戦略は以下の4つである．

（上，上）　　左でも右でも上を選ぶ．
（上，下）　　左ならば上，右ならば下を選ぶ．
（下，上）　　左ならば下，右ならば上を選ぶ．
（下，下）　　左でも右でも下を選ぶ．

このゲームの解である完全ベイズ均衡を求めてみよう．完全ベイズ均衡の求め方は，前節と同じであるが，前節ではプレイヤー2（阿季家）の情報集合は1つしかなく，1つの信念のみを考えればよかった．今回は情報集合が2つあるので，2つの信念を考えて場合分けをしなければならず，少し複雑になる．

まずStep.1である．プレイヤー2の情報集合H_{21}における信念を「v_{21}である確率がp，v_{23}である確率が$1-p$」であるとし，情報集合H_{22}における信念を「v_{22}である確率がq，v_{24}である確率が$1-q$」であるとする．プレイヤー2の各情報集合で，最適反応戦略に対して信念を場合分けしていく．

最初に情報集合H_{21}を考える．プレイヤー2が上を選んだときの期待利得は，

$$p \times 6 + (1-p) \times 0 = 6p$$

プレイヤー2が下を選んだときの期待利得は，

表11.6 pとqによって分けられた最適反応戦略

	$0 \leqq q \leqq \frac{1}{2}$	$\frac{1}{2} \leqq q \leqq 1$
$0 \leqq p \leqq \frac{1}{4}$	（下，下）	（下，上）
$\frac{1}{4} \leqq p \leqq 1$	（上，下）	（上，上）

$$p \times 0 + (1-p) \times 2 = -2p + 2$$

である．$6p \geqq -2p + 2$のとき上が最適反応戦略となり，これを解くと$p \geqq \frac{1}{4}$となる．またこれより$p \leqq \frac{1}{4}$のときは下が最適反応戦略となる．次に情報集合H_{22}を考える．プレイヤー2が上を選んだときの期待利得は，

$$q \times 4 + (1-q) \times 0 = 4q$$

プレイヤー2が下を選んだときの期待利得は，

$$q \times 0 + (1-q) \times 4 = -4q + 4$$

である．これから$q \geqq \frac{1}{2}$のとき上が最適反応戦略となり，$q \leqq \frac{1}{2}$のときは下が最適反応戦略となる．

pとqの大きさとプレイヤー2の最適反応戦略の関係をまとめると，表11.6のようになる．

次にStep.2では，Step.1で分けられたすべての場合について，プレイヤー1の最適反応戦略を求める．次にその戦略と整合的な信念を求め，それが各場合の信念の範囲と一致するかどうかを調べる．

(1) 表11.6の左上，$0 \leqq p \leqq \frac{1}{4}$，$0 \leqq q \leqq \frac{1}{2}$のときを考える．プレイヤー2の最適反応戦略が（下，下）であり，このときプレイヤー1の最適反応戦略は（左，左）（タイプAもタイプBも左）を選ぶことである．このプレイヤー1の戦略に整合的な信念は情報集合H_{21}については$p = \frac{1}{5}$である．情報集合H_{22}においてはqはどんな確率でもよい．これは$0 \leqq p \leqq \frac{1}{4}$，$0 \leqq q \leqq \frac{1}{2}$に矛盾しないので，完全ベイズ均衡となる．

表11.7 図11.9の完全ベイズ均衡（情報集合による表記）

		均衡(1)	均衡(2)
プレイヤー1	H_{11}	左	左
	H_{12}	左	右
プレイヤー2	H_{21}	下	上
	H_{22}	下	下
信念	H_{21}	v_{21}である確率が$\frac{1}{5}$ v_{23}である確率が$\frac{4}{5}$	v_{21}である確率が1 v_{23}である確率が0
	H_{22}	v_{22}である確率がq v_{24}である確率が$1-q$ （ただし$0 \leq q \leq \frac{1}{2}$）	v_{22}である確率が0 v_{24}である確率が1

(2) 表11.6の右上，$0 \leq p \leq \frac{1}{4}$，$\frac{1}{2} \leq q \leq 1$のときを考える．プレイヤー2の最適反応戦略は（下，上）であり，このときプレイヤー1の最適反応戦略は（左，右）（タイプAは左，タイプBは右）である．プレイヤー1の戦略に整合的な信念は情報集合H_{21}では$p=1$，情報集合H_{22}では$q=0$である．これは$0 \leq p \leq \frac{1}{4}$，$\frac{1}{2} \leq q \leq 1$に矛盾するので，この場合は均衡はない．

(3) 表11.6の左下，$\frac{1}{4} \leq p \leq 1$，$0 \leq q \leq \frac{1}{2}$のときを考える．プレイヤー2の最適反応戦略は（上，下）である．このときプレイヤー1の最適反応戦略は（左，右）（タイプAは左，タイプBは右）である．これと整合的な信念は情報集合H_{21}については$p=1$，情報集合H_{22}においては$q=0$である．これは$\frac{1}{4} \leq p \leq 1$，$0 \leq q \leq \frac{1}{2}$に矛盾しない．したがって，この場合の戦略の組合せは完全ベイズ均衡となる．

(4) 表11.6の右下，$\frac{1}{4} \leq p \leq 1$，$\frac{1}{2} \leq q \leq 1$のときを考える．プレイヤー2の最適反応戦略は（上，上）である．このときプレイヤー1の最適反応戦略は（右，右）（タイプAもタイプBも右）である．これと整合的な信念を考えると，情報集合H_{21}についてはどんな信念も整合的であり，情報集合H_{22}においては$q = \frac{1}{5}$である．しかし$q = \frac{1}{5}$は$\frac{1}{2} \leq q \leq 1$を満たさない．したがって，この場合には完全ベイズ均衡はない．

以上から，完全ベイズ均衡が求められた．この均衡には2種類の均衡がある

ので，それを表に示すと表11.7のようになる．

この2種類の均衡について見てみると，均衡(1)ではプレイヤー1は両タイプとも同じ行動（左）を選んでおり，プレイヤー2はプレイヤー1の行動を観察してもプレイヤー1のタイプを見分けることができない．すなわちプレイヤー1は一括型の戦略を用いており，シグナリングが機能しない．このような結果を導く均衡を，**一括均衡**（pooling equilibrium）と呼ぶ．一方，均衡(2)ではプレイヤー1は両タイプとも異なる行動（タイプAは左，タイプBは右）を選んでおり，プレイヤー2はプレイヤー1の行動を観察することによりプレイヤー1のタイプを識別できる．このようなシグナリングが機能する分離型の戦略を用いる均衡を，**分離均衡**（separating equilibrium）と呼ぶ．

図11.9のようにシグナリングゲームには一括均衡と分離均衡を含んだ多くの均衡が出てくることがある．均衡の概念を精緻化して，より起きやすい均衡はどれかを調べるような研究もなされているが，これは本書の範囲を超える．詳しくはGibbons（1992），Vega-Redondo（2003）などを参考にするとよい．

11.2.3 シグナリングと費用

シグナリングゲームとその解き方について理解が進んだところで，**モデル43**の解を求めてみよう．まず麗華と阿季家の戦略について整理する．麗華はタイプごとに行動を選択する．麗華の能力が高いタイプ（情報集合H_{11}）の選択をカッコの左側に，麗華の能力が低いタイプ（情報集合H_{12}）の選択をカッコの右側に記すことにすると，麗華の戦略は以下の4つである．

（資格を取る，資格を取る）　　　能力が高いタイプも低いタイプも資格を取る．

（資格を取る，資格を取らない）　能力が高いタイプは資格を取り，能力が低いタイプは資格を取らない．

（資格を取らない，資格を取る）　能力が高いタイプは資格を取らず，能力が低いタイプは資格を取る．

（資格を取らない，資格を取らない）能力が高いタイプも低いタイプも資格を取らない．

これに対して阿季家は，麗華の行動それぞれに応じて自分の行動を選択す

表11.8 信念pとqによって分けられた阿季家の最適反応戦略

	$0 \leq q \leq \frac{1}{3}$	$\frac{1}{3} \leq q \leq 1$
$0 \leq p \leq \frac{1}{3}$	(900万円, 900万円)	(900万円, 1100万円)
$\frac{1}{3} \leq p \leq 1$	(1100万円, 900万円)	(1100万円, 1100万円)

る．麗華が資格を取ったとき（情報集合H_{21}）の阿季家の選択をカッコの左側に，麗華が資格を取らないとき（情報集合H_{22}）の阿季家の選択をカッコの右側に記すと，阿季家の戦略は以下の4つである．

(1100万円, 1100万円)　麗華が資格を取っても取らなくても1100万円を支払う．

(1100万円, 900万円)　麗華が資格を取れば1100万円，資格を取らなければ900万円を支払う．

(900万円, 1100万円)　麗華が資格を取れば900万円，資格を取らなければ1100万円を支払う．

(900万円, 900万円)　麗華が資格を取っても取らなくても900万円を支払う．

完全ベイズ均衡を求める．まずStep.1を考える．情報集合H_{21}において，阿季家の信念を「v_{21}である確率がp，v_{23}である確率が$1-p$」であるとし，情報集合H_{22}において「v_{22}である確率がq，v_{24}である確率が$1-q$」であるとする．

情報集合H_{21}で阿季家が1100万円を選んだときの期待利得は，

$$p \times 400 + (1-p) \times (-150) = 550p - 150$$

阿季家が900万円を選んだときの期待利得は，

$$p \times 0 + (1-p) \times 50 = -50p + 50$$

である．1100万円を選ぶことが最適反応戦略となるのは$550p - 150 \geq -50p + 50$のときで，これを解くと$p \geq \frac{1}{3}$となる．また$p \leq \frac{1}{3}$のときは900万円を選ぶことが最適反応戦略となる．次に情報集合H_{22}を考えると同様に$q \geq \frac{1}{3}$のときは1100

万円を選ぶこと，$q \leq \frac{1}{3}$ のときは900万円を選ぶことが最適反応戦略となる．

p と q の大きさと阿季家の最適反応戦略の関係をまとめると，表11.8のようになる．

次にStep.2に移り，表11.8の各場合に対して麗華の最適反応戦略とその戦略に整合的な信念を求め，それが各場合に矛盾がないかどうかを調べる．

(1) 表11.8の左上，$0 \leq p \leq \frac{1}{3}$，$0 \leq q \leq \frac{1}{3}$ のときを考える．阿季家の最適反応戦略は（900万円，900万円）で，このとき麗華の最適反応戦略は（資格を取らない，資格を取らない）である．この麗華の戦略に整合的な信念は，情報集合 H_{21} についてはどんな確率でもよく，情報集合 H_{22} においては $q = \frac{1}{4}$ である．これは $0 \leq p \leq \frac{1}{3}$，$0 \leq q \leq \frac{1}{3}$ に矛盾しないので，完全ベイズ均衡となる．

(2) 表11.8の右上，$0 \leq p \leq \frac{1}{3}$，$\frac{1}{3} \leq q \leq 1$ のときを考える．阿季家の最適反応戦略は（900万円，1100万円）であり，このとき麗華の最適反応戦略は（資格を取らない，資格を取らない）である．この麗華の戦略に整合的な信念は，情報集合 H_{21} についてはどんな確率でもよく，情報集合 H_{22} においては $q = \frac{1}{4}$ であるが，これは $\frac{1}{3} \leq q \leq 1$ に矛盾する．この場合は均衡はない．

(3) 表11.8の左下，$\frac{1}{3} \leq p \leq 1$，$0 \leq q \leq \frac{1}{3}$ のときを考える．阿季家の最適反応戦略は（1100万円，900万円）であり，麗華の最適反応戦略は（資格を取る，資格を取らない）である．この麗華の戦略に整合的な信念は，情報集合 H_{21} については $p = 1$，情報集合 H_{22} においては $q = 0$ である．これは $\frac{1}{3} \leq p \leq 1$，$0 \leq q \leq \frac{1}{3}$ に矛盾しない．したがって，この場合の戦略の組合せは完全ベイズ均衡となる．

(4) 表11.8の右下，$\frac{1}{3} \leq p \leq 1$，$\frac{1}{3} \leq q \leq 1$ のときを考える．阿季家の最適反応戦略は（1100万円，1100万円）である．このとき麗華の最適反応戦略は（資格を取らない，資格を取らない）である．この麗華の戦略に整合的な信念は，情報集合 H_{21} についてはどんな確率でもよく，情報集合 H_{22} においては $q = \frac{1}{4}$ であるが，これは $\frac{1}{3} \leq q \leq 1$ に矛盾する．この場合は均衡はない．

以上から完全ベイズ均衡が求められた．2種類の均衡があり，情報集合ごとに選ぶ行動を記すと表11.9のようになる．

モデル43の完全ベイズ均衡は2種類あり，どちらを解と考えるかは難しい．しかしそのうちの1つの解は分離均衡であり，シグナリングが成功する可能性

表11.9　モデル43の完全ベイズ均衡

		均衡(1)	均衡(2)
麗華	H_{11}	資格を取らない	資格を取る
	H_{12}	資格を取らない	資格を取らない
阿季家	H_{21}	900万円	1100万円
	H_{22}	900万円	900万円
信念	H_{21}	v_{21}である確率がp v_{23}である確率が$1-p$ （ただし$0 \leq p \leq \frac{1}{3}$）	v_{21}である確率が1 v_{23}である確率が0
	H_{22}	v_{22}である確率が$\frac{1}{4}$ v_{24}である確率が$\frac{3}{4}$	v_{22}である確率が0 v_{24}である確率が1

を示唆している．すなわち，阿季家は資格があれば1100万円を支払い，資格がない場合は900万円を支払う．能力が高い麗華はシグナリングによって，自分の情報を阿季家に知らせて1100万円を支払ってもらうことが可能である．麗華の能力が低い場合は，資格を取る労力を払って1100万円を支払ってもらうよりは，資格を取得せずに900万円を受け取るほうがよい．このようにシグナリングは，隠された情報を相手に知らせて，逆選択を防ぐ方法の1つなのである．

> **ポイント71　シグナリング**
>
> シグナリングは，隠された情報を相手に知らせ，情報の非対称性によって生じる逆選択を防ぐ手段である．

シグナリングはどのようなときに機能し，どのようなときには機能しないのであろうか．1つの要因はシグナルを発する費用である．資格を取得するために費やすコストは誰しも同じではない．語学が得意な人はそうでない人よりも，小さな苦労（＝低い費用）で資格を取得することができるであろう．たとえ資格を持っていることによって就職の条件が良くなっても，語学がそれほど得意でない者は，資格取得の費用が大きいため資格を取ってまで条件を良くしようとは考えない．モデル43において，資格を取得するのに必要な費用は，能力の高い麗華が50万円，能力の低い麗華は350万円であった．このようにシグ

図11.10 資格の取得費用を能力の高低に関係なく50万円とした場合

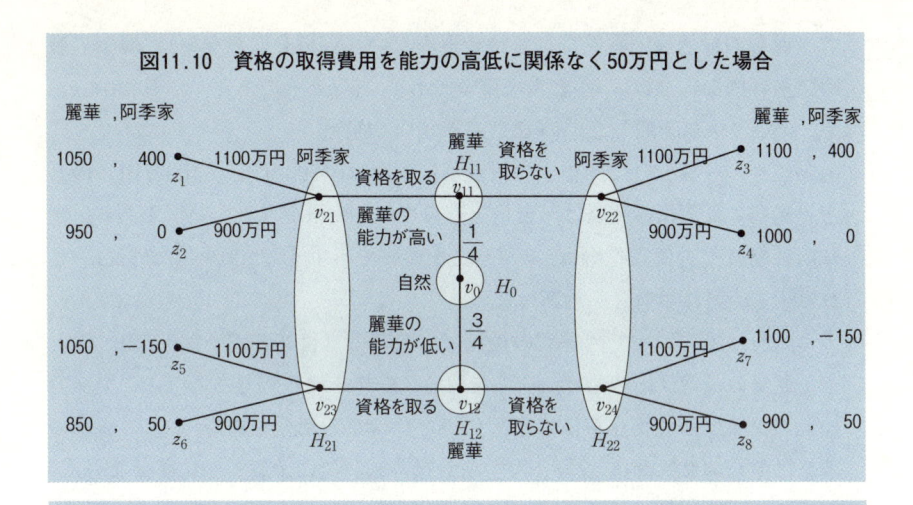

麗華, 阿季家
1050, 400 z_1 ← 1100万円 阿季家 資格を取る 麗華 H_{11} v_{11} 資格を取らない 阿季家 1100万円 → 1100, 400 z_3 麗華, 阿季家
950, 0 z_2 ← 900万円 v_{21} 麗華の能力が高い $\frac{1}{4}$ v_{22} 900万円 → 1000, 0 z_4
自然 v_0 H_0
麗華の能力が低い $\frac{3}{4}$
1050, −150 z_5 ← 1100万円 v_{23} 資格を取る v_{12} 資格を取らない v_{24} 1100万円 → 1100, −150 z_7
850, 50 z_6 ← 900万円 H_{21} H_{12} 麗華 H_{22} 900万円 → 900, 50 z_8

表11.10 図11.10の完全ベイズ均衡（情報集合による表記）

麗華	H_{11}	資格を取らない
	H_{12}	資格を取らない
阿季家	H_{21}	900万円
	H_{22}	900万円
信念	H_{21}	v_{21} である確率が p v_{23} である確率が $1-p$ （ただし $0 \leq p \leq \frac{1}{3}$）
	H_{22}	v_{22} である確率が $\frac{1}{4}$ v_{24} である確率が $\frac{3}{4}$

ナリングが有効に働くためには，2つのタイプがシグナルを出すための費用に差があることが重要である．

このことを明確にするために，資格を取得する費用を両方とも50万円としたらどうなるか考察してみよう．このゲームは，図11.10のようになる．

図11.10の完全ベイズ均衡を求めてみよう．これは図11.8に対して阿季家の利得が変わらないことから，Step.1までは図11.8と全く同じで，表11.8を得る．Step.2を考えると，

(1) $0 \leq p \leq \frac{1}{3}$，$0 \leq q \leq \frac{1}{3}$ で阿季家の最適反応戦略は（900万円，900万円）のと

き，麗華の最適反応戦略は（資格を取らない，資格を取らない）．麗華の戦略に整合的な信念は，p がどんな確率でもよく，$q = \frac{1}{4}$ である．これは $0 \leq p \leq \frac{1}{3}$，$0 \leq q \leq \frac{1}{3}$ に矛盾しないので，完全ベイズ均衡．

(2) $0 \leq p \leq \frac{1}{3}$，$\frac{1}{3} \leq q \leq 1$ で阿季家の最適反応戦略は（900万円，1100万円）のとき，麗華の最適反応戦略は（資格を取らない，資格を取らない）である．麗華の戦略に整合的な信念は，p がどんな確率でもよく，q は $q = \frac{1}{4}$ である．これは $\frac{1}{3} \leq q \leq 1$ に矛盾し，均衡はない．

(3) $\frac{1}{3} \leq p \leq 1$，$0 \leq q \leq \frac{1}{3}$ で阿季家の最適反応戦略は（1100万円，900万円）のとき，麗華の最適反応戦略は（資格を取る，資格を取る）である（ここで能力の低いタイプが資格を取る点が図11.8とは異なる部分である）．この麗華の戦略に整合的な信念は，$p = \frac{1}{4}$ で，これは $\frac{1}{3} \leq p \leq 1$ に矛盾し，均衡はない．

(4) 表11.8の右下，$\frac{1}{3} \leq p \leq 1$，$\frac{1}{3} \leq q \leq 1$ で阿季家の最適反応戦略は（1100万円，1100万円）のとき，麗華の最適反応戦略は（資格を取らない，資格を取らない）である．麗華の戦略に整合的な信念は，p がどんな確率でもよく，q は $q = \frac{1}{4}$ であるが，これは $\frac{1}{3} \leq q \leq 1$ に矛盾する．この場合は均衡はない．

以上から，完全ベイズ均衡は表11.10で表されるただ1つの一括均衡のみとなる．

このように，シグナルを発する費用に差がなければ**モデル43**に分離均衡は生じず，シグナリングは機能しないことが分かる．シグナルを発する費用の差は，シグナリングが働くための1つの要因なのである．

━━ **ポイント72　シグナリングと費用** ━━
　シグナリングが働くための1つの要因は，情報を持つタイプの違いによってシグナルを発する費用に差があることである．

　以上，資格取得の例を用いてシグナリングについて学んだ．よく「資格のための勉強は，実際の現場では役に立たないから無意味だ」などという議論がある．資格のための勉強は実際の現場では無意味だ，というのは乱暴な議論だと思われるが，もし仮にそうだとしても，資格が「無意味だ」とは言えない．それは資格には情報の非対称性を解消するシグナリングの効果があるからである．この資格取得の例は，情報の非対称性とシグナリングについて論じたもっ

とも有名な論文であるスペンス（Michael Spence）の学歴と賃金との関係を論じた論文（Spence (1973)）に基づいたものである．Spence (1973) は，労働市場における教育水準のシグナリング効果について論じた．一般に労働市場では，高い教育水準の労働者に高い賃金が提示される傾向がある．これは単純に，「高い教育水準の労働者は，その教育によって生産性が高められたから」と考えられがちだからである．スペンスはその効果に加えて，学歴は能力に対するシグナリング効果があることを主張した．シグナリングのモデルを用いれば，たとえ教育が生産性を高めないという極端な設定を考えたとしても，賃金は教育水準によって上昇することを示すことができる．このようなシグナリングに対する深い考察は，情報の非対称性に対する分析を確立し，その後，様々な分野に応用されることになる．スペンスはこの貢献により，2001年にアカロフと共にノーベル経済学賞を受賞している．

シグナリングの例は他にもある．例えば，通販等のダイエット商品などで「使った後でも効果がなければ返品してよい」というのは，シグナリングの一種と考えられる．通販などにおいては，消費者は，実際にその商品を見たり試したりしてから購買することができず，中古車などと同じように逆選択が生じる可能性がある．使用後に効果が出やすい商品と，効果が出にくい商品があるならば，それらの商品は返品保証に対する費用差が生じるはずである．これを利用し，効果が出やすい商品は返品保証をつけることでシグナリングができるはずである．

このようにシグナリングは情報の非対称性に対して，様々な場面で有効に働くのである．

11.3 【発展】完全ベイズ均衡の詳細

11.3.1 ベイズの定理と完全ベイズ均衡

完全ベイズ均衡は，信念と戦略が整合的でなければならない．どのような戦略とどのような信念が整合的と考えられるかは，図11.5を使って説明した．しかしこれはタイプが2つしかなく，情報集合に到達する戦略が2つで，しかも両タイプからそれぞれに1つずつ到達するという限定された場合のみである．

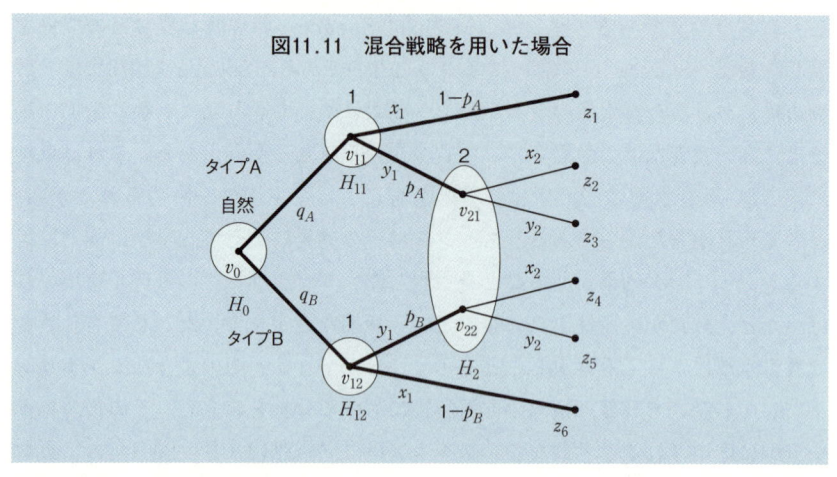

図11.11　混合戦略を用いた場合

一般的には，整合的な信念とはどのように定義されるのであろうか．実は整合的な信念はベイズの定理によって決まるのである．

定義11.2（整合的な信念とベイズの定理）

ある戦略の組が与えられたときのある情報集合における整合的な信念とは，その戦略の組によってその情報集合に到達したという条件の下で，各意思決定点が生起する条件付確率をベイズの定理によって導いたものである．

例で考えてみよう．整合的な信念とベイズの定理の関係を理解するには，混合戦略を考えると分かりやすい．そこで図11.3を一般化しプレイヤー1が混合戦略を用いることを考えた，図11.11のようなゲームを考えよう．

このゲームでは，自然がプレイヤーをタイプA，タイプBにそれぞれ確率q_A，q_B（$q_A+q_B=1$）で割り振り，プレイヤー1の行動戦略は，以下のような混合戦略を考える．

- タイプAが情報集合H_{11}においてx_1を$1-p_A$で，y_1をp_Aで選ぶ．
- タイプBが情報集合H_{12}においてx_1を$1-p_B$で，y_1をp_Bで選ぶ．

ここまではゲームの木において（自然を除く）プレイヤーが純粋戦略を選んだところのみを太線で表してきたが，この図では混合戦略で0でない確率で選ばれた戦略を（自然も含み）太線で表している．

情報集合H_2における整合的な信念とは，情報集合H_2に到達したという条件

の下で，各意思決定点が生起する条件付確率になる．すなわちv_{21}, v_{22}に対する信念は，ベイズの定理によって導かれた$P(v_{21}|H_2)$, $P(v_{22}|H_2)$と等しくなっていることが整合的であるということになる[5]．

ここで，上記の混合戦略に整合的な信念を求めてみよう．まず点v_{21}, v_{22}に到達する確率$P(v_{21})$, $P(v_{22})$を求めると，

$$P(v_{21}) = p_A q_A$$
$$P(v_{22}) = p_B q_B$$

となる．情報集合H_2が起きる確率は，

$$P(H_2) = P(v_{21}) + P(v_{22}) = p_A q_A + p_B q_B$$

となる．また「情報集合H_2が起きて同時に点v_{21}に到達する確率」は「点v_{21}が起きること」と同じであるから，

$$P(H_2 \cap v_{21}) = p_A q_A$$
$$P(H_2 \cap v_{22}) = p_B q_B$$

であることにも注意しておこう．

式（10.3）より，

$$P(v_{21}|H_2) = \frac{P(H_2 \cap v_{21})}{P(H_2)} = \frac{p_A q_A}{p_A q_A + p_B q_B}$$

$$P(v_{22}|H_2) = \frac{P(H_2 \cap v_{22})}{P(H_2)} = \frac{p_B q_B}{p_A q_A + p_B q_B} \tag{11.1}$$

である．この混合戦略に整合的な信念は点v_{21}が起きる確率が$\frac{p_A q_A}{p_A q_A + p_B q_B}$，点$v_{22}$が起きる確率が$\frac{p_B q_B}{p_A q_A + p_B q_B}$となる．整合的な信念とは，このようにベイズの定理によって導かれるものなのである．

プレイヤーが純粋戦略を選ぶ場合は，確率が0か1になる．この場合は式（11.1）によって，図11.5の信念が導かれる．これをチェックしてみよう．

---

[5] ここで点や情報集合に到達するという「事象」を，その点や情報集合の記号で表現することにする．例えば$P(v_{21})$は点v_{21}に到達する確率を表し，$P(H_2)$は情報集合H_2に到達する確率を表す．

図11.5では$q_A=q_B=\frac{1}{2}$である．戦略(1)では$p_A=p_B=1$であるので式（11.1）より，

$$P(v_{21}|H_2) = \frac{p_A q_A}{p_A q_A + p_B q_B} = \frac{1}{2}$$

$$P(v_{22}|H_2) = \frac{p_B q_B}{p_A q_A + p_B q_B} = \frac{1}{2}$$

である．点v_{21}，点v_{22}が起きる確率はそれぞれ$\frac{1}{2}$であり，確かに図11.5に一致する．

戦略(2)では$p_A=0$，$p_B=1$であったから，

$$P(v_{21}|H_2) = \frac{p_A q_A}{p_A q_A + p_B q_B} = 0$$

$$P(v_{22}|H_2) = \frac{p_B q_B}{p_A q_A + p_B q_B} = 1$$

で，やはり図11.5と一致する．戦略(3)では$p_A=1$，$p_B=0$より，同じように$P(v_{21}|H_2)=1$，$P(v_{22}|H_2)=0$であることが導ける．

問題は戦略(4)の場合である．この場合は$p_A=0$，$p_B=0$であり，式（11.1）の分母が0になってしまうため，この式が使えない．そこで式（11.1）を導出する過程に戻り，この場合について再度考えてみよう．この場合は，

$$P(v_{21}) = \frac{1}{2} \times 0 = 0$$

$$P(v_{22}) = \frac{1}{2} \times 0 = 0$$

で，情報集合H_2が起きる確率は，

$$P(H_2) = P(v_{21}) + P(v_{22}) = 0 + 0 = 0$$

である．すなわち戦略(4)では情報集合H_2は起きず$P(H_2)=0$であったが，式（10.3）では$P(H_2)>0$が前提であったから，この公式は使えないのである．

ベイズの定理は使えないので，信念は何であっても整合的であると言ってよい．これをもう少し明解にするには，ベイズの定理の式（10.3）を導いた条件付確率の式（10.1）を考えてみればよい．式（10.1）から条件付確率

$P(v_{21}|H_2)$ は，

$$P(v_{21}|H_2)P(H_2) = P(v_{21})$$

を満たすことが必要になる．しかし$P(H_2) = P(v_{21}) = 0$より，この式は$P(v_{21}|H_2)$が何であっても成立する．したがって情報集合H_2に到達しないときは，信念は何であっても整合的である．これが図11.5の戦略(4)のときの整合的な信念が何であってもよい理由である．

このように図11.5で与えられて曖昧に考えてきた「整合的な信念」とは，一般的にはベイズの定理によって導かれるものであることが分かった．これまで学んだような初歩的な不完備情報ゲームにおいては，図11.5で表されるような簡便な理解のほうが，信念についての直観的な理解を得やすい．しかし少し複雑なゲームや混合戦略を考察するには，ベイズの定理によって整合的な信念を考える必要がある．

11.3.2 部分ゲーム完全均衡と完全ベイズ均衡

第7章では「一般の展開形ゲームの解は，部分ゲーム完全均衡である」と述べた．また不完備情報の展開形ゲームといえども，自然を仮想的なプレイヤーと考えれば，展開形ゲームの一般形に含まれることに変わりはないことも学んだ．そうであるならば，不完備情報の展開形ゲームの解は部分ゲーム完全均衡と考えられるはずである．部分ゲーム完全均衡と完全ベイズ均衡の関係はどのようになっているのだろうか．

ここで不完備情報ゲームでは，各プレイヤーの**タイプごと**（情報集合ごと）の利得を考えてきた．しかし，一般の展開形ゲームでは**プレイヤーごと**に利得を考えている．この違いから，不完備情報ゲームでは部分ゲーム完全均衡を考えられない，と思うかもしれない．しかし，不完備情報ゲームにおいても，各プレイヤーの「事前の期待利得」を考えれば，プレイヤーごとの利得を比較することが可能であり（演習10.5を参照せよ），部分ゲーム完全均衡を考えることができる．したがって，この点はあまり大きな問題ではない．

このことを明確にするために，図11.3の部分ゲーム完全均衡を考察してみよう．このゲームにおいては適切な部分ゲームは全体のゲーム以外には存在しな

図11.12　図11.3の利得行列表現

1 \ 2	x_2	y_2
(x_1, x_1)	(3, 0)	(3, 0)
(x_1, y_1)	(1, 5)	(2, 0)
(y_1, x_1)	(4, 1)	(2, 2)
(y_1, y_1)	(2, 6)	(1, 2)

い．したがって全体ゲームのナッシュ均衡が，部分ゲーム完全均衡そのものである．全体ゲームのナッシュ均衡を考えてみよう．まず両プレイヤーの戦略を明らかにしておく．プレイヤー1の戦略は，情報集合H_{11}とH_{12}で何を選択するかであったので，それをカッコの左側と右側に書くことにする．プレイヤー1の戦略は (x_1, x_1)，(x_1, y_1)，(y_1, x_1)，(y_1, y_1) の4つである．これに対しプレイヤー2の戦略は情報集合H_2の選択だけであるので，x_2とy_2の2つである．

次に両プレイヤーの利得について考えてみる．プレイヤーごとの利得を考えるには，プレイヤー1であっても自分のタイプを知らずに，確率$\frac{1}{2}$で自分のタイプが生起すると考えて，期待利得を計算すればよい．すなわちタイプが実現する前の「事前確率」で期待利得を考えるのである．例として，プレイヤー1が (x_1, x_1) を選び，プレイヤー2がx_2を選んだときの期待利得を考えてみよう．この場合はz_1とz_6に到達する確率が$\frac{1}{2}$ずつであることから，プレイヤー1の利得は，

$$\frac{1}{2} \times 2 + \frac{1}{2} \times 4 = 3$$

となる．プレイヤー2の利得は，

$$\frac{1}{2} \times 0 + \frac{1}{2} \times 0 = 0$$

となる．次にプレイヤー1が (x_1, y_1) を選び，プレイヤー2がx_2を選んだときの利得を考えてみよう．この場合はz_1とz_4に到達する確率が$\frac{1}{2}$ずつであることから，プレイヤー1の利得は，

$$\frac{1}{2} \times 2 + \frac{1}{2} \times 0 = 1$$

となる．プレイヤー2の利得は，

$$\frac{1}{2} \times 0 + \frac{1}{2} \times 10 = 5$$

である．このようにすべての戦略の組合せに対して期待利得を計算し，利得行列を作成すると図11.12になる．

　図11.12におけるナッシュ均衡を求めると，$((x_1, x_1), y_2)$ となり，先に求めた完全ベイズ均衡の戦略（表11.3）と一致する．したがって，部分ゲーム完全均衡を不完備情報ゲームの解として考えられることが分かる．

　部分ゲーム完全均衡は，ナッシュ均衡の中の良くない均衡を取り除く「均衡の精緻化」であった．完全ベイズ均衡も，ナッシュ均衡を精緻化し，良くない均衡を取り除くための精緻化の概念である．部分ゲーム完全均衡は「適切な部分ゲーム」という概念によって，展開形ゲームをできる限り「細かいゲーム」に分けるという考え方をとっている．これは「ゲームをできる限り細かい戦略形ゲームに分解している」と考えることができるだろう．これに対して，完全ベイズ均衡は，精緻化のために「信念」という新しい概念を導入し，逐次的合理性と整合性という考え方を用いている．逐次合理性は「すべてのプレイヤーは，各情報集合で最適な戦略を選ぶ」とする概念で，バックワードインダクションの考え方に近い，プレイヤーごとの最適な選択にゲームを分解しようとする考え方と見ることができる．これは展開形ゲームを展開形ゲームとして，プレイする順番に基づいて解いていこうとする考え方に近いと言えよう．このような考え方は，**クレプス（David Kreps）**とウィルソンが提案した**逐次的均衡（sequential equilibrium）**の概念をもとにしている．情報集合に「信念」を導入して，戦略と信念の組合せによって均衡を精緻化するというアイディアは，ゲーム理論の革命であり，クレプスとウィルソンの論文（Kreps and Wilson（1982））によってゲーム理論は大きく前進したと考えてよいだろう．

　部分ゲーム完全均衡と完全ベイズ均衡は，どちらが「より精緻」な概念なのであろうか．図11.13は，完全ベイズ均衡が部分ゲーム完全均衡より精緻な均衡を選び出す例である．

図11.13　部分ゲーム完全均衡が完全ベイズ均衡ではない例

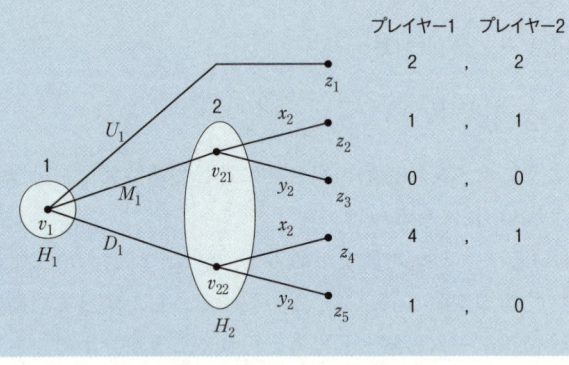

```
                                    プレイヤー1    プレイヤー2
                    • z_1              2    ,    2
              2    x_2
             ╱•────• z_2               1    ,    1
         U_1╱ v_21
     1   ╱ ╱     y_2
      •─── M_1───• z_3                 0    ,    0
     v_1 ╲        x_2
     H_1  ╲D_1 •────• z_4              4    ,    1
           ╲ v_22
            ╲    y_2
                 • z_5                 1    ,    0
             H_2
```

図11.14　図11.13の戦略形ゲーム

1 \ 2	x_2	y_2
U_1	(2, 2)	(2, 2)
M_1	(1, 1)	(0, 0)
D_1	(4, 1)	(1, 0)

表11.11　図11.13の完全ベイズ均衡

プレイヤー1	H_1	D_1を選択
プレイヤー2	H_2	x_2を選択
信念	H_2	v_{21}である確率が0 v_{22}である確率が1

図11.13は，自然がプレイをしていない完備情報ゲームである．この例では，全体ゲーム以外に適切な部分ゲームは存在しないので，全体ゲームのナッシュ均衡が部分ゲーム完全均衡となる．この全体ゲームのナッシュ均衡を求めると，(U_1, y_2)と(D_1, x_2)の2つである．両方とも相手の戦略が与えられた下で，自分の戦略を変えても良くならない．全体ゲームを戦略形に変換すれば，これはより明確になる．図11.14は図11.13を戦略形ゲームに変換したものである．(U_1, y_2)と(D_1, x_2)がナッシュ均衡（したがって，図11.13の部分ゲー

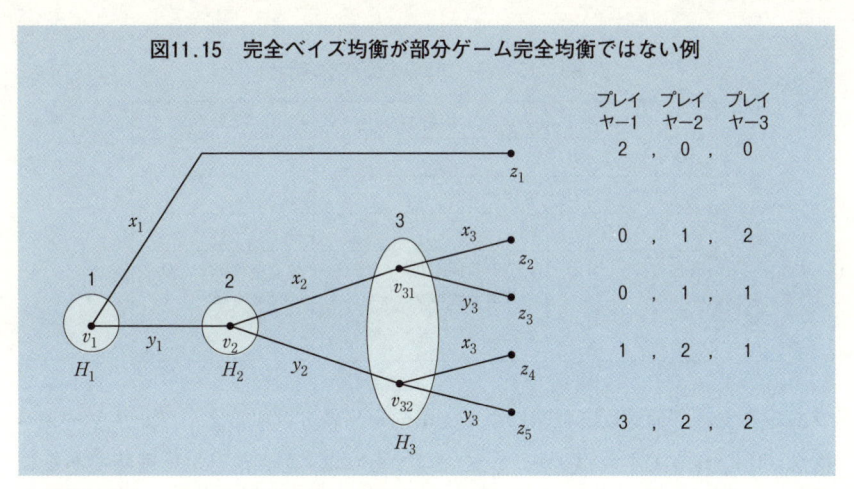

図11.15 完全ベイズ均衡が部分ゲーム完全均衡ではない例

	プレイヤー1	プレイヤー2	プレイヤー3
z_1	2	0	0
z_2	0	1	2
z_3	0	1	1
z_4	1	2	1
z_5	3	2	2

ム完全均衡）であることが確かめられる．

しかし完全ベイズ均衡を求めると，この中の (D_1, x_2) だけが均衡戦略になる．これを確かめてみよう．まずStep.1として情報集合H_2におけるプレイヤー2の信念を「v_{21}である確率がp, v_{22}である確率が$1-p$」であるとする．このとき，どんな信念p ($0 \leq p \leq 1$) でも，プレイヤー2はx_2を選ぶことが最適反応戦略となる．Step.2として，プレイヤー2のx_2に対するプレイヤー1の最適反応戦略を考えるとD_1となる．この戦略に整合的な信念は$p=0$であるが，これは$0 \leq p \leq 1$を満たしている．したがって完全ベイズ均衡である．

信念も加えて正確に完全ベイズ均衡を記すと，表11.11のようになる．

このように完備情報ゲームであっても，部分ゲーム完全均衡では不十分で完全ベイズ均衡でなければ取り除けない例は存在する．このことを考えれば，完全ベイズ均衡は，部分ゲーム完全均衡よりも，常に精緻であり，こちらを考えたほうがよいと思われるかもしれない．しかし残念ながら，常にそうとは言えないのである．図11.15を見てみよう．

このゲームは3人ゲームで，まずプレイヤー1がx_1かy_1を選ぶ．x_1を選べばゲームは終わり，y_1を選べば続けてプレイヤー2がx_2かy_2を選び，プレイヤー3がx_3かy_3を選ぶ．

このゲームの完全ベイズ均衡を求めてみよう．まずStep.1として情報集合H_3におけるプレイヤー3の信念を「v_{31}である確率がp, v_{32}である確率が$1-p$」

第11章 不完備情報の展開形ゲーム 439

表11.12 図11.15の完全ベイズ均衡

		均衡(1)	均衡(2)
プレイヤー1	H_1	x_1	y_1
プレイヤー2	H_2	y_2	y_2
プレイヤー3	H_3	x_3	y_3
信念	H_3	v_{31}である確率がp v_{32}である確率が$1-p$ ただしpは$\frac{1}{2} \leq p \leq 1$	v_{31}である確率が0 v_{32}である確率が1

であるとする．最適反応戦略によって信念を場合分けすると，プレイヤー3の信念が$0 \leq p \leq \frac{1}{2}$であれば$y_3$が，$\frac{1}{2} \leq p \leq 1$であれば$x_3$が，最適反応戦略であることが分かる．

次にStep.2として，各場合分けされた信念とプレイヤー3の最適反応戦略に対して，プレイヤー2とプレイヤー1の最適反応戦略と信念の整合性をチェックしよう．

- まず，プレイヤー3の信念が$0 \leq p \leq \frac{1}{2}$のときを考える．このときプレイヤー3は$y_3$を選ぶ．プレイヤー2は$x_2$を選べば利得は1，$y_2$を選べば利得は2であるので$y_2$が最適反応戦略である．プレイヤー3が$y_3$，プレイヤー2が$y_2$を選ぶとすれば，プレイヤー1は$x_1$を選べば利得は2，$y_1$を選べば利得は3なので$y_1$が最適反応戦略である．このとき戦略に整合的な信念は$p=0$であるが，これは$0 \leq p \leq \frac{1}{2}$を満たしている．したがってこれは完全ベイズ均衡である．

- 次にプレイヤー3の信念が$\frac{1}{2} \leq p \leq 1$のときを考える．このときプレイヤー3は$x_3$を選ぶ．プレイヤー2はやはり$y_2$が最適反応戦略である．プレイヤー3が$x_3$，プレイヤー2が$y_2$を選ぶとすれば，プレイヤー1は$x_1$が最適反応戦略である．**この戦略の組合せでは情報集合H_3に到達しない（$P(H_3)=0$）ため，（プレイヤー2がy_2を選んでいるにもかかわらず）H_3における信念は何でもよいことになり，$\frac{1}{2} \leq p \leq 1$と整合的である．**したがってこれも完全ベイズ均衡である．

以上より，完全ベイズ均衡は表11.12で与えられる2つの均衡である．

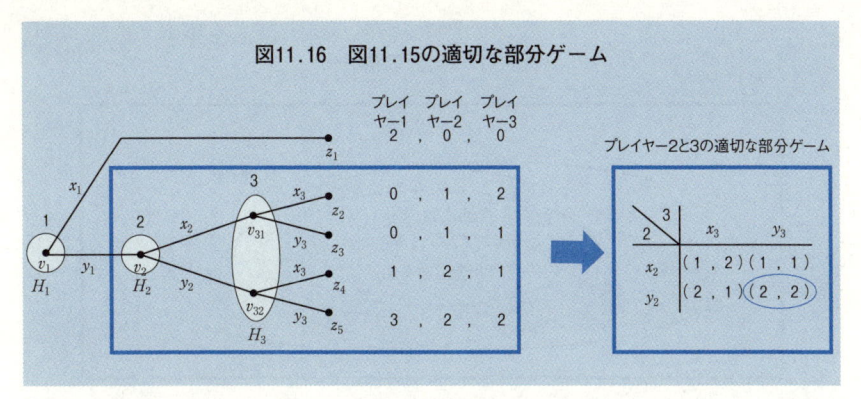

図11.16　図11.15の適切な部分ゲーム

次に図11.15の部分ゲーム完全均衡を求めてみよう．このゲームはプレイヤー2の情報集合H_2より後ろのゲームが適切な部分ゲームになっている．したがって部分ゲーム完全均衡は，H_2以下の部分ゲームに対してナッシュ均衡になっていなければならない．この部分ゲームのナッシュ均衡はプレイヤー2がy_2，プレイヤー3がy_3を選ぶ戦略の組ただ1つである（図11.16）.

このことより図11.15の部分ゲーム完全均衡は，プレイヤー1, 2, 3がそれぞれy_1, y_2, y_3を選ぶ戦略の組だけであり，表11.12の均衡(2)だけが部分ゲーム完全均衡である．表11.12の均衡(1)は，完全ベイズ均衡であるが部分ゲーム完全均衡ではない．

この例は完全ベイズ均衡だけを考えても，やはりナッシュ均衡の精緻化としては不完全であることを示している．それではナッシュ均衡の精緻化として，どのような概念が適切なのであろうか．これは難しい問題である．というのはナッシュ均衡を強く精緻にしてしまうと，それが存在しないゲームが出てしまうからだ．ゲームの解は，どんなゲームにも存在していることが望ましい．そうでなければ，解がないゲームが存在してしまうからである．

既に述べたように，ナッシュ均衡はどんなゲームでも存在することが証明されているが，さらに部分ゲーム完全均衡と完全ベイズ均衡もどんなゲームでも存在することが証明されているのである．やみくもに精緻なゲームの解を出せば，そのゲームの解が存在しないことがありうるのである．このような背景から均衡を精緻化する数多くの研究が行われ，1冊の本にもなっている（van Damme (1991)）．多くの均衡概念の中では，ゼルテンがSelten (1975) で提

図11.17　均衡の精緻化

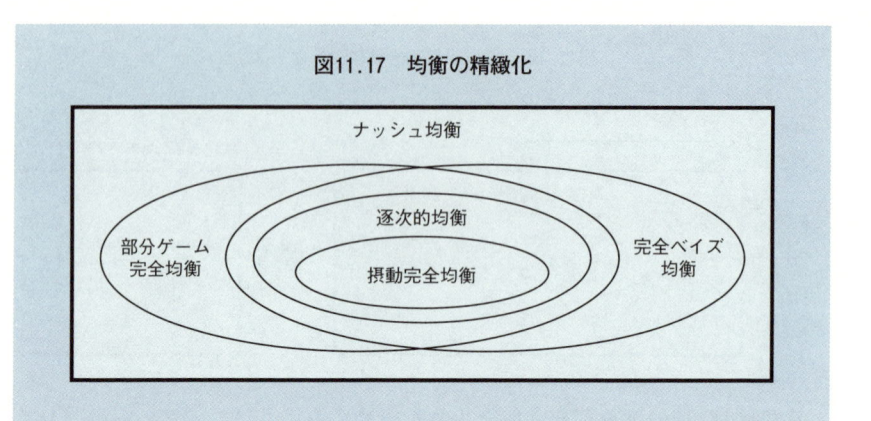

案した**摂動完全均衡**（trembling hand perfect equilibrium）や先に紹介した逐次的均衡と呼ばれる概念などが代表的な均衡として知られている．逐次的均衡は，完全ベイズ均衡と部分ゲーム完全均衡の両方よりも精緻化された概念で，摂動完全均衡は，さらにそれを精緻化した概念であり，両均衡ともどんなゲームにも存在することが証明されている．摂動完全均衡や逐次的均衡の説明は，本書の範囲を超える．詳しくはVega-Redondo（2003），岡田（1996）などを参照するとよい．これらの均衡の集合の関係を図11.17に示した．

　本書ではもう1つ第4章において「支配されないナッシュ均衡」という精緻化の概念を習った．支配されないナッシュ均衡は，2人ゲームでは摂動完全均衡に一致する．しかし3人ゲームでは，支配されないナッシュ均衡よりは摂動完全均衡のほうがより精緻な概念となる．

　上記の結果を踏まえると，分析においてはどの概念を用いるのがよいのであろうか．現在，数理的に厳密な分析を好む経済学者やゲーム理論研究者たちが，もっとも多く使うゲームの解の概念は逐次的均衡である．しかし逐次的均衡や摂動完全均衡の定義はやや複雑だ．多くの場合，初歩的なゲームの分析は2人ゲームであることが多く，それを考えれば支配されないナッシュ均衡を用いるので十分と言えるが，展開形ゲームや不完備情報ゲームを戦略形ゲームに変換して，そのゲームの支配されないナッシュ均衡を求めることは，元のゲームの構造を損ない分かりにくくすることになり，応用を重視する面では良くない．

本書では，読者がゲーム理論の分析を行う場合は，完備情報戦略形ゲームでは支配されないナッシュ均衡，完備情報展開形ゲームでは部分ゲーム完全均衡，不完備情報戦略形ゲームではベイズナッシュ均衡，不完備情報展開形ゲームでは完全ベイズ均衡を使うことを推奨したい．本書は，このアイディアに沿って構成されている．

演習問題

演習11.1 図11.18に示されているシグナリングゲームの完全ベイズ均衡を求めよ．ただし混合戦略は考えない．答えの書き方は表11.9にならいなさい．

演習11.2 以下の逆選択の問題を考察せよ．

ある売り手が財を売りに出すかどうかを決め，買い手がそれを買うかどうかを考えるゲームを考える．売り手は，良品を持つ売り手（タイプG，Good）と粗悪品を持つ売り手（タイプB，Bad）の2タイプが存在し，その確率はpと$1-p$であるとする．

ゲームは売り手が先に財を「売りに出す」（Sell）か，「売りに出さない」（Keep）かのどちらかを決める．売り手がKeepを選ぶとゲームは終了し，売り手と買い手の利得は0となる．もし売り手がSellを選ぶと，買い手は（売り手のタイプが分からないまま）「買う」（Buy）か「買わない」（Not）かを決める．買い手の利得は良品を購入すれば$+1$，粗悪品を購入すれば-1である．商品が売れれば良品の売り手は$+2$，粗悪品の売り手は$+3$の利得が入るが，売りに出すために1の費用がかかるものとする．具体的に利得は以下のようになるものとする．

- 売り手がタイプGでSellを選んだとき，買い手がBuyを選ぶと，売り手の利得は$+1$，買い手の利得は$+1$．買い手がNotを選ぶと，売り手の利得は-1，買い手の利得は0．
- 売り手がタイプBでSellを選んだとき，買い手がBuyを選ぶと，売り手の利得は$+2$，買い手の利得は-1．買い手がNotを選ぶと，売り手の利得は-1，買い手の利得は0．

以下の問いに答えなさい．

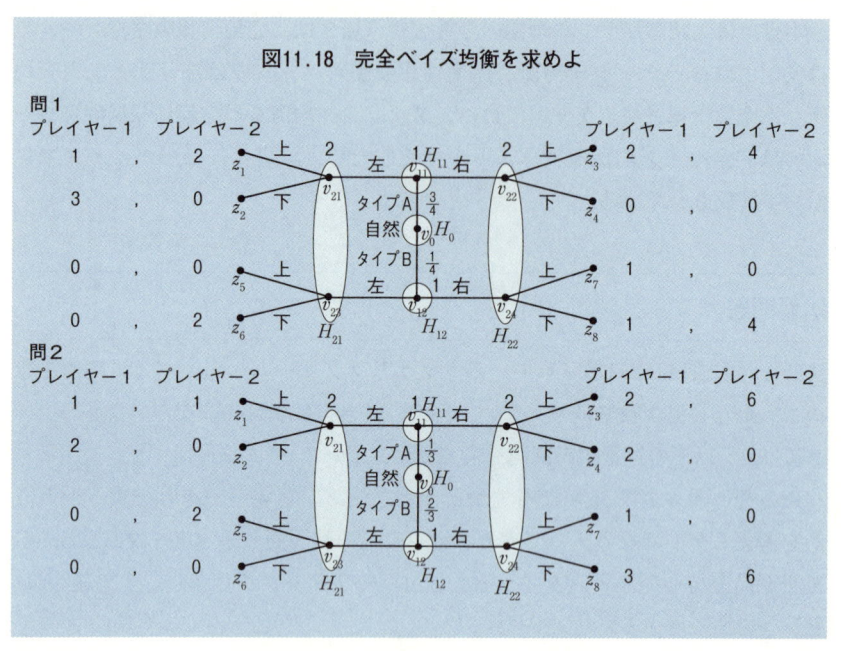

図11.18 完全ベイズ均衡を求めよ

問1
プレイヤー1　プレイヤー2　　　　　　　　　　　　　　　　プレイヤー1　プレイヤー2

（ゲーム木：タイプA（確率 $\frac{3}{4}$）、タイプB（確率 $\frac{1}{4}$）、情報集合 $H_{11}, H_{12}, H_{21}, H_{22}$、ノード $v_0, v_{21}, v_{22}, v_{23}, v_{24}$、終端ノード $z_1 \sim z_8$）

利得（問1、上から順）:
- z_1: 1, 2
- z_2: 3, 0
- z_3: 2, 4
- z_4: 0, 0
- z_5: 0, 0
- z_6: 0, 2
- z_7: 1, 0
- z_8: 1, 4

問2
プレイヤー1　プレイヤー2　　　　　　　　　　　　　　　　プレイヤー1　プレイヤー2

（ゲーム木：タイプA（確率 $\frac{1}{3}$）、タイプB（確率 $\frac{2}{3}$））

利得（問2、上から順）:
- z_1: 1, 1
- z_2: 2, 0
- z_3: 2, 6
- z_4: 2, 0
- z_5: 0, 0
- z_6: 0, 2
- z_7: 1, 0
- z_8: 3, 6

問1 このゲームを不完備情報の展開形ゲームと考えて，ゲームの木で表しなさい．

問2 $p = \frac{2}{3}$ として，完全ベイズ均衡を求めなさい（混合戦略は考えない）．

問3 $0 < p < 1$ として，p によって完全ベイズ均衡がどのように変化するか求めなさい（混合戦略は考えない）．

演習11.3 以下のストーリーはCho and Kreps（1987）による．

敵対する一族であるプレイヤー1とプレイヤー2が，アメリカ西部のとあるホテルの朝食会場で出会った．プレイヤー1の一族は，確率0.9で決闘に強く（タイプS，Strong），確率0.1で決闘に弱い（タイプW，Weak）．しかしプレイヤー1は，どちらのタイプであっても決闘は嫌いである．プレイヤー2の一族は決闘好きで，プレイヤー1がタイプWならば，勝てるので決闘を申し込もうと考えている．しかしタイプSであれば負けるので決闘を申し込みたくない．

ここでプレイヤー1が，朝食にビール（B，Beer）かキッシュ（Q，Quiche）を選ぶ．決闘に強いタイプSは豪快に朝からビールを好み，決闘に弱いタイプWは，静かにキッシュを食べることが好みである．そこでプレイ

ヤー2はプレイヤー1の選ぶ朝食を観察し，選んだ朝食によって決闘を申し込む（D, Duel）か，決闘を申し込まない（N, Not duel）か決めようと思っている．プレイヤー1はそれを読めば，弱いタイプでも我慢してビールを飲み，強いふりをして決闘を避けるかもしれない．このゲームをシグナリングゲームとして分析してみよう．具体的には，以下のようなゲームを考える．

(1) 最初に自然が，プレイヤー1のタイプをSかWか確率0.9と0.1で選ぶ．
(2) プレイヤー1は自分のタイプを知って，BかQかを選ぶ．
(3) プレイヤー2はプレイヤー1のタイプは分からないが，Bを選んだのかQを選んだのかは分かる．その行動に応じて，DかNかを決める．
(4) プレイヤー1は「決闘を申し込まれて，好きでないほうの朝食を食べる」ことを利得0と考える．好きな朝食を食べられれば利得1を得て，さらに決闘を申し込まれなければそれに利得2が加わる．プレイヤー2は，プレイヤー1がタイプSで決闘を申し込むと利得は−1で，タイプWで決闘を申し込むと利得は1である．決闘を申し込まなければ利得は0とする．

以下の問いに答えなさい．

問1　このゲームをシグナリングゲームと考えて，ゲームの木で表しなさい．
問2　完全ベイズ均衡をすべて求めなさい，ただし信念は書かなくてよい（混合戦略は考えない）．
問3　完全ベイズ均衡の中で，直観的におかしいと思われる均衡がある．それはどれであるか考えなさい．

演習11.4　図11.19に示されているゲーム（問1から問3）に対して，(1)から(4)までの均衡を求めなさい．ただし混合戦略は考えなくてよい．
(1) 戦略形ゲームに変換し，ナッシュ均衡を求めなさい．
(2) 上記のゲームにおける支配されないナッシュ均衡を求めなさい．
(3) 部分ゲーム完全均衡を求めなさい．
(4) 完全ベイズ均衡を求めなさい，ただし信念は書かなくてよい．

演習11.5　ある日曜日のお昼，K君とMちゃんはデートの最中だ．話が盛り上がりラーメンを食べに行くことになった．MちゃんとK君は大のラーメン好きであるが，付き合って間もないK君は，Mちゃんがこってりラーメンが好きかあっさりラーメンが好きかが分からない．ここでこってりラーメンが好きなM

図11.19 様々な均衡を求める

問1

	プレイヤー1	プレイヤー2
z_1	2	2
z_2	0	0
z_3	1	1
z_4	1	0
z_5	4	1

問2

	プレイヤー1	プレイヤー2
z_1	2	2
z_2	0	0
z_3	1	1
z_4	1	0
z_5	4	1

問3

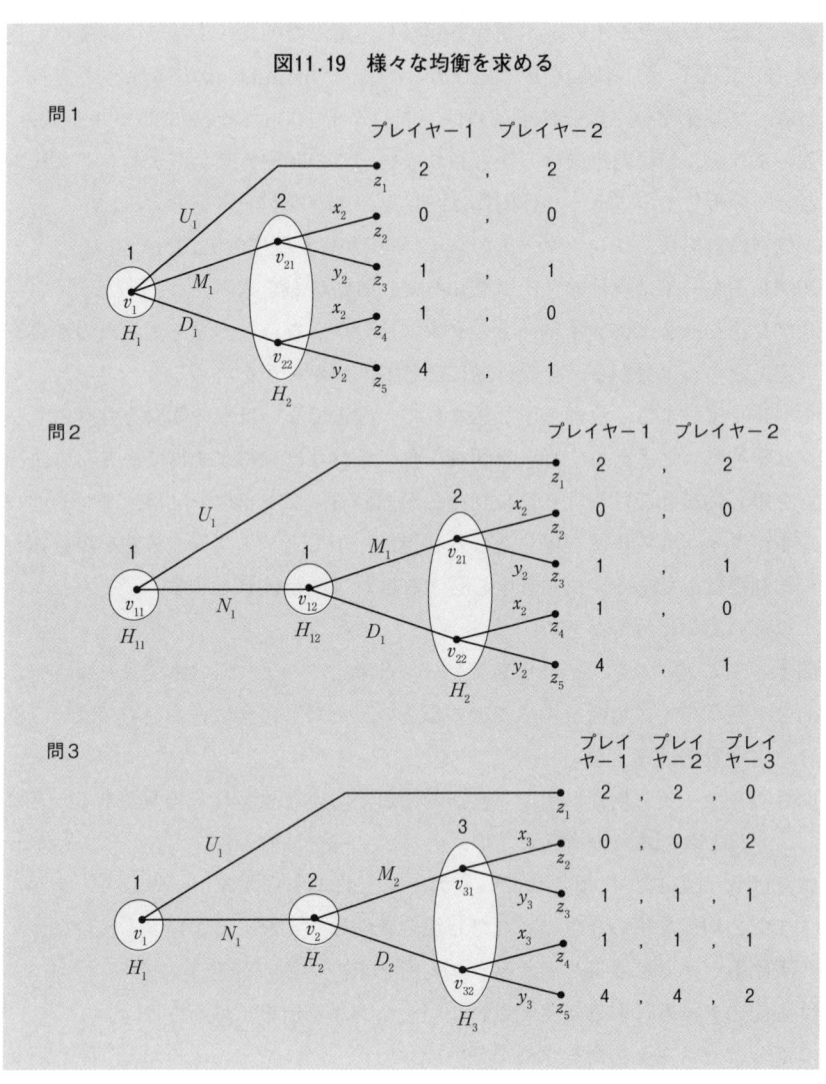

	プレイヤー1	プレイヤー2	プレイヤー3
z_1	2	2	0
z_2	0	0	2
z_3	1	1	1
z_4	1	1	1
z_5	4	4	2

ちゃんをタイプA，あっさりラーメンが好きなMちゃんをタイプBとする．

　K君はおいしい「コッテリ軒」か「あっさり亭」へMちゃんを連れて行くつもりだ．Mちゃんは，K君が自分の好みを当てて，好きなラーメン屋へ連れて行ってくれる人かどうかを試したい．見事にK君が自分の好みを当ててくれたら，一緒にラーメンを食べるが，好みが違うラーメン屋へ行ったら，K君に失

望して帰ろうと思っている.

　K君は，あっさりでもこってりでもどちらも好きで，Mちゃんの好みを当てることが最重要だ．K君は思った．

「話は簡単だ．Mちゃんに好みを聞けばよい」

K君はMちゃんに聞いた

「ねえ，Mちゃんは，ラーメンはあっさりが好み？　それともこってりしたのが好み？」

　さてMちゃんは何と答えるか，そしてK君はどちらの店にMちゃんを連れて行くか．これを以下のシグナリングゲームで考察してみよう.

(1) 最初に自然がMちゃんがタイプAである確率を$\frac{2}{3}$，タイプBである確率を$\frac{1}{3}$で選ぶ．

(2) Mちゃんは自分のタイプを知っていて，「こってり」か「あっさり」かの答えを選ぶ．

(3) K君はMちゃんのタイプは分からないが，Mちゃんの答えに応じて「コッテリ軒」か「あっさり亭」かを選ぶ．

(4) MちゃんがタイプAのときに「コッテリ軒」に行くか，タイプBのときに「あっさり亭」に行けば，めでたしめでたし．2人の利得は10．しかしMちゃんが，タイプAで「あっさり亭」に行くか，タイプBで「コッテリ軒」に行けば，Mちゃんは怒って帰ってしまい2人の利得は−10とする．

　このゲームにおいてMちゃんの行動は，2人の利得に全く影響しないことに注意しよう．Mちゃんが何を答えても，K君がMちゃんの好きなラーメン屋に行くかどうかだけが問題なのである．Mちゃんの行動は，K君に情報を伝達するだけの役目を持つ．このようなシグナリングゲームを**チープトーク・ゲーム** (cheap talk game) と呼ぶ．以下の問いに答えよ．

問1　このゲームをシグナリングゲームと考えて，ゲームの木で表しなさい．

問2　完全ベイズ均衡をすべて求めなさい．ただし信念は書かなくてよい（混合戦略は考えない）．

問3　Mちゃんが自分のタイプを正直に答えること以外に分離均衡はあるか．

解答

演習11.1

問1

		均衡(1)	均衡(2)
プレイヤー1	H_{11}	左	右
	H_{12}	右	右
プレイヤー2	H_{21}	上	上
	H_{22}	下	上
信念	H_{21}	v_{21} である確率が1 v_{23} である確率が0	v_{21} である確率がp v_{23} である確率が$1-p$ （ただし$\frac{1}{2} \leq p \leq 1$）
	H_{22}	v_{22} である確率が0 v_{24} である確率が1	v_{22} である確率が$\frac{3}{4}$ v_{24} である確率が$\frac{1}{4}$

問2

プレイヤー1	H_{11}	右
	H_{12}	右
プレイヤー2	H_{21}	上
	H_{22}	下
信念	H_{21}	v_{21} である確率がp v_{23} である確率が$1-p$ （ただし$0 \leq p \leq 1$）
	H_{22}	v_{22} である確率が$\frac{1}{3}$ v_{24} である確率が$\frac{2}{3}$

演習11.2 問1略 問2完全ベイズ均衡は2つある．1つは，売り手が両タイプともSellを選び，買い手がBuyを選ぶもので，このとき買い手の信念は，売り手がタイプGである確率が$\frac{2}{3}$，タイプBである確率が$\frac{1}{3}$である．もう1つは売り手が両タイプともKeepを選び，買い手がNotを選ぶもので，このとき買い手の信念は，売り手がタイプGである確率が$\frac{1}{2}$以下であれば何でもよい． 問3売り手が両タイプともSellを選び，買い手がBuyを選ぶ均衡は$p \geq \frac{1}{2}$のときのみ存在する．このとき買い手の信念は，売り手がタイプGである確率がp，タイプBである確率が

$1-p$ である．売り手が両タイプともKeepを選び，買い手がNotを選ぶ均衡はどんな p でも存在する．このとき買い手の信念は，売り手がGである確率が $\frac{1}{2}$ 以下であれば何であってもよい．

演習11.3 問1 略　問2 分離均衡は存在しない．一括均衡は以下のもの．(1) プレイヤー1は両タイプともビールを飲み，プレイヤー2はビールを飲んだプレイヤーには決闘は申し込まず，キッシュを食べたプレイヤーに決闘を申し込む．(2) プレイヤー1は両タイプともキッシュを食べ，プレイヤー2はビールを飲んだプレイヤーに決闘を申し込み，キッシュを食べたプレイヤーには決闘は申し込まない．
問3 両タイプがキッシュを食べる均衡は以下の理由から直観には合わない．この均衡では，どちらのタイプのプレイヤー1もビールを飲まないので，ビールを飲んだことを観察したときのプレイヤー2の信念はどんなものでも整合的となる．したがって，タイプSである信念を $\frac{1}{2}$ 以下であるとすれば，確かにプレイヤー2は決闘を申し込むので，完全ベイズ均衡となる．しかし「もしビールを飲んだことを観察したとき，プレイヤー2の信念はどんなものでも整合的」としてよいかと考えるとおかしなところがある．

　タイプWのプレイヤー1は，ビールを飲んだプレイヤー1にプレイヤー2がどんな行動をとろうともキッシュを食べたほうがよい．一方タイプSは，もし現在の行動から逸脱してビールを飲んだときに，プレイヤー2が決闘を申し込まないのならば，ビールを飲むほうがよい．プレイヤー1のタイプSはビールを飲むと，均衡では起こりえないことが起きるが，プレイヤー2は以上のような理由から，タイプWではないと推測し，決闘を申し込まないだろう．したがってプレイヤー1のタイプSがビールを飲むかもしれない．これは「起こりえない情報集合」には「どんな信念を持ってもよい」としていることに，まだ問題があるからである．このような観点から，完全ベイズ均衡をさらに精緻化して絞り込むことができる．詳しくはさらに上級のゲーム理論のテキストやCho and Kreps (1987) などを参照せよ．

演習11.4 問1 (1) (U_1, x_2), (D_1, y_2) (2) (D_1, y_2) (3) (U_1, x_2), (D_1, y_2) (4) (D_1, y_2)
問2 (1) $((U_1, M_1), x_2)$, $((U_1, D_1), x_2)$, $((N_1, D_1), y_2)$ (2) $((N_1, D_1), y_2)$ (3)

第11章　不完備情報の展開形ゲーム

$((N_1, D_1), y_2)$ (4) $((N_1, D_1), y_2)$

問3(1) (U_1, M_2, x_3), (U_1, D_2, x_3), (U_1, M_2, y_3), (N_1, D_2, y_3) (2) (U_1, D_2, x_3), (N_1, D_2, y_3) (3) (N_1, D_2, y_3) (4) (U_1, D_2, x_3), (N_1, D_2, y_3)

　問1は支配されないナッシュ均衡と完全ベイズ均衡が部分ゲーム完全均衡より精緻な例．問2は問1とほとんど同じゲームであるにもかかわらず3つの均衡が一致する例．問3は部分ゲーム完全均衡が，支配されないナッシュ均衡と完全ベイズ均衡より精緻な例である．

演習11.5　　問1略　　問2分離均衡は以下のものが存在する．(1)タイプAのMちゃんはコッテリ軒を，タイプBのMちゃんはあっさり亭を好むと言い，K君は，コッテリ軒を好むMちゃんをコッテリ軒へ，あっさり亭を好むMちゃんをあっさり亭へ連れて行く．(2)タイプAのMちゃんはあっさり亭を，タイプBのMちゃんはコッテリ軒を好むと言い，K君は，あっさり亭を好むMちゃんをコッテリ軒へ，コッテリ軒を好むMちゃんをあっさり亭へ連れて行く．一括均衡は次のものが存在する．(3)Mちゃんは両タイプともコッテリ軒を好むと言い，K君はMちゃんが何を言ってもコッテリ軒へ連れて行く．(4)Mちゃんは両タイプともあっさり亭を好むと言い，K君はMちゃんが何を言ってもコッテリ軒へ連れて行く．　　問3上記の分離均衡(2)のように，自分の好みを正直に言わない均衡は存在する．Mちゃんが自分の好みを真逆に言い，K君がそれを知ってMちゃんが言ったのと逆の店に連れて行けば，それはそれで意思疎通がなされている．

　Mちゃんの送るシグナルを「コッテリ軒が好き」「あっさり亭が好き」という意味を取り除き，xかyという抽象化した記号で考えれば，理解できる．Mちゃんの行動はxでもyでも対称的なので，「xと言ったほうをコッテリ軒へ，yと言ったほうをあっさり亭へ」連れて行くことが均衡ならば，必ず「yと言ったほうをコッテリ軒へ，xと言ったほうをあっさり亭へ」連れて行くことも均衡になる．

　「好きなものには嫌い，嫌いなものには好き」と，常に嘘を言う者がいれば，その者の好みは完全に把握できる．その者は正直者と同じなのである．嘘をつくには，嘘と本当を適度の確率で混ぜ合わせなければ，嘘にならない．

第12章

協力ゲームの理論

第1章で述べたようにゲーム理論には，非協力ゲームと協力ゲームの2つの理論がある．ここまでは非協力ゲームについて学んできた．

第12章では，協力ゲームについて学ぶ．まず12.1では，交渉問題と呼ばれる理論について紹介する．これはナッシュ均衡と同様に，ナッシュによる研究が出発点となって研究されてきた理論である．交渉は経済において様々な局面で現れる重要な要因であることから，この理論は重視され，多くの分析に応用されている．12.2では，協力ゲームの中でもっとも一般的な理論である提携形ゲームについて学ぶ．

12.1 交渉ゲームとナッシュ交渉解

12.1.1 交渉問題

私たちはここまで「W家の土地購入における交渉」というテーマで，**モデル12**において1段階だけの最後通牒ゲームを学び，**モデル28**で2段階の交渉ゲームを学んできた．ここでもう一度，同じテーマで交渉について考えてみよう．

モデル44　W家の土地購入における交渉PART3

モデル12，モデル13，モデル28で考えたWと売り主の土地売買の交渉を考える．買い手であるWは土地を2700万円で評価し，売り主は2500万円で評価している．モデル13で考えたように，売り主はWとの交渉が決裂すれば別の購入者に2550万円で土地を売ることができるとする．またWは既に自分たちが3000万円と評価している別の土地を2970万円で購入できる権利

を有しており，交渉が決裂すればその土地を購入する予定である．この売り主とWの状況はお互いによく知っているとする．
　交渉の結果がどうなるか，再度考察してみよ．

　問題はただ「交渉の結果がどうなるか考察せよ」となっているだけで，交渉のルールがどうなるかについては何も言及していない．交渉のルールによって，交渉の結果がどのように変わるか考えてみよう[1]．

- Wが最後通牒権を持つ最後通牒ゲームでは，交渉結果は2560万円で売買される（**モデル13**を参照せよ）．
- 売り主が最後通牒権を持つ最後通牒ゲームではどうだろうか．Wは2670万円を提示されるなら拒否して別の土地を買うだろうから，売り主は2660万円を提示し，Wは承諾し，2660万円で売買される．
- もし2段階でWが先に提案する2段階交互提案ゲームを考えるならば，$R=0.8$とすると2630万円で売買される（**モデル28**に，Wが決裂時に30の利得を得ることが条件に加わったことにより，得られる）．

このように**モデル44**の交渉結果は，交渉のルールがどのようなものであるかによって変わる．交渉ルールの違いにより結果が変わることで，最後通牒権や基準点，そして割引因子などが交渉力に果たす役割を知ることができ，交渉の様々な要因に関する分析を行うには有意義である．しかし，「交渉のルールをどう設定するかによって結果が大きく変わる」という部分は問題点でもある．私たちは，具体的な交渉のルールを与えなくても，交渉というものは一般的にどのような結果になるか，という問題を考察したい場合がある．ここまでの交渉の理論の分析では，このような問いに答えることはなかなか難しい．

　非協力ゲームは「ゲームのルール」を明確にすることによって，プレイヤーの行動を予測し分析を行う．これは私たちに，現象の分析のためにはゲームのルールを明確にしなければならない，ということを認識させる点で有意義である．しかし，ゲームのルールが決まらなければ分析ができず，ルールに依存し

---

[1] これまでと同じように10万円単位で交渉が行われ，承諾と拒否が同じ利得であれば拒否すると考える．

て結果が大きく変わるということは非協力ゲームの欠点でもある．

「オークション」や「投票」のように，ゲームのルールが明確に定められているときは問題がないが，「交渉」のように一般にゲームのルールが明確に定められていない場合は，モデルを作成する者が，いかに現象を上手にモデル化し，普遍的なルールを考察するかに分析結果が依存してしまうのである．

> **ポイント73 非協力ゲームとゲームのルール**
>
> 非協力ゲームでは，ゲームのルールが明確に決まっていなければ結果は得られない．ゲームのルールによって結果は大きく変わる．

では，「2人のプレイヤーの価格交渉について分析し，結果を導きたい」と考えるときに，具体的なゲームのルールを決めなくても，納得がいくような結果が得られる分析方法はないだろうか．このような観点から，交渉の問題をモデル化し分析したのは，やはりナッシュなのである（Nash (1950)）．ここでは，そのナッシュのアプローチに従って2人の交渉の問題を考えてみよう．

まず，ゲームのルールを用いずに交渉の問題をモデル化する必要がある．**交渉問題**（bargaining problem）は，次の3つの要素（プレイヤー・実現可能領域・基準点）を確定することでモデル化される．

プレイヤー　交渉のプレイヤーは誰か．

実現可能領域　交渉の結果，各プレイヤーが獲得可能なすべての利得の組合せの領域はどのようなものか．

基準点　交渉が決裂したときに各プレイヤーが得る利得は何か．

モデル44で，この3要素を確定し，交渉問題を考えてみよう．プレイヤーはWと売り主の2人である．2人が得ることのできる利得の組合せである実現可能領域はどうなるだろうか．ここでWの得る利得をx_w，売り主の得る利得をx_sとしよう．売買価格をpとすると，Wは$x_w = 2700 - p$，売り主は$x_s = p - 2500$となるので，$x_w + x_s = 200$となる．これは，2人が土地を売買することで200万円の余剰が生まれ，交渉でそれを2人が分け合うことを意味している．すなわちこの交渉問題は，「2人が交渉することによって200万円をどのように分けるか」という問題と同じであることが分かる．

一般的には，売り主の評価額がv_s，買い手の評価額がv_bの財の売買交渉は，

$v_b - v_s$のお金を2人でどう分配するかという交渉と等価と考えることができる．

ポイント74　売買交渉と分配の等価性

売り主の評価額がv_s，買い手の評価額がv_bの財の売買交渉は，$v_b - v_s$のお金を2人でどう分配するかという交渉と等価と考える．

モデル44の交渉問題の実現可能領域は，以下の不等式で表される領域であると考える．

$$x_w + x_s \leq 200, \quad x_w \geq 0, \quad x_s \geq 0 \tag{12.1}$$

式（12.1）で表された実現可能領域について説明しよう．

まず200万円のお金を分け合うときに1人が300万円を獲得し，もう1人が100万円を支払うという可能性を考慮してもよい．しかし，そうなると1人が1兆200万円を獲得し，もう1人が1兆円を支払うという可能性も考慮するのか，という問題が生じる．獲得したり，失ったりするx_wとx_sには，どこかで制約をつけたほうがよさそうだ．そこで$x_w \geq 0$，$x_s \geq 0$と考えている．これは売買価格pが2人の評価額の間$2500 \leq p \leq 2700$で決着する可能性だけを考慮することを意味している．

次に200万円のお金を分け合うときに，2人が200万円を全部獲得しない可能性も考え，$x_w + x_s = 200$ではなく，$x_w + x_s \leq 200$であると考える．もし結果が$x_w + x_s = 180$となるときは，お金は20万円捨てていると考える．このようなことは交渉の結果としては起こらなそうだが，それは実現可能領域が制約されるのではなく，望ましい交渉の結果が満たすべき条件として，後ほど付加される．実現可能領域と，望ましい交渉の結果を区別することが大切である．

以上のような議論から式（12.1）で表された領域を実現可能領域であると考える．最後に基準点であるが，交渉が決裂したときは，Wは余剰として30万円（3000万円に評価している土地を2970万円で獲得できる），売り主は余剰として50万円（2500万円に評価している土地を2550万円で売買できる）を得るので，これを基準点と考える．

図12.1はモデル44の実現可能領域と基準点を図示したものである．

図12.1 実現可能領域と基準点

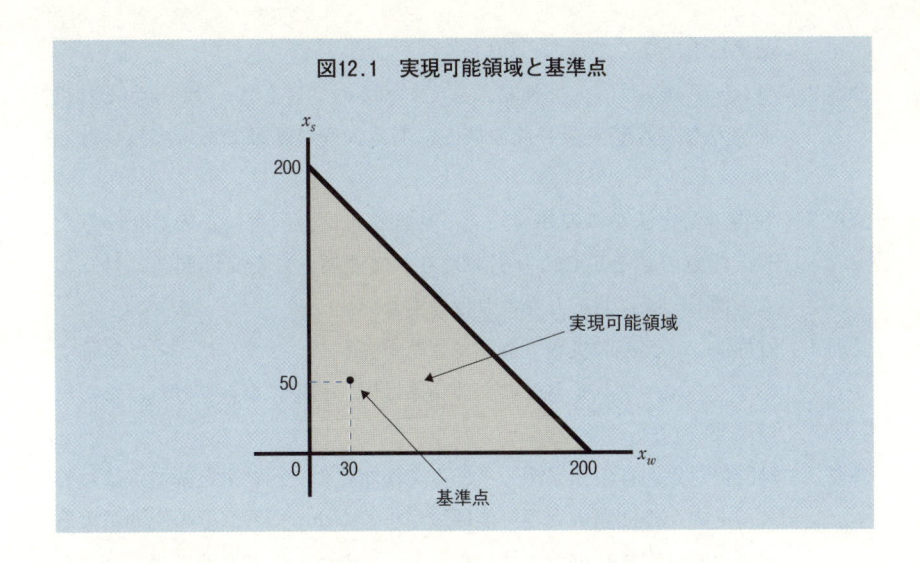

12.1.2 交渉ゲームの公理的アプローチとナッシュ交渉解

さて前項のように交渉問題とは，誰がプレイヤーか，プレイヤーが交渉によって獲得できる利得は何か（実現可能領域），交渉が決裂したときはどのような利得を得るのか（基準点），という3要素を確定することで定式化される問題であり，その交渉結果は図12.1で示された実現可能領域の中から選ばれると考える．このとき**交渉ゲーム**（bargaining game）とは1つの交渉問題が与えられたときに，どのような交渉結果が導かれるかを考察する理論である．すなわち交渉ゲームは「ゲームのルール」に関係なく，プレイヤー，実現可能領域，基準点の3つを決めるだけで，交渉結果となる利得の組合せを特定化しようと考える方法である．

ここまでの非協力ゲームの解であるナッシュ均衡は，ゲームを1つ定めると，ゲームの結果である戦略の組合せを1つ決めるものであった．これと同様に交渉ゲームの解とは，交渉問題が与えられたときに，どのような結果が交渉結果となるかを1つ定める「手続き」であると考えられる．

交渉ゲームの解が満たすべき性質は何であろうか．ナッシュは交渉ゲームの解は以下の5つの公理と呼ばれる条件を満たすようなものであると考えた．

公理1：個人合理性　　交渉結果は，すべてのプレイヤーが基準点で得られる

結果以上でなくてはならない．

公理2：パレート効率性　交渉結果は，すべてのプレイヤーの利得がそれ以上高くなる点が実現可能領域内にあるような結果であってはいけない．

公理3：利得の測定法からの独立性　交渉結果は，利得に正の数をかけたり，任意の数を足したり引いたりして変換された交渉問題に対しても，同じ結果に対応しなければならない．

公理4：対称性　交渉の実現可能領域と基準点がプレイヤーにとって対称であるならば，プレイヤーの交渉結果は同じ利得にならなければならない．

公理5：無関係対象からの独立性　ある交渉問題の交渉結果と基準点に対して，その交渉問題の実現可能領域が小さくなっても，その交渉結果と基準点がまだ実現可能領域の中にあるならば，同じ交渉結果にならなくてはならない．

5つの条件について，今回の場合を例にして解説する．公理1の個人合理性は，個人が交渉結果に納得して交渉が決裂しない条件である．今回の場合は交渉結果が$x_w \geq 30$, $x_s \geq 50$でなければならないことを意味している．公理2のパレート効率性は，今回の場合は交渉結果における2人の利得の合計が200になること，すなわち$x_w + x_s = 200$でなければならないことに対応する．2人の交渉結果の合計が200にならないということは，いくらかのお金が捨てられていることを意味している．そうであるならば捨てられたお金を折半して加えれば，2人両方の利得を増加させることが可能であり，それはパレート効率性に反しているからだ．

公理3を考えよう．利得に正の数をかけても同じ結果でなければならない，ということは利得の単位に依存して交渉結果が変わってはならないということだ．交渉の理論を考えるとき，金額を円で測ったときとユーロやドルで測ったときで結果が異なるのはおかしい．もし1ドルが100円ならば，上記の交渉問題の利得を$\frac{1}{100}$にすれば，それはドルに換算された問題となる．このように正の数をかけて違う貨幣単位で考えても，対応する結果は同じになっていなければならない，というのが公理3の要求するところである．同様に「任意の数を

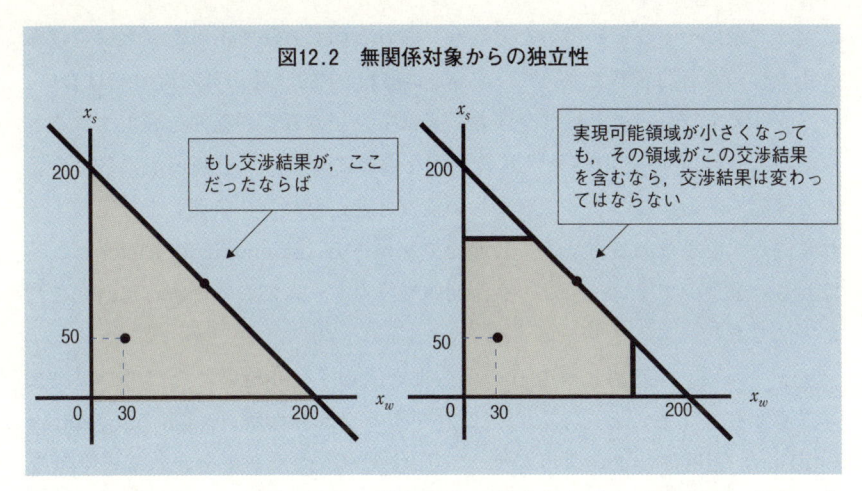

図12.2　無関係対象からの独立性

[左図：もし交渉結果が，ここだったならば]
[右図：実現可能領域が小さくなっても，その領域がこの交渉結果を含むなら，交渉結果は変わってはならない]

足したり引いたりして測っても，同じ結果に対応しなければならない」という条件は，例えば「50万円という基準から，金額がいくら増えたか減ったかで利得を測っても結果は同じにならなければならない」ということに対応している．

公理4は，プレイヤーが全く同じ条件ならば等しい結果にならなければならない，ということで，これも妥当な条件と言える．

公理5は少し難しく，一番議論されることが多い条件である．図12.2にこの条件を示した．交渉結果は実現可能領域の中で2人にとってもっとも望ましい結果であるはずだから，交渉による実現可能領域が小さくなってもその交渉結果がまだ含まれているならば，失われた領域はその交渉結果よりは2人にとって悪い「無関係な対象」である．したがって依然としてその交渉結果が選ばれていなければおかしいとする考え方である．

ここで挙げられた条件は**公理**（axiom）と呼ばれる．公理は数学において，ある数学的な結果を導くために前提として置かれる命題を意味し，別の条件から導かれるものではない．皆さんは公理という言葉を，幾何学の中で習ったことがあるかもしれない．ユークリッド幾何学では「点には大きさがない」「線には幅がない」「平行線は交わらない」などの条件を前提とし，理論を構築する．この条件は導かれるものではなく，なぜそうなるかと問うても答えはない．ただ，それを前提にして理論を進めていくことで，「二等辺三角形の底角は等しい」などの定理を導くことができるのである．

交渉問題にナッシュが用いた方法も，これと同じ方法であった．上に挙げられた5つの条件は前提であって，これ自身は数学的に導かれるものではない．ナッシュのアプローチとは「交渉の結果は，上記の5つの条件を満たす」ことを前提とすれば，「その結果はどのようなものになるか」を明らかにしようとする理論である．このように望ましい性質と考えられる「公理」を設定し，それを満たす解を求める方法は，**公理的アプローチ**（axiomatic approach）と呼ばれる．公理的アプローチは，交渉問題や協力ゲームにおいて盛んに研究された方法である．

ナッシュは，上記のような5つの公理を満たす交渉結果はただ1つに決まり，必ず存在することを示した．これを**ナッシュ交渉解**（Nash bargaining solution）と呼ぶ．このようにナッシュはゲームのルールを定めるのではなく，満たされるべき望ましい条件を列挙する公理的アプローチによって，交渉問題の解を明らかにしたのである．

ナッシュ交渉解とはどのようなものであろうか．2人の場合，それは以下のように定義される．

定義12.1（ナッシュ交渉解）

プレイヤー1と2の基準点の利得をc_1, c_2，交渉結果をx_1, x_2とするとき，実現可能領域内で，

$$(x_1 - c_1)(x_2 - c_2) \tag{12.2}$$

を最大にするx_1, x_2をナッシュ交渉解と呼ぶ．ここで，$(x_1-c_1)(x_2-c_2)$はx_1, x_2の**ナッシュ積**（Nash product）と呼ばれる．

ナッシュ交渉解は「各プレイヤーの交渉結果の利得から基準点の利得を引いたもの」をすべてのプレイヤーに対してかけあわせた値（ナッシュ積）を最大にするような（実現可能領域内の）交渉結果である．今回の**モデル44**においては，

$$(x_w - 30)(x_s - 50) \tag{12.3}$$

を最大にするx_wとx_sである．

モデル44におけるナッシュ交渉解となる交渉結果を求めてみよう．今回，実現可能領域は$x_w+x_s \leq 200$を満たしているが，式（12.3）を最大にするにはx_wとx_sはできるだけ大きな値をとらなければならないから，$x_w+x_s=200$でなければならない．よって$x_s=200-x_w$であるので，これを式（12.3）に代入すると，

$$(x_w-30)(x_s-50) = (x_w-30)(200-x_w-50)$$
$$= -x_w^2 + 180x_w - 4500$$
$$= -(x_w-90)^2 + 3600$$

となる．したがって式（12.3）は$x_w=90$で最大値をとる．またこのとき$x_s=110$になる．この$x_w=90$，$x_s=110$がナッシュ交渉解である．

このようにモデル44における交渉問題のナッシュ交渉解は，200万円を分け合う交渉と考えれば，Wが90万円，売り主が110万円を得るという結果になる．元の問題に直して考えれば，土地は2610万円で売買され，Wの余剰は90万円，売り主の余剰は110万円という交渉結果になるのである．

ナッシュ交渉解は，上記で挙げた5つの公理を満たす交渉結果である．実際には交渉の満たすべき性質は，これ以外にも考えられる．上記の5つの公理のいくつかを入れ替えたものや，3人以上の交渉問題で，上記の公理をどのように考えるかによって，**カライ-スモロディンスキイ解**（Kalai-Smorodinsky solution）や**平等主義解**（egalitarian solution）などの様々な交渉解が提案されている．これについては鈴木（1994）などを参照してほしい．

12.1.3　ナッシュ交渉解を求める

公理1から公理5までを満たす解が，なぜナッシュ交渉解になるのか，直観的な説明を図12.3を使って与えておこう．

各プレイヤーの利得の測り方を，「基準点からどのくらい利得が増加したか」という測り方に変える．この測り方による利得をx'_w，x'_sとしよう．これは元の利得をx_w，x_sとすれば，

$$x'_w = x_w - 30$$
$$x'_s = x_s - 50$$

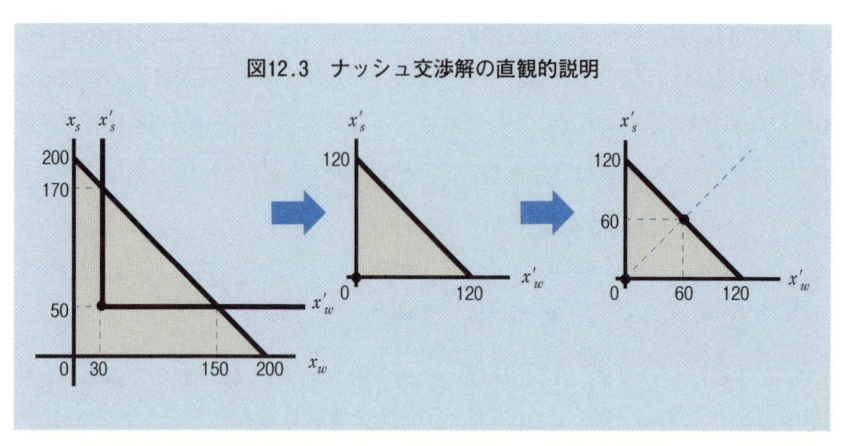

図12.3　ナッシュ交渉解の直観的説明

となる（図12.3の左側に書き加えた軸）．公理3の利得の測定法からの独立性から，元の利得から30や50という数を引いても交渉問題の結果は同じでなければならない．したがってx'_wとx'_sに変換して考えた交渉問題の交渉結果は，元の交渉問題の交渉結果と対応しているはずである．さらに図12.3の中央の図のように，Wと売り主の利得が基準点以上であるような利得が正になる領域のみで交渉問題を考え直そう．この領域は，元の領域よりも小さくなっているが，公理1の個人合理性から，元の交渉問題の結果は，新しい交渉問題の実現可能領域に含まれてなければいけない．公理5の無関係対象の独立性より，新しい交渉問題の交渉結果は元の交渉問題の結果に対応していなければならない．

この新しい交渉問題では，Wも売り主も基準点は共に0で，実行可能領域も対称である．したがって公理4の対称性から，交渉結果は2人にとって対称でなければならない．これは原点からの45度線上に交渉結果が存在していることを示している．しかも公理2のパレート効率性から，それは領域の境界線でなければならないはずだ．このことから図12.3の右の図のように交渉問題の解は$x'_w = x'_s = 60$でなければならないことが分かる．この解を元の問題に戻せば，$x_w = 90$, $x_s = 110$が得られる．

以上がナッシュ交渉解の直観的な説明である．一般的には実行可能領域はこのような三角形ではなく，凸集合と呼ばれる領域であれば何でもよい．そのような一般的な状況でも上記の証明に沿えば，公理1から5までを満たすものが式（12.2）のナッシュ積を最大化するものであることが証明できる．交渉問題

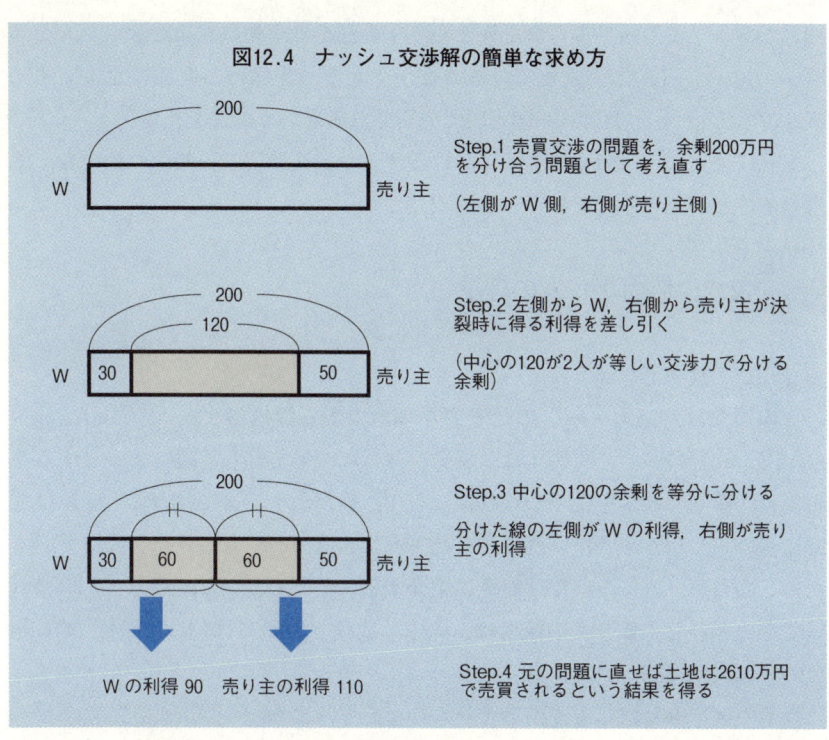

図12.4 ナッシュ交渉解の簡単な求め方

Step.1 売買交渉の問題を，余剰200万円を分け合う問題として考え直す
（左側がW側，右側が売り主側）

Step.2 左側からW，右側から売り主が決裂時に得る利得を差し引く
（中心の120が2人が等しい交渉力で分ける余剰）

Step.3 中心の120の余剰を等分に分ける
分けた線の左側がWの利得，右側が売り主の利得

Wの利得 90　売り主の利得 110

Step.4 元の問題に直せば土地は2610万円で売買されるという結果を得る

は，実現可能領域が複雑な形でも適用できるものであるが，産業組織論や国際経済学などの経済学の分析で応用される交渉問題は，今回の**モデル44**のような単純な財の売買であることが多い．今回の**モデル44**のような単純な財の売買では，実現可能領域が単純な三角形になるため，式（12.2）のナッシュ積の最大化は簡単に求めることができる．以下にその手順を示しておこう．

Step.1　財の売買の問題を，これには売り手と買い手の評価額の差額である余剰を分配する問題に変換して考え，分配する余剰を直線に見立てる．

Step.2　直線の左から買い手が決裂時に得られる利得を，右から売り手が決裂時に得る利得を差し引く．

Step.3　差し引いて残った利得を真ん中から分ける．このときその左側が買い手の，右側が売り手の，ナッシュ交渉解における利得になる．

Step.4　元の問題に戻して，売買価格を求める．

この求め方に従って**モデル44**のナッシュ交渉解の交渉結果を求めたのが，図

第12章　協力ゲームの理論

12.4である．この結果得られたWと売り主の利得は，先に求めたナッシュ交渉解$x_w=90$, $x_s=110$と一致していることが分かる．先ほどと同様に元の問題に直せば（Step.4），土地は2610万円で売買されるという結果を得る．

上記に従えば，財の売買交渉におけるナッシュ交渉解の一般的な公式もすぐ求めることができるであろう（演習12.2）．

12.2 協力ゲームの理論

12.2.1 提携形ゲーム

この節では，協力ゲームの代表的な理論である**提携形ゲーム**（coalitional form game）について説明する．協力ゲームについて詳しく述べようとするならば，かなりの分量を割かなければならず，提携形ゲームに絞っても話題は非常に多い．しかし本書は，既に述べたように非協力ゲームに焦点を絞っているため，協力ゲームについては簡単に紹介するにとどめている．協力ゲームについてもっと詳しく知りたい読者は，鈴木，武藤（1985），鈴木（1994），Owen（1995）などを参照してほしい．

以下の例をもとにして提携形ゲームを考えてみよう．

―― モデル45　中国雑貨輸入の共同プロジェクト ――

I市にある輸入雑貨店阿季家と美家は，コンビニのセレブと手を組んで，中国雑貨販売に関するプロジェクトを立ち上げようとしている．3者が組んだこのプロジェクトは，大きな利益を上げることができそうだが，企業ごとに力量が異なるために，利益の分配をどうするかが大きな問題となっている．阿季家も美家も，利益の分配が良くなければ，自企業だけでのプロジェクトや，もしくは自企業とセレブだけの提携を考えている．

3つの企業がそれぞれに提携した場合に得られる利益は表12.1のように与えられるものとしよう（単位は10万円）．

阿季家は独自に中国雑貨の安い仕入れルートを持っていて，自分だけでプロジェクトを行ったときの利益は他社が単独で行うより大きい．このため，他社と公平に利益を分け合うのではなく，少し多い利益分配を主張している．美家は，確かに阿季家ほどの力はないが，セレブとの協力によっ

て増加する利益は阿季家単体よりも大きいので，やはりそれなりの利益を主張している．セレブは，自分だけでは中国雑貨販売のプロジェクトはできないが，阿季家と美家はセレブと組むことにより，利益の増加は非常に大きい．

3社にとっては，3社全部で提携したときの利益がもっとも大きい．提携が成立し，3社が納得するためにはどのような利益の分配を行えばよいのであろうか．

モデル45は協力ゲームのもっとも標準的な理論である提携形ゲームで表すことができる．提携形ゲームは，プレイヤーと**特性関数**（characteristic function）の2つを特定化することで表現することができる．ここでプレイヤーは，阿季家・美家・セレブの3社である．そして特性関数とは，プレイヤーのすべての部分集合に，その部分集合が獲得できる利得を対応させた関数である．ここでは表12.1が特性関数である．とはいっても，読者は表12.1が「関数」には見えないかもしれない．そこで特性関数を関数らしく書いてみよう．

以下では，記述しやすくするために，阿季家（Akika）を企業A，美家（Bika）を企業B，セレブ（Celeb）を企業Cと考える．この提携形ゲームの特性関数をvとすると，vは次のような形に書くことができる．

$$v(A) = 6 \quad v(B) = 4 \quad v(C) = 0$$
$$v(AB) = 18 \quad v(BC) = 18 \quad v(AC) = 16$$
$$v(ABC) = 48$$

表12.1　共同プロジェクトの参加企業と得られる利益

プロジェクト参加企業	利益
阿季家だけ	6
美家だけ	4
セレブだけ	0
阿季家・美家	18
美家・セレブ	18
阿季家・セレブ	16
阿季家・美家・セレブ	48

ここで例えばABは，企業Aと企業Bの部分集合，すなわち「企業Aと企業Bのグループ」を表しており，$v(AB) = 18$は，企業Aと企業Bが組むことで得られる利得が18であることを表している．プレイヤーの部分集合を提携と呼ぶ．特性関数とは，すべての提携に対して，その提携が獲得する利得を対応させる関数である．

提携形ゲームは，このような特性関数が与えられたときに，各プレイヤーにどのように利益が分配されるか（もしくは分配されるべきか）を示すことが目的となる．

前節の交渉問題と同様に，提携形ゲームは具体的なゲームのルールが与えられていない．そこで上記のような状況で，どのような利得の分配が起きるのか，もしくはどのような利得の分配が行われるべきかという，いくつかの「望ましい性質」（公理と同じだが，慣習上ここでは「公理」とは呼ばない）を列挙し，それに対応するものを協力ゲームの解と考える．この「望ましい性質」は様々なものが考えられるため，協力ゲームの解には，いくつかの種類がある．本書ではその中で**コア**（core），**仁**（nucleolus），**シャープレイ値**（Shapley value）と呼ばれる3つの解概念について説明しよう．協力ゲームの解には他にも**安定集合**（stable set），**交渉集合**（bargaining set），**カーネル**（kernel）などの概念がある（鈴木（1994）などを参照）．

12.2.2 協力ゲームの解とコア

協力ゲームの解は，利得をどのように分配するか（するべきか）を示すことが目的であった．各プレイヤーにどのような利益を与えるかは利得のベクトルで書き表すことができる．このような利得ベクトルをここでは**分配**（allocation）と呼ぶ．

例えば**モデル45**において，「企業Aが20，企業Bが10，企業Cが5の利得を分ける」という分配は，獲得する利得を，その順番に沿ってベクトルの成分として表せば$(20, 10, 5)$と書ける．一般には企業Aの利得をx_A，企業Bの利得をx_B，企業Cの利得をx_Cとすると，分配はベクトル(x_A, x_B, x_C)と書くことができる．

$(20, 10, 5)$という分配は1つの案ではあるが，その合計額は全員が提携し

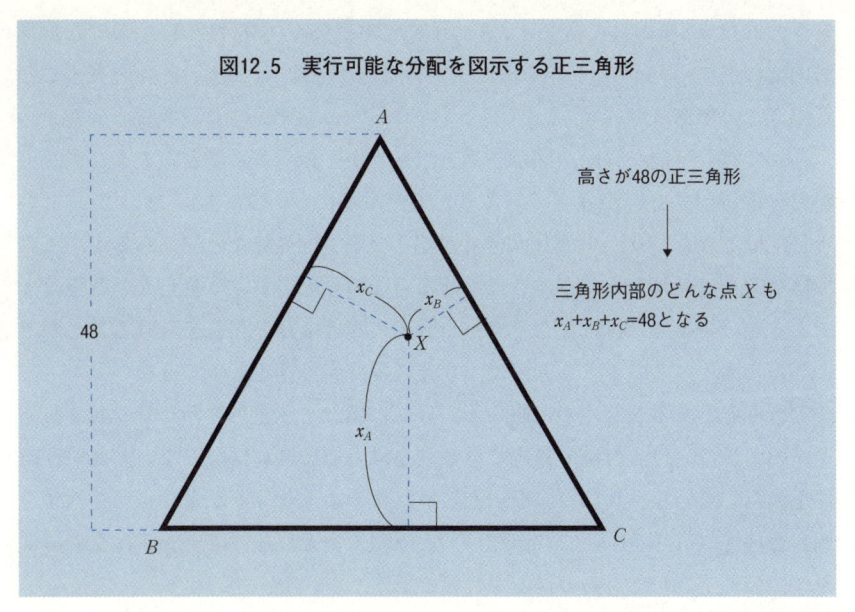

図12.5　実行可能な分配を図示する正三角形

(図：高さ48の正三角形。頂点A（上）、B（左下）、C（右下）。内部の点Xから各辺への垂線の距離をx_A, x_B, x_Cとする。三角形内部のどんな点Xも$x_A+x_B+x_C=48$となる。)

たときの48に満たない．望ましい分配はその合計が全員で得られる利益48になるものであろう．このように全員の利得の合計が，全体提携で得られる利得に等しいとき，その分配は**実行可能**（feasible）であると言う[2]．**モデル45**において分配（x_A, x_B, x_C）が実行可能である条件は，$x_A+x_B+x_C=48$である．（20, 10, 5）は実行可能ではない．実行可能な分配の例はいろいろ考えられるが，例えば（36, 6, 6）は実行可能である．

モデル45のような3人提携形ゲームにおいて実行可能な分配を表すための便利な図がある．それは全体の提携で得られる利益$v(ABC)$を高さに対応させた正三角形を考えればよい．図12.5は**モデル45**の実行可能な分配を表すため，高さを48とした正三角形である．ここで正三角形の内部の点を1つとり，その点をXとしよう．点Xと正三角形の頂点Aに向かい合う辺からの距離をx_A，Bに向かい合う辺からの距離をx_B，Cに向かい合う辺からの距離をx_Cとしよう．この

---

[2] 協力ゲームの用語や解の数学的な定義は，本によって違いがあるので注意が必要である．例えば鈴木（1994），岡田（1996），武藤（2001）などの日本の代表的なテキストでは，実行可能であり個人合理性を満たす分配を**配分**（imputation）と呼び，これを基本に議論を展開している．本書はOsborne and Rubinstein（1994），Myerson（1991）などをもとにした．

ときどんな点Xをとっても必ず$x_A+x_B+x_C=48$となる（演習12.1）．この三角形の内部の点で$x_A+x_B+x_C=48$を満たす実行可能な分配(x_A, x_B, x_C)を表すことができるのである．

これで実行可能な分配を図示する方法も分かった．そこでどのような実行可能な分配が望ましいか考えてみよう．**モデル45**において，（4，22，22）という分配はどうだろうか．これは合計が48となる実行可能な分配であるが，これでは企業Aは納得しないだろう．なぜならこの分配における企業Aの利得は4であるが，企業Aは提携しなくても自分1人だけで6の利益を上げることができるのである．このような分配は，企業Aは許容できるものではない．

実行可能であるかどうかに限らず，分配が満たすべき条件として「各プレイヤーの利得は，自分自身で獲得できる利得以上でなければならない」という条件を満たしていなければならないだろう．このような分配が満たすべき性質を**個人合理性**（individual rationality）と呼ぶ．個人合理性はナッシュ交渉解において公理1としたものと同等な性質である．

> **ポイント75　望ましい分配と個人合理性**
>
> 望ましい分配は，少なくとも「各個人の利得は，自分自身で獲得できる利得以上でなければならない」という個人合理性を満たしていなければならない．

それでは（32，8，8）という分配はどうだろうか．今度は実行可能（合計が48）で，なおかつ個人合理性も満たした分配である．各プレイヤーは個人で獲得できる以上の利得を獲得しているので，誰も文句を言いそうにない．しかしこの分配には，企業Bと企業Cの提携が異論を唱えるだろう．確かに企業Bと企業Cは自分だけでは8の利得を獲得することはできない．しかし企業Bと企業Cは2人でプロジェクトを組めば18の利得を獲得できるのである．2人はこのような分配には納得せず，2人でプロジェクトを起こすと言うだろう．

このように考えれば，望ましい分配が満たす条件として「すべての提携に対する利得の合計は，その提携全体で獲得できる利得以上でなければならない」という性質を挙げることができる．しかも個人（1人のプレイヤー）を1人の提携であると考えれば，個人合理性はこの性質に含まれることが分かる．「提

携」の定義は「プレイヤーの部分集合」であったので，1人のプレイヤーを提携と考えることは間違いではない．そこでこのような性質を満たす実行可能な分配の集合は，協力ゲームの解としてもっとも基礎的な概念と考えられるだろう．このような分配の集合をコアと呼ぶ．

定義12.2（コア）

実行可能な分配の中で「すべての提携に対する利得の合計は，その提携全体で獲得できる利得以上でなければならない」という条件を満たす集合をコアと呼ぶ．

一般には3人提携形ゲームにおけるコアは，以下の不等式を満たす領域として定義される．

$$
\begin{aligned}
& x_A + x_B + x_C = v(ABC) \\
& x_A \geq v(A) \quad\quad x_B \geq v(B) \quad\quad x_C \geq v(C) \\
& x_A + x_B \geq v(AB) \quad x_B + x_C \geq v(BC) \quad x_A + x_C \geq v(AC)
\end{aligned}
\quad (12.4)
$$

特に**モデル45**では，コアは以下の不等式を満たす (x_A, x_B, x_C) の集合である．

$$
\begin{aligned}
& x_A + x_B + x_C = 48 \\
& x_A \geq 6 \quad\quad x_B \geq 4 \quad\quad x_C \geq 0 \\
& x_A + x_B \geq 18 \quad x_B + x_C \geq 18 \quad x_A + x_C \geq 16
\end{aligned}
\quad (12.5)
$$

式（12.4），（12.5）の最初の等式は分配が実行可能である条件を示し，次の2つの行は「すべての提携に対する利得の合計は，その提携全体で獲得できる利得以上でなければならない」という条件を表している．特に2行目の $x_A \geq 6$，$x_B \geq 4$，$x_C \geq 0$ は個人合理性（1人プレイヤーを提携と考えた条件）を満たす条件である．

ここまで挙げた分配の例を検討すると，
- （20, 10, 5）は $x_A + x_B + x_C = 48$ を満たさない（実行可能ではない）
- （4, 22, 22）は $x_A \geq 6$ を満たさない
- （32, 8, 8）は $x_B + x_C \geq 18$ を満たさない

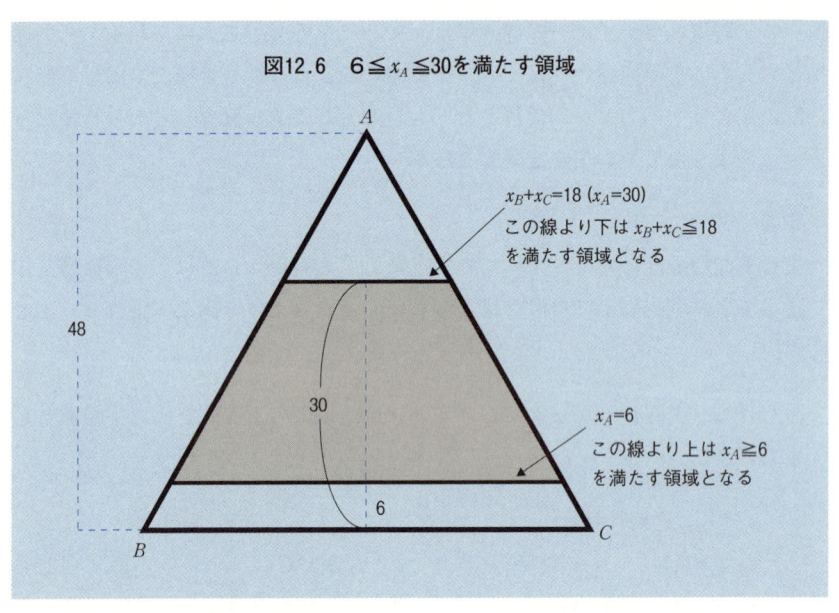

図12.6　$6 \leq x_A \leq 30$ を満たす領域

（図：正三角形 ABC、頂点 A を上、底辺 BC。高さ48。$x_B+x_C=18\,(x_A=30)$：この線より下は $x_B+x_C\leq 18$ を満たす領域となる。$x_A=6$：この線より上は $x_A\geq 6$ を満たす領域となる。グレー部分は高さ6から30の間の台形領域。）

となり，すべてコアには属さない．

　これに対し，例えば均等な分配である（16, 16, 16）はすべての不等式を満たしており，コアに属していることが分かる．

　コアを図12.6に示してみよう．そのために式（12.5）の不等式を少し書き直す．まず $x_B+x_C\geq 18$ という条件は $x_A+x_B+x_C=48$ を用いると，$x_A\leq 30$ という条件に直すことができる．この条件の書き換えは，「全体の利得の合計が48と固定されている上で企業Bと企業Cに18以上の利得を分配するためには，企業Aの利得は30以下でなければならない」ということを意味する．一般的に3人提携形ゲームでは，2人の提携に関する実行可能な分配に関する条件は，1人の個人の条件に書き直せるため，問題は簡単になる．ここで $6\leq x_A\leq 30$ を満たす領域は，図12.6のグレーの部分で表すことができる．$x_A\geq 6$ は正三角形のAに向かい合う辺から高さ6以上の部分であり，$x_A\leq 30$ はAに向かい合う辺から高さ30以下の部分である．

　同様にして $x_A+x_B\geq 18$，$x_A+x_C\geq 16$ は $x_C\leq 30$，$x_B\leq 32$ という条件に変形できる．すなわち3人提携形ゲームでは，2人が提携したときの実行可能な分配の条件は，残り1人のプレイヤーの利得の条件に書き直すことができるのであ

図12.7 モデル45のコア

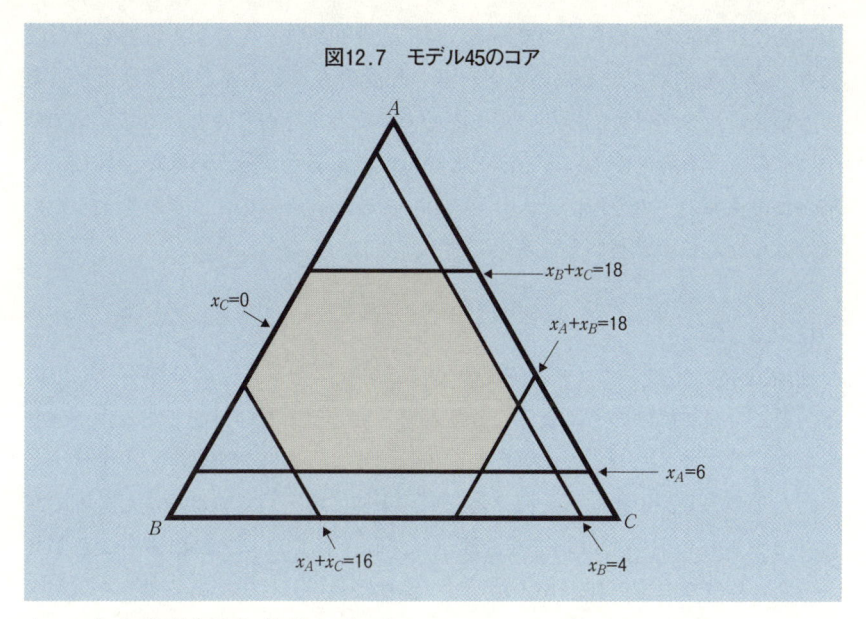

る．これを整理すると式（12.5）は，

$$x_A + x_B + x_C = 48 \tag{12.6}$$
$$6 \leqq x_A \leqq 30 \quad 4 \leqq x_B \leqq 32 \quad 0 \leqq x_C \leqq 30$$

と書き直すことができる．これより**モデル45のコア**は図12.7のグレーの部分となる．

コアに属する分配は，協力ゲームの解として満たしてほしい最低限の条件を満たす分配であると言える．なおコアは分配の「集合」であるから，「(16, 16, 16) はコアに属する」と言い，「(16, 16, 16) はコアである」とは言わないことに注意せよ．

今回の例では均等な分配 (16, 16, 16) はコアに属したが，常にコアに属するとは限らない．図12.7で描かれた領域が歪めば，そうならない例が作れることは容易に想像できるだろう．

協力ゲームの解として，基礎的な概念とも言えるコアであるが，いくつかの問題点がある．第1に残念ながら，このような基礎的な概念であるコアでさえも，すべてのゲームに常に存在するとは限らない．コアが存在しないような例

も容易に作ることができるのである．コアの存在条件や，コアの性質を分析したり，コアを求めることは協力ゲームの理論のもっとも基礎的な分析と言える．第2に，コアは分配の集合であるので，たとえ存在したとしても，コアの中のどのような分配がもっとも望ましい分配であるかが分からない．図12.7で描かれた領域のどの分配が，より望ましい分配と言えるのか．それを知るためにはさらなる基準が必要となるのである．

12.2.3 仁

前項で示したようにコアは分配の集合であり，たくさんの分配を含んでいる．そこでコアの中のどのような分配がもっとも望ましい分配であるかが分からない．そこで「ただ1つの分配」を指し示すような概念を考えてみよう．

ただ1つの分配を指し示す概念として，単純に考えつくのは均等な分配である．**モデル45**においては均等な分配（16, 16, 16）はコアに属することが分かった．均等な分配（16, 16, 16）は，漠然と良い分け方であるような気がするが，企業Aの阿季家にとっては，この分配には不満があるかもしれない．

なぜなら企業Aの阿季家は自分1人だけでも6の利得を獲得できる．この利得に対し，均等分配によって企業Aの阿季家の増加した利得は10である．一方，企業Cのセレブが自分1人で獲得できる利得は0であるので，均等分配によって増加した利得は16である．このような点から考えれば均等分配には不満が生じる．

このような考えを発展させ，ただ1つの分配を指し示す協力ゲームの解の1つに仁がある．仁では，分配においてすべての提携に対する**不満**（excess）と呼ばれる量を導入し，この不満の量によって，分配の優劣をつける．1つの分配に対して，各提携の不満は次のように定義される．

定義12.3（不満）

1つの分配に対して，各提携の不満とは，その提携が獲得できる利得から，その分配での提携の利得の合計を引いたものである．

不満とは何かを理解するには，まずコアに属さない実行可能な分配を考えてみると分かりやすい．ここで，先に挙げた（4, 22, 22）という分配を考えよ

表12.2 4つの分配に対する各提携の不満

提携	A	B	C	AとB	BとC	AとC
不満の量	$6-x_A$	$4-x_B$	$0-x_C$	$18-(x_A+x_B)$	$18-(x_B+x_C)$	$16-(x_A+x_C)$
(32, 8, 8)	−26	−4	−8	−22	2	−24
(16, 16, 16)	−10	−12	−16	−14	−14	−16
(18, 16, 14)	−12	−12	−14	−16	−12	−16
(18, 18, 12)	−12	−14	−12	−18	−12	−14

う．このとき企業Aが獲得できる利得6から，企業Aに分配された利得4を引いた値2が企業Aの不満である．企業Aは（4，22，22）という分配には，自分だけで得られる利得に比較して2だけ不満があると解釈できる．

同様に（32，8，8）を考えてみる．この分配に対しては，企業Bと企業Cの提携が2の不満を持っている．企業BとCは，提携することで18の利得を獲得できるのに分配では合計で16の利得しか得られていない．したがってその不満の量は2であると考えられる．

分配がコアに属していても，この不満をできるだけ小さくするという考え方を推し進めることで良い分配が得られそうである．そこでコアに属さない（32，8，8）という分配と，コアに属する3つの分配（16，16，16），（18，16，14），（18，18，12）を考えて，不満に対する考察を進めていこう．

表12.2は，与えられた4つの分配に対する各提携の不満の量を表している．ここで各分配に対し，もっとも大きな不満を持っている提携について考えてみよう．（32，8，8）では企業BとCの提携がもっとも大きな不満を持っている．このように1つ以上の提携に対して，不満の量が正になるような分配はコアには属さない．その提携に分配される利得の合計が，提携全体で獲得できる利得以上にはなっていないからである．一方，（16，16，16），（18，16，14），（18，18，12）における最大の不満はそれぞれ−10，−12，−12となっている．最大の不満が負であるということは，すべての提携の不満が負であるということになり，このような分配はコアに属する．このことからコアとは「実行可能な分配の中で最大の不満が負になるような分配」とも言い換えることができる．

最大の不満を分配の優劣をつける1つの尺度と考えれば，（16，16，16）よりも（18，16，14），（18，18，12）のほうが最大の不満の量はより小さい．し

したがって (16, 16, 16) よりも (18, 16, 14) や (18, 18, 12) のほうが良い分配と考えることができる.「最大の不満を小さく」という観点からは均等分配は必ずしも優れた分配ではないことが分かるのである.

それでは,最大の不満が同じである (18, 16, 14) と (18, 18, 12) には,どのように優劣をつければよいのだろうか.そこでこの2つの分配の不満を大きい順に並べてみよう (表12.3).

2つの分配の不満を大きい順に並べると,第4番目までは同じであるが,第5番目は (18, 16, 14) のほうが不満が小さい.そこで (18, 16, 14) のほうを良い分配であると考える.

この考え方を一般的に推し進めると,2つの分配を比べる場合に,まず不満の量を計算し,大きい順に不満を並べ替えて,

- 一番大きな不満を比べ,小さいほうを良い分配とする.
- 一番大きな不満が同じときは,2番目に大きな不満を比べ,小さいほうを良い分配とする.
- 2番目に大きな不満が同じときは,3番目に大きな不満を比べ,小さいほうを良い分配とする.
- (以下続く)

とすれば,すべての分配に優劣がつく.このような順序のつけ方を**辞書的順序** (lexicographic ordering) と呼ぶ.辞書は単語を並べるときに「まず最初の文字を比べて,順番が小さいほうの単語を前へ,もし最初の文字が同じなら2番目の文字を比べて順番が小さいほうの単語を前へ,もし2番目の文字が同じなら3番目の文字を比べて……」というように並べているからである.

このように実行可能な分配の不満の量を大きい順番に並べ,それに辞書的順序によって優劣をつければ,その中でもっとも優れた分配はただ1つに定まる.これを解とすればよい.このような分配を**準仁**(prenucleolus)と呼ぶ.それが個人合理性を満たすときは,それを特に仁と呼ぶ.

表12.3 (18, 16, 14) と (18, 18, 12) の不満を大きい順に並べる

(18, 16, 14)	−12	−12	−12	−14	−16	−16
(18, 18, 12)	−12	−12	−12	−14	−14	−18

言い換えると仁とは，実行可能な分配で個人合理性を満たすものを不満の大きい順に並べ替え，それに辞書的順序で優劣をつけたときにもっとも良くなる分配である．

定義12.4（仁）
　実行可能で個人合理性を満たす分配を不満の大きい順に並べ替え，それに辞書的順序で優劣をつけて，もっとも良くなる分配を仁と呼ぶ．

　この考え方の優れた点は，ただ1つの分配を選び出すことができるという点である．またコアは存在しない場合があるが，「実行可能な分配の不満の量を大きい順番に並べ，それを辞書的順序によって優劣をつけた最大の分配」というものは常に存在する．すなわち準仁は必ず存在するのである．必ず，しかもただ1つ存在するという考え方は，協力ゲームの解として優れている．

　もしコアが存在すれば，準仁は必ずコアに含まれる．このときは準仁は個人合理性を満たすので，準仁は仁でもある．これによりコアが存在すれば，仁は必ず存在し，コアに含まれることが分かる．

　実際に仁を求めるにはどうすればよいだろうか．仁を求めるためには，まず各々の分配の最大の不満に着目し，最大の不満を最小にするような実行可能な分配を求めればよい．このような「最大の不満を最小にするような実行可能な分配」が一意に定まらないときは，**そのような分配の中で次に大きな不満を最小にするものを求め**，それが一意に定まらないときは，**そのような分配の中で次に大きな不満を最小にするものを求め**……という手順を繰り返せばよい（曖昧な説明であるが，このような仁を求める計算方法は，数式を用いずに正確に記述するのは難しい）．一般的に仁を求めるには，線形計画問題を繰り返し解けばよいことが知られている（鈴木（1994），岡田（1996）などを参照せよ）．

　モデル45の仁を求めてみよう．なお，すべての場合にここで示した方法で正確に仁が求められるわけではない（演習12.5などは，この方法では仁が正しく求められない）．まず企業Aの利得x_Aに着目しよう．企業Aの不満は$6-x_A$であり，当然のことながらx_Aを増やすほど企業Aの不満は小さくなる．しかし実行可能な分配は$x_A+x_B+x_C=48$でなければならないから，$x_B+x_C=48-x_A$であり，x_Aを増やすほどプレイヤー企業BとCの提携の不満は大きくなる．このよ

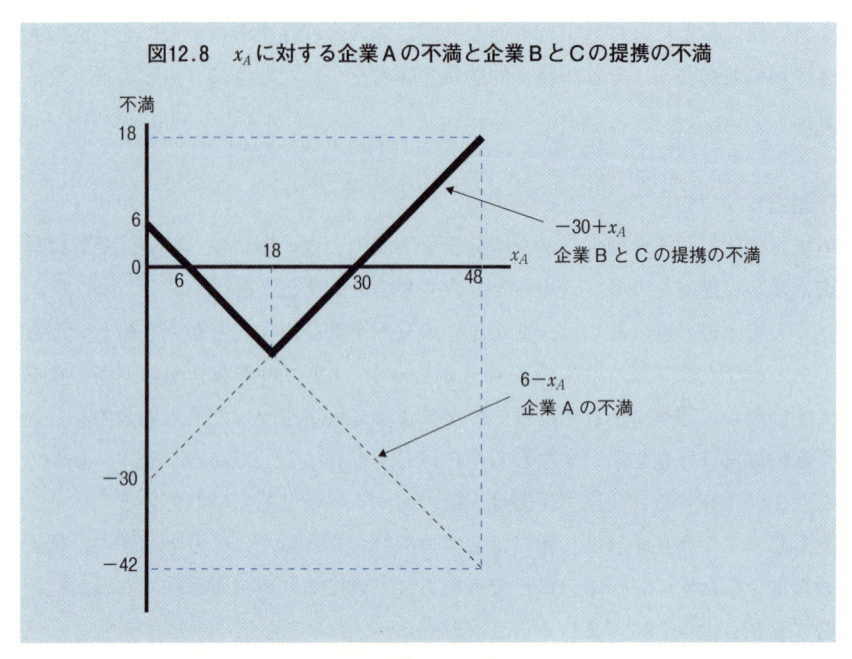

図12.8　x_Aに対する企業Aの不満と企業BとCの提携の不満

うに企業Aの不満と企業BとCの提携の不満はトレードオフの関係にある．企業BとCの提携の不満をx_Aで表すと，

$$18-(x_B+x_C)=18-(48-x_A)=-30+x_A$$

になる．

　ここでx_Aを動かして，企業Aの不満と，企業BとCの提携の不満の大きいほうをできるだけ小さくすることを考えてみよう．図12.8はx_Aに対する企業Aの不満と企業Bと企業Cの不満をグラフに表したものである．グラフの太線は，企業Aの不満と，企業BとCの提携の不満の大きいほうを表しており，これを最小にする点は$x_A=18$であることが分かる．なおこれはよく考えると$6-x_A$の6と$-30+x_A$の30の中点となる．なぜなら，大きいほうの不満を最小とするには両方の不満が等しくなければならないため，$6-x_A=-30+x_A$でなければならず，これより$x_A=\frac{30+6}{2}=18$となるからである．最小となった不満は企業A，企業BとCの提携，共に-12である．

　このことから企業Aと，企業BとCの提携の不満は-12が最小であり，どん

表12.4 $x_A=18$での各提携の不満の量をx_Bで表したもの

提携	A	B	C	AとB	BとC	AとC
不満の量	-12	$4-x_B$	$-30+x_B$	$-x_B$	-12	$-32+x_B$

な分配においても不満は-12以上になることが分かる．同様に次はx_Bを動かして，企業Bの不満と企業AとCの提携の不満に対して不満の大きいほうを小さくすることを考える．企業Bの不満は$4-x_B$，企業AとCの提携の不満は$-32+x_B$であるから，最大の不満を最小にするのは$x_B=\frac{4+32}{2}=18$であり，このときの不満は企業B，企業AとCの提携で共に-14である．最後にx_Cを動かして，企業Cの不満と企業AとBの提携の不満に対して考えると，企業Cの不満は$0-x_C$，企業AとBの提携の不満は$-30+x_C$であるから，最大の不満を最小にするのは$x_C=\frac{0+30}{2}=15$であり，このときの不満は企業C，企業AとBの提携，共に-15である．

以上から企業Aと企業BとCの不満は，どんなに頑張っても$x_A=18$における-12よりも小さくできないことが分かり，他の提携の不満はそれよりも小さくできる．したがって最大の不満を最小にするのは$x_A=18$であり，その最小値は-12である．x_Aが18以外の値をとるときは，図12.8より必ず企業Aか企業BとCの提携の不満が-12を超えてしまう．実際に$x_A=18$のときの(18, 16, 14)と(18, 18, 12)という2つの分配を見ると，最大の不満は-12であり他の提携の不満はそれよりも小さい．

ここで，$x_A=18$のときが最大の不満を最小にすることが分かったが，$x_A=18$のときの実行可能な分配は複数ある．そこで次に大きな不満を最小にすることを考えてみよう．$x_A=18$のとき，実行可能な分配は$x_B+x_C=48-18=30$である．ここから$x_C=30-x_B$となることを用いて，各提携の不満の量をx_Bで書き直すと表12.4となる．

この中で$-x_B$は$4-x_B$よりも常に小さく，$-32+x_B$は$-30+x_B$よりも常に小さい．したがってこの中で最大の不満となるのは$4-x_B$か$-30+x_B$のどちらかである．先ほどと同様に「大きいほうの不満が最小となるのは，2つの値が等しくなるとき」であることから，$4-x_B=-30+x_B$となり，これを解くと$x_B=17$となることが分かる．

図12.9　x_Bに対する各提携の不満

- $-30+x_B$　企業Cの不満
- $-32+x_B$　企業AとCの提携の不満
- $4-x_B$　企業Bの不満
- $-x_B$　企業AとBの提携の不満

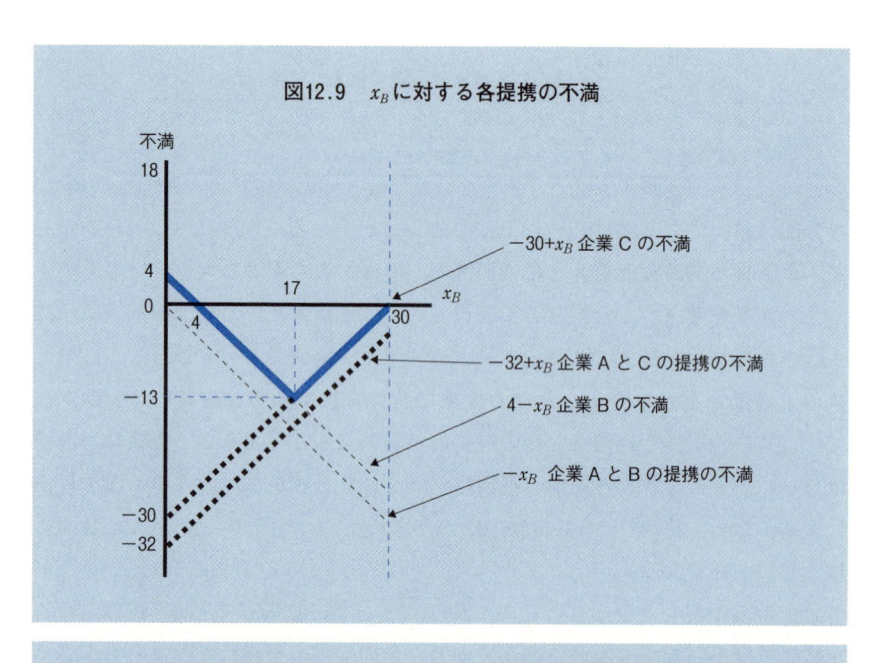

表12.5　(18, 17, 13)の各提携の不満の量

提携	A	B	C	AとB	BとC	AとC
不満の量	-12	-13	-13	-17	-12	-15

　この説明では少し分かりづらいので，各提携の不満の量をグラフに書いて，このことを確かめてみよう．図12.9は，x_Bに対する各提携の不満の量を表したグラフである．

　x_Bが17より小さいときは企業Bの不満（$4-x_B$）が最大の不満になり，x_Bが17より大きいときは企業Cの不満（$-30+x_B$）が最大になっている．最大の不満が最小となるのは$x_B=17$のときで，このときの最小値は-13であることが分

表12.6　各配分の不満の量を大きい順に並べたもの

(16, 16, 16)	-10	-12	-14	-14	-16	-16
(18, 18, 12)	-12	-12	-12	-14	-14	-18
(18, 16, 14)	-12	-12	-12	-14	-16	-16
(18, 17, 13)	-12	-12	-13	-13	-15	-17

かる．$x_B + x_C = 30$ から $x_C = 13$ が求められ，これですべてのプレイヤーの利得が求められた．この分配（18, 17, 13）が**モデル45**の仁である．

（18, 17, 13）の提携ごとの不満の量は表12.5で与えられる．

表12.6は，（18, 17, 13）と共にこれまでのいくつかの分配の不満の量を大きい順に並べ比較したものである．これを見て，（18, 17, 13）はこれまでのどの分配よりも辞書的順序において優れた分配であることを確認してほしい．

仁はシュマイドラー（David Schmeidler）によって提案された概念である（Schmeidler（1969））．

12.2.4 シャープレイ値

仁は不満という概念を基本にして，ただ1つの分配を指し示す協力ゲームの解であった．これに対してやはりただ1つの分配を指し示す協力ゲームの解として**限界貢献度（marginal contribution）**という概念を用いたシャープレイ値がある．

限界貢献度とは何であろうか．例えば**モデル45**において，阿季家と美家がプロジェクトを行う予定でいた場合にセレブが加わったとしよう．阿季家と美家だけがプロジェクトを行えば利得は18であったときに，セレブが加わることで利得は48になり48 − 18 = 30増加した．このとき阿季家と美家の提携に対するセレブの限界貢献度は30であると言う．この限界貢献度の考え方を用いれば，セレブは48の利益から自分の限界貢献度30を自分が獲得する利得として主張するだろう．

もう少しこの考え方を発展させ，プロジェクトを「阿季家が立ち上げ，そこに美家が加わり，さらにセレブが加わった」という順序で全員の協力が行われたとしよう．阿季家が最初にプロジェクトを立ち上げることで，利益がないところから6の利益が生まれた．したがって阿季家の限界貢献度は6である．次にそこに美家が加わると利益が18になるので，利益が18 − 6で12増加した．したがって美家の限界貢献度は12である．最後にセレブが加わることで利得は48になったので，セレブの限界貢献度は48 − 18で30である．もしこの限界貢献度を各プレイヤーの利得とするならば，分配は（6, 12, 30）となる．

本当にプロジェクトへのプレイヤーの参加がこの順序で行われたならば，こ

表12.7　モデル45の限界貢献度とシャープレイ値

参加順序	A	B	C
$A \to B \to C$	6	12	30
$A \to C \to B$	6	32	10
$B \to A \to C$	14	4	30
$B \to C \to A$	30	4	14
$C \to A \to B$	16	32	0
$C \to B \to A$	30	18	0
平均値（シャープレイ値）	17	17	14

のような分配方法もあるかもしれない．しかしここでは，そのようなプレイヤーの参加の順序は与えられていない．別の順序での参加も考えれば，限界貢献度も変わるであろう．例えば，上記とは逆に「セレブが立ち上げ，そこに美家が加わり，最後に阿季家が加わった」という参加順序を考えてみよう．こうなるとセレブの限界貢献度は0である．そこに美家が加わると利益が18となるので，美家の限界貢献度は18．最後に阿季家が加わることで利得は48になったので，阿季家の限界貢献度は48−18で30．もしこの限界貢献度を利得とするならば，分配は（30，18，0）となる．先ほどの分配とはずいぶん違いがある．

このように限界貢献度を利得と考えると，それは全体の提携に対するプレイヤーの参加順序によって大きく変わる．それでは，すべての参加順序を考えて，その平均をとればよいのではないだろうか．このような考え方による分配をシャープレイ値と呼ぶ．

定義12.5（シャープレイ値）

全体の提携に対してのプレイヤーの順序をすべて考えて，各順序での限界貢献度の平均値をとったものをシャープレイ値と呼ぶ．

モデル45のシャープレイ値を求めてみよう．プレイヤーの参加順序をすべて挙げると6通りになる．表12.7はすべての参加順序に対して，各プレイヤーの限界貢献度を計算した表である．この限界貢献度の平均値がシャープレイ値になる．

表12.7よりシャープレイ値は (17, 17, 14) になることが分かった. これは仁の (18, 17, 13) とは異なる値になる. このように仁が考える「不満」という視点とは異なる「限界貢献度」という考え方によって，シャープレイ値は提携形ゲームにおけるただ1つの分配を与える解なのである.

シャープレイ値はシャープレイ (Lloyd S. Shapley) によって提案された解である (Shapley (1953)). シャープレイはシャープレイ値を提案しただけではなく，シャープレイ値はどのような性質があるかも明らかにした. それは以下の4つの性質で特徴づけられる.

性質1：実行可能性　全員の利得の合計は全体提携が獲得する利得に等しい.

性質2：ヌルプレイヤー　どんな提携に関しても限界貢献度が0のプレイヤー（ヌルプレイヤー＜null player＞と呼ばれる）の利得は0である.

性質3：対称性　どんな提携に関しても同じ限界貢献度を持つプレイヤーの利得は同じになる.

性質4：加法性　プレイヤーの数が同じ2つの提携形ゲームに対して，（各提携に関して）その2つの提携形ゲームの特性関数値を加えた新しい提携形ゲームを作ったとしよう. このとき，新しくできた提携形ゲームのその解での各プレイヤーの利得は，元の2つのゲームの解でのプレイヤーの利得の和に等しい.

性質1, 2, 3は理解できる考え方である. 性質4は「2つの異なる提携形ゲームを考え，各提携が獲得する利得をそれぞれ加え合わせた新しいゲームを作ると，そのシャープレイ値は元の2つのゲームのシャープレイ値の和に等しい」ということを主張している. これはシャープレイ値をもっとも特徴づけるものである.

シャープレイは，シャープレイ値がこの4つの性質を満たす解であるだけでなく，この4つを満たす解はシャープレイ値だけであることを証明した (Shapley (1953))（前者の証明は簡単であるが，後者の証明は難しい）. このような公理的アプローチはナッシュ交渉解と同じもので，協力ゲームの典型的な研究方法である. 実際に1980年代には様々な公理によって，多くのゲーム理論の解を特徴づける研究が盛んに行われた. 本節で挙げた仁やコアに対しても公理的

アプローチによる研究は行われている.

12.3 協力ゲームと非協力ゲーム

提携形ゲームに代表される協力ゲームは，非協力ゲームとどのような違いがあるのか，もう一度考えておこう．第1章で述べたように，協力ゲームは協力することを，非協力ゲームは協力しないことを扱っているわけではない．協力ゲームと非協力ゲームは大きく分けて2つの違いがある.

- 非協力ゲームが個人がゲームを構成する単位であるのに対して，協力ゲームは提携がその単位となる.
- 非協力ゲームでは与えられたゲームのルールの下でプレイヤーが行動や戦略を選択し，その組合せで利得が決まる．協力ゲームは，ゲームのルールはなく，行動や戦略を選択する形式をとっていない.

最初の条件は，それほど明確な分類方法ではない．非協力ゲームでも提携がどうなるかには興味を持っており，そのためのゲームの解の概念も存在している．非協力ゲームでも提携がどうなるかは，大きな分析対象なのである．したがって，協力ゲームが非協力ゲームともっとも異なる点は2番目にあると言える.

特性関数は，行動を選択した結果として利得が得られるようにはなっていない．特性関数が与えられたときは，プレイヤーが実際にはどのようなゲームをプレイするのかは分からない．**モデル45**を考えてみよう．このとき具体的なゲームのルールを与えれば，そのルールごとにゲームの結果は変わり，実現される提携や利益の分配も変化するだろう．ルールによっては，全員で協力した利得48は得られないかもしれない．そうならば全員で協力した利得48は意味を持たない．また，全員が協力して利得48が得られるようなゲームのルールを考えるならば，阿季家と美家だけが協力することはないだろう．それならば阿季家と美家だけが協力したときの利得18というものは意味がない.

したがって各提携に特性関数によって割り当てられた利得は，ゲームのルールは明確ではないけれども「もし提携が組まれたら，何らかの拘束力のある合意によって，提携が実現できる利得」であると考えられる．この合意のことを

拘束的合意（binding agreement）と呼び，特性関数で与えられた利得が何を意味するかを説明するための用語として用いられる．

しかし，このような考え方は非協力ゲームを基本とした考え方であると言える．私たちが現実の問題をモデル化する場合に，一番最初にゲームのルールとプレイヤーの行動と利得を与え，そこを出発点にする理由は強くないように思える．実際に**モデル45**のような形で問題が与えられても，そのことをあまり不自然には思わなかった読者も多いのではないだろうか．

現実の問題を解く場合は，協力ゲームを非協力ゲームと整合的な理論であると考えずに「提携に対する利得が与えられたときに，非協力ゲームと異なり，ゲームのルールやプレイヤーの行動を特定化することなく，各プレイヤーがどのように利益を分配するか，もしくは分配されるべきかを考えるための1つの理論である」と考えることもできるだろう．そして，交渉問題，利益の分配，費用の負担，投票力の測定などに協力ゲームは力を発揮すると考えることができる．

協力ゲームと非協力ゲームの違いを語る場合に，もう1つ重要な点がある．それは社会科学が扱う理論が，「実際にどうなるか」を語る理論と，「理想的にはどうあるべきか」を語る理論の2つに分けられる，という点に由来している．前者の「実際にどうなるか」という理論は**事実解明的理論**（positive theory）と呼ばれ，後者は**規範的理論**（normative theory）と呼ばれる[3]．事実解明的理論と規範的理論を区別することはゲーム理論に限らず，法学・社会学・経営学・経済学などすべての社会科学において重要なことである．

協力ゲームの典型的な研究方法である公理的アプローチは，協力ゲームの解が利益の分配や交渉の結果が「実際にどうなるか」ではなく，「理想的にはどうあるべきだろうか」という問いかけに答えてくれる．対称性や個人合理性が望ましいと考えるならば，そのような性質（公理）を満たす協力ゲームの解を，分配方法や交渉の妥結点として「推薦」すればよい．すなわち協力ゲームは事実解明的理論だけではなく，規範的理論の側面も持っている．これに対し

3）positive theoryは実証的理論と訳されることも多いが，実証的という言葉は"empirical"の訳語と混同しやすい．ここでは奥野，鈴村（1985）に従い，こう呼ぶことにした．

非協力ゲームはあくまでも事実解明的理論である．囚人のジレンマのゲームの解は，囚人のジレンマがどうなるかを指し示しているのであり，囚人のジレンマはどのような結果になるべきかを指し示しているわけではないのは明らかだ．

　このように協力ゲームと非協力ゲームは，経済や社会を分析する方法論も，扱っている数学も異なり，それぞれに特徴を持っている．ゲーム理論が初期の頃，特に1960年代，70年代は，オペレーションズリサーチや応用数学などの学問分野を中心に，協力ゲームが大きく発展した時代である．この時代にゲーム理論を学んだ者は，ゲーム理論は協力ゲームが中心だという印象を持っているかもしれない．コア・安定集合をはじめ，仁やシャープレイ値などの多くの解の概念が発展したのもこの頃である．

　しかし，1970年代以降は非協力ゲームが大きく発展した．これは近代経済学が「個人が効用を最大にする」という原理ですべての現象を統一して説明しようとする方向性やイデオロギーを持ち，それと相まって非協力ゲームの理論が発展したことが，その大きな要因でもあろう．これはゲーム理論だけでなく，マクロ経済学にも言えることだ．元来は国全体で集計された消費や投資のような量を扱う形式を持っていたマクロ経済学も，現在の主流は個人を構成単位と考え，その個人が効用を最大にすることで表現し直されている．このような社会や経済の現象は，個人を構成単位として考えて，その行動を集積することによって表現できるとする立場を，方法論的個人主義と呼ぶことは既に述べた通りである．

　非協力ゲームは，方法論的個人主義によって社会を表現しようとする近代経済学の指向性と強く親和し，相互に影響を及ぼして大きく発展した．すべての理論を統合し，1つの大きな体系を作ろうとする方向性から言えば，これは大きくうなずけることだ．現在，経済学においては協力ゲームの扱いは軽く，ゲーム理論のテキストでも全く協力ゲームを扱っていないものも多い．

　しかし「1つの大きな統一理論を作る」という観点から離れれば，方法論的個人主義が目的に照らし合わせて常に最良の方法を提供するとは限らない．やや飛躍があるが，それは化学や物理学などを基礎とした還元主義的な傾向を持つ西洋医学よりも，私たちが通常「科学」と呼ぶ方法論とは異なる概念を持つ

鍼灸や漢方などの中国医学のほうが，病気の治療に適しているときがあるのと同じことだ．提携が3人以上の社会に与える影響を分析する手法として，また公平や分配のあり方を考える手段として，協力ゲームも大きな応用が可能な理論であることに間違いはない．

演習問題

演習12.1 図12.5において，どんな点Xをとっても必ず$x_A + x_B + x_C = 48$となることを以下の手順で示せ．

問1 正三角形の一辺の長さをlとし，正三角形の高さが48であることを用いて，正三角形の面積Sをlの式で表せ（実際にはlが$32\sqrt{3}$となることが分かるが，lのままで計算せよ）．

問2 $\triangle AXB$, $\triangle BXC$, $\triangle CXA$の面積をそれぞれx_A, x_B, x_Cとlを用いて表せ．

問3 問2の3つの三角形の面積の合計が問1の面積と等しくなることから$x_A + x_B + x_C = 48$を示せ．

演習12.2 ある財をv_sで評価している売り手が，その財をv_bで評価している買い手に売買交渉をしている．交渉が決裂すれば，同じ財を売り手はp_sで売ることができ，買い手はp_bで同じ財を買うことができるものとする（$v_s \leq p_s$, $p_b \leq v_b$, $v_s \leq v_b$とする）．ナッシュ交渉解によって，交渉結果がどうなるか求めたい．次の問いに答えよ．

問1 この問題を余剰aを分配する交渉問題に変換すると考えるとaはいくらか．v_sとv_bで表せ．またこの変換した問題の基準点の利得を売り手をc_1，買い手をc_2とするとc_1, c_2はいくらになるか．v_s, p_b, p_s, v_bで表せ．

問2 本章で示したナッシュ交渉解の求め方に従えば，この変換された問題のナッシュ交渉解はどうなるか．売り手の利得をx_s，買い手の利得をx_bとして求めよ．

問3 元の問題に戻して，売買価格p^*がどうなるか求めよ．

演習12.3 以下の3人提携形ゲームにおいて，コアの領域を三角形で図示すると共に，シャープレイ値と仁を求め，それも三角形内に図示しなさい．

問1 $v(ABC) = 20$, $v(AB) = v(BC) = 10$, $v(AC) = 6$, $v(A) = v(B) = v(C) = 2$

第12章 協力ゲームの理論

問2　$v(ABC)=24$, $v(AB)=20$, $v(BC)=8$, $v(AC)=14$, $v(A)=v(B)=v(C)=0$

演習12.4　タクシーの割り勘の問題をナッシュ交渉解で考えてみよう．A君とB君は，飲み会で終電を逃し，タクシーを相乗りして帰ろうと考えている．A君とB君が自分1人でタクシーで帰るとそれぞれ3000円と4000円かかる．2人は同じ方角に住んでいて，2人で相乗りしてそれぞれの家を回って帰ると合計で5000円で済む．A君とB君が相乗りして帰ったときに，それぞれが支払う金額をt_A, t_Bとする．次の問いに答えなさい．

問1　A君とB君が自分1人で帰ったときに比べ得をした金額をx_Aとx_Bとする．x_Aとx_Bをそれぞれt_A, t_Bで表しなさい．

問2　A君とB君は得をしないと相乗りをしないという条件（$x_A \geq 0$, $x_B \geq 0$）と，2人が相乗りして支払う金額は5000円以上であるという条件（$t_A + t_B \geq 5000$）を用いて，交渉可能領域をx_Aとx_Bの式で表しなさい．

問3　基準点となるx_Aとx_Bはいくらか．

問4　ナッシュ交渉解となる交渉結果を求め，2人が割り勘で支払う金額を求めよ．

演習12.5　3人のタクシーの割り勘の問題を提携形ゲームで考えてみよう．A君とB君とC君は，飲み会で終電を逃してタクシーを相乗りして帰ろうと考えている．A君とB君とC君が自分1人でタクシーで帰るとそれぞれ4000円，6000円，7000円かかる．A君とB君，B君とC君，A君とC君が相乗りをして帰ると，それぞれ8000円，10000円，8000円かかる．3人で相乗りすれば12000円で済む．次の問いに答えなさい．

問1　ある提携を考えたとき，A君，B君，C君が自分1人で帰ったときの合計額に比べて，その提携によって得をした金額を特性関数の値として考えて，提携形ゲームを作る．このようなゲームは節約ゲームと呼ばれる．例えば，A君とB君の特性関数値は，2人が別々に帰ったときにかかる費用の合計額10000円から，実際にかかる金額8000円を引いて$v(AB)=2000$である．またA君の特性関数値は$v(A)=0$であることが分かる．このようにしてすべての特性関数値を求めなさい．

問2　コアの領域を不等式で表し，三角形で図示しなさい．

表12.8 演習12.6における限界貢献度

参加順序	A	B	C	D
A→B→C→D	0	1	0	0
A→B→D→C	0	1	0	0
⋮	⋮	⋮	⋮	⋮
B→C→D→A	0	0	0	1
⋮	⋮	⋮	⋮	⋮

問3　仁を求めよ．また，仁における3人の割り勘の額はそれぞれいくらになるか．

問4　シャープレイ値を求めよ．また，シャープレイ値における3人の割り勘の額は，それぞれいくらになるか．

演習12.6　ある国の議会は全部で100議席あり，A党，B党，C党，D党の4つの政党で占められている．各政党の議席数は，A党が40議席，B党が30議席，C党が20議席，D党が10議席である．議会で案を可決するためには過半数の51票を獲得しなければならない．このとき各政党の力について，提携形ゲームのシャープレイ値を求めることで考察してみよう．次の問いに答えなさい．

問1　まずこのゲームを提携系ゲームに直す．各政党が提携したときに，過半数の議席を得られたならば1，得られないならば0として，特性関数を求めなさい（15通りの提携について，特性関数の値を示しなさい）．

表12.8は表12.7と同じように，各プレイヤーの限界貢献値を計算する表である．限界貢献値の計算方法を確認してみよう．例えば1行目のA→B→C→Dでは，$v(A) = 0$，$v(AB) = 1$，$v(ABC) = 1$，$v(ABCD) = 1$であることより，Bの限界貢献値だけが1となり，他のプレイヤーは0となる．意味を考えると，AにBが加わった時点で，提携が過半数に達して特性関数値が0から1に上がるので，プレイヤーを順番に加えていって，過半数の議席を超えた時のプレイヤーの限界貢献値だけが1になることが分かる．同様にB→C→D→Aを考えると，BCにDが加わった時点で過半数を超えるのでDの限界貢献値だけが1となる．

問2　表12.8を完成させ，シャープレイ値を求めよ．このように作られたシャープレイ値はシャープレイ・シュービック指数（Shapley Shubik

第12章 協力ゲームの理論　485

index）と呼ばれ，投票者の影響力を考察するための**投票力指数**（voting power index）の1つとして知られている．

問3 シャープレイ・シュービック指数で投票力を測定すると，議席が多い政党は少ない政党に比べて，投票力が必ず大きくなるかどうか考察せよ．

解答

演習12.1 問1 $S = 24l$　　問2 $\triangle AXB = \frac{1}{2}lx_C$, $\triangle BXC = \frac{1}{2}lx_A$, $\triangle CXA = \frac{1}{2}lx_B$
問3 $\frac{1}{2}l(x_A + x_B + x_C) = 24l$ より $x_A + x_B + x_C = 48$

演習12.2 問1 $a = v_b - v_s$, $c_1 = p_s - v_s$, $c_2 = v_b - p_b$　　問2 $x_s = \frac{1}{2}(p_s + p_b) - v_s$,
$x_b = v_b - \frac{1}{2}(p_s + p_b)$　　問3 $p^* = \frac{1}{2}(p_s + p_b)$

演習12.3 問1 図は省略．シャープレイ値は (6, 8, 6)，仁は (6, 8, 6)
問2 図は省略．シャープレイ値は (11, 8, 5)，仁は (14, 8, 2)

演習12.4 問1 $x_A = 3000 - t_A$, $x_B = 4000 - t_B$　　問2 $x_A \geq 0$, $x_B \geq 0$, $x_A + x_B \leq 2000$
問3 $x_A = 0$, $x_B = 0$　　問4 $x_A = 1000$, $x_B = 1000$，支払額は A 君が 2000 円，B 君が 3000 円

演習12.5 問1 $v(A) = v(B) = v(C) = 0$, $v(AB) = 2000$, $v(BC) = 3000$, $v(AC) = 3000$, $v(ABC) = 5000$　　問2 略　　問3 仁は $\left(\frac{4000}{3}, \frac{4000}{3}, \frac{7000}{3}\right)$．支払額は A 君が $\frac{8000}{3}$ 円，B 君が $\frac{14000}{3}$ 円，C 君が $\frac{14000}{3}$ 円．（この例は，本文中に示した方法では仁が正しく求められない例になっている．ここでは B 君と C 君が対称的であることから，B 君と C 君の仁における配分を同じ x_B とおくことで解くことができる．）
問4 シャープレイ値は (1500, 1500, 2000)，支払額は A 君が 2500 円，B 君が 4500 円，C 君が 5000 円

演習12.6 問1 $v(A) = v(B) = v(C) = v(D) = 0$, $v(AB) = v(AC) = 1$, $v(AD) = v(BC) = v(BD) = v(CD) = 0$, $v(ABC) = v(ABD) = v(ACD) = v(BCD) = v(ABCD) = 1$
問2 表は略す．シャープレイ・シュービック指数は $\left(\frac{10}{24}, \frac{6}{24}, \frac{6}{24}, \frac{2}{24}\right)$ である．
問3 この例では B 党と C 党の議席数は異なるが，シャープレイ・シュービック指数は同じである．議席が多いからといって投票力が大きいとは限らず，同じになることもある．

第13章

ゲーム理論の勉強を進めるために

以上，前章まで12章に分けてゲーム理論の基礎について述べてきた．第12章までの多くの内容は，既に1980年代半ばには完成されていたが，それ以降もゲーム理論は大きく発展を遂げている．この章では，ゲーム理論をさらに勉強したい人のために参考となる書籍の紹介をしたい．まず，本章の最初の節では第12章までで触れることのできなかった限定合理性や進化ゲーム理論，実験経済学と行動ゲーム理論について簡単に展望する．2節では，ゲーム理論を勉強したい人のために，ゲーム理論の様々な分野とそれを勉強するための書籍について紹介し，最後にさらに深くゲーム理論を学ぶための書籍について紹介する．

13.1 新しいゲーム理論

第1章で述べたように，本書の多くの部分で想定されるプレイヤーは，(1)結果に対しどれが好みであるかが明確であり，(2)自分が好む結果を得るように最適な選択を行い，(3)大変賢く目的を達成するためにどんな計算もできる，と考えてよい．伝統的なゲーム理論は，このようにプレイヤーの完全合理性を仮定したアプローチと言える．しかし，人間は(1)から(3)までで表されるような合理的なプレイヤーではない．そこで近年は，利己的で完全合理的なプレイヤーを想定しない非協力ゲーム理論も多く研究されている．このようなアプローチを総称する呼び名は定まっていないので，ここでは「新しいゲーム理論」と呼ぶことにした．

新しいゲーム理論の必然的な流れは，合理性を制限する**限定合理性**（bounded rationality）によるアプローチである．限定合理性の概念は1960年代に既に**サイモン**（Herbert A. Simon）によって指摘されていた．しかし，限定合理性が単なる概念に終わらずに，ゲーム理論のどの部分にどのように導入すれば，どのように結果が変わるかを考える具体的な研究として実を結ぶのは80年代に入ってからと言える．本書の第8章で紹介した「繰り返しゲームに過去の記憶の能力が制限されるプレイヤー（Neyman（1985），Rubinstein（1986））や利得を完全に最大化しなくてもよいプレイヤーを考察する（Radner（1985））と，いかなる結果が得られるか」という研究は，このような考え方に立つものである（中山（1997）などを参照せよ）．このような記憶の能力を制限したり，人間の推論の仕組みを探ったりしながらゲーム理論を考えるアプローチは，計算機科学や認知科学などの分野と深く関わっている．

限定合理性によるアプローチと関連する大きな分野として**進化ゲーム理論**（evolutionary game theory）がある．進化ゲーム理論はそもそもは生物の進化を説明するために生物学から始まったもので，**メイナード・スミス**（John Maynard Smith）と**プライス**（George Price）の論文（Maynard Smith and Price（1973））とメイナード・スミスの本（Maynard Smith（1982））が出発点であると言われる．これを起点として生物学においてもゲーム理論を用いた研究が盛んに行われている（生物学における近年の発展においては巌佐（2002）などを参照せよ）．

進化という考え方は，生物だけではなく社会や企業間競争など，多くの対象に当てはまる一般的な概念であるという考え方をもとにして，進化ゲームは社会科学や経済学への応用へ「逆輸入」され盛んに研究が行われている．そこでのプレイヤーは，将来のことは考えずに近視眼的に行動したり，自分が長年してきた行動は変えようとしなかったり（そのことによる損得もあまり考えず！），自分以外で一番得をしているプレイヤーの真似をしたり（みんながそれを真似したらどうなるかも考えず！），試行錯誤でいろんな行動をして一番良かった行動をとるように学習したり（最初からもっとよく考えて良い概念を選べばよいのに！）する．また集団の中には，突然デタラメに行動する「突然変異」が生まれたりもする．進化ゲームは，このような概念をもとに，最終的

に個人が定常的にとる戦略や淘汰や学習を経て生き残っていく戦略を探っていこうとするアプローチである．

もちろん進化という概念が，このような社会や経済現象に当てはまるかについては議論がある．また，社会の中である戦略を選ぶプレイヤーの数が増減するか，プレイヤー自身が学習して戦略を変えていくか，それらの違いも大きい．これらをすべて「進化ゲーム」と呼ぶのはやや乱暴ではあるが，このような「プレイヤーの限定合理性と何度もゲームが繰り返されることによる動的な環境を考慮したゲーム理論」は，大きく発展している．進化ゲームの近年の発展は，数理面に関してはWeibull（1995），経済学への応用に関してはVega-Redondo（1997）などを参照するとよい．最近はゲーム理論の中級の教科書でもVega-Redondo（2003）のように進化ゲームについて多くの章を割くものもある．様々な異なる経済の制度が，それが生成される環境や過程の違いからどのように生まれてきたのかを探る「比較制度分析」（Aoki（2001））などは，進化ゲームを応用した理論である．また，多人数のプレイヤーの限定合理性に着目して，慣習と規範がどのようにできあがってきたかについて考察する「慣習と規範の経済学」（松井（2002））なども関連する分野と言える．

限定合理性によるアプローチのもう1つの流れは，被験者を使ってゲームを実験させ，その結果を観察して，合理的な行動を仮定した人間像をより現実的なものに近づけていこうとする考え方である．この考え方は，経済学全体では**実験経済学**（experimental economics）と呼ばれる（実験経済学についてはKagel and Roth（1995）や川越（2007），西條（2007）を参照せよ）．

これらのゲーム理論を基本として人間の行動を探るアプローチは，単なる心理実験にはとどまらないところが特徴と言える．多くの実験をして「人間はこういう状況でこのように行動します」という観察を，たくさん積み重ねただけでは，人間行動を統一して説明しようとする理論は構築されない．「やったらこうなりました」という「やっこう」（和泉（2003））実験に終わるのではなく，ゲーム理論による予測と実際の人間行動の違いを明らかにして，理論のどの部分をどのように修正すれば，より良い予測になるのかを明らかにしていけば，自然科学と同じように理論と実験が相互に作用して学問を発展させていくであろう．ゲーム理論のいくつかの結果を実験結果に従って組み替えて，新し

い理論を構築しようとするアプローチは，**行動ゲーム理論（behavioral game theory）** と呼ばれている（行動ゲーム理論についてはCamerer（2003）や川越（2007）に詳しい）．「完全情報ゲームにおいて，どのくらい先まで先読みをするか」や，第4章で扱った支配された戦略の繰り返し削除において「どのくらいのステップまで削除した解が成立するか」や，「混合戦略は均衡の確率にどのくらい従ってプレイされるか」などは，このような行動ゲーム理論が明らかにした実験結果である．

また，行動ゲーム理論は，限定合理性に限らず，利他的な選好に対しても考察している．第1章で述べたように，多くのゲーム理論では，プレイヤーは利己的であり，自分が得る金額を最大にすると仮定されている．例えば第3章の最後通牒ゲームでは，ゲームを実験すると実際の結果がゲーム理論の予測と異なる結果になることを述べた．第3章の最後通牒ゲームの理論では，プレイヤーは自分のもらえる金額を最大にすると仮定されていた．しかし，実際の人間の行動は，自分のもらえる金額だけでなく，相手の金額との差額による不公平感にも大きな影響を受ける．最後通牒ゲームの実験研究は，「人間は自分が交渉によって得られる金額を利得と考えるのではなく，相手と自分のもらえる金額にどの程度の差があるのか，という不公平感を重み付けして合わせたものを利得として考えている」というモデルを使うと，実験結果がより良く説明できることを明らかにしている．これをもとに，利得に自分の得られる金額だけでなく，相手の金額との差額を重み付けして，足し合わせた利得関数を考えれば，従来の利得を最大にする個人を想定したゲーム理論によって，最後通牒ゲームの実験結果がある程度予測できる．「限定合理性」に基づくアプローチではなく，利他的な選好を考えることも行動ゲーム理論や実験経済学の大きな特徴なのである．

また，ゲーム理論に近い分野として，仮想的な多数の個人（エージェント）をコンピュータの中に作り出し，多数の個人の行動を**シミュレーション（simulation）** したり，さらにそれに生身の人間も加えて実験したりする**マルチエージェント（multi-agent）** や**ゲーミングシミュレーション（gaming simulation）** と呼ばれる分野もある．このような分野は，従来の解析では得られない複雑な現象を分析する方法として今後も注目される．

13.2 様々な分野のゲーム理論

ゲーム理論は，様々な分野で使われている．本書を読んだ者が，さらにゲーム理論を勉強する場合，次にどのような本にあたればよいのだろうか．ここでは，各分野ごとのゲーム理論の展開を述べながら，本書を読んだ後にゲーム理論を勉強するための書籍を分野別に紹介する．

戦略的思考のツールとして　近年は，戦略的思考のツールとしてゲーム理論を勉強したいという企業人や公務員が多い．ゲーム理論が学問的な分析道具としてだけでなく，このような日常生活の思考として応用されるようになったのは，アメリカのMBAなどでゲーム理論が教えられるようになってからだと思われる．したがってこのような方向性から，ゲーム理論を勉強したい者は，MBAのテキストとして用いられていたDixit and Nalebuff（1992）やMcMillan（1992）を学ぶとよい．和書では梶井（2002）をお薦めしたい．また，渡辺（2004）は本書と内容が重複するところもあるが，企業人や学生がゲーム理論を習得するためにコンパクトに書かれた本である．

経営戦略と産業組織論　ゲーム理論は経済学の様々な分野に応用されているが，特に産業組織論はゲーム理論の応用が早くからなされただけでなく，ゲーム理論自体の発展に大きな影響を与えた．また，ゲーム理論を学びたいという者の中には，経済学を専門とするのではなく経営戦略を理解するために，という者もいる．近年の経営戦略論の中には，ゲーム理論に基づく理論も多く入ってきているが，これは産業組織論を，経済学的な視点（すなわち社会厚生や競争政策に対する視点）からではなく，経営学的な視点から捉えるという部分も大きい．したがって，経営戦略としてのゲーム理論に興味がある者は，産業組織論に対する勉強もするとよい．本書の第5章や，クールノー競争を不完備情報ゲームで分析した第10章などは，その良いイントロダクションとなるはずである．

産業組織論に関してゲーム理論を深めていくには，やや古い本であるがTirole（1988）が定評がある．和書では小田切（2001）などがある．経営戦略に関してゲーム理論を深めていくには，邦訳もあるSaloner, Shepard and

Podolny (2001) などが良いだろう．和書では丸山 (2005), 淺羽 (2004) などが参考になる．

経済学の各分野への応用　産業組織論だけではなく，経済学の各分野にもゲーム理論は多く応用されている．例えば公共経済学は，早くからその応用がなされた分野である．ゲーム理論との関連から公共経済学を読み解くには中村，グレーヴァ，小澤 (2003) などが良い．また，貿易理論への応用として，柳川 (1998) などの入門書がある．

契約・組織・オークション　組織のデザイン・契約・オークションへのゲーム理論の応用，および第4章で述べたメカニズムデザインと呼ばれる分野は，ゲーム理論を経済や社会の現象解明に用いるだけでなく，現実の問題解決に直接応用しようとする分野である．また，経済学だけでなく，経営学や実際にコンピュータ上で売買のシステムを実現しようとする情報科学などにも深く関連する分野である．

経営組織のデザインへの応用は，経済学よりはむしろ経営学の経営組織論に近い分野かもしれない．経営組織とインセンティブを論じた有名な本には，Milgrom and Roberts (1992) がある．

契約理論は，もはや情報の経済学やゲーム理論におさまらず，1つの新しい分野として成立している．経営組織，売買メカニズム，労働のインセンティブ契約，政府の規制制度の設計など，多くの応用が期待される大きな分野である．契約理論については第9章で既に述べた通り，Bolton and Dewatripont (2004) やSalanie (2005) などを参照するとよい．伊藤 (2003) は，上級者向けではあるが優れた契約理論の専門書である．

このような契約理論や組織の経済学を含む「情報の経済学」や「インセンティブの経済学」と呼ばれる分野は，本書の第8章から第11章の分野をさらに深めていったものと言える．このような分野に興味がある者は，次に伊藤，小佐野 (2003) や清水，堀内 (2003) などを参照せよ．

オークションの理論も契約理論と同様に1つの分野として確立しつつある．具体的なマーケットプレイスの設計に関係して，経済学だけでなく計算機科学などの分野からも興味が持たれている．Milgrom (2004), Krishna (2002) や横尾 (2006) はオークション理論を詳しく解説した本である．

その他の分野 経済学・経営学以外の分野から，ゲーム理論に関連する書物をいくつか挙げておこう．まず，社会心理学的な観点から「囚人のジレンマ」を考察した研究に山岸（1998）がある．また，社会学へのゲーム理論の応用については土場他（2004）が導入になる．McCarty and Meirowitz（2007）は政治学向けのゲーム理論のテキストであり，多くの政治学の問題が挙げられている．また，中山，船木，武藤（2000）は，経営学・生物学・経済学・政治学など様々な分野の問題をゲーム理論で解くとどうなるかを示した入門書である．

13.3 さらに深くゲーム理論を学ぶ

最後に，さらに深くゲーム理論を学ぶための書籍について紹介する．ゲーム理論のテキストは，洋書まで含めるとかなりの数になり，どのテキストも長所・短所があり比較は難しい．ここでは筆者の主観により，本の数を厳選し紹介した．さらに詳しく知りたい読者はインターネットのレヴューなどを参照するとよいだろう．

ここまで見たように，ゲーム理論が扱う分野は大変広い．これらのゲーム理論の様々な研究を網羅的に知るためには，North-Holland社から出ているハンドブック（Aumann and Hart（1992, 1994, 2002））が良いだろう．また，先端の様々な研究分野を知るためには，今井，岡田（2002, 2005）が役に立つ．

本書と同じレベルで，あまり数学を用いないテキストをもう少し読んでみたいのであれば，Bierman and Fernandez（1997）やDixit and Skeath（1999）が良い．ただし本書を読み終えたのであれば，少し数学を用いたゲーム理論に進むべきである．数学を少し用いた初級レベルのテキストとしては，和書なら武藤（2001），洋書ならGibbons（1992）が定評あるテキストである．

本書を卒業して，ゲーム理論を本格的に勉強したいということであれば，まずVega-Redondo（2003）を読むことをお薦めする．数学的な内容は十分ではないが，経済学の応用や進化ゲームも含んでおり，数学によるゲーム理論の定式化を学ぶという面では十分に満足できる本である．

最後に，ゲーム理論の研究者を目指す者，ゲーム理論に深く関連する研究をしたい者は，ゲーム理論の様々な定理の証明を読み，理解し，演習を解くこと

が必要である．これらを目指す者のための上級テキストとして，以下の5冊をお薦めする．

　岡田（1996）はゲーム理論を深く研究する者にとって和書ではもちろんのこと，洋書を含めても最高のテキストである．数学的な定理や命題は細かく厳密に書かれており，証明を丹念に追えるので，ストレスがなく読める．また，近年のテキストでは応用を急ぐあまりに省略されがちな，基本定理（展開形ゲームの行動戦略と混合戦略の同値性，相関均衡点とナッシュ均衡の関係等）なども書かれている．ゲーム理論の研究者になろうとする者が読む最初の本としてお薦めしたい．

　Osborne and Rubinstein（1994）は，経済学よりは「ゲーム理論」そのものに興味がある者に向いたテキストである．ゲーム理論の研究に必要な概念の定義，定理と証明が続く．ただし，通常のゲーム理論のテキストはゲームを利得関数（効用関数）によって表現するのだが，この本は「選好順序」によって表現するところから入る点が，魅力的である一方でこの本をとっつきづらいものにしている．最初のこの部分をクリアし慣れることができれば，大変良いテキストである．協力ゲームの記述もある．

　Myerson（1991）も，経済学よりは「ゲーム理論」に興味がある人に向いている．Osborne and Rubinstein（1994）と同様に定義，定理と証明が続く．特にマイヤーソンの研究テーマであったメカニズムデザインにページが多く割かれており，この分野に興味がある者には面白い．この本も第1章が，通常のゲームの定義から入らず「状態依存の期待効用理論」から説明するという特異な入り方をしていて，この第1章に慣れるのが大変であるが，あとは読みやすい．協力ゲームの記述もある．最終章は不完備情報の協力ゲームとして，他の本ではほとんど扱われていない領域を取り扱っている．

　Fudenberg and Tirole（1991）は，上記2冊と並び上級テキストとして人気がある洋書である．3冊のテキストの中では，経済学への応用に関するテーマがもっとも多く，扱っているテーマも一番広い．反対に数学的な記述が細かくなく，やや粗いところがある．数学の細かな点が気になる者には上記の2つのほうがよいが，経済学への応用に重点を置きたい者や，細かな点は飛ばしてもよいという者はこの本のほうが向いている．協力ゲームの記述はない．

洋書として定評のある上級テキストである前記3冊に加えて，Owen（1995）を付け加えておきたい．現在のOwen（1995）の第3版は1995年発刊だが，第1版は1968年に書かれており，内容は古い．古いにもかかわらず本書を薦める理由は，以下の2つである．

　近年のゲーム理論のテキストでは，ゲーム理論の内容が広がってしまったことから，ナッシュ均衡の存在が不動点定理によって証明され，その系としてミニマックス定理が紹介されるなど，解析的な内容に重心が置かれがちである．しかし，元来のゲーム理論は，ミニマックス定理を中心とした代数的な側面も強いものである．実際にミニマックス定理は，線形計画法の強双対定理と密接に関連し，ファルカスの補題を通じて導くことができるし，線形計画法によって解を求めることも可能である．このような代数的側面からゲーム理論を捉えると，ベイズ完全均衡や2人ゲームを考察する際に大きな力になる．

　この本は，このような古いゲーム理論のテイストを残しているがゆえに，現在のゲーム理論のテキストにはない代数的な記述が多くある．これがこの本を薦める第1の理由である．第2の理由は，この本は協力ゲームに関する記述が豊富である点である．反対に，繰り返しゲームや均衡点の精緻化など，近年のゲーム理論の中心の話題を扱っていないので注意が必要である．近年のテキストを読破した後に挑戦するとよい．

　以上，ゲーム理論をさらに深めるための書籍について紹介した．ゲーム理論に関する本や情報は筆者のホームページhttp://www.nabenavi.netにも紹介されているので参考にしてほしい．こちらのページには，本書を補完する様々な情報も掲載する予定である．

参考文献

浅羽茂（2004），『経営戦略の経済学』，日本評論社．
和泉潔（2003），『人工市場——市場分析の複雑系アプローチ』，森北出版．
市川伸一（1998），『確率の理解を探る——3囚人問題とその周辺』（認知科学モノグラフ），共立出版．
伊藤秀史（2003），『契約の経済理論』，有斐閣．
伊藤秀史，小佐野広（編）（2003），『インセンティブ設計の経済学——契約理論の応用分析』，勁草書房．
今井晴雄，岡田章（編）（2002），『ゲーム理論の新展開』，勁草書房．
今井晴雄，岡田章（編）（2005），『ゲーム理論の応用』，勁草書房．
巌佐庸（2002），「生物進化とゲーム理論」，『ゲーム理論の新展開』（今井晴雄，岡田章編）第2章，勁草書房，15-56．
岡田章（1996），『ゲーム理論』，有斐閣．
奥野正寛，鈴村興太郎（1985），『ミクロ経済学(1)』（モダン・エコノミックス(1)），岩波書店．
小田切宏之（2001），『新しい産業組織論：理論・実証・政策』，有斐閣．
梶井厚志（2002），『戦略的思考の技術——ゲーム理論を実践する』（中公新書），中央公論新社．
川越敏司（2007），『実験経済学』，東京大学出版会．
西條辰義（2007），『実験経済学への招待』，NTT出版．
佐伯胖（1980），『「きめ方」の論理——社会的決定理論への招待』，東京大学出版会．
佐伯胖，亀田達也（編）（2002），『進化ゲームとその展開』，共立出版．
清水克俊，堀内昭義（2003），『インセンティブの経済学』，有斐閣．
鈴木光男，武藤滋夫（1985），『協力ゲームの理論』，東京大学出版会．
鈴木光男（1994），『新ゲーム理論』，勁草書房．
土場学他（編）（2004），『社会を＜モデル＞でみる——数理社会学への招待』，勁草書房．

中村慎助，グレーヴァ香子，小澤太郎（編）(2003)，『公共経済学の理論と実際』，東洋経済新報社．

中山幹夫（1997），『はじめてのゲーム理論』（有斐閣ブックス），有斐閣．

中山幹夫，船木由喜彦，武藤滋夫（編）(2000)，『ゲーム理論で解く』（有斐閣ブックス），有斐閣．

松井彰彦（2002），『慣習と規範の経済学――ゲーム理論からのメッセージ』，東洋経済新報社．

丸山雅祥（2005），『経営の経済学』，有斐閣．

武藤滋夫（2001），『ゲーム理論入門』，日本経済新聞社．

柳川範之（1998），『戦略的貿易政策――ゲーム理論の政策への応用』，有斐閣．

柳川範之（2000），『契約と組織の経済学』，東洋経済新報社．

山岸俊男（1998），『信頼の構造――こころと社会の進化ゲーム』，東京大学出版会．

横尾真（2006），『オークション理論の基礎――ゲーム理論と情報科学の先端領域』，東京電機大学出版局．

渡辺隆裕（2004），『図解雑学ゲーム理論』，ナツメ社．

Akerlof, G. A. (1970), "The market for "lemons": Quality Uncertainty and the Market Mechanism," *The Quarterly Journal of Economics*, Vol. 84, No. 3, 488-500.

Aoki, M. (2001), *Toward a Comparative Institutional Analysis*, MIT Press.（邦訳：瀧澤弘和，谷口和弘（翻訳）(2003)，『比較制度分析に向けて』，NTT出版）

Aumann, R. J. and Hart, S. (1992), *Handbook of Game Theory With Economic Applications vol. 1*, North-Holland.

Aumann, R. J. and Hart, S. (1994), *Handbook of Game Theory With Economic Applications vol. 2*, North-Holland.

Aumann, R. J. and Hart, S. (2002), *Handbook of Game Theory With Economic Applications vol. 3*, North-Holland.

Axelrod, R. (1985), *The Evolution of Cooperation*, Basic Books.（邦訳：松田裕之（翻訳）(1998)，『つきあい方の科学――バクテリアから国際関係まで』

（Minerva21世紀ライブラリー），ミネルヴァ書房）

Bierman, H. S. and Fernandez, L. (1997), *Game Theory with Economic Applications* (*2nd Edition*), Addison Wesley.

Bolton and Dewatripont (2004), *Contract Theory*, MIT Press.

Camerer, C. F. (2003), *Behavioral Game Theory: Experiments in Strategic Interaction* (*Roundtable Series in Behaviorial Economics*), Princeton University Press.

Cho, I and Kreps, D. M. (1987), "Signaling Games and Stable Equilibria," *The Quarterly Journal of Economics*, Vol. 102, No. 2, 179-222.

Dixit, A. K., and Nalebuff., B. (1992), *Thinking Strategically*, WW Norten & Company. (邦訳：菅野隆，嶋津祐一（翻訳）(1991),『戦略的思考とは何か』，TBSブリタニカ）

Dixit, A. K., and Skeath, S. (1999), *Games of Strategy*, WW Norten & Company.

Forsythe, R., Horowitz J. L., Savin, N. E. and Sefton, M. (1994), "Fairness in Simple Bargaining Experiments," *Games and Economic Behavior*, Vol. 6, No. 3, 347-369.

Fudenberg, D. and Tirole, J. (1991), *Game Theory*, MIT Press.

Gibbons, R. (1992), *Game Theory for Applied Economists*, Princeton University Press.

Harsanyi, J. C. (1967-1968), "Games with Incomplete Information Played by "Bayesian" Players, I-III," *Management Science*, Vol. 14, No. 3, 159-182.

Harsanyi, J. C. and Selten, R. (1988), *A General Theory of Equilibrium Selection in Games*, MIT Press.

Kagel, J. H. and Roth, A. E. (1995), *The Handbook of Experimental Economics*, Princeton University Press.

Kohlberg, E. and Mertens, J. F. (1986), "On the Strategic Stability of Equilibria," *Econometrica*, Vol. 54, No. 5, 1003-1037.

Kreps, D. M. and Wilson, R. (1982), "Sequential Equilibria," *Econometrica*, Vol. 50, No. 4, 863-894.

Krishna, V. (2002), *Auction Theory*, Academic Press.

Maynard Smith, J. (1982), *Evolution and the Theory of Games*, Cambridge University Press.

Maynard Smith, J. and Price, G. R. (1973), "The Logic of Animal Conflict," *Nature*, Vol. 246, No. 2, 15-18.

McCarty, N. and Meirowitz, A. (2007), *Political Game Theory: An Introduction* (Analytical Methods for Social Research), Cambridge University Press.

McMillan, J. (1992), *Games, Strategies and Managers*, Oxford University Press. (邦訳：伊藤秀史，林田修（翻訳）(1995), 『経営戦略のゲーム理論──交渉・契約・入札の戦略分析』, 有斐閣)

Milgrom, P. (2004), *Putting Auction Theory to Work*, Princeton University Press. (邦訳：川又邦雄，奥野正寛（監訳），計盛英一郎，馬場弓子（翻訳）(2007), 『オークション理論とデザイン』, 東洋経済新報社)

Milgrom, P. and Roberts, J. (1992), *Economics, Organization, and Management*, Prentice Hall College Div. (邦訳：奥野正寛，伊藤秀史，今井晴雄，八木甫（翻訳）(1997), 『組織の経済学』, NTT出版)

Myerson, R. B. (1991), *Game Theory: Analysis of Conflict*, Harvard University Press.

Nash, J. F. (1950), "Equilibrium Points in N-person Games," *Proceedings of the National Academy of Sciences*, Vol. 36, 48-49.

Nash, J. F. (1950), "The Bargaining Problem," *Econometrica*, Vol. 18, 155-162.

Neyman, A. (1985), "Bounded Complexity Justifies Cooperation in the Finitely Repeated Prisoners' Dilemma," *Economics Letters*, Vol. 19, No. 3, 227-229.

Osborne, J. and Rubinstein, R. (1994), *A Course in Game Theory*, MIT Press.

Owen, G. (1995), *Game theory (3rd edition)*, Academic Press.

Radner, R. (1985), "Repeated Principal-Agent Games with Discounting," *Econometrica*, Vol. 53, No. 5, 1173-1198.

Roth, A. E., Prasnikar, V., Okuno-Fujiwara M. and Zamir, S. (1991), "Bargaining and Market Behavior in Jerusalem, Ljubljana, Pittsburgh, and Tokyo: an Experimental Study," *The American Economic Review*, Vol. 81, No. 5, 1068-1095.

Rubinstein, A. (1986), "Finite Automata Play the Repeated Prisoner's Dilemma," *Journal of Economic Theory*, Vol. 39, No. 1, 83-96.

Salanie, B. (2005), *The Economics of Contracts: a Primer* (2nd edition), MIT Press.

Saloner, G., Shepard, A. and Podolny, J. (2001), *Strategic Management*, John Wiley & Sons. (邦訳：石倉洋子（翻訳）(2002),『戦略経営論』, 東洋経済新報社)

Schmeidler, D. (1969), "The Nucleolus of a Characteristic Function Game," *SIAM Journal on Applied Mathematics*, Vol. 17, No. 6, 1163-1170.

Selten, R. (1975), "Reexamination of the Perfectness Concept for Equilibrium Points in Extensive Games," *International Journal of Game Theory*, Vol. 4, No. 1, 25-55.

Shapley, L. S. (1953), "A Value for N-person Games," in *Contributions to the Theory of Games II*, (H. Kuhn and A. W. Tucker, eds.), Princeton University Press.

Spence, M. (1973), "Job Market Signaling," *The Quarterly Journal of Economics*, Vol. 87, No. 3, 355-374.

Tirole, J. (1988), *The Theory of Industrial Organization*, MIT Press.

van Damme, E. (1991), *Stability and Perfection of Nash equilibria*, Springer.

Vega-Redondo, F. (1997), *Evolution, Games, and Economic Behaviour*, Oxford University Press.

Vega-Redondo, F. (2003), *Economics and the Theory of Games*, Cambridge University Press.

von Neumann, J. and Morgenstern O. (1944), *Theory of Games and Economic Behavior*, Princeton University Press.

Weibull, J. W. (1995), *Evolutionary Game Theory*, MIT Press.

事項索引

ア 行

安定集合（stable set） 466
意思決定点（decision node） 53,54,57, 58,60,61,64,82,95,96,221,222,224,225, 227,228,234,235,238,241～246,250
異質財（heterogeneous goods） 143
一括型（pooling） 422
一括均衡（pooling equilibrium） 425
イングリッシュオークション（English auction） 120
インセンティブ契約（incentive contract） 337
インターネットオークション（Internet auction） 127
エージェント（agent，代理人） 338
枝（edge） 53
おうむ返し（tit-for-tat） 294
――戦略（tit-for-tat strategy） 294,304, 305,307,308,318,322,324,326
オークション（auction） 114,494

カ 行

カーネル（kernel） 464
価格決定者（price maker） 137
価格受容者（price taker） 137
隠された行動（hidden action） 418
隠された情報（hidden information） 418
確実性同値（certainty equivalent） 333
寡占（oligopoly） 137
可変費用（variable cost） 139
カライ-スモロディンスキイ解（Kalai-Smorodinsky solution） 459
軽口（cheap talk） 65,67,69
カルテル（cartel） 152
完全記憶（perfect recall） 251
完全競争市場（perfectly competitine market） 137
完全情報（complete information） 51,52, 65,82,101,219,225,227,228,231,235, 239,240,248,256
完全フォーク定理（perfect folk theorem） 317
完全ベイズ均衡（perfect Bayesian equilibrium） 399,407,409,410,412,414 ～416,422～424,426,427,429～431,435, 437,439～445,447～450
完備情報（complete information） 51
――ゲーム（complete information game） 9
基準点（standard point） 81
期待効用理論（expected utility theory） 94
期待利得（expected payoff） 184～189,192 ～194,197～200,208～214,333～335,340, 341,343,344,363,364,369～372,392,393, 397
規範的理論（normative theory） 481
逆需要関数（inverse demand function） 139
逆選択（adverse selection） 417
共通事前確率に対する仮定（common prior assumption） 391
協力ゲーム（cooperative game） 6,451～ 453,455,458,462～464,467,469,470,473, 477,479,480～483
均衡外経路（off-equilibrium path） 234
均衡上経路（on-equilibrium path） 234
均衡選択（equilibrium selection） 42
均衡の精緻化（equilibrium refinement） 110
クールノー・ナッシュ均衡（Cournot-Nash equilibrium） 150
クールノー競争（Cournot competition）

142, 373
繰り返しゲーム（repeated game） 290
契約理論（contract theory） 349, 492
経路（path） 241
経路依存的（path dependent） 268
ゲーミングシミュレーション（gaming simulation） 492
ゲームの解（solution） 18, 19, 21〜23, 25, 30, 32, 35, 37, 38, 40〜42, 45, 48, 49
ゲームの木（game tree） 53, 220, 222, 224, 226, 228, 241〜244, 246, 247, 250, 255〜257
『ゲームの理論と経済行動』（*Theory of Games and Economic Behavior*） 2, 6
ゲームを解く（solving the game） 19
結果（outcome） 14
決選付き単記投票（plurality voting with runoff voting） 263
限界貢献度（marginal contribution） 477
限界収入（marginal revenue） 141
限界費用（marginal cost） 141
現在価値（present value） 284
限定合理性（bounded rationality） 490
コア（core） 464, 467〜471, 473, 479, 482〜484
コインの表裏合わせ（matching pennies） 196, 197, 200, 214
公開オークション（open auction） 120
交渉（bargaining） 79, 117, 118, 283, 286〜289, 308, 324, 451〜462, 464, 466, 479, 481, 483, 484
——ゲーム（bargaining game） 286, 287, 289, 308, 324, 451, 455
——集合（bargaining set） 464
——問題（bargaining problem） 453
拘束的合意（binding agreement） 480
行動（action） 54, 363, 364, 367〜370, 374, 392, 394
——ゲーム理論（behavioral game theory） 490
行動戦略（behavioral strategy） 225, 403, 432

——上の混合戦略 257, 258, 259, 260
効用関数（utility function） 334
公理（axiom） 457
効率的資源配分（efficient allocation） 119
合理的（rational） 7
——な豚（rational pig） 33, 37
公理的アプローチ（axiomatic approach） 458
個人意思決定問題（one person decision making） 1
個人合理性（individual rationality） 466
個人情報（private information） 365, 399〜401, 418
後手（follower） 52, 55, 57, 71, 73, 75, 78, 79, 82, 97〜101, 167
固定費用（fixed cost） 139
コミットメント（commitment） 65, 71, 74, 75, 78, 79
混合戦略（mixed strategy） 179, 231, 256〜260, 274, 278
コンドルセ勝者（Condorcet winner） 266
コンドルセのパラドックス（Condorcet paradox） 266

サ 行

最後通牒ゲーム（leave it or take it offer game） 82
最適契約（optimal contract） 349
最適反応曲線（best reply curve） 147, 148, 150, 156, 158〜160, 165, 166, 171, 173
最適反応戦略（best response strategy） 27, 29〜31, 35〜40, 45, 145〜149, 151, 163, 169, 170, 174, 178, 185〜190, 193〜195, 198, 200
先読み（looking ahead） 56, 225, 229〜231, 233〜237, 248, 253, 255, 272
参加制約（participation constraint） 353
シグナリング（signaling） 418
シグナリングゲーム（signaling game） 420
事後確率（posterior probability） 378
自己拘束性（self-enforcing property） 40

事実解明的理論（positive theory） 481
事象（event） 378
辞書的順序（lexicographic ordering） 474
自然（nature） 241,338〜341,343,401〜403,406,420,421,432,435,438,445,447
事前確率（prior probability） 378
実験経済学（experimental economics） 308,489
実行可能（feasible） 465
自動入札方式（automatic bidding, proxy bidding） 128
支配（dominate） 103
支配可解（dominance solvable） 111
支配されないナッシュ均衡 103,107〜110,133,135,234
支配戦略（dominant strategy） 21〜23,25〜32,35,37,38,45,103〜107,109,111,112,122,123,129,131,133,135
——均衡（dominant strategy equilibrium） 23,25〜27,37,45
シミュレーション（simulation） 490
シャープレイ・シュービック指数（Shapley Shubik index） 485
シャープレイ値（Shapley value） 464〜479,482,483,485,486
社会的総余剰（social surplus） 116
弱支配（weakly dominate） 106
——戦略（weakly dominant strategy） 103,105〜107,109,112,123,129,131,133,135
囚人のジレンマ（prisoner's dilemma） 23,26,27,151,152,155,177,198,199,283,289,290,292〜296,298〜301,303〜308,312,314〜317,320,324〜326
終点（terminal node） 53,224,235,241,243,244,246,274
収入（revenue） 139
——等価定理（revenue equivalence theorem） 127
シュタッケルベルグ競争（Stackelberg competition） 142

需要関数（demand function） 139
循環多数決（majority cycle） 267
準仁（prenucleolus） 472
純粋戦略（pure strategy） 184
条件付確率（conditional probability） 378
消費者余剰（consumer surplus） 152
情報（information） 361
——集合（information set） 221,400〜403,405〜412,415,420〜427,431〜437,439〜441,449
——の経済学（economics of information） 361
——の非対称性（asymmetric information） 361
初期点（initial node） 53,401,402,420
仁（nucleolus） 464,470,472,473,477,479,482〜484,486
進化ゲーム理論（evolutionary game theory） 488
信念（belief） 405〜412,414〜416,422〜424,426,427,430〜435,437,439,440,445,447〜449
スクリーニング（screening） 418
整合性（consistency） 408
成分ゲーム（component game） 292
セカンドプライスオークション（second price auction） 121
セカンドベスト（second best） 352
積事象（intersection event） 379
摂動完全均衡（trembling hand perfect equilibrium） 442
瀬戸際戦略（brinkmanship） 33
ゼロ和ゲーム（zero-sum game） 200
全確率の定理（total probability theorem） 381
選好（preference） 262
先手（leader） 52,55〜57,71,73〜79,83,97〜99,101,167
戦略（strategy） 14,361〜365,367〜377,387,389,391〜394,396,397,399,401〜412,414〜416,421〜427,429〜445,447

戦略形ゲーム（strategic form game） 10, 13～16, 18, 37, 38, 40, 41, 43, 48, 219, 220, 225, 229～231, 233～236, 240, 251～260, 270, 274, 278, 361, 362, 367～369, 372, 373, 389
　——の解（solution for a strategic form game） 37
戦略的代替（strategic substitute） 166
戦略的補完（strategic complement） 166
戦略の組（strategy profile） 14
戦略の支配関係　103, 104, 110

タ　行

第1プレイヤー（player one） 16
第2プレイヤー（player two） 16
タイプ（type） 362～376, 387～398
ダッチオークション（Dutch auction） 120
単一財オークション（single unit auction） 120
単記投票（plurality voting） 262
談合（collusion, cartel） 152
単純多数決（majority voting） 265
　——勝者（majority voting winner） 265
チープトーク・ゲーム（cheap talk game） 447
チキンゲーム（chicken game） 72
逐次合理性（sequential rationality） 407
逐次的均衡（sequential equilibrium） 437
提携（coalition） 6
　——形ゲーム（coalitional form game） 464
適切な部分ゲーム（proper subgame） 247
手番（move） 53
点（node） 53
展開形ゲーム（extensive form game） 10, 51～55, 58, 64～66, 69, 71, 73, 88, 89, 98, 99, 101, 219～222, 224, 225, 227～231, 233～241, 244, 246, 249, 251～258, 260, 274, 278, 399～403, 405, 407, 412, 435, 437, 442～444

　——におけるゲームの解（solution for an extensive form game） 64
同質財（homogeneous goods） 143
投票力指数（voting power index） 487
特性関数（characteristic function） 463
独占（monopoly） 138
トリガー戦略（trigger strategy） 294, 301～304, 306, 310～312, 315, 317, 318, 320, 325～327

ナ　行

ナッシュ均衡（Nash equilibrium） 35～43, 45, 49, 145, 146, 148～152, 154, 156, 157, 159, 160, 163～166, 173, 177, 178, 184～186, 190, 192, 193, 195～201, 204～207, 209, 214～216, 228～231, 233～240, 249, 250, 253～256, 271, 274, 278～300, 303, 304, 306, 311～320, 322, 324～327, 329
ナッシュ交渉解（Nash bargaining solution） 458
ナッシュ積（Nash product） 458
2×2ゲーム（two by two game） 17

ハ　行

背水の陣　34
排反（exclusive） 380
バックワードインダクション（backward induction） 58
ハルサニ・ドクトリン（Harsanyi doctrine） 391
非協力ゲーム（non-cooperative game） 451～453, 455, 462, 480～482
非ゼロ和ゲーム（non-zero-sum game） 201
平等主義解（egalitarian solution） 459
評判（reputation） 308
ファーストプライスオークション（first price auction） 121
ファーストベスト（first best） 352
封印オークション（sealed bid auction） 120

フォーク定理（folk theorem） 316
不完全競争（imperfect competition） 137, 219
不完備情報ゲーム（incomplete information game） 9, 361, 363, 365〜370, 373, 374, 377, 381, 387, 390, 391, 399, 400, 403〜405, 407, 412, 435, 437, 442
複数財オークション（multi unit auction） 120
複占（duopoly） 142, 373
2人ゼロ和ゲーム（two person zero-sum game） 200
部分ゲーム（subgame） 246
——完全均衡点（subgame perfect equilibrium） 234, 235, 237〜240, 246, 250, 253〜256, 270, 272, 274, 278, 279, 296, 299〜301, 303, 311, 316〜318, 435〜439, 441〜443, 445, 450
不満（excess） 470
プリンシパル（principal, 依頼人） 338
——とエージェントの理論（principal-agent theory） 338
プレイヤー（player） 14
分配（allocation） 464
分離型（separating） 422
分離均衡（separating equilibrium） 425
平均利得（average payoff） 295
ベイズゲーム（Bayesian game） 391
ベイズナッシュ均衡（Baysian Nash equilibrium） 365, 367, 369〜371, 373〜377, 387, 391, 393, 395〜398
ベイズの定理（Bayes' theorem） 380, 431〜435
ベルトラン競争（Bertrand competition） 142
ベルトラン・ナッシュ均衡（Bertrand-Nash equilibrium） 160, 163, 165, 173
方法論的個人主義（methodological induvialism） 91
ボルダ投票（Borda counting） 264

マ 行

マキシミニ戦略（max-min strategy） 200〜216
マキシミニ値（max-min value） 202
マルチエージェント（multi-agent） 492
ミニ値（min値） 202
ミニマックス戦略（min-max strategy） 204
ミニマックス値（min-max value） 204, 206, 207, 209, 210, 214
ミニマックス定理（min-max theorem） 200, 204〜209, 211, 213
メカニズムデザイン（mechanism design） 124, 492, 494
モデル（model） 11, 12
モラルハザード（moral hazard） 348
モンティ・ホール問題（Monty Hall problem） 383

ヤ 行

誘因両立制約（incentive compatibility constraint） 355
余剰（surplus） 116

ラ 行

利潤（profit） 139
リスク回避的（risk averse） 332
リスク選好的（risk prefer） 333
リスク中立的（risk neutral） 333
リスクプレミアム（risk premium） 333
利得（payoff） 14, 51, 53〜56, 58, 60, 61, 63, 64, 66〜73, 79, 81〜85, 89, 90, 92〜101
——行列（payoff matrix） 16
履歴（history） 293

ワ 行

和事象（union event） 380
割引因子（discount factor） 284

人名索引

ア 行

アカロフ（George A. Akerlof） 417, 418, 431
アクセルロッド（Robert Axelrod） 304, 305, 307, 318, 324
アロンソ（Fernando Alonso Diaz） 75, 77, 78
ヴィカリー（William Vickrey） 121
ウィルソン（Robert Wilson） 115, 437

カ 行

クールノー（A. Augustin Cournot） 142
クレプス（David Kreps） 437
コンドルセ（Marquis de Condorcet） 266

サ 行

サイモン（Herbert Alexander Simon） 488
シャープレイ（Lloyd S. Shapley） 479
シュービック（Martin Shubik） 305
シューマッハ（Michael Schumacher） 75, 77, 78
シュタッケルベルグ（Heinrich F. von Stackelberg） 142
シュマイドラー（David Schmeidler） 477
スペンス（Michael Spence） 431
ゼルテン（Reinhard Selten） 42, 234, 391, 441
孫子 16

タ 行

ダウニング（Leslie Downing） 307
タッカー（Albert W. Tucker） 26
タロック（Gordon Tullock） 305
ディーン（James B. Dean） 72

ナ 行

ナッシュ（John F. Nash） 35～43, 45, 49, 177, 178, 184～186, 190, 192, 193, 195～201, 204～207, 209, 214～216, 228～231, 233～240, 249, 250, 253～256, 271, 274, 278, 365, 367, 369～377, 387, 391, 393～398, 451, 453, 455, 458～462, 466, 479, 483, 484

ハ 行

ハーヴィッツ（Leonid Hurwicz） 124
ハルサニ（John C. Harsanyi） 42, 387, 391
フォン・ノイマン（John von Neumann） 2, 6, 178, 179, 201, 204, 206, 208, 336
プライス（George Price） 488
プライス（Richard Price） 378
フリードマン（James W. Friedman） 305
ベイズ（Thomas Bayes） 378
ベルトラン（Joseph L. F. Bertrand） 142
ボルダ（Jean-Charles de Borda） 269
ボレル（Emile Borel） 208

マ 行

マイヤーソン（Roger B. Myerson） 124
マスキン（Eric S. Maskin） 124
マリリン・フォス・サヴァン（Marilyn vos Savant） 386
ミルグロム（Paul Milgrom） 115
メイナード・スミス（John Maynard Smith） 488
モルゲンシュテルン（Osker Morgenstern） 2, 6, 178, 201, 204, 336
モンティ・ホール（Maurice "Monty Hall" Halperin） 383

ラ 行

ラパポート（Anatol Rapoport） 305

〈著者紹介〉

渡辺　隆裕（わたなべ・たかひろ）
東京都立大学経済経営学部教授，博士（工学）
1964年　北海道生まれ
1987年　東京工業大学工学部経営工学科卒業
1989年　東京工業大学理工学研究科経営工学専攻修士課程修了
同　年　東京工業大学工学部社会工学科助手
1998年　岩手県立大学総合政策学部助教授
2002年　東京都立大学経済学部助教授
2005年　首都大学東京都市教養学部経営学系教授
2018年　首都大学東京経済経営学部教授
2020年より現職

〔主な著書〕
『図解雑学ゲーム理論』ナツメ社，2004年
『日経文庫ビジュアル ゲーム理論』日本経済新聞出版社，2019年
『一歩ずつ学ぶゲーム理論』裳華房，2021年
『競馬の経済学』（監修）カンゼン，2023年

ゼミナール ゲーム理論入門

2008年4月7日　1版1刷
2025年3月7日　　　17刷

著　者　　　渡辺　隆裕
　　　　　　　　ⒸTakahiro Watanabe, 2008
発行者　　　中　川　ヒロミ
発　行　　　株式会社日経BP
　　　　　　日本経済新聞出版
発　売　　　株式会社日経BPマーケティング
　　　　　　〒105-8308　東京都港区虎ノ門4-3-12

印刷・奥村印刷／製本・大口製本　ISBN978-4-532-13346-7

本書の無断複写・複製（コピー等）は著作権法上の例外を除き，禁じられています。
購入者以外の第三者による電子データ化および電子書籍化は，私的使用を含め一切認められておりません。
本書籍に関するお問い合わせ，ご連絡は下記にて承ります。
https://nkbp.jp/booksQA

Printed in Japan

マネジメント・テキストシリーズ！

生産マネジメント入門（I）
――生産システム編――

生産マネジメント入門（II）
――生産資源・技術管理編――

藤本隆宏［著］

イノベーション・マネジメント入門（第2版）

一橋大学イノベーション研究センター［編］

人事管理入門（第3版）

今野浩一郎・佐藤博樹［著］

グローバル経営入門

浅川和宏［著］

MOT［技術経営］入門

延岡健太郎［著］

マーケティング入門

小川孔輔［著］

ベンチャーマネジメント［事業創造］入門

長谷川博和［著］

経営戦略入門

網倉久永・新宅純二郎［著］

ビジネスエシックス［企業倫理］

髙 巌［著］